Eugen Hartmann

Geographisch-statistisches Orts- und Postlexikon für Bayern

Eugen Hartmann

Geographisch-statistisches Orts- und Postlexikon für Bayern

ISBN/EAN: 9783743380318

Hergestellt in Europa, USA, Kanada, Australien, Japan

Cover: Foto ©ninafisch / pixelio.de

Manufactured and distributed by brebook publishing software (www.brebook.com)

Eugen Hartmann

Geographisch-statistisches Orts- und Postlexikon für Bayern

Geographisch-statistisches

Orts- und Post-Lexicon

für

Bayern

von

Eugen Hartmann,
Offizial bei der General-Direction der königl. Verkehrs-Anstalten in München.

Augsburg, 1866.
B. Schmid'sche Verlagsbuchhandlung.
(A. Manz.)

Druck der F. C. Kremer'schen Buchdruckerei (A. Manz) in Augsburg

General-Register

zum

geographisch-statistischen

Orts- und Post-Lexikon

für

Bayern

von

Eugen Hartmann.

Vorrede.

Die Anlage meines geographisch-statistischen Orts- und Post-Lexicon's für Bayern, welches bekanntlich nach einzelnen Kreisen bearbeitet ist, — erfordert unbedingt die Beigabe eines General-Registers, um das Nachschlagen zu erleichtern. — Indem ich dasselbe der Oeffentlichkeit übergebe, ist es mir eine angenehme Pflicht, am Schlusse dieser mehrjährigen Arbeit allen Jenen meinen wärmsten Dank auszusprechen, welche dem Werke schon vom Beginne an ihr volles Vertrauen und Interesse zugewendet, und dasselbe mit einem Wohlwollen begleitet haben, dessen Ausdruck — in der Presse sowohl wie in einzelnen geehrten Zuschriften — mir immer wieder die Mühe und Anstrengung dieser Arbeit erleichtert hat.

Schließlich muß ich noch beifügen, daß ich während der Bearbeitung des Registers von dem Gedanken durchdrungen wurde, daß demselben die Beigabe einer kurzen Uebersicht der geographischen und statistischen Verhältnisse, sowie der politischen Eintheilung des Landes nicht fehlen sollte. Nachdem ich jedoch diesen Anhang mit dem Register nicht unmittelbar verbinden konnte, so wird derselbe gleichzeitig als „Statistik von Bayern" für sich erscheinen, da ich die Ueberzeugung festhalte, daß eine systematische kurz zusammengefaßte Darstellung der geographischen, der volkswirthschaftlichen und socialen Verhältnisse, insbesonders Notizen über Wohnorte und Bevölkerung, Anbau, Bewachsung und Landwirthschaft, Industrie, Handel und Verkehr ꝛc., sowie endlich eine Uebersicht der organischen Eintheilung des Landes gewiß nicht bloß von allgemeinem Interesse ist, sondern auch namentlich einen passenden Schluß für mein „Geographisch-statistisches Orts- und Post-Lexicon" bildet.

München, Januar 1866.

Hartmann.

Abkürzungen.

Oberb.	statt	Oberbayern.
Niederb.	,,	Niederbayern.
Rh.Pf.	,,	Rheinpfalz.
Ob.Pf.	,,	Oberpfalz.
Ob.Frk.	,,	Oberfranken.
Mitt.Frk.	,,	Mittelfranken.
Unt.Frk.	,,	Unterfranken.
Schwb.	,,	Schwaben.

Ferner:

a. für auch; f. für siehe.

Die einem Ortsnamen beigesetzte Zahl gibt an, wie oft derselbe incl. des aufgeführten im betreffenden Kreise vorkommt.

A.

Aach — Achenthal.

Aach	Schwb.	Abfalter (2)	Oberb.	Abtsried	Ob.Pf.
Aalkorb	Ob.Fr.	Abfaltern	Oberb.	Abtsried	Oberb.
Aasanger, auch		Abholz	Oberb.	Abtsroda	Unt.Fr.
Naßanger	Ob.Fr.	Ablaß	Schwb.	Abtswind, auch	
Abach	Niederb.	Ablaßmühle	Mitt.Frk.	Abtschwind	Unt.Fr.
Abbach	Niederb.	Ableg	Niederb.	Abtszell, auch	
Abbachhof	Ob.Pf.	Ableiten (2)	Oberb.	Kochbauer	Oberb.
Abberg (2)	Oberb.	Ablermühle	Schwb.	Abwandten	Niederb.
Abbrand	Ob.Pf.	Ablers	Schwb.	Abwinkel	Oberb.
Abdecker (2)	Mitt.Frk.	Abling	Oberb.	Abwinkel, oder	
Abdecker	Niederb.	Ablingerau	Oberb.	Auwinkel (Ach-	
Abdecker	Ob.Pf.	Abraham (2)	Niederb.	winkel)	Oberb.
Abdecker auf der		Abrain	Oberb.	Ach,	Oberb.
Grube	Ob.Pf.	Abrezhausen	Ob.Pf.	Ach,	Niederb.
Abdeckerhof	Ob.Pf.	Abrhain (2)	Oberb.	Ach, Achen	Oberb.
Abel	Oberb.	Abriel	Schwb.	Achatmühle	Rh.Pf.
Abelshausen	Oberb.	Absängermühl	Ob.Fr.	Achats Sct.	Oberb.
Abenberg	Oberb.	Absang, auch Ob-		Achatsberg	Oberb.
Abenberg	Mitt.Frk.	sang	Ob.Fr.	Achatsmühle	Ob.Frk.
Abenberg, klein	Mitt.Frk.	Absberg	Mitt.Fr.	Achatsstall	Niederb.
Abendhut	Ob.Frk.	Absetz (3)	Niederb.	Achau	Oberb.
Abens, Ambs	Oberb.	Abshofen	Niederb.	Achberg (2)	Oberb.
Abensbach	Niederb.	Abspann	Ob.Pf.	Achbruck	Schwb.
Abensberg (2)	Niederb.	Abstäberhof	Rh.Pf.	Achdorf	Ob.Pf.
Aberg	Oberb.	Abstorf	Niederb.	Achdorf	Niederb.
Aberger	Oberb.	Abstreit	Oberb.	Achelderf	Niederb.
Aberl	Oberb.	Abtenham	Oberb.	Achelschwaig	
Abersberg	Oberb.	Abtismühle	Oberb.	(Achselschwang)	Oberb.
Abersdorf (2)	Oberb.	Abtmansberg	Niederb.	Achen (8)	Oberb.
Abersfeld	Unt.Frk.	Abtschlag	Niederb.	Achen- Nieder	
Abersfeldermühle	Unt.Frk.	Abtsdorf	Ober.Frk.	Achen- Ober	
Abertshausen	Oberb.	Abtsdorf	Oberb.	Achen- Unter	
Abertshof	Ob.Pf.	Abtsgreuth	Mitt.Frk.	Achenberg	Oberb.
Abes	Niederb.	Abtshof	Unt.Frk.	Achenmühle	Oberb.
Abessen	Niederb.	Abtsholzerhof	Schwb.	Achenthal (2)	Oberb.

Acherding- Ober	Oberb.	Adelfurt	Oberb.	Adersbach	Niederb.
Acherding- Unter	Oberb.	Adelgaß	Oberb.	Adersberg	Oberb.
Achering	Oberb.	Adelgastag	Oberb.	Aderstall	Ob.Pf.
Achetswies	Oberb.	Adelgunz	Schwb.	Aderzhausen	Ob.Pf.
Achrain	Oberb.	Adelharz (2)	Schwb.	Adl	Oberb.
Achfeld	Oberb.	Adelhausen	Niederb.	Adlanz (3)	Ob.Frk.
Achkirchen	Ob.Pf.	Adelheim	Mitt. Frk.	Adlberg	Oberb.
Achmühle	Oberb.	Adelhofen	Mitt. Frk.	Adlbruck	Niederb.
Achmühle	Schwb.	Adelholzen	Oberb.	Adled	Niederb.
Achmühle	Mitt.Frk.	Adelhub	Niederb.	Adler, Adel	Oberb.
Achner (2)	Oberb.	Adelkirchen	Oberb.	Adlerhütte	Ob.Frk.
Acholzhausen	Unt.Frk.	Adelkofen	Niederb.	Adlersberg, auch	
Achrainmühle	Schwb.	Adelmannsau	Oberb.	Arlasberg	Ob.Pf.
Achrhain (2)	Oberb.	Adelmannsberg	Oberb.	Adlersberg, auch	
Achrhainmühle	Oberb.	Adelmannsdorf,		Arlasberg	Niederb.
Achsdorf	Oberb.	auch Adelsdorf	Mitt. Frk.	Adled	Niederb.
Achselmannstein		Adelmannsdorf	Mitt.Frk.	Adlgehring	Niederb.
(2)	Oberb.	Adelmannstein	Ob.Pf.	Adlhald	Niederb.
Achsenbach	Oberb.	Adelmühle	Oberb.	Adlhof	Niederb.
Achsenried	Schwb.	Adelpoint	Oberb.	Adlhof, ober	Ob.Pf.
Achsheim	Schwb.	Adelsberg	Unt.Frk.	Adlhofen	Niederb.
Achslach	Niederb.	Adelsberg	Oberb.	Adlholz	Ob.Pf.
Achslschwang	Oberb.	Adelschlag	Mitt.Frk.	Adlholzen	Oberb.
Acht	Oberb.	Adelsdorf	Ob.Frk.	Adligstadt	Oberb.
Achterlingshof	Ob.Pf.	Adelsdorf	Mitt.Frk.	Adling	Oberb.
Achthal (2)	Oberb.	Adelshausen (4)	Oberb.	Adlitz	Ob.Frk.
Achthal- Ober	Oberb.	Adelsheim	Oberb.	Adlitz, auch Mar-	
Achthal- Unter	Oberb.	Adelshofen	Oberb.	litz	Mitt.Frk.
Achthalmühle (2)	Oberb.	Adelshofen	Mitt.Fr.	Adlkind	Niederb.
Achtl	Ob.Pf.	Adelsreit	Oberb.	Adlkirchen	Oberb.
Achwinkl (Ab-		Adelsried	Oberb.	Adlmanning	Niederb.
winkel)	Oberb.	Adelsried	Schwb.	Adlmühle	Ob.Pf.
Acker (2)	Schwb.	Adelsteig	Oberb.	Adlmühle	Niederb.
Ackerhof	Niederb.	Adelstein	Oberb.	Adlmüthing	Niederb.
Ackerhof	Ob.Pf.	Adelstein	Niederb.	Adlsberg	Oberb.
Ackermannshof	Ob.Frk.	Adelwarting	Niederb.	Adlsberg	Niederb.
Ackersdorf (2)	Oberb.	Adelzhofen	Oberb.	Adlstetten	Oberb.
Adalbertsruhe	Unt.Fr.	Adenbach	Rh.Pf.	Abstätten	Oberb.
Adam (2)	Oberb.	Adenberg, auch		Aeckerlein	Mitt. Fr.
Adamslust	Rh.Pf.	Attenberg	Niederb.	Aengerlmühle	Oberb.
Adamsmühle	Unt.Frk.	Aderberg	Oberb.	Aepfelbach	Ob.Frk.
Abbenberg	Oberb.	Aderl, beim	Ob.Pf.	Aepflbach	Niederb.
Adelberg	Schwb.	Aderleiten	Oberb.	Aepflet	Ob.Pf.
Adelberg	Oberb.	Adermann	Niederb.	Aeschach	Schwb.
Adelding	Oberb.	Adermannsdorf,		Aeuscherfurth,	
Adeldorf	Niederb.	auch Kalber	Ob.Frk.	auch Euschets-	
Adelegg	Schwb.	Adermühle	Niederb.	furth	Niederb.

Aeußere Lohen	Oberb.	Ahlbach	Ob.Frk.	Aichazandt, auch	
Aeußere Mühle	Mitt.Fr.	Ahlen (Allern)	Ob.Frk.	Eichenzandt	Ob.Pf.
Aeußere Mühle (4)	Unt.Frk.	Ahlingen	Schwb.	Aichbaindt	Schwb.
Aeußere Mühle	Schwb.	Aholfing	Niederb.	Aichbauer	Oberb.
Aeußeres Bäuerle	Schwb.	Aholm	Ob.Pf.	Aichberg (3)	Oberb.
Affa	Niederb.	Aholming	Niederb.	Aichberg (5)	Niederb.
Affalterbach	Oberb.	Ahorn	Oberb.	Aichberg	Ob.Pf.
Affalterbach	Ob.Frk.	Ahorn	Mitt.Frk.	Aichbücheln	Oberb.
Affalterhof	Ob.Frk.	Ahorn	Ob.Frk.	Aicheck	Oberb.
Affaltern	Schwb.	Ahornberg (2)	Ob.Pf.	Aichelbauer	Niederb.
Affalterthal	Ob.Frk.	Ahornberg, auch		Aichelsberg	Niederb.
Affeking	Niederb.	Arberg	Ob.Frk.	Aichelschwang	Schwb.
Affen	Oberb.	Ahornberger Vorwerk	Ob.Frk.	Aichen (2)	Oberb.
Affenhausen	Oberb.	Ahornet, ober		Aichen	Ob.Frk.
Affenneſt	Ob.Frk.	Ahornöd	Niederb.	Aichen	Mitt.Frk.
Affenricht, auch		Ahornis, auch		Aichen	Schwb.
Aufenried	Ob.Pf.	Marles	Ob.Frk.	Aichenbach, unter	Mitt.Frk.
Afferbach	Unt.Fr.	Ahornismühle	Ob.Frk.	Aichenhausen	Oberb.
Affing	Oberb.	Ahornwies, auch		Aichenmühle	Mitt.Frk.
Affuewimm	Niederb.	Acheiswies	Oberb.	Aichenreut	Niederb.
Afham, a. Affam	Niederb.	Ahornwies	Niederb.	Aichenzell	Mitt.Frk.
Afham (2)	Niederb.	Ahrain	Niederb.	Aicher (8)	Oberb.
Afterhausen	Niederb.	Ahrain (3)	Oberb.	Aicherloh	Oberb.
Agaſtag	Oberb.	Aibling	Oberb.	Aichet (2)	Oberb.
Agatharied	Oberb.	Aiblingerau	Oberb.	Aichet (5)	Niederb.
Agatha Sct.	Ob.Pf.	Aibold	Ob.Pf.	Aichhöfe	Schwb.
Agathazell	Schwb.	Aich (32)	Oberb.	Aichhof (2)	Ob.Pf.
Agathenzell	Oberb.	Aich, auf der		Aichholz, auch	
Agawang	Schwb.	Aich hinterm Holz	Oberb.	Eichholz	Schwb.
Agelsberg	Oberb.	Aich (9)	Niederb.	Aichlg (2)	Ob.Frk.
Agendorf	Niederb.	Aich	Ob.Pf.	Aiching (2)	Oberb.
Agg (4)	Oberb.	Aich	Mitt.Frk.	Aiching (5)	Niederb.
Agglaſterhöfe	Ob.Pf.	Aich (2)	Schwb.	Aichkirch	Oberb.
Aggſtall	Niederb.	Aicha (3)	Oberb.	Aichkirchen	Ob.Pf.
Agndorf	Niederb.	Aicha, auch Aichen	Oberb.	Aichberg (2)	Oberb.
Agſtall	Niederb.			Aichloſilz	Oberb.
Aha	Mitt.Frk.	Aicha (12)	Niederb.	Aichmaier	Oberb.
Aham (3)	Oberb.	Aicha (6)	Ob.Pf.	Aichmehring	Oberb.
Aham	Niederb.	Aicha	Mitt.Frk.	Aichmühle (4)	Oberb.
Aham ob. Aheim	Niederb.	Aichach (2)	Oberb.	Aichmühle (2)	Niederb.
Aham- Unter-	Oberb.	Aichach	Niederb.	Aichmühle	Mitt.Frk.
Ahausen	Oberb.	Aichahof	Ob.Pf.	Aichpoint (2)	Oberb.
Ahegg	Schwb.	Aichamühle	Mitt.Frk.	Aichpoint	Niederb.
Aheim- Ober-	Oberb.	Aichau (Eichau)	Oberb.	Aichschlag	Ob.Frk.
Ahelelten, auch Alleuthen	Schwb.	Aichau	Mitt.Frk.	Aichwald	Oberb.
				Aichwies	Oberb.
				Aicherding	Oberb.

Aiben	Niederb.	Aigner am Kühzogel	Oberb.	Aiterhofen	Niederb.
Aibenau	Mitt.Frk.			Aiteröd	Niederb.
Aibenbach	Oberb.	Aigner am Wald	Oberb.	Aiterndorf	Oberb.
Aibenbach	Niederb.	Aigner im Holz	Oberb.	Aitershofen, auch	
Aibenlack	Oberb.	Aigner (5)	Niederb.	Eltershofen	Oberb.
Aithausen	Unt.Frk.	Aigner an der		Aitersteinhöring	Oberb.
Aibling	Oberb.	Straße	Niederb.	Aitrang	Schwb.
Aibmühle	Schwb.	Aigner im Ried	Niederb.	Aizenreite	Schwb.
Aigel	Oberb.	Aihof	Niederb.	Aizisried	Schwb.
Aigelkofen	Niederb.	Aiersbach	Ob.Frk.	Akams	Schwb.
Aigellohe	Oberb.	Ailsbach, auch		Akersberg	Niederb.
Aigelsbach	Niederb.	Elsbach	Ob.Frk.	Alb (2)	Oberb.
Aigelsbuch	Oberb.	Ailsfeld	Ob.Frk.	Albach, ober	Mitt.Frk.
Aigelsdorf	Oberb.	Ainau	Oberb.	Albaching	Oberb.
Aigelsham	Oberb.	Ainbach	Niederb.	Albachsmühle	Mitt.Frk.
Aigelsheim	Oberb.	Ainberg	Oberb.	Alban, St. (2)	Oberb.
Aigelsödt	Niederb.	Ainberghäusl	Niederb.	Alban, Sct.	Rh.Pf.
Aigelstätten	Niederb.	Ainbl	Oberb.	Alban, Sct.	Schwb.
Aigen (6)	Oberb.	Ainbling		Albanberg	Niederb.
Aigen (9)	Niederb.	Aindorf	Oberb.	Albanöd	Niederb.
Aigen im Feld	Niederb.	Ainebing, auch		Albanstätten	Niederb.
Aigen, auch Eigen	Schwb.	Arnolding	Oberb.	Albanstett	Oberb.
		Alnerbing	Oberb.	Albatsried	Schwb.
Aigenbeni	Oberb.	Ainertshofen	Oberb.	Albeneb	Niederb.
Aigenberg	Niederb.	Ainhaus	Oberb.	Albenreuth (2)	Ob.Pf.
Aigengrub	Oberb.	Ainhofen	Oberb.	Albenried	Ob.Pf.
Aigenhof, auch		Ainisag	Oberb.	Alber	Oberb.
Eigenhof	Ob.Pf.	Ainkerting, auch		Alberer	Oberb.
Aigenriepel	Oberb.	Aikerbing	Oberb.	Alberndorf	Mitt.Frk.
Aigenschneider	Oberb.	Ainpoint	Niederb.	Alberndorf	Ob.Pf.
Aigenstabl	Niederb.	Ainried	Oberb.	Albernhof (2)	Ob.Pf.
Aiggolz	Schwb.	Ainring, auch		Albersbach	Oberb.
Alging	Oberb.	Amering	Oberb.	Albersbach	Rh.Pf.
Aigis	Schwb.	Ainsdorf	Niederb.	Albersberg (2)	Oberb.
Aiglesbrunn	Ob.Pf.	Ainsen	Niederb.	Albersdorf (2)	Niederb.
Aiglshof	Ob.Pf.	Airischwand	Niederb.	Albersdorf	Unt.Frk.
Aign (Groß)	Oberb.	Airndorf	Niederb.	Albersdorf (2)	Ob.Pf.
Aign (Klein)	Oberb.	Aisch	Ob.Frk.	Albershof, Kl.	Ob.Pf.
Aign (15)	Oberb.	Aisching	Oberb.	Albersreuth	Mitt.Frk.
Aign (9)	Niederb.	Aischmühle	Mitt.Frk.	Albersweiler	Rh.Pf.
Aign, klein	Niederb.	Aisling	Oberb.	Alberzell	Oberb.
Aign, unter	Niederb.	Aislngermühle	Oberb.	Albertaich	Oberb.
Aign (2)	Ob.Pf.	Aislingen	Schwb.	Alberting	Oberb.
Aign, ober	Ob.Pf.	Aist (3)	Niederb.	Alberting	Niederb.
Aign, unter	Ob.Pf.	Aisterham	Niederb.	Albersberg	Ob.Frk.
Aigner (6)	Oberb.	Aiterbach (2)	Oberb.	Albertshausen(2)	Unt.Frk.
		Aiterberg	Schwb.	Albertshof	Ob.Frk.

Albertshofen (2)	Oberb.	Allaching	Oberb.	Allgau (2)	Oberb.
Albertshofen (2)	Ob.Pf.	Alladorf	Ob.Frk.	Allgramsdorf	Niederb.
Albertshofen	Unt.Frk.	Allakofen	Niederb.	Allhartsmais	Niederb.
Albertshofen	Schwb.	Alldorf	Oberb.	Allhofen (2)	Oberb.
Albertskirchen	Niederb.	Allenberg	Oberb.	Allhofen	Niederb.
Albertsreuth	Ob.Frk.	Aller	Oberb.	Alling	Oberb.
Albertsried	Niederb.	Allerberg (2)	Oberb.	Alkofen	Niederb.
Albessen	Rh.Pf.	Allerding (4)	Oberb.	Alling	Niederb.
Albesrieth, auch		Allerfing (3)	Oberb.	Alkasrobermühle	Mitt.Frk.
Albertsried	Ob.Pf.	Allerheiligen	Oberb.	Allkofen (4)	Niederb.
Albing (2)	Oberb.	Allerheiligen	Mitt.Frk.	Alkofen	Ob.Pf.
Albing	Niederb.	Allerheiligen	Schwb.	Allmannsau (2)	Oberb.
Albis	Schwb.	Allerheim	Schwb.	Allmannsberg (3)	Oberb.
Albisheim	Rh.Pf.	Allern (Ahlen)	Ob.Frk.	Allmannsberg	Niederb.
Albishofen	Schwb.	Allersbach	Niederb.	Allmannsdorf (2)	Niederb.
Albisried	Schwb.	Allersberg	Oberb.	Allmannsdorf	Mitt.Frk.
Albrechten	Schwb.	Allersberg	Ob.Pf.	Allmannsfelden	Ob.Pf.
Albrechts	Schwb.	Allersburg	Oberb.	Allmannshausen-	
Albris	Schwb.	Allersburg	Ob.Pf.	Ober	Oberb.
Albsheim	Rh.Pf.	Allersdorf (4)	Niederb.	Allmannshausen	Oberb.
Albstadt	Unt.Frk.	Allersdorf (2)	Ob.Frk.	Allmannshofen	Schwb.
Alburg	Niederb.	Allersfelden	Ob.Pf.	Allmannsöd, auch	
Albus	Schwb.	Allershausen	Oberb.	Adelmannsöd	Niederb.
Albersbach	Niederb.	Allersheim	Unt.Frk.	Allmannsried	Schwb.
Alesheim	Mitt.Frk.	Allershofen	Ob.Pf.	Allmau	Oberb.
Aleting	Oberb.	Allersing		Allmeding (2)	Oberb.
Aletshausen	Schwb.	Allerstorf	Niederb.	Allmerdorf	Niederb.
Aletshofen	Schwb.	Allerting	Niederb.	Allmering (2)	Oberb.
Aleuthen	Schwb.	Allertsham (2)	Oberb.	Allmertsham	Oberb.
Alexanderhütte	Ob.Frk.	Allertshausen	Unt.Frk.	Allmesbacher-	
Alexandersbad	Ob.Frk.	Allertsheim	Oberb.	Mühle	Ob.Pf.
Alfalter	Mitt.Frk.	Allertshofen	Ob.Pf.	Allmoning	Oberb.
Alfalterbach, groß	Mitt.Frk.	Allertsöd	Niederb.	Allmoshof	Mitt.Frk.
Alfershausen	Mitt.Frk.	Allesrain	Schwb.	Allmooß	Ob.Frk.
Alferting	Oberb.	Alletsberg	Niederb.	Allmünzen, auch	
Algai	Schwb.	Alletshof	Ob.Pf.	Almutzen	Niederb.
Algars	Schwb.	Alletsried	Ob.Pf.	Allraun	Oberb.
Algersdorf	Mitt.Frk.	Alletswind, auch		Allwind	Schwb.
Algershausen	Oberb.	Alletschwind	Ob.Pf.	Alm (2)	Oberb.
Algerting	Niederb.	Alleuthen (2)	Schwb.	Almay	Schwb.
Algertshausen	Oberb.	Alleuthenmühle	Schwb.	Almbach	Oberb.
Alharting	Niederb.	Allfeld	Ob.Pf.	Almbach, auch	
Alitzheim	Unt.Frk.	Allferting		Alpenbach	Oberb.
Alitzberg	Mitt.Frk.	Allfranfed, auch		Almbachmühle	Oberb.
Alkofen	Niederb.	Allfraßöd	Niederb.	Almbranz, auch	
Alfstein	Oberb.	Allgäu	Schwb.	Alnitz	Ob.Frk.
Allach	Oberb.	Allgasing	Oberb.	Almermühle	Oberb.

Almſiſchen	Oberb.	Altdorf		Rh.Pf.	Altenfeld (2)	Unt.Frk.
Almoſenbachborn	Oberb.	Altdorf (2)		Mitt.Frk.	Altenfelden, auch	
Almoſenreith	Niederb.	Altdorf		Schwb.	Kroatenhof	Unt.Frk.
Almosmühle	Mitt.Frk.	Altdorferau		Niederb.	Altenfelden	Ob.Pf.
Almoosmühle	Ob.Pf.	Altdroſſenfeld		Ob.Frk.	Altenfurth	Oberb.
auch Almus-		Altdürrenbuch		Niederb.	Altenfurth	Mitt.Frk.
mühle		Altdürrlas		Ob.Frk.	Altenglan	Rh.Pf.
Almsham	Oberb.	Alte Gemeinde		Niederb.	Altengreuth	Mitt.Frk.
Alpe	Oberb.	Alte Glashütte		Rh.Pf.	Altenham (2)	Oberb.
Alpenhäuſer	Niederb.	Alte Schmelz (3)		Rh.Pf.	Altenham	Niederb.
Alpersdorf	Oberb.	Alte Veſte		Mitt.Frk.	Altenhammer,	
Alperting	Niederb.	Alteglofsheim		Ob.Pf.	auch Hammer	Ob.Pf.
Alpseewles	Schwb.	Alteiſelfing		Oberb.	Altenhammer (2)	Ob.Pf.
Alram	Niederb.	Alteleröpoint		Niederb.	Altenhauſen	Oberb.
Alsberg	Unt.Frk.	Alten		Oberb.	Altenheideck	Ob.Pf.
Alſchbach	Rh.Pf.	Altenaich		Oberb.	Altenheim	Oberb.
Alsdorf	Oberb.	Altenasbach		Niederb.	Altenherenagger,	Ob.Pf.
Alſenberg	Ob.Frk.	Altenau		Oberb.	auch Sauhof	
Alſenbergmühle	Ob.Frk.	Altenbach		Oberb.	Altenhimmel	Ob.Frk.
Alſenborn	Rh.Pf.	Altenbach		Niederb.	Altenhof	Niederb.
Alſenbruck, auch		Altenbachsmühle		Unt.Frk.	Altenhof (2)	Rh.Pf.
Langmeil	Rh.Pf.	Altenbaindt		Schwb.	Altenhof	Mitt.Frk.
Alſenz	Rh.Pf.	Altenbamberg		Rh.Pf.	Altenhof (2)	Ob.Frk.
Alsheim	Rh.Pf.	Altenbanz		Ob.Frk.	Altenhof	Unt.Frk.
Alsleben	Unt.Frk.	Altenberg		Niederb.	Altenhofen	Niederb.
Alslebener Mühle	Unt.Frk.	Altenberg in der			Altenhofen	Ob.Pf.
Alsmoos (2)	Oberb.	Lindhub		Niederb.	Altenhohenau	Oberb.
Alſterloh	Oberb.	Altenberg (2)		Mitt Frk.	Altenhütte	Niederb.
Alſterweiler	Rh.Pf.	Altenberg		Schwb.	Altenkeiſen	
Altag	Ob.Pf.	Altenbernheim		Mitt.Frk.	Altenkirchen	Niederb.
Altach, auch Al-		Altenbeuern		Oberb.	Altenkirchen	Rh.Pf.
teich	Schwb.	Altenbuch (2)			Altnkofen	Niederb.
Altalbenreuth	Ob.Pf.	Altenbuch		Niederb.	Altenkreuſen	Ob.Frk.
Altamerthal, auch		Altenbuch		Mitt.Frk.	Altenkreuth	Ob.Pf.
Ammerthal	Ob.Pf.	Altenbuch		Unt.Frk.	Altenkünsberg	Ob.Frk.
Altamman	Schwb.	Altenburg (6)		Oberb.	Altenkundstadt	Ob.Frk.
Altas	Schwb.	Altenburg (3)		Niederb.	Altenlohe	Ob.Pf.
Altbach	Niederb.	Altenburg		Ob.Frk.	Altenmals	Niederb.
Altbamsham	Oberb.	Altenburg		Unt.Frk.	Altenmarkt (3)	Oberb.
Altbeſſingen, auch		Altenburg (2)		Schwb.	Altenmarkt (2)	Niederb.
Altbeinsbeſang	Unt.Frk.	Altenbetteleau		Mitt.Frk.	Altenmarkt	Ob.Pf.
Alt-Bolanderhof	Rh.Pf.	Altendorf		Niederb.	Altenmühle	Unt.Frk.
Altbreitenfelber-		Altendorf (2)		Ob.Pf.	Altenmünſter	Unt.Frk.
hof	Rh.Pf.	Altendorf (2)		Ob.Frk.	Altenmünſter	Schwb.
Altdietenholz	Mitt.Frk.	Altendorf		Mitt.Frk.	Altenmuhr	Mitt.Frk.
Altdorf	Oberb.	Altenerding		Oberb.	Altenneuhof	Niederb.
Altdorf	Niederb.	Alteneſſing		Niederb.	Altenöd	Oberb.

Altenöd	Niederb.	Alterlangen	Ob.Frk.	Altis, auch Altas	Schwb.
Altenparkstein	Ob.Pf.	Altersberg	Oberb.	Altisheim	Schwb.
Altenplos, auch		Altersberg	Niederb.	Altishof	Schwb.
Blöß	Ob.Frk.	Altersberg	Mitt.Frk.	Altisried	Schwb.
Altenpullach	Oberb.	Altersham	Oberb.	Altkasleben	Oberb.
Altenreith	Niederb.	Altersham	Niederb.	Altkatterbach	Mitt.Frk.
Altenreuth (4)	Ob.Frk.	Altershausen	Mitt.Frk.	Altkirchen	Oberb.
Altenreuth	Ob.Pf.	Altersperg	Niederb.	Altköslarn	Ob.Pf.
Altenricht	Ob.Pf.	Alterithurm	Schwb.	Altkreit	Oberb.
Altenried	Niederb.	Altes Schloß	Unt.Frk.	Altlach	Oberb.
Altenried (3)	Ob.Pf.	Altfalter	Ob.Pf.	Altlandau	Niederb.
Altensberg (2)	Schwb.	Altfalterbach	Oberb.	Altleiningen	Rh.Pf.
Altenschneeberg	Ob.Pf.	Altfalterer	Niederb.	Altmannsberg-	
Altenschönbach	Unt.Frk.	Altfalterloh	Niederb.	Ober	Oberb.
Altenschwand	Ob.Pf.	Altfaltern (2)	Niederb.	Altmannsberg(3)	Oberb.
Altensdorf	Niederb.	Altfaltersberg	Niederb.	Altmannsberg	Niederb.
Altensee	Oberb.	Altfeichten	Oberb.	Altmannsberg	Ob.Pf.
Altensee	Ob.Pf.	Altfeld	Unt.Frk.	Altmannsberg	Mitt.Frk.
Altensittenbach	Mitt.Frk.	Altfrauenhofen	Niederb.	Altmannsdorf	Unt.Frk.
Altenspeckfeld	Mitt.Frk.	Altglashütte	Unt.Frk.	Altmannshausen	Mitt.Frk.
Altenstadt (2)	Oberb.	Altglashütte	Schwb.	Altmannshof (2)	Ob.Pf.
Altenstadt (4)	Ob.Pf.	Altglashütten	Ob.Pf.	Altmannshofen,	
Altenstadt	Ob.Frk.	Althäusl	Oberb.	auch Almshofen	Niederb.
Altenstadt	Schwb.	Althalbhof	Ob.Frk.	Altmannskinden	Niederb.
Altenstadtmühle	Oberb.	Altham	Oberb.	Altmannsrieth	Ob.Pf.
Altenstaig	Schwb.	Althaus	Oberb.	Altmannstädt	Oberb.
Altenstammbach	Ob.Frk.	Althausen (2)	Unt.Frk.	Altmannstetten	Schwb.
Altenstein	Unt.Frk.	Althegnenberg	Oberb.	Altmanstein	Ob.Pf.
Altensteinreuth	Ob.Pf.	Altheim	Niederb.	Altmiletshausen	Oberb.
Altenthal	Ob.Frk.	Altheim	Rh.Pf.	Altmühl	Rh.Pf.
Altenthann	Ob.Pf.	Altheim	Mitt.Frk.	Altmühl (2)	Ob.Pf.
Altenthann	Mitt.Frk.	Altheim	Schwb.	Altmühldorf	Oberb.
Altentreswitz	Ob.Pf.	Altheimersberger		Altmühle	Oberb.
Altentrüdingen	Mitt.Frk.	Hof	Mitt.Frk.	Altmühle (2)	Rh.Pf.
Altenufer, auch		Altherr	Oberb.	Altmühle, auch	
Altenursarn	Niederb.	Althof	Oberb.	Himmelmühle	Ob.Pf.
Altenwegen	Oberb.	Althof	Rh.Pf.	Altmühle	Ob.Pf.
Altenweiher	Ob.Pf.	Altholz	Niederb.	Altmühle	Ob.Frk.
Altenweiher	Ob.Frk.	Althornbach	Rh.Pf.	Altmühle	Unt.Frk.
Altenweldorf	Ob.Pf.	Althütte	Niederb.	Altmühlerhäus-	
Altenwiesen	Ob.Frk.	Althütte	Ob.Pf.	chen	Oberb.
Altenwirth	Schwb.	Althütterhof	Rh.Pf.	Altmühlhausen	Oberb.
Altenwöhr	Niederb.	Alting	Oberb.	Altmugl	Ob.Pf.
Altenwoogsmühle.		Alting- Ober	Oberb.	Altmummen	Schwb.
(2)	Rh.Pf.	Alting- Unter,		Altmutter	Oberb.
Alterdorf	Niederb.	auch Rottalbing	Oberb.	Altneuhaus	Ob.Pf.
Altersing (2)	Oberb.	Alting	Niederb.		

Altneuwirths-		Alzhausen	Niederb.	Amertthal	Oberb.
haus	Ob.Frk.	Alzing	Oberb.	Amertthal	Ob.Pf.
Altötting	Oberb.	Alzing	Niederb.	Amertingen	Schwb.
Altofing (2)	Oberb.	Amann	Oberb.	Amesberg	Niederb.
Altomünster	Oberb.	Amannsberg	Niederb.	Amesberg	Ob.Pf.
Altpoppenreuth	Ob.Frk.	Amansöd, auch		Ameshof	Rh.Pf.
Altrandsberg	Niederb.	Amesöd	Niederb.	Amesmühle, auch	
Altreichenau	Niederb.	Amansöd	Niederb.	Zelsenmühle	Ob.Pf.
Altreith	Niederb.	Amasöd	Oberb.	Ametsbühl (2)	Oberb.
Altringenberg	Schwb.	Ambach- Ober	Oberb.	Ametshof	Ob.Pf.
Altripp	Rh.Pf.	Ambach- Unter	Oberb.	Am Glßübel	Mitt.Frk.
Altschauerberg	Mitt.Frk.	Ambach (3)	Oberb.	Amhof	Ob.Pf.
Altschirg	Niederb.	Ambach (-Burg)	Mitt.Frk.	Aming	Oberb.
Altschönau, ober		Ambach	Schwb.	Amingen	Oberb.
Altkaiserhütte	Niederb.	Am Berg	Oberb.	Amrieb	Niederb.
Altschwambach	Unt.Frk.	Am Berg	Niederb.	Amlingstadt	Ob.Frk.
Altselingsbach	Mitt.Frk.	Amberg	Niederb.	Ammelacker, auch	
Alsstadt	Rh.Pf.	Amberg	Ob.Pf.	Amlagga	Ob.Pf.
Alsstadt	Ob.Frk.	Amberg (2)	Schwb.	Ammelbruch	Mitt.Frk.
Alsstadt	Unt.Frk.	Amblet (2)	Oberb.	Ammelhof	Ob.Pf.
Alsstadtmühle	Unt.Frk.	Ambrostmühle	Niederb.	Ammerbach	Schwb.
Altstätten	Schwb.	Ambs, Abens	Oberb.	Ammerbacher-	
Altflammbach	Ob.Frk.	Amelsenbrücke	Mitt.Frk.	kreuth	Schwb.
Altstetten	Oberb.	Ameisgrub, auch		Ammerbacher-	
Alstetten	Schwb.	Amesgrub und		mühle	Schwb.
Altstockach	Oberb.	Amsgrub	Ob.Pf.	Ammerfeld	Schwb.
Altstyl	Oberb.	Ameishügel	Ob.Frk.	Ammergau- Ober	Oberb.
Altusried	Schwb.	Ancisloch	Ob.Frk.	Ammergau- Unt.	Oberb.
Altvielreich	Niederb.	Ameiser	Oberb.	Ammerhof	Niederb.
Altweg (5)	Oberb.	Amelgering	Oberb.	Ammerlingshof	Ob.Pf.
Altweg	Niederb.	Amelgering	Niederb.	Ammermühle (2)	Ob.Pf.
Altweichelau	Ob.Pf.	Amelhofen	Ob.Pf.	Ammermühle	Niederb.
Altwies	Oberb.	Amendingen	Schwb.	Ammerndorf	Mitt.Frk.
Altwies, auch		Amer	Oberb.	Ammersdorf	Oberb.
Herrnwies	Niederb.	Amerang (2)	Oberb.	Ammersdorf	Niederb.
Altziegenrück	Mitt.Frk.	Amerhaus		Ammersöd	Niederb.
Altzirkendorf	Ob.Pf.	Amerhöfe	Oberb.	Ammersreith	Niederb.
Alzing	Oberb.	Amerhof	Oberb.	Ammersricht-	
Alz, an der	Oberb.	Amering	Oberb.	Ober	Ob.Pf.
Alzberg, auch		Amering	Niederb.	Ammersricht	Ob.Pf.
Altsberg	Oberb.	Ameringshub	Niederb.	Ammerthal	Ob.Pf.
Alzberg	Oberb.	Amerland	Oberb.	Ammonschön-	
Alzenau	Unt.Frk.	Amerlingen	Oberb.	brunn	Mitt.Frk.
Alzenhof	Niederb.	Amersberg (5)	Oberb.	Ammoos	Schwb.
Alzenhof	Mitt.Frk.	Amersdorf	Oberb.	Amooslohe	Ob.Frk.
Alzersberg	Niederb.	Amersöd	Niederb.	Amorbach	Unt.Frk.
Alzgern	Oberb.	Amersricht	Ob.Pf.		

Amorsbrunn,		Andorfer		Niederb.	Angersberg	Oberb.
auch Amorshof	Unt.Frk.	Andreasthal		Ob.Pf.	Angersbüschl	Schwb.
Amosried	Niederb.	Andriching, auch			Angersdorf (2)	Niederb.
Amper	Oberb.	Andering		Niederb.	Angershof	Mitt.Frk.
Amperhäusl	Oberb.	Andrichstadt, auch			Angerskirchen	Oberb.
Amperhofen	Oberb.	Andelhofstatt		Oberb.	Angersöd	Niederb.
Ampermoching	Oberb.	Anezberg, auch			Angerweidach	Oberb.
Ampermühle	Oberb.	Annetsberg		Niederb.	Angfeld	Ob.Pf.
Amperpettenbach	Oberb.	Anfelden		Oberb.	Angl	Oberb.
Ampertshausen (2)	Oberb.	Anfelden		Mitt.Frk.	Anglberg	Niederb.
		Angel		Oberb.	Anglmühle	Niederb.
Ampferbach	Ob.Frk.	Angel		Niederb.	Anglöb	Niederb.
Ampfing	Oberb.	Angelberg		Oberb.	Angstall	Ob.Pf.
Ampfrach	Mitt.Frk.	Angelberg		Schwb.	Angstl	Oberb.
Amping	Oberb.	Angelhub		Niederb.	Anhäuserhöfe	Schwb.
Ampo	Schwb.	Angelbrechting		Oberb.	Anhaltsberg	Oberb.
Am Rand	Oberb.	Angelsberg		Oberb.	Anham	Niederb.
Am See	Oberb.	Angelsberg		Unt.Frk.	Anhausen	Oberb.
Amsee	Schwb.	Angelsbruk (3)		Oberb.	Anhausen	Schwb.
Amselfing	Niederb.	Anger (12)		Oberb.	Anhausen, auch	
Amselgraben (2)	Oberb.	Anger (5)		Niederb.	Weileranhausen	Schwb.
Amsham	Oberb.	Anger (2)		Ob.Pf.	Anhleßing	Niederb.
Amsham (2)	Niederb.	Anger		Ob.Frk.	Anhofen (2)	Schwb.
Am Sprüng,		Angerbach		Niederb.	Anhofermühle	Schwb.
auch Huberöd	Niederb.	Angerer (2)		Niederb.	Anifünfer	Oberb.
Am Stein	Unt.Frk.	Angerhäusl		Oberb.	Anisag	Oberb.
Amtmannsdorf	Mitt.Frk.	Angerhof (3)		Oberb.	Ankam (2)	Niederb.
Amtsfleck	Niederb.	Angerhof		Mitt.Frk.	Anker (2)	Oberb.
Amtsohl-Forsth.	Rh.Pf.	Angerhof		Schwb.	Ankertshausen	Oberb.
Am Weiher	Niederb.	Angering (2)		Oberb.	Ankofen, auch	
Anatsberg	Niederb.	Angering		Niederb.	Anghofen	Oberb.
Anatswald	Schwb.	Angerl		Oberb.	Anläng	Niederb.
Andechs	Oberb.	Angerling		Oberb.	Anlesberg	Niederb.
Andelhofstatt,		Angerloh		Niederb.	Anna Sct. (2)	Niederb.
auch Andrichstatt	Oberb.	Angermann (2)		Oberb.	Anna Sct. (3)	Ob.Pf.
Andelsteig	Oberb.	Angermühl (2)		Oberb.	Anna Sct.	Ob.Frk.
Anderhalbs	Schwb.	Angermühle (5)		Oberb.	Anna Sct. (2)	Schwb.
Anderhof	Schwb.	Angermühle		Niederb.	Annabrunn (2)	Oberb.
Anderlmühle (2)	Oberb.	Angermühle (2)		Schwb.	Annahalb	Ob.Pf.
Anderlmühle	Ob.Pf.	Angermühle (3)		Ob.Pf.	Annahof	Rh.Pf.
Anderlöb	Niederb.	Angermühle (3)		Ob.Frk.	Annahof	Ob.Frk.
Andermannsdorf	Niederb.	Angermühle (2)		Unt.Frk.	Annathal	Niederb.
Andersbach	Oberb.	Angern (2)		Ob.Pf.	Annenau	Oberb.
Andersdorf	Niederb.	Angerpoint		Oberb.	Annetsreith	Niederb.
An der Straß	Oberb.	Angerpoint		Niederb.	Anning (3)	Oberb.
Andorf	Oberb.	Angersbach		Oberb.	Anning (2)	Niederb.
Andorf	Mitt.Frk.				Annweiler	Rh.Pf.

1*

Aaried, auch		Anzengrub	Niederb.	Appoigmühle	Niederb.
Pfahleck	Oberb.	Anzenhof	Niederb.	Arbeiter	Oberb.
Anried	Schwb.	Anzenhof	Schwb.	Arberg	Ob.Frk.
Anschließing	Niederb.	Anzenhofen	Ob.Pf.	Arberg	Mitt.Frk.
Ansbach	Mitt.Frk.	Anzenkirchen	Niederb.	Arberhütte, große	
Ansbach	Unt.Frk.	Anzenpoint	Oberb.	und kleine	Niederb.
Ansdorf	Niederb.	Anzerreith (2)	Niederb.	Arberhütte	Niederb.
Antdorf	Oberb.	Anzhofen	Oberb.	Arbesstätt	Oberb.
Antelsdorf	Ob.Pf.	Anzing (4)	Oberb.	Arbing (4)	Oberb.
Antenau	Oberb.	Anzing (2)	Niederb.	Arbing (4)	Niederb.
Antenau, auch		Apersdorfer-		Arbisbichel	Oberb.
Entenau	Niederb.	mühle	Niederb.	Arch	Oberb.
Antenbüchel	Oberb.	Apfelbach	Ob.Frk.	Archentleiten	Ob.Pf.
Antenfuß	Niederb.	Apfelbichel	Oberb.	Archenweyer-	
Antenloh	Oberb.	Apfeldorf- Ober	Oberb.	mühle	Rh.Pf.
Antenpoint	Niederb.	Apfeldorf- Unter	Oberb.	Archshofen	Mitt.Frk.
Antenring	Niederb.	Apfeldorfhausen	Oberb.	Arblmühle	Oberb.
Antenstraßen	Oberb.	Apfelkam (2)	Oberb.	Aresing (2)	Oberb.
Antersberg (2)	Oberb.	Apfelthann, auch		Aresting	Niederb.
Antersdorf	Ob.Pf.	Fesselthann	Niederb.	Aretsried	Schwb.
Anterskofen	Niederb.	Apfeltrach	Schwb.	Arfenreith	Niederb.
Anthal	Oberb.	Apfeltrang	Schwb.	Arfling	Oberb.
Antholing	Oberb.	Apfkoch	Niederb.	Argeltsried	Oberb.
Antholling	Niederb.	Apostelsmühle	Rh.Pf.	Arget	Oberb.
Antholzen	Niederb.	Appelhof	Ob.Pf.	Argstetten	Oberb.
Anton Sct.	Oberb.	Appelsberg	Mitt.Frk.	Arhalm	Ob.Pf.
Anton Sct. (4)	Niederb.	Appelsheimer-		Arhalm, auch	
Anton Sct.	Ob.Pf.	mühle	Rh.Pf.	Aholm	Ob.Pf.
Anton Sct.	Ob.Frk.	Appenberg	Ob.Frk.	Aring	Oberb.
Anton Sct.	Schwb.	Appendorf	Ob.Pf.	Arlaching	Oberb.
Antoniberg	Schwb.	Appendorf	Unt.Frk.	Arlasberg	Ob.Pf.
Antonihof	Rh.Pf.	Appenfelden	Mitt.Frk.	Arlesgrün	Ob.Pf.
Antonsruh	Niederb.	Appenhofen	Rh.Pf.	Arlesried	Schwb.
Antritt (3)	Oberb.	Appenried	Oberb.	Arling	Ob.Pf.
Antstorf	Niederb.	Appenstetten	Mitt.Frk.	Arlisberg	Schwb.
Antwort	Oberb.	Appenthal	Rh.Pf.	Armannsberg	Niederb.
Anwalding	Oberb.	Appercha	Oberb.	Armansberg	Niederb.
Anwanden	Oberb.	Appersdorf	Oberb.	Armasried	Ob.Pf.
Anwanden	Mitt.Frk.	Appersdorf (2)	Niederb.	Armeding	Niederb.
Anwanden (2)	Schwb.	Apperszwing	Ob.Pf.	Armenhaus (2)	Ob.Frk.
Anzelstätten	Niederb.	Apperting	Oberb.	Armensee	Ob.Pf.
Anzenbach	Oberb.	Appertshausen	Oberb.	Armesberg, auch	
Anzenberg (5)	Oberb.	Appertshofen	Oberb.	Armannsberg	Ob.Pf.
Anzenberg (5)	Niederb.	Appetshofen	Schwb.	Armetshofen	Oberb.
Anzenberg	Ob.Pf.	Apping	Oberb.	Armöd	Niederb.
Anzenbrunn	Niederb.	Appmannsberg	Niederb.	Armsdorf	Oberb.
Anzened	Niederb.	Appoig	Niederb.	Armsgrub	Ob.Pf.

Armstetten	Niederb.	Arzbach	Mitt.Frk.	Aschbach, auch		
Armuthshurn	Oberb.	Arzberg	Niederb.	Asbach	Oberb.	
Arnbach	Oberb.	Arzberg, auch		Aschbach	Rh.Pf.	
Arnberg	Oberb.	Ortsberg	Ob.Frk.	Aschbach	Ob.Pf.	
Arnbruck	Niederb.	Arzberg	Ob.Frk.	Aschbach	Ob.Frk.	
Arnbuch	Ob.Pf.	Arzenpoint	Oberb.	Aschbacherhof	Rh.Pf.	
Arndorf	Oberb.	Arzheim	Rh.Pf.	Aschbachermühle	Rh.Pf.	
Arndorf (2)	Niederb.	Arzla	Oberb.	Aschberg	Oberb.	
Arndorf	Ob.Pf.	Arzlohe	Mitt.Frk.	Aschberg (2)	Niederb.	
Arnest	Ob.Pf.	Arzthäusl	Ob.Pf.	Aschbergerwald	Mitt.Frk.	
Arnetsried	Niederb.	Arzthaus	Ob.Pf.	Aschbuch, auch		
Arnostein	Niederb.	Arzthofen	Ob.Pf.	Aspach	Niederb.	
Arnhof (3)	Oberb.	Arzting	Niederb.	Aschelsried	Oberb.	
Arnhofen	Niederb.	Asam	Niederb.	Aschen	Schwb.	
Arnhofen	Niederb.	Asamer	Niederb.	Aschenau	Oberb.	
Arnleithen	Ob.Frk.	Asang (3)	Niederb.	Aschenau	Niederb.	
Arnmühle	Ob.Pf.	Asung	Ob.Pf.	Aschenhof	Ob.Pf.	
Arnolding	Oberb.	Asanger	Niederb.	Aschenhof	Unt.Frk.	
Arnoldsmühle	Oberb.	Asbach (7)	Oberb.	Aschenhütte	Unt.Frk.	
Arnoldsreuth	Ob.Pf.	Asbach (10)	Niederb.	Aschenroth	Unt.Frk.	
Arnoldsreuth	Ob.Frk.	Asbach (2)	Ob.Pf.	Aschering	Oberb.	
Arnried	Oberb.	Asbach (3)	Mitt.Frk.	Ascherreuth	Ob.Pf.	
Arnsberg	Mitt.Frk.	Asbach (3)	Schwb.	Aschersdorf	Niederb.	
Arnschwang	Ob.Pf.	Asbachhof	Mitt.Frk.	Aschfeld	Unt.Frk.	
Arnsdorf	Ob.Pf.	Asbacherhof	Schwb.	Ascheim	Oberb.	
Arnsdorf	Niederb.	Asbachermühl	Niederb.	Aschhofen	Oberb.	
Arnshausen	Unt.Frk.	Asbeck (4)	Niederb.	Asching	Niederb.	
Arnshöchstett	Mitt.Frk.	Asberg	Oberb.	Aschlbäck	Niederb.	
Arnstein	Ob.Pf.	Asberg	Niederb.	Aschlgrub	Oberb.	
Arnstein	Ob.Frk.	Asberg	Ob.Frk.	Aschner	Niederb.	
Arnstein	Unt.Frk.	Asbrunn	Schwb.	Ascholting	Oberb.	
Arnsried	Oberb.	Asch	Ob.Pf.	Ascholtshausen	Niederb.	
Arnzell	Oberb.	Asch	Ob.Pf.	Ascholzing	Oberb.	
Arrach	Niederb.	Asch (2)	Schwb.	Aschpach	Niederb.	
Arrach	Ob.Pf.	Ascha		Aschthal	Oberb.	
Arreshausen	Oberb.	Ascha	Niederb.	Aschthal (2)	Schwb.	
Arsbach	Oberb.	Aschach		Aselmühle	Oberb.	
Arschleben, auch		Aschach (2)	Ob.Pf.	Asen	Oberb.	
Hirschgründlein	Ob.Frk.	Aschach	Unt.Frk.	Asenbach	Oberb.	
Art	Niederb.	Aschaffenburg	Unt.Frk.	Asenbauer	Niederb.	
Artelshofen	Mitt.Frk.	Aschaffsteghammer		Asenbaum	Niederb.	
Artlkofen	Niederb		Unt.Frk.	Asenberg	Ob.Pf.	
Artmannsreith	Niederb.	Aschahof	Ob.Pf.	Asenham	Oberb.	
Arto	Schwb.	Aschau (7)	Oberb.	Asenham (2)	Niederb.	
Arrmoos	Oberb.	Aschau, Mitter-	Ob.Pf.	Asenhof	Niederb.	
Arzthau	Oberb.	Aschau	Ob.Pf.	Asenhub	Oberb.	
Arzbach (2)	Oberb.	Aschbach (3)	Oberb.	Asenkofen	Oberb.	

Asenkofen	Niederb.	Attel	Oberb.	Atzmannsberg	Ob.Pf.
Asenreit (2)	Oberb.	Attelsdorf	Ob.Frk.	Atzmannsdorf	Niederb.
Asenwinkel	Oberb.	Attelthal (5)	Oberb.	Atzmannsdorf,	
Asham	Oberb.	Attenberg	Oberb.	auch Altmanns-	
Asham	Niederb.	Attenberg (6)	Niederb.	dorf	Niederb.
Ashöcking	Niederb.	Attenbrunn	Niederb.	Atzmannsricht	Ob.Pf.
Asing	Niederb.	Attenbrunnmühle	Mitt.Frk.	Au (62)	Oberb.
Asing	Ob.Pf.	Attenfeld	Schwb.	Au (16)	Niederb.
Aspach	Oberb.	Attenhausen (2)	Oberb.	Au (4)	Ob.Pf.
Aspach (2)	Niederb.	Attenhaufen (2)	Niederb.	Au (2)	Ob.Frk.
Aspach	Ob.Pf.	Attenhausen (2)	Schwb.	Au, auch Niederau	Ob.Frk.
Aspach (2)	Schwb.	Attenhofen	Niederb.	Au (2)	Mitt.Frk.
Aspachhof	Schwb.	Attenhofen	Mitt.Frk.	Au (10)	Schwb.
Aspachmühle	Ob.Pf.	Attenhofen	Schwb.	Au, obere	Oberb.
Aspeck	Niederb.	Attenhofermühle	Schwb.	Au, untere	Oberb.
Aspenhof, auch		Attenhoffstetten	Ob.Pf.	Au, inder	Oberb.
Marfeld	Schwb.	Attenhub	Oberb.	Au, im Hammer	Oberb.
Aspenkapelle	Schwb.	Attenkofen	Niederb.	Au, auf der	Niederb.
Aspenkehlermühle	Rh.Pf.	Attenkirchen	Oberb.	Au, bei Antenring	Niederb.
Aspenmühle (2)	Unt.Frk.	Attenlohe	Oberb.	Au, bei Landshut	Niederb.
Asperl	Niederb.	Attenmoos	Oberb.	Au, bei Weiling	Niederb.
Aspern	Niederb.	Attenzell	Mitt.Frk.	Au, vorm Wald	Niederb.
Aspersham	Niederb.	Attich	Oberb.	Au, in der	Schwb.
Asperting	Niederb.	Atting	Oberb.	Au- Ober	Schwb.
Aspertsham (2)	Oberb.	Atting	Niederb.	Au- Unter	Schwb.
Aspertshofen	Mitt.Frk.	Attlefee	Schwb.	Aub (2)	Mitt.Frk.
Aspertshub	Niederb.	Attlefeemühle	Schwb.	Aub (2)	Unt.Frk.
Affelheim	Rh.Pf.	Attlfeld	Oberb.	Aubach	Niederb.
Affenbuch	Oberb.	Attwies	Oberb.	Aubauer	Oberb.
Affenhausen (2)	Oberb.	Azarleb	Ob.Pf.	Aubauer	Niederb.
Affenheim	Rh.Pf.	Azbach	Niederb.	Aubenham	Oberb.
Affing	Oberb.	Azberg, Achatz		Aubenhausen	Oberb.
Affling	Oberb.	Azberg	Niederb.	Auberg (2)	Oberb.
Aßlkofen	Oberb.	Azelbach	Oberb.	Auberg	Niederb.
Aßlschwang	Ob.Pf.	Azenberg	Schwb.	Aubing	Oberb.
Aßweiler	Rh.Pf.	Azenhof	Ob.Pf.	Aubruck	Schwb.
Ast (4)	Oberb.	Azenhofen	Mitt.Frk.	Aubstadt	Unt.Frk.
Ast	Niederb.	Azenried	Schwb.	Auburg	Niederb.
Ast	Ob.Pf.	Azenzell	Ob.Pf.	Auburg	Ob.Pf.
Astall	Oberb.	Azging	Oberb.	Auchsesheim	Schwb.
Asten (2)	Oberb.	Azhäusl	Oberb.	Audenkellerhof	Rh.Pf.
Astheim	Unt.Frk.	Azhausen	Mitt.Frk.	Aue (2)	Mitt.Frk.
Athenham	Oberb.	Azhausen	Unt.Frk.	Auenzell	Niederb.
Athenhausen	Oberb.	Azing	Oberb.	Auer (8)	Oberb.
Athenkam	Oberb.	Azing	Niederb.	Auer (2)	Niederb.
Ating	Niederb.	Azlricht	Ob.Pf.	Auerau	Mitt.Frk.
Attaching	Oberb.	Azmannsberg	Niederb.	Auerbach	Oberb.

Auerbach- Hinter	Oberb.	Aufhausen	Schwb.	Aukenzell	Ob.Pf.
Auerbach- Vorder	Oberb.	Aufhausen	Ob.Pf.	Aufirchen	Niederb.
Auerbach (4)	Niederb.	Aufheim	Schwb.	Aukosen	Ob.Pf.
Auerbach	Mitt.Frk.	Aufhof	Schwb.	Aulenbach	Unt.Frk.
Auerbach	Ob.Pf.	Aufhofen	Oberb.	Auling	Niederb.
Auerbach- Mitter	Ob.Pf.	Aufing	Oberb.	Aulohe	Niederb.
Auerbach (2)	Schwb.	Aufkirch	Schwb.	Aulshausen	Oberb.
Auerbachermühle	Rh.Pf.	Aufkirchen (3)	Oberb.	Aumann (3)	Oberb.
Auerberg (2)	Oberb.	Aufkirchen	Mitt.Frk.	Aumann (3)	Niederb.
Auerberg (2)	Ob.Pf.	Aufnberg	Niederb.	Aumbach	Ob.Pf.
Auerbergsreith	Niederb.	Aufnberg	Ob.Pf.	Aumbrunn	Ob.Pf.
Auerkiel	Niederb.	Aufroth	Niederb.	Aumeister	Oberb.
Auerkofen	Niederb.	Aufsees	Ob.Frk.	Aumühl	Oberb.
Auerlfing	Oberb.	Aufsees Schlöß-		Aumühle (11)	Oberb.
Auernheim	Mitt.Frk.	chen	Ob.Frk.	Aumühle (13)	Niederb.
Auernhofen	Mitt.Frk.	Aufstetten	Unt.Frk.	Aumühle (7)	Ob.Pf.
Auers	Schwb.	Aug	Oberb.	Aumühle (2)	Ob.Frk.
Auersberg (2)	Unt.Frk.	Augarten	Mitt.Frk.	Aumühle (3)	Mitt.Frk.
Auersdorf	Oberb.	Augarten	Schwb.	Aumühle (12)	Unt.Frk.
Auershöfe	Unt.Frk.	Augassen	Oberb.	Aumühle (5)	Schwb.
Auersölden	Ob.Pf.	Augenthal (2)	Oberb.	Aunberg	Niederb.
Auerstorf, auch		Augenthal	Ob.Pf.	Aunham (2)	Niederb.
Adersdorf	Niederb.	Auggenbach	Niederb.	Aunkirchen	Niederb.
Auertswies	Niederb.	Auggenthal (5)	Niederb.	Aunkofen (2)	Niederb.
Auf bem Berg	Niederb.	Augrub (2)	Niederb.	Auoste	Oberb.
Auf bem Berg (2)	Schwb.	Augsberg	Ob.Pf.	Aura (2)	Unt.Frk.
Auf bem Buch	Schwb.	Augsburg	Schwb.	Aura Trimberg	Unt.Frk.
Auf ber Dohle	Schwb.	Augsfeld	Unt.Frk.	Aurach	Oberb.
Auf ber Ed	Schwb.	Augustenfeld	Oberb.	Aurach	Mitt.Frk.
Auf bem Giebel	Schwb.	Augustinermühle	Schwb.	Aurachsmühle	Unt.Frk.
Auf ber Haid	Unt.Frk.	Auhäusl	Oberb.	Auramühle	Unt.Frk.
Auf ber Mauer	Schwb.	Auhäusl (3)	Niederb.	Auretsbobl	Niederb.
Auf ber neuen		Auhaus	Ob.Pf.	Auretsborf	Niederb.
Welt	Schwb.	Auhausen	Oberb.	Aurieb	Niederb.
Auf ber Schelbe	Niederb.	Auhausen	Schwb.	Auriedern	Niederb.
Auf ber Wies	Oberb.	Auhöfe	Oberb.	Aurolfing	Niederb.
Auf ber Wies	Schwb.	Auhof (3)	Oberb.	Aurolfing, auch	
Auf ber Wiese	Schwb.	Auhof (11)	Niederb.	Auerfing	Niederb.
Aufbach	Niederb.	Auhof (4)	Ob.Pf.	Ausang	Oberb.
Aufeld (2)	Niederb.	Auhof	Ob.Frk.	Ausbach	Niederb.
Aufenau	Unt.Frk.	Auhof	Mitt.Frk.	Ausbacherhof	Rh.Pf.
Aufenrieb	Ob.Pf.	Auhof	Unt.Frk.	Ausbäck	Niederb.
Auffang	Oberb.	Auholz	Niederb.	Ausham	Niederb.
Aufham (9)	Oberb.	Auholz	Ob.Pf.	Aushofen	Oberb.
Aufham (2)	Niederb.	Aujäger	Oberb.	Ausleitner	Oberb.
Aufhausen (4)	Oberb.	Auing	Oberb.	Aussenried	Niederb.
Aufhausen (3)	Niederb.	Aukenberg	Ob.Pf.	Ausserberl	Oberb.

14   Ausserbittlach — Bachmühle.

Ausserbittlach	Oberb.	Autengrün	Ob.Frk.	Ay (4)	Niederb.
Ausserhirnthal	Niederb.	Autenhausen	Ob.Frk.	Ay	Schwb.
Ausserirlach	Niederb.	Autenried (2)	Schwb.	Ayachmühle	Oberb.
Ausserkagen	Niederb.	Autenzell	Oberb.	Ayen	Schwb.
Ausserkoy	Oberb.	Autschachen	Oberb.	Ayermühle	Niederb.
Ausserlehen	Ob.Pf.	Autstorf	Niederb.	Ayíng (2)	Oberb.
Ausser Leithen	Ob.Frk.	Auweber	Niederb.	Aymer	Niederb.
Außerlengenwang	Schwb.	Auwies	Oberb.	Aymühle	Schwb.
Außerloher, Außerlohen	Oberb.	Auwinkel	Oberb.	Aystetten	Schwb.
		Ardorf	Oberb.	Aystettermühle	Schwb.
Aussernhaus	Ob.Frk.	Arenbach	Oberb.	Azeldorf	Niederb.
Aussernprünst	Niederb.	Arenhofen	Niederb.	Azelsberg	Mitt.Frk.
Aussernrötzing	Niederb.	Aröb	Niederb.	Azenberg	Niederb.
Aussernzell	Niederb.	Artberg	Oberb.	Azendorf	Ob.Frk.
Aussersollach	Niederb.	Artbrunn	Oberb.	Azing (2)	Niederb.
Ausserwald	Oberb.	Artham	Oberb.	Azlern	Niederb.
Austerweisbach	Oberb.	Artheld	Ob.Pf.	Azzelsberg	Niederb.

B.

Baab	Ob.Frk.	Bachen	Schwb.	Bachhorn	Niederb.
Baalborn	Rh.Pf.	Bacheneb	Oberb.	Bachhub	Niederb.
Baar	Oberb.	Bachenhausen	Oberb.	Bachhuber	Oberb.
Baar	Schwb.	Bachenhöfe	Rh.Pf.	Bachl	Niederb.
Babenberg	Oberb.	Bacherfunk	Oberb.	Bachlach (Pacha)	Oberb.
Babenhausen	Schwb.	Bacherhof	Rh.Pf.	Bachlehen	Niederb.
Babenried	Oberb.	Bachern	Oberb.	Bachleiten (4)	Oberb.
Babenstuben	Oberb.	Bachersöb	Niederb.	Bachleiten	Ob.Pf.
Babilon	Ob.Pf.	Bacherwinkel	Oberb.	Bachler	Niederb.
Babing	Oberb.	Bachetsfeld	Ob.Pf.	Bachlern	Niederb.
Babing (2)	Niederb.	Bachgraben	Oberb.	Bachlhauser	Niederb.
Babold	Oberb.	Bachhäusl	Oberb.	Bachlsimon	Niederb.
Bach (32)	Oberb.	Bachhäuser	Niederb.	Bachmaier (2)	Oberb.
Bach, am (3)	Oberb.	Bachhäusl	Niederb.	Bachmaier	Niederb.
Bach (12)	Niederb.	Bachhagel	Schwb.	Bachmaierholz	Niederb.
Bach (3)	Ob.Pf.	Bachheltermühle	Ob.Pf.	Bachmann	Oberb.
Bach (2)	Schwb.	Bachham (4)	Oberb.	Bachmann (2)	Niederb.
Bachappen, auch Bachhappen, ob. Pachoppen	Oberb.	Bachham (3)	Niederb.	Bachmartin	Schwb.
		Bachhauptmühle	Ob.Pf.	Bachmehring, a. Bachmoning ob.	
		Bachhausen	Oberb.		
Bachbauer	Niederb.	Bachhausen	Niederb.	Pommering	Oberb.
Bachbauern	Niederb.	Bachhausen	Mitt.Frk.	Bachmehring	Oberb.
Bachbügl	Ob.Pf.	Bachhauserfilz	Oberb.	Bachmeier	Oberb.
Bachel	Niederb.	Bachhelm	Oberb.	Bachmühle	Oberb.
Bachelberg	Niederb.	Bachhöfe	Ob.Pf.	Bachmühle (2)	Niederb.

Bachmühle — Baiermühle. 15

Bachmühle	Rh.Pf.	Bächlein	Ob.Frk.	Bärnham	Oberb.
Bachmühle (2)	Ob.Pf.	Bäck	Oberb.	Bärnhaus	Ob.Frk.
Bachmühle (3)	Mitt.Frk.	Bäck, am Halb	Oberb.	Bärnhöhe	Ob.Pf.
Bachmühle	Unt.Frk.	Bäck, am Eck	Oberb.	Bärnhof (2)	Ob.Pf.
Bachner	Oberb.	Bäck, am See	Oberb.	Bärnloch	Niederb.
Bachreit	Oberb.	Bäck	Schwb.	Bärnmühle (3)	Ob.Pf.
Bachstetten	Oberb.	Bäckenalpe	Oberb.	Bärnöd	Niederb.
Bachtel, auch		Bäckenbauer	Schwb.	Bärnöst	Ob.Pf.
Bachthal	Schwb.	Bäckenschlag	Ob.Pf.	Bärnreith	Niederb.
Bachtel (5)	Schwb.	Bäckerlehen	Oberb.	Bärnreuth (4)	Ob.Frk.
Bachtele	Schwb.	Bäckermühle	Oberb.	Bärnried	Niederb.
Bachtelmühle (2)	Schwb.	Bäckermühle	Niederb.	Bärnschachthütte	Niederb.
Bachthal (3)	Schwb.	Bäckermühle	Mitt.Frk.	Bärnsdorf	Oberb.
Bachtlstaig	Schwb.	Bäckerreith	Niederb.	Bärnsham	Niederb.
Bachzetten	Oberb.	Bäckhofen	Niederb.	Bärnstein	Niederb.
Backelreit	Niederb.	Bälblesschwaig	Schwb.	Bärnthal	Niederb.
Backenmühle	Unt.Frk.	Bärau, auch Pe-		Bäuerle	Schwb.
Backföhrenmühle	Ob.Frk.	rau.	Oberb.	Bäuerlings	Schwb.
Backöfen, auch		Bärenbach	Rh.Pf.	Bäuerlinshalden	Schwb.
Forst	Ob.Frk.	Bärenbronnerhof	Rh.Pf.	Bauermühle	Ob.Pf.
Backtrog	Unt.Frk.	Bärenbronner-		Bäumel	Ob.Pf.
Bad (2)	Niederb.	mühle	Rh.Pf.	Bäumenheim	Schwb.
Bad Gleisweiler	Rh.Pf.	Bärenbrunn	Ob.Frk.	Baffelsberg	Niederb.
Bad	Ob.Pf.	Bärengrund	Ob.Frk.	Bahnbrücken-	
Bad (2)	Schwb.	Bärenhäuser	Ob.Frk.	mühle (2)	Unt.Frk.
Bad (Schachen)	Schwb.	Bärenhaus	Ob.Frk.	Bahnholz	Schwb.
Badanhausen	Mitt.Frk.	Bärenhausen	Oberb.	Bahra	Unt.Frk.
Babberg	Oberb.	Bärenhöhle	Oberb.	Baier (4)	Oberb.
Babelhütten	Ob.Pf.	Bärenhof	Ob.Frk.	Baierbach	Oberb.
Babendorf	Oberb.	Bärenmantl	Schwb.	Baierbach (3)	Niederb.
Baber (2)	Oberb.	Bärenthal	Ob.Frk.	Baierberg (3)	Oberb.
Baber im Thal	Oberb.	Bärenwies	Schwb.	Baierberg	Ob.Pf.
Baberhäusl	Oberb.	Bärenzahn	Niederb.	Baierbrunn	Oberb.
Babermühle (2)	Oberb.	Bärenziegelhütte	Rh.Pf.	Baierbilling	Oberb.
Baberöd	Niederb.	Bärfallen	Schwb.	Baierdissen	Oberb.
Babershausen	Oberb.	Bärlas	Ob.Frk.	Baierfeld	Rh.Pf.
Babhäusl	Oberb.	Bärmbichl	Oberb.	Baierfeld	Schwb.
Babhaus	Schwb.	Bärmühle	Mitt.Frk.	Baiergrün	Ob.Frk.
Babhöring	Oberb.	Bärnau (2)	Niederb.	Baierhof	Oberb.
Bablhof	Niederb.	Bärnau, auch		Baierhof	Unt.Frk.
Babslauben	Niederb.	Bernau	Ob.Pf.	Baierhof	Schwb.
Babstube	Niederb.	Bärnbach	Niederb.	Baierlach	Oberb.
Babwerk	Oberb.	Bärnbach	Schwb.	Baierleinsmühle,	
Bächel	Schwb.	Bärnbauer	Ob.Pf.	auch Taubals-	
Bächen	Schwb.	Bärndobl	Niederb.	mühle	Ob.Frk.
Bächingen	Schwb.	Bärndorf (3)	Niederb.	Baierlesmühle	Mitt.Frk
Bächingermühle	Schwb.	Bärnfurth	Ob.Pf.	Baiermühle	Schwb.

Baiern (3)	Oberb.	Ballersdorf	Mitt.Frk.	Banz	Ob.Frk.
Baiern, auch Boler	Oberb.	Ballersdorf	Schwb.	Banzenweiler	Mitt.Frk.
		Ballertshofen	Ob.Pf.	Banzermühle	Mitt.Frk.
Baiern (2)	Niederb.	Balletshof	Schwb.	Barbara Sct.	Niederb.
Baiern	Ob.Pf.	Ballingshausen	Unt.Frk.	Barbara Sct.	Ob.Pf.
Baiern	Schwb.	Ballingsmühle	Unt.Frk.	Barbara Sct.	Schwb.
Baiernrain	Oberb.	Ballhausen	Schwb.	Barbaraberg	Ob.Pf.
Baiersbach	Ob.Frk.	Ballkam, auch Pöllkam	Oberb.	Barbelroth	Rh.Pf.
Baiersdorf	Niederb.			Barbelstein	Rh.Pf.
Baiersdorf	Ob.Pf.	Ballmannshof, auch Polmeshof	Mitt.Frk.	Barbing	Ob.Pf.
Baiersdorf	Ob.Frk.			Bardelsmühle	Rh.Pf.
Baiersdorf	Mitt.Frk.	Ballmertshofen	Schwb.	Bardorf	Unt.Frk.
Baiersdorfer- mühle	Mitt.Frk.	Ballstadt	Mitt.Frk.	Bargetsmühle	Unt.Frk.
		Ballweiler	Rh.Pf.	Barletten, auch Paarletten	Ob.Pf.
Baiershof	Ob.Frk.	Baltenstein	Schwb.		
Baiershofen	Schwb.	Baltershausen	Niederb.	Barmbichel (2)	Oberb.
Baiersried (2)	Schwb.	Balthasarmühle	Unt.Frk.	Barmbicheln	Oberb.
Baierstadel	Oberb.	Balzhausen	Schwb.	Barmsee	Oberb.
Baierstetten-Hinter, Vorder	Schwb.	Balzhofen, auch Baldshofen	Schwb.	Barnsdorf	Mitt.Frk.
				Barnstein	Unt.Frk.
Baiertoni	Oberb.	Bamberg (2)	Oberb.	Barnstein	Schwb.
Baierwies	Oberb.	Bamberg	Ob.Frk.	Barschalling	Oberb.
Bailers	Schwb.	Bambergerhof	Rh.Pf.	Bartel am Roß	Niederb.
Baimbach	Mitt.Frk.	Bamham, auch Baunham	Oberb.	Bartelmesaurach	Mitt.Frk.
Baimhofen	Mitt.Frk.			Bartelshäusl	Rh.Pf.
Baindlkirch	Oberb.	Baming	Niederb.	Bartelsmühle	Ob.Frk.
Bairawies	Oberb.	Bamm	Niederb.	Bartelsmühle	Unt.Frk.
Bairazell	Oberb.	Bammer	Oberb.	Bartelsperg	Niederb.
Baireuth	Ob.Frk.	Bammersdorf	Ob.Frk.	Bartelwag	Mitt.Frk.
Bairischerhof	Ob.Pf.	Bammersdorf	Mitt.Frk.	Barth	Schwb.
Baisweil	Schwb.	Bamsham	Oberb.	Barthele	Schwb.
Balbersdorf	Ob.Pf.	Bamsterhof	Rh.Pf.	Barthelmä Sct.	Niederb.
Baldauf	Schwb.	Banderbach	Mitt.Frk.	Barthelsmühle	Unt.Frk.
Balderschwang	Schwb.	Bandzaun	Oberb.	Barthlmühle	Oberb.
Baldersheim	Unt.Frk.	Bandzaun	Niederb.	Bartholomä Sct.	Oberb.
Baldham	Oberb.	Bangerterhof	Rh.Pf.	Bartholomä Sct.	Ob.Pf.
Baldingen	Schwb.	Banholz	Niederb.	Bartholomä Sct.	Schwb.
Baldkam, auch Pallkam	Oberb.	Banholz	Schwb.	Bartholomä- mühle	Oberb.
		Bankl	Oberb.		
Baldratsried	Schwb.	Bann	Rh.Pf.	Barthub	Oberb.
Baldshofen, auch Balzhofen	Schwb.	Bannacker	Schwb.	Barthsmühle (2)	Unt.Frk.
		Bannholz	Oberb.	Bartlberg	Niederb.
Balgheim	Schwb.	Bannholz	Niederb.	Bartlberg	Ob.Pf.
Balghub	Oberb.	Bannmühle	Oberb.	Bartlehen	Oberb.
Balghuber	Oberb.	Bannmühle (3)	Rh.Pf.	Bartlhof	Schwb.
Balharting	Oberb.	Bansaal, auch Bonsaal	Oberb.	Bartlmühle	Ob.Pf.
Ballenkam	Oberb.			Bartlöb	Oberb.

Bartlstockschwaig	Schwb.	Bauernselbels-		Baunigl	Oberb.		
Bartmühle	Oberb.	dorf	Niederb.	Baurels	Oberb.		
Bartmühle	Ob.Pf.	Bauernstaring	Oberb.	Baurenmühle	Schwb.		
Bartseld	Oberb.	Bauernweber	Oberb.	Bausberg	Oberb.		
Baschenegg	Schwb.	Baueröd	Niederb.	Bauschwenden	Schwb.		
Baselsberg	Niederb.	Bauersberg	Unt.Frk.	Bausenberg	Oberb.		
Baslmühle	Ob.Pf.	Bauhof (2)	Oberb.	Bauzenweiler	Mitt.Frk.		
Bastelmühle	Ob.Frk.	Bauhof	Ob.Pf.	Bayer	Oberb.		
Bastelsmühle	Ober.Frk.	Bauhof (3)	Schwb.	Bayerberg	Oberb.		
Bastenau	Mitt.Frk.	Bauhofen	Schwb.	Bayerdissen	Oberb.		
Bastenhaus	Rh.Pf.	Bauhübel	Oberb.	Bayerfeld	Schwb.		
Bastenmühle	Unt.Frk.	Bauloch	Ob.Frk.	Bayern	Schwb.		
Bastheim	Unt.Frk.	Baum (3)	Oberb.	Bayernniederhofen	Oberb.		
Bastlmühle	Oberb.	Baumberg, hinter		Bayersoyen	Oberb.		
Batten	Unt.Frk.	und vorder	Oberb.	Bayerstadl	Oberb.		
Battenberg	Rh.Pf.	Baumburg	Oberb.	Bayerweg	Niederb.		
Battenstein	Unt.Fr.	Baumenheim	Schwb.	Bayreuthermühle	Ob.Frk.		
Battyschbauer	Schwb.	Baumersreuth	Ob.Frk.	Bayrischbühel	Niederb.		
Baumeller	Rh.Pf.	Baumfurth	Ob.Frk.	Bayrisch-Eisen-			
Bayer	Schwb.	Baumfurther-		stein	Niederb.		
Bayengschwenden	Schwb.	mühle	Ob.Frk.	Bayrischzell	Oberb.		
Bayenhäusl	Niederb.	Baumgärtl	Schwb.	Bebele	Schwb.		
Bayenhäusl	Mitt.Frk.	Baumgärtlmühle	Ob.Frk.	Bebelsheim	Rh.Pf.		
Bayenhaus	Mitt.Frk.	Baumgarten (17)	Oberb.	Bebenburg	Ob.Pf.		
Bayenhofen	Schwb.	Baumgarten,		Bebenhausen	Schwb.		
Bayers	Schwb.	ober	Oberb.	Beblinstetten	Schwb.		
Bayhausen	Ob.Pf.	Baumgarten,		Bechen (2)	Schwb.		
Baucherberg-		unter	Oberb.	Becher	Schwb.		
mühle	Schwb.	Baumgarten (17)	Niederb.	Becherbach	Rh.Pf.		
Baubenbach	Mitt.Frk.	Baumgarten (3)	Ob.Pf.	Bechermühle	Ob.Frk.		
Baubenmühle	Unt.Fr.	Baumgarten (2)	Ob.Frk.	Bechertshofen	Ob.Frk.		
Bauenberg	Oberb.	Baumgarten (2)	Schwb.	Bechhofen	Rh.Pf.		
Bauer, am Berg	Oberb.	Baumgartenhof	Ob.Pf.	Bechhofen	Ob.Frk.		
Bauer, am Berg	Niederb.	Baumgarten-		Bechhofen (3)	Mitt.Frk.		
Bauer, in dem		mühle	Oberb.	Bechingen a. B.	Schwb.		
Hieb	Niederb.	Baumgartenöd	Oberb.	Bechtelsreuth	Ob.Frk.		
Bauer, am Hof		Baumgartner (2)	Oberb.	Bechtersweiler	Schwb.		
(2)	Niederb.	Baumgartshof	Unt.Frk.	Bechthal	Mitt.Frk.		
Bauerbach	Oberb.	Baumham	Oberb.	Bechtsrieth	Ob.Pf.		
Bauerhansen-		Baumhau	Oberb.	Bechtris	Schwb.		
schwaig	Schwb.	Baumhof (2)	Ob.Pf.	Beckendorf	Ob.Pf.		
Bauermühle	Schwb.	Baumkirchen	Oberb.	Beckendorf	Niederb.		
Bauernberg	Oberb.	Baumlager	Niederb.	Beckenhof	Rh.Pf.		
Bauerngrün	Ob.Frk.	Baumstingel	Oberb.	Beckenhof	Ob.Pf.		
Bauernhöfe	Ob.Frk.	Baumühle	Niederb.	Beckenmühle	Ob.Pf.		
Bauernholz	Niederb.	Baumühle	Ob.Pf.	Beckenmühle	Mitt.Frk.		
Bauernried	Oberb.	Baunach	Unt.Frk.	Beckenmühle	Unt.Frk.		

Beckenschlag	Ob.Pf.	Bellngries	Mitt.Frk.	Benjenthaler-	
Beckenschneider	Niederb.	Bellnstein	Ob.Pf.	mühle	Rh.Pf.
Beckenstetten	Ob.Pf.	Beilstein	Schwb.	Benk	Oberb.
Beckermühle	Unt.Fr.	Beim Jäcken	Schwb.	Benk, auch Punk	Oberb.
Beckstetten	Schwb.	Beim Lixer	Schwb.	Benk (2)	Ob.Frk.
Bedernau	Schwb.	Beim Ziegler	Ob.Pf.	Benk, auch Penk	Niederb.
Bedesbach	Rh.Pf.	Beinberg	Oberb.	Benken	Schwb.
Beeden	Rh.Pf.	Beindelkirchen	Oberb.	Benkhausen	Niederb.
Beedermühle	Rh.Pf.	Beindersheim	Rh.Pf.	Benkhof	Ob.Pf.
Beehelmstein	Ob.Frk.	Beingarten	Niederb.	Bennhausen	Rh.Pf.
Beerbach (3)	Mitt.Frk.	Beinstreich	Niederb.	Benning	Oberb.
Beeren	Schwb.	Beintinger	Niederb.	Benningen	Schwb.
Beerfleck	Ob.Frk.	Beirl	Oberb.	Bennmühle	Rh.Pf.
Beerhof	Ob.Pf.	Beissling	Niederb.	Bennoberg (2)	Oberb.
Beermoos	Oberb.	Beitenmühle	Oberb.	Bennstett	Oberb.
Begel, auch Len-		Beitenmühle	Schwb.	Bentenried	Oberb.
genlaich	Oberb.	Bekened	Oberb.	Benzen	Schwb.
Beham (2)	Oberb.	Belgrad	Schwb.	Benzendorf	Mitt.Frk.
Behamgrub	Oberb.	Bellen	Schwb.	Berabach	Oberb.
Behammühle	Niederb.	Bellenberg	Schwb.	Berach	Oberb.
Behlingen	Schwb.	Bellenburg	Oberb.	Berating	Niederb.
Behretswühl	Rh.Pf.	Bellermühle	Mitt.Frk.	Beratzhausen	Ob.Pf.
Behringersdorf	Mitt.Frk.	Bellershausen	Mitt.Frk	Berbersbach	Mitt.Frk.
Behringersmühl	Ob.Frk.	Bellevue	Ob.Frk.	Berbing	Niederb.
Behrungen	Unt.Frk.	Bellevue	Unt.Frk.	Berbling	Oberb.
Beichelsmühle	Unt.Frk.	Bellheim	Rh.Pf.	Berbruggen	Schwb.
Beichelstein	Schwb.	Bellhofen	Mitt.Frk.	Bercha, Percha	Oberb.
Beichten (2)	Oberb.	Belmbrach	Mitt.Frk.	Berching	Mitt.Fr.
Beiderwiesen	Niederb.	Belnitz, auch Bre-		Berchtesgaden	Oberb.
Beier	Oberb.	litz	Ob.Pf.	Berchting, auch	
Beierberg	Mitt.Frk.	Belvedere	Schwb.	Perchting	Oberb.
Beifenberg	Niederb.	Belzheim	Schwb.	Berchtolbing	Oberb.
Belgabrück, auch		Belzingerhof	Schwb.	Berfallen	Schwb.
Pelzenbruck	Oberb.	Belzmühle	Mitt.Frk.	Berg (63)	Oberb.
Beigarten	Oberb.	Belzmühle	Rh.Pf.	Berg, Bergen	Oberb.
Beigelswinden	Oberb.	Belzmühle	Unt.Frk.	Berg, hinter	Oberb.
Beigertsham, auch		Bemberg (3)	Oberb.	Berg, vorder	Oberb.
Pegertsham	Niederb.	Bemberg	Niederb.	Berg, auf dem	Oberb.
Beigl	Niederb.	Benblohe	Niederb.	Berg, auch Berg-	Oberb.
Beiharting	Oberb.	Bendlreit	Niederb.	bauer	
Belkheim	Ob.Frk.	Benediktbeuern		Berg, unterm	Oberb.
Beilchen	Oberb.	Benetsham		Berg, am	Oberb.
Belleck	Oberb.	Bengel	Schwb.	Berg, am Lalm	Oberb.
Bellelsterhof	Rh.Pf.	Benger	Schwb.	Berg, im Gau	Oberb.
Bellenberg	Schwb.	Benggen	Schwb.	Berg, am	Niederb.
Bellers	Schwb.	Bening	Niederb.	Berg, am Weiher	Niederb.
Beilhack	Oberb.			Berg, auf dem	Niederb.

Berg (31)	Niederb.	Berghäuser (2)	Niederb.	Bergmading	Niederb.
Berg	Rh.Pf.	Berghäuser	Ob.Frk.	Bergmaier	Oberb.
Berg (5)	Ob.Pf.	Berghäusl	Oberb.	Bergmaier (2)	Niederb.
Berg (2)	Ob.Frk.	Berghäusl (5)	Niederb.	Bergmann (3)	Oberb.
Berg (13)	Schwb.	Berghager	Oberb.	Bergmann (4)	Niederb.
Berg, Ober	Schwb.	Bergham (24)	Oberb.	Bergmannsmühle	Unt.Frk.
Berg, Unter	Schwb.	Bergham (16)	Niederb.	Bergmartl	Oberb.
Berg, auf'm	Schwb.	Bergham	Ob.Pf.	Bergmauer	Niederb.
Berg, auf dem	Schwb.	Berghaselbach	Oberb.	Bergmeier	Oberb.
Berg Pfrondten	Schwb.	Berghaus (2)	Niederb.	Bergmühle	Niederb.
Berganger	Oberb.	Berghaus	Ob.Pf.	Bergmühle	Rh.Pf.
Bergarn	Oberb.	Berghaus (3)	Ob.Frk.	Bergmühle	Ob.Pf.
Bergbau	Niederb.	Berghaus	Mitt.Frk.	Bergmühle	Ob.Frk.
Bergbauer	Oberb.	Berghausen (2)	Niederb.	Bergmühle (2)	Mitt.Frk.
Bergbauer (2)	Schwb.	Berghausen	Rh.Pf.	Bergmühle (5)	Unt.Frk.
Bergel, a. Marktbergel	Mitt.Frk.	Berghausen (2)	Ob.Pf.	Bergmühle (5)	Schwb.
		Berghausen, groß	Mitt.Frk.	Bergnershof	Mitt.Frk.
Bergelshof	Ob.Pf.	Berghausen	Schwb.	Bergnersreuth	Ob.Pf.
Bergemmer	Schwb.	Berghelm (2)	Oberb.	Bergnersreuth	Ob.Frk.
Bergen (10)	Oberb.	Berghelm	Niederb.	Bergnerzell	Mitt.Frk.
Bergen, am Brunn	Oberb.	Berghelm	Ob.Pf.	Bergofen	Niederb.
		Berghelm (3)	Schwb.	Bergrheinfeld	Unt.Frk.
Bergen, an der Leithen	Oberb.	Berghöfe, Ober	Schwb.	Bergrothenfels	Unt.Frk.
		Berghöfe, Unter	Schwb.	Bergs	Schwb.
Bergen	Niederb.	Berghof (5)	Oberb.	Bergschneider	Niederb.
Bergen	Mitt.Frk.	Berghof (3)	Niederb.	Bergsdorf (2)	Niederb.
Bergen (2)	Schwb.	Berghof (8)	Ob.Pf.	Bergställe	Niederb.
Bergendorf	Oberb.	Berghof	Ob.Frk.	Bergstetten	Ob.Pf.
Bergenstetten	Schwb.	Berghof	Mitt.Frk.	Bergstetten	Schwb.
Berger (4)	Oberb.	Berghof	Unt.Frk.	Bergthelm	Mitt.Frk.
Berger	Niederb.	Berghof (4)	Schwb.	Bergthelm, auch Herrenbergthelm	Mitt.Frk.
Berger, zu Puch	Niederb.	Berghofen	Oberb.		
Bergerdorf	Ob.Pf.	Berghofen (2)	Niederb.	Bergthelm	Unt.Frk.
Bergerhäusl	Niederb.	Berghofen	Schwb.	Bergtshofen	Mitt.Frk.
Bergerhausen	Schwb.	Bergholz	Oberb.	Bergweber	Oberb.
Bergermühle	Ob.Pf.	Berging (3)	Oberb.	Bergwerk	Unt.Frk.
Bergermühle	Schwb.	Berging (3)	Niederb.	Bergwinkl	Niederb.
Bergern (2)	Oberb.	Bergkirche	Ob.Pf.	Bergzabern	Rh.Pf.
Bergern	Niederb.	Bergkirchen (2)	Oberb.	Beringersreuth	Ob.Pf.
Bergers	Schwb.	Bergknapp	Oberb.	Berleberg	Schwb.
Bergershof	Ob.Pf.	Bergkramer	Oberb.	Berlesrieb, auch Perletsrieb	Niederb.
Bergershof	Mitt.Frk.	Bergküßl	Niederb.		
Bergerwaib	Niederb.	Berglarn	Ob.Pf.	Berleshausen	Mitt.Frk.
Bergfall, Perfall	Oberb.	Berglein	Mitt.Frk.	Berleshof	Ob.Pf.
Bergfried	Ob.Pf.	Berglern	Oberb.	Bermannsö	Oberb.
Berghäng	Oberb.	Berglesdorf	Ob.Frk.	Bermannsried	Niederb.
Berghäusel	Ob.Pf.	Bergleshof	Ob.Frk.	Bermering	Niederb.

Bermühle	Oberb.	Bernhof	Mitt.Frk.	Berwein, f. Groß-			
Berhad	Oberb.	Bernholz	Schwb.	heselohe	Oberb.		
Bernau	Oberb.	Bernla	Ob.Pf.	Berzweiler	Rh.Pf.		
Bernau, auch		Bernloh (2)	Oberb.	Beschaunen	Schwb.		
Bärnau	Ob.Pf.	Bernlohe (2)	Ob.Pf.	Besel	Niederb.		
Bernau	Mitt.Frk.	Bernlohe	Mitt.Frk.	Beselmühle	Oberb.		
Bernauerhütten	Niederb.	Bernmühle (2)	Ob.Pf.	Beselsberg	Niederb.		
Bernbach	Oberb.	Bernöd	Oberb.	Besenbuchbach	Oberb.		
Bernbach	Mitt.Frk.	Bernpoint	Niederb.	Besenlern	Oberb.		
Bernbach (2)	Schwb.	Bernrain	Oberb.	Besenried	Oberb.		
Bernbachmühle	Niederb.	Bernreit (2)	Oberb.	Besserer	Oberb.		
Bernbeuern	Oberb.	Bernreuth	Niederb.	Bessingen	Unt.Frk.		
Bernbichl	Oberb.	Bernreuth	Ob.Pf.	Bestlhof	Oberb.		
Bernbrunn	Unt.Frk.	Bernricht (2)	Ob.Pf.	Bestleinsmühle	Mitt.Frk.		
Berndel	Niederb.	Bernried (2)	Oberb.	Bettbrunn	Ob.Pf.		
Berndiel	Unt.Frk.	Bernried	Ob.Pf.	Bettelborf	Niederb.		
Berndl	Oberb.	Bernried, ober	Ob.Pf.	Bettelhöhenberg	Oberb.		
Berndlberg	Niederb.	Bernrieth	Ob.Pf.	Bettenburg	Unt.Frk.		
Berndlhäusl	Oberb.	Bernroth	Ob.Frk.	Bettendorf	Unt.Frk.		
Berndorf	Oberb.	Bernschütz	Oberb.	Bettendorf	Schwb.		
Berndorf (4)	Niederb.	Bernsroth	Ob.Frk.	Bettenfeld	Mitt.Frk.		
Berndorf (3)	Ob.Pf.	Bernstätt	Oberb.	Bettenhausen	Rh.Pf.		
Berndorf	Ob.Frk.	Bernstein, ober	Ob.Pf.	Bettenmacher	Oberb.		
Berndorf	Mitt.Frk.	Bernstein	Ob.Pf.	Bettenried	Schwb.		
Berneck	Niederb.	Bernstein (2)	Ob.Frk.	Bettingerhof	Rh.Pf.		
Berneck	Ob.Frk.	Bernsteinmühle	Ob.Frk.	Bettinshausen	Schwb.		
Bernerau	Niederb.	Bernthal	Ob.Pf.	Bettnau	Schwb.		
Bernfurt	Ob.Pf.	Bernwald	Niederb.	Bettrichs	Schwb.		
Berngau	Ob.Pf.	Bernwies	Oberb.	Bettstetten	Niederb.		
Berngehen	Oberb.	Bernwinkl	Niederb.	Bettwar	Mitt.Frk.		
Berngermühle	Niederb.	Bernwinkl	Ob.Pf.	Betzenberg	Ob.Pf.		
Bernfels	Ob.Frk.	Bernzell (2)	Niederb.	Betzendorf	Mitt.Frk.		
Berngraben	Niederb.	Beroldsheim	Mitt.Frk.	Betzenhausen	Schwb.		
Berng'schwend	Oberb.	Berolzheim	Mitt.Frk.	Betzenmühle	Ob.Pf.		
Bernhard (3)	Oberb.	Berreit	Oberb.	Betzenmühle	Unt.Frk.		
Bernhard Sct.	Niederb.	Bersbronn	Mitt.Frk.	Betzenmühle	Schwb.		
Bernhardsberg	Niederb.	Bertel, im Wald	Oberb.	Betzenried	Schwb.		
Bernhardshof	Unt.Frk.	Bertelsdorf, auch		Betzenwuftung			
Bernhardswald	Ob.Pf.	Bertholsdorf	Mitt.Frk.	(2)	Ob.Frk.		
Bernhardswend	Mitt.Frk.	Bertelsham	Oberb.	Betzers	Schwb.		
Bernhardswinden	Mitt.Frk.	Bertelshof	Ob.Pf.	Betzigau	Schwb.		
Bernhaupten	Oberb.	Bertenbreit	Schwb.	Betzisried	Schwb.		
Bernheck	Ob.Frk.	Bertensdorf	Niederb.	Betzlhof	Ob.Pf.		
Bernheimling	Oberb.	Bertholsloh	Niederb.	Betzmannsdorf	Mitt.Frk.		
Bernhof, auch		Bertolsdorf	Mitt.Frk.	Beuchen	Unt.Frk.		
Birnhof	Niederb.	Bertolsheim	Schwb.	Beucherling	Ob.Pf.		
Bernhof (2)	Ob.Pf.	Bertolshofen	Schwb.				

Beubl, auch Beutel und Beitel	Ob.Pf.	Bibereck	Oberb.	Bibings, auch Biebwings	Schwb.
Beuerbach	Oberb.	Bibereck	Niederb.	Biebelried	Unt.Frk.
Beuerberg	Oberb.	Biberg (6)	Oberb.	Biebelsberg, auch	
Beuern	Oberb.	Biberg (6)	Niederb.	Bibelsberg	Schwb.
Beulen	Schwb.	Biberhof	Schwb.	Bieber	Ob.Frk.
Beuren (2)	Schwb.	Biberkor	Oberb.	Bieberbach	Ob.Frk.
Beuren, auch Beyren		Biberlöd	Oberb.	Biebelehren	Unt.Frk.
	Schwb.	Bibermühle	Oberb.	Biebergau	Unt.Frk.
Beurermühle	Schwb.	Bibersbach	Niederb.	Biebermühle	Rh.Pf.
Beutelhausen	Niederb.	Bibersbach	Ob.Pf.	Biebersbach	Mitt.Frk.
Beutellohe	Mitt.Frk.	Biberschwang	Schwb.	Biebersbach	Ob.Frk.
Beutelmühle	Mitt.Frk.	Biberschwell	Oberb.	Bieberschwang, a.	
Beutelsbach	Niederb.	Bibershof (2)	Ob.Pf.	Biberschwang	Schwb.
Beutelsbach	Ob.Pf.	Biberswörth	Ob.Frk.	Biebing	Oberb.
Beutelsdorf	Ob.Frk.	Bibing	Oberb.	Biebenbach	Niederb.
Beutenhausen	Oberb.	Bibing	Niederb.	Bieberbach	Mitt.Frk.
Beutenmühle	Oberb.	Bibrach, oder	Ob.Pf.	Biebersberg	Niederb.
Beutenmühle	Mtit.Frk.	Biburg (6)	Oberb.	Biebersdorf	Niederb.
Beutenmühle (2)	Schwb.	Biburg (2)	Niederb.	Biebershausen	Rh.Pf.
Beutenstetten	Schwb.	Biburg	Mitt.Frk.	Bieberstein	Oberb.
Beutlermühle	Rh.Pf.	Biburg	Schwb.	Biebesheim	Rh.Pf.
Beutlhausen	Niederb.	Bichel (11)	Oberb.	Bieg	Mitt.Frk.
Beutlmühle	Ob.Pf.	Bichel (6)	Schwb.	Biegen, auch Puigen	
Beutmühle (2)	Schwb.	Bichel, auch Bühl	Schwb.		Schwb.
Berbach, mittel	Rh.Pf.	Bichelbauer (2)	Oberb.	Biegendorf (2)	Niederb.
Berbach, nieder	Rh.Pf.	Bichelbruk	Oberb.	Biegenmühle	Ob.Frk.
Berbach, ober	Rh.Pf.	Bicheln (4)	Oberb.	Biegenmühle (2)	Unt.Frk.
Beylechner	Oberb.	Bichelschweiger	Oberb.	Biehl (2)	Schwb.
Bezachmühle	Schwb.	Bichelesmühle	Schwb.	Biehlers, auch	
Bezenhausen	Schwb.	Bichhelm	Ob.Pf.	Bihlers	Schwb.
Bezenstein	Ob.Frk.	Bichl (16)	Oberb.	Biehls	Schwb.
Bezirlied	Schwb.	Bichl, am	Oberb.	Bielerhof	Rh.Pf.
Bhütgott	Schwb.	Bichl (2)	Niederb.	Bieling	Oberb.
Bibelsbach	Niederb.	Bichlberg	Niederb.	Biemannsberg	Oberb.
Bibelsbach, ober	Niederb.	Bichlenberg	Schwb.	Bienenbach	Oberb.
Bibelsberg	Schwb.	Bichler, an der Mörn		Bienensdorf, auch Dennensdorf	Niederb.
Biber	Oberb.		Oberb.		
Biber	Ob.Pf.	Bichlhäusl	Oberb.	Biengarten (2)	Ob.Frk.
Biberach	Schwb.	Bichlhub	Oberb.	Bienhaus	Ob.Frk.
Biberachzell	Schwb.	Bichling	Oberb.	Bienhof	Unt.Frk.
Biberbach	Oberb.	Bichtlholz	Schwb.	Bienleinsmühle (2)	
Biberbach	Niederb.	Bickenaschbach	Rh.Pf.		Ob.Frk.
Biberbach	Ob.Pf.	Bickenaschbachermühle		Bienloch	Unt.Frk.
Biberbach	Mitt.Frk.		Rh.Pf.	Bienmühle (2)	Ob.Pf.
Biberbach	Schwb.	Bickenried	Schwb.	Bienwaldmühle	Rh.Pf.
Biberberg	Schwb.	Biding	Schwb.		
		Bibingen	Schwb.		

Bienwaldziegelhütte	Rh.Pf.	Binder	Oberb.	Birgsau	Schwb.
Bierach	Oberb.	Binder, in der Filzen	Oberb.	Biring	Oberb.
Bierbach, oder u. unter	Oberb.	Binderberg	Niederb.	Birk (2)	Oberb.
		Binderberg, auch		Birk (2)	Ob.Frk.
Bierbach	Rh.Pf.	Binder	Niederb.	Birka (2)	Niederb.
Bierberg	Ob.Frk.	Binderbruck	Niederb.	Birkach, Pirka	Oberb.
Bierbichl	Oberb.	Binderhäusl (3)	Oberb.	Birkach	Oberb.
Biercha, auch Birka	Niederb.	Binderhäusl	Niederb.	Blikach (2)	Ob.Pf.
		Binderhügel (2)	Niederb.	Birkach (3)	Ob.Frk.
Bierdorf	Oberb.	Bindermann	Niederb.	Birkach (4)	Mitt.Frk.
Bierhütten	Niederb.	Binderöd (3)	Niederb.	Birkach, auch Birkau	Mitt.Frk.
Biering	Oberb.	Bindersbach	Rh.Pf.	Birkach	Unt.Fr.
Bieringer (2)	Niederb.	Bindham	Oberb.	Birkach (4)	Schwb.
Bierlhof	Ob.Pf.	Bindhamerthal	Oberb.	Birkasberg	Niederb.
Biermühle	Mitt.Frk.	Bindlach, auch		Birkbauer	Oberb.
Biernthal	Niederb.	Bindloch	Ob.Frk.	Birkbauer	Niederb.
Biernwang	Schwb.	Bindlhub	Oberb.	Birkelkam	Oberb.
Bierwinkl	Niederb.	Bingart	Rh.Pf.	Birkelmühle	Ob.Pf.
Bieselbach	Schwb.	Bingarten	Ob.Pf.	Blken (5)	Oberb.
Biesen	Schwb.	Binkenhof	Ob.Pf.	Birken	Niederb.
Biesenberg	Schwb.	Binkenhofen	Schwb.	Birken (5)	Ob.Frk.
Biesenhart	Mitt.Frk.	Binnings	Schwb.	Birken	Schwb.
Biesenhofen	Schwb.	Binsbach	Unt.Frk.	Birkenau	Ob.Pf.
Bieseroy	Schwb.	Binsberg	Schwb.	Birkenberg	Schwb.
Biesingen	Rh.Pf.	Binsfeld	Unt.Frk.	Birkenbrunn	Ob.Pf.
Biesings	Schwb.	Binsham	Niederb.	Birkenbühl	Ob.Pf.
Biessings	Schwb.	Binshöfe	Rh.Pf.	Birkenbühl (2)	Ob.Frk.
Bieswang	Mitt.Frk.	Binstein	Oberb.	Birkeneck	Oberb.
Bihl (2)	Schwb.	Binswang	Oberb.	Birkenfeld	Mitt.Frk.
Bihlerdorf	Schwb.	Binswangen (2)	Schwb.	Birkenfeld (2)	Unt.Frk.
Bihlers	Schwb.	Binwang, ober	Schwb.	Birkenfels	Mitt.Frk.
Bihls (3)	Schwb.	Binwang, unter	Schwb.	Birkenhäusl	Niederb.
Bildhausen	Unt.Frk.	Binzeler	Schwb.	Birkenhaus	Niederb.
Bildschacherhof	Rh.Pf.	Binzen (2)	Schwb.	Birkenhördt	Rh.Pf.
Bildstein	Unt.Frk.	Binzenhof, auch Pinsenhof	Ob.Frk.	Birkenhof	Rh.Pf.
Billenhausen	Schwb.			Birkenhof (3)	Ob.Pf.
Billigheim	Rh.Pf.	Binzenried	Schwb.	Birkenhof (3)	Ob.Frk.
Billing	Oberb.	Binzenweiler	Mitt.Frk.	Birkenhof (2)	Mitt.Frk.
Billingdorf	Oberb.	Binzer	Schwb.	Birkenlach	Ob.Pf.
Billingshausen	Unt.Frk.	Binzmühle	Mitt.Frk.	Birkenleiten	Oberb.
Bimbach	Unt.Frk.	Binzwangen	Mitt.Frk.	Birkenmühle	Ob.Pf.
Bimbachsmühle	Unt.Frk.	Bira, auch Pira	Oberb.	Birkenmühle	Mitt.Frk.
Binabiburg	Niederb.	Birchen	Niederb.	Birkenöd (3)	Niederb.
Binamühl	Niederb.	Birchner	Niederb.	Birkenreuth	Ob.Pf.
Binasdorf	Niederb.	Birbing	Niederb.	Birkenreuth	Ob.Frk.
Bindelhub	Niederb.	Birgelbach	Oberb.	Birkensee	Mitt.Frk.

Birkenstein	Oberb.	Birnthal	Niederb.	Bittenbrunn	Ob.Pf.
Birkenstuhl	Niederb.	Birnthon	Mitt.Frk.	Bittenbrunn	Schwb.
Birkenzant	Ob.Pf.	Birschleben	Oberb.	B..tterlis	Schwb.
Birkeröd	Niederb.	Birstenstiel	Oberb.	Bittmannsdorf	Ob.Pf.
Birkesmühle	Unt.Frk.	Bischberg	Ob.Frk.	Bittris	Schwb.
Birket (4)	Niederb.	Bischberg	Ob.Pf.	B..z	Mitt.Frk.
Birketsberg	Niederb.	Bischbrunn	Unt.Frk.	Bizellehen	Oberb.
Birketwald	Niederb.	Bischelsdorf	Oberb.	Blabmühle	Ob.Pf.
Birkham	Oberb.	Bischheim	Rh.Pf.	Blabsreuth	Oberb.
Birkhammer	Niederb.	Bischlach	Oberb.	Blachendorf	Niederb.
Birkhausen	Schwb.	Bischlagers	Schwb.	Blädgarten	Ob.Pf.
Birkhof (3)	Niederb.	Bischlags (2)	Schwb.	Bläsen	Schwb.
Birkhof	Ob.Pf.	Bischlecht	Schwb.	Blättlen	Schwb.
Birkhof, auch		Bischling	Unt.Frk.	Blaibach	Niederb.
Pirkhof	Ob.Pf.	Bischof	Oberb.	Blaich	Ob.Frk.
Birkhof (2)	Mitt.Frk.	Bischof, in der		Blaich	Ob.Pf.
Birkig	Ob.Frk.	Schlicht	Oberb.	Blaichach	Schwb.
Birkland	Oberb.	Bischofgrün	Ob.Frk.	Blaiche (3)	Schwb.
Birklein	Mitt.Frk.	Bischofing	Niederb.	Blaichenbach	Niederb.
Birklingen	Mitt.Frk.	Bischofsheim v. d.		Blaichgut	Schwb.
Birkmaier	Oberb.	Röhn	Unt.Frk.	Blaika	Oberb.
Birkmühle (2)	Ob.Pf.	Bischofsheim	Unt.Frk.	Blaifen (2)	Oberb.
Birkmühle	Mitt.Frk.	Bischofsholz	Ob.Pf.	Blaikhof	Oberb.
Birkschwaige	Schwb.	Bischofsmais	Niederb.	Blaimberg (3)	Niederb.
Birkthalmühle	Mitt.Frk.	Bischofsmühle	Rh.Pf.	Blaimthal	Oberb.
Birkwang	Niederb.	Bischofsmühle	Ob.Frk.	Blainthal (2)	Oberb.
Birkweiler	Rh.Pf.	Bischofsreith	Niederb.	Blamberg	Niederb.
Birkweserhof	Rh.Pf.	Bischofsreuth	Ob.Pf.	Blankenbach	Unt.Frk.
Birn	Oberb.	Bischofsried	Oberb.	Blankenberg	Oberb.
Birnbach (4)	Oberb.	Bischofswang	Schwb.	Blankenborn	Rh.Pf.
Birnbach (3)	Niederb.	Bischofswies	Oberb.	Blankenburg	Schwb.
Birnbaum (3)	Oberb.	Bischwind, bei		Blankenhammer	Ob.Pf.
Birnbaum (2)	Niederb.	Heilgersdorf	Unt.Frk.	Blankenöd	Niederb.
Birnbaum	Ob.Frk.	Bischwind, am		Blankenschwalg	Niederb.
Birnbaum	Mitt.Frk.	Rauenect	Unt Frk.	Blankmühle (2)	Ob.Pf.
Birnbrunn	Ob.Pf.	Bischwind (3)	Unt.Frk.	Blaren	Schwb.
Birndorf	Niederb.	Biserl	Oberb.	Blaselberg	Ob.Pf.
Birneb (2)	Niederb.	Bislohe	Mitt.Frk.	Blasen	Oberb.
Birner	Oberb.	Bissat, auch Bis-		Blasen	Niederb.
Birnfeld	Oberb.	sert und Bissau	Niederb.	Blasenhöfe, ober	Mitt.Frk.
Birnfeld	Niederb.	Bisseroh	Schwb.	Blasenhöfe, unter	Mitt.Frk.
Birnfeld	Unt.Frk.	Bissersheim	Rh.Pf.	Blasmühle	Schwb.
Birngschwend	Schwb.	Bissingen	Schwb.	Blaß	Niederb.
Birnhof	Ob.Pf.	Bisterschied	Rh.Pf.	Blaßhub	Niederb.
Birnkam	Niederb.	Bischenmühle	Rh.Pf.	Blatte, auch Plat-	
Birnkofen	Niederb.	Bittelhof	Mitt.Frk.	tenbauer	Schwb.
Birnstengl (2)	Ob.Frk.	Bittenau	Schwb.	Blattenhof (3)	Ob.Pf.

Blattenneuschacht	Ob.Pf.	Bliesbrücker-Ziegelhütte	Rh.Pf.	Blümhub	Oberb.
Blattmühle	Oberb.			Blümlhub (2)	Oberb.
Blaubach	Rh.Pf.	Bliesdahlheim	Rh.Pf.	Blümöd	Oberb.
Blaufeld, im	Oberb.	Bliesdahlheimermühle	Rh.Pf.	Blümreith	Oberb.
Blaugrund	Ob.Pf.			Blümstett	Oberb.
Blauhöfen	Ob.Pf.	Blieskastel	Rh.Pf.	Blumau	Oberb.
Blauhof	Schwb.	Bliesmengen	Rh.Pf.	Blumau	Niederb.
Blaumoosen	Oberb.	Bliesmühle, oder Haselermühle	Rh.Pf.	Blumau	Ob.Frk.
Blaumühle	Oberb.			Blumberg	Niederb.
Blaumühle	Unt.Frk.	Blindau	Oberb.	Blumdorf	Niederb.
Blauwenzing	Oberb.	Blindenau	Oberb.	Blumenau	Ob.Frk.
Blechenhäusle	Mitt.Frk.	Blindeneb	Niederb.	Blumenauermühle	Rh.Pf.
Blechhammer	Rh.Pf.	Blindenhaslach, auch Haselbach	Oberb.	Blumenaumühle	Ob.Frk.
Blechhammer	Ob.Pf.	Blindenried	Oberb.	Blumenberg	Mitt.Frk.
Blechmühle	Ob.Pf.	Blindenthal	Niederb.	Blumenried (2)	Schwb.
Blechschmidtenhammer	Ob.Frk.	Blindham (2)	Oberb.	Blumenthal	Oberb.
Blechwalz	Ob.Frk.	Blindham	Niederb.	Blumenthal	Ob.Pf.
Blechwalze	Rh.Pf.	Blindheim	Schwb.	Blumhof	Ob.Pf.
Bleckenhof	Niederb.	Blindmühle	Niederb.	Blumloh	Ob.Pf.
Bledesbach	Rh.Pf.	Blindreit	Oberb.	Blummern	Niederb.
Bleibenschloß	Mitt.Frk.	Blittenstorf	Niederb.	Blumreising	Niederb.
Bleiche (2)	Schwb.	Blockhäusl	Schwb.	Blumthal	Oberb.
Bleiche, obere	Schwb.	Blodermühle	Oberb.	Blut hl.	Niederb.
Bleiche, untere	Schwb.	Blöck	Oberb.	Blutenburg	Oberb.
Bleichen	Oberb.	Blöcking	Oberb.	Bobels	Oberb.
Bleichen	Schwb.	Blöckl	Oberb.	Bobenhausen, a. Pobenhausen	Oberb.
Bleichershof	Mitt.Frk.	Blöcktach	Schwb.		
Bleier	Ob.Pf.	Blöd	Oberb.	Bobenheim, am Berg	Rh.Pf.
Bleifing	Oberb.	Blödereb	Niederb.		
Bleimberg	Niederb.	Blöß	Niederb.	Bobenheim, am Rhein	Rh.Pf.
Bleinbrunn	Oberb.	Blöz	Ob.Frk.		
Bleinöd	Oberb.	Blomenhof	Ob.Pf.	Bobengrün	Ob.Frk.
Bleinthal, auch Blainthal	Oberb.	Blondorf, auch Blumdorf	Niederb.	Bobenried	Oberb.
				Bobenstett	Oberb.
Blefchmelze	Rh.Pf.	Blonhofen	Schwb.	Bobenthal	Rh.Pf.
Bletwirt	Niederb.	Blosenmühle, ober	Mitt.Frk.	Bobenwart	Ob.Pf.
Blenden	Schwb.			Bober	Schwb.
Blendersmühle	Ob.Pf.	Blosenmühle, unter	Mitt.Frk.	Bobingen	Schwb.
Blessenauhof	Schwb.			Bock (2)	Oberb.
Blicken	Oberb.	Bloßenau	Schwb.	Bockarten	Schwb.
Blickenberg	Oberb.	Bloffersberg	Niederb.	Bockbauer, auch Bockhof	Niederb.
Blickweiler	Rh.Pf.	Bloßham	Niederb.		
Bliemer, Plüm	Oberb.	Blümel, auch Blümlsberg	Niederb.	Bockelmühle	Unt.Frk.
Bliensbach	Schwb.			Bockenberg	Niederb.
Bliesbergerhof	Rh.Pf.	Blümleinmühle	Niederb.	Bockenfeld, auch Tauberbockenfeld	Mitt.Frk.
Bliesbolchen	Rh.Pf.	Blümleinsmühle	Mitt.Frk.		

Bockenheim	Rh.Pf.	Bobling, auch		Börlas	Schwb.	
Bockesmühl	Ob.Pf.	Polbing	Oberb.	Börsborn	Rh.Pf.	
Bockhof (2)	Oberb.	Böblinger	Oberb.	Börstadt	Rh.Pf.	
Bockhof	Rh.Pf.	Bodolz	Schwb.	Börwang	Schwb.	
Bockhorn	Oberb.	Böberg	Oberb.	Böschleinsmühle	Mitt.Frk.	
Bockhub	Oberb.	Böbing	Oberb.	Böschlhäusl	Oberb.	
Bockhub	Niederb.	Böbingen	Rh.Pf.	Bösenbechhofen	Ob.Frk.	
Bocking	Niederb.	Böbrach	Niederb.	Bösenbirkig	Ob.Frk.	
Bocklet	Unt.Frk.	Böbrach, inner	Niederb.	Böseneck	Ob.Frk.	
Bockmühle	Ob.Frk.	Böbrach, klein	Niederb.	Bösennördlingen	Mitt.Frk.	
Bockmühle, obere	Unt.Frk.	Böchel (Büchel)	Oberb.	Bösenreutin	Schwb.	
Bockmühle, untere	Unt.Frk.	Böchingen	Rh.Pf.	Bösensandbach	Niederb.	
Bocköd	Oberb.	Böckau	Mitt.Frk.	Bösenschelbegg	Schwb.	
Bockrick	Ob.Frk.	Böckelmühle	Ob.Pf.	Bösl	Oberb.	
Bocksberg (2)	Oberb.	Böcklbach	Niederb.	Bösmühle	Mitt.Frk.	
Bocksberg	Schwb.	Böckweiler	Rh.Pf.	Bösobenbach	Rh.Pf.	
Bockschweig	Oberb.	Böbingerhof	Rh.Pf.	Bötel	Niederb.	
Bocksleiten	Oberb.	Böblas	Ob.Frk.	Böttigheim	Unt.Frk.	
Bocksmühle	Ob.Pf.	Bögelkreut	Niederb.	Bofzheim	Schwb.	
Bockstatt	Niederb.	Böglings	Schwb.	Bogen	Oberb.	
Bodelsberg (2)	Schwb.	Böham (3)	Niederb.	Bogen (2)	Niederb.	
Bodelstadt	Ob.Frk.	Böhaming	Niederb.	Bogen, in der,		
Boden (2)	Oberb.	Böhen	Schwb.	auch Ober- und		
Boden (3)	Ob.Pf.	Böhl	Rh.Pf.	Unterbogen	Niederb.	
Boden	Ob.Frk.	Böhlbach	Ob.Frk.	Bogen	Ob.Pf.	
Boden, im Thal	Ob.Pf.	Böhmenhof	Unt.Frk.	Bogenberg	Oberb.	
Bodenbauer	Oberb.	Böhmerstraß	Ob.Pf.	Bogenberg	Niederb.	
Bodendorf	Ob.Frk.	Böhmesried	Niederb.	Bogenhausen (2)	Oberb.	
Bodengraben	Oberb.	Böhmfeld	Mitt.Frk.	Bogenhausen	Niederb.	
Bodengrub	Ob.Frk.	Böhmhäusel	Ob.Pf.	Bogenhof	Ob.Pf.	
Bodenhaus	Ob.Frk.	Böhmhöfel	Niederb.	Bogenmühle	Ob.Pf.	
Bodenhof (3)	Ob.Pf.	Böhmhof	Niederb.	Bogenried	Oberb.	
Bodenhof	Unt.Frk.	Böhming	Mitt.Frk.	Bogenried	Schwb.	
Bodenkirchen	Niederb.	Böhmischbruck	Ob.Pf.	Bogensdorf	Oberb.	
Bodenlauben	Unt.Frk.	Böhmmühle	Ob.Frk.	Bogenwiese	Niederb.	
Bodenmais	Niederb.	Böhmöd	Niederb.	Bognerwies	Niederb.	
Bodenmühle (4)	Ob.Pf.	Böhmöd	Ob.Pf.	Bohmbachhof	Rh.Pf.	
Bodenmühle (2)	Ob.Frk.	Böhmreith	Niederb.	Bohmaier	Oberb.	
Bodenmühle	Unt.Frk.	Böhmzwisel	Niederb.	Bohnberg	Ob.Frk.	
Bodenrain	Oberb.	Böll	Niederb.	Bohrberg	Niederb.	
Bodenreuth	Ob.Pf.	Bölleinsmühle	Mitt.Frk.	Bohrsbach	Mitt.Frk.	
Bodenstein	Ob.Pf.	Böllenborn	Rh.Pf.	Boiendorf	Ob.Frk.	
Bodenwalz	Schwb.	Böllersmühle	Mitt.Frk.	Bolgen, ober	Ob.Pf.	
Bodenwöhr	Ob.Pf.	Böllingsdorf	Mitt.Frk.	Boltner	Niederb.	
Boberting	Niederb.	Bölzlmühle	Ob.Pf.	Bolanden	Rh.Pf.	
Boblhof	Niederb.	Bömmerlmühle	Ob.Pf.	Bolanderhof	Rh.Pf.	
		Bömmerlschlag	Ob.Pf.	Bollenmühle	Schwb.	

2**

Bollrain	Unt.Frk.	Boslehen	Oberb.	Brämberger-			
Bollstadt	Schwb.	Boß	Schwb.	mühle	Unt.Frk.		
Bolsterlang	Schwb.	Bossarts	Schwb.	Bramer	Oberb.		
Bolzhausen	Unt.Frk.	Bossen (2)	Schwb.	Bramerhof	Niederb.		
Bolzmühle	Schwb.	Boßweiler	Rh.Pf.	Bramersberg	Niederb.		
Bomen	Schwb.	Bosweilerhof	Rh.Pf.	Bramersbuch	Niederb.		
Bometsau	Niederb.	Bottelmühle	Ob.Pf.	Branchweilerhof,			
Bonau (3)	Oberb.	Bottenbach	Rh.Pf.	ober Spitalhof	Rh.Pf.		
Bonbruck (2)	Niederb.	Bottenbach	Mitt.Frk.	Brand (13)	Oberb.		
Bonbl	Oberb.	Bottknweiler	Mitt.Frk.	Brand, am	Oberb.		
Bondorf	Mitt.Frk.	Bozersreuth, auch		Brand, im Thal	Oberb.		
Bonenberg	Schwb.	Pozersreuth	Ob.Pf.	Brand (5)	Niederb.		
Bonholz (2)	Niederb.	Boybeck, auch		Brand (2)	Ob.Pf.		
Bonholz, auch		Poibeck	Niederb.	Brand (6)	Ob.Frk.		
Pannholz	Niederb.	Borau	Mitt.Frk.	Brand (2)	Mitt.Frk.		
Bonholzmühle	Ob.Pf.	Borbach, auch		Brand	Unt.Frk.		
Bonifaziushof	Unt.Frk.	Porbach	Niederb.	Brand (3)	Schwb.		
Bonlanden	Mitt.Frk.	Borbronn	Mitt.Frk.	Brandach (2)	Oberb.		
Bonnesmühle	Oberb.	Borbrunn	Ob.Frk.	Brandberg	Oberb.		
Bonnhof (2)	Mitt.Frk.	Borbrunn	Unt.Frk.	Brandegg	Schwb.		
Bonnland	Unt.Frk.	Bordorf	Ob.Pf.	Brandeln	Schwb.		
Bonnstetten	Schwb.	Bordorf	Mitt.Frk.	Brandenberg	Oberb.		
Bonried	Niederb.	Borham	Oberb.	Brandenburg (2)	Oberb.		
Bonsal, auch		Borheim	Rh.Pf.	Brandenstumpf	Ob.Frk.		
Bansaal	Oberb.	Borleuthenmühle	Niederb.	Brander, beim	Schwb.		
Bonweg	Oberb.	Bormühle	Ob.Frk.	Brandermühle	Mitt.Frk.		
Boos	Schwb.	Bozenweiler	Mitt.Frk.	Brandermühle	Unt.Frk.		
Borbath	Mitt.Frk.	Brachbach	Mitt.Frk.	Brandhäusl	Oberb.		
Bordenhof	Schwb.	Bracherhof	Rh.Pf.	Brandhäusl	Ob.Pf.		
Bordmühle (3)	Rh.Pf.	Brachstadt	Schwb.	Brandhaus	Ob.Frk.		
Boritzen	Ob.Frk.	Bracken	Schwb.	Brandhaus	Mitt.Frk.		
Borkensteiner-		Brackenberg	Schwb.	Brandheim	Schwb.		
mühle	Rh.Pf.	Brackenlohr	Mitt.Frk.	Brandhof (2)	Niederb.		
Bornbacherhof	Rh.Pf.	Brad	Schwb.	Brandhof (4)	Oberb.		
Bornheim	Rh.Pf.	Brablberg	Niederb.	Brandhof	Mitt.Frk.		
Bornmühle	Ob.Pf.	Bränden	Schwb.	Brandhofen	Oberb.		
Bornshof	Rh.Pf.	Brändler	Schwb.	Brandholz	Ob.Frk.		
Borstabels	Schwb.	Bräuersdorf	Mitt.Frk.	Brandholz (2)	Schwb.		
Borstmühle	Unt.Frk.	Bräuhausen	Oberb.	Brandhub, unter	Oberb.		
Bortenberg	Mitt.Frk.	Bräujörgel	Oberb.	Brandhub (6)	Oberb.		
Bosacker	Schwb.	Bräunigshof	Ob.Frk.	Brandhub	Niederb.		
Boschach	Oberb.	Bräunigweiler	Rh.Pf.	Brandl (6)	Oberb.		
Boschach	Schwb.	Bräunlings (2)	Schwb.	Brandl (2)	Oberb.		
Boschenhof (2)	Niederb.	Bräustett	Oberb.	Brandlberg	Oberb.		
Boschern	Schwb.	Braibbach	Unt.Frk.	Brandlberg	Niederb.		
Boschmühle	Schwb.	Bramberg	Oberb.	Brandleithen	Ob.Frk.		
Bosenbach	Rh.Pf.	Bramberg	Unt.Frk.	Brandlengdorf	Oberb.		

Brandler	Oberb.	Braunen (2)	Schwb.	Breiten (2)	Schwb.
Brandler (2)	Niederb.	Braunersberg	Ob.Frk.	Breitenaich	Oberb.
Brandlhof	Ob.Pf.	Braunersgrün	Ob.Frk.	Breitenaich	Niederb.
Brandlholzen	Niederb.	Braunershof	Ob.Pf.	Breitenau (5)	Oberb.
Brandlhub	Oberb.	Braunersreuth	Ob.Frk.	Breitenau	Niederb.
Brandlmühle	Oberb.	Braunersrieth	Ob.Pf.	Breitenau, ober	
Brandlöd (2)	Niederb.	Braunhof	Ob.Frk.	und unter	Niederb.
Brandloh	Oberb.	Braunmühle (2)	Ob.Pf.	Breitenau	Rh.Pf.
Brandlsmaier-		Braunmühle	Unt.Frk.	Breitenau (3)	Mitt.Frk.
bach	Niederb.	Braunreit	Oberb.	Breitenbach (4)	Oberb.
Brandlstadt	Niederb.	Braunried	Ob.Pf.	Breitenbach (3)	Niederb.
Brandmaier	Oberb.	Braunroth	Oberb.	Breitenbach	Rh.Pf.
Brandmühle (2)	Oberb.	Braunsbach	Mitt.Frk.	Breitenbach	Ob.Pf.
Brandmühle	Niederb.	Braunsberg (3)	Niederb.	Breitenbach	Ob.Frk.
Brandmühle	Ob.Pf.	Braunshof (2)	Ob.Pf.	Breitenbach (3)	Unt.Frk.
Brandmühle (2)	Unt.Frk.	Braunsried	Ob.Pf.	Breitenbacher-	
Brandschachen	Niederb.	Braunstuben	Ob.Pf.	mühle	Rh.Pf.
Brandseck	Oberb.	Brautlach, auch		Breitenbauer	Niederb.
Brandstadt (2)	Niederb.	Bautlach	Schwb.	Breitenberg (2)	Oberb.
Brandstadt, an der		Brazöd	Niederb.	Bielenberg (2)	Niederb.
Roth	Niederb.	Brebersdorf	Unt.Frk.	Breitenberghof	Rh.Pf.
Brandstätt (19)	Oberb.	Brechhaus	Niederb.	Breitenbronn	Mitt.Frk.
Brandstätten (2)	Niederb.	Brechhaus (3)	Mitt.Frk.	Breitenbrunn (3)	Ob.Pf.
Brandstatt	Schwb.	Brechhausen, auch		Breitenbrunn	Ob.Frk.
Brandstein	Ob.Frk.	Prechhausen	Niederb.	Breitenbrunn	Mitt.Frk.
Brandstett (11)	Oberb.	Brehmermühle	Ob.Frk.	Breitenbrunn	Unt.Frk.
Brandstetten (4)	Niederb.	Breimann	Niederb.	Breitenbrunn	Schwb.
Brandstetten	Schwb.	Breimreith, auch		Breitenbuch	Unt.Frk.
Brandstetter	Niederb.	Breinreut	Niederb.	Breitenbucher-	
Brandt	Ob.Frk.	Breinbichl, ober	Oberb.	thor	Unt.Frk.
Brandten	Niederb.	Breinbichl, unter	Oberb.	Breitendiel	Unt.Frk.
Brandweiner	Schwb.	Breinbold	Oberb.	Breitendorf	Niederb.
Brandweinhäuser	Niederb.	Breinetsried	Niederb.	Breiteneben	Ob.Frk.
Brannenburg	Oberb.	Breinhof	Niederb.	Breiteneck	Ob.Pf.
Branst (2)	Oberb.	Breisachmühle	Schwb.	Breiteneд	Niederb.
Branzmühl	Niederb.	Breitach	Oberb.	Breitenfeld	Niederb.
Braschlmühle	Oberb.	Breitasch	Oberb.	Breitenfurt	Mitt.Frk.
Bratzhof	Oberb.	Breitbach, auch		Breitenfurter-	
Bratzmühle	Oberb.	Preppach	Unt.Frk.	mühle	Mitt.Frk.
Brauchling	Niederb.	Breitbrunn, auch		Breitfurt	Rh.Pf.
Brauchsdorf	Niederb.	Breitenbrunn		Breitengern	Niederb.
Brauersdorf	Ob.Frk.	Breitbrunn (2)	Oberb.	Breitengrund, a.	
Brauertshof	Unt.Frk.	Breitbrunn	Unt.Frk.	Süßengut	Ob.Frk.
Braumühle	Mitt.Frk.	Breiteich, auch		Breitengrund-	
Braun (2)	Oberb.	Breitach	Niederb.	mühle	Ob.Frk.
Braunau	Oberb.	Breiten	Oberb.	Breitengüßbach	Ob.Frk.
Brauneck	Ob.Frk.	Breiten	Niederb.	Breitenhart	Niederb.

Breitenhill	Ob.Pf.	Bremberg, vorder	Schwb.	Briels	Schwb.
Breitenhof	Niederb.	Bremenhof	Ob.Frk.	Brienbach	Niederb.
Breitenhub	Niederb.	Bremenried	Schwb.	Briesting	Niederb.
Breitenleiten	Oberb.	Bremerhof	Mitt.Frk.	Brigel	Niederb.
Breitenlesau	Ob.Frk.	Bremericherhof	Rh.Pf.	Briglhammer	Ob.Pf.
Breitenloh (2)	Niederb.	Bremermühle (2)	Ob.Frk.	Brilhack	Oberb.
Breitenloh (9)	Oberb.	Bremerstall	Mitt.Frk.	Brinhausen	Oberb.
Breitenloh	Ob.Frk.	Bremhof	Ob.Pf.	Brittlings	Schwb.
Breitenlohe	Ob.Pf.	Bremmerhof	Rh.Pf.	Brodfurth	Oberb.
Breitenlohe	Schwb.	Bremstall (2)	Oberb.	Brodhausen	Oberb.
Breitenlohe (3)	Mitt.Frk.	Bremstall	Ob.Pf.	Brodhub	Oberb.
Breitenötting	Oberb.	Bremsthalmühle	Oberb.	Brodkorb	Schwb.
Breitenreuth	Ob.Frk.	Brenberg (2)	Niederb.	Brodmann	Niederb.
Breitenried	Ob.Pf.	Brendberg	Oberb.	Brodschelm	Niederb.
Breitenschrot	Ob.Frk.	Brendelmühle	Rh.Pf.	Brodshub	Oberb.
Breitensee	Unt.Frk.	Brendlorenzen	Unt.Frk.	Brodstrum	Oberb.
Breitenstein	Niederb.	Brenn	Niederb.	Brodswinden	Mitt.Frk.
Breitenstein	Ob.Pf.	Brennberg	Oberb.	Brodswindner-	
Breitenstein	Schwb.	Brennberg	Ob.Pf.	mühle	Mitt.Frk.
Breitenthal (2)	Ob.Pf.	Brennberg	Schwb.	Brönnhof	Unt.Frk.
Breitenthal	Schwb.	Brennbichl	Oberb.	Bromau, auch	
Breitenthann	Mitt.Frk.	Brenneisen	Niederb.	Promau	Niederb.
Breitenwelher	Oberb.	Brenner	Oberb.	Brombach (2)	Niederb.
Breitenweinzier	Niederb.	Brennes	Niederb.	Brombach	Mitt.Frk.
Breitenwien	Ob.Pf.	Brennhausen	Unt.Frk.	Bromberg (3)	Oberb.
Breitenwies	Niederb.	Brennhof	Mitt.Frk.	Bromenhof	Ob.Frk.
Breitenwiesen	Oberb.	Brennhof	Schwb.	Bromhof	Oberb.
Breitfurt	Rh.Pf.	Brenning (3)	Oberb.	Bromelbergerhof	Unt.Frk.
Breithof	Rh.Pf.	Brenschelbach	Rh.Pf.	Bronamberg, a.	
Breitmoos (2)	Oberb.	Brennschinken	Niederb.	Brunnenberg	Mitt.Frk.
Breitmühle	Ob.Frk.	Brensdorf	Ob.Pf.	Bronnen (3)	Schwb.
Breitmühle	Unt.Frk.	Brenten	Oberb.	Bronnenmad	Schwb.
Breitrain	Oberb.	Brentenholzer	Oberb.	Bronnenmann	Schwb.
Breitreit	Oberb.	Brenzerzwang	Ob.Pf.	Bronnenmühle	
Breitreit	Niederb.	Bretbach	Niederb.	(3)	Mitt.Frk.
Breitreith	Niederb.	Bretschleipfen (2)	Oberb.	Bronnschwanden	Schwb.
Breitreuth	Niederb.	Brettbach	Niederb.	Brosel	Oberb.
Breitsamet	Oberb.	Bretterleiten	Oberb.	Bruch	Oberb.
Breitsöl	Unt.Frk.	Brettermühle	Unt.Frk.	Bruch (2)	Niederb.
Breitwies (3)	Oberb.	Brettweg	Schwb.	Bruchhaus	Rh.Pf.
Breitwiesmühle	Schwb.	Bretzen	Oberb.	Bruchhof (2)	Rh.Pf.
Brekmühle	Niederb.	Bretzengarten	Mitt.Frk.	Bruchmühlbach	Rh.Pf.
Brelitz	Ob.Pf.	Bretzenstein	Unt.Frk.	Bruchmühle (2)	Rh.Pf.
Brembach, auch		Bretzkobel	Niederb.	Bruchmühle	Unt.Frk.
Bremig	Unt.Frk.	Breunsberg	Unt.Frk.	Bruchthal	Niederb.
Bremberg	Schwb.	Breymesser	Niederb.	Bruchweiler	Rh.Pf.
Bremberg, hinter	Schwb.	Briel, auch Prtll	Niederb.	Bruck (10)	Oberb.

Bruck, Pruck	Oberb.	Bruckner	Niederb.	Brünnberg	Ob.Frk.
Bruck (10)	Niederb.	Brucköd	Oberb.	Brünnel (2)	Niederb.
Bruck	Ob.Pf.	Bruckschmied	Oberb.	Brünnen	Oberb.
Bruck	Ob.Frk.	Bruckschnelde	Oberb.	Brünnthal	Ob.Pf.
Bruck (2)	Mitt.Frk.	Bruckstabel	Oberb.	Brünsee	Schwb.
Bruck, an der	Schwb.	Bruckwiesreith	Niederb.	Brünst	Ob.Pf.
Bruck (2)	Schwb.	Bruderamming	Niederb.	Brünst (2)	Mitt.Frk.
Bruckbach	Oberb.	Bruderbügerl	Ob.Pf.	Brünstadt	Unt.Frk.
Bruckbach (3)	Niederb.	Brudereb	Niederb.	Brünstadter-	
Bruckbach	Ob.Pf.	Bruderhaus	Oberb.	mühle	Unt.Frk.
Bruckbauer	Ob.Pf.	Bruderhof	Oberb.	Brünstein	Oberb.
Bruckberg (2)	Oberb.	Bruderhof (3)	Schwb.	Brugg	Oberb.
Bruckberg	Mitt.Frk.	Brudersdorf	Niederb.	Brugg	Schwb.
Bruckbergerau	Oberb.	Brudersdorf	Ob.Pf.	Bruggach	Schwb.
Bruckdonl	Schwb.	Brudersham	Schwb.	Brugger	Oberb.
Bruckdorf	Ob.Pf.	Brüchlings	Schwb.	Brumberg	Ob.Frk.
Bruckendorf	Ob.Pf.	Brüchs	Unt.Frk.	Brumerhof	Niederb.
Bruckenfischer	Oberb.	Brück	Unt.Frk.	Brunau (2)	Oberb.
Bruckenwörth	Oberb.	Brückelhof	Ob.Pf.	Bruneb, auch	
Bruckhäuseln	Oberb.	Brückelmühle	Rh.Pf.	Brunnöd	Niederb.
Bruckhäuseln	Niederb.	Brückelsdorf	Ob.Pf.	Brunhof	Ob.Pf.
Bruckhäusl	Oberb.	Brücken	Rh.Pf.	Brunholz	Niederb.
Bruckhäusl	Niederb.	Brücken	Unt.Frk.	Brunn (9)	Oberb.
Bruckhäusl	Ob.Pf.	Brückenau	Unt.Frk.	Brunn, in der	
Bruckhardhof, a.		Brückenhans	Ob.Frk.	Oeden	Oberb.
Jakobsruhe	Ob.Frk.	Brückenmühle(3)	Unt.Frk.	Brunn, am Eck	Niederb.
Bruckhof	Oberb.	Brückl	Oberb.	Brunn (5)	Niederb.
Bruckhof (4)	Niederb.	Brückl	Niederb.	Brunn (5)	Ob.Pf.
Bruckhof (3)	Ob.Pf.	Brücklas	Ob.Frk.	Brunn (5)	Ob.Frk.
Bruckhof, auch		Brücklein	Ob.Frk.	Brunn (4)	Mitt.Frk.
Simmersberg	Ob.Pf.	Brückleinsmühle	Mitt.Frk.	Brunnaber	Niederb.
Bruckhof	Mitt.Frk.	Brücklings	Schwb.	Brunnaberl	Niederb.
Bruckhof	Schwb.	Brücklocherhof	Rh.Pf.	Brunnau	Ob.Pf.
Brucklach	Oberb.	Brücklwies	Niederb.	Brunnbachmühle,	
Brucklehen	Oberb.	Brüderes	Ob.Frk.	auch Brunnbach	Niederb.
Bruckmühl (2)	Niederb.	Brügelsöd	Oberb.	Brunnbauer	Niederb.
Bruckmaier (2)	Oberb.	Brühl	Oberb.	Brunnberg	Niederb.
Bruckmair	Niederb.	Brühlhof	Rh.Pf.	Brunnbichl	Oberb.
Bruckmers	Schwb.	Brühlinghof	Ob.Pf.	Brunndobel (2)	Niederb.
Bruckmühl	Niederb.	Brühlmühle	Ob.Frk.	Brunndobl	Niederb.
Bruckmühl	Ob.Pf.	Brünau	Unt.Frk.	Brunndobler	Niederb.
Bruckmühle (3)	Oberb.	Bründl	Niederb.	Brunnen (4)	Oberb.
Bruckmühle (7)	Niederb.	Bründl, an der		Brunnenbach	Oberb.
Bruckmühle (5)	Ob.Pf.	Leiten	Niederb.	Brunnendorf	Ob.Pf.
Bruckmühle (4)	Ob.Frk.	Brünhausen	Oberb.	Brunnenhaus	Ob.Frk.
Bruckmühle	Mitt.Frk.	Brüning	Oberb.	Brunnenmühle	
Bruckmühle (2)	Schwb.	Brünn (2)	Unt.Frk.	(2)	Schwb.

Brunnenreit	Oberb.	Bubach (2)	Niederb.	Buchahof	Oberb.
Brunnensteineck	Oberb.	Bubach	Rh.Pf.	Bucharts	Schwb.
Brunnenthal	Ob.Frk.	Bubach, an der		Buchau	Oberb.
Brunnenweyher-		Naab	Ob.Pf.	Buchau (2)	Ob.Frk.
mühle	Mitt.Frk.	Bubach, am Forst	Ob.Pf.	Buchbach (2)	Oberb.
Brunner	Niederb.	Bubenbad	Unt.Frk.	Buchbach (2)	Ob.Frk.
Brunner	Schwb.	Bubenberg	Oberb.	Buchbach	Mitt.Frk.
Brunnfeicht	Oberb.	Bubenberg	Schwb.	Buchberg (11)	Oberb.
Brunnfeld	Oberb.	Bubenhausen	Rh.Pf.	Buchberg, groß	
Brunngrün	Ob.Frk.	Bubenhausen	Schwb.	und klein	Oberb.
Brunnhäuseln	Niederb.	Bubenheim	Rh.Pf.	Buchberg (9)	Niederb.
Brunnhäusl	Oberb.	Bubenheim	Mitt.Frk.	Buchberg	Ob.Pf.
Brunnhaus (5)	Oberb.	Bubenhof	Ob.Pf.	Buchberg, auch	
Brunnhaus	Niederb.	Bubenmühle	Mitt.Frk.	Hofbuchberg	Ob.Pf.
Brunnhaus	Ob.Pf.	Bubenöd	Niederb.	Buchbergmühl	Niederb.
Brunnhöfel	Ob.Pf.	Bubenreuth	Mitt.Frk.	Buchbichel	Oberb.
Brunnhof (3)	Oberb.	Bubenrother		Buchbrunn	Unt.Frk.
Brunnhof	Niederb.	Mühle	Mitt.Frk.	Buchdorf	Schwb.
Brunnhof	Ob.Pf.	Bubesheim	Schwb.	Bucheck (2)	Oberb.
Brunnhofen	Oberb.	Bubing (2)	Oberb.	Bucheck	Niederb.
Brunnhub	Oberb.	Buch (26)	Oberb.	Bucheck (2)	Ob.Frk.
Brunning (2)	Niederb.	Buch, Ober	Oberb.	Bucheckmühle	Ob.Frk.
Brunnjodel	Oberb.	Buch, Mitter	Oberb.	Bucheleck	Niederb.
Brunnlehen (2)	Oberb.	Buch (14)	Niederb.	Buchen (4)	Oberb.
Brunnloch	Oberb.	Buch, am Erl-		Buchen	Niederb.
Brunnmann	Niederb.	bach	Niederb.	Buchen	Mitt.Frk.
Brunnmeister	Oberb.	Buch (6)	Ob.Pf.	Buchen (6)	Schwb.
Brunnmühle (2)	Ob.Pf.	Buch (6)	Ob.Frk.	Buchen, am Wald	Schwb.
Brunnmühle	Mitt.Frk.	Buch, am Forst	Ob.Frk.	Buchenau, oder	
Brunnoder	Ob.Pf.	Buch, am Sand	Ob.Frk.	Bucherhäuser	Niederb.
Brunnöd	Niederb.	Buch (4)	Mitt.Frk.	Buchenberg	Oberb.
Brunnpeter	Niederb.	Buch (4)	Unt.Frk.	Buchenberg (2)	Schwb.
Brunnschlag	Ob.Pf.	Buch, am Wald	Mitt.Frk.	Buchenbrunn	Schwb.
Brunnschrott	Ob.Frk.	Buch (8)	Schwb.	Buchenbühl	Schwb.
Brunnstadt	Oberb.	Buch, an der		Buchendorf	Oberb.
Brunnstube	Niederb.	Iller	Schwb.	Buchendorf	Ob.Pf.
Brunnthal, Bad	Oberb.	Buch, auf'm		Buchenegg	Schwb.
Brunnthal (5)	Oberb.	Buch, auch Buch		Buchenhof	Schwb.
Brunnwies	Niederb.	am Rannenberg	Schwb.	Buchenhühl	Mitt.Frk.
Brunnwinkel	Niederb.	Buch, Buch am		Buchenlohe	Ob.Pf.
Brunnwöhr	Oberb.	Ottostaller Bach	Schwb.	Buchenmühle	Rh.Pf.
Brunst	Mitt.Frk.	Buch, im	Schwb.	Buchenmühle	Unt.Frk.
Brunsthöfe	Ob.Pf.	Buch, unter	Schwb.	Buchenöd	Niederb.
Brunzendorf	Mitt.Frk.	Bucha	Oberb.	Buchenöd	Ob.Pf.
Brutscher	Schwb.	Bucha (2)	Niederb.	Buchenreuth	Ob.Frk.
Bscheruhof	Oberb.	Buchaberg	Niederb.	Buchenstok	Oberb.
Bschütt	Niederb.	Buchach	Schwb.	Buchenthal (2)	Niederb.

Buchenwinkel — Bühlmühle. 31

Buchenwinkel	Oberb.	Buchmühle, ober		Büchenbach (2)	Ob.Frk.
Bucherbüchl	Niederb.	Heckelmühle	Mitt.Frk.	Büchenbach	Mitt.Frk.
Bucherhäusl	Ob.Pf.	Buchner	Oberb.	Büchenmühle	Mitt.Frk.
Bucherhof	Schwb.	Buchner (2)	Niederb.	Büchl	Niederb.
Bucherhütte	Niederb.	Buchöd (2)	Oberb.	Büchl (3)	Oberb.
Buchermann	Oberb.	Buchöd	Niederb.	Büchlberg	Niederb.
Buchermühle (3)	Niederb.	Buchöster	Oberb.	Büchlberg	Ob.Pf.
Buchermühle	Mitt.Frk.	Buchrain	Oberb.	Büchlein	Mitt.Frk.
Buchermühle	Ob.Pf.	Buchrain	Ob.Pf.	Büchlhof	Ob.Pf.
Buchers	Schwb.	Buchrasen	Unt.Frk.	Büchling	Oberb.
Buchesrieb	Oberb.	Buchreit (3)	Oberb.	Büchling	Niederb.
Buchet (4)	Oberb.	Buchschachen (4)	Oberb.	Büchlfühn, Pie-	
Buchet (7)	Niederb.	Buchschachten	Niederb.	chelfien	Ob.Pf.
Buchet, ober neue		Buchschorn	Oberb.	Büchner	Niederb.
Welt	Niederb.	Buchsee (2)	Oberb.	Büchold	Unt.Frk.
Buchetberg	Niederb.	Buchsee	Niederb.	Büchsee	Niederb.
Buchfeld	Oberb.	Buchstett	Oberb.	Büchsenmühle	Ob.Pf.
Buchfeld	Ob.Pf.	Buchstauben	Niederb.	Büdenhof	Ob.Frk.
Buchfeld	Ob.Frk.	Buchstock	Schwb.	Büflings	Schwb.
Bachfelln	Oberb.	Buchthaler Vor-		Büg	Mitt.Frk.
Buchgut	Ob.Pf.	stadt	Mitt.Frk.	Bügerl	Ob.Pf.
Buchhaus (3)	Ob.Frk.	Buchwald	Oberb.	Bügerlleithen	Ob.Pf.
Buchhausen (2)	Niederb.	Buchwald	Ob.Frk.	Büglmühle	Niederb.
Buchhausen	Ob.Pf.	Buchwies (2)	Oberb.	Büglmühle	Ob.Pf.
Buchheim	Oberb.	Buchzagl	Oberb.	Bühel (3)	Niederb.
Buchheim	Mitt.Frk.	Buckendorf	Ob.Frk.	Bühel	Ob.Pf.
Buchhöse	Schwb.	Buckenhof	Mitt.Frk.	Bühel	Schwb.
Buchhof (2)	Oberb.	Buckenmühle	Mitt.Frk.	Bühl (2)	Oberb.
Buchhof (3)	Niederb.	Buckenreuth (2)	Ob.Frk.	Bühl (2)	Ob.Pf.
Buchhof (3)	Ob.Pf.	Buckl	Ob.Frk.	Bühl (3)	Ob.Frk.
Bachhof (2)	Ob.Frk.	Buckmühle	Mitt.Frk.	Bühl (2)	Mitt.Frk.
Buchhof (3)	Mitt.Frk.	Bubelwirth	Schwb.	Bühl, auch Ro-	
Buchhofen (2)	Niederb.	Bueberg	Mitt.Frk.	thenbühl	Unt.Frk.
Buchholz	Unt.Frk.	Büchel (3)	Niederb.	Bühl (8)	Schwb.
Buching	Oberb.	Büchel (4)	Schwb.	Bühl, ober	Schwb.
Buchklingen	Mitt.Frk.	Büchelbauer	Schwb.	Bühl, unter	Schwb.
Buchleiten (2)	Oberb.	Büchelberg	Niederb.	Bühlberg	Mitt.Frk.
Buchleiten, auch		Büchelberg	Rh.Pf.	Bühldorf	Niederb.
Zwigfelt	Niederb.	Büchelberg	Ob.Pf.	Bühler	Unt.Frk.
Buchloch	Ob.Frk.	Büchelberg	Ob.Frk.	Bühlersmühle	Ob.Frk.
Buchloe	Schwb.	Büchelberg (2)	Mitt.Frk.	Bühlhäusl	Niederb.
Buchloh	Niederb.	Büchelbruck, auch		Bühlhof	Niederb.
Buchmaierthal	Oberb.	Bichelbruck	Oberb.	Bühlhof	Schwb.
Buchmeier	Oberb.	Büchelhof	Niederb.	Bühlhofen	Oberb.
Buchmühle (2)	Niederb.	Büchelmann	Niederb.	Bühlingen	Schwb.
Buchmühle (3)	Ob.Frk.	Büchelmühle	Schwb.	Bühlingsdorf	Oberb.
Buchmühle	Unt.Frk.	Büchen	Niederb.	Bühlmühle	Ob.Frk.

Bühls	Schwb.	Bullersgern, auch		Burgfeld	Oberb.
Buemer	Niederb.	Bullar	Niederb.	Burggailenreuth	Ob.Frk.
Bürg	Oberb.	Bumhofen	Niederb.	Burggen, auch	
Bürg (2)	Niederb.	Bundenbach	Rh.Pf.	Burken	Oberb.
Bürg, obere	Ob.Frk.	Bundenthal	Rh.Pf.	Burggrafenhof	Mitt.Frk.
Bürg (2)	Mitt.Frk.	Bunders	Schwb.	Burggrafenried	Niederb.
Bürgelbach	Oberb.	Bunding	Oberb.	Buggriesbach	Mitt.Frk.
Bürgerlhof	Ob.Pf.	Bunding, auch		Burggrub, auch	
Bürgermühle	Niederb.	Punding	Niederb.	Grub	Ob.Pf.
Bürgerreuth	Ob.Frk.	Bundorf	Unt.Frk.	Burggrub	Ob.Pf.
Bürgerroth	Unt.Frk.	Burdberg	Oberb.	Burggrub (2)	Ob.Frk.
Bürgerschwaig	Schwb.	Burblansmühle	Unt.Frk.	Burggrub	Mitt.Frk.
Bürghub	Oberb.	Burg (3)	Oberb.	Burggrumbach	Unt.Frk.
Bürgle	Schwb.	Burg, unter	Oberb.	Burghab	Niederb.
Bürglein	Mitt.Frk.	Burg, auch Purk		Burghagel	Schwb.
Bürgling	Oberb.	und Pürk	Oberb.	Burgham	Oberb.
Bürgsey	Schwb.	Burg (4)	Niederb.	Burghalg	Ob.Frk.
Bürgstadt	Unt.Frk.	Burg, auf der,		Burghardsberg,	
Bürklgut	Ob.Pf.	auch Burgbauer	Niederb.	auch Burkarts-	
Bürstling (2)	Oberb.	Burg, untere	Ob.Frk.	berg	Ob.Pf.
Bürtl	Ob.Pf.	Burg, die neue	Unt.Frk.	Burghardsrieth	Ob.Pf.
Büschelbach	Mitt.Frk.	Burg, auch Burk	Mitt.Frk.	Burghart	Niederb.
Büschelsdorf	Oberb.	Burg (9)	Schwb.	Burgharting (2)	Oberb.
Büschlsdorf	Oberb.	Burg, ober	Schwb.	Burghartsöd	Oberb.
Büttelbronn	Mitt.Frk.	Burg, auch Burg-		Burghartswies	Oberb.
Büttelshof	Ob.Frk.	rettenberg ge-		Burghaßlach	Mitt.Frk.
Bütthart	Unt.Frk.	nannt, oder		Burghausen (2)	Oberb.
Büttnersdorf,		Vorderburg	Schwb.	Burghausen	Niederb.
Erndorf	Mitt.Frk.	Burgadelshausen	Oberb.	Burghausen	Mitt.Frk.
Buflingsried	Schwb.	Burgalben	Rh.Pf.	Burghausen (2)	Unt.Frk.
Bug (6)	Ob.Frk.	Burgambach	Mitt.Frk.	Burgheim	Schwb.
Bug, obere und		Burgau	Oberb.	Burghöchstädt	Mitt.Frk.
untere	Ob.Frk.	Burgau	Schwb.	Burghöfe	Schwb.
Bugberg	Ob.Frk.	Burgberg	Schwb.	Burgholz (3)	Oberb.
Buggenau	Oberb.	Burgberg	Oberb.	Burgholz (4)	Niederb.
Buggenhofen	Schwb.	Burgberg	Ob.Frk.	Burgloß	Unt.Frk.
Buglmühle	Niederb.	Burgbernheim	Mitt.Frk.	Burgkirchdorf	Schwb.
Buhlendorf	Ob.Frk.	Burgdobl	Niederb.	Burgkirchen (2)	Oberb.
Buhlsbach	Mitt.Frk.	Burgebrach	Ob.Frk.	Burgkranzegg	Schwb.
Bukenhofen	Ob.Frk.	Burgeck	Schwb.	Burgkundstadt	Ob.Frk.
Bullach (2)	Oberb.	Burgellern	Ob.Frk.	Burglauer	Unt.Frk.
Bullach	Niederb.	Burger	Niederb.	Burgleiten	Schwb.
Bullach	Mitt.Frk.	Burgern	Oberb.	Burglengenfeld	Ob.Pf.
Bullau, s. Main-		Burgersdorf	Oberb.	Burglesau	Ob.Frk.
bullau	Unt.Frk.	Burgertting	Niederb.	Burglisberg, auch	
Bullenheim	Unt.Frk.	Burgerwiese	Niederb.	Lisberg	Ob.Frk.
		Burgfarrnbach	Mitt.Frk.	Burglohe	Niederb.

Burgmagerbein	Schwb.	Burgwallbach	Unt.Frk.	Buschhäuser	Ob.Frk.
Burgmannshofen	Schwb.	Burgweg	Oberb.	Buschhof	Ob.Pf.
Burgmayer, auf der Gemeinde	Niederb.	Burgweg	Schwb.	Buschmühle	Rh.Pf.
		Burgweinting	Ob.Pf.	Buschmühle	Ob.Frk.
Burgmühle	Ob.Pf.	Burgweisach	Ob.Frk.	Buschschwabach	Mitt.Frk.
Burgmühle	Unt.Frk.	Burgwindheim	Ob.Frk.	Busenberg	Rh.Pf.
Burgmühle	Schwb.	Burk	Ob.Frk.	Busendorf	Ob.Frk.
Burgoberbach	Mitt.Frk.	Burk	Mitt.Frk.	Bussen	Schwb.
Burgplatz	Niederb.	Burk, auch Burg	Mitt.Frk.	Busser	Schwb.
Burgpreppach	Unt.Frk.	Burk (4)	Schwb.	Bußmannsried, auch Bößmannsried	Niederb.
Burgrain	Oberb.	Burkardroth	Unt.Fr.		
Burggraf	Schwb.	Burkardsöd	Oberb.		
Burgreit	Oberb.	Burkarts	Schwb.	Buttenbach	Niederb.
Burgrettenberg, auch Burg, oder Rettenberg vor der Burg		Burkartsberg	Ob.Pf.	Buttendorf	Mitt.Frk.
		Burkartshof	Ob.Pf.	Buttenham	Oberb.
		Burkartsmühle	Schwb.	Buttenhausen	Niederb.
	Schwb.	Burkatzhofen	Schwb.	Buttenheim	Ob.Frk.
Burgsallach	Mitt.Frk.	Burker	Schwb.	Buttenwiesen	Schwb.
Burgschlag	Oberb.	Burkering	Oberb.	Buttigen	Oberb.
Burgschleife	Ob.Pf.	Burkersdorf	Ob.Frk.	Butting	Niederb.
Burgsdorff (2)	Niederb.	Burkersreuth	Ob.Frk.	Butz	Oberb.
Burgsinn	Unt.Frk.	Burkertshof	Ob.Pf.	Butz	Niederb.
Burgsoy	Schwb.	Burkhardsreuth	Ob.Pf.	Buzau	Oberb.
Burgstalberg	Niederb.	Burkheim	Ob.Frk.	Buzen	Schwb.
Burgstall (8)	Oberb.	Burkhöfe	Schwb.	Buzenbach	Niederb.
Burgstall	Ob.Pf.	Burkleiten	Schwb.	Buzenberg	Mitt.Frk.
Burgstall (8)	Niederb.	Burlafingen	Schwb.	Buzenberger	Niederb.
Burgstall (3)	Ob.Frk.	Burn (2).	Niederb.	Buzenhofen	Ob.Pf.
Burgstall (3)	Mitt.Frk.	Burreith	Oberb.	Buzenmühle	Mitt.Frk.
Burgstall (6)	Schwb.	Burrweiler	Rh.Pf.	Bur	Schwb.
Burgstallhöfe	Mitt.Frk.	Burrweilermühl	Rh.Pf.	Burach	Schwb.
Burgstallohe	Mitt.Frk.	Burtenbach	Schwb.	Burachermühle	Schwb.
Burgstallmühle	Ob.Pf.	Burtreit	Niederb.	Buracherschmiede	Schwb.
Burgstallmühle	Mitt.Frk.	Busbach	Ob.Frk.	Burberg	Oberb.
Burgthal	Oberb.	Buschendorf	Ob.Frk.	Burbauer	Niederb.
Burgthann	Mitt.Frk.	Buschenschneider	Schwb.	Burheim	Mitt.Frk.
Burgtreswitz	Ob.Pf.	Buscherpoint	Niederb.	Burheim	Schwb.
Burgwalden	Schwb.			Burlohe	Ob.Pf.

Cabolzburg	Mitt.Frk.	Carlsberg	Ob.Pf.	Carlsbergerhof	Rh.Pf.
Cabolzhofen	Mitt.Frk.	Carlsberg	Rh.Pf.	Carlsgrün	Ob.Frk.
Cäcillenthal	Ob.Pf.	Carlsberg, am	Rh.Pf.	Carlshöhe	Rh.Pf.
Callbach	Rh.Pf.	Carlsberg, im Thal	Rh.Pf.	Carlsluft	Rh.Pf.
Carlmühle	Ob.Frk.			Carlsmühle	Rh.Pf.

Casendorf	Ob.Frk.	Christlmühle	Ob.Frk.	Colman Sct.	Niederb.
Castel, auch Kastel	Ob.Pf.	Christlöd	Niederb.	Colmberg	Mitt.Frk.
Castell	Unt.Frk.	Christoph (2)	Oberb.	Colmdorf	Ob.Frk.
Castlberg	Oberb.	Christoph Sct.	Niederb.	Colomann Sct.	Niederb.
Caulsdorf	Ob.Frk.	Christoph Sct.	Ob.Pf.	Conradsmühle	Rh.Pf.
C'est bon	Ob.Frk.	Christophels-		Contumazgarten	Mitt.Frk.
Cham	Ob.Pf.	mühle	Rh.Pf.	Contwig	Rh.Pf.
Chammeregg	Ob.Pf.	Christusgrün	Ob.Frk.	Corona Sct. (3)	Niederb.
Chammünster	Ob.Pf.	Christuszell	Niederb.	Cottenbach	Ob.Frk.
Charhof	Mitt.Frk.	Churfürst	Niederb.	Cramersfeld	Ob.Frk.
Charlottenthal	Ob.Pf.	Churpfalzmühle	Rh.Pf.	Graffemann	Ob.Frk.
Chausseehaus (3)	Rh.Pf.	Churthambach	Oberb.	Creez	
Chausseehaus	Ob.Frk.	Claffheim	Mitt.Frk.	Cremitz	Ob.Frk.
Chausseehaus (2)	Mitt.Frk.	Claramühle, auch		Creussen	Ob.Frk.
Chausseehaus	Unt.Frk.	Unterfuchsmühle	Mitt.Frk.	Crötenbruck	Ob.Frk.
Chaussee-Wirths-		Clarsbach, auch		Crötenhof	Ob.Frk.
haus	Unt.Frk.	Karlsbach	Mitt.Frk.	Cronheim	Mitt.Frk.
Cherbonhof	Ob.Frk.	Clausberg	Ob.Frk.	Crottendorf	Ob.Frk.
Chieming	Oberb.	Clausen	Rh.Pf.	Culmbach, auch	
Christanz	Ob.Frk.	Clausngut	Unt.Fr.	Kulmbach	Ob.Frk.
Christenmühl	Mitt.Frk.	Clauserhof	Rh.Pf.	Culmberg	Ob.Frk.
Christershofen	Schwb.	Cleedorf	Mitt.Frk.	Culmhof	Ob.Frk.
Christgarten	Schwb.	Cletzhöfe	Ob.Frk.	Culmitz	Ob.Frk.
Christiansreuth	Ob.Frk.	Clonsbach	Mitt.Frk.	Culmitzhammer	Ob.Frk.
Christl	Niederb.	Cölln	Rh.Pf.	Cusel	Rh.Pf.
Christl	Schwb.	Colgenstein	Rh.Pf.	Custenlohr, auch	
Christlberg	Niederb.	Collmann Sct.,		Gustenlohr	Mitt.Frk.
Christler	Schwb.	oder Wallers-		Cyprian Sct.	Schwb.
Christlhof	Niederb.	wien	Ob.Pf.		
Christlmühle	Ob.Pf.				

D.

Daberg	Oberb.	Darberg und		Dachstadt	Ob.Frk.
Daberg	Ob.Pf.	Schwarzenbache-		Dachstetten	Mitt.Frk.
Daburg	Oberb.	berg	Niederb.	Dackenheim	Rh.Pf.
Dachau	Oberb.	Dachsberg	Ob.Pf.	Dating	Oberb.
Dachberg	Oberb.	Dachsbühl	Niederb.	Dächheim	Unt.Frk.
Dachelhofen	Ob.Pf.	Dachsed	Oberb.	Dafeith	Oberb.
Dachgrub (2)	Oberb.	Dachselberg, s.		Dagenbach	Mitt.Frk.
Dachgrub	Niederb.	Darberg	Oberb.	Dagifing	Oberb.
Dachs	Oberb.	Dachsenhäusl	Oberb.	Dahn	Rh.Pf.
Dachsbach (2)	Mitt.Frk.	Dachshäusl	Oberb.	Dahnermühle	Rh.Pf.
Dachsberg (2)	Oberb.	Dachsham	Oberb.	Daibersdorf	Niederb.
Dachsberg (4)	Niederb.	Dachshof	Ob.Pf.	Daibrechting	Oberb.
Dachsberg, auch		Dachslarn	Niederb.	Daierling	Ob.Pf.

Daigstetten — Deckelstein.

Daigstetten	Oberb.	Dankelsried	Schwb.	Daubhausmühle	Rh.Pf.
Daimbacherhof	Rh.Pf.	Dankenfeld	Unt.Fr.	Dauching	Ob.Pf.
Dainect	Niederb.	Dankerding	Oberb.	Dauersmühl	Mitt.Frk.
Dainhäuseln	Niederb.	Dankl	Oberb.	Dauern	Oberb.
Dalieldorf	Oberb.	Danlohe	Ob.Pf.	Daumberg	Oberb.
Daitenhausen	Oberb.	Dannberg	Niederb.	Daunioos	Oberb.
Daiting	Schwb.	Dahndorf	Ob.Frk.	Daunberg	Ob.Frk.
Daiting, auch Tai-		Dannenfels	Rh.Pf.	Dautenwinden	Mitt.Frk.
ting	Niederb.	Dannenfelser-		Dautersdorf	Ob.Pf.
Dalherda	Unt.Frk.	mühle	Rh.Pf.	David	Oberb.
Dalling	Ob.Pf.	Dannhausen	Mitt.Frk.	Davidskron	Rh.Pf.
Dallach	Oberb.	Dannlohe	Ob.Pf.	Data	Oberb.
Dallackenried	Ob.Pf.	Dannschachten	Niederb.	Datau (2)	Oberb.
Dallenborf	Schwb.	Dannstadt	Rh.Pf.	Darberg, auch	
Dallermühle	Ob.Pf.	Dansenberg	Rh.Pf.	Dachselberg	Oberb.
Dallersbach	Mitt.Frk.	Danten	Niederb.	Darberg, Tarberg	Oberb.
Dampach (2)	Mitt.Frk.	Dantersdorf	Ob.Pf.	Darberg	Niederb.
Dambergerhäusl	Niederb.	Danzern, auch		Darberg	Unt.Frk.
Damerstorf	Niederb.	Danzerstätt	Oberb.	Darberg	Schwb.
Damm	Oberb.	Danzwiesen	Unt.Frk.	Darbergerhöfe	Unt.Frk.
Damm	Unt.Frk.	Daring	Oberb.	Daren	Oberb.
Dammberg	Oberb.	Darmannsdorf	Ob.Pf.	Darenbach	Oberb.
Dammelhof	Unt.Frk.	Darsberg	Ob.Pf.	Darenberg	Oberb.
Dammelsdorf (2)	Ob.Pf.	Darshofen	Ob.Pf.	Darenthal, oberes	Oberb.
Dammersbach	Niederb.	Darstadt	Unt.Frk.	Darenthal, unte-	
Dammersbuch	Niederb.	Darstein	Rh.Pf.	res	Oberb.
Dammersfeld	Unt.Frk.	Darstein	Rh.Pf.	Darer	Oberb.
Dammhäuschen	Rh.Pf.	Daschendorf	Ob.Frk.	Darheim	Oberb.
Dammhäusl	Oberb.	Daschendorf	Unt.Frk.	Darlberg (2)	Oberb.
Dammheim	Rh.Pf.	Daselmühle (2)	Oberb.	Darmühle (2)	Oberb.
Dammhof	Niederb.	Daser (2)	Oberb.	Darstein	Niederb.
Damming	Niederb.	Dashub	Oberb.	Deberndorf	Mitt.Frk.
Dammmühle	Rh.Pf.	Dasing	Oberb.	Debersdorf	Ob.Frk.
Damnmühle	Ob.Frk.	Dasör	Oberb.	Debors Mühlen	Unt.Frk.
Damöd	Oberb.	Daßberg	Schwb.	Debring	Ob.Frk.
Dampfach	Unt.Frk.	Daßwang	Ob.Pf.	Dechantshof	Oberb.
Dampfer	Oberb.	Dattelhof	Mitt.Frk.	Dechantsees	Ob.Pf.
Danbach	Niederb.	Dattenbach	Niederb.	Dechantsreit	Niederb.
Danblberg (2)	Oberb.	Dattenberg	Niederb.	Dechbetten	Ob.Pf.
Danblhäusl	Oberb.	Dattenbrunn	Schwb.	Dechelborf	Ob.Frk.
Dangelsdorf	Ob.Pf.	Dattenhausen (2)	Schwb.	Dechendorf	Mitt.Frk.
Dangesbühl	Ob.Frk.	Dattenried	Schwb.	Deching	Niederb.
Dangl	Oberb.	Dattensoll	Unt.Frk.	Dechsendorf	Ob.Frk.
Danglmühle	Niederb.	Datting (2)	Niederb.	Dechstadt, Dach-	
Danglöd	Niederb.	Daubenbornerhof	Rh.Pf.	stadt	Oberb.
Danielshof	Unt.Frk.	Daubersbach, auch		Deckanhäusel	Niederb.
Dankelsreuth	Niederb.	Daffersbach	Mitt.Frk.	Deckelstein	Ob.Pf.

Deckenreuth	Ob.Frk.	Deingrub	Niederb.	Demeureuth	Ob.Pf.
Deckersberg	Mitt.Frk.	Deinharbsmühle	Ob.Frk.	Demenricht, auch	
Deckstadt	Niederb.	Deinhof	Oberb.	Kirchdemenricht	Ob.Pf.
Deberles	Schwb.	Deining (2)	Oberb.	Demelshof	Mitt.Frk.
Defersdorf	Mitt.Frk.	Deining	Ob.Pf.	Demharten	Schwb.
Deffersdorf	Mitt.Frk.	Deiningen	Schwb.	Demldorf	Ob.Pf.
Defflingen	Schwb.	Deinöd	Oberb.	Demling	Oberb.
Degelberg	Ob.Pf.	Deinschwang	Ob.Pf.	Demling	Ob.Pf.
Degelhof	Ob.Pf.	Deinsdorf	Ob.Pf.	Demmeldorf	Ob.Frk.
Degelhof, auch		Deinshof	Ob.Pf.	Demmlhub	Niederb.
Tegelhof	Ob.Pf.	Deinting	Oberb.	Demoos	Oberb.
Degelsdorf	Ob.Pf.	Deischl, am Thor	Oberb.	Dempfer	Oberb.
Degelstein	Schwb.	Delsenau	Niederb.	Denesbohl	Niederb.
Degenberg	Niederb.	Delsenbach	Oberb.	Dengkofen	Niederb.
Degenreuth	Ob.Frk.	Delsenberg	Oberb.	Denglarn	Ob.Pf.
Degernauer	Oberb.	Delsenböck im		Dengling	Ob.Pf.
Degernbach (2)	Oberb.	Bach, auch Del-		Denharter	Niederb.
Degernbach (2)	Niederb.	senbeckerimbach	Oberb.	Denhof	Ob.Pf.
Degerndorf (2)	Oberb.	Delsenham (2)	Oberb.	Dening	Oberb.
Degerndorf	Ob.Pf.	Delsenhausen	Schwb.	Denk, am Berg	Oberb.
Degernfeld	Oberb.	Delsenhofen (2)	Oberb.	Denk (2)	Niederb.
Degersheim	Mitt.Frk.	Delsenhofen	Niederb.	Denkendorf	Mitt.Frk.
Deggenau	Niederb.	Delsenhofen	Schwb.	Denkenreuth	Ob.Pf.
Deggendorf	Niederb.	Delsenried	Oberb.	Denkhof	Niederb.
Deggendorf	Ob.Frk.	Delsensee	Oberb.	Denklingen	Schwb.
Deggingen, auch		Delsing	Ob.Pf.	Denkzell	Niederb.
Mönchsdeggin-		Delslkühn, auch		Dennach	Ob.Frk.
gen	Schwb.	Delßkin	Ob.Pf.	Dennacker	Ob.Pf.
Deglwies	Niederb.	Deltelborf	Oberb.	Dennelohe	Ob.Pf.
Degmann	Ob.Frk.	Dettelerb	Niederb.	Dennenberg	Schwb.
Dehnberg	Mitt.Frk.	Detzelfurt	Oberb.	Dennenlohe	Mitt.Frk.
Deibler	Oberb.	Delkenmühle	Schwb.	Dennerled	Oberb.
Deibling	Schwb.	Dellenhausen	Oberb.	Dennermoos	Schwb.
Deichlsberg	Niederb.	Dellerhof	Ob.Pf.	Dennhof	Ob.Frk.
Deidesheim	Rh.Pf.	Dellerhof	Ob.Frk.	Dennig	Ob.Frk.
Delgelspoint	Oberb.	Dellern	Niederb.	Dennweiler	Rh.Pf.
Delleisterhof	Rh.Pf.	Dellern	Ob.Frk.	Dentlein, auch	
Deimbach	Oberb.	Dellert	Oberb.	Täntler	Ob.Frk.
Delmel	Niederb.	Delsfeld	Rh.Pf.	Dentlein, am	
Delmenried, auch		Delling	Oberb.	Forst	Mitt.Frk.
Dennerled	Oberb.	Delzen	Unt.Frk.	Denzelmühle	Mitt.Frk.
Deimhausen	Oberb.	Delzöd	Niederb.	Denzenlohe	Ob.Frk.
Deimling	Oberb.	Demantsfurth	Mitt.Frk.	Denzenmühle	Schwb.
Deimwallen	Oberb.	Demel	Oberb.	Denzingen	Schwb.
Deindorf	Niederb.	Demelberg	Oberb.	Deps	Ob.Frk.
Deindorf	Ob.Pf.	Demelmoos	Oberb.	Derching	Oberb.
Deinsfeld	Ob.Pf.	Demelstadt	Niederb.	Dernbach	Rh.Pf.

Dernblmühle — Dieperting.

Dernblmühle, a.		Deutelbach	Unt.Frk.	Dickenwuftung	Ob.Frk.		
Ebenfurth	Niederb.	Deutelhausen	Oberb.	Dickersbronn	Mitt.Frk.		
Derndorf	Oberb.	Deutelftädt	Oberb.	Dickersfchwend	Oberb.		
Derndorf	Schwb.	Deutenbach	Mitt.Frk.	Dicket	Niederb.		
Derfch, auch Der-		Deutenham	Oberb.	Dickl	Oberb.		
fchenhub	Niederb.	Deutenhausen (4)	Oberb.	Dickmühle	Mitt.Frk.		
Derfchlhof	Niederb.	Deutenheim	Mitt.Frk.	Diebach (2)	Mitt.Frk.		
Defchenrieb	Ob.Pf.	Deutenhof (2)	Niederb.	Diebach, auch			
Defching	Oberb.	Deutenhofen (2)	Oberb.	Dipbach	Unt.Fr.		
Defchler	Oberb.	Deutenkofen	Niederb.	Diebelftädt	Oberb.		
Defel	Oberb.	Deutenmoos	Oberb.	Dieberg (2)	Ob.Pf.		
Desham	Oberb.	Deutenfee	Oberb.	Dieberreuth	Ob.Pf.		
Desmannsdorf	Mitt.Frk.	Deuting (2)	Oberb.	Diebesrieb	Ob.Pf.		
Deffau, Deiffau	Oberb.	Deuilhausen	Oberb.	Diebis	Ob.Pf.		
Defenacker	Ob.Pf.	Deutfch	Schwb.	Diebrunn	Ob.Pf.		
Deffershalden	Schwb.	Deutfche Mühle	Unt.Frk.	Diebsgraben	Unt.Frk.		
Deftuben	Ob.Frk.	Deutfchhof	Rh.Pf.	Diebsgraben, a.			
Detlmühl	Niederb.	Deutfchhof	Unt.Frk.	Diesgraben	Unt.Frk.		
Detfcheramühle	Ob.Frk.	Deutfchmoos-		Die Burg	Unt.Frk.		
Dettelbach	Unt.Frk.	mühle	Oberb.	Diecherling	Ob.Pf.		
Dettenbach	Ob.Pf.	Deutfchmühle	Niederb.	Diebelkopf	Rh.Pf.		
Dettenbachhof	Niederb.	Deutfchwühl	Rh.Pf.	Diebendorf	Ob.Frk.		
Dettenberg	Oberb.	Derenhof	Niederb.	Dieberting	Niederb.		
Dettendorf	Oberb.	Derhöf	Ob.Pf.	Diebesfeld	Rh.Pf.		
Dettendorf, auch		Deherer	Oberb.	Diebing	Oberb.		
Töbtendorf	Oberb.	Dezenacker	Schwb.	Diedorf	Schwb.		
Dettendorf	Niederb.	Dezion	Schwb.	Dieffenbach	Oberb.		
Dettendorf	Mitt.Frk.	Diana, ein Forft-		Dielenbacherhof	Rh.Pf.		
Dettenhardt	Schwb.	haus	Unt.Frk.	Dielkirchen	Rh.Pf.		
Dettenhausen	Oberb.	Dianasluft	Unt.Frk.	Dielftein	Oberb.		
Dettenheim	Mitt.Frk.	Dianenluft	Ob.Frk.	Diemannskirchen	Niederb.		
Dettenhofen (2)	Oberb.	Dianensluft	Unt.Frk.	Diemantftein	Schwb.		
Dettenhofen	Niederb.	Dibellushof	Rh.Pf.	Diemating	Oberb.		
Dettenhofen (2)	Ob.Pf.	Dichtl	Oberb.	Diemeck	Niederb.		
Dettenfchwang	Oberb.	Dichtlar	Oberb.	Diemendorf	Oberb.		
Dettenthal	Ob.Pf.	Dichtldorn	Oberb.	Diemerftein	Rh.Pf.		
Detter	Unt.Frk.	Dichtlmühl	Oberb.	Diemerting	Oberb.		
Dettingen	Unt.Frk.	Dichtlfchwaig, a.		Diemühle	Ob.Pf.		
Dettwang	Mitt.Frk.	Dickfchwaig	Oberb.	Dienberg	Niederb.		
Deubach (2)	Schwb.	Dicke Mühle	Unt.Frk.	Diendorf	Niederb.		
Deubachermühle	Schwb.	Dickarting	Oberb.	Diendorf (2)	Ob.Pf.		
Deuenbach	Mitt.Frk.	Dickartsmühle	Oberb.	Dienersberg	Niederb.		
Deuerl	Oberb.	Dickelfchneib	Niederb.	Dienhausen	Schwb.		
Deuringen	Schwb.	Dickenbichl	Niederb.	Dienfthub	Niederb.		
Deusdorf	Unt.Frk.	Dickenbühl	Schwb.	Diepenhofen	Schwb.		
Deusdorfermühle	Unt.Frk.	Dickenreis	Schwb.	Dieperstorf	Mitt.Frk.		
Drusmauer	Ob.Pf.	Dickenreishausen	Schwb.	Dieperting	Oberb.		

Diepertsham	Oberb.	Dietenhofen	Mitt.Frk.	Dietrichsmais, a.	
Diepertshofen	Schwb.	Dietenholz	Mitt.Frk.	Dietersmais	Niederb.
Diepling (2)	Oberb.	Dietenzhofen	Ob.Pf.	Dietrichstetten	Niederb.
Diepold	Niederb.	Dietersberg	Oberb.	Dietring	Niederb.
Diepolding	Oberb.	Dietersberg (2)	Ob.Pf.	Dietringen	Schwb.
Diepolds	Schwb.	Dietersberg	Ob.Frk.	Dietschweiler	Rh.Pf.
Diepoldsberg	Oberb.	Dietersberg	Mitt.Frk.	Dietstätt	Ob.Pf.
Diepoldsdorf	Mitt.Frk.	Dietersberg	Schwb.	Dietweg	Oberb.
Diepoldshof	Ob.Pf.	Dietersbrunn	Ob.Frk.	Dietwies	Oberb.
Diepoldshofen (2)	Oberb.	Dietersdorf	Oberb.	Dietzhof	Ob.Frk.
Diepoldsreuth	Ob.Pf.	Dietersdorf	Niederb.	Dietzing	Niederb.
Diepoldsried	Ob.Pf.	Dietersdorf (3)	Ob.Pf.	Dietzmanning	Oberb.
Diepolting	Niederb.	Dietersdorf (2)	Ob.Frk.	Diezen	Schwb.
Diepoltsberg	Niederb.	Dietersdorf	Mitt.Frk.	Diezling	Oberb.
Diepoltskirchen	Niederb.	Dietersgrün	Ob.Frk.	Diketshof	Ob.Pf.
Diepoltstadt	Oberb.	Dietersheim	Oberb.	Dill	Schwb.
Diepoltstetten	Niederb.	Dietersheim	Mitt.Frk.	Dillhof	Unt.Frk.
Diepolz	Schwb.	Dietershof	Niederb.	Dillian	Schwb.
Dieppersricht	Ob.Pf.	Dietershofen	Mitt.Frk.	Dilljäger, ober	Oberb.
Dierbach	Rh.Pf.	Dietershofen (2)	Schwb.	Dilljäger, unter	Oberb.
Dietersdorf	Mitt.Frk.	Dieterskirchen	Ob.Pf.	Dillingen	Schwb.
Diernelbach	Oberb.	Dieterstetten	Mitt.Frk.	Dillishausen	Schwb.
Diernsberg, auch		Dieterstorf	Niederb.	Dillsheim	Oberb.
Dürrnberg	Oberb.	Dietersweg	Ob.Pf.	Dillkofen	Niederb.
Dieselsbergerhof	Rh.Pf.	Dietertsried	Oberb.	Dillsperg	Oberb.
Diesenbach	Oberb.	Dietfurt	Ob.Pf.	Dilpers	Schwb.
Diesenbach	Ob.Pf.	Dietfurt	Mitt.Frk.	Dimbach	Rh.Pf.
Diesenbach	Schwb.	Dietges	Unt.Frk.	Dimbach	Unt.Frk.
Diesenhof	Ob.Pf.	Dietgeshof	Unt.Frk.	Dimpelsmühle	Unt.Frk.
Diesmühle	Oberb.	Diethen (2)	Schwb.	Dimpfl	Oberb.
Diespeck	Mitt.Frk.	Dieting (2)	Oberb.	Dimpfl	Ob.Pf.
Dieß, Dießbauer	Oberb.	Dietkirch	Schwb.	Dimpflmühle	Niederb.
Dießen	Oberb.	Dietkirchen	Ob.Pf.	Dimrotherhof	Rh.Pf.
Dießenbach (2)	Niederb.	Dietldorf	Ob.Pf.	Dinau	Ob.Pf.
Dießenstein	Niederb.	Dietlhof	Ob.Pf.	Dinding	Oberb.
Dießfurth	Ob.Pf.	Dietlhofen	Oberb.	Dinensberg	Schwb.
Dießlings	Schwb.	Dietmaning	Niederb.	Dingbuch	Oberb.
Diesweg	Schwb.	Dietmannsberg	Niederb.	Dingelsperg	Niederb.
Dietelmühle	Oberb.	Dietmannsried	Schwb.	Dingfurt	Oberb.
Dietelmühle	Ob.Frk.	Dietmaring	Oberb.	Dingharting	Oberb.
Dietelried	Oberb.	Dietraching	Niederb.	Dingisweiler	Schwb.
Dietelsberg	Niederb.	Dietramszell	Oberb.	Dinglreith	Niederb.
Dietelskirchen	Niederb.	Dietratsried	Schwb.	Dinglreith, auch	
Dietelspaint	Schwb.	Dietrichingen	Rh.Pf.	Pinkreuth	Niederb.
Dietenbronn	Mitt.Frk.	Dietrichs	Schwb.	Dinglstätt	Ob.Pf.
Dietenhausen (2)	Oberb.	Dietrichsdorf	Niederb.	Dingolfing (2)	Niederb.
Dietenhofen	Niederb.	Dietrichshof	Mitt.Frk.	Dingolshausen	Unt.Frk.

Dingsdorf — Döpsrieb.

Dingsdorf	Niederb.	Dirnwimm	Niederb.	Doblbauer	Niederb.
D...	Ob.Pf.	Dirnzhausen	Oberb.	Doblberg	Oberb.
Di...	Niederb.	Dirrselben	Schwb.	Dobler	Niederb.
Di...mühl	Unt.Frk.	Dirrlauingen	Schwb.	Doblergut	Ob.Pf.
Di...mühl	Mitt.Frk.	Dirschberg	Niederb.	Doblham (2)	Niederb.
Di...erben	Schwb.	Dirschengrub	Niederb.	Doblklause	Oberb.
D...hausen	Schwb.	Dirschhofen	Oberb.	Doblmühle	Oberb.
Di...ing	Oberb.	Dirschkern	Niederb.	Doblmühle (3)	Niederb.
D...hausen	Oberb.	Dirwimm	Niederb.	Dobrach	Ob.Frk.
D...	Niederb.	Disbachshof	Unt.Frk.	Dobrigau	Ob.Pf.
D...	Ob.Pf.	Disbachsmühle	Unt.Frk.	Dockenmühle	Ob.Pf.
D...	Unt.Frk.	Distbodenberg	Rh.Pf.	Doctorshaus	Unt.Frk.
D...	Ob.Frk.	Distbodenberger-		Doctorshof	Unt.Frk.
D... (3)	Unt.Frk.	hof	Rh.Pf.	Doctorsmühle	Mitt.Frk.
D...	Ob.Pf.	Dißen	Schwb.	Doctorsmühle	Unt.Frk.
D...	Ob.Pf.	Distelhausen	Ob.Pf.	Dobelbauer	Schwb.
D...euth	Ob.Pf.	Distelmühle	Mitt.Frk.	Dobels	Schwb.
D...berg	Mitt.Frk.	Distelzweil	Niederb.	Doderhof	Oberb.
D...	Oberb.	Distlach	Ob.Pf.	Döbellsried	Schwb.
D...	Oberb.	Distlberg	Oberb.	Döberein	Ob.Pf.
D..., auch		Distlhof (2)	Ob.Pf.	Döberlitz	Ob.Frk.
D...ied	Oberb.	Ditlham	Oberb.	Döberschütz	Ob.Frk.
D...ing	Schwb.	Dittelbrunn	Unt.Frk.	Döbersing	Ob.Pf.
Dirsein	Oberb.	Dittenfeld	Schwb.	Döbitsch	Ob.Frk.
D...	Rh.Pf.	Dittenheim	Mitt.Frk.	Döbra	Ob.Frk.
D...	Niederb.	Dittenkofen	Niederb.	Döbraflöcken	Ob.Frk.
D... (2)	Niederb.	Ditterichsmühle	Unt.Frk.	Döckingen	Mitt.Frk.
D..., auch		Ditterswind	Unt.Frk.	Döderlees	Schwb.
D...mühle	Niederb.	Dittfosbroda	Unt.Frk.	Döbling	Niederb.
D...	Ob.Pf.	Dittmoning, auch		Döbl	Oberb.
D...	Oberb.	Diezmanning	Oberb.	Döfering	Ob.Pf.
D... (3)	Oberb.	Dittmühle		Döfreit, auch	
D... (4)	Niederb.	Dittwriler	Rh.Pf.	Dörfreuth	Niederb.
D...	Ob.Pf.	Direnhausen	Mitt.Frk.	Döging	Oberb.
D...	Oberb.	Dobel (2)	Niederb.	Döhlau (2)	Ob.Frk.
Dirch	Niederb.	Dobel	Schwb.	Dölfenmühle	Schwb.
D...	Niederb.	Dobelhof	Niederb.	Döllberg	Ob.Pf.
D...	Ob.Pf.	Dobeneck	Ob.Frk.	Döllingerhäus-	
D...	Mitt.Frk.	Dobenreuth	Ob.Frk.	chen	Ob.Pf.
D...	Niederb.	Doberg	Ob.Pf.	Döllnitz (3)	Ob.Pf.
D...manning	Oberb.	Dobermühle	Ob.Frk.	Döllnitz	Ob.Frk.
D...	Oberb.	Dobersgrund	Ob.Frk.	Döllwang	Ob.Pf.
D...	Niederb.	Dobertshof	Ob.Pf.	Dölisch	Ob.Pf.
D...euth	Oberb.	Dobl (8)	Oberb.	Dönhof	Ob.Frk.
D...berg	Oberb.	Dobl (11)	Niederb.	Dönning	Niederb.
D...	Ob.Pf.	Dobl	Ob.Pf.	Döpshofen	Schwb.
D...eln	Oberb.	Doblbach	Oberb.	Döpsrieb	Schwb.

Dörberg	Oberb.	Dötschenmühle	Ob.Frk.	Donnersdorf	Unt.Frk.
Dörfchen	Unt.Frk.	Dölten	Niederb.	Donnersreuth	Ob.Frk.
Dörfel	Oberb.	Döttenau	Niederb.	Donsberg	Schwb.
Dörfel (2)	Niederb.	Döttenberg, auch		Donser, s. Dunz-	
Dörfl (3)	Oberb.	Tödtenberg	Oberb.	meier	Oberb.
Dörfl	Niederb.	Döttenberg	Niederb.	Donsieders	Rh.Pf.
Dörfl, ober	Niederb.	Döttenreuth	Ob.Pf.	Donys	Schwb.
Dörfl, unter	Niederb.	Dötting	Oberb.	Doos	Mitt.Frk.
Dörflarn	Ob.Pf.	Döttling	Niederb.	Dooser	Oberb.
Dörflas (6)	Ob.Frk.	Dötz	Oberb.	Doppel	Oberb.
Dörflein	Mitt.Fr.	Dötzkirchen	Oberb.	Doppelmann	Oberb.
Dörflein	Unt.Frk.	Dohle, auf der	Schwb.	Doppelmühle	Niederb.
Dörfleins	Ob.Frk.	Doldorf, auch		Doppeln (2)	Oberb.
Dörfles (2)	Ob.Frk.	Dondorf	Oberb.	Dorenwald	Schwb.
Dörfling	Niederb.	Dolben	Schwb.	Dorf (4)	Oberb.
Dörfling	Ob.Pf.	Doldenhausen	Schwb.	Dorf (3)	Niederb.
Döringstadt	Ob.Frk.	Dolbers	Schwb.	Dorf	Schwb.
Döritzmühle	Ob.Frk.	Dollamühle, Dal-		Dorfacker	Oberb.
Dörlasmühle	Ob.Pf.	lernmühle	Ob.Pf.	Dorfbach	Oberb.
Dörlbach	Mitt.Frk.	Dollbach	Niederb.	Dorfbach	Niederb.
Dörnach	Ob.Frk.	Dollensteln	Mitt.Frk.	Dorfberg	Schwb.
Dörnbach	Oberb.	Dolling (2)	Oberb.	Dorfen (13)	Oberb.
Dörnbach	Rh.Pf.	Dollmannsberg	Ob.Pf.	Dorfgänlas	Ob.Pf.
Dörnbach (2)	Unt.Frk.	Dollnhof	Ob.Pf.	Dorfgemünd, a.	
Dörndorf	Mitt.Frk.	Dombach	Oberb.	Gemünd	Ob.Pf.
Dörnen	Schwb.	Dombach	Niederb.	Dorfgütingen	Mitt.Frk.
Dörnhof (6)	Ob.Frk.	Dombach im Loch,		Dorfhaus	Ob.Frk.
Dörnhof	Unt.Frk.	auch Tumperloch	Mitt.Frk.	Dorfkemmathen	M.Frk.
Dörnsteinbach	Unt.Frk.	Dombühl	Mitt.Frk.	Dorfmühle (2)	Niederb.
Dörnthal	Ob.Frk.	Domelstadel		Dorfmühle (2)	Rh.Pf.
Dörnwasserlos	Ob.Frk.	Domgrundmühle	Ob.Frk.	Dorfmühle	Ob.Pf.
Dörrenbach	Rh.Pf.	Domherrnmühle	Mitt.Frk.	Dorfmühle (10)	Unt.Frk.
Dörrenhof	Unt.Frk.	Donau	Oberb.	Dorfmühle	Mitt.Frk.
Dörrenrain	Unt.Frk.	Donaualtheim	Schwb.	Dorfner	Oberb.
Dörrmorsbach	Unt.Frk.	Donauhof	Niederb.	Dorfner	Niederb.
Dörrmoschel	Rh.Pf.	Donaumühlholz	Niederb.	Dorfner, auch	
Dörrmühle, auch		Donaustauf	Ob.Pf.	Dorsen	Niederb.
Neumühle	Rh.Pf.	Donauwetzdorf, a.		Dorfprozelten	Unt.Frk.
Dörschbrunn	Mitt.Frk.	Donauwegdorf	Niederb.	Dorfreith	Oberb.
Dörsthof	Unt.Frk.	Donauwörth	Schwb.	Dorfsmühle	Unt.Frk.
Pösdorf	Oberb.	Dondörflein	Ob.Frk.	Dorfsmühle	Mitt.Frk.
Pösham	Oberb.	Doni in dem		Dorgendorf	Unt.Frk.
Pösing	Niederb.	Ehegarten	Oberb.	Dormitz	Ob.Frk.
Pösingen	Schwb.	Donisbreit	Oberb.	Dorn	Oberb.
Pösingried	Niederb.	Donismühle	Schwb.	Dorn (2)	Niederb.
Döswitz	Ob.Pf.	Donndorf	Ob.Frk.	Dornach (5)	Oberb.
Pöterholzen	Oberb.	Donnersberg	Niederb.	Dornach (2)	Niederb.

Dornach — Dürnhaar. 41

Dornach (2)	Schwb.	Draberg, auch		Dresenmühle, a.	
Dornau	Oberb.	Dreberg	Ob.Pf.	Schreckenmühle	Rh.Pf.
Dornau	Niederb.	Drachenthal	Oberb.	Dresselhof	Unt.Frk.
Dornau	Ob.Pf.	Drachselsried	Niederb.	Dressen	Schwb.
Dornau	Unt.Frk.	Drachsing, auch		Dressingershaus	Rh.Pf.
Dornaumühle	Oberb.	Traxing	Niederb.	Dressling	Oberb.
Dornbach	Oberb.	Drackenstein	Ob.Pf.	Dreuschendorf	Ob.Frk.
Dornbach, auch		Drablöß	Oberb.	Dreybuchenmais	Niederb.
Kirchendornbach	Ob.Pf.	Draht	Niederb.	Dreyhof	Ob.Pf.
Dornberg	Oberb.	Drahthäusl	Ob.Pf.	Drittel	Schwb.
Dornberg	Ob.Pf.	Drahthammer (4)	Ob.Pf.	Drittenbrunn	Niederb.
Dornberg (2)	Mitt.Frk.	Drahtmühle	Ob.Frk.	Drosendorf (3)	Ob.Frk.
Dorneck	Oberb.	Drahtwerk	Ob.Frk.	Droßmühle	Unt.Frk.
Dorner	Oberb.	Drahtzieher	Oberb.	Druchsöd	Niederb.
Dornhaselbach	Oberb.	Drainsenmühle	Schwb.	Drügendorf	Ob.Frk.
Dornhausen (2)	Mitt.Frk.	Draisdorf	Ob.Frk.	Druisheim	Schwb.
Dornheim	Mitt.Frk.	Draisendorf (2)	Ob.Frk.	Drusweiler	Rh.Pf.
Dornheken	Oberb.	Draisenfeld	Ob.Frk.	Duchrod	Rh.Pf.
Dornhof	Niederb.	Draking	Niederb.	Duckenried	Oberb.
Dornhof	Ob.Pf.	Drathzug	Rh.Pf.	Duclinger	Oberb.
Dornitzen	Oberb.	Drarlschlag	Niederb.	Dudenbacherhof	Rh.Pf.
Dornlach	Ob.Frk.	Drarlweg	Niederb.	Dudenhofen	Rh.Pf.
Dornlehen	Niederb.	Drehthalerhof	Rh.Pf.	Dücken	Oberb.
Dornmühle	Oberb.	Drelerhof	Unt.Frk.	Dühren	Mitt.Fr.
Dornmühle	Ob.Pf.	Dreifaltern	Oberb.	Düllstadt	Unt.Frk.
Dornmühle	Mitt.Frk.	Dreifaltigkeits-		Dünkelhammer	Ob.Frk.
Dornmühle	Unt.Frk.	berg	Niederb.	Dünkelhof	Ob.Frk.
Dornreuth	Niederb.	Dreigrün	Ob.Frk.	Dünsberg	Schwb.
Dorns	Schwb.	Dreihäuser	Ob.Pf.	Dünsting	Oberb.
Dornstadt	Schwb.	Dreihelligen	Schwb.	Dünzelbach	Oberb.
Dornstetten, auch		Dreiherzenmühle	Ob.Frk.	Dünzing	Oberb.
Gangwolf	Schwb.	Dreihiesl	Niederb.	Dünzlau	Oberb.
Dornwang	Niederb.	Dreihof	Rh.Pf.	Dürkheim	Rh.Pf.
Dornweid	Schwb.	Dreikönigszug	Rh.Pf.	Dürmaul	Niederb.
Dornweiler	Schwb.	Dreiling		Dürn	Ob.Pf.
Dorschenhammer	Ob.Frk.	Dreisen	Rh.Pf.	Dürnalch	Niederb.
Dorschenhof	Ob.Frk.	Dreistelz	Unt.Frk.	Dürnast (2)	Oberb.
Dorschenmühle		Dreiweiherhof	Rh.Pf.	Dürnast	Ob.Pf.
(2)	Ob.Frk.	Dreiwies	Niederb.	Dürnau	Niederb.
Dorschhausen	Schwb.	Dreiwinkl-		Dürnaumühl	Niederb.
Doserhof	Schwb.	schwaig	Schwb.	Dürnberg (5)	Oberb.
Doßmühle	Ob.Pf.	Drelhof	Ob.Pf.	Dürnberg (2)	Ob.Pf.
Doßberg	Oberb.	Dreschen	Ob.Frk.	Dürnberg	Ob.Frk.
Dotermeier, Do-		Dreschenau	Ob.Frk.	Dürnbuch	Oberb.
berhof	Oberb.	Dreschenhof	Unt.Frk.	Dürneck	Oberb.
Dottenheim	Mitt.Frk.	Drescherberg	Oberb.	Dürnersdorf	Ob.Pf.
Dowieser	Oberb.	Dreschersreuth	Ob.Frk.	Dürnhaar	Oberb.

3*

Dürnhainblfing	Oberb.	Dürrenzimmern	Schwb.	Dumpf	Niederb.
Dürnhardt	Niederb.	Dürrfeld	Unt.Frk.	Dumseck	Niederb.
Dürnhart	Oberb.	Dürrhausen	Oberb.	Dumsern	Oberb.
Dürnhettenbach	Niederb.	Dürrhof	Niederb.	Dungertfalter	Niederb.
Dürnhof	Ob.Frk.	Dürrhof (2)	Unt.Frk.	Duniwang	Niederb.
Dürnhof	Mitt.Frk.	Dürrmaul	Ob.Pf.	Duniwangerau	Niederb.
Dürnkornreuth	Ob.Pf.	Dürrmühle	Oberb.	Dunk, auch Dung	Niederb.
Dürr	Oberb.	Dürrmühle	Niederb.	Dunkelhammer	Ob.Frk.
Dürrbach	Unt.Frk.	Dürrmühle	Unt.Frk.	Dunkelhütte	Ob.Frk.
Dürrbrunn	Ob.Frk.	Dürrmungenau	Mitt.Frk.	Dunsting	Oberb.
Dürren	Schwb.	Dürrn	Ob.Pf.	Dunzenstein	Oberb.
Dürrenacker	Schwb.	Dürrnbuch	Mitt.Frk.	Dunzmaier, Dunz	
Dürrenast	Schwb.	Dürrnhausen	Oberb.	oder Donser	Oberb.
Dürrenbach (2)	Oberb.	Dürrnhof (2)	Unt.Frk.	Dungweiler	Rh.Pf.
Dürrenbach	Schwb.	Dürrnhof (3)	Mitt.Frk.	Durach	Schwb.
Dürrenberg (2)	Oberb.	Dürrnpaint	Niederb.	Duracherberg	Schwb.
Dürrenberg	Niederb.	Dürrwangen	Mitt.Frk.	Durchfurth	Niederb.
Dürrenberg	Ob.Frk.	Dürrwies	Niederb.	Durchfurther-	
Dürrenberg	Unt.Frk.	Dürrwiese	Niederb.	schuß	Niederb.
Dürrenberg	Schwb.	Dürrwiese	Ob.Frk.	Durchsamsried	Oberb.
Dürrenberger	Oberb.	Dürrwiesen	Unt.Frk.	Durchschlacht (3)	Oberb.
Dürrenbergham	Niederb.	Dürschl	Oberb.	Durchschlacht,	
Dürrenbuch	Mitt.Frk.	Düselau	Oberb.	unter	Oberb.
Dürreneck	Oberb.	Düffelbach	Mitt.Frk.	Dureb	Niederb.
Dürrenfarrnbach	Mitt.Frk.	Düttingsfeld	Unt.Frk.	Durring	Niederb.
Dürrenhart	Niederb.	Duft (3)	Oberb.	Duschl	Niederb.
Dürrenhembach	Mitt.Frk.	Duften, Duf-		Duschlberg (2)	Niederb.
Dürrenhieb	Ob.Frk.	mühle	Oberb.	Duschlhof	Niederb.
Dürrenloh	Ob.Frk.	Duftthal	Oberb.	Duschlmann	Niederb.
Dürrenmühle	Unt.Frk.	Duggendorf, groß	Ob.Pf.	Duschlwies	Niederb.
Dürrenried	Unt.Frk.	Duhrham	Oberb.	Dusenbrücken	Rh.Pf.
Dürrenseibolds-		Tulling	Niederb.	Duttenbrunn	Unt.Frk.
borf	Oberb.	Dulting	Niederb.	Duttendorf	Ob.Frk.
Dürrenstätten	Niederb.	Dumeldorf	Niederb.	Duttweiler	Rh.Pf.
Dürrenthal	Oberb.	Dumm, im Holz	Oberb.	Dutzendteich	Mitt.Frk.
Dürrenwaldt	Ob.Frk.	Dumpenberg, a.		Dutzenthal	Mitt.Frk.
Dürrenwalch	Niederb.	Tumpenberg	Niederb.		
Dürrenwind	Niederb.				

E.

Ebach	Mitt.Frk.	Eben, auf der	Niederb.	Ebenau	Oberb.
Ebelsbach	Unt.Frk.	Eben (2)	Ob.Pf.	Ebenberg	Niederb.
Eben (6)	Oberb.	Eben (2)	Ob.Frk.	Ebenbühl	Oberb.
Eben (13)	Niederb.	Ebenanger	Niederb.	Ebene	Unt.Frk.

Ebengasse — Eckartsreuth. 43

Ebengasse	Niederb.	Ebern	Unt.Frk.	Ebnat (2)		Schwb.
Ebenhäusl	Niederb.	Ebernburg	Rh.Pf.	Ebnath		Ob.Pf.
Ebenhausen	Oberb.	Ebernburger-		Ebner		Niederb.
Ebenhausen	Niederb.	mühle	Rh.Pf.	Ebnerhof		Niederb.
Ebenhausen	Unt.Frk.	Ebersbach	Oberb.	Ebnet		Schwb.
Ebenhausen	Schwb.	Ebersbach	Ob.Pf.	Ebneth		Ob.Frk.
Ebenhelberhof	Unt.Frk.	Ebersbach (2)	Ob.Frk.	Ebrach		Oberb.
Ebenhof (2)	Oberb.	Ebersbach (2)	Mitt.Frk.	Ebrach, Kloster		Ob.Frk.
Ebenhof (3)	Niederb.	Ebersbach (2)	Unt.Frk.	Ebracherhof		Unt.Frk.
Ebenhof	Mitt.Frk.	Ebersbach (3)	Schwb.	Ebranzhausen		Niederb.
Ebenhofen	Schwb.	Ebersberg	Niederb.	Ebratshofen		Schwb.
Ebenöd	Niederb.	Ebersberg (2)	Oberb.	Echelsbach		Oberb.
Ebenpoint	Ob.Pf.	Ebersberg	Ob.Pf.	Echenbrunn		Schwb.
Ebenreith	Niederb.	Ebersberg	Unt.Frk.	Echendorf		Ob.Pf.
Ebenricht, auch		Ebersbrünn	Unt.Frk.	Echenried		Ob.Pf.
Ebenried	Ob.Pf.	Eberscholl	Schwb.	Echenzell		Oberb.
Ebenried	Oberb.	Eberschwang	Mitt.Frk.	Echerschwang		Oberb.
Ebenried	Schwb.	Ebersdobel	Niederb.	Echgarten		Oberb.
Ebenrod	Unt.Frk.	Ebersdorf	Oberb.	Eching (3)		Oberb.
Ebenschwand	Schwb.	Ebersdorf	Niederb.	Eching		Niederb.
Ebensfeld	Ob.Frk.	Ebersdorf	Ob.Pf.	Echingerhof, auch		
Ebensland, auch		Ebersdorf	Ob.Frk.	Eching		Niederb.
Ebersland und		Ebersdorf	Mitt.Frk.	Echlishausen		Schwb.
Emsland	Niederb.	Ebershausen	Schwb.	Echsenbach, auch		
Ebenthal	Niederb.	Ebersmühle	Ob.Frk.	Erenbach		Niederb.
Ebenthan	Niederb.	Eberspaint, auch		Echsheim, auch		
Ebenwies	Ob.Pf.	Eberspunt	Oberb.	Erheim		Oberb.
Eberfing, ober u.		Eberspoint	Niederb.	Echt		Schwb.
unter	Oberb.	Ebersried	Oberb.	Eck (22)		Oberb.
Eberhardsbühl	Ob.Pf.	Ebersroith	Ob.Pf.	Eck (17)		Niederb.
Eberhardshof	Mitt.Frk.	Eberstall	Niederb.	Eck an der Straß		Niederb.
Eberhardstein	Ob.Frk.	Eberstall	Schwb.	Eck, auch Ecker		
Eberhardsreuth	Ob.Frk.	Eberstetten	Oberb.	am Eck		Niederb.
Eberhart	Oberb.	Ebert	Oberb.	Eckardsreuth		Ob.Frk.
Eberharting	Oberb.	Eberthof	Mitt.Frk.	Eckardt		Oberb.
Eberhartsberg	Niederb.	Eberting (2)	Oberb.	Eckaris		Unt.Frk.
Eberhartsreith	Niederb.	Ebertseeber	Niederb.	Eckaris		Schwb.
Eberheißing	Oberb.	Ebertsfelden	Niederb.	Eckarisberg		Schwb.
Eberhof	Ob.Pf.	Ebertshausen (2)	Oberb.	Eckarisbrunn		Unt.Frk.
Ebering (3)	Oberb.	Ebertshausen	Unt.Frk.	Eckarishausen (2)		Unt.Frk.
Ebering	Niederb.	Ebertsheim	Rh.Pf.	Eckarishäuser-		
Eberl	Oberb.	Ebertshof	Unt.Frk.	mühle		Unt.Frk.
Eberloh	Oberb.	Ebertsmühle	Mitt.Frk.	Eckarishof		Mitt.Frk.
Eberlsöd	Niederb.	Ebertsried	Niederb.	Eckarishofen		Unt.Frk.
Ebermannsdorf	Ob.Pf.	Ebing	Oberb.	Eckarismühle		Ob.Frk.
Ebermannstadt	Ob.Frk.	Ebing	Ob.Frk.	Eckarisreuth		Ob.Pf.
Ebermergen	Schwb.	Ebnat	Oberb.	Eckarisreuth		Ob.Frk.

Eckartsweiler — Ebenwies.

Eckartsweiler	Mitt.Frk.	Eckertshofen	Oberb.	Ebelborf	Ob.Pf.
Eckbauerhof	Schwb.	Eckertsmühle	Unt.Frk.	Ebelhausen	Ob.Pf.
Eckelham	Niederb.	Eckertsöd	Niederb.	Ebelhof	Niederb.
Eckelhausen	Niederb.	Eckertsreith	Niederb.	Ebelkofen	Oberb.
Eckelsburg	Oberb.	Eckertswieser	Niederb.	Ebelmannsberg	Niederb.
Eckelsried	Niederb.	Eckerwirum	Niederb.	Ebelsfeld	Ob.Pf.
Eckeltshof	Ob.Pf.	Eckerzell	Ob.Pf.	Ebelshausen	Oberb.
Eden, groß und klein	Niederb.	Eckesberg	Oberb.	Ebelstetten	Schwb.
		Eckhäusel	Ob.Pf.	Ebelthalham	Oberb.
Eckenbeck	Oberb.	Eckhalben, auch		Ebelwagner	Niederb.
Eckenberg	Oberb.	Egghalben	Schwb.	Eben	Oberb.
Eckenberg	Mitt.Frk.	Eckhart	Oberb.	Eben	Niederb.
Eckendorf	Ob.Pf.	Eckhof	Oberb.	Ebenau	Niederb.
Eckenhausen	Niederb.	Eckhof (4)	Niederb.	Ebenberg (3)	Oberb.
Eckenheid	Mitt.Frk.	Eckhof	Schwb.	Ebenbergen	Schwb.
Eckenhof	Mitt.Frk.	Eckhofen	Oberb.	Ebenbornerhof	Rh.Pf.
Eckenholz	Oberb.	Eckholz	Niederb.	Ebenfurt	Niederb.
Eckenmühle (2)	Ob.Frk.	Eckholz	Schwb.	Ebengrub	Oberb.
Eckenreuth	Ob.Frk.	Eckhüt	Niederb.	Ebengrub	Niederb.
Eckenricht	Ob.Pf.	Ecking (3)	Oberb.	Ebenhausen	Oberb.
Eckenried	Niederb.	Ecking, unter	Oberb.	Ebenhausen, auch	
Eckenthal	Niederb.	Ecking (3)	Niederb.	Unterhausen	Oberb.
Ecker	Oberb.	Eckl, am	Oberb.	Ebenhausen	Schwb.
Eckerach	Niederb.	Ecklhub	Niederb.	Ebenhof	Oberb.
Eckerding	Oberb.	Ecklsberg	Niederb.	Ebenhofen	Oberb.
Eckering	Oberb.	Eckmair	Niederb.	Ebenhofen	Niederb.
Eckeröd	Oberb.	Eckmannshofen	Mitt.Frk.	Ebenhofen (4),	
Eckersäg	Niederb.	Eckmühl	Niederb.	auch Oedenhofen	Niederb.
Eckersbach	Oberb.	Eckmühl	Ob.Pf.	Ebenholzhausen	
Eckersbach	Niederb.	Eckmühle (2)	Niederb.	(2)	Oberb.
Eckersbach	Ob.Frk.	Ecknach	Oberb.	Ebenhub (3)	Oberb.
Eckersbacher-		Ecksberg	Oberb.	Ebenkatzbach	Niederb.
mühle	Ob.Frk.	Eckschneid	Niederb.	Ebenkling	Oberb.
Eckersberg (3)	Oberb.	Eckstein	Ob.Pf.	Ebenkoben	Rh.Pf.
Eckersberg (4)	Niederb.	Ecksteinmühle	Ob.Frk.	Ebenland	Niederb.
Eckersdorf (3)	Ob.Frk.	Ecktreith	Niederb.	Ebenlemoos	Oberb.
Eckersdorf (2)	Ob.Frk.	Eckweeg	Niederb.	Ebenpfaffenhofen	Oberb.
Eckersgrub	Niederb.	Eckweisbach	Unt.Frk.	Ebenreichl	Niederb.
Eckershof	Ob.Frk.	Eckwies	Niederb.	Ebenreit	Oberb.
Eckershof	Mitt.Frk.	Eb (14)	Oberb.	Ebenried	Oberb.
Eckersmühlen	Mitt.Frk.	Eb, auch Oeb	Oberb.	Ebensberg	Oberb.
Eckerszell, auch		Eb, Eben, Eber	Oberb.	Ebenstetten, auch	
Eberszell oder		Eb (14)	Niederb.	Ettenstätten	Niederb.
Fuchshof	Niederb.	Eb, bei Ried	Oberb.	Ebenstraß (2)	Oberb.
Eckert	Oberb.	Ebbühl	Niederb.	Ebenthal	Niederb.
Eckertsfeld	Ob.Pf.	Ebelbach	Unt.Frk.	Ebenweg	Niederb.
Eckertshof	Ob.Pf.	Ebelbrunn	Unt.Frk.	Ebenwies	Niederb.

Eber (6)	Oberb.	Edtstahl	Niederb.	Egg (6)	Oberb.
Eber, bei Efter	Oberb.	Eeg	Ob.Frk.	Egg	Niederb.
Eber, in Mühlau	Oberb.	Effelb, auch Eich-		Egg (3)	Schwb.
Eber (7)	Niederb.	feld	Unt.Frk.	Egg a. d. G.	Schwb.
Eber an der Eb	Niederb.	Effeldorf	Unt.Frk.	Egg, auf der	Schwb.
Eber, vor'm Wald	Niederb.	Effelter	Ob.Frk.	Egg, ober	Schwb.
Eber, zu Eb	Niederb.	Effelterich	Ob.Frk.	Egg, unter	Schwb.
Eberhäusl	Oberb.	Effeltermühle	Ob.Frk.	Eggart	Oberb.
Eberhäusl	Niederb.	Effersdorf	Ob.Pf.	Eggarten, auch	
Eberheim	Schwb.	Egarten	Oberb.	Ehegarten	Niederb.
Eberlsdorf	Niederb.	Egarten	Schwb.	Eggaris	Schwb.
Ebermaning	Niederb.	Egelharting	Oberb.	Eggartsberg	Schwb.
Ebermanning	Niederb.	Egelhof	Niederb.	Eggartsweiler	Schwb.
Ebersberg	Oberb.	Egelhof	Schwb.	Eggelfing	Ob.Pf.
Ebersdorf	Niederb.	Egelhofen	Ob.Pf.	Eggelhof	Schwb.
Ebersfeld	Mitt.Frk.	Egelhofen	Schwb.	Eggelsö	Niederb.
Eberszell, auch		Egelmosen	Schwb.	Eggen (2)	Oberb.
Eckerszell	Niederb.	Egelmühle	Mitt.Frk.	Eggen (4)	Schwb.
Ebetheim	Rh.Pf.	Egelsbach	Mitt.Frk.	Eggenbach	Ob.Frk.
Ebfelden	Oberb.	Egelsee, s. Groß-		Eggenberg	Niederb.
Ebfurth	Niederb.	egelsee	Oberb.	Eggenberg	Ob.Pf.
Ebgarten (2)	Oberb.	Egelsee	Niederb.	Eggenberg	Schwb.
Ebhof (2)	Oberb.	Egelsee	Ob.Pf.	Eggenbühl	Schwb.
Ebhof (6)	Niederb.	Egelsee	Mitt.Frk.	Eggending	Oberb.
Ebholzen	Niederb.	Egelsee	Schwb.	Eggendobl	Niederb.
Ebhub	Oberb.	Egelshelm	Ob.Pf.	Eggendorf	Niederb.
Ebigheim	Rh.Pf.	Egelsöd	Niederb.	Eggenfelden	Niederb.
Ebiltz	Schwb.	Egelstetten	Schwb.	Eggenholz	Oberb.
Eblasmühle	Ob.Frk.	Egelsried	Ob.Pf.	Eggenöd	Niederb.
Eblbuch	Niederb.	Egenberg	Ob.Pf.	Eggenpoint	Niederb.
Eblendorf	Ob.Frk.	Egenburg	Oberb.	Eggenreith	Niederb.
Eblham	Oberb.	Egenburg	Unt.Frk.	Eggenreuth	Ob.Frk.
Eblham	Niederb.	Egenhausen	Unt.Frk.	Eggensees	Mitt.Frk.
Eblhausen	Ob.Pf.	Egenhausen	Mitt.Frk.	Eggenthalmühle	Ob.Pf.
Ebling (4)	Oberb.	Egenhausermühle	Unt.Frk.	Eggenthal	Mitt.Frk.
Eblmangütl	Oberb.	Egenhofen	Oberb.	Eggenthal	Schwb.
Eblmühle	Ob.Pf.	Egenhofen	Schwb.	Eggenwatt	Schwb.
Eblpoint	Niederb.	Egenried	Oberb.	Eggenzell, auch	
Ebmaier	Niederb.	Egensbach	Mitt.Frk.	Eckenzell	Ob.Pf.
Ebmann	Niederb.	Egerbach	Oberb.	Eggerbach	Oberb.
Ebmühl	Niederb.	Egermühle	Schwb.	Eggerding (2)	Oberb.
Ebmühle (2)	Oberb.	Egern	Oberb.	Eggerding	Niederb.
Ebmühle	Niederb.	Egerndach	Oberb.	Eggerhäusle	Schwb.
Ebstall (2)	Niederb.	Egerndorf	Oberb.	Eggerhof	Schwb.
Ebt (13)	Niederb.	Egernhäusl	Niederb.	Eggern	Oberb.
Ebthäusl	Niederb.	Egersdorf	Mitt.Frk.	Eggerpoint	Niederb.
Ebthof (2)	Niederb.	Egerteich	Ob.Pf.	Eggersberg	Niederb.

Eggersberg	Ob.Pf.	Egloffsteinerhüll	Ob.Frk.	Ehlingshof, auch	
Eggersdorf (2)	Niederb.	Eglofs (2)	Schwb.	Bromelbergerhof	Unt.Frk.
Eggersdorf, auch		Eglofsdorf	Mitt.Frk.	Ehmann	Oberb.
Eckersdorf	Niederb.	Eglofsöd	Niederb.	Eholfing	Niederb.
Eggersdorfen, a.		Eglofswinden	Mitt.Frk.	Ehren (2)	Niederb.
Eckersdorf	Niederb.	Eglreit	Oberb.	Ehrenbachschneide-	
Eggersham	Niederb.	Eglsberg	Niederb.	mühle	Ob.Frk.
Eggerszell	Niederb.	Eglsee (6)	Oberb.	Ehrenberg	Oberb.
Eggerting	Niederb.	Eglsee (5)	Niederb.	Ehrenreit	Niederb.
Eggertsheim	Ob.Pf.	Eglsee (4)	Ob.Pf.	Ehrenreut	Oberb.
Eggeten	Ob.Frk.	Eglseer	Niederb.	Ehrensberg (2)	Oberb.
Egghalden	Schwb.	Eglshöf	Ob.Pf.	Ehrensberg	Schwb.
Egghof (2)	Oberb.	Eglsöd	Niederb.	Ehrenschwinden	Mitt.Frk.
Eggholz	Schwb.	Eglsreit	Niederb.	Ehrensdorf	Niederb.
Egging (2)	Niederb.	Eglwang	Ob.Pf.	Ehrenstorf (2)	Niederb.
Egglsried (2)	Schwb.	Eglwiesen	Oberb.	Ehrentraut	Oberb.
Egglasgrün	Ob.Pf.	Egmading	Oberb.	Ehrhafts	Schwb.
Egglfing	Niederb.	Egmatsberg	Niederb.	Ehrhardtsmühle	Unt.Frk.
Egglham	Niederb.	Egnermühle	Ob.Pf.	Ehring	Oberb.
Egglsee	Niederb.	Egra	Ob.Pf.	Ehring	Ob.Pf.
Egglmühl (2)	Niederb.	Egweil	Mitt.Frk.	Ehringen	Schwb.
Eggolsheim	Ob.Frk.	Eham (2)	Oberb.	Ehringsfeld	Ob.Pf.
Eggstädt	Oberb.	Eham	Niederb.	Ehrl	Ob.Frk.
Eggstetten	Niederb.	Ehe	Mitt.Frk.	Ehrlach	Schwb.
Egid Sct.	Niederb.	Eheberg	Niederb.	Ehrn	Niederb.
Egidi Sct.	Mitt.Frk.	Ehegarten (6)	Oberb.	Ehrnhof	Niederb.
Egidiberg	Ob.Pf.	Ehegarten	Niederb.	Ehrnhofmühle	Niederb.
Eging	Oberb.	Ehegarten	Schwb.	Ehrnsdorf	Oberb.
Eging (2)	Niederb.	Ehekirchen (2)	Schwb.	Ehrwang	Schwb.
Egl	Niederb.	Ehekirchmühle	Schwb.	Ehweiler	Rh.Pf.
Eglafing	Oberb.	Ehemanns	Schwb.	Ehwiesmühle	Schwb.
Eglasmühl	Mitt.Frk.	Ehemosen	Oberb.	Eibach	Oberb.
Eglberg	Niederb.	Ehenfeld	Ob.Pf.	Eibach	Ob.Pf.
Eglersried	Oberb.	Eheriedermühle,		Eibach	Mitt.Frk.
Eglfing (2)	Oberb.	hintere	Unt.Frk.	Eibburg	Mitt.Frk.
Eglgessing	Niederb.	Eheriedermühle,		Eibel	Oberb.
Eglham	Oberb.	mittlere	Unt.Frk.	Eibele	Schwb.
Eglham (2)	Oberb.	Ehesberg	Ob.Frk.	Eibelsgrub	Oberb.
Eglham	Oberb.	Ehethal	Niederb.	Eibelstadt	Unt.Frk.
Eglhart	Oberb.	Ehgarten	Oberb.	Eibelwies, Ei-	
Eglhausen	Oberb.	Ehgarten	Niederb.	wies	Oberb.
Eglhof	Oberb.	Ehingen	Mitt.Frk.	Eiben, ober und	
Egling (3)	Oberb.	Ehingen (2)	Schwb.	unter	Ob.Frk.
Eglkofen	Oberb.	Ehinger-Wühl	Rh.Pf.	Eiben (2)	Ob.Frk.
Egllack	Oberb.	Ehlheim	Mitt.Frk.	Eibenberg	Ob.Frk.
Eglöb	Niederb.	Ehlingen	Rh.Pf.	Eibenstock	Ob.Pf.
Egloffstein	Ob.Frk.	Ehlingermühle	Rh.Pf.	Eibenthal	Ob.Frk.

Eiberg — Eiersöb. 47

Eiberg (2)	Niederb.	Eichenbacher-		Eichhofen, Unter	Oberb.
Eiberg	Schwb.	mühle	Rh.Pf.	Eichhofen	Ob.Pf.
Eibeswimm	Niederb.	Eichenberg	Mitt.Frk.	Eichholding	Ob.Pf.
Eiblöb	Niederb.	Eichenberg	Unt.Frk.	Eichholz	Ob.Frk.
Eibsee	Oberb.	Eichenberger-		Eichholz	Mitt.Frk.
Eibstadt	Unt.Frk.	mühle	Unt.Frk.	Eichholz	Schwb.
Eibwang	Mitt.Frk.	Eichenbirkig	Ob.Frk.	Eichholzen	Oberb.
Eibwang, auch		Eichenbühl (2)	Unt.Frk.	Eichhorn	Niederb.
Eybwang	Mitt.Frk.	Eichenbühl	Ob.Frk.	Eichhorneck	Niederb.
Eich (5)	Oberb.	Eichendorf	Oberb.	Eichig (3)	Ob.Frk.
Eich	Niederb.	Eichendorf	Niederb.	Eiching (3)	Oberb.
Eich	Ob.Pf.	Eichenfürst	Unt.Frk.	Eiching	Niederb.
Eicha	Ob.Frk.	Eichenhausen	Oberb.	Eichinger	Niederb.
Eicharting	Oberb.	Eichenhausen	Unt.Frk.	Eichkreit	Ob.Pf.
Eichau	Oberb.	Eichenhof	Ob.Frk.	Eichlberg	Ob.Pf.
Eichberg (2)	Oberb.	Eichenhof	Unt.Frk.	Eichleithen	Ob.Frk.
Eichberg	Niederb.	Eichenhofen	Ob.Pf.	Eichlhof	Niederb.
Eichberg, auch		Eichenhofen	Schwb.	Eichling	Oberb.
Aichberg	Ob.Pf.	Eichenhül	Ob.Frk.	Eichloh	Oberb.
Eichberg	Ob.Frk.	Eichenkofen	Oberb.	Eichmühle	Oberb.
Eichbergerhof	Schwb.	Eichenmühl	Niederb.	Eichmühle	Niederb.
Eichbichl (2)	Oberb.	Eichenmühle	Ob.Pf.	Eichmühle	Ob.Pf.
Eichbüchel	Schwb.	Eichenmühle (3)	Ob.Frk.	Eichmühle	Ob.Frk.
Eichbühl	Oberb.	Eichenrain	Unt.Frk.	Eichmühle (2)	Mitt.Frk.
Eicheck	Oberb.	Eichenrain, auch		Eichstädt	Niederb.
Eichelberg	Oberb.	Mahenstein	Unt.Frk.	Eichstädt	Mitt.Frk.
Eichelberg (7)	Ob.Pf.	Eichenreuth	Ob.Frk.	Eichstätt	Niederb.
Eichelberg (2)	Ob.Frk.	Eichenried	Oberb.	Eichstock	Oberb.
Eichelberg	Mitt.Frk.	Eichenschwang	Oberb.	Eichten	Niederb.
Eichelberg	Unt.Frk.	Eichensee	Ob.Pf.	Eichwald	Oberb.
Eichelburg	Ob.Pf.	Eichenstein	Ob.Frk.	Eibelberg	Ob.Pf.
Eichelgarten	Schwb.	Eichenstruth	Ob.Frk.	Eibellothsmühle	Ob.Frk.
Eichelgütl	Ob.Pf.	Eichenwinden	Unt.Frk.	Eibemann	Oberb.
Eichelhof	Mitt.Frk.	Eichenzandt	Ob.Pf.	Eibenbach	Unt.Frk.
Eichelhof	Unt.Frk.	Eichet, Ober	Oberb.	Eibenberg	Niederb.
Eichelhof	Schwb.	Eichet, Unter	Oberb.	Eibengrub	Ob.Pf.
Eichelmühle (2)	Ob.Pf.	Eichet, a. Aichöb	Niederb.	Eibenthall	Ob.Pf.
Eichelsbach	Unt.Frk.	Eichfeld, auch		Eibenzell	Ob.Pf.
Eichelsbacher-		Effeld	Unt.Frk.	Eibing (2)	Oberb.
mühle	Rh.Pf.	Eichham	Oberb.	Eiblsmühle	Oberb.
Eichelscheiderhof	Rh.Pf.	Eichhammer	Ob.Frk.	Eibmühle	Schwb.
Eichelsdorf	Unt.Frk.	Eichhaus	Ob.Frk.	Eierberg	Oberb.
Eichelsee	Unt.Frk.	Eichheim	Oberb.	Eiergraben	Oberb.
Eichen	Oberb.	Eichhof	Ob.Pf.	Eiermühle	Oberb.
Eichen	Ob.Frk.	Eichhof	Schwb.	Eiernzell	Ob.Pf.
Eichenbach, ober	Mitt.Frk.	Eichhofen	Oberb.	Eiersdorf	Ob.Pf.
		Eichhofen, Ober	Oberb.	Eiersöb	Niederb.

Ejersheimerhof	Rh.Pf.	Einertshofen, a.		Einraufshof	Unt.Frk.
Eigelsberg	Oberb.	Ainertshofen	Oberb.	Einsassen	Oberb.
Eigen (3)	Niederb.	Einfaltsberg	Ob.Pf.	Einsbach	Oberb.
Eigen	Schwb.	Einfang (2)	Oberb.	Einsdorf	Niederb.
Eigenbach	Niederb.	Einfang	Schwb.	Einselthum	Rh.Pf.
Eigenbobel, auch		Einfürst	Niederb.	Einsiedel (2)	Oberb.
Eitzenbobl	Niederb.	Einfürst, auch		Einsiedel	Niederb.
Eigenhof	Oberb.	Ainfürst	Niederb.	Einsiedel	Ob.Pf.
Eigenhof (2)	Niederb.	Einham	Oberb.	Einsiedel	Unt.Frk.
Eigenhof	Ob.Pf.	Einharting (3)	Oberb.	Einsiedelbauer	Niederb.
Eigensee	Oberb.	Einharz	Schwb.	Einsiedelhöf	Ob.Pf.
Eigenshofen	Ob.Pf.	Einhaus (2)	Oberb.	Einsiedeln	Oberb.
Eigenstadl, auch		Einhaus	Ob.Pf.	Einsiedeln	Schwb.
Aigenstadl	Niederb.	Einhausen	Oberb.	Einsiedl	Niederb.
Eiger	Oberb.	Einhausen	Niederb.	Einsiedl	Ob.Frk.
Eigersmühle	Unt.Frk.	Einhausen (2)	Ob.Pf.	Einsiedlerhof	Rh.Pf.
Eiging	Oberb.	Einholz	Oberb.	Einsricht	Ob.Pf.
Eiglasdorf	Ob.Pf.	Eining	Niederb.	Einstetting	Oberb.
Eiglsberg, ober		Einkind	Niederb.	Einstück	Niederb.
Eitlsberg	Oberb.	Einkreut	Niederb.	Einthal	Niederb.
Eiglsberg	Ob.Pf.	Einlehner	Niederb.	Einthal (2)	Ob.Pf.
Eila	Ob.Frk.	Einmus	Niederb.	Einweging	Niederb.
Eila	Schwb.	Einöd	Oberb.	Einzel, am Käs-	
Eilberg	Niederb.	Einöd (7)	Niederb.	bach	Ob.Frk.
Eilberg	Ob.Pf.	Einöd-Ingweiler	Rh.Pf.	Einzel, am Wald	Ob.Frk.
Eilenau	Niederb.	Einöd	Ob.Pf.	Einzel, unter	Ob.Frk.
Eilenhof	Ob.Pf.	Einöde (3)	Oberb.	Einzel, im Wald	Ob.Frk.
Eilham	Niederb.	Einöde, auf der		Einzelhof	Ob.Pf.
Eilerer	Oberb.	Insel	Rh.Pf.	Einzlgenhöfe	Ob.Frk.
Eilwanger	Oberb.	Einöde	Ob.Frk.	Einzigenhof	Ob.Frk.
Eimberg	Niederb.	Einöde, am		Einzenbach	Oberb.
Eimesmühle	Ob.Frk.	Stammbacher-		Einzenberg	Schwb.
Einäuglmühle	Niederb.	weg	Ob.Frk.	Einzenried, klein	Ob.Pf.
Einalch	Niederb.	Einöde, am Thier-		Eirach, ober	Oberb.
Einau	Oberb.	oldsholz	Ob.Frk.	Eirach, unter	Oberb.
Einaugmühle	Niederb.	Einöde, am		Eisberg (2)	Niederb.
Einbach	Oberb.	Münchbergerweg	Ob.Frk.	Eisberg	Ob.Pf.
Einbauer	Niederb.	Einöde	Schwb.	Eisbühl	Ob.Pf.
Einberg (2)	Niederb.	Einöde, hinter	Schwb.	Eisching	Oberb.
Einberg	Oberb.	Einöde, vordere	Schwb.	Eiselberg (2)	Niederb.
Einbettl	Oberb.	Einöden	Ob.Frk.	Eiselberg (2)	Ob.Pf.
Einbogen	Oberb.	Einöder	Niederb.	Eiselemühle	Oberb.
Einbrach	Niederb.	Einöderwies	Rh.Pf.	Eiselsing, alt	Oberb.
Einbuch	Ob.Pf.	Einödsbach	Schwb.	Eiselsing, Kirch-	Oberb.
Einderling	Niederb.	Einödshof	Oberb.	Eiselharting	Oberb.
Einersdorf	Mitt.Frk.	Einöllen	Rh.Pf.	Eiselsberg	Oberb.
Einersheim	Mitt.Frk.	Einpoint	Niederb.	Eiselsdorf (3)	Niederb.

Eiselsried	Oberb.	Elsenthal	Oberb.	Eixendorf	Oberb.
Eisenarzt, auch		Eisenthal	Niederb.	Eixendorf	Ob.Pf.
Eisenerz	Oberb.	Eisenwerk (2),	Rh.Pf.	Eizenberg	Niederb.
Eisenau	Oberb.	Eisenwind	Ob.Frk.	Eizenham	Niederb.
Eisenbach	Rh.Pf.	Eisersdorf	Ob.Pf.	Eizersdorf	Niederb.
Eisenbach	Unt.Frk.	Eiserszell	Niederb.	Eizing	Oberb.
Eisenbachermühle	Unt.Frk.	Eisgrub	Niederb.	Eizing	Niederb.
Eisenbartling (2)	Oberb.	Eisgruber	Niederb.	Eizingereuth	Niederb.
Eisenberg (2)	Oberb.	Eisingen	Unt.Frk.	Ekerding	Ob.Pf.
Eisenberg	Rh.Pf.	Eisingerhof	Schwb.	Eking	Oberb.
Eisenberg	Ob.Frk.	Eisingersdorf	Oberb.	Eking	Niederb.
Eisenberg	Schwb.	Eisingertshofen	Oberb.	Ekllak	Oberb.
Eisenbernreith	Niederb.	Eismannsberg	Oberb.	Ekstall	Oberb.
Eisenbolz	Schwb.	Eismannsberg	Niederb.	Elbart	Ob.Pf.
Eisenbrechtshofen	Schwb.	Eismannsberg	Ob.Pf.	Elbersberg	Ob.Frk.
Eisenbuch	Oberb.	Eismannsberg	Mitt.Frk.	Elbersreuth	Ob.Frk.
Eisenbühl	Ob.Frk.	Eismannsdorf(2)	Ob.Pf.	Elbersreuther-	
Eisenburg (2)	Schwb.	Eismannstadt	Oberb.	mühle	Ob.Frk.
Eisendorf	Oberb.	Eismerszell		Elbersroth	Mitt.Frk.
Eisendorf	Niederb.	Eisnabing	Niederb.	Elbisheimerhof	Rh.Pf.
Eisenfelden	Oberb.	Eisolzried		Elbleinsmühle	Mitt.Frk.
Eisenhammer	Oberb.	Eispertshofen	Ob.Pf.	Elbrechting	Oberb.
Eisenhammer	Rh.Pf.	Eiszant	Ob.Pf.	Elchering	Oberb.
Eisenhammer	Ob.Pf.	Eitelberg (2)	Oberb.	Elchingen	Schwb.
Eisenhammer (2)	Ob.Frk.	Eitelbrunn	Ob.Pf.	Eldering	Oberb.
Eisenhammer (9)	Unt.Frk.	Eitelhub	Oberb.	Eldermühle, auch	
Eisenhammer (2)	Mitt.Frk.	Eitelöder	Niederb.	Burkardsmühle	Schwb.
Eisenhammer,		Eitelsberg, siehe		Eldern	Schwb.
ober	Mitt.Frk.	Eiglsberg	Oberb.	Elbratshofen	Schwb.
Eisenhammer (2)	Schwb.	Eitelsried	Oberb.	Elend (4)	Oberb.
Eisenhart	Niederb.	Eitenshelm		Elend (2)	Niederb.
Eisenhofen	Oberb.	Eiterberg	Schwb.	Elend (2)	Ob.Pf.
Eisenhut	Oberb.	Eitermoos, auch		Elend, im	Ob.Pf.
Eisenmühle	Oberb.	Altermoos	Oberb.	Elend, ober	Ob.Pf.
Eisenmühle (2)	Mitt.Frk.	Eitersberg	Schwb.	Elendbaumgarten	Ob.Pf.
Eisenreith	Niederb.	Eitershofen	Oberb.	Elendbleschen	Ob.Pf.
Eisenrichter	Oberb.	Eiting	Oberb.	Elendhalbstraße	Ob.Pf.
Eisenschenke	Niederb.	Eiting	Niederb.	Elendskirchen	Oberb.
Eisenschmelz (2)	Rh.Pf.	Eitlnberg	Niederb.	Elerenbach	Niederb.
Eisenschmelz (2)	Unt.Frk.	Eitlingerberg	Niederb.	Elfershausen	Unt.Frk.
Eisenschmelze	Schwb.	Eitsberg	Niederb.	Elgersdorf	Mitt.Frk.
Eisenschmiede	Schwb.	Eitting	Oberb.	Elgersheim	Unt.Frk.
Eisenschmieden	Oberb.	Eitting	Niederb.	Elias	Oberb.
Eisenschwaig	Niederb.	Eizenberg	Oberb.	Elisabeth Sct.	Ob.Pf.
Eisensdorf	Niederb.	Eizendobl	Niederb.	Elisabethengrube	Rh.Pf.
Eisensheim	Unt.Frk.	Eizing (2)	Oberb.	Elisabethszell	Niederb.
Eisensteg	Niederb.	Eizlsried	Schwb.	Elisenfels	Ob.Frk.

Ella	Oberb.	Elling (4)	Niederb.	Elsterstein	Rh.Pf.
Ellaberg	Oberb.	Ellingen	Mitt.Frk.	Elterhöfe	Unt.Frk.
Ellaberg	Niederb.	Ellmann (2)	Oberb.	Eltering	Oberb.
Ellach	Oberb.	Ellmannsdorf	Ob.Pf.	Eltersdorf	Mitt.Frk.
Elland	Oberb.	Ellmatsried	Schwb.	Eltheim	Ob.Pf.
Ellartsberg	Schwb.	Ellmau (2)	Oberb.	Eltingshausen	Unt.Frk.
Ellbach (2)	Oberb.	Ellmberg	Ob.Frk.	Eltmann	Unt.Frk.
Elldorf	Ob.Frk.	Ellmering	Niederb.	Elzbach	Unt.Frk.
Ellegg	Schwb.	Ellmoosen	Oberb.	Elzweiler	Rh.Pf.
Ellenbach	Oberb.	Ellnmühle	Ob.Pf.	Em, s. Eben	Oberb.
Ellenbach	Niederb.	Ellperting	Oberb.	Emibach (2)	Oberb.
Ellenbach	Ob.Pf.	Ellsperg	Niederb.	Embach	Ob.Pf.
Ellenbach	Mitt.Frk.	Ellwang	Oberb.	Emeleiten	Oberb.
Ellenbach	Unt.Frk.	Ellwichtern	Oberb.	Emeln	Oberb.
Ellenberg (2)	Schwb.	Ellwingshofen	Mitt.Frk.	Emenried	Oberb.
Ellenbrunn	Schwb.	Ellzee	Schwb.	Emeran Sct.	Oberb.
Ellend	Niederb.	Elm	Oberb.	Emering	Oberb.
Ellendhof	Ob.Pf.	Elmau	Ob.Pf.	Emersdorf	Niederb.
Ellenfeld	Ob.Pf.	Elmberg	Niederb.	Emersdorf, auch	
Ellenhof	Unt.Frk.	Elmenhofen	Schwb.	Hagelhof	Niederb.
Ellenried	Schwb.	Elmershaus	Ob.Frk.	Emertsham (2)	Oberb.
Ellenroth, auch		Elmschwang	Schwb.	Emetzheim	Mitt.Frk.
Snellenroth	Ob.Frk.	Elmiswangmühl	Schwb.	Emhof	Ob.Pf.
Ellensberg	Oberb.	Elmstein	Rh.Pf.	Emiching	Niederb.
Ellensberg	Schwb.	Elnbogen	Niederb.	Emilienruhe	Rh.Pf.
Ellerbach	Niederb.	Elpersdorf, auch		Emling (3)	Oberb.
Ellerbach, auch		Ellmannsdorf	Niederb.	Emmelkofen	Oberb.
Ellerbach	Niederb.	Elpersdorf (2)	Mitt.Frk.	Emmelsdorf	Mitt.Frk.
Ellenbach	Schwb.	Elsbach, auch		Emmendorf	Mitt.Frk.
Ellermühle	Niederb.	Ailsbach	Ob.Frk.	Emmenhausen	Schwb.
Ellermühle, auch		Elsbeth, am Wald	Oberb.	Emmenreis	Schwb.
Breitenmühle	Schwb.	Elschbach	Rh.Pf.	Emmenried	Schwb.
Ellersberg	Niederb.	Elschbacherhof	Rh.Pf.	Emmenthal	Schwb.
Ellersdorf	Niederb.	Elscher	Schwb.	Emmerer	Oberb.
Ellersdorf (2)	Ob.Pf.	Elsenanger	Niederb.	Emmerichshofen	Unt.Frk.
Ellersdorf	Ob.Frk.	Elsenbach (3)	Oberb.	Emmering (4)	Oberb.
Ellerstelle	Schwb.	Elsenberg	Oberb.	Emmerricht	Ob.Pf.
Ellerstadt	Rh.Pf.	Elsenberg	Niederb.	Emmersacker	Schwb.
Ellerting (2)	Oberb.	Elsenberg	Ob.Frk.	Emmersheim	Ob.Frk.
Ellgassen	Schwb.	Elsendorf	Niederb.	Emmershofen	Schwb.
Ellgau •	Schwb.	Elsendorf	Ob.Frk.	Emmerstorf	Niederb.
Ellham	Oberb.	Elsenfeld	Unt.Frk.	Emmerszell	Niederb.
Ellharten	Schwb.	Elsenloh (2)	Oberb.	Emmerthal	Ob.Pf.
Ellhofen	Schwb.	Elsenmühle	Ob.Pf.	Emmerting, ober	Oberb.
Elligkofen	Schwb.	Elserer	Oberb.	Emmerting, unter	Oberb.
Elling, auch Delling	Niederb.	Elsing	Ob.Pf.	Emming (2)	Oberb.
		Elsling	Niederb.	Emming (2)	Niederb.

Empelhaus — Engetrieb. 51

Empelhaus	Oberb.	Endstall, Ends-		Engelnbach	Oberb.
Emperbichl	Oberb.	thal	Oberb.	Engelpolding	Oberb.
Empertsreith	Niederb.	Endstallner	Niederb.	Engelreiching	Niederb.
Empfing, Bad	Oberb.	Endstetten	Niederb.	Engelreuth	Ob.Pf.
Empling	Oberb.	Endthal	Oberb.	Engelried	Oberb.
Emrichsthal	Unt.Frk.	Endweg	Niederb.	Engelsberg (4)	Oberb.
Emsgritt	Schwb.	Eneck	Oberb.	Engelsberg	Ob.Pf.
Emsing	Mitt.Frk.	Eng	Niederb.	Engelsberg	Unt.Frk.
Emskeim	Schwb.	Enz	Ob.Frk.	Engelschall	Niederb.
Emskirchen	Mitt.Frk.	Engberg	Oberb.	Engelschalking	Oberb.
Emsland	Niederb.	Engberg	Niederb.	Engelschalling (2)	Oberb.
Emtmannsberg	Ob.Frk.	Engedein	Oberb.	Engelschulding	Oberb.
Enchendorf	Niederb.	Engel	Ob.Frk.	Engelsdorf (2)	Niederb.
Enchenreuth	Ob.Frk.	Engelberg	Niederb.	Engelsdorf (2)	Ob.Pf.
End	Ob.Frk.	Engelberger	Ob.Pf.	Engelshof	Rh.Pf.
Endach	Niederb.	Engelbernöd	Oberb.	Engelshof	Mitt.Frk.
Endbach	Oberb.	Engelbolbsdorf	Niederb.	Engelshof (2)	Schwb.
Endberg	Oberb.	Engelbolz (2)	Schwb.	Engelshütte	Niederb.
Endbuch	Oberb.	Engelbrechting	Oberb.	Engelstetten	Oberb.
Endelhausen	Oberb.	Engelbrechting	Niederb.	Engelthal	Mitt.Frk.
Enderndorf	Mitt.Frk.	Engelbrechts-		Engelwarting	Oberb.
Endersöd	Niederb.	mühle	Oberb.	Engelwarz	Schwb.
Endfelben (2)	Oberb.	Engelbrechts-		Engelwarz	Schwb.
Endfelben	Niederb.	münster	Oberb.	Engen, ober	Oberb.
Endgassen	Oberb.	Engelbrunn	Ob.Pf.	Engen, unter	Oberb.
Endgrub	Oberb.	Engelburgsried,		Engenberg	Schwb.
Endhalb der Ach	Schwb.	auch Engelbor-		Engenbrechts-	
Endham	Oberb.	ried	Niederb.	hofen	Mitt.Frk.
Endham	Niederb.	Engelham	Oberb.	Engenhof	Schwb.
Endhof, ober	Niederb.	Engelhardsberg	Ob.Frk.	Engenried	Oberb.
Endholz	Niederb.	Engelhardsgrün	Ob.Frk.	Engenthal	Ob.Pf.
Endlau	Niederb.	Engelhardts-		Engenthal	Unt.Frk.
Endlfeld	Ob.Pf.	mühle	Rh.Pf.	Engeratsried	Schwb.
Endlkirchen	Oberb.	Engelhart	Oberb.	Engerbauer	Oberb.
Endorf (3)	Oberb.	Engelharz (2)	Schwb.	Engerdach	Oberb.
Endorf	Ob.Pf.	Engelhauser	Oberb.	Engering	Oberb.
Endorfmühle	Ob.Pf.	Engelhirsch	Schwb.	Engering	Mitt.Frk.
Endreith	Niederb.	Engelhör	Oberb.	Engerling	Oberb.
Endsbach (2)	Niederb.	Engelhof	Ob.Pf.	Engerndorf	Oberb.
Endsberg (2)	Oberb.	Engeliz	Schwb.	Engersberg	Oberb.
Endsdorf	Oberb.	Engelmannsberg	Oberb.	Engersed	Niederb.
Endsee	Oberb.	Engelmanns-		Engersöd	Niederb.
Endsee	Mitt.Frk.	reuth	Ob.Frk.	Engerthal	Niederb.
Endsfelben	Niederb.	Engelmannstett	Oberb.	Engertsham	Oberb.
Endsfellner	Niederb.	Engelmannszell	Oberb.	Engertsham	Niederb.
Endsgraben	Niederb.	Engelmeng	Oberb.	Engertshofen	Schwb.
Endstall	Oberb.	Engelmühle	Niederb.	Engetried	Schwb.

Engfurth	Oberb.	Enhelm	Unt.Fr.	Entgrub	Oberb.
Enggassen	Oberb.	Enhof	Oberb.	Enthal	Oberb.
Enggassen	Niederb.	Enhofen	Oberb.	Entlehen	Oberb.
Enggrub	Niederb.	Enhofen	Mitt.Frk.	Entleiten	Oberb.
Enghasling	Niederb.	Enhub (2)	Oberb.	Entler	Oberb.
Enghausen	Oberb.	Enichham	Oberb.	Entmannsdorf	Ob.Frk.
Enghof	Niederb.	Enichl	Niederb.	Entmersberg	Mitt.Frk.
Enghub	Niederb.	Enisried, auch		Entmoos	Oberb.
Engishausen	Schwb.	Inisried	Schwb.	Entraching	Oberb.
Engkofen (2)	Niederb.	Enkenbach	Rh.Pf.	Entrischenbrunn	Oberb.
Engl	Niederb.	Enkenried	Schwb.	Entschereith	Niederb.
Engländer, ein		Enkingen	Schwb.	Entwies	Niederb.
Forsthaus	Unt.Frk.	Enklarn	Ob.Pf.	Enzelhausen	Niederb.
England	Niederb.	Ennecker	Oberb.	Enzelsberg	Oberb.
Englbarzell	Niederb.	Ennichenbrunn	Ob.Pf.	Enzelsberg	Ob.Pf.
Englberg	Niederb.	Enning	Oberb.	Enzelsgrub	Niederb.
Englberneb	Niederb.	Ensberg, Enzberg	Oberb.	Enzendorf	Mitt.Frk.
Englbolding	Niederb.	Ensdorf (2)	Oberb.	Enzenreuth	Mitt.Frk.
Englburg	Niederb.	Ensdorf	Ob.Pf.	Enzenried	Ob.Pf.
Engle	Oberb.	Enselwang	Ob.Pf.	Enzenrieth	Ob.Pf.
Engleiten	Niederb.	Ensfeld	Schwb.	Enzensberg	Schwb.
Englertshofen	Oberb.	Ensfelden, ober	Oberb.	Enzenstetten	Schwb.
Engleshof	Ob.Pf.	Ensfelden, unter	Oberb.	Enzenweg	Niederb.
Englfing	Niederb.	Enshelm	Rh.Pf.	Enzers, auch En-	
Engling	Oberb.	Enshelmerhof	Rh.Pf.	zenbauer	Schwb.
Englmannsberg	Niederb.	Enslingen	Schwb.	Enzersdorf	Oberb.
Englmannsbrun	Ob.Pf.	Ensmannsreith	Niederb.	Enzersdorf (2)	Niederb.
Englmannsreuth	Ob.Frk.	Entau, auch En-		Enzerweis	Niederb.
Englmar	Niederb.	bau	Niederb.	Enzing	Oberb.
Englmeß	Ob.Frk.	Entau	Niederb.	Enzing	Niederb.
Englmühle	Niederb.	Entbach	Oberb.	Enzisweiler	Schwb.
Englmühle	Ob.Pf.	Entenau, auch	Niederb.	Enzkofen	Niederb.
Englprechting, a.		Antenau		Enzlar	Mitt.Frk.
Engelbrechting	Oberb.	Entenberg	Mitt.Frk.	Enzmannsberg	Niederb.
Englöd (2)	Niederb.	Entenberg	Schwb.	Enzmoos	Schwb.
Englsberg	Ob.Pf.	Entenloh	Ob.Frk.	Epfach	Oberb.
Englschall	Oberb.	Entenlohe	Ob.Frk.	Epfenhausen	Oberb.
Englschalling	Oberb.	Entenmoos	Schwb.	Epfenhann	Ob.Pf.
Englsdorf (2)	Niederb.	Entenmühle	Rh.Pf.	Epolding	Oberb.
Englstorf	Niederb.	Entenmühle	Ob.Frk.	Eppen, auch Epp	
Engmühle	Niederb.	Enterbach	Oberb.	oder Eck	Niederb.
Engolting (2)	Oberb.	Enterfels	Oberb.	Eppenberg	Niederb.
Engolling	Niederb.	Entermainsbach	Ob.Pf.	Eppenbronn	Rh.Pf.
Engratshofen	Schwb.	Enterrottach	Oberb.	Eppendorf	Niederb.
Engshub	Niederb.	Entersweilerhof	Rh.Pf.	Eppenhöning	Oberb.
Engstaller, auch		Entfelden (2)	Oberb.	Eppenhof (2)	Ob.Pf.
Endstaller	Niederb.	Entfeln	Oberb.	Eppensö	Niederb.

Eppenreuth	Ob.Pf.	Erbing	Oberb.	Erlach	Mitt.Frk.
Eppenreuth (2)	Ob.Frk.	Erbing, alten	Oberb.	Erlach (2)	Unt.Frk.
Eppenried	Ob.Pf.	Erblehen	Oberb.	Erlach	Schwb.
Eppenried	Schwb.	Erblhof	Oberb.	Erlachhof	Oberb.
Eppenschlag	Niederb.	Erbmannsdorf	Oberb.	Erlachhof	Niederb.
Eppenstadt	Oberb.	Erbmannsdorf	Niederb.	Erlachhof	Schwb.
Eppersdorf	Ob.Pf.	Erbweg	Oberb.	Erlachmühle	Oberb.
Eppertshofen	Oberb.	Eremitage	Ob.Frk.	Erlachmühle	Niederb.
Epping	Oberb.	Eremitenhof	Ob.Frk.	Erlachskirchen	Mitt.Frk.
Epping	Niederb.	Eremitenmühle	Unt.Frk.	Erlachsmühl	Mitt.Frk.
Eppisburg	Schwb.	Eresing	Oberb.	Erlachsmühle	Unt.Frk.
Eppishausen	Schwb.	Eresried	Oberb.	Erlaloh	Ob.Frk.
Eppishofen	Schwb.	Erfenbach	Rh.Pf.	Erlangen	Mitt.Frk.
Epplas	Ob.Frk.	Erfenstein	Rh.Pf.	Erlasee	Unt.Frk.
Epplasmühle	Ob.Frk.	Erfensteinerhof	Rh.Pf.	Erlastrub	Ob.Frk.
Epprechtstein	Ob.Frk.	Erfweiler (2)	Rh.Pf.	Erlau (2)	Oberb.
Eppstein	Rh.Pf.	Ergersheim	Mitt.Frk.	Erlau	Niederb.
Equarhofen	Mitt.Frk.	Ergertshausen	Oberb.	Erlau	Ob.Frk.
Eras, am Berg	Niederb.	Ergertshausen	Schwb.	Erlauzwiesel	Niederb.
Erasbach	Mitt.Frk.	Ergolding	Niederb.	Erlbach (4)	Oberb.
Eratsmühle	Ob.Pf.	Ergoldsbach	Niederb.	Erlbach, auch	
Erasmus	Oberb.	Erhard	Oberb.	Erlenbach	Niederb.
Erb (3)	Oberb.	Erharding	Oberb.	Erlbach (2)	Ob.Pf.
Erb, ober Erber	Oberb.	Erhardsmühle	Ob.Frk.	Erlbach (2)	Mitt.Frk.
Erb	Niederb.	Erichsmühl	Mitt.Frk.	Erlbach, unter	Mitt.Frk.
Erb	Ob.Frk.	Ering	Niederb.	Erlbach, ober	Mitt.Frk.
Erbach	Rh.Pf.	Erisried	Schwb.	Erlbach (2)	Schwb.
Erbachermühle	Rh.Pf.	Erisweiler	Schwb.	Erlberg	Oberb.
Erbachshof	Unt.Frk.	Erkelsdorf	Ob.Pf.	Erleinhof	Ob.Frk.
Erbendorf, früher		Erkelshäuserhof	Rh.Pf.	Erlenbach	Niederb.
Arndorf	Ob.Pf.	Erkenbollingen	Schwb.	Erlenbach (4)	Rh.Pf.
Erbenschwang	Schwb.	Erkerding	Niederb.	Erlenbach (4)	Unt.Frk.
Erber (2)	Oberb.	Erkersreuth	Ob.Frk.	Erlenberg	Schwb.
Erber	Niederb.	Erkersreuth	Ob.Pf.	Erlenbronn	Rh.Pf.
Erbersöd	Niederb.	Erkertshofen	Mitt.Frk.	Erlenfurt	Unt.Frk.
Erbhaus	Ob.Frk.	Erkertshofen	Ob.Pf.	Erlenhof	Unt.Frk.
Erbhof	Oberb.	Erkhausen	Schwb.	Erlenkopferhof	Rh.Pf.
Erbishofen	Schwb.	Erkheim	Schwb.	Erlenmühle (2)	Rh.Pf.
Erbmühle	Ob.Pf.	Erklingerhof	Ob.Pf.	Erlenmühle	Ob.Frk.
Erbsbühl (3)	Ob.Frk.	Erl (2)	Oberb.	Erlenmühle	Mitt.Frk.
Erbsenbrunner-		Erl, Ehrl	Ob.Frk.	Erlenstegen	Mitt.Frk.
hof	Rh.Pf.	Erlabrunn	Mitt.Frk.	Erlesmühle	Unt.Frk.
Erbshausen	Unt.Frk.	Erlabrunn	Unt.Frk.	Erlet	Niederb.
Erbstollen	Rh.Pf.	Erlaburg	Ob.Frk.	Erlham	Oberb.
Erching	Oberb.	Erlach (15)	Oberb.	Erlhammer	Ob.Pf.
Erdenweis	Ob.Pf.	Erlach (2)	Niederb.	Erlhausen	Oberb.
Erdesbach	Rh.Pf.	Erlach	Ob.Frk.	Erlheim (2)	Ob.Pf.

Erlhof (2)	Ob.Frk.	Ernsting (2)	Niederb.	Eschberg		Niederb.
Erlhöfe	Schwb.	Ernstkirchen	Unt.Frk.	Eschelbach (4)		Niederb.
Erling (2)	Oberb.	Ernstling	Niederb.	Eschelbach (2)		Ob.Pf.
Erling	Niederb.	Ernstweiler	Rh.Pf.	Escheldorf		Ob.Pf.
Erlingen	Schwb.	Ernstweilerhof	Rh.Pf.	Eschelhof		Niederb.
Erlingsdorf	Mitt.Frk.	Erperting	Niederb.	Eschelkam		Niederb.
Erlingshofen	Mitt.Frk.	Erpertsham	Oberb.	Escheloh		Niederb.
Erlingshofen	Schwb.	Erpetshof	Ob.Pf.	Eschen		Ob.Frk.
Erlis	Schwb.	Erpfenzell	Niederb.	Eschenau		Oberb.
Erlisholz	Oberb.	Erpfenzell	Ob.Pf.	Eschenau		Rh.Pf.
Erlkam	Oberb.	Erpfting	Oberb.	Eschenau		Mitt.Frk.
Erlmoos	Oberb.	Erpolzheim	Rh.Pf.	Eschenau		Unt.Frk.
Erlmühl	Ob.Pf.	Erpolzheimer-		Eschenaumühle		Schwb.
Erlmühle	Oberb.	mühle	Rh.Pf.	Eschenbach		Ob.Pf.
Erlmühle	Rh.Pf.	Erthal	Unt.Frk.	Eschenbach (3)		Mitt.Frk.
Erlmühle (2)	Mitt.Frk.	Erthals Mühle	Unt.Frk.	Eschenbach (2)		Unt.Frk.
Erlschlecht	Oberb.	Ertl	Oberb.	Eschenbach, mittel		Mitt.Frk.
Erlstätt	Oberb.	Ertlmühle	Oberb.	Eschenbach, unter		Mitt.Frk.
Ermengerst	Schwb.	Erzbaum	Oberb.	Eschenberg		Oberb.
Ermershausen	Unt.Frk.	Erzberg	Mitt.Frk.	Eschenbinder		Oberb.
Ermersricht, auch		Erzenberg	Niederb.	Eschenfelden		Ob.Pf.
Armasried	Ob.Pf.	Erzengel	Ob.Frk.	Eschenhart		Niederb.
Ermetzhof	Mitt.Frk.	Erzenhausen	Rh.Pf.	Eschenlach		Mitt.Frk.
Ermetzhofen	Mitt.Frk.	Erzgrube	Oberb.	Eschenlohe (2)		Oberb.
Ermhof, auch		Erzgrube	Mitt.Frk.	Eschenlohmühle		
Ernsthof	Ob.Pf.	Erzgruben	Rh.Pf.	(2)		Schwb.
Ernreuß	Ob.Frk.	Erzhäuser	Ob.Pf.	Eschenmühle		Ob.Frk.
Ermreuth	Ob.Frk.	Erzhütten	Rh.Pf.	Escherlich		Ob.Frk.
Ernabing	Niederb.	Erzleitenmühle	Mitt.Frk.	Escherndorf		Unt.Frk.
Erndorf, auch		Erzmannsdorf	Niederb.	Eschers		Schwb.
Büttnersdorf	Mitt.Frk.	Erzwäsche	Mitt.Frk.	Eschertshofen,		
Erndsgaben	Oberb.	Erzwasch	Rh.Pf.	Essertshofen		Ob.Pf.
Erneck	Niederb.	Esbach	Ob.Frk.	Eschlbach (5)		Oberb.
Ernersdorf	Mitt.Frk.	Esbach (4)	Mitt.Frk.	Eschlberg (3)		Oberb.
Ernestgrün	Ob.Pf.	Esbachsgraben	Unt.Frk.	Eschling		Oberb.
Ernhofen	Mitt.Frk.	Esbaum (16)	Oberb.	Eschlipp		Ob.Frk.
Ernhüll	Ob.Pf.	Eschach	Oberb.	Eschlmais		Ob.Pf.
Ernst (2)	Oberb.	Eschach (2)	Schwb.	Eschringen		Rh.Pf.
Ernstdorf	Niederb.	Eschachberg	Schwb.	Eschweilerhof		Rh.Pf.
Ernstfeld (2)	Ob.Pf.	Eschachried	Schwb.	Eselberg		Niederb.
Ernstgraben	Niederb.	Eschachthal	Schwb.	Eselmühle		Niederb.
Ernsthof	Niederb.	Eschatshub	Oberb.	Eselmühle (2)		Unt.Frk.
Ernsthof	Ob.Pf.	Eschau	Unt.Frk.	Eselsberg		Oberb.
Ernsthof, vorder,		Eschbach (2)	Oberb.	Eselsbrunn		Unt.Frk.
auch Ermhof	Ob.Pf.	Eschoach	Rh.Pf.	Eselsdorf		Ob.Pf.
Ernsthof, hinter	Ob.Pf.	Eschbaum	Oberb.	Eselsfürth		Rh.Pf.
Ernsting	Oberb.	Eschbaumhausen	Oberb.	Eselsloh		Ob.Frk.

Eselsmühle	Rh.Pf.	Etsdorf, auch		Etzenberg	Oberb.	
Eselsmühle (2)	Mitt.Frk.	Etschdorf	Ob.Pf.	Etzendorf	Niederb.	
Eselsmühle (3)	Unt.Frk.	Ettas	Schwb.	Etzenhausen	Oberb.	
Eselstall	Schwb.	Ettelried	Schwb.	Etzenhausen	Niederb.	
Eslarn	Oberb.	Ettenau	Oberb.	Etzenricht, Atza-		
Eslarn	Ob.Pf.	Ettenberg, hinter		ried	Ob.Pf.	
Esling	Mitt.Frk.	und vorder	Oberb.	Etzer	Oberb.	
Espamühle	Ob.Pf.	Ettenbeuern	Schwb.	Etzersmühle	Unt.Frk.	
Espanhäusl	Oberb.	Ettendorf	Oberb.	Etzgersrieth	Ob.Pf.	
Espanhausen	Oberb.	Ettenhausen	Oberb.	Etzhäusel	Niederb.	
Espen	Niederb.	Ettenhofen	Oberb.	Etzhäusl (2)	Niederb.	
Espenlohe	Mitt.Frk.	Ettenkofen (3)	Niederb.	Etzelm	Oberb.	
Espensteig	Rh.Pf.	Ettensberg (3)	Schwb.	Etzlesberg	Schwb.	
Espermühle	Niederb.	Ettenstadt	Mitt.Frk.	Etzlhof	Ob.Pf.	
Esselbach	Unt.Frk.	Ettenstätten, auch		Etzmannshof	Ob.Pf.	
Esselberg	Mitt.Frk.	Edenstetten	Niederb.	Etzmannsried	Ob.Pf.	
Essenbach	Oberb.	Ettenthal (2)	Ob.Pf.	Etzmaring (2)	Oberb.	
Essenbach (2)	Niederb.	Etterschlag	Oberb.	Euach	Oberb.	
Essenbach	Mitt.Frk.	Ettersdorf	Niederb.	Eubelemühle	Schwb.	
Essenthal	Niederb.	Ettersdorf	Ob.Pf.	Euben	Ob.Frk.	
Essfeld (2)	Unt.Frk.	Ettershausen	Unt.Frk.	Euberg, ober	Schwb.	
Esslingen	Rh.Pf.	Etterzhausen	Ob.Pf.	Euberg, unter	Schwb.	
Esleben	Unt.Frk.	Etting (3)	Oberb.	Euchsteigmühle	Oberb.	
Essmühle	Schwb.	Etting	Niederb.	Euerbach	Unt.Frk.	
Essweiler	Rh.Pf.	Ettlaswind	Ob.Frk.	Euerdorf	Unt.Frk.	
Estall, auch Oe-		Etilberg	Oberb.	Euerfeld	Unt.Frk.	
stall	Oberb.	Etleben	Unt.Frk.	Euerhausen	Unt.Frk.	
Estenfeld	Unt.Frk.	Ettlebenermühle	Unt.Frk.	Euernbach	Oberb.	
Ester, auch Oester		Ettling	Oberb.	Euersmühle	Ob.Frk.	
und Esthor	Oberb.	Ettling (2)	Niederb.	Eufnach	Schwb.	
Ester (2)	Oberb.	Etlis	Schwb.	Eugenbach	Niederb.	
Esterer (2)	Oberb.	Ettlishofen	Schwb.	Eulen	Schwb.	
Esterhofen	Oberb.	Ettlmühle, auch		Eulenau	Oberb.	
Estern	Oberb.	Irlmühle	Oberb.	Eulenbach, auch		
Esterndorf (6)	Oberb.	Ettmannsdorf(2)	Ob.Pf.	Oerlenbach	Unt.Frk.	
Esterndorf	Niederb.	Ettringen	Schwb.	Eulenberg	Ob.Pf.	
Esterpoint	Oberb.	Ettsdorf	Ob.Pf.	Eulenbitz	Rh.Pf.	
Esthal	Rh.Pf.	Etwashausen	Unt.Frk.	Eulenburg	Ob.Frk.	
Esting	Oberb.	Etz (3)	Oberb.	Eulenhammer	Ob.Frk.	
Etal	Oberb.	Etz, f. Oetz		Eulenhof (2)	Mitt.Frk.	
Etal	Niederb.	Etzberg (2)	Oberb.	Eulenhof	Schwb.	
Etalermühle	Oberb.	Etzdorf	Ob.Frk.	Eulenloch	Schwb.	
Etcheshof	Unt.Frk.	Etzelsberg	Oberb.	Eulenloh	Ob.Frk.	
Etlching	Oberb.	Etzelskirchen	Ob.Frk.	Eulenmühle	Unt.Frk.	
Etlmühle	Niederb.	Etzelwang	Ob.Pf.	Eulenried	Oberb.	
Etschberg	Rh.Pf.	Etzenbach	Niederb.	Eulenschwang	Oberb.	
Etschloh	Oberb.	Etzenbachermühle	Rh.Pf.	Eulenthal (3)	Oberb.	

Eulenthal, ober	Oberb.	Eutzingerreuth	Niederb.	Eybwang, auch	
Eulenthal, unter	Oberb.	Evenhausen	Oberb.	Eibwang	Mitt.Frk.
Eulersmühle	Rh.Pf.	Ewigkeit	Niederb.	Eyenbach	Schwb.
Eulsbrunn	Ob.Pf.	Ewing	Oberb.	Eyerkam	Niederb.
Eurasburg (3)	Oberb.	Ered	Niederb.	Eyerlohe	Mitt.Frk.
Eurasstetten	Oberb.	Erenbach (2)	Niederb.	Eyermühle (2)	Niederb.
Eurastorf	Niederb.	Erenberg	Niederb.	Eyershausen	Unt.Frk.
Euratsberg	Ob.Pf.	Erenried	Schwb.	Eyersheimer-	
Eurishofen	Schwb.	Erhelm	Oberb.	mühle	Rh.Pf.
Euschelsfurth	Niederb.	Ering	Oberb.	Eyerwang	Mitt.Frk.
Eusching	Niederb.	Ering	Niederb.	Eymühle	Schwb.
Eussenhausen	Unt.Frk.	Erlarn, auch Er-		Eyrthaln	Oberb.
Eussenheim	Unt.Frk.	ling	Niederb.	Eyrichshof	Unt.Frk.
Eusserthal	Rh.Pf.	Ey (2)	Niederb.	Eysölden	Mitt.Frk.
Eutenhausen	Oberb.	Eya	Oberb.	Ezelheim	Mitt.Frk.
Eutenhausen	Schwb.	Eya	Niederb.	Ezelsdorf	Mitt.Frk.
Eutenhofen	Oberb.	Eyb	Mitt.Frk.	Ezing	Niederb.
Eutenhofen	Ob.Pf.	Eyberg	Schwb.	Ezlspach, auch	
Euterthor	Unt.Frk.	Eybrunn	Ob.Pf.	Ezlsböck	Niederb.
Eutzing	Oberb.				

Fabach	Niederb.	Fagl	Oberb.	Fahrnbach	Niederb.
Fabenberg, auch		Fahbach	Niederb.	Fahrnbach	Ob.Frk.
Farnberg	Oberb.	Fahlenberg	Ob.Frk.	Fahrnbachermühl	Ob.Pf.
Fabered, auch		Fahlheim	Schwb.	Fahrnbachmühle	Niederb.
Färberöd	Niederb.	Fahls	Schwb.	Fahrndorf	Niederb.
Fabrick Schleich-		Fahndorf	Ob.Pf.	Fahrnham	Niederb.
ach	Unt.Frk.	Fahnersdorf	Ob.Pf.	Fahrnlohe	Niederb.
Facha	Oberb.	Fahnmühle	Ob.Pf.	Fahrtbichel	Oberb.
Fachenberg (2)	Oberb.	Fahr	Unt.Frk.	Falchten, auch	
Fachendorf (3)	Oberb.	Fahre und Stich	Schwb.	Huber am See	Oberb.
Fachenllchen, a.		Fahrenberg, ober	Ob.Pf.	Failshof	Ob.Frk.
Fachenried	Oberb.	Fahrenbichel		Fainingen	Schwb.
Fachöder	Oberb.	Fahrenbühl (2)	Ob.Frk.	Faistenau (3)	Oberb.
Facklmühle	Niederb.	Fahrenpoint	Oberb.	Faistenberg (2)	Oberb.
Fadenberg	Oberb.	Fahrenzhausen	Oberb.	Faistenhaar	Oberb.
Faberöd	Niederb.	Fahresmühle	Unt.Frk.	Faistenoy (2)	Schwb.
Fabing (2)	Oberb.	Fahrhaus (2)	Unt.Frk.	Falsting	Niederb.
Fählenbach	Oberb.	Fahrmannsreut	Ob.Pf.	Falzeg	Niederb.
Fährbrück	Unt.Frk.	Fahrmühle	Niederb.	Falzhof	Niederb.
Fähring	Niederb.	Fahrnach, hinter	Oberb.	Falbenthal	Mitt.Frk.
Fässlesberg	Ob.Pf.	Fahrnach, vorder	Oberb.	Falbmühle	Ob.Pf.
Fager	Oberb.	Fahrnbach	Oberb.	Falken	Schwb.

Falkenacker	Niederb.	Faltenbach	Schwb.	Faßlsperg	Niederb.
Falkenbach	Niederb.	Falter	Oberb.	Faßmannsreuth	Ob.Frk.
Falkenberg	Oberb.	Falterer	Niederb.	Faßrain	Oberb.
Falkenberg (2)	Niederb.	Falterhaid	Niederb.	Fatschenbrunn	Unt.Frk.
Falkenberg	Ob.Pf.	Falterhof	Ob.Pf.	Fattendorf	Niederb.
Falkenbuch	Oberb.	Faltermair	Niederb.	Fattigau	Ob.Frk.
Falkenburg	Rh.Pf.	Faltermann	Oberb.	Fatrigsmühle	Ob.Frk.
Falkenbusch	Rh.Pf.	Faltermühle	Oberb.	Fatzöd	Niederb.
Falkendorf	Ob.Frk.	Faltern (2)	Niederb.	Faulbach	Unt.Frk.
Falkenfels	Niederb.	Falterwastl	Niederb.	Faulenbach	Schwb.
Falkenhaus	Ob.Frk.	Falting	Oberb.	Faulenberg	Mitt.Frk.
Falkenhof	Schwb.	Faltlbauer	Niederb.	Faulenmühle	Schwb.
Falkenlehen	Ob.Pf.	Faltlstraß	Oberb.	Faulhof	Schwb.
Falkenmühle	Rh.Pf.	Falzhäusl	Ob.Pf.	Faulkäs	Niederb.
Falkenöd (2)	Niederb.	Fambach	Oberb.	Faulwies	Ob.Pf.
Falkenstein	Oberb.	Fanden	Oberb.	Faunerhof	Rh.Pf.
Falkenstein	Niederb.	Fang	Oberb.	Faustenbach	Unt.Frk.
Falkenstein	Rh.Pf.	Fantaste	Ob.Frk.	Faustendorf	Ob.Pf.
Falkenstein	Ob.Pf.	Fanten	Oberb.	Faustermühle	Rh.Pf.
Falkenstein	Ob.Frk.	Fappach	Oberb.	Fautzen	Schwb.
Falkenstein	Unt.Frk.	Farbing	Oberb.	Fazer	Schwb.
Falkenthaler- mühle	Ob.Pf.	Farbmühle	Unt.Frk.	Fazienhof, auch Bonifazienhof	Unt.Frk.
Falkerting	Niederb.	Farcha, Farchöd	Oberb.	Fechenbach	Unt.Frk.
Fall	Oberb.	Farchach		Fechenberg	Oberb.
Fallbrückerhof	Rh.Pf.	Farchant		Fechsen	Schwb.
Fallehen	Schwb.	Farmach		Fechten	Niederb.
Fallenhalsmühle	Ob.Frk.	Farnach		Federhof (2)	Ob.Pf.
Fallermühlen	Unt.Frk.	Farnberg	Oberb.	Federling	Niederb.
Fallesmühle	Unt.Frk.	Farnhammer- häusl	Niederb.	Feesenmühle	Schwb.
Fallhäusl	Mitt.Frk.	Farnlieten	Unt.Frk.	Fegershof	Ob.Pf.
Fallhaus (2)	Ob.Frk.	Farrach (2)		Fegersmühle	Ob.Pf.
Fallhaus (4)	Mitt.Frk.	Farrnbach	Mitt.Frk.	Fegl	Oberb.
Fallhaus	Schwb.	Fasanengarten	Ob.Frk.	Fehlbach	Niederb.
Fallhütte (2)	Unt.Frk.	Fasanenjäger		Fehling	Oberb.
Fallhütte	Mitt.Frk.	Fasanerie	Rh.Pf.	Fehlleiten	Oberb.
Fallmeister (2)	Ob.Frk.	Fasanerie	Ob.Frk.	Fehm, am Bach	Oberb.
Fallmeister	Mitt.Frk.	Fasanerie	Mitt.Frk.	Fehnenmühle	Ob.Frk.
Fallmeisterei	Ob.Pf.	Fasanerie	Unt.Frk.	Fehrbach	Rh.Pf.
Fallmeisterei	Ob.Frk.	Fasanerie	Schwb.	Fehringer, auch Fähring	Niederb.
Fallmeisterei	Unt.Frk.	Fasangarten	Oberb.		
Fallmühle	Schwb.	Fasangarten	Niederb.	Fehrmühle	Ob.Pf.
Falls, Fallser Höhe	Ob.Frk.	Faschaberg	Ob.Pf.	Fehrn	Oberb.
		Faselrait	Oberb.	Feichta (2)	Oberb.
Fallstätte	Ob.Frk.	Faselsberg	Oberb.	Feichtel	Oberb.
Fallthor	Oberb.	Faßlehen	Niederb.	Feichtelöd	Niederb.
Falsbrunn	Unt.Frk.	Fasoldshof	Ob.Frk.	Feichtelpeter	Niederb.

Feichten (19)	Oberb.	Feldbrecht	Mitt.Frk.	Feller (2)	Oberb.
Feichten (5)	Niederb.	Feldbuch	Ob.Frk.	Fellerer	
Feichtenhub	Oberb.	Feldbolling	Oberb.	Fellerhof	Niederb.
Feichtenhub	Niederb.	Feldel (2)	Oberb.	Fellern	Oberb.
Feichtgrub	Niederb.	Felden (5)	Oberb.	Fellheim	Schwb.
Feichtmühle	Oberb.	Felden	Niederb.	Felling	Oberb.
Feichtner, Alt	Oberb.	Feldgeding	Oberb.	Felling (2)	Niederb.
Feichtner	Niederb.	Feldhäusl	Niederb.	Felln (2)	Oberb.
Feierabendmühle	Oberb.	Feldheim	Oberb.	Felln, auch Felden	Niederb.
Feiertaghof	Niederb.	Feldheiß	Oberb.	Fellnen	Oberb.
Feigen	Schwb.	Feldhof	Oberb.	Fellner	Oberb.
Feigendorf	Ob.Frk.	Feldhof	Ob.Pf.	Felner	Niederb.
Feigenhofen	Schwb.	Feldkahl	Unt.Frk.	Fels	Ob.Frk.
Feil	Rh.Pf.	Feldkahlermühle	Unt.Frk.	Felsberg	Niederb.
Feilberg	Schwb.	Feldkapelle (2)	Schwb.	Felsbergerhof	Rh.Pf.
Feiler (2)	Oberb.	Feldkirchen (8)	Oberb.	Felsching	Niederb.
Feilerhof	Niederb.	Feldkirchen (5)	Niederb.	Felsenbronnerhof	Rh.Pf.
Feilersdorf	Ob.Pf.	Feldkirchen	Schwb.	Felsenhäusel	Niederb.
Feilershammer	Ob.Pf.	Feldl (2)	Oberb.	Felsenhäusl	Ob.Pf.
Feilhub	Niederb.	Feldl	Niederb.	Felsenkeller	Ob.Frk.
Feilitzsch	Ob.Frk.	Feldmaier	Oberb.	Felsenmühle (2)	Rh.Pf.
Feiln	Niederb.	Feldmann	Oberb.	Felshelm	Schwb.
Feilnbach	Oberb.	Feldmann	Niederb.	Felsmühle (2)	Ob.Pf.
Feilnbach	Niederb.	Feldmoching	Oberb.	Felsmühle (2)	Ob.Frk.
Feilnreith	Oberb.	Feldmühle (2)	Oberb.	Fembach	Oberb.
Feinschluck	Mitt.Frk.	Feldmühle	Niederb.	Femberg	Niederb.
Feiselbach	Ob.Pf.	Feldmühle	Ob.Frk.	Fendbach (2)	
Feistelberg	Ob.Pf.	Feldmühle	Unt.Frk.	Fendberg	Oberb.
Feistenaich	Niederb.	Feldmühle	Schwb.	Fendl	Niederb.
Feistenau	Schwb.	Feldner	Oberb.	Fendland	Oberb.
Feistenay	Schwb.	Feldolling	Oberb.	Fendsbach (2)	Oberb.
Feistenberg	Oberb.	Felds	Schwb.	Fendt	Oberb.
Feitzenham	Oberb.	Feldschalb	Niederb.	Feng	Oberb.
Felben	Oberb.	Feldschuster	Niederb.	Fenisberg, auch Fenusberg	Oberb.
Felben (4)	Schwb.	Feldsperg	Niederb.	Fenk	Oberb.
Felbermühle	Niederb.	Feldtoni	Niederb.	Fenkenhof	Ob.Pf.
Felbern	Oberb.	Feldweber	Oberb.	Fenkenöd, Fenk	Oberb.
Felbren	Oberb.	Feldwies (2)	Oberb.	Fenkenöd, Stinm	Oberb.
Feld (3)	Oberb.	Felix Sct.	Ob.Pf.	Fenkensees	Ob.Frk.
Feld (2)	Niederb.	Felizen	Oberb.	Fenn, Fendt am Bach	Oberb.
Feld	Schwb.	Felizenzell	Niederb.		
Feldafing	Oberb.	Felkendorf	Ob.Frk.	Fentach	Oberb.
Feldbach	Unt.Frk.	Fellach	Oberb.	Fenzelhof	Niederb.
Feldbach	Schwb.	Fellbach	Niederb.	Ferchensee	Oberb.
Feldbachmühle	Schwb.	Fellburg	Niederb.	Ferchenstauben	Niederb.
Feldbartl	Niederb.	Felleitner	Oberb.	Ferchten	Oberb.
Feldbauer	Schwb.	Fellen	Unt.Frk.		

Ferdinand — Finkenhammer.

Ferdinand	Oberb.	Feuchtmair	Niederb.	Fiedlhof	Ob.Pf.
Ferdinandsfeld	Mitt.Frk.	Feuchtwang	Mitt.Frk.	Fierlbach	Niederb.
Ferdlhäusl	Niederb.	Feuerbach	Unt.Frk.	Fierlbrunn, auch	
Fergen	Oberb.	Feuereck	Niederb.	Viertelbrunn	Niederb.
Fergl	Oberb.	Feuerecken	Oberb.	Fierling	Niederb.
Ferlewang	Schwb.	Feuerhof	Ob.Pf.	Fierst	Unt.Frk.
Ferlln	Niederb.	Feuerloch	Unt.Frk.	Fiesenbach	Oberb.
Fern	Oberb.	Feuerschwenden	Schwb.	Figelsdorf	Oberb.
Fernbichel	Oberb.	Feuerschwendt	Niederb.	Figermühle	Niederb.
Fernbromberg	Oberb.	Feuersteinmühle	Unt.Frk.	Figl	Oberb.
Ferndörfel	Oberb.	Feuerthal	Unt.Frk.	Figler	Niederb.
Fernebrünst	Mitt.Frk.	Feulersdorf	Ob.Frk.	Figlers	Schwb.
Ferneichelberg	Ob.Pf.	Feuln	Ob.Frk.	Figling	Niederb.
Fernerer	Oberb.	Feurers	Schwb.	Filchenhard	Mitt.Frk.
Fernhub	Oberb.	Feren, auch Fech-		Filchendorf	Ob.Pf.
Fernkirchen	Niederb.	sen	Schwb.	Filgertshofen	Oberb.
Fernmittenhausen	Schwb.	Feyern	Niederb.	Filke	Unt.Frk.
Fernöd	Oberb.	Ficht (4)	Oberb.	Fillasöd	Niederb.
Fernöd, auch		Fichte, hohe	Mitt.Frk.	Filling	Oberb.
Ferneth	Niederb.	Fichtelhof	Ob.Frk.	Filshof	Ob.Frk.
Fernreit	Oberb.	Fichten	Oberb.	Filsöd	Oberb.
Fernreuth	Ob.Frk.	Fichten (2)	Ob.Pf.	Filz (3)	Oberb.
Fernschachen	Oberb.	Fichten (2)	Ob.Frk.	Filzbauer	Oberb.
Fernsdorf	Niederb.	Fichtenbrunn	Ob.Pf.	Filzbuch	Oberb.
Fernseben	Oberb.	Fichtenhammer	Ob.Frk.	Filzen (4)	Oberb.
Fernthal	Oberb.	Fichtenhof (4)	Ob.Pf.	Filzer	Oberb.
Ferrieden	Mitt.Frk.	Fichtenmühl	Mitt.Frk.	Filzhäusl	Oberb.
Ferteln, Fertel-		Fichtenmühle	Ob.Pf.	Filzingen	Schwb.
bauer	Oberb.	Fichtenmühle	Ob.Frk.	Filzlechner	Oberb.
Fertenham	Oberb.	Fichtera und Fich-		Filzschuster	Oberb.
Ferthofen	Schwb.	tra-Schneid-		Filzweber	Oberb.
Fertlngen	Schwb.	mühle	Ob.Frk.	Finau	Oberb.
Ferzenberg	Niederb.	Fichheim	Niederb.	Findelberg	Unt.Frk.
Ferzing	Niederb.	Fichhof	Ob.Pf.	Findelmühle	Unt.Frk.
Fesmühl	Mitt.Frk.	Fichtlberg	Ob.Frk.	Findenau	Oberb.
Fesselsdorf	Ob.Frk.	Fichtlmühle	Ob.Pf.	Findlos	Unt.Frk.
Fesselthann, siehe		Fichtner	Ob.Pf.	Findlosmühle	Unt.Frk.
Apfelthann	Niederb.	Fichtner, am Berg	Niederb.	Finegg	Schwb.
Fessenheim	Schwb.	Fickenhof	Oberb.	Fingele	Schwb.
Feßmannsdorf	Niederb.	Ficker	Oberb.	Fingermühle (2)	Ob.Pf.
Festenbach	Oberb.	Fickmühl	Oberb.	Fingern	Niederb.
Festhäusl, Festl	Oberb.	Fickmühle	Ob.Frk.	Fink	Oberb.
Fetschendorf	Mitt.Frk.	Fidelhof	Ob.Pf.	Fink, beim	Schwb.
Fetzelhofen	Ob.Frk.	Fibing	Niederb.	Finken	Schwb.
Fetzenöd	Niederb.	Fiebenmühle	Schwb.	Finkenbach	Rh.Pf.
Feucht	Mitt.Frk.	Fiederhof	Ob.Pf.	Finkenflug (3)	Ob.Frk.
Feuchter	Oberb.	Fiedlbühl	Ob.Pf.	Finkenhammer	Ob.Pf.

Finkenhof	Rh.Pf.	Fischbachsmühle	Ob.Frk.	Fischhaus	Oberb.
Finkenmühle (2)	Ob.Pf.	Fischbehälter	Niederb.	Fischhaus (2)	Niederb.
Finkenmühle (4)	Ob.Frk.	Fischbehälter	Ob.Pf.	Fischhaus (4)	Mitt.Frk.
Finkenmühle	Mitt.Frk.	Fischberg (2)	Oberb.	Fischhaus (3)	Schwb.
Finkenmühle	Unt.Frk.	Fischbrunn	Mitt.Frk.	Fischhausen	Oberb.
Finkenried	Niederb.	Fischdobel	Oberb.	Fischhof (3)	Ob.Pf.
Finkenschlag	Niederb.	Fischeck	Oberb.	Fischhub	Oberb.
Finkenzell	Oberb.	Fischen, mitter	Oberb.	Fisching (4)	Oberb.
Finner	Oberb.	Fischen, vorder	Oberb.	Fisching, auch	
Finning, ober	Oberb.	Fischen (2)	Schwb.	Fischering	Niederb.
Finning, unter	Oberb.	Fischenberg		Fischl	Niederb.
Finningen	Schwb.	Fischer (4)	Oberb.	Fischmühle	Oberb.
Finsing	Oberb.	Fischer, in der		Fischmühle	Schwb.
Finsing	Niederb.	Oed	Oberb.	Fischstein	Ob.Frk.
Finsing	Ob.Pf.	Fischer, an der		Fischveltschwaig	Schwb.
Finsterau	Oberb.	Gstötten	Niederb.	Fischwoogerhof	Rh.Pf.
Finsterau	Niederb.	Fischer	Mitt.Frk.	Fischwooger-	
Finsterbächl	Rh.Pf.	Fischer, an der		mühle	Rh.Pf.
Finstergarten	Mitt.Frk.	Leithe	Mitt.Frk.	Fiselbart	Oberb.
Finsterhaid	Ob.Pf.	Fischerberg	Ob.Pf.	Fiölkling	Oberb.
Finsterhüll	Ob.Pf.	Fischerbüchel	Schwb.	Fitting	Niederb.
Finsterhub	Niederb.	Fischerdorf (2)	Niederb.	Fitzendorf	Unt.Frk.
Finsterleiten	Oberb.	Fischergrün	Niederb.	Fixlreuth	Niederb.
Finstermühl	Ob.Pf.	Fischerhäuschen	Niederb.	Fixing	Niederb.
Finstermühle	Niederb.	Fischerhäusl	Oberb.	Fixreith, ober	
Finstermühle (2)	Ob.Pf.	Fischerhammer	Ob.Pf.	Schwaig	Niederb.
Finstermühle	Mitt.Frk.	Fischerhaus	Niederb.	Fizmühle	Ob.Pf.
Finsternau	Oberb.	Fischerhaus (2)	Ob.Pf.	Flachslanden	Mitt.Frk.
Finsterstaig	Schwb.	Fischerhof	Ob.Frk.	Flachsöd	Niederb.
Finsterwahl	Oberb.	Fischering, siehe		Fladengreuth	Mitt.Frk.
Finsterweiling, a.		Fisching	Niederb.	Fladungen	Unt.Frk.
Sackenhofen	Ob.Pf.	Fischerkrein	Oberb.	Flammenbach	Oberb.
Finzenbach	Oberb.	Fischermühle	Niederb.	Flamming	Oberb.
Firkenhof	Ob.Pf.	Fischermühle	Ob.Pf.	Flammried	Niederb.
Firmiangut	Niederb.	Fischeröd	Oberb.	Flanitz	Niederb.
Firmiansreith	Niederb.	Fischeröd	Niederb.	Flanitzhütte	Niederb.
Fischach	Schwb.	Fischeröd	Ob.Pf.	Flaring	Oberb.
Fischaitnach	Niederb.	Fischerösch	Schwb.	Flaring	Niederb.
Fischbach (9)	Oberb.	Fischerreif	Ob.Pf.	Flaschenhof	Mitt.Frk.
Fischbach	Niederb.	Fischerruck	Rh.Pf.	Flattermühle	Mitt.Frk.
Fischbach (2)	Rh.Pf.	Fischers	Schwb.	Flechsdorf	Mitt.Frk.
Fischbach (2)	Ob.Pf.	Fischersmühle	Ob.Frk.	Fleck (2)	Oberb.
Fischbach (2)	Ob.Frk.	Fischersteig	Niederb.	Fleck, am	Oberb.
Fischbach (2)	Mitt.Frk.	Fischerwimm	Niederb.	Flecken	Schwb.
Fischbach	Unt.Frk.	Fischgärtl	Niederb.	Fleckensteinmühle	Unt.Frk.
Fischbach	Schwb.	Fischhaber	Oberb.	Fleckhäuseln	Niederb.
Fischbachau	Oberb.	Fischhäusel	Ob.Pf.	Fleckhäusl	Oberb.

Fleckheim — Forst. 61

Fleckheim	Oberb.	Flohkreuten	Schwb.	Förchenthal	Oberb.
Flecking (2)	Oberb.	Floiger	Oberb.	Förberbauer	Oberb.
Flecl	Ob.Frk.	Flolten	Niederb.	Förnbach	Oberb.
Fleckler	Oberb.	Flomersheim	Rh.Pf.	Förnhag	Oberb.
Flecksberg	Oberb.	Florlhäusl	Niederb.	Förnitz	Ob.Frk.
Flederichsmühle	Unt.Frk.	Floschers	Schwb.	Förrenbach	Mitt.Frk.
Fledermühle	Ob.Pf.	Floß	Ob.Pf.	Förrersmühle	Mitt.Frk.
Flein	Schwb.	Flossenbürg	Ob.Pf.	Försdorf	Ob.Frk.
Fleinhausen	Schwb.	Flossing, ober	Oberb.	Förstenreuth	Ob.Frk.
Fleischer	Schwb.	Flossing, unter	Oberb.	Förster	Oberb.
Fleischmühle	Unt.Frk.	Flotzheim	Schwb.	Förstersgrund	Unt.Frk.
Fleischöd	Niederb.	Fluchshof	Mitt.Frk.	Förstl	Niederb.
Fleisnitz	Ob.Frk.	Fluchthaus	Oberb.	Förtschenbach	Ob.Frk.
Fleisnitzmühle	Ob.Frk.	Fluden	Schwb.	Förtschendorf	Ob.Frk.
Fleißenhammer	Ob.Frk.	Flubermühle	Oberb.	Förtschwind	Ob.Frk.
Flemlingen	Rh.Pf.	Flügelsberg	Ob.Pf.	Fösenmühle	Schwb.
Flemmühle	Mitt.Frk.	Flügelsbuch, auch		Fohlenhof	Mitt.Frk.
Fleschermühle	Schwb.	Fliegensburg	Ob.Pf.	Fohrenreuth	Ob.Frk.
Fleschützen	Schwb.	Flügelsburg	Ob.Pf.	Fohrheim	Schwb.
Fletschenreuth	Ob.Frk.	Flüssen	Schwb.	Foireit	Oberb.
Flettersmühle	Ob.Pf.	Fluhenmühle	Schwb.	Folden	Oberb.
Fletzen	Oberb.	Flur	Ob.Frk.	Foldering	Oberb.
Fletzl	Niederb.	Flurhof	Ob.Frk.	Folgerberg	Niederb.
Flexöd (3)	Niederb.	Flurholz	Ob.Frk.	Fontasch	Oberb.
Flickendorf	Oberb.	Fluröd	Ob.Pf.	Forach (5)	Oberb.
Flickenöd	Niederb.	Flußhütten	Ob.Pf.	Forchau	Oberb.
Flickermühle	Ob.Pf.	Fockenberg	Rh.Pf.	Forchenmühle	Oberb.
Fliegeneck	Oberb.	Fockenfeld	Ob.Pf.	Forchheim, auch	
Fliegenegg	Oberb.	Fockenhof	Ob.Pf.	Vorchheim	Ob.Pf.
Flint	Oberb.	Fockenmühle	Rh.Pf.	Forchheim	Ob.Frk.
Flinken	Oberb.	Föching	Oberb.	Forchheim	Mitt.Frk.
Flinksberg	Ob.Pf.	Föckelberg	Rh Pf.	Forchöd	Oberb.
Flinsberg	Ob.Frk.	Föckelsberg	Niederb.	Forchtenegg	Ob.Frk.
Flinsberg	Mitt.Frk.	Föderricht	Ob.Pf.	Forellenmühle	Ob.Frk.
Flinsmühle	Mitt.Frk.	Föbler	Oberb.	Forggen	Oberb.
Flintsbach, ober		Föggenbaiern	Oberb.	Forkatshof, För-	
und unter	Oberb.	Föhn	Oberb.	kelshof	Ob.Pf.
Flintsbach	Niederb.	Föhrenreuth	Ob.Frk.	Forkel	Ob.Frk.
Flischbach	Ob.Pf.	Föhrig	Ob.Frk.	Forkendorf	Ob.Frk.
Flittermühle	Ob.Frk.	Föhring, ober	Oberb.	Forkenhof	Ob.Frk.
Flitzing	Oberb.	Föhring, unter	Oberb.	Forn	Oberb.
Flöhberg	Ob.Frk.	Föhring	Niederb.	Fornach	Oberb.
Flößanger	Ob.Frk.	Föllmar	Ob.Frk.	Forndorf	Mitt.Frk.
Flötzing	Oberb.	Föllmarberg	Ob.Frk.	Fornenmühle	Ob.Frk.
Flohberg	Oberb.	Fölschnitz	Ob.Frk.	Forner	Oberb.
Flobermühle	Oberb.	Förbau	Ob.Frk.	Forst (7)	Oberb.
Flohhäusl	Oberb.	Förchen (2)	Oberb.	Forst, am See	Oberb.

Forst (4)	Niederb.	Forsthaus bei Steigerhof	Rh.Pf.	Fränkendorf	Niederb.
Forst	Rh.Pf.			Fränkling (4)	Oberb.
Forst (2)	Ob.Pf.	Forsthaus Stempelbergerhof		Fräth	Niederb.
Forst (2)	Ob.Frk.		Rh.Pf.	Fräuleinsteig	Ob.Frk.
Forst, auch Backöfen	Ob.Frk.	Forsthaus (2)	Ob.Pf.	Fraham (2)	Oberb.
		Forsthaus (4)	Ob.Frk.	Frahels, auch Frächels	Niederb.
Forst (2)	Mitt.Frk.	Forsthaus	Mitt.Frk.		
Forst	Unt.Frk.	Forsthaus (4)	Unt.Frk.	Frahsdorf	Niederb.
Forst	Schwb.	Forsthöfe	Mitt.Fr.	Frais	Oberb.
Forstansiedlung	Oberb.	Forsthof (2)	Oberb.	Fraishauserhof	Rh.Pf.
Forstau	Oberb.	Forsthof (2)	Niederb.	Frammelsberg	Niederb.
Forstbach	Niederb.	Forsthof (5)	Ob.Pf.	Frammering	Niederb.
Forstbauer	Ob.Pf.	Forsthof	Ob.Frk.	Frammersbach	Unt.Frk.
Forstberg	Niederb.	Forsthof (3)	Mitt.Frk.	Frankau	Schwb.
Forstberg	Ob.Pf.	Forsthof (2)	Schwb.	Frankelbach	Rh.Pf.
Forstbichl	Oberb.	Forsthofen	Schwb.	Frankelmühle	Ob.Pf.
Forstbrunn	Ob.Pf.	Forsthub (3)	Oberb.	Franken (2)	Niederb.
Forstdürrenbuch	Niederb.	Forsthub	Niederb.	Franken	Ob.Frk.
Forstelbach	Niederb.	Forsthub	Ob.Frk.	Frankenberg	Niederb.
Forsten (2)	Niederb.	Forstinding	Oberb.	Frankenberg	Ob.Pf.
Forstenberg	Ob.Pf.	Forsting (4)	Oberb.	Frankenberg (4)	Ob.Frk.
Forstenhäuser	Schwb.	Forsting	Niederb.	Frankenberg	Mitt.Frk.
Forstenried	Oberb.	Forsting	Ob.Pf.	Frankenbronn	Unt.Frk.
Forstenrobe	Niederb.	Forstkastl	Oberb.	Frankendorf	Oberb.
Forster (4)	Oberb.	Forstlahm	Ob.Frk.	Frankendorf	Ob.Frk.
Forster	Niederb.	Forstlasmühle	Ob.Frk.	Frankendorf	Mitt.Frk.
Forsterberg	Ob.Pf.	Forstlehen (2)	Ob.Frk.	Frankeneck	Rh.Pf.
Förstergütl	Oberb.	Forstleithen	Niederb.	Frankenfeld	Mitt.Frk.
Forsterhöhle	Ob.Frk.	Forstloh	Ob.Frk.	Frankengütl	Ob.Pf.
Forstern (2)	Oberb.	Forstmühl	Ob.Pf.	Frankengut	Ob.Frk.
Forstern (2)	Niederb.	Forstmühle	Ob.Pf.	Frankenhaag	Ob.Frk.
Forsthäuschen	Oberb.	Forstmühle	Ob.Frk.	Frankenhammer (2)	Ob.Frk.
Forsthäuschen	Ob.Frk.	Forstmühle	Mitt.Frk.		
Forsthäuseln	Oberb.	Forstmühle (2)	Unt.Frk.	Frankenheim	Mitt.Frk.
Forsthäuseln	Niederb.	Forstner	Oberb.	Frankenheim	Unt.Frk.
Forsthäuser	Niederb.	Forstner	Niederb.	Frankenhof (2)	Ob.Pf.
Forsthäuser, ober	Ob.Pf.	Forstöb	Niederb.	Frankenhofen	Mitt.Frk.
Forsthäuser, unter	Ob.Pf.	Forstpoint	Oberb.	Frankenhofen (2)	Schwb.
Forsthart (2)	Niederb.	Forstschuster	Oberb.	Frankenholz	Rh.Pf.
Forsthaus (12)	Rh.Pf.	Forstseegn	Oberb.	Frankenmoosen	Schwb.
Forsthaus Amtsohl	Rh.Pf.	Forth	Mitt.Frk.	Frankenohe	Ob.Pf.
		Forthof	Ob.Frk.	Frankenreuth (2)	Ob.Pf.
Forsthaus Schwarzsohl	Rh.Pf.	Fortmühle	Rh.Pf.	Frankenreuth	Ob.Frk.
		Fortschau	Ob.Pf.	Frankenried	Schwb.
Forsthaus im Silberthal	Rh.Pf.	Frabertsham	Oberb.	Frankenried	Niederb.
		Frabertshofen	Ob.Pf.	Frankenrieth	Ob.Pf.
		Frablberg	Niederb.	Frankenschleif	Ob.Pf.

Frankenstein	Rh.Pf.	Frauenhof	Oberb.	Frechensee	Oberb.
Frankenthal	Rh.Pf.	Frauenhof (2)	Niederb.	Frechetsfeld	Ob.Pf.
Frankenthal	Ob.Frk.	Frauenhof	Ob.Pf.	Frechholzhausen	Oberb.
Frankenwinheim	Unt.Frk.	Frauenhof	Ob.Frk.	Frechmühle (2)	Oberb.
Frankenzell	Oberb.	Frauenhofen	Oberb.	Frechterthalerhof	Rh.Pf.
Frankfurt, klein	Mitt.Frk.	Frauenhofen	Niederb.	Freckenfeld	Rh.Pf.
Frankfurterthor	Unt.Frk.	Frauenhofen	Ob.Pf.	Freiberg, auch	
Franklbach	Niederb.	Frauenholz (2)	Niederb.	Freienberg	Oberb.
Frankldorf	Niederb.	Frauenholzen	Oberb.	Freiberg	Oberb.
Frankweiler	Rh.Pf.	Frauenhurt	Oberb.	Freiberg	Niederb.
Franzbauer	Niederb.	Frauenkau	Schwb.	Freiberg	Ob.Frk.
Franzberg	Niederb.	Frauenleiten	Niederb.	Freibrechts	Schwb.
Franzeneck	Oberb.	Frauenmühle, a.		Freibichl	Oberb.
Franzenhammer	Mitt.Frk.	Haslmühle	Niederb.	Freidelhof	Niederb.
Franzenmühle	Mitt.Frk.	Frauenmühle (2)	Niederb.	Freidhofsöd	Niederb.
Franzenmühle	Unt.Fr.	Frauenneuhar-		Freidling	Oberb.
Franzlmarter	Niederb.	ting	Oberb.	Freidorf	Schwb.
Fraßbach	Oberb.	Frauenöd	Oberb.	Freieb	Niederb.
Fraßdorf	Oberb.	Frauenöd (2)	Niederb.	Freien	Schwb.
Fraßhausen	Oberb.	Frauenornau	Oberb.	Freienberg	Oberb.
Fratersdorf	Niederb.	Frauenrain	Oberb.	Freieneck	Niederb.
Frath (3)	Niederb.	Frauenreuth	Oberb.	Freienried	Oberb.
Fratzendorf	Niederb.	Frauenreuth	Niederb.	Freiensee, siehe	
Frauenau (2)	Niederb.	Frauenreuth (2)	Ob.Pf.	Freudensee	Niederb.
Frauenaurach	Mitt.Frk.	Frauenricht	Ob.Pf.	Freigut	Oberb.
Frauenberg (4)	Oberb.	Frauenried (2)	Oberb.	Freihalden	Schwb.
Frauenberg (4)	Niederb.	Frauenriedhausen	Schwb.	Freiham (2)	Oberb.
Frauenberg	Rh.Pf.	Frauenroth	Unt.Frk.	Freihard	Mitt.Frk.
Frauenberg (3)	Ob.Pf.	Frauensatling	Niederb.	Freihöls	Ob.Pf.
Frauenberghau-		Frauenstadt	Oberb.	Freihof	Niederb.
sen	Ob.Pf.	Frauenstetten	Schwb.	Freihung	Ob.Pf.
Frauenbiburg	Niederb.	Frauenthal	Niederb.	Freil	Oberb.
Frauenbichl	Oberb.	Frauentödling	Oberb.	Freilas	Niederb.
Frauenbrünnel	Niederb.	Frauenvilz	Oberb.	Freilassing	Oberb.
Frauenbrünnl	Niederb.	Frauenwahl	Niederb.	Freileithen	Ob.Frk.
Frauenbrunn	Oberb.	Frauenwald	Niederb.	Freiling (2)	Oberb.
Frauenbrunn	Niederb.	Frauenwies	Niederb.	Freiling (4)	Niederb.
Frauenbrunn	Ob.Pf.	Frauenzell	Ob.Pf.	Freimann (3)	Oberb.
Frauenchimsee	Oberb.	Frauenzell	Schwb.	Freimberg (2)	Oberb.
Frauendorf	Oberb.	Fraugrund	Unt.Frk.	Freimehring	Oberb.
Frauendorf (3)	Niederb.	Fraunberg	Oberb.	Freimersheim	Rh.Pf.
Frauendorf	Ob.Frk.	Fraunberg	Ob.Pf.	Freimoos	Oberb.
Fraueneb	Niederb.	Fraundorf (2)	Niederb.	Freinberg (3)	Niederb.
Frauenhaarbach	Niederb.	Fraunöd	Niederb.	Freindorf	Niederb.
Frauenhäusl	Ob.Pf.	Frebitzmühle	Ob.Frk.	Freinhausen	Oberb.
Frauenhaslach, a.		Frechelsdorf	Niederb.	Freinhauser-	
Haselbach	Oberb.	Frechenrieben	Schwb.	mühle	Oberb.

Freinsbach	Oberb.	Freutsmoos	Oberb.	Friedenfels	Ob.Pf.
Freinsheim	Rh.Pf.	Frey	Niederb.	Friedenheim	Oberb.
Freiröttenbach	Mitt.Frk.	Freyahorn	Ob.Frk.	Friedensau	Rh.Pf.
Freisbach	Rh.Pf.	Freybühl	Oberb.	Friedensgrube	Ob.Frk.
Freischweibach	Ob.Pf.	Freyen	Schwb.	Friedersdorf	Niederb.
Freishauserhof	Rh.Pf.	Freyenend	Oberb.	Friedersdorf	Ob.Pf.
Freising (3)	Oberb.	Freyenfels	Ob.Frk.	Friedersdorf	Ob.Frk.
Freitags (3)	Schwb.	Freyhaßlach	Mitt.Frk.	Friedersdorfer-	
Freitagsmühle	Unt.Frk.	Freyhausen	Mitt.Frk.	mühle	Ob.Frk.
Freiung	Oberb.	Freyhöls	Ob.Pf.	Friedersreuth	Ob.Pf.
Freiung (4)	Niederb.	Freying	Niederb.	Friedersried	Ob.Pf.
Freiung	Ob.Pf.	Freyling (2)	Niederb.	Friedham	Oberb.
Freiweidach	Oberb.	Freystadt	Ob.Pf.	Frieding	Oberb.
Frembach	Niederb.	Freystetten	Oberb.	Frieding	Ob.Pf.
Frembingen	Schwb.	Freyung (2)	Niederb.	Friedl (2)	Oberb.
Frembling	Oberb.	Freyung	Ob.Pf.	Friedelbauer	Niederb.
Fremel	Oberb.	Freyung, ober	Ob.Pf.	Friedled	Niederb.
Fremthal	Oberb.	Freyung, unter	Rh.Pf.	Friedhäusl	Niederb.
Frenau	Oberb.	Fribersdorf	Niederb.	Friedlhof	Niederb.
Frenghofen, auch		Fribertsheim	Ob.Pf.	Friedlmühle	Ob.Pf.
Frenkhofen	Ob.Pf.	Fribertshofen	Mitt.Frk.	Friedlreit	Oberb.
Frensdorf	Ob.Frk.	Frichlkofen	Niederb.	Friedlrimbach	Oberb.
Frenshof	Ob.Frk.	Fricken	Schwb.	Friedmannsdorf	Ob.Frk.
Freslesreute	Schwb.	Frickendorf	Oberb.	Friedorfing	Oberb.
Frettenshofen	Ob.Pf.	Frickendorf	Mitt.Frk.	Friedrich, geseg-	
Freub	Niederb.	Frickendorf	Unt.Frk.	neter	Ob.Frk.
Freudenberg	Ob.Pf.	Frickenfelden	Mitt.Frk.	Friedrichsberg	Ob.Frk.
Freudenbergerhof	Rh.Pf.	Frickenhammer	Niederb.	Friedrichsberg	Unt.Frk.
Freudeneck	Unt.Frk.	Frickenhausen (2)	Unt.Frk.	Friedrichsburg	Ob.Pf.
Freudenegg	Schwb.	Frickenhausen	Schwb.	Friedrichsburg	Ob.Frk.
Freudenhain	Niederb.	Frickenhofen	Ob.Pf.	Friedrichsgmünd	Mitt.Frk.
Freudenöd	Niederb.	Frickenhöchstädt	Ob.Frk.	Friedrichshäng	Ob.Pf.
Freudenreich	Oberb.	Frickleinsmühle	Mitt.Frk.	Friedrichshalle	Unt.Frk.
Freudenricht	Ob.Pf.	Fridelgut	Niederb.	Friedrichshof	Unt.Frk.
Freudensee, auch		Fribing	Niederb.	Friedrichshofen	Oberb.
Freiensee	Niederb.	Friblgrub	Niederb.	Friedrichshütte	Ob.Frk.
Freudenstein	Niederb.	Fribritt	Unt.Frk.	Friedrichsöd	Niederb.
Freubling	Oberb.	Frieberbing	Niederb.	Friedrichsried	Niederb.
Freublsberg	Oberb.	Frieberting (2)	Oberb.	Friedrichsruhe	Ob.Frk.
Freudpolz	Schwb.	Friebau	Ob.Frk.	Friedrichsstall	Niederb.
Freundl	Oberb.	Friedberg	Oberb.	Friedrichsthal	Ob.Frk.
Freundorf (2)	Niederb.	Friedbergerau	Oberb.	Friedrichsthal	Mitt.Frk.
Freundschaft,		Friedblchel (2)	Oberb.	Friedrichsthal, a.	
treue	Ob.Frk.	Friedelhausen	Rh.Pf.	Graue Ruhe	Unt.Frk.
Freundschub	Oberb.	Friedelsheim	Rh.Pf.	Friemberg	Oberb.
Freundstorf	Ob.Pf.	Friedenberg	Niederb.	Frieperbing	Niederb.
Freusing	Niederb.	Friedenborf	Ob.Pf.	Friesen (2)	Ob.Frk.

Friesendorf	Niederb.	Frohnberg	Niederb.	Froschgrub	Niederb.
Friesenham	Oberb.	Frohnberg	Ob.Pf.	Froschgrün	Ob.Frk.
Friesenhausen	Unt.Frk.	Frohnbügelhof	Unt.Frk.	Froschham (5)	Oberb.
Friesenheim	Rh.Pf.	Frohnhard	Schwb.	Froschhausen	Oberb.
Friesenhof	Ob.Pf.	Frohnhof	Ob.Pf.	Frosching	Oberb.
Friesenhof	Ob.Frk.	Frohnhof	Ob.Frk.	Froschkern	Oberb.
Friesenhofen	Schwb.	Frohnhof (2)	Mitt.Frk.	Froschlacken	Oberb.
Friesenmühle	Ob.Pf.	Frohnhofen	Niederb.	Froschlucke	Ob.Pf.
Friesenried	Schwb.	Frohnhofen	Rh.Pf.	Froschmaier	Oberb.
Friesheim	Ob.Pf.	Frohnhofen (2)	Unt.Frk.	Froschmühle (4)	Mitt.Frk.
Friesing (2)	Oberb.	Frohnhofen	Schwb.	Froschmühle	Unt.Frk.
Friesing,ob.u.unt.	Oberb.	Frohnhofermühle	Unt.Frk.	Froschöd	Niederb.
Friesing	Niederb.	Frohnholzen	Oberb.	Frotzersricht	Ob.Pf.
Friesinsel	Schwb.	Frohnloch	Oberb.	Frotzhofen	Oberb.
Friesmühle, auch		Frohnloh	Ob.Frk.	Frozenberg	Niederb.
Wieselbruck	Ob.Pf.	Frohnmühle	Niederb.	Fruchtheim	Schwb.
Friesmühle	Ob.Pf.	Frohnmühle (2)	Rh.Pf.	Frühling (2)	Oberb.
Frimhöring	Niederb.	Frohnmühle	Schwb.	Frühlingshof, a.	
Frimmersdorf	Ob.Frk.	Frohnreit	Niederb.	Sommerberg	Unt.Frk.
Frischeck	Niederb.	Frohnreith	Niederb.	Frühmannsstett	Oberb.
Frischenmühle	Ob.Frk.	Frohnschwender-		Frühstetten	Schwb.
Fristingen	Schwb.	hof	Schwb.	Fruttenhub	Oberb.
Fristingermühle	Schwb.	Frohnstetten	Niederb.	Frutzweiler	Rh.Pf.
Fritz (2)	Oberb.	Fromberg	Ob.Pf.	Fuchs	Oberb.
Fritzenweng	Oberb.	Frommerding	Niederb.	Fuchs	Niederb.
Fritzmühle	Mitt.Frk.	Frommetsfelden	Mitt.Frk.	Fuchs, am Moos	Niederb.
Fritzing	Oberb.	Fromried	Niederb.	Fuchs, im Holz	Niederb.
Frobersreuth	Ob.Pf.	Fronau (2)	Ob.Pf.	Fuchs	Schwb.
Fröbershammer	Ob.Frk.	Fronauermühle	Ob.Pf.	Fuchsau	Oberb.
Fröbbenberg	Schwb.	Fronberg	Ob.Pf.	Fuchsberg	Oberb.
Fröhlings	Schwb.	Fronhof (2)	Ob.Pf.	Fuchsberg	Ob.Pf.
Fröhlingsmühle	Schwb.	Fronhofen	Schwb.	Fuchsberg (4)	Niederb.
Fröhnerhof	Rh.Pf.	Fronlohe	Ob.Pf.	Fuchsberg	Ob.Frk.
Fröhstockheim	Unt.Frk.	Fronreiten	Oberb.	Fuchsbreit	Oberb.
Fröschau (2)	Mitt.Frk.	Fronschwenden	Schwb.	Fuchsbrunn	Ob.Pf.
Fröschbrunn	Ob.Frk.	Frontenhausen	Niederb.	Fuchsbüchl	Oberb.
Fröschen	Rh.Pf.	Froschau	Oberb.	Fuchsbübl	Oberb.
Fröschgrün	Ob.Frk.	Froschau (4)	Niederb.	Fuchsbübl	Niederb.
Fröschhof	Ob.Frk.	Froschau	Ob.Pf.	Fuchsbübl	Schwb.
Fröschlhof	Niederb.	Froschauerhof	Rh.Pf.	Fuchsendorf	Ob.Pf.
Fröschreut	Niederb.	Froschaumühle	Niederb.	Fuchsendorf	Ob.Frk.
Fröttenried	Oberb.	Froschbach (2)	Oberb.	Fuchsenhof	Ob.Pf.
Fröttmaning	Oberb.	Froschbach	Ob.Frk.	Fuchsenmühle (2)	Unt.Frk.
Frohnau	Oberb.	Froschbach	Schwb.	Fuchsgrub	Niederb.
Frohnau	Niederb.	Froscheck	Oberb.	Fuchshausen	Oberb.
Frohnbach	Rh.Pf.	Froschendorf	Mitt.Frk.	Fuchshöhle	Oberb.
Frohnbacherhof	Rh.Pf.	Froschenthal	Oberb.	Fuchshölzl	Ob.Pf.

Fuchshof, auch		Fünfstetten	Schwb.	Füslarn	Oberb.
Fuchsgütl	Oberb.	Fürberg	Oberb.	Füssen	Oberb.
Fuchshof, auch		Fürberg	Mitt.Frk.	Füssen	Schwb.
Eckerszell	Niederb.	Fürbuch	Schwb.	Füssing	Niederb.
Fuchshof	Rh.Pf.	Fürfallmühle	Schwb.	Füttersee	Mitt.Frk.
Fuchshof	Ob.Pf.	Fürfang	Oberb.	Fugger	Schwb.
Fuchshub (2)	Oberb.	Fürholz	Niederb.	Fuggereck	Niederb.
Fuchshub	Niederb.	Fürholzen (9)	Oberb.	Fuhrn	Ob.Pf.
Fuchsloch	Schwb.	Fürholzen	Niederb.	Fuhrtmühle	Niederb.
Fuchsloh	Oberb.	Fürmoosen	Oberb.	Fuirer	Schwb.
Fuchslueg	Oberb.	Fürnbach	Unt.Frk.	Fultenbach	Schwb.
Fuchslug	Oberb.	Fürnheim	Mitt.Frk.	Fundhobl	Oberb.
Fuchsmühl	Rh.Pf.	Fürnried	Ob.Pf.	Funk, am Lech	Oberb.
Fuchsmühle	Niederb.	Fürnsbach (2)	Oberb.	Funkenau	Ob.Pf.
Fuchsmühle	Rh.Pf.	Fürschlag	Oberb.	Funkenreuth	Ob.Pf.
Fuchsmühle (6)	Ob.Pf.	Fürsetz	Ob.Frk.	Funker	Schwb.
Fuchsmühle	Ob.Frk.	Fürsetzing	Niederb.	Furkl	Niederb.
Fuchsmühle (3)	Mitt.Frk.	Fürst (4)	Oberb.	Furt (7)	Oberb.
Fuchsmühle (3)	Unt.Frk.	Fürst	Niederb.	Furt (3)	Niederb.
Fuchsmühle, ober	Unt.Frk.	Fürstätt	Oberb.	Furtenbach	Schwb.
Fuchsmühle, unt.	Unt.Frk.	Fürstätter Au	Oberb.	Furth (7)	Oberb.
Fuchsmühle (3)	Schwb.	Fürstbach	Oberb.	Furth (9)	Niederb.
Fuchsöd	Oberb.	Fürstberg	Oberb.	Furth	Ob.Pf.
Fuchsöd	Niederb.	Fürstberg (4)	Niederb.	Furth	Mitt.Frk.
Fuchsstadt (3)	Unt.Frk.	Fürstdobl	Niederb.	Furth	Schwb.
Fuchsstadter Mühle (2)	Unt.Frk.	Fürstenberg (6)	Oberb.	Furthäusel (2)	Niederb.
Fuchssteig	Oberb.	Fürsteneck	Niederb.	Furthern, auch Furtaren	Oberb.
Fuchsstein	Ob.Pf.	Fürstenfeld, auch Fürstenfeldbruck	Oberb.	Furthhammer (2)	Niederb.
Fuchsthal (3)	Oberb.	Fürstenforst	Mitt.Frk.	Furthhammer	Ob.Frk.
Fuchswinkel		Fürstenhof (3)	Ob.Pf.	Furthmühle (3)	Niederb.
Fuberöd	Niederb.	Fürstenhof	Ob.Frk.	Furthmühle	Mitt.Frk.
Fubersöd	Oberb.	Fürstenhütten	Niederb.	Furthof	Oberb.
Füchselmühle	Niederb.	Fürstenmoos	Niederb.	Furthof	Niederb.
Fügenstall	Ob.Pf.	Fürstenmühl	Ob.Pf.	Furthrettenbach	Niederb.
Füging	Oberb.	Fürstenmühle	Niederb.	Furtmühle (3)	Oberb.
Führholz, auch Viehholz	Ob.Pf.	Fürstenmühle	Ob.Pf.	Furtmühle (2)	Niederb.
		Fürstenmühle	Unt.Frk.	Furtmühle	Ob.Pf.
Fühling	Niederb.	Fürstenmühle	Schwb.	Furtmühle	Mitt.Frk.
Fülsdorf	Ob.Frk.	Fürstenried	Oberb.	Furtmühle (2)	Schwb.
Fünfaichen (2)	Niederb.	Fürstenstein	Niederb.	Furtner (2)	Oberb.
Fünfaichner	Niederb.	Fürstenzell	Niederb.	Furtner	Niederb.
Fünfbronn	Mitt.Frk.	Fürsthof (2)	Ob.Pf.	Furttann	Niederb.
Fünfeichen	Ob.Pf.	Fürstl	Niederb.	Fuß	Oberb.
Fünfer, am	Oberb.	Fürth (5)	Oberb.	Fußberg (2)	Oberb.
Fünfleiten	Oberb.	Fürth, Furth	Oberb.	Fussen	Oberb.
Fünfleiten	Niederb.	Fürth	Mitt.Frk.	Fußenberg	Ob.Pf.

Fußgönheim — Gaisalchrain.

Fußgönheim	Rh.Pf.	Fußmühle	Niederb.	Fußstett	Oberb.
Fußgrund	Ob.Frk.	Fußöd (2)	Niederb.	Futting	Niederb.
Fußhaus	Ob.Frk.	Fußstatt	Oberb.		

G.

Gabel	Oberb.	Gädheim, auch		Gäselsberg, auch	
Gabelbach	Schwb.	Göttheim	Unt.Frk.	Geselsberg	Niederb.
Gabelbacher-		Gängham	Oberb.	Gaffel	Oberb.
greuth	Schwb.	Gängkofen	Ob.Pf.	Gagerlipp	Niederb.
Gabelberg	Oberb.	Gänheim	Unt.Frk.	Gagers (4)	Oberb.
Gabelkofen	Niederb.	Gänlas	Ob.Pf.	Gaggen	Schwb.
Gabellohe	Ob.Pf.	Gänsbach (2)	Oberb.	Gaggendorf	Niederb.
Gabelöd (2)	Niederb.	Gänsberg (4)	Oberb.	Gaggesreith	Niederb.
Gabelsmühle	Oberb.	Gänsberg	Niederb.	Gagras	Oberb.
Gabelsmühle (2)	Unt.Frk.	Gänsbergerhäusl	Oberb.	Gahsteig	Oberb.
Gaben	Oberb.	Gänsbügl	Ob.Pf.	Gaibach	Unt.Frk.
Gabenstadt	Oberb.	Gänsdorf	Niederb.	Gaiberg	Niederb.
Gaberl	Oberb.	Gänsegraben	Unt.Frk.	Gaichet	Niederb.
Gaberlsag	Niederb.	Gänsemühle, auch		Gaiching	Niederb.
Gabermühle	Mitt.Frk.	Neumühle	Ob.Pf.	Gaiganz	Ob.Frk.
Gabersee	Oberb.	Gänsgerbel	Oberb.	Gaiging (2)	Niederb.
Gabesreuth	Niederb.	Gänsgraben	Unt.Frk.	Gail	Schwb.
Gablsch	Oberb.	Gänshäusl	Mitt.Frk.	Gailbach	Unt.Frk.
Gablers	Schwb.	Gänshals	Niederb.	Gailbacher-Zie-	
Gablhof	Niederb.	Gänshirn	Niederb.	gelhütte	Rh.Pf.
Gablingen	Schwb.	Gänsmühle	Niederb.	Gailenbach	Schwb.
Gabolshausen	Unt.Frk.	Gänsmühle	Ob.Frk.	Gailenbacher-	
Gach	Oberb.	Gänsmoos	Oberb.	mühle	Schwb.
Gachbruck, Grah-		Gänsöd	Oberb.	Gailenberg	Schwb.
bruck	Oberb.	Gänsreit	Oberb.	Gailersreuth	Ob.Pf.
Gachenbach	Oberb.	Gänsstatt	Oberb.	Gailling	Oberb.
Gachensölden	Oberb.	Gänswies	Niederb.	Gailnau	Mitt.Frk.
Gackenhof	Unt.Frk.	Gänswirthshaus	Mitt.Frk.	Gailohe	Ob.Pf.
Gaden (5)	Oberb.	Gärbersdorf	Ob.Pf.	Gailroth	Mitt.Frk.
Gaden (2)	Niederb.	Gärbershof	Ob.Pf.	Gailshofen	Mitt.Frk.
Gadenhof	Oberb.	Gärmersdorf	Ob.Pf.	Gaimersbühl, a.	
Gadenschwaig	Niederb.	Gärten, bei		Gamerspiel	Niederb.
Gadering, auch		Wöhrt	Mitt.Frk.	Gaimersheim	Oberb.
Gattering	Niederb.	Gärten, hinter der		Gaimühle	Unt.Frk.
Gaberl	Oberb.	Veste	Mitt.Frk.	Gaindorf	Niederb.
Gadham	Niederb.	Gärtenroth	Ob.Frk.	Gainharting	Oberb.
Gadstorf	Niederb.	Gärtnersgarten	Unt.Frk.	Gainstorf	Niederb.
Gädheim	Unt.Frk.	Gärtnershof	Mitt.Frk.	Gaisach	Oberb.
				Gaisalchrain	Oberb.

Gaisau	Niederb.	Galgenmühle (3)	Schwb.	Gamertshof	Niederb.
Gaisberg (2)	Oberb.	Galgenpoint	Oberb.	Gamling	Oberb.
Gaisberg (2)	Niederb.	Galger	Schwb.	Gammel	Niederb.
Gaisbruck	Niederb.	Galgweis	Niederb.	Gammelsdorf	Oberb.
Gaiseck	Ob.Pf.	Gall	Oberb.	Jammer	Niederb.
Gaiselsrechting	Oberb.	Gall (2)	Niederb.	Gammersfeld	Mitt.Frk.
Gaisengrund	Mitt.Frk.	Galla	Niederb.	Gammersham	Oberb.
Gaisharbt	Schwb.	Gallabauer	Oberb.	Gampelmühle	Ob.Frk.
Gaishausen (2)	Niederb.	Gallafilz	Oberb.	Gamperlmühle	Oberb.
Gaisheim (2)	Ob.Pf.	Gallapmühle	Rh.Pf.	Gampersberg	Niederb.
Gaishof	Niederb.	Gallau (2)	Oberb.	Gamsenberg	Niederb.
Gaishof (2)	Ob.Pf.	Gallberg, auch		Ganacker	Niederb.
Gaishof	Schwb.	Galner, Gall-		Ganackersberg	Niederb.
Gaishofen	Niederb.	nerberg	Niederb.	Ganbach	Niederb.
Gaisirlach	Niederb.	Galleck	Niederb.	Gandelsäg	Niederb.
Gaisleben, auch		Gallemühle	Rh.Pf.	Ganderhof	Rh.Pf.
Getsleben	Schwb.	Gallenbach (4)	Oberb.	Gandl	Oberb.
Gaismannshof	Mitt.Frk.	Gallenbach, auch		Gandorf	Oberb.
Gaismannsöd	Niederb.	Galgenbach	Oberb.	Gangbachreit	Niederb.
Galsmarkt	Schwb.	Gallenberg, siehe		Gangerbauer	Niederb.
Gaispoint	Oberb.	Galner	Niederb.	Ganggall (2)	Oberb.
Gaisreit	Oberb.	Galleneck	Niederb.	Gangkofen	Niederb.
Gaisreith	Oberb.	Gallenhaus	Rh.Pf.	Gangled	Niederb.
Gaisruck	Niederb.	Gallerhof	Oberb.	Ganglfing	Oberb.
Gaisruckmühle	Niederb.	Gallermann	Niederb.	Ganglhof	Ob.Pf.
Gaißa	Niederb.	Gallersberg (2)	Oberb.	Gangloff	Rh.Pf.
Gaissach	Ob.Pf.	Gallersöd	Oberb.	Gangolph Sect.	Unt.Frk.
Gaißamühle	Niederb.	Gallertsham	Oberb.	Gangolphsberg	Unt.Frk.
Gaißing	Niederb.	Gallhofen	Niederb.	Gangwolf, auch	
Gaißner	Niederb.	Gallhub	Niederb.	Dornstetten	Schwb.
Gaisthal	Ob.Pf.	Galling (2)	Oberb.	Ganharting	Niederb.
Galswimm	Niederb.	Galling	Niederb.	Gannertshofen	Schwb.
Gakenmühle	Mitt.Frk.	Gallinghofen	Ob.Pf.	Gansbach	Oberb.
Galching	Ob.Pf.	Gallimühle	Niederb.	Gansbach	Ob.Pf.
Galgen	Oberb.	Gallmersgarten	Mitt.Frk.	Gansberg (2)	Oberb.
Galgenbach, siehe		Gallmünz	Ob.Pf.	Gansed, auch	
Gallenbach	Oberb.	Gallsöd	Oberb.	Ganzöd	Niederb.
Galgenberg	Oberb.	Galmed	Oberb.	Ganselberg	Niederb.
Galzenberg	Niederb.	Galnbach	Oberb.	Ganselmater	Niederb.
Galgenberg (2)	Ob.Pf.	Galner, auch		Gansenöd	Oberb.
Galgenhaus	Schwb.	Gallenberg	Niederb.	Gansenöd	Niederb.
Galgenhof	Ob.Frk.	Gambach	Oberb.	Gansfelden	Oberb.
Galgenhof	Mitt.Frk.	Gambach	Ob.Pf.	Gansheim	Schwb.
Galgenhof	Schwb.	Gambach	Unt.Frk.	Gansheimerberg	Schwb.
Galgenmann	Ob.Pf.	Gamelkofen	Niederb.	Ganslehen	Oberb.
Galgenmühle	Mitt.Frk.	Gamelsreit	Niederb.	Gansmühle (2)	Schwb.
Galgenmühle (2)	Unt.Frk.	Gamerspiel	Niederb.	Gansöd	Oberb.

Ganswies	Oberb.	Gasse, ober unb		Gauershelm	Rh.Pf.
Ganterham	Oberb.	unter	Oberb.	Gaugrehweiler	Rh.Pf.
Gantershofen	Oberb.	Gasselborf, auch		Gauing	Oberb.
Gantham	Niederb.	Geiselborf	Ob.F.k.	Gaukönigshofen	Unt.Frk.
Ganzeb	Niederb.	Gasseltshausen	Oberb.	Gaulenhofen (2)	Mitt.Frk.
Ganzenöb	Oberb.	Gasseltshausen	Niederb.	Gaulgrub	Oberb.
Garatshausen	Oberb.	Gassen (9)	Oberb.	Gauling	Oberb.
Garbertshausen	Oberb.	Gassenhof	Ob.Pf.	Gaulsberg	Niederb.
Garching (2)	Oberb.	Gassenmühle	Rh.Pf.	Gaulshofen	Oberb.
Garham (4)	Niederb.	Gassenmühle	Unt.Frk.	Gaunkofen	Niederb.
Garlitz	Unt.Frk.	Gaßlsberg	Niederb.	Gaureitershelm	Unt.Frk.
Garkofen	Oberb.	Gasta	Oberb.	Gaurleberhof	Schwb.
Garlachöb	Oberb.	Gastabauer	Oberb.	Gausberg	Oberb.
Garles	Ob.Frk.	Gastag (8)	Oberb.	Gausberg	Niederb.
Garlesgrub	Niederb.	Gastberg	Oberb.	Gaustabt	Ob.Frk.
Garmersreuth	Ob.Frk.	Gasteig (16)	Oberb.	Gauting	Oberb.
Garmisch	Oberb.	Gasteig	Niederb.	Gaurmühle	Mitt.Frk.
Garneck	Niederb.	Gastelshof	Ob.Pf.	Geba	Schwb.
Garner	Oberb.	Gastenfelben	Mitt.Frk.	Gebelkofen	Ob.Pf.
Garnöb	Oberb.	Gastering	Niederb.	Gebenbach	Ob.Pf.
Garnpoint	Oberb.	Gastett	Oberb.	Gebender	Schwb.
Garnreit	Oberb.	Gastlhub (2)	Oberb.	Gebendorf	Niederb.
Garnschwaig	Niederb.	Gastorf	Niederb.	Gebenhofen	Oberb.
Garnzell	Niederb.	Gastorf, auch		Gebensbach	Oberb.
Gars (2)	Oberb.	Gatzborf	Niederb.	Gebensbach, ober	Oberb.
Garsbichl	Oberb.	Gastrum	Oberb.	Gebensbach, unter	Oberb.
Garsch	Oberb.	Gastwies	Oberb.	Gebersdorf	Oberb.
Garsdorf	Ob.Pf.	Gatlesberg	Niederb.	Gebersdorf	Niederb.
Garsham	Oberb.	Gattenberg	Oberb.	Gebersdorf (3)	Mitt.Frk.
Garstadt	Unt.Frk.	Gattenborf	Ob.Frk.	Geberskirchen	Niederb.
Gartels	Oberb.	Gattenham	Oberb.	Geberting	Oberb.
Gartelberg	Niederb.	Gattenhofen	Mitt.Frk.	Gebertshof	Ob.Pf.
Gartelsried	Oberb.	Gatterberg	Oberb.	Gebertshofen	Ob.Pf.
Garten (2)	Niederb.	Gatterhub	Oberb.	Gebhardsreut	Ob.Pf.
Gartenhäusl	Niederb.	Gattern (4)	Oberb.	Gebhardtshof	Ob.Frk.
Gartenhaus	Niederb.	Gattersberg	Niederb.	Geblatsried	Schwb.
Gartenhof	Rh.Pf.	Gattershof	Ob.Pf.	Gebolsbach	Oberb.
Gartenhof	Unt.Frk.	Gatterstall	Oberb.	Gebraching	Ob.Pf.
Gartenöb	Niederb.	Gattersteig	Niederb.	Gebranshausen	Oberb.
Gartenried	Ob.Pf.	Gattling	Oberb.	Gebrechshof	Niederb.
Garting	Oberb.	Gazerreith	Niederb.	Gebrechshof-	
Gartlach	Oberb.	Gatzkofen	Niederb.	mühle	Niederb.
Gasbichl	Oberb.	Gauaschach	Unt.Frk.	Gebsattel	Mitt.Frk.
Gasfabrik	Ob.Pf.	Gaubitzhausen	Niederb.	Gebsig	Rh.Pf.
Gassau (2)	Niederb.	Gaubüttelbrunn	Unt.Frk.	Geckenau	Unt.Frk.
Gasse	Oberb.	Gauchsdorf	Mitt.Frk.	Geckenheim	Mitt.Frk.
		Gauchsmühle	Mitt.Frk.	Geesborf	Unt.Frk.

Gefäll — Geisenhofen.

Gefäll	Unt.Frk.	Geiering	Oberb.	Geimmenen, auch	
Gefällmühle	Schwb.	Geierlambach	Oberb.	Golmenen	Schwb.
Gefetting	Niederb.	Geiermühle	Niederb.	Geimoos	Oberb.
Gefrees	Ob.Frk.	Geiermühle	Ob.Pf.	Geimühle	Ob.Pf.
Gegenbach (2)	Niederb.	Geiern	Oberb.	Geinöd	Niederb.
Gegend	Oberb.	Geiern (2)	Niederb.	Geinsheim	Rh.Pf.
Gegler	Schwb.	Geiersberg (2)	Oberb.	Geiring	Oberb.
Geharding	Oberb.	Geiersberg (7)	Niederb.	Geisalp	Schwb.
Gehegemühle	Unt.Frk.	Geiersberg (2)	Ob.Pf.	Geisbach	Oberb.
Gehegsmühle	Ob.Frk.	Geiersberg (2)	Ob.Frk.	Geisbach	Niederb.
Gehenhammer	Ob.Pf.	Geierseck	Oberb.	Geisberg (6)	Oberb.
Gehenhofen, auch		Geiersgraben	Ob.Frk.	Geisberg (2)	Niederb.
Genhofen	Schwb.	Geiersnest	Oberb.	Geisberg (2)	Ob.Pf.
Gehering	Oberb.	Geiersnest	Unt.Frk.	Geisbruck	Niederb.
Gehersberg	Oberb.	Geierslang	Oberb.	Geisdorf	Ob.Frk.
Gehersberg	Niederb.	Geiersthal	Niederb.	Geiselbach	Oberb.
Geherting	Oberb.	Geigant	Ob.Pf.	Geiselbach, nieder	Oberb.
Gehetsberg	Oberb.	Geigen	Ob.Frk.	Geiselbach, ober	Oberb.
Gehhausen	Oberb.	Geigenberg	Niederb.	Geiselberg (2)	Niederb.
Gehlenbühl, auch		Geigenhofen	Niederb.	Geiselberg	Rh.Pf.
Göhlenbühl	Schwb.	Geigenmühle	Niederb.	Geiselberger-	
Gehlenmühle	Schwb.	Geigenmühle	Ob.Pf.	mühle	Rh.Pf.
Gehlmühle	Rh.Pf.	Geigenmühle	Ob.Frk.	Geiselbrechting	Niederb.
Gehmannsberg		Geigenreuth	Ob.Frk.	Geiselbullach	Oberb.
(2)	Niederb.	Geigenthal	Oberb.	Geiselfring	Oberb.
Gehmühle	Ob.Pf.	Geigenwang	Ob.Pf.	Geiselgasteig	Oberb.
Gehratshofen	Ob.Pf.	Geiger (2)	Oberb.	Geiselharting	Oberb.
Gehren	Ob.Frk.	Geiger (3)	Niederb.	Geiselhöring	Niederb.
Gehren, auch		Geiger	Schwb.	Geiselhof (2)	Ob.Pf.
Gern	Schwb.	Geigerhäusl	Niederb.	Geiselmoos	Oberb.
Gehrenberg	Mitt.Frk.	Geigerhaid	Ob.Pf.	Geiselprechting	Oberb.
Gehrenmühle	Unt.Frk.	Geigerhof	Rh.Pf.	Geiselsberg	Mitt.Frk.
Gehretsham	Oberb.	Geigeröd	Niederb.	Geiselsdorf (2)	Niederb.
Gehring (2)	Oberb.	Geigers (2)	Schwb.	Geiselstorf	Niederb.
Gehring	Niederb.	Geigersau	Oberb.	Geiselwies	Oberb.
Gehrsricht	Ob.Pf.	Geigersmühle	Ob.Frk.	Geiselwind	Mitt.Frk.
Gehrweiler	Rh.Pf.	Geigersöd	Oberb.	Geisemers	Schwb.
Gehrweilermühle	Rh.Pf.	Geigersthal	Schwb.	Geisenberg	Oberb.
Gehstorf	Niederb.	Geiging	Oberb.	Geisenbrunn	Oberb.
Gehülz	Ob.Frk.	Geigsenhof	Mitt.Frk.	Geisenfeld	Oberb.
Geibenstätten, a.		Geigsenmühle	Mitt.Frk.	Geisenfelden	Oberb.
Gothenstätten	Niederb.	Geilenbach	Schwb.	Geisenfeldwinden	Oberb.
Geichet	Niederb.	Geilertshausen	Oberb.	Geisenhausen (2)	Oberb.
Geibobl	Oberb.	Geiling	Oberb.	Geisenhausen	Niederb.
Geier	Oberb.	Geilsbach	Ob.Pf.	Geisenhof	Unt.Frk.
Geiereck (3)	Oberb.	Geilsheim	Mitt.Frk.	Geisenhofen	Oberb.
Geierhof	Niederb.	Geilweilerhof	Rh.Pf.	Geisenhofen (2)	Schwb.

Geisenkam — Geppling. 71

Geisenkam	Oberb.	Geistkircherhof	Rh.Pf.	Gemeinwies	Oberb.
Geisenmoos	Schwb.	Geiswagner	Niederb.	Gemelshof	Schwb.
Geisenmühle	Rh.Pf.	Geiswiese	Rh.Pf.	Gemlenz	Ob.Frk.
Geisenried	Schwb.	Geitau	Oberb.	Gemling	Ob.Pf.
Geisenthal (2)	Ob.Pf.	Geiteneb	Niederb.	Gempfing	Oberb.
Geisfeld	Ob.Frk.	Geiting	Oberb.	Gemünd	Unt.Frk.
Geisgau	Schwb.	Geiwagen	Niederb.	Gemünd, auch	
Geishacken	Oberb.	Geländer, im		Dorfgemünd	Ob.Pf.
Geishauben	Niederb.	Wald	Mitt.Frk.	Gemünda, a. d.	
Geishausen	Niederb.	Gelbelsee	Mitt.Frk.	Kreck	Ob.Frk.
Geishof	Oberb.	Gelbenholzen	Oberb.	Gemünden	Unt.Frk.
Geishof (2)	Niederb.	Gelbersdorf	Oberb.	Gemündermühle	Unt.Frk.
Geishof (3)	Ob.Pf.	Gelbersdorf	Niederb.	Genberkingen	Schwb.
Geishof	Mitt.Frk.	Gelbe Weiden	Ob.Frk.	Gendorf	Oberb.
Geishühl	Mitt.Frk.	Gelbschneider	Schwb.	Genetsham	Oberb.
Geising (2)	Oberb.	Gelbsreuth	Ob.Frk.	Gengham	Oberb.
Geisirl	Ob.Pf.	Gelchsheim	Unt.Frk.	Gengham	Niederb.
Geiskopferhof	Rh.Pf.	Geldersheim	Unt.Frk.	Genhofen	Schwb.
Geislareuth	Ob.Frk.	Geleinsmühle	Mitt.Frk.	Gennach	Schwb.
Geislatsried	Schwb.	Self	Oberb.	Gennachhausen	Schwb.
Geisleben	Schwb.	Gellen, Oberhof	Oberb.	Gensleiten	Niederb.
Geisled	Niederb.	Gellenschwaig	Niederb.	Gensmühle	Ob.Pf.
Geislehen	Oberb.	Gelpertsricht	Ob.Pf.	Gensöd, Gänsöd	Oberb.
Geisleiten	Ob.Pf.	Geltendorf	Oberb.	Genzing	Oberb.
Geislhof	Ob.Pf.	Geltenstett	Oberb.	Georg Sct.	Oberb.
Geisling	Ob.Pf.	Gelting (2)	Ob.Frk.	Georg Sct.	Ob.Frk.
Geislingen	Mitt.Frk.	Gelting	Niederb.	Georgen Sct. (4)	Oberb.
Geislins	Schwb.	Geltolfing	Niederb.	Georgen Sct.,	
Geisloh	Oberb.	Gemachmühle		Bad	Oberb.
Geislohe	Mitt.Frk.	Gemainhäusl	Niederb.	Georgen Sct.	Niederb.
Geislohe, auch		Gembachau	Oberb.	Georgen Sct.	Ob.Frk.
Gaislohe	Mitt.Frk.	Gemein	Ob.Frk.	Georgenberg (3)	Oberb.
Geislsbach	Niederb.	Gemeind (2)	Oberb.	Georgenberg	Ob.Pf.
Geismann	Niederb.	Gemeinde, alte		Georgenberg	Schwb.
Geismarkt, auch		und neue	Niederb.	Georgenbuch	Ob.Pf.
Gaismarkt	Schwb.	Gemeinde	Niederb.	Georgenhaag	Mitt.Frk.
Geismühle (2)	Ob.Pf.	Gemeinde	Ob.Frk.	Georgenhof	Mitt.Frk.
Geismühle	Mitt.Frk.	Gemeindemühle	Unt.Frk.	Georgenried	Oberb.
Geisreit	Oberb.	Gemeindemühle,		Georgen-	
Geisreuth	Mitt.Frk.	a. Neumühle	Unt.Frk.	schwimmbach	Niederb.
Geis'sche Mühle	Unt.Frk.	Gemeindescheid-		Georgensgmünd	Mitt.Frk.
Geißa	Niederb.	mühle	Ob.Frk.	Georgenzell	Niederb.
Geisselbach	Unt.Frk.	Gemeinder	Oberb.	Georgsberg Sct.,	
Geisselhöhe	Ob.Frk.	Gemeinried	Schwb.	a. Mindelburg	Schwb.
Geißenreuth	Ob.Pf.	Gemeindwies	Niederb.	Geppersdorf	Ob.Pf.
Geißlersmühle	Unt.Frk.	Gemeinfeld	Unt.Frk.	Gepping (2)	Oberb.
Geist	Niederb.	Gemeinreuth	Ob.Frk.	Geppling	Oberb.

Gerabach	Niederb.	Gergweis	Niederb.	Geroldsee	Ob.Pf.	
Gerach	Unt.Frk.	Gerharding	Oberb.	Geroldsgrün	Ob.Frk.	
Gerading	Oberb.	Gerhartsberg	Ob.Pf.	Geroldshausen	Unt.Frk.	
Gerading (2)	Niederb.	Gerhardshofen	Mitt.Frk.	Geroldswind	Unt.Frk.	
Geradspoint	Niederb.	Gerhartsbrunn	Rh.Pf.	Gerolfing	Oberb.	
Geräum	Ob.Pf.	Gerharting	Oberb.	Gerolfingen	Mitt.Frk.	
Geräum	Ob.Frk.	Gerhartsreit	Oberb.	Gerolling	Niederb.	
Gerasmühle, auch		Gerhelm	Mitt.Frk.	Gerolsbach	Oberb.	
Geretsmühle	Mitt.Frk.	Gerholling	Niederb.	Gerolshausen	Oberb.	
Geraszell	Niederb.	Gerholz	Schwb.	Gerolsheim	Rh.Pf.	
Gerathing	Oberb.	Gerl	Oberb.	Gerolzhofen	Unt.Frk.	
Gerating	Oberb.	Gerlachshausen	Unt.Frk.	Gerrer	Niederb.	
Gerats, auch Geratz	Schwb.	Gerlachshof	Unt.Frk.	Gersbach	Rh.Pf.	
		Gerlafing	Oberb.	Gersbach	Mitt.Frk.	
Gerats	Schwb.	Gerlas	Ob.Frk.	Gersberg	Mitt.Frk.	
Geratsberg	Oberb.	Gerlasberg	Niederb.	Gersbergerhof	Rh.Pf.	
Geratsberg (2)	Niederb.	Gerlenhofen	Schwb.	Gersdorf (2)	Mitt.Frk.	
Geratsdorf (2)	Niederb.	Gerlesmühle	Mitt.Frk.	Gersfeld	Unt.Frk.	
Geratsfurt (2)	Niederb.	Gerlesreith	Niederb.	Gersheim	Rh.Pf.	
Geratshofen (2)	Schwb.	Gerlhausen	Oberb.	Gerstbronn	Mitt.Frk.	
Geratshub	Oberb.	Gerling (2)	Oberb.	Gerstenberg	Oberb.	
Geratskirchen	Oberb.	Gerlstetten	Niederb.	Gerstenbrand	Oberb.	
Geratskirchen	Niederb.	Germ	Niederb.	Gerseneck	Niederb.	
Geratsried (3)	Schwb.	Germannsberg	Oberb.	Gerstenhof	Ob.Pf.	
Gerau (2)	Niederb.	Germannsberg	Niederb.	Gerstetten (2)	Oberb.	
Gerau, am Gern	Niederb.	Germannsdorf	Niederb.	Gersthofen	Schwb.	
Gerbach	Rh.Pf.	Germannshof		Gerstland	Oberb.	
Gerbacherhof	Rh.Pf.	Sct.		Gerstland	Schwb.	
Gerbersdorf	Niederb.	Germaringen	Rh.Pf.	Gerstloh	Niederb.	
Gerbersdorf	Mitt.Frk.	Germuering (2)	Schwb.	Gerstorf	Oberb.	
Gerbertobel	Schwb.	Germersberg	Oberb.	Gerstpoint	Oberb.	
Gerbishofen	Schwb.	Germerschwang	Mitt.Frk.	Gerstruben	Schwb.	
Gerblinghausen	Oberb.	Germersheim	Oberb.	Gerstwinkel	Oberb.	
Gerbrunn	Unt.Frk.	Germersreuth	Rh.Pf.	Gersweiler	Rh.Pf.	
Gerenzhausen	Oberb.	Gern (9)	Ob.Frk.	Gersweilerhof	Rh.Pf.	
Geresdorf	Ob.Pf.	Gern, vorder	Oberb.	Gerwallen, außer	Niederb.	
Geresdorf	Mitt.Frk.	Gern, ober und unter	Oberb.	Gerwallen, inner	Niederb.	
Geretlöd	Niederb.			Gerwangs	Schwb.	
Geretsham	Niederb.	Gern (5)	Niederb.	Gerzen	Niederb.	
Geretshausen	Oberb.	Gern	Mitt.Frk.	Gerzenberg	Niederb.	
Geretsried	Oberb.	Gern (2)	Schwb.	Gerzer	Niederb.	
Gereute	Schwb.	Gernach	Unt.Frk.	Geschalb	Mitt.Frk.	
Gereuth	Ob.Frk.	Gernberg	Oberb.	Geschwand	Ob.Frk.	
Gereuth, auch Obergereuth	Ob.Frk.	Gernlinden	Oberb.	Geschwend	Ob.Frk.	
		Gernstall	Schwb.	Gesees (2)	Ob.Frk.	
Gereuth	Unt.Frk.	Geroda	Unt.Frk.	Gesegneter Friedrich	Ob.Frk.	
Gereuthermühle	Unt.Frk.	Gerold	Oberb.			

Geslau — Gimpel.

Geslau am Wald	Mitt.Frk.	Gfehret	Niederb.	Gigelberg	Oberb.
Gesling, auch		Gfeichtet	Oberb.	Gigelberg (4)	Niederb.
Gäßling	Niederb.	Gferet (2)	Niederb.	Gigenberg	Niederb.
Gesmannszell	Niederb.	Gferret	Ob.Pf.	Gigered	Niederb.
Gesnach	Niederb.	Gfechten	Niederb.	Gigerleb	Oberb.
Gesselberg, hinter und vorder	Oberb.	Gfrabet, auch Gfretet	Niederb.	Gigerenz, auch Gigering	Niederb.
Gesseltshausen	Oberb.	Giblß	Niederb.	Gigersreith	Niederb.
Gessenberg	Oberb.	Giblßenhof	Mitt.Frk.	Giggelsberg	Ob.Pf.
Gessendorf	Niederb.	Giblzenhof	Mitt.Frk.	Giggenhausen	Oberb.
Gessendorf	Ob.Pf.	Gichenbach	Unt.Frk.	Gigginger	Oberb.
Gessenhardt	Niederb.	Gickelhausen	Mitt.Frk.	Giggling	Ob.Pf.
Gessenhausen	Oberb.	Gickenried	Niederb.	Giglberg (13)	Oberb.
Gessenreith	Oberb.	Gidenberg	Niederb.	Giglberg (3)	Niederb.
Gessertshausen	Schwb.	Giebacht (2)	Ob.Pf.	Giglberg	Schwb.
Gessertshausen, ober	Schwb.	Giebelbach	Schwb.	Gigler	Niederb.
		Giebelsöd	Niederb.	Giglhof	Niederb.
Geßmermühle	Unt.Frk.	Giebelstadt	Unt.Fr.	Giglhub	Oberb.
Gestrats	Schwb.	Giebelwiesen	Schwb.	Giglhub, Gillhub	Oberb.
Getsberg	Niederb.	Giebing (2)	Oberb.	Gigling (5)	Oberb.
Gettenstadt	Oberb.	Gieblzenhäusel	Ob.Pf.	Giglzhof	Ob.Pf.
Getzing	Oberb.	Giech, Schloß	Ob.Frk.	Giglmorgen, auch	
Geuser	Ob.Frk.	Giechenbach, zu	Unt.Frk.	Gigelmiern oder	
Geusfeld	Unt.Frk.	Giechenbachshof	Unt.Frk.	Giglmähre	Niederb.
Geusmanns	Ob.Frk.	Giechkröttendorf	Ob.Frk.	Giglöb (3)	Oberb.
Geutenreuth	Ob.Frk.	Giegerl	Oberb.	Gilching	Oberb.
Geutersberg	Ob.Frk.	Gierling		Gilletshof	Niederb.
Gewald	Ob.Pf.	Giersdorf	Niederb.	Gilg	Niederb.
Gewürzmühle	Mitt.Frk.	Giertling	Oberb.	Gilgenberg Sct.	Ob.Frk.
Geyer	Oberb.	Gieseltshausen	Niederb.	Gilgenhof	Oberb.
Geyermühle	Niederb.	Giesenbach	Oberb.	Gill	Oberb.
Geyermühle (2)	Ob.Pf.	Giesenberg	Schwb.	Gilla	Niederb.
Geyermüllerhäusl	Niederb.	Giesenburg	Schwb.	Gilla Sct.	Ob.Pf.
		Giesing	Oberb.	Gilled	Niederb.
Geyern	Mitt.Frk.	Gießen	Oberb.	Gilling	Oberb.
Geyern (3)	Niederb.	Gießenau	Oberb.	Gilling	Oberb.
Geyersberg (2)	Niederb.	Gießhaus	Oberb.	Gillisau	Niederb.
Geyersberg	Ob.Frk.	Gießhügel	Ob.Frk.	Gillisberg	Niederb.
Geyersee	Oberb.	Gießmühle	Oberb.	Gillmhof	Ob.Pf.
Geyersmühle (2)	Unt.Frk.	Gießner	Oberb.	Gilsenöd	Niederb.
Geyersnest	Ob.Frk.	Gießübel (2)		Gimmeldingen	Rh.Pf.
Gfährt	Schwb.	Gießübl	Niederb.	Gimmenhausen	Oberb.
Gfäll (2)	Schwb.	Gießübl	Ob.Frk.	Gimmerting, auch Ginnertling	Oberb.
Gfällmühle	Ob.Pf.	Gietlhausen	Schwb.		
Gfällmühle (2)	Schwb.	Giffen	Ob.Pf.	Gimming	Oberb.
Gfallmühle	Oberb.	Gifting	Ob.Frk.	Gimpel, auch	
Gfangen	Ob.Pf.	Gifsthal	Niederb.	Auf der Stabelöb	Niederb.

5*

Gimpertshausen	Ob.Pf.	Gittersbach	Oberb.	Glaswinkl	Oberb.
Gimpertshausen	Mitt.Frk.	Gitting	Niederb.	Glattbach	Unt.Frk.
Gimpl	Niederb.	Gitzelhof	Niederb.	Glattbachermühle	Unt.Frk.
Gimplarn	Niederb.	Gitzenweiler	Schwb.	Glatz	Oberb.
Gimsbach	Rh.Pf.	Gitzerling	Niederb.	Glatzberg	Oberb.
Gindelkofen	Niederb.	Gitzern	Oberb.	Glatzerberg	Oberb.
Gindels	Schwb.	Gitzlhub	Niederb.	Glatzmühl	Niederb.
Gintering	Niederb.	Gläsel	Ob.Frk.	Glatzöd	Niederb.
Ginbl	Niederb.	Glatzendorf	Mitt.Frk.	Glaubendorf	Ob.Pf.
Gingharting	Niederb.	Glasbach	Ob.Frk.	Glaubenwies	Ob.Pf.
Gingkofen	Niederb.	Glasberg	Niederb.	Glebheim	Ob.Frk.
Ginglkofen	Oberb.	Glasenmühle	Ob.Frk.	Gleicheröd, auch	
Ginglkofen, auch		Glaser (4)	Schwb.	Schwanzlöd	Ob.Pf.
Gindlkofen	Niederb.	Glaserhäuser (2)	Niederb.	Gleichhof	Ob.Pf.
Ginglkofen		Glasermühle	Unt.Frk.	Gleiritsch	Ob.Pf.
Ginglkoferau	Niederb.	Glasern	Ob.Pf.	Gleiselmühle	Ob.Pf.
Ginglmühle	Niederb.	Glashausen	Niederb.	Gleisenau	Ob.Frk.
Ginglsöder	Niederb.	Glashof	Schwb.	Gleisenau	Unt.Frk.
Ginham, auch		Glashofen	Mitt.Frk.	Gleisenberg	Mitt.Frk.
Ginnhelm	Niederb.	Glashütte (2)	Oberb.	Gleisenhof (2)	Ob.Frk.
Ginhub	Oberb.	Glashütte (2)	Rh.Pf.	Gleishammer	Mitt.Frk.
Ginnhart	Niederb.	Glashütte (2)	Ob.Pf.	Gleishorbach	Rh.Pf.
Ginolfs	Unt.Frk.	Glashütte	Ob.Frk.	Gleismuths-	
Ginsham	Oberb.	Glashütte (2)	Unt.Frk.	hausen	Ob.Frk.
Ginslried	Niederb.	Glashütte, alte	Schwb.	Gleissenbach	Niederb.
Ginsweiler	Rh.Pf.	Glashütten, unte-		Gleitzenberg	Ob.Pf.
Ginzelham	Oberb.	re, obere, mitlere	Niederb.	Gleißenthal	Ob.Pf.
Ginzenhub	Niederb.	Glashütten (2)	Niederb.	Gleisweiler	Rh.Pf.
Ginzing	Oberb.	Glashütten	Ob.Pf.	Gleiszellen	Rh.Pf.
Gipfelberg	Ob.Pf.	Glashütten	Ob.Frk.	Gleitsmühle	Ob.Pf.
Gipfelsberg	Niederb.	Glashütterhof (2)	Rh.Pf.	Glenthäusel	Niederb.
Gipfmehring	Oberb.	Glaslberg	Oberb.	Glenzlamühle	Ob.Frk.
Gipser	Schwb.	Glaslern	Oberb.	Glessing	Niederb.
Gipsmühle	Oberb.	Glaslthann	Oberb.	Glett	Oberb.
Gipsmühle (2)	Schwb.	Glasmühle	Oberb.	Gleusdorf	Unt.Frk.
Girlhaus	Niederb.	Glasmühle	Ob.Pf.	Gleusen	Ob.Frk.
Girnitz (2)	Ob.Pf.	Glasmühle (2)	Unt.Frk.	Gleusenermühle	Ob.Frk.
Girstham	Niederb.	Glasofen	Unt.Frk.	Glocken	Oberb.
Girstling	Oberb.	Glaspolir	Ob.Pf.	Glocken	Ob.Frk.
Gisering	Oberb.	Glasschleife (6)	Ob.Pf.	Glockshub	Oberb.
Gistbel	Schwb.	Glasschleife, obere	Mitt.Frk.	Glockshub	Niederb.
Gitzhof	Oberb.	Glasschleife,		Glöckelsberg	Niederb.
Gitzübel (4)	Oberb.	untere	Mitt.Frk.	Glöckl	Oberb.
Gitzübel (2)	Niederb.	Glasschleifen (2)	Ob.Pf.	Glöcklhof	Ob.Pf.
Gitzübel, am	Mitt.Frk.	Glassenhard	Schwb.	Glöckswies	Ob.Pf.
Gittenbach	Oberb.	Glasthal	Rh.Pf.	Glött	Schwb.
Gittensdorf	Niederb.	Glaswerk	Unt.Frk.	Glöttweng	Schwb.

Glon — Götschen. 75

Glon (2)	Oberb.	Gnödert	Niederb.	Gölzhofen		Mitt.Frk.
Glonbercha	Oberb.	Gnötzendorf	Ob.Pf.	Gölzmühle		Mitt.Frk.
Gloneck (4)	Oberb.	Gnötzheim	Unt.Frk.	Gönheim		Rh.Pf.
Glonn	Oberb.	Gnotzheim	Mitt.Frk.	Göpfersgrün		Ob.Frk.
Gloßberg	Ob Frk.	Gobelöd	Niederb.	Göppenbach		Ob.Pf.
Glotzdorf	Ob.Frk.	Gobem	Niederb.	Göppenham (2)		Oberb.
Glotzing (3)	Niederb.	Goben (5)	Niederb.	Göpperl		Oberb.
Gluching	Niederb.	Gobisreuth	Niederb.	Göppertshausen		Oberb.
Gmach	Oberb.	Gochsheim	Unt.Frk.	Göpping		Oberb.
Gmachl	Oberb.	Gobas	Ob.Pf.	Göppl (2)		Niederb.
Gmain (11)	Oberb.	Gobelborf	Unt.Frk.	Göppmannsbühl		Ob.Pf.
Gmain	Niederb.	Gobelhausen	Rh.Pf.	Görau (2)		Ob.Frk.
Gmainb	Oberb.	Gobelhof	Unt.Frk.	Görchsheim		Mitt.Frk.
Gmainb	Schwb.	Gober	Niederb.	Görgelheid		Niederb.
Gmainbl	Oberb.	Goblhof	Ob.Pf.	Görgern		Niederb.
Gmainholzen	Oberb.	Goblsham, auch		Görglas		Ob.Pf.
Gmais	Oberb.	Gottesham	Niederb.	Görgmühle		Oberb.
Gmelz	Niederb.	Gobramstein	Rh.Pf.	Göring		Ob.Frk.
G'melnbichel	Niederb.	Göbelsbach	Oberb.	Göringsreuth		Ob.Frk.
Gmeind	Niederb.	Göbelshaus	Rh.Pf.	Görisried		Schwb.
Gmeinhäusel	Niederb.	Göbertsham	Niederb.	Göritz		Schwb.
Gmeinholz	Niederb.	Göckenhof	Mitt.Frk.	Göritzen		Ob.Frk.
Gmeinried	Schwb.	Göckermühle	Ob.Frk.	Görnitz		Ob.Pf.
Gmeinschwenden	Schwb.	Göckershof	Mitt.Frk.	Göschelmühle		Niederb.
Gmeinsried	Ob.Pf.	Göckesmühle	Unt.Frk.	Görschnitz		Ob.Frk.
Gmeinwies	Niederb.	Göcklingen	Rh.Pf.	Görwangs		Schwb.
Gmünd (3)	Niederb.	Gödderet	Niederb.	Görwitz		Ob.Frk.
Gmünd (2)	Ob.Pf.	Göderstlingen	Mitt.Frk.	Göselsdorf		Ob.Pf.
Gmündmühle	Ob.Pf.	Gögel	Oberb.	Gösers		Schwb.
Gmund	Oberb.	Gögelhof	Niederb.	Gösmitz		Ob.Frk.
Gnad	Niederb.	Göggelsbuch	Ob.Pf.	Gösseldorf		Ob.Frk.
Gnadenberg	Ob.Pf.	Göggenhofen	Oberb.	Gösseldorf		Mitt.Frk.
Gnadenberg	Schwb.	Gögging	Niederb.	Gösselthalmühle		Mitt.Frk.
Gnadendorf	Niederb.	Gögging	Oberb.	Gössen		Ob.Pf.
Gnadenfeld	Schwb.	Göggingen	Schwb.	Gössen		Ob.Frk.
Gnadenhof	Ob.Pf.	Gögglbach	Ob.Pf.	Götzenheim		Unt.Frk.
Gnadenöd	Niederb.	Göging	Niederb.	Gössenreuth (2)		Ob.Pf.
Gnadenried	Niederb.	Gögl		Gössenreuth		Ob.Frk.
Gnableb	Niederb.	Göhlenbühl	Schwb.	Gössersdorf		Ob.Frk.
Gnaig	Oberb.	Göhren	Mitt.Frk.	Gößmannsberg		Ob.Frk.
Gnarr	Niederb.	Göhren	Ob.Frk.	Gößmannsreuth		
Gneiding	Niederb.	Göhringsreuth	Ob.Frk.	(2)		Ob.Frk.
Gneisdorf	Oberb.	Göllersreuth	Mitt.Frk.	Gößmes		Ob.Frk.
Gneißen	Niederb.	Göllheim	Rh.Pf.	Gößweinstein		Ob.Frk.
Gnellenroth, auch		Göllhorn	Niederb.	Göstrab		Ob.Frk
Ellenroth	Ob.Frk.	Gölling	Niederb.	Götlkofen		Niederb.
Gnodstadt	Unt.Frk.	Göllingen	Schwb.	Götschen		Oberb.

Göttelbronn	Mitt.Frk.	Götzmannsgrün,		Gollenhof	Oberb.
Götteldorf	Mitt.Frk.	auch Gott-		Gollenshausen	Oberb.
Götteldorf, auch		mannsgrün	Ob.Frk.	Gollerbach (2)	Niederb.
Göbeldorf	Mitt.Frk.	Götzmannsmühle	Ob.Frk.	Gollermühle	Ob.Pf.
Göttelhöf	Mitt.Frk.	Gözendorf	Ob.Pf.	Gollhofen	Mitt.Frk.
Göttelsdorf	Oberb.	Goffingsmühle	Rh.Pf.	Golling	Niederb.
Göttelsrieb	Niederb.	Gogelgereuth	Unt.Frk.	Gollingkreuth	Oberb.
Göttenau	Oberb.	Goger	Oberb.	Gollkofen	Oberb.
Göttenbach	Oberb.	Gogerisch	Schwb.	Gollmuthhausen	Unt.Frk.
Göttenberg	Oberb.	Goggesreuth	Niederb.	Gollnerberg	Niederb.
Göttenrieb	Schwb.	Gogl	Oberb.	Golzhausen	Oberb.
Götterberg	Ob.Pf.	Goglhof	Oberb.	Gommersheim	Rh.Pf.
Göttersberg	Oberb.	Goglmühle	Oberb.	Gonbach	Rh.Pf.
Göttersberg (2)	Niederb.	Goiberg	Niederb.	Gonnersdorf (2)	Ob.Pf.
Göttersdorf (2)	Niederb.	Goimenen	Schwb.	Gonnersdorf	Mitt.Frk.
Göttersdorf	Ob.Pf.	Goimoosmühle	Schwb.	Goppeltshof	Ob.Pf.
Göttheim, auch		Goismanning,		Goppeltsrieb	Oberb.
Göbheim	Unt.Frk.	oder Gois-		Goppenberg	Niederb.
Götting	Oberb.	mehring	Oberb.	Goppenhof	Ob.Pf.
Götting	Niederb.	Goldaberg	Oberb.	Goppertshofen	Oberb.
Göttleinsberg	Niederb.	Goldau	Oberb.	Goppertsöd	Niederb.
Göttlhof	Niederb.	Goldbach	Unt.Frk.	Gopping	Niederb.
Göttling	Ob.Pf.	Goldbach	Schwb.	Goppling	Oberb.
Göttlinger	Niederb.	Goldbachermühle	Unt.Frk.	Goppoldsrieb	Ob.Pf.
Göttlingerhöfe	Niederb.	Goldberg, groß		Gopprechts	Schwb.
Göttlmühle	Niederb.	und klein	Oberb.	Gorgmühle	Oberb.
Göttner	Oberb.	Goldberg (2)	Niederb.	Goschenhöfe	Mitt.Frk.
Göttschlag	Oberb.	Goldberg	Ob.Frk.	Goschenhof	Mitt.Frk.
Götzberg	Oberb.	Goldbrunn (2)	Oberb.	Gosberg	Ob.Frk.
Götzdorf (2)	Niederb.	Goldbrunn (3)	Niederb.	Gosbolz	Schwb.
Götzelhof	Niederb.	Goldbrunn	Ob.Pf.	Gosen	Ob.Frk.
Götzelshart	Mitt.Frk.	Goldbühl	Mitt.Frk.	Gosenbergerhof	Rh.Pf.
Götzen	Schwb.	Goldern	Niederb.	Gosheim	Schwb.
Götzenberg	Niederb.	Goldhasen	Schwb.	Gosholz (2)	Schwb.
Götzenberg	Schwb.	Goldhub	Oberb.	Gosmannsdorf	Unt.Frk.
Götzendorf	Oberb.	Golting (2)	Niederb.	Gosselbing, auch	
Götzendorf (3)	Niederb.	Goldkronach	Ob.Frk.	Gosselfing	Niederb.
Götzendorf (3)	Ob.Pf.	Goldmühl	Ob.Frk.	Goßenhofen	Oberb.
Götzendorf	Ob.Frk.	Goldner Hirsch	Ob.Frk.	Gossenreuth	Ob.Frk.
Götzengrund	Ob.	Goldricht	Ob.Pf.	Gossersdorf (2)	Niederb.
Götzenloch	Unt.Frk.	Goldschmids-		Gossersweiler	Rh.Pf.
Götzenmühle	Unt.Frk.	mühle	Schwb.	Gossingerreut	Niederb.
Götzenöd	Ob.Pf.	Goldsperg	Niederb.	Goßmannsdorf	Unt.Frk.
Götzenreuth	Mitt.Frk.	Goldstein	Oberb.	Goßmannshofen	Schwb.
Götzing (3)	Oberb.	Gollachostheim	Mitt.Frk.	Goßmehring oder	
Götzing (2)	Niederb.	Gollau	Niederb.	Goßmanning	Oberb.
Götzlesberg	Mitt.Frk.	Gollenbach	Ob.Frk.	Goßrain	Oberb.

Goßzell — Grafenthalerhof. 77

Goßzell, ober	Ob.Pf.	Graben	Mitt.Frk.	Gräfenhausen	Rh.Pf.
Gostenhof	Mitt.Frk.	Graben, im	Unt.Frk.	Gräfenholz	Unt.Frk.
Gosting	Niederb.	Graben	Unt.Frk.	Gräfenneufes	Mitt.Frk.
Gothenstätten	Niederb.	Graben (4)	Schwb.	Gräfensteinberg	Mitt.Frk.
Gotschalling	Oberb.	Grabenau	Oberb.	Gräfenthal	Rh.Pf.
Gotthelhof (2)	Ob.Frk.	Grabenbach	Ob.Pf.	Gräfenthal	Ob.Frk.
Gottelsried	Niederb.	Grabengütl	Ob.Pf.	Gräfing	Oberb.
Gottenau	Oberb.	Grabenhäuser	Ob.Pf.	Gränzach	Oberb.
Gottenau	Ob.Frk.	Grabenhäusl	Schwb.	Gränzhammer	Ob.Frk.
Gottenau	Schwb.	Grabenhaus	Ob.Frk.	Gränzmühle	Ob.Pf.
Gottenbach	Oberb.	Grabenhof (2)	Ob.Pf.	Gräslmühle	Ob.Pf.
Gottendorf	Ob.Frk.	Grabenhof	Niederb.	Graf	Oberb.
Gottendorf	Mitt.Frk.	Grabenhof (2)	Unt.Frk.	Grafa	Oberb.
Gottenried	Schwb.	Grabenmühle	Unt.Frk.	Grafelkofen	Niederb.
Gottersberg	Niederb.	Grabenmühle	Schwb.	Grafenau	Niederb.
Gottersdorf	Ob.Frk.	Grabenreit	Oberb.	Grafenau	Ob.Pf.
Gottesacker	Schwb.	Grabenstatt	Oberb.	Grafenberg	Oberb.
Gottesberg	Ob.Pf.	Grabenstett	Oberb.	Grafenberg	Niederb.
Gottesgab	Mitt.Frk.	Graber	Niederb.	Grafenberg	Mitt.Frk.
Gottesham	Niederb.	Grabhof (2)	Oberb.	Grafendobrach	Ob.Frk.
Gotteshofen	Oberb.	Grabing (2)	Oberb.	Grafendorf (2)	Niederb.
Gotteszell	Niederb.	Grabitz	Ob.Pf.	Grafengärs	Oberb.
Gottfriebing	Niederb.	Grabling	Niederb.	Grafengehaig	Ob.Frk.
Gottfriebinger-		Grabmühl (2)	Oberb.	Grafenhaun	Niederb.
schwaigen	Niederb.	Grabmühle	Mitt.Frk.	Grafenhofen	Ob.Pf.
Gottfriebsreuth	Ob.Frk.	Grabmühle (3)	Niederb.	Grafenhütt	Niederb.
Gottholbing	Niederb.	Grabmühle	Schwb.	Grafenkirchen	Ob.Pf.
Gottholling	Niederb.	Grabus	Schwb.	Grafenmühle (3)	Niederb.
Gotting (2)	Niederb.	Grab	Niederb.	Grafenmühle,	
Gottmannsdorf	Niederb.	Grabersdorf, auch		ober Mittel-	
Gottmannsberg	Ob.Frk.	Grattersdorf	Niederb.	mühle	Rh.Pf.
Gottmannsdorf	Mitt.Frk.	Grabhof	Oberb.	Grafenmühle (2)	Mitt.Frk.
Gottmannsgrün		Grabing (2)	Oberb.	Grafenöd	Niederb.
(3)	Ob.Frk.	Grabis	Niederb.	Grafenöd	Ob.Pf.
Gottmannshofen	Schwb.	Grablhaus	Oberb.	Grafenreuth	Ob.Pf.
Gottschalk	Ob.Frk.	Grablhof	Ob.Pf.	Grafenreuth	Ob.Frk.
Gottschall	Niederb.	Gräbelesmühle	Schwb.	Grafenreuther-	
Gottsdorf	Niederb.	Gräben	Oberb.	mühle	Ob.Frk.
Gottsfeld	Ob.Frk.	Gräben	Niederb.	Grafenrheinfeld	Unt.Frk.
Gotzendorf	Mitt.Frk.	Gräbenwinden	Mitt.Frk.	Grafenricht (2)	Ob.Pf.
Gotzenmühle	Mitt.Frk.	Gräfelfing	Oberb.	Grafenried	Oberb.
Gozelsberg	Niederb.	Gräfenau	Rh.Pf.	Grafenried (2)	Niederb.
Gozenberg	Mitt.Frk.	Gräfenberg	Ob.Frk.	Grafenried	Ob.Pf.
Graben (19)	Oberb.	Gräfenberghühl	Ob.Frk.	Grafenried, Un-	
Graben, im	Oberb.	Gräfenbuch	Mitt.Frk.	tergrafenried	Ob.Pf.
Graben (6)	Niederb.	Gräfendorf	Unt.Frk.	Grafenstadl	Ob.Pf.
Graben, äußerer	Ob.Frk.	Gräfenhäusling	Ob.Frk.	Grafenthalerhof	Rh.Pf.

Grafentraubach	Niederb.	Gramling	Niederb.	Grasmannsdorf	Niederb.
Grafenwald	Niederb.	Grammelberg	Oberb.	Grasmannsdorf	Ob.Frk.
Grafenwiesen	Niederb.	Grampersdorf	Mitt.Frk.	Grasmühle	Oberb.
Grafenwinn	Ob.Pf.	Granschatz	Unt.Frk.	Grasmühle	Unt.Frk.
Grafenwöhr	Ob.Pf.	Gramsham (2)	Oberb.	Grasmühle (2)	Schwb.
Grafertshofen	Schwb.	Gramstetterhöfe	Mitt.Frk.	Grasmüller	Oberb.
Grafetstetten	Oberb.	Grand	Niederb.	Graspoint (2)	Oberb.
Grafhütten	Niederb.	Grandau	Oberb.	Grasreith	Oberb.
Gräfing (9)	Oberb.	Grandauergütl	Oberb.	Graß (5)	Oberb.
Grafing	Niederb.	Granding	Oberb.	Graß am Holz	Oberb.
Grafischen	Oberb.	Grandl	Oberb.	Graß, Bartel	Oberb.
Grafling	Niederb.	Grandlhub	Niederb.	Graßach (2)	Oberb.
Grafling an d. D.	Niederb.	Grandlmiltach	Oberb.	Graßahof	Ob.Pf
Grafmühle	Niederb.	Grandmühle	Niederb.	Grässau	Oberb.
Grafmühle	Ob.Pf.	Grandsberg	Niederb.	Grasschopf	Niederb.
Grafrath	Oberb.	Grandsberg, auch		Graßdorf	Ob.Pf.
Grafussing	Niederb.	Granzberg	Niederb.	Graßenmühle	Rh.Pf.
Gragling	Oberb.	Graneck	Niederb.	Graffersdorf	Ob.Pf.
Grahbruck oder		Granitz (2)	Niederb.	Graffet	Oberb.
Gahbruck	Oberb.	Granswang	Ob.Pf.	Graßfing	Oberb.
Grailer	Niederb.	Granting	Oberb.	Graßhof	Ob.Pf.
Grainbach	Oberb.	Grappertshofen	Mitt.Frk.	Graßlfing	Niederb.
Graineth	Niederb.	Grappolding	Oberb.	Graßlfing	Ob.Pf.
Grainhof	Oberb.	Gras	Niederb.	Graßlingsberg	Niederb.
Grainholz	Oberb.	Gras	Ob.Pf.	Graswang	Oberb.
Grainmühle	Oberb.	Grasau	Oberb.	Grasweg (3)	Oberb.
Grainöd	Niederb.	Grasberg (3)	Oberb.	Grattenbach	Oberb.
Grainstetten	Oberb.	Grasberg	Niederb.	Grattersdorf	Niederb.
Grainthal, auch		Grasberg	Ob.Pf.	Graue Ruhe	Unt.Frk.
Greinthau	Niederb.	Grasbrunn	Oberb.	Grauenbühl	Ob.Frk.
Gralsbach	Schwb.	Graseck	Oberb.	Grauenthal	Ob.Frk.
Graisch, auch		Graselhütte	Niederb.	Grausberg	Niederb.
Kraisch	Ob.Frk.	Grasensee (2)	Niederb.	Grausensdorf	Niederb.
Graislmühle	Oberb.	Grasermühle	Oberb.	Grauwinkel	Ob.Pf.
Graismühle	Oberb.	Grasfilzing	Ob.Pf.	Grebelhäusl	Niederb.
Graitz	Ob.Frk.	Grasgrub	Schwb.	Greding	Mitt.Frk.
Grambach	Oberb.	Grashausen	Oberb.	Greblsmühle	Niederb.
Grameltam, auch		Grashausen	Ob.Pf.	Gregerreith	Niederb.
Greinoldheim	Niederb.	Grasheim	Schwb.	Greggen	Schwb.
Gramelsberg	Niederb.	Grashöfe	Mitt.Frk.	Greggenhof	Schwb.
Grametsöd	Niederb.	Grashof	Oberb.	Greggenhofen	Schwb.
Graming	Oberb.	Grashof	Ob.Pf.	Gregori Sct.	Ob.Pf.
Graming	Niederb.	Grashof	Unt.Frk.	Greifenberg	Oberb.
Gramlberg (2)	Oberb.	Grasing	Oberb.	Greifenmühle	Schwb.
Gramlet	Niederb.	Grasla	Oberb.	Greifenstein	Ob.Frk.
Gramlhof	Ob.Pf.	Grasleiten	Oberb.	Greifenstein	Unt.Frk.
Gramling	Oberb.	Grasmaier	Schwb.	Greiffen	Schwb.

Greiffenberg	Schwb.	Gresberg	Niederb.	Grieshaus	Niederb.
Greifwallner	Niederb.	Gresselgrund	Unt.Frk.	Grieshof	Niederb.
Greilhub, auch		Gresselhof	Unt.Frk.	Grieshof	Mitt.Frk.
Greilmaier	Oberb.	Gresselmühle	Unt.Frk.	Grieshof	Unt.Frk.
Greiling	Oberb.	Greßenwehr	Ob.Pf.	Griesingsreith	Niederb.
Greilöd	Niederb.	Greßhausen	Unt.Frk.	Grieskirchen	Niederb.
Greilsberg	Niederb.	Greßingen	Ob.Frk.	Griesmaier	Oberb.
Greimelberg	Oberb.	Greßmühl	Ob.Pf.	Griesmair	Niederb.
Greimele	Niederb.	Greßmühlen	Mitt.Frk.	Griesmais	Niederb.
Greimeltshofen	Schwb.	Greßthal	Unt.Frk.	Griesmühl	Niederb.
Greimersdorf	Mitt.Frk.	Gresthal	Ob.Pf.	Griesmühle (4)	Oberb.
Greimeris	Schwb.	Grethen	Rh.Pf.	Griesmühle	Rh.Pf.
Grein (2)	Ob.Pf.	Grethlmühle	Ob.Pf.	Griesmühle	Ob.Pf.
Greinach (2)	Oberb.	Gretler	Schwb.	Griesmühle	Ob.Frk.
Greinacker	Oberb.	Grettenmühle	Schwb.	Griesmühle (2)	Mitt.Frk.
Greiner	Oberb.	Grettstadt	Unt.Frk.	Griesmühle	Unt.Frk.
Greinerhäusl	Ob.Pf.	Greusenheim	Unt.Frk.	Griesmühle	Schwb.
Greinerschleife	Ob.Pf.	Greuth	Ob.Frk.	Grießenau	Niederb.
Greinharting	Oberb.	Greuth	Mitt.Frk.	Grießenbach	Niederb.
Greinhöf	Ob.Pf.	Greuth	Unt.Frk.	Grießer	Niederb.
Greinhof	Niederb.	Greuth (3)	Schwb.	Grießner	Niederb.
Greinhof	Ob.Pf.	Grevenhausen	Rh.Pf.	Gießschwaig	Niederb.
Greining	Ob.Pf.	Greyendorf	Ob.Frk.	Griesstadel	Niederb.
Greinöd	Niederb.	Greyenmühle	Ob.Frk.	Griesstätt (2)	Oberb.
Greinolsheim	Niederb.	Griebl	Niederb.	Griesstetten	Ob.Pf.
Greinsberg	Niederb.	Griebling	Oberb.	Griesthal	Schwb.
Greinthall	Niederb.	Gries (5)	Oberb.	Grießing	Niederb.
Greisbach	Oberb.	Gries, im	Niederb.	Griffel	Niederb.
Greisberg	Niederb.	Gries (3)	Niederb.	Griffenwang	Ob.Pf.
Greisberg	Ob.Pf.	Gries	Rh.Pf.	Grill (2)	Oberb.
Greiselsbach	Mitt.Frk.	Gries (2)	Ob.Frk.	Grill am Berg	Niederb.
Greising	Niederb.	Gries	Schwb.	Grillaberg	Oberb.
Greißing	Niederb.	Griesacker	Oberb.	Grilleck	Oberb.
Greißlbach	Ob.Pf.	Griesau	Ob.Pf.	Grillenberg (4)	Niederb.
Greit (8)	Schwb.	Griesbach (3)	Oberb.	Grillenöd (2)	Niederb.
Greitermühle	Schwb.	Griesbach (4)	Niederb.	Grillenreit	Niederb.
Greiters (2)	Schwb.	Griesbach	Ob.Pf.	Grillerhof	Niederb.
Greith (2)	Oberb.	Griesbach	Ob.Frk.	Grillhaus (2)	Niederb.
Greiwang	Oberb.	Griesbach	Schwb.	Grillheim	Schwb.
Gremertshausen	Oberb.	Griesbäckerzell	Oberb.	Grilling	Oberb.
Gremheim	Schwb.	Griesbuck	Mitt.Fr.	Grim	Niederb.
Gremsdorf	Ob.Frk.	Griesdobl	Niederb.	Grimm (2)	Oberb.
Grenbach, Grün-		Griesenbach	Oberb.	Grimmelbach	Oberb.
tach	Oberb.	Grieser	Oberb.	Grimming	Niederb.
Grenleithen	Niederb.	Griesgraben	Niederb.	Grimolsried	Schwb.
Grenzhub	Oberb.	Grieshäuseln	Oberb.	Grimolzhausen	Oberb.
Grenzmühle	Ob.Frk.	Griesham	Oberb.	Grimschwinden	Mitt.Frk.

Gringhausen	Oberb.	rongörgen	Niederb.	Großbüchlberg	Ob.Pf.
Gringwimm	Niederb.	Gronn	Oberb.	Großbundenbach	Rh.Pf.
Grining	Oberb.	Gronsdorf	Oberb.	Großdechsendorf	Ob.Frk.
Grinner	Oberb.	Gronsdorf	Niederb.	Großdingharting	Oberb.
Grinthal	Oberb.	Groppenheim	Ob.Pf.	Großdorf	Schwb.
Grinzing	Niederb.	Groppenhof	Mitt.Frk.	Großbuggendorf	Ob.Pf.
Gritschen	Oberb.	Groppenmühle	Ob.Pf.	Großeckenberg	Niederb.
Gritschenöd	Oberb.	Groß	Niederb.	Großegelsee	Oberb.
Grob	Schwb.	Groß	Schwb.	Großelbstadt	Unt.Fr.
Gröben (17)	Oberb.	Großalbacherforst	Niederb.	Großeich	Niederb.
Gröben, Kröben	Oberb.	Großaichamühle	Ob.Pf.	Großeichenhausen	Oberb.
Gröben	Niederb.	Großaiga	Oberb.	Großelsenbach	Oberb.
Gröbenstadt	Ob.Pf.	Großaigen	Niederb.	Groß Elbrunn	Niederb.
Gröbenzell	Oberb.	Großaigen, auch		Großelsingen	Schwb.
Gröbern	Oberb.	Großeichen	Oberb.	Großeltshausen	Oberb.
Gröbmühle	Ob.Pf.	Großaitingen	Schwb.	Großenast	Oberb.
Grögedt, auch		Großalbershof	Ob.Pf.	Großenau	Niederb.
Grögöd	Niederb.	Großalfalterbach	Mitt.Frk.	Großenau	Ob.Frk.
Grögling	Mitt.Frk.	Großangelhof	Ob.Pf.	Großenbach	Oberb.
Grölking	Oberb.	Großanhausen	Schwb.	Großenberg	Oberb.
Grönenbach	Oberb.	Großarmschlag	Niederb.	Großenberg	Unt.Frk.
Grönenbach	Schwb.	Großarreshausen	Oberb.	Großenbrach	Unt.Frk.
Grönenberg	Schwb.	Großaschau (2)	Oberb.	Großenbuch	Ob.Frk.
Gröner	Oberb.	Großau	Oberb.	Großensalz	Ob.Pf.
Grönhard	Mitt.Frk.	Großau, auch		Großeng'see	Ob.Frk.
Gröning	Oberb.	Greßau	Niederb.	Großenhag	Oberb.
Gröpp, Kropp	Oberb.	Großay	Niederb.	Großenharbach	Mitt.Frk.
Grösau	Ob.Frk.	Großbardorf	Unt.Frk.	Großenhaslach	Mitt.Frk.
Größdorf	Mitt.Frk.	Großbellhofen	Mitt.Frk.	Großenbühl	Ob.Frk.
Größensees	Ob.Pf.	Großberg	Oberb.	Großennohe	Ob.Frk.
Größling	Oberb.	Großberg	Ob.Pf.	Großenpinning	Niederb.
Größlbach	Niederb.	Großbergerdorf	Ob.Pf.	Großenreuth	Ob.Frk.
Grötschenmühle	Ob.Frk.	Großberghausen	Mitt.Frk.	Großenrled	Mitt.Frk.
Grötschenreuth	Ob.Pf.	Großbergham	Oberb.	Großenrledl	Oberb.
Grötschenreuth	Ob.Frk.	Großberghofen	Oberb.	Großenschwand	Ob.Pf.
Grötzach	Oberb.	Großbernbach	Niederb.	Großenseebach	Ob.Frk.
Grötzer	Schwb.	Großbettenrain	Niederb.	Großensterz	Ob.Pf.
Grötzing, groß		Großbirkach	Ob.Frk.	Großenvicht	Oberb.
und klein	Oberb.	Großbissendorf	Ob.Pf.	Großenzenried	Ob.Pf.
Grohenbühl	Ob.Frk.	Großblankenbach	Unt.Frk.	Großer	Niederb.
Grohenhammer	Ob.Frk.	Großbockenheim	Rh.Pf.	Großesterndorf	Oberb.
Groisel	Oberb.	Großbrannen-		Großetzenberg	Ob.Pf.
Groisenbach	Oberb.	berg	Oberb.	Großewiese	Ob.Pf.
Grollendoppel	Oberb.	Großbreiten-		Großfeld	Niederb.
Gronatshof	Ob.Pf.	bronn	Mitt.Frk.	Großfischlingen	Rh.Pf.
Gronau	Schwb.	Großbrunn	Oberb.	Großfrauentha-	
Gronbichl	Oberb.	Großbuchfeld	Ob.Frk.	lerhof	Rh.Pf.

Großgailenreuth — Großtiefenbach. 81

Großgailenreuth	Ob.Frk.	Großkirchberg	Oberb.	Großramsbau	Ob.Pf.
Großgemünden	Unt.Frk.	Großkirchstetten	Oberb.	Großrappendorf	Niederb.
Großgeraszell	Niederb.	Großkissendorf	Schwb.	Großrathberg	Niederb.
Großgern	Niederb.	Großkitzighofen	Schwb.	Großreut	Oberb.
Großgerstetten	Oberb.	Großklappen	Oberb.	Großreuth (2)	Mitt.Frk.
Großgeschaid	Mitt.Frk.	Großklenau	Ob.Pf.	Großrieb	Schwb.
Großgoldberg	Oberb.	Großklöchlham	Oberb.	Großrohrdorf	Oberb.
Großgreßingen	Ob.Frk.	Großköllnbach	Niederb.	Großrükstetten	Oberb.
Großgrünblach	Mitt.Frk.	Großkötz	Schwb.	Großsaarhof	Unt.Frk.
Großgrünling	Oberb.	Großkolham	Niederb.	Großsägmühle	Rh.Pf.
Großgsenget	Niederb.	Großkonreuth	Ob.Pf.	Großsaltendorf	Ob.Pf.
Großgundertshausen	Niederb.	Großkorbis	Ob.Frk.	Großsandbühl	Oberb.
		Großkothwies	Niederb.	Großsanden	Niederb.
Großhaarbach	Niederb.	Großkozenreuth	Ob.Pf.	Großschafhausen	Oberb.
Großhabersdorf	Mitt.Frk.	Großkrausmühle	Ob.Pf.	Großschernek	Niederb.
Großhadern	Oberb.	Großlangheim	Unt.Frk.	Großscherzhausen	Oberb.
Großhartpenning	Oberb.	Großlaudenbach	Unt.Frk.	Großschlattengrün	Ob.Pf.
Großhausen	Oberb.	Großlellenfeld	Mitt.Frk.		
Großhebing	Mitt.Frk.	Großlindach	Niederb.	Großschleeberg	Oberb.
Großhelfendorf	Oberb.	Großloitzenried	Oberb.	Großschloppen	Ob.Frk.
Großhemsbach	Unt.Frk.	Großlosnitz	Ob.Frk.	Großschöftenhub,	
Großheffelohe	Oberb.	Großlueg	Niederb.	a. Schöftenhub	Oberb.
Großheubach	Unt.Frk.	Großmaulberg	Niederb.	Großschönbrunn	Ob.Pf.
Großhlenbelbach	Oberb.	Großmederschach	Schwb.	Großschwalba	Niederb.
Großhochhaus	Oberb.	Großmehring	Oberb.	Großschwaig	Oberb.
Großhockleiten, auch Oberhockleiten	Niederb.	Großmelking	Niederb.	Großschwarz	Oberb.
		Großmeinfeld	Ob.Pf.	Großschwarzenlohe	Mitt.Frk.
		Großmiedersdorf	Ob.Pf.		
Großhochhöfter	Oberb.	Großmißlberg	Niederb.	Großschwindau	Oberb.
Großhöfling	Niederb.	Großmühle	Niederb.	Großseeham	Oberb.
Großhöhenrain	Oberb.	Großmühlthal	Oberb.	Großseyboldsried	Niederb.
Großholz	Mitt.Frk.	Großmuß	Niederb.	Großsorheim	Schwb.
Großholzhausen	Oberb.	Großneundling	Niederb.	Großsteinberg	Oberb.
Großhub	Oberb.	Großneuses	Ob.Frk.	Großsteinhausen	Rh.Pf.
Großjeanshof	Unt.Frk.	Großniebesheim	Rh.Pf.	Großstockach	Oberb.
Großillenberg	Oberb.	Großnöbach	Oberb.	Großstraß	Niederb.
Großinzemoos	Oberb.	Großnottersdorf	Mitt.Frk.	Großstürzelham	Oberb.
Großkag	Niederb.	Großöb	Oberb.	Großtettau	Ob.Frk.
Großkager	Niederb.	Großohrenbronn	Mitt.Frk.	Großthal	Oberb.
Großkahl	Unt.Frk.	Großornach	Oberb.	Großthalham	Oberb.
Großkarlenbach	Rh.Pf.	Großostheim	Unt.Frk.	Großthalheim	Oberb.
Großkarolinenfeld	Oberb.	Großpalmberg	Oberb.	Großthann	Niederb.
		Großpenzenau	Oberb.	Großthannensteig	Niederb.
Großkatzbach	Oberb.	Großpinzing	Ob.Pf.	Großthanner	Niederb.
Großkay	Niederb.	Großpitzing	Oberb.	Großthundorf	Ob.Pf.
Großkemnath	Schwb.	Großprüfening	Ob.Pf.	Großtiefenau	Oberb.
Großkiefenholz	Ob.Pf.	Großrain	Oberb.	Großtiefenbach	Niederb.

Großtrenk	Niederb.	Gruben	Schwb.	Grünau	Niederb.
Großulrichshausen		Grubenhaus	Rh.Pf.	Grünau	Ob.Pf.
sen	Mitt.Frk.	Grubenberg	Ob.Frk.	Grünau	Unt.Frk.
Großvichtach	Ob.Frk.	Gruber (2)	Oberb.	Grünau	Schwb.
Großvoggenhof	Mitt.Frk.	Gruber (2)	Niederb.	Grünauermühle	Ob.Frk.
Großwald, auch		Gruber, zu Sct.		Grünauer Vor-	
Großwalln	Niederb.	Anna	Niederb.	werk	Ob.Frk.
Großwaldhausen	Mitt.Frk.	Grubhöfl	Ob.Pf.	Grünbach (4)	Oberb.
Großwalding	Niederb.	Grubhof (5)	Oberb.	Grünbach (4)	Niederb.
Großwallen	Niederb.	Grubhof (9)	Niederb.	Grünbach, ober	
Großwallstadt	Unt.Frk.	Grubhof (4)	Ob.Pf.	und unter	Niederb.
Großweichshofen	Niederb.	Grubholz (2)	Oberb.	Grünbach	Ob.Pf.
Großwelbenmühle	Mitt.Frk.	Grubloh	Niederb.	Grünbacherhof	Rh.Pf.
Großweiglareuth	Ob.Frk.	Grubmühl (2)	Oberb.	Grünbaum (2)	Ob.Pf.
Großweiher	Niederb.	Grubmühle (3)	Oberb.	Grünberg (2)	Oberb.
Großweil	Oberb.	Grubmühle (5)	Niederb.	Grünberg (4)	Niederb.
Großweingarten	Mitt.Frk.	Grubmühle (3)	Ob.Pf.	Grünberg	Ob.Pf.
Großweismanns-		Grubmühle	Mitt.Frk.	Grünboten	Oberb.
dorf	Mitt.Frk.	Grubmühle	Schwb.	Grünbühl	Niederb.
Großwelzheim	Unt.Frk.	Grubwaldbach	Schwb.	Grünbüchl	Niederb.
Großwendern	Ob.Frk.	Grubweg	Niederb.	Grünthäusl	Niederb.
Großwenkheim	Unt.Frk.	Grubwies	Niederb.	Grünhof	Oberb.
Großwernfeld	Unt.Frk.	Grubwinten	Niederb.	Grüntingshof	Unt.Frk.
Großwieden	Niederb.	Grubwinkel	Niederb.	Grünbl (3)	Oberb.
Großwies	Niederb.	Grucking	Oberb.	Grünblach, klein	Mitt.Frk.
Großwiese (2)	Niederb.	Grueb (2)	Niederb.	Grünblach, groß	Mitt.Frk.
Großwiesen	Niederb.	Grüb	Niederb.	Grünblbach	Ob.Pf.
Großwimpasing	Oberb.	Grüb (2)	Mitt.Frk.	Grünblein	Ob.Frk.
Großwimm	Niederb.	Grüb	Schwb.	Grünbleinsmühle	Unt.Frk.
Großziegenfeld	Ob.Frk.	Grübel	Oberb.	Grünblhub	Ob.Pf.
Grottenhof	Ob.Pf.	Grübelhof	Niederb.	Grünmühle	Unt.Frk.
Grottenholz	Niederb.	Grübels	Schwb.	Grünbobl	Niederb.
Grottenthal	Ob.Pf.	Grüben	Niederb.	Grünebaindt	Schwb.
Grotting	Niederb.	Grübenmühle	Mitt.Frk.	Grüneck	Oberb.
Grotzmaier	Oberb.	Grüberschlag	Niederb.	Grünegg (2)	Schwb.
Grub (43)	Oberb.	Grüblmühle	Niederb.	Grünelberg	Oberb.
Grub, Grubhof	Oberb.	Grüblwies	Niederb.	Grünenbach	Schwb.
Grub, in der	Oberb.	Grümpel (2)	Ob.Frk.	Grünenfurt	Schwb.
Grub (44)	Niederb.	Grümpelmühle,		Grünengraben	Ob.Frk.
Grub (10)	Ob.Pf.	obere	Ob.Frk.	Grünenpaint	Schwb.
Grub (3)	Ob.Frk.	Grümpelmühle,		Grüner	Oberb.
Grub (2)	Mitt.Frk.	untere	Ob.Frk.	Grünersmühle	Ob.Frk.
Grub (5)	Schwb.	Grün (3)	Oberb.	Grünet (2)	Niederb.
Grubach	Mitt.Frk.	Grün (2)	Ob.Frk.	Grünets	Ob.Frk.
Grubbach	Ob.Frk.	Grün (4)	Niederb.	Grüngerbing	Oberb.
Grubberg	Ob.Pf.	Grün (4)	Ob.Pf.	Grünhag	Niederb.
Gruben	Niederb.	Grünau (2)	Oberb.	Grünhalb	Ob.Frk.

Grünhammer — Gftreifet.

Grünhammer	Ob.Pf.	Grund (3)	Ob.Frk.	Gschwandt	Ob.Pf.
Grünhöfe	Schwb.	Grund (4)	Schwb.	Gschwelhof	Niederb.
Grünhof	Ob.Frk.	Grundbach	Oberb.	Gschwellhof	Ob.Pf.
Grünhof	Schwb.	Grundberg	Oberb.	Gschwellfäg-	
Grünhofen	Oberb.	Grundbichel (2)	Oberb.	mühle, Lefer-	
Grünholzer	Oberb.	Grundbühl	Schwb.	mühle	Ob.Pf.
Grünhügel	Ob.Frk.	Grundel	Oberb.	Gschwend (6)	Oberb.
Grünhund	Ob.Pf.	Grundfeld	Ob.Frk.	Gschwend (3)	Niederb.
Grüning	Oberb.	Grundhammer	Ob.Frk.	Gschwend (8)	Schwb.
Grünlas	Ob.Pf.	Grundhaus	Ob.Frk.	Gschwendermühle	Niederb.
Grünlas	Ob.Frk.	Grundhöring	Niederb.	Gschwendhof	Niederb.
Grünleiten	Niederb.	Grundmühle	Oberb.	G'schwendl	Oberb.
Grünleithen	Niederb.	Grundmühle	Niederb.	Gschwendner (2)	Niederb.
Grünlinden	Ob.Frk.	Grundmühle (2)	Ob.Frk.	Gschwendt (10)	Oberb.
Grünling	Oberb.	Grundmühle (2)	Unt.Frk.	Gschwendt (2)	Niederb.
Grünmorsbach	Unt.Frk.	Grundner (2)	Oberb.	Gseelen	Schwb.
Grünmühle	Niederb.	Grundsbach	Schwb.	Gsellen	Schwb.
Grünmühle	Ob.Pf.	Grundwürmel	Niederb.	Gsellhof	Ob.Pf.
Grünmühle	Ob.Frk.	Grunetshofen	Oberb.	Gsellmühle	Oberb.
Grünöd (2)	Niederb.	Grunetsrain	Oberb.	Gsellmühle	Ob.Pf.
Grünreit	Oberb.	Grupshausen	Unt.Frk.	Gsenget, f. groß	
Grünreuth	Ob.Pf.	Grusberg	Oberb.	u. klein Gsenget	Niederb.
Grünsberg	Mitt.Frk.	Gruselsberg, auch		Gses	Schwb.
Grünselbolsdorf	Oberb.	Grauselberg	Niederb.	Gseß	Schwb.
Grünsink, Klause	Oberb.	Grußberg, ober		G'siger	Oberb.
Grünstadt	Rh.Pf.	und unter	Oberb.	Gspannberg	Ob.Pf.
Grünstein	Niederb.	Grutau	Oberb.	Gstab, ober	Schwb.
Grünstein	Ob.Frk.	Gsäng, hinter	Schwb.	Gstab, unter	Schwb.
Grüntach	Oberb.	Gsäng, vorder	Schwb.	Gstadt (2)	Oberb.
Grüntegernbach	Oberb.	Gsander	Schwb.	Gstadt	Niederb.
Grünten (2)	Schwb.	Gsang	Niederb.	Gstadt	Mitt.Frk.
Grünthal (3)	Oberb.	Gschaib (7)	Niederb.	Gstadthof	Niederb.
Grünthal	Niederb.	Gscheb	Niederb.	G'staig	Oberb.
Grünthal	Ob.Pf.	Gscheberalgen	Niederb.	Gstain	Niederb.
Grünthall	Ob.Pf.	Gscheidbühl	Niederb.	Gstett	Niederb.
Grünthannmühle	Ob.Pf.	Gscheidmair	Niederb.	Gstaudach (3)	Niederb.
Grünthof	Schwb.	Gschindet	Niederb.	Gsteibach	Schwb.
Grünwald (4)	Oberb.	Gschlaferes	Schwb.	Gsteinach	Niederb.
Grünwald	Ob.Pf.	Gschlief	Schwb.	Gsteinach	Mitt.Frk.
Grünwegen	Oberb.	Gschneider	Niederb.	Gsteinert	Niederb.
Grünzing	Niederb.	Gschnellt	Niederb.	Gstetten	Niederb.
Grätzen	Niederb.	Gschrift	Schwb.	Gstettenhof	Ob.Pf.
Grunau	Ob.Frk.	Gschüß	Ob.Pf.	Gstockert (2)	Niederb.
Grunauermühle	Ob.Frk.	Gschwänbt	Oberb.	Gstöckat	Niederb.
Grund (8)	Oberb.	Gschwandt	Ob.Pf.	Gstöcket	Niederb.
Grund (7)	Niederb.	Gschwandt	Oberb.	Gstöttmühl	Niederb.
Grund	Ob.Pf.	Gschwandt (2)	Niederb.	Gstreifet	Niederb.

Gstütt	Niederb.	Günzenried	Ob.Pf.	Gugging	Oberb.
Gubitzmoos	Ob.Frk.	Günzersreuth	Mitt.Frk.	Guglberg	Oberb.
Guck (2)	Oberb.	Günzing	Oberb.	Guglberg	Niederb.
Guckai	Unt.Frk.	Günzkofen	Oberb.	Guglhör	Oberb.
Guckeler	Schwb.	Günzkofen (2)	Niederb.	Guglhof	Ob.Pf.
Guckenbichl	Oberb.	Günzlas	Ob.Pf.	Guglmucken	Niederb.
Gückelhirn	Unt.Frk.	Gürnitz	Ob.Pf.	Guglmühle	Oberb.
Guckstatt	Oberb.	Gürnsbach	Oberb.	Guglöb	Niederb.
Gügel	Ob.Frk.	Güshügel	Unt.Frk.	Guhsam	Niederb.
Gülchsheim	Mitt.Frk.	Güsseldorf	Mitt.Frk.	Guilberg	Niederb.
Gün	Niederb.	Güßhübel	Oberb.	Guldenstein	Ob.Frk.
Günching	Ob.Pf.	Gütelsdorf	Oberb.	Gulg	Ob.Pf.
Gündelbach	Mitt.Frk.	Gütenberg	Ob.Pf.	Gullenmühle	Unt.Frk.
Gündering	Oberb.	Gütenland	Ob.Pf.	Gullmart	Oberb.
Günderl	Oberb.	Gütersberg	Oberb.	Gulsterloh	Ob.Pf.
Gündersbach	Mitt.Frk.	Gütersdorf	Niederb.	Gumbach	Niederb.
Gündersdorf	Ob.Frk.	Güting	Ob.Pf.	Gumbsweiler	Rh.Pf.
Gündersleben, a.		Gütlberg	Oberb.	Gumersfing	Oberb.
Thüngersleben	Unt.Frk.	Gütlberg	Niederb.	Gumettenkirchen	Oberb.
Gündersrieth	Mitt.Frk.	Gütlerhof	Ob.Pf.	Gummelsberg	Oberb.
Günding	Oberb.	Gütlerhof	Mitt.Frk.	Gummering (2)	Niederb.
Günhub	Oberb.	Gütlhausen, auch		Gumpelshofen	Mitt.Frk.
Güntering	Oberb.	Gietlhausen	Schwb.	Gumpeltsham	Oberb.
Güntermühle	Unt.Frk.	Güttern	Ob.Pf.	Gumpeltshausen	Oberb.
Güntersberg (2)	Oberb.	Gütting	Ob.Pf.	Gumpen	Ob.Pf.
Güntersberg	Unt.Frk.	Gützingen	Unt.Frk.	Gumpenalpe	Schwb.
Güntersdorf	Oberb.	Gufflham	Oberb.	Gumpenberg	Oberb.
Günthal	Oberb.	Gugelhammer	Mitt.Frk.	Gumpendobel,	
Günther	Oberb.	Gugelhof	Mitt.Frk.	auch Gunten-	
Güntherer	Oberb.	Gugelmühle	Mitt.Frk.	bobl	Oberb.
Günthering	Oberb.	Gugelöb	Niederb.	Gumpenhof	Ob.Pf.
Günthers	Unt.Frk.	Gugesmühle	Mitt.Frk.	Gumpenreith	Niederb.
Günthersbühl	Mitt.Frk.	Gugg	Oberb.	Gumpenried	Niederb.
Günthersdorf	Ob.Frk.	Guggenau	Oberb.	Gumpenstett	Oberb.
Günz	Unt.Frk.	Guggenberg (13)	Oberb.	Gumpenweiler	Mitt.Frk.
Günz	Schwb.	Guggenberg (4)	Niederb.	Gumpenweiler	Schwb.
Günzach	Schwb.	Guggenberg	Unt.Frk.	Gumperbau	Oberb.
Günzburg	Schwb.	Guggenberg (2)	Schwb.	Gumpern	Ob.Pf.
Günzegg	Schwb.	Guggenbühl (2)	Oberb.	Gumpersberg	Oberb.
Günzegger Del-		Guggenhierle	Schwb.	Gumpersberg (2)	Niederb.
mühle	Schwb.	Guggenhub	Oberb.	Gumpersdorf (2)	Oberb.
Günzel	Oberb.	Guggenland	Oberb.	Gumpersdorf	Ob.Frk.
Günzelham	Oberb.	Guggenmoos	Schwb.	Gumperstorf	Niederb.
Günzelhofen	Oberb.	Guggenmoosen	Schwb.	Gumperting (2)	Oberb.
Günzenhausen	Oberb.	Guggenmühl	Ob.Pf.	Gumperting	Niederb.
Günzenhofen	Niederb.	Guggenstett	Oberb.	Gumpertsberg	Oberb.
Günzenhofen	Mitt.Frk.	Gugger	Schwb.	Gumpertsbrunn	Ob.Frk.

Gumpertsham — Gwirn. 85

Gumpertsham (2)	Oberb.	Gunt	Ob.Pf.	Gutenberg	Schwb.
Gumpertshofen	Niederb.	Gunia	Schwb.	Gutenbiegen	Ob.Frk.
Gumpertsmühle	Mitt.Frk.	Guntendorf	Niederb.	Gutenbrunnen	Rh.Pf.
Gumpertsreuth	Ob.Frk.	Guntersberg	Niederb.	Guteneck	Ob.Pf.
Gumping	Niederb.	Guntersdorf	Niederb.	Guteneb	Niederb.
Gumpmühle	Oberb.	Guntersrieth, a.		Gutenfürst	Ob.Pf.
Gumpratsried	Schwb.	Günderarieth	Mitt.Frk.	Gutenhard	Mitt.Frk.
Gund	Schwb.	Guntersthal	Schwb.	Gutenmühle	Mitt.Frk.
Gundackersdorf	Oberb.	Gunterthaler-		Gutenmühle	Schwb.
Gundamsried	Oberb.	mühle	Schwb.	Gutfeld	Oberb.
Gundelfing	Ob.Pf.	Gunting	Niederb.	Gutharting	Oberb.
Gundelfingen	Schwb.	Gunzelohe	Oberb.	Guthof	Ob.Pf.
Gundelsberg	Oberb.	Gunzelsdorf	Ob.Pf.	Gutleutbachmühle	Rh.Pf.
Gundelsberg	Schwb.	Gunzen	Niederb.	Gutleuthof	Rh.Pf.
Gundelsdorf	Oberb.	Gunzenbach	Unt.Frk.	Gutmann	Niederb.
Gundelsdorf	Ob.Frk.	Gunzenberg	Oberb.	Gutmanning	Ob.Pf.
Gundelshalm	Mitt.Frk.	Gunzenberg	Schwb.	Guthschönlind	Ob.Frk.
Gundelshausen	Oberb.	Gunzendorf	Ob.Pf.	Guttenberg (2)	Ob.Pf.
Gundelshausen	Niederb.	Gunzendorf	Ob.Frk.	Guttenberg	Ob.Frk.
Gundelsheim	Ob.Frk.	Gunzendorf (2)	Mitt.Frk.	Guttenberg, ein	
Gundelsheim	Mitt.Frk.	Gunzenham	Oberb.	Forsthaus	Unt.Frk.
Gundelsheim	Schwb.	Gunzenhausen	Niederb.	Guttenbrunn	Rh.Pf.
Gundelshofen	Ob.Pf.	Gunzenhausen	Mitt.Frk.	Guttenburg	Oberb.
Gunderbing (2)	Niederb.	Gunzenheim	Schwb.	Guttenburg	Ob.Frk.
Gundermaning	Oberb.	Gunzenhofen	Ob.Pf.	Guttendorf	Oberb.
Gundersberg	Oberb.	Gunzenrain	Oberb.	Guttendorf	Niederb.
Gundersreuth	Ob.Frk.	Gunzesried	Schwb.	Guttenhof	Oberb.
Gundersweiler	Rh.Pf.	Gunzing	Oberb.	Guttenhofen	Niederb.
Gundertshausen	Oberb.	Gunzing (2)	Niederb.	Guttenstetten	Oberb.
Gundertshausen	Niederb.	Gupertting	Ob.Frk.	Guttenstetten	Mitt.Frk.
Gundetsberg	Oberb.	Gupfen	Ob.Frk.	Guttenthau	Ob.Pf.
Gundhelmerhof	Rh.Pf.	Gupföb	Niederb.	Gutter	Niederb.
Gundlhausen	Niederb.	Guppenberg	Niederb.	Guttersberg	Niederb.
Gundisch	Oberb.	Gurenmaren	Schwb.	Gutthaten	Niederb.
Gundlau	Niederb.	Gurlarn	Niederb.	Gutthatenhäusl	Niederb.
Gundlitz	Ob.Frk.	Gurnhub	Oberb.	Gutthatt	Niederb.
Gundprechting	Oberb.	Gurrenhof	Schwb.	Gutwiesen	Niederb.
Gundbremmingen	Schwb.	Gurten	Niederb.	Gutzberg	Mitt.Frk.
Gundsbach	Schwb.	Guffelbing	Niederb.	Gutzenmühle (2)	Mitt.Frk.
Gunetsrain	Oberb.	Guffelried	Oberb.	Gurhausen	Oberb.
Gungele	Schwb.	Gustenfelben	Mitt.Frk.	Gweng	Oberb.
Gungolbing, auch		Gustenlohr, auch		Gweng, auch	
Gumpolbing	Oberb.	Gustenlohr	Mitt.Frk.	Gueng	Oberb.
Gungolbing	Mitt.Frk.	Gußhof	Unt.Frk.	Gwerchsfelten	Oberb.
Gungstetten	Oberb.	Gusterey	Ob.Pf.	Gwirch	Oberb.
Gunkelsmühle	Unt.Frk.	Gut	Schwb.	Gwirn, auch	
		Gutenbacherhof	Rh.Pf.	Gwirk	Oberb.

Gypsmühle	Ob.Frk.	Gypsmühle (2)	Unt.Frk.	Gypsscheuern	Mitt.Frk.
Gypsmühle	Mitt.Frk.				

H.

Haaberbühl	Niederb.	Haarstuben	Niederb.	Habermühle	Mitt.Frk.
Haag (9)	Oberb.	Haarthof	Mitt.Frk.	Habernagl	Niederb.
Haag (18)	Niederb.	Haas (4)	Oberb.	Habernberg	Niederb.
Haag auf b. Wies	Niederb.	Haas	Ob.Pf.	Habernhöser-	
Haag (9)	Ob.Pf.	Haas	Schwb.	mühle	Mitt.Frk.
Haag (6)	Mitt.Frk.	Haasen	Schwb.	Haberöd (2)	Niederb.
Haag (6)	Ob.Frk.	Haasenberg	Niederb.	Haberreuthe	Schwb.
Haag	Schwb.	Haasenlohe	Mitt.Frk.	Haberröhrn	Niederb.
Haager	Niederb.	Haasenmühle	Rh.Pf.	Habersam	Oberb.
Haaghäusel	Niederb.	Haasenmühle	Ob.Frk.	Habersberg	Schwb.
Haaghaus	Ob.Frk.	Haasenmühle (2)	Mitt.Frk.	Habersbrunn (2)	Niederb.
Haaghof	Ob.Frk.	Haasenried	Schwb.	Habersdorf	Niederb.
Haaghof	Mitt.Frk.	Haasgang	Mitt.Frk.	Habersdorf (2)	Ob.Pf.
Haagmeier	Oberb.	Haasla	Ob.Pf.	Haberseugen	Ob.Pf.
Haagmühle	Ob.Frk.	Haasmaning	Niederb.	Habershausen	Oberb.
Haahöf	Ob.Pf.	Haasmühle	Oberb.	Haberskirchen	Oberb.
Haar (2)	Oberb.	Haasrelth	Niederb.	Haberskirchen	Niederb.
Haar (2)	Niederb.	Habach	Oberb.	Habersmühle (2)	Ob.Pf.
Haar	Ob.Pf.	Habach (2)	Niederb.	Haberspoint	Oberb.
Haarbach (2)	Niederb.	Habaching	Oberb.	Haberstett	Oberb.
Haarbacherlohe	Niederb.	Habam	Oberb.	Haberstumpf-	
Haarburg	Niederb.	Habel	Unt.Frk.	mühle	Ob.Pf.
Haard	Unt.Frk.	Habelgraben	Unt.Frk.	Habert, s. Hag-	
Haarbrüche	Mitt.Frk.	Habelsbach	Niederb.	rain	Niederb.
Haardorf	Niederb.	Habelsee	Mitt.Frk.	Haberthal (2)	Oberb.
Haardt	Rh.Pf.	Haberau	Niederb.	Habertshausen	Oberb.
Haardt (3)	Ob.Frk.	Haberbach	Niederb.	Habertshofen	Ob.Pf.
Haardt (2)	Mitt.Frk.	Haberbühl	Niederb.	Habertsmühle	Ob.Pf.
Haareck	Niederb.	Haberdörn	Niederb.	Habertsweiler	Schwb.
Haarham	Oberb.	Haberg	Oberb.	Haberzagl (2)	Niederb.
Haarhof	Ob.Pf.	Haberg	Niederb.	Habich	Niederb.
Haarkirchen	Oberb.	Haberhof	Oberb.	Habichau	Oberb.
Haarlachen	Oberb.	Haberkofen	Niederb.	Habichgraben	Oberb.
Haarland	Oberb.	Haberland	Oberb.	Habichler	Niederb.
Haarmoos	Oberb.	Haberleuthen	Niederb.	Habichsthal	Unt.Frk.
Haarpoint (2)	Niederb.	Haberling (2)	Oberb.	Habiged	Niederb.
Haarrain (2)	Oberb.	Habermühle (2)	Niederb.	Habischrieb	Niederb.
Haarschweig	Oberb.	Habermühle	Ob.Pf.	Habkirchen	Rh.Pf.
Haarsee	Oberb.	Habermühle	Oberb.	Habley, auch	
Haarstube	Niederb.	Habermühle	Niederb.	Habich	Niederb.

Habnith	Ob.Frk.	Haberfleck, auch		Hämmerleins-		
Habra	Niederb.	Habriansfleck	Niederb.	mühle	Mitt.Frk.	
Habranz	Schwb.	Habergasse (3)	Oberb.	Hämmertsmühle	Ob.Pf.	
Habratshofen	Schwb.	Habergrub	Niederb.	Händlern	Niederb.	
Habres	Ob.Pf.	Haberhof	Oberb.	Hängenmühle	Schwb.	
Habsberg	Ob.Pf.	Haberleins-		Hängersbach	Rh.Pf.	
Hachau (2)	Oberb.	wustung	Ob.Frk.	Hänghof	Ob.Pf.	
Hacheck	Oberb.	Haberling	Oberb.	Hänghub	Niederb.	
Hachelberg	Niederb.	Haberlohe	Oberb.	Häringlohe	Ob.Pf.	
Hachelstuhl	Niederb.	Haberlsdorf	Ob.Pf.	Häringsmühle	Mitt.Frk.	
Hachenach	Niederb.	Habermann	Niederb.	Häringschwaig	Oberb.	
Hachenbach	Rh.Pf.	Habermannsgrün	Ob.Frk.	Härlis	Schwb.	
Hachisee	Oberb.	Habermarkt (2)	Oberb.	Härringen	Oberb.	
Hack	Niederb.	Habermühle	Oberb.	Härtlehof	Schwb.	
Hack	Schwb.	Habermühle	Niederb.	Härtnagel	Schwb.	
Hackel (2)	Oberb.	Habermühle	Ob.Pf.	Häslabronn	Mitt.Frk.	
Hackelberg	Niederb.	Habermühle	Mitt.Frk.	Hätzelsdorf	Ob.Pf.	
Hackellehen	Oberb.	Habern	Oberb.	Häublberg	Oberb.	
Hackelmühle	Oberb.	Habersbach	Niederb.	Häublmühle	Niederb.	
Hackelsberg	Niederb.	Habersberg	Oberb.	Häuselsburg	Schwb.	
Hacken	Oberb.	Habersdorf	Oberb.	Häusel	Niederb.	
Hacken	Niederb.	Habersrieb	Oberb.	Häuselmühle	Ob.Pf.	
Hacken (2)	Schwb.	Haberstadl, Ha-		Häuselschuster	Niederb.	
Hackenbach	Schwb.	berstadt	Ob.Pf.	Häuselstein	Ob.Pf.	
Hackenberg	Ob.Pf.	Haberwaldshof	Unt.Frk.	Häuselulrich	Schwb.	
Hackenberg	Niederb.	Hading	Oberb.	Häuser (2)	Schwb.	
Hackendorf	Niederb.	Habler	Niederb.	Häuseracherhof	Unt.Frk.	
Hackenhofen	Ob.Pf.	Hadorf	Oberb.	Häuserhof	Schwb.	
Hackenkam (2)	Niederb.	Habriansfleck	Niederb.	Häusern (3)	Oberb.	
Hackenmühle	Ob.Frk.	Habriwa	Ob.Pf.	Häusern	Ob.Pf.	
Hackenschwaig	Oberb.	Habriwa	Niederb.	Häusern (3)	Schwb.	
Hackern	Ob.Pf.	Häberlings	Schwb.	Häusing	Ob.Pf.	
Hackl (2)	Niederb.	Häder	Schwb.	Häusing	Schwb.	
Hacklau	Oberb.	Häfele	Schwb.	Häusl	Rh.Pf.	
Hacklhof, f. Mer-		Häfelings-		Häuslarn	Ob.Pf.	
gertsmühle	Oberb.	gschwand	Schwb.	Häuslen	Schwb.	
Hackling	Oberb.	Häfelinswald	Schwb.	Häuslern	Niederb.	
Hacklmühle	Niederb.	Hägelsberger-		Häusling	Oberb.	
Hacklöd	Niederb.	mühle	Niederb.	Häusling	Ob.Frk.	
Hacklsberg	Ob.Pf.	Häldele	Schwb.	Häuslingen	Mitt.Frk.	
Hacklschwaig	Oberb.	Hälmbrunn	Niederb.	Häuslings	Schwb.	
Hackmühle	Oberb.	Hämerle	Schwb.	Häuslmad	Oberb.	
Hackner	Oberb.	Hämmerlas	Ob.Frk.	Häuslmoos	Oberb.	
Hacksberg	Niederb.	Hämmerlein	Ob.Frk.	Häuslöd	Ob.Pf.	
Hackthal (2)	Oberb.	Hämmerleinshof	Ob.Pf.	Häuslweber	Oberb.	
Haber (5)	Niederb.	Hämmerleins-		Haseck	Oberb.	
Haberbach	Niederb.	mühle	Ob.Pf.	Haselsberg	Oberb.	

Hafenbauer	Oberb.	Hagenau (2)	Ob.Pf.	Haggenbach	Schwb.
Hafenberg	Oberb.	Hagenau (2)	Mitt.Frk.	Haggenberg	Schwb.
Hafenberg	Niederb.	Hagenbach	Rh.Pf.	Haghof	Ob.Pf.
Hafenbeck (2)	Ob.Frk.	Hagenbach	Ob.Frk.	Haghof	Unt.Frk.
Hafenbeckmühle	Ob.Pf.	Hagenberg (2)	Oberb.	Haghub	Niederb.
Hafendorf	Oberb.	Hagenberg	Niederb.	Haging (2)	Oberb.
Hafeneb	Niederb.	Hagenberg	Mitt.Frk.	Hagmoos	Schwb.
Hafenegg	Oberb.	Hagenbuch	Oberb.	Hagmühle	Oberb.
Hafenegg	Schwb.	Hagenbuch	Ob.Pf.	Hagmühle (4)	Niederb.
Hafenham	Oberb.	Hagenbuch	Mitt.Frk.	Hagmühle	Schwb.
Hafenhofen	Schwb.	Hagenbuch	Schwb.	Hagn	Oberb.
Hafenlohr	Unt.Frk.	Hagenbüchach	Mitt.Frk.	Hagn	Niederb.
Hafenmühle	Oberb.	Hagendorf	Ob.Pf.	Hagn	Ob.Pf.
Hafenöd (3)	Oberb.	Hageneb	Niederb.	Hagnberg	Niederb.
Hafenöd (2)	Niederb.	Hagengrub	Niederb.	Hagnhöfe	Niederb.
Hafenpreppach	Unt.Frk.	Hagenham	Niederb.	Hagrain	Oberb.
Hafenreuth	Schwb.	Hagenhaus	Ob.Pf.	Hagrain, auch	
Hafenried	Niederb.	Hagenhaus	Ob.Frk.	Habra und Ha-	
Hafenstein	Oberb.	Hagenhausen	Ob.Pf.	bert	Niederb.
Hafenthal (2)	Schwb.	Hagenheim (2)	Oberb.	Hagsbronn	Mitt.Frk.
Hafering	Niederb.	Hagenhill	Ob.Pf.	Hagsdorf	Oberb.
Hafertsmühle	Niederb.	Hagenhof	Mitt.Frk.	Hagspiel (2)	Schwb.
Hafing	Oberb.	Hagenhofen	Mitt.Frk.	Hahnbach	Ob.Pf.
Hafnach	Oberb.	Hagenich	Mitt.Frk.	Hahnbacherhof	Rh.Pf.
Hafnerhof	Ob.Pf.	Hagenmühl	Ob.Pf.	Hahnbauer (2)	Oberb.
Hafnermühle	Ob.Frk.	Hagenmühle	Ob.Frk.	Hahnbauer, auch	
Hafnersbauer	Schwb.	Hagenmühle (2)	Mitt.Frk.	Waldleithen	Oberb.
Hafnerselgen	Ob.Pf.	Hagenmühle (2)	Unt.Frk.	Hahnbaum	Oberb.
Hafnertshausen	Oberb.	Hagenmühle	Schwb.	Hahnbrunnerhof	Rh.Pf.
Hafnerzell	Niederb.	Hagenohe	Ob.Pf.	Hahneberg (2)	Schwb.
Hafning	Niederb.	Hagenohe	Ob.Frk.	Hahnemoos	Schwb.
Haft	Oberb.	Hagenrhain	Oberb.	Hahnenberg	Mitt.Frk.
Haftelhof	Rh.Pf.	Hagenried, auch		Hahnenbühl, auch	
Hag	Oberb.	Unterhagenried	Schwb.	Hahnenbühler-	
Hag (3)	Niederb.	Hagenschwand	Ob.Pf.	hof	Schwb.
Hagarts	Schwb.	Hagenstetten	Oberb.	Hahneneggaten	Ob.Pf.
Hagau (2)	Schwb.	Hagenzell	Niederb.	Hahnenhof	Ob.Frk.
Hagelehen	Oberb.	Hager	Oberb.	Hahnenkam	Niederb.
Hagelhof	Niederb.	Hager (2)	Niederb.	Hahnenmühle	Ob.Pf.
Hagelhof	Unt.Frk.	Hagers	Schwb.	Hahnenweiler	Schwb.
Hagelstadt	Ob.Pf.	Hagershof	Mitt.Frk.	Hahnerhof	Rh.Pf.
Hagelstein	Schwb.	Hagertshausen	Niederb.	Hahnhof	Oberb.
Hagen (4)	Oberb.	Hagerwies	Oberb.	Hahnhof	Ob.Frk.
Hagen	Niederb.	Hagelshof	Ob.Pf.	Hahnhof	Mitt.Frk.
Hagenacker	Mitt.Frk	Haggen	Schwb.	Hahnling, Hah-	
Hagenau (4)	Oberb.	Haggen, auch		nel	Oberb.
Hagenau (3)	Niederb.	Hacken	Schwb.		

Hahnmühle — Hain.

Hahnmühle, auch		Halben (3)	Oberb.	Halbprechting	Niederb.
Hammühle	Niederb.	Halben	Niederb.	Halbreith	Niederb.
Hahnmühle	Rh.Pf.	Haidenaab	Ob.Pf.	Haidsberg	Niederb.
Hahnrelt	Niederb.	Haidenau	Oberb.	Halbschuster	Schwb.
Hahnschenkel	Schwb.	Haidenberg	Niederb.	Haidstätt	Oberb.
Hahnweilerhof, oder Heinweiler	Rh.Pf.	Haidenburg	Niederb.	Haidstein	Niederb.
		Haidenburg	Rh.Pf.	Haidt	Ob.Frk.
Haibach (5)	Niederb.	Haidendorf	Niederb.	Haidt	Unt.Frk.
Haibach	Unt.Frk.	Haidengrün	Ob.Frk.	Haidvoking	Oberb.
Haibachmühle	Niederb.	Haidenhof	Niederb.	Haidvolk	Niederb.
Haibeckengrub	Niederb.	Heidenkam	Niederb.	Haidweiher	Ob.Pf.
Haibels	Schwb.	Haidenkofen	Niederb.	Haig	Ob.Frk.
Haiberg	Niederb.	Haidenkofen	Ob.Pf.	Haigerloh	Oberb.
Haibühl	Niederb.	Haidenkopf	Rh.Pf.	Haigerting (2)	Niederb.
Haid (16)	Oberb.	Haidenöster	Oberb.	Haiglmühle, auch	
Haid, am Rhein	Oberb.	Haidenpoint	Oberb.	Haigen	Oberb.
Haid (19)	Niederb.	Haidensbuch	Ob.Pf.	Haiglosen	Schwb.
Haid, am Sand	Niederb.	Haider	Oberb.	Haigrub	Niederb.
Haid, bei Schmid- ten	Niederb.	Haider	Niederb.	Haiholz	Niederb.
		Halber, in Scher- wies	Niederb.	Halkershofen	Niederb.
Haid, ober	Ob.Pf.			Hailand	Schwb.
Haid, am Forst	Ob.Pf.	Halberberg	Niederb.	Hailbach	Oberb.
Haid (8)	Ob.Pf.	Halberbühl	Ob.Pf.	Hailbronn	Mitt.Frk.
Haid (3)	Ob.Frk.	Halberhäusl	Niederb.	Hailhofen, auch	
Haid	Mitt.Frk.	Halberhöfe	Ob.Pf.	Hailosen, oder	
Haid, auf der	Unt.Frk.	Halberhof (2)	Niederb.	Haiglosen	Schwb.
Haid (4)	Schwb.	Halbermühle	Niederb.	Hailing	Niederb.
Haida	Niederb.	Haideröd	Niederb.	Halmanhäusl	Niederb.
Haibach (3)	Oberb.	Haidersberg (2)	Niederb.	Halmbach	Ob.Frk.
Haibach	Schwb.	Haidhäusel (2)	Niederb.	Halmbach	Mitt.Frk.
Haibberg (5)	Oberb.	Haidhäuser (2)	Niederb.	Halmbach	Unt.Frk.
Haibberg (2)	Niederb.	Haidhäusl	Oberb.	Halmbacherhof	Unt.Frk.
Haibberg, auch Hainberg	Niederb.	Haidham	Oberb.	Halmbachermühle	Unt.Frk.
		Haidhausen	Oberb.	Halmberg	Ob.Pf.
Haidbüchel	Oberb.	Haidhof	Oberb.	Halmbuch	Oberb.
Haidbühel (2)	Niederb.	Haidhof (4)	Niederb.	Halmbuch	Niederb.
Haidbühl	Oberb.	Haidhof (8)	Ob.Pf.	Halmbuch	Ob.Pf.
Halbe	Oberb.	Haidhof (2)	Ob.Frk.	Halmed	Niederb.
Halbe	Rh.Pf.	Haidhügel	Ob.Pf.	Haimelkofen	Niederb.
Halbe, obere	Ob.Frk.	Haidlas	Ob.Frk.	Halmendorf	Mitt.Frk.
Halbe, untere	Ob.Frk.	Haidmersbronn	Schwb.	Halmhausen	Oberb.
Halbeck (3)	Niederb.	Haidmühle	Oberb.	Haiming (6)	Oberb.
Halbeck	Ob.Frk.	Haidmühle (2)	Niederb.	Haiming	Niederb.
Haidelnöbe	Ob.Pf.	Haidmühle	Rh.Pf.	Haimpertshofen	Oberb.
Haidelbach	Mitt.Frk.	Haidmühle (2)	Ob.Pf.	Haimpfarrich	Mitt.Frk.
Haidelfing	Niederb.	Haidmühle	Ob.Frk.	Haimstetten	Oberb.
Haidelsmühle	Ob.Frk.	Haidnsäg	Niederb.	Hain (2)	Oberb.

6*

Hain, auch Hein	Niederb.	Hainstunden	Oberb.	Halden, auf der	Schwb.
Hain	Ob.Frk.	Hainthal	Oberb.	Halden, unter der	
Hain (2)	Unt.Frk.	Hainthal	Niederb.	(2)	Schwb.
Hainach	Oberb.	Hainthall	Niederb.	Haldenbauer	Schwb.
Hainbach (2)	Oberb.	Hainweiher	Ob.Frk.	Haldenhof	Schwb.
Hainberg (3)	Oberb.	Hainweiler, oder		Haldenmühle (2)	Schwb.
Hainberg	Niederb.	Hahnweilerhof	Rh.Pf.	Haldenwang (2)	Schwb.
Hainbronn	Ob.Frk.	Hainz (4)	Oberb.	Halfing	Oberb.
Hainbühl	Ob.Frk.	Hainza	Oberb.	Hall	Oberb.
Hainbuch (2)	Oberb.	Hainzenau	Oberb.	Hall	Ob.Frk.
Hainbuch	Niederb.	Hainzenhof	Schwb.	Halla	Oberb.
Hainbuchreut	Oberb.	Hainzenthal	Rh.Pf.	Hallabruck	Oberb.
Hainchsmühle	Unt.Frk.	Hainzing	Niederb.	Hallafing	Oberb.
Haindelfing	Niederb.	Hainzlhof	Niederb.	Hallburg	Unt.Frk.
Haindl	Oberb.	Hairenbuch	Schwb.	Halleich	Oberb.
Haintlfing	Oberb.	Hairer	Oberb.	Hallenberg	Oberb.
Haindling	Niederb.	Haissenöd	Niederb.	Hallenhausen	Ob.Pf.
Haindlingsberg	Niederb.	Haistrach	Oberb.	Hallerndorf	Ob.Frk.
Hainblmühl	Niederb.	Haitzen	Schwb.	Hallershof	Mitt.Frk.
Hainblmühle	Oberb.	Haitzenhofen	Ob.Pf.	Hallerstein	Ob.Frk.
Haindorf	Oberb.	Haitzenzell	Niederb.	Hallfurth	Oberb.
Haindorf	Ob.Pf.	Haitzing (3)	Oberb.	Hallgarten	Rh.Pf.
Haine, auch		Haizing	Niederb.	Halling	Oberb.
Heunefässer	Unt.Frk.	Halwieser	Niederb.	Hallmannseck	Oberb.
Hainer	Oberb.	Halzing (4)	Niederb.	Hallmannshof	Oberb.
Hainermühle	Unt.Frk.	Haka	Niederb.	Hallmannsöd	Oberb.
Hainerschacht	Unt.Frk.	Hakelsberg	Ob.Pf.	Hallstadt	Ob.Frk.
Hainer Stollen-		Hakenkam	Niederb.	Hallwang	Oberb.
mund	Unt.Frk.	Hakenmann	Niederb.	Hallwegen	Oberb.
Hainfeld	Rh.Pf.	Hakerskofen	Ob.Pf.	Halmberg (2)	Oberb.
Haing	Oberb.	Hakirchen (2)	Niederb.	Halmer (2)	Oberb.
Haingersdorf	Niederb.	Halbeis	Oberb.	Halmerhof	Niederb.
Haingrün	Ob.Frk.	Halbergmoos, a.		Halmesricht	Ob.Pf.
Haingschwend	Oberb.	Birkeneck	Oberb.	Halmgrub	Niederb.
Hainham	Oberb.	Halberschneid	Ob.Frk.	Halmlehen	Niederb.
Hainhof	Ob.Pf.	Halbersdorf	Ob.Frk.	Halmsried	Oberb.
Hainhof	Mitt.Frk.	Halbershofen	Schwb.	Halmstein	Niederb.
Hainhof	Unt.Frk.	Halberstatt	Oberb.	Hals	Oberb.
Hainhofen	Schwb.	Halbertshof	Schwb.	Hals (2)	Niederb.
Hainklingen	Mitt.Frk.	Halbertshofen	Oberb.	Halsbach (2)	Oberb.
Hainmühle	Mitt.Frk.	Halbing	Oberb.	Halsbach	Mitt.Frk.
Hainöd	Oberb.	Halblech	Oberb.	Halsbach (2)	Unt.Frk.
Hainriching	Niederb.	Halblhaus	Niederb.	Halsberg	Niederb.
Hainsacker	Ob.Pf.	Halbmeil	Niederb.	Halsheim	Unt.Frk.
Hainsbach	Niederb.	Halbmühle	Ob.Pf.	Halshorn	Niederb.
Hainsfarth	Schwb.	Halböd	Oberb.	Halt	Oberb.
Hainstetten	Niederb.	Halben (9)	Schwb.	Haltenberg	Oberb.

Haltenmühle	Mitt.Frk.	Hammerhof, auch		Hammerschmiedte	Ob.Pf.
Haltmühle	Rh.Pf.	Stachusrieb	Oberb.	Hammerschmiedte	
Haman	Oberb.	Hammerhof	Ob.Pf.	(2)	Mitt.Frk.
Hamaneb	Niederb.	Hammerl	Oberb.	Hammerschrot	Ob.Frk.
Hambach	Rh.Pf.	Hammerlbach	Oberb.	Hammersdorf	Oberb.
Hambach, ober	Mitt.Frk.	Hammerles	Ob.Pf.	Hammerspoint	Oberb.
Hambach, unter	Mitt.Frk.	Hammermühle	Oberb.	Hammerstabt	Oberb.
Hambach	Unt.Frk.	Hammerloh	Oberb.	Hammerstall	Niederb.
Hamberg (5)	Oberb.	Hammerluck	Ob.Pf.	Hammerstatt	Ob.Frk.
Hamberg	Niederb.	Hammermühle		Hammerstetten	Schwb.
Hamberg, auch		(2)	Niederb.	Hammerthal	Oberb.
Oberhamberg	Niederb.	Hammermühle		Hammerthal	Niederb.
Hamberg (3)	Ob.Pf.	(2)	Rh.Pf.	Hammertobel	Schwb.
Hambermühle	Niederb.	Hammermühle		Hammertrevesen	Ob.Pf.
Hambühl	Mitt.Frk.	(17)	Ob.Pf.	Hammertsberg,	
Hamelhof	Niederb.	Hammermühle,		ober und unter	Oberb.
Hamerbach	Niederb.	auch Finger-		Hammet	Niederb.
Hamersdorf	Niederb.	mühle	Ob.Pf.	Hammühle	Ob.Pf.
Hamertshausen	Oberb.	Hammermühle		Hampelshof	Ob.Frk.
Hamlar	Schwb.	(9)	Ob.Frk.	Hampermühle	Niederb.
Hammbrunn	Unt.Frk.	Hammermühle		Hampersberg (2)	Oberb.
Hammel	Niederb.	(5)	Mitt.Frk.	Hampersdorf	Oberb.
Hammel	Schwb.	Hammermühle		Hanau	Oberb.
Hammelburg	Unt.Frk.	(3)	Unt.Frk.	Hanauerhof (2)	Rh.Pf.
Hammelmühle	Rh.Pf.	Hammermühle	Schwb.	Hanauerhof	Ob.Frk.
Hammelshorn,		Hammerphilipps-		Hanbach, auch	
auch Klingerhof	Unt.Frk.	burg	Ob.Pf.	Hohnbach	Oberb.
Hammer (6)	Oberb.	Hammersbach	Oberb.	Handenzhofer-	
Hammer am		Hammersbach	Niederb.	mühle	Oberb.
Berg	Oberb.	Hammersberg (2)	Niederb.	Handerstett	Oberb.
Hammer (6)	Ob.Pf.	Hammersberg	Schwb.	Handlab	Niederb.
Hammer (5)	Ob.Frk.	Hammerschmiede		Handl	Oberb.
Hammer (2)	Mitt.Frk.	(4)	Oberb.	Handler	Oberb.
Hammer	Schwb.	Hammerschmiede		Handling	Niederb.
Hammerau (2)	Oberb.	(6)	Niederb.	Handlmoos	Niederb.
Hammerbach	Oberb.	Hammerschmiede		Handlöd	Niederb.
Hammerbach	Ob.Frk.	(3)	Rh.Pf.	Handloh	Niederb.
Hammerberg	Niederb.	Hammerschmiede	Ob.Pf.	Handobl	Niederb.
Hammerberg (4)	Ob.Pf.	Hammerschmiede		Handorf	Niederb.
Hammerbühl (2)	Ob.Frk.	(2)	Ob.Frk.	Handschuhmann	Niederb.
Hammergänlas	Ob.Pf.	Hammerschmiede		Handstett	Oberb.
Hammergut	Ob.Frk.	(6)	Mitt.Frk.	Handthal	Unt.Frk.
Hammerhäng	Ob.Pf.	Hammerschmiede		Handwerk	Niederb.
Hammerharles-		(10)	Schwb.	Handwerks	Schwb.
berg	Ob.Pf.	Hammerschmied-		Handzell	Oberb.
Hammerhaus	Ob.Frk.	gütl	Niederb.	Haneck	Niederb.
		Hammerschmidte	Niederb.	Hanenreuth	Ob.Frk.

Hanfeld	Oberb.	Hannselmühle	Oberb.	Harberg	Oberb.
Hanfkolm, auch		Hannshofen	Oberb.	Harberhof	Ob.Pf.
Hampfkolm	Oberb.	Hannskirchen	Niederb.	Harburg	Schwb.
Hanfmühle	Ob.Pf.	Hannslehen	Oberb.	Harb	Ob.Pf.
Hanfstenglmühle	Ob.Pf.	Hannslmühle (2)	Oberb.	Hardenburg	Rh.Pf.
Hangalzesberg,		Hanny	Niederb.	Hardhof (2)	Mitt.Frk.
auch Hangholzersberg	Niederb.	Hansadam	Schwb.	Hardmühle	Rh.Pf.
		Hanschenkel, auch		Hardmühle	Mitt.Frk.
Hangelberg	Niederb.	Hahnschenkel	Schwb.	Hardt (2)	Oberb.
Hangenblehner	Niederb.	Hansdorf	Niederb.	Hardt (2)	Ob.Pf.
Hangendobl	Oberb.	Hansebauer	Schwb.	Hardt (2)	Schwb.
Hangenham	Oberb.	Hanselberg	Niederb.	Hareck	Oberb.
Hangenleuten	Niederb.	Hanselhub	Niederb.	Harenzhofen	Ob.Pf.
Hangerleiten	Niederb.	Hansenried	Ob.Pf.	Hargassen	Oberb.
Hangermühle	Schwb.	Hansjakler	Schwb.	Hargassen	Niederb.
Hangersberg	Oberb.	Hanslberg	Niederb.	Hargeding	Niederb.
Hangersmühle	Niederb.	Hanslmühle (2)	Niederb.	Hargenwies	Oberb.
Hangersöd	Niederb.	Hanslmühle	Ob.Pf.	Harham	Oberb.
Hangetlehen	Niederb.	Hansmühle	Ob.Pf.	Harham	Niederb.
Hanging	Oberb.	Hansöd	Niederb.	Harhof	Ob.Pf.
Hangnach	Schwb.	Hanspaulhof	Ob.Pf.	Harkatshöfen	Ob.Pf.
Hangrabing	Oberb.	Hansrobermühle	Mitt.Frk.	Harl	Oberb.
Hanhof	Unt.Frk.	Hansthal	Niederb.	Harlach	Oberb.
Hanhofen	Rh.Pf.	Hanzing	Niederb.	Harlachberg, auch	
Hankhof	Niederb.	Hanzing	Ob.Pf.	Harlaberg	Niederb.
Hankl	Oberb.	Hapam	Oberb.	Harlachberg	Ob.Pf.
Hankofen	Niederb.	Hapaffenried	Ob.Pf.	Harlachhammer	Ob.Pf.
Hannamühle	Ob.Pf.	Hapberg	Oberb.	Harlachhof	Ob.Pf.
Hannbach	Mitt.Frk.	Hapertsmühle	Unt.Frk.	Harlaching	Oberb.
Hannberg	Ob.Frk.	Hapfendorf	Niederb.	Harlachmühle (2)	Ob.Pf.
Hanneck	Niederb.	Hapfthof	Niederb.	Harland	Oberb.
Hanneb (3)	Niederb.	Happa	Schwb.	Harlanden	Oberb.
Hannemannsmühle	Mitt.Frk.	Happach	Oberb.	Harlanden	Ob.Pf.
		Happach	Schwb.	Harlander	Oberb.
Hannemoos, auch		Happenreute	Oberb.	Harlang	Mitt.Frk.
Hahnemoos	Schwb.	Happerg	Oberb.	Harlauf	Oberb.
Hannenbach	Mitt.Frk.	Happertshausen	Unt.Frk.	Harlesberg	Ob.Pf.
Hannengrün	Ob.Frk.	Happertshofen (2)	Oberb.	Harleshof	Ob.Pf.
Hannenweiler,		Happing	Oberb.	Harling	Niederb.
auch Hahnenweiler	Schwb.	Happurg	Mitt.Frk.	Harloth	Ob.Frk.
		Harbach (2)	Oberb.	Harm, ober	Ob.Pf.
Hannersgrün	Ob.Pf.	Harbach (2)	Niederb.	Harm	Mitt.Frk.
Hannersreuth	Ob.Pf.	Harbach, groß	Mitt.Frk.	Harmating	Oberb.
Hannersried	Ob.Pf.	Harbach, klein	Mitt.Frk.	Harmening	Oberb.
Hanning, ober		Harbach	Unt.Frk.	Harmering	Niederb.
und unter	Oberb.	Harband	Oberb.	Harnbach	Mitt.Frk.
Hannselbauer	Oberb.	Harbatzhofen	Schwb.	Harnberg (2)	Niederb.

Harnig (2)	Oberb.	Hart (18)	Oberb.	Hartkapelle	Oberb.
Harnisch	Oberb.	Hart (7)	Niederb.	Hartkirchen (2)	Niederb.
Harnißmühle	Ob.Pf.	Hart (3)	Ob.Pf.	Hartl	Niederb.
Harnsbach	Ob.Frk.	Hart	Mitt.Frk.	Hartlanden	Ob.Frk.
Harpeting	Oberb.	Hart	Schwb.	Hartlmühl	Niederb.
Harpeting (2)	Niederb.	Hart, am	Schwb.	Hartlmühle	Ob.Pf.
Harpfen	Oberb.	Hartacker	Oberb.	Hartlöb	Oberb.
Harpfen	Niederb.	Hartbeckerforst	Niederb.	Hartlsölden	Ob.Pf.
Harpfendorf	Niederb.	Hartberg (3)	Oberb.	Hartlwimm	Niederb.
Harpfenmühle	Niederb.	Hartberg	Niederb.	Hartmann	Oberb.
Harpfenmühle	Unt.Frk.	Hartberg	Schwb.	Hartmann	Niederb.
Harpfetsham (2)	Oberb.	Hartbrunn	Oberb.	Hartmaning	Oberb.
Harpfing (2)	Oberb.	Hartdobl	Niederb.	Hartmannsberg	Oberb.
Harpfing	Niederb.	Hartel	Oberb.	Hartmannsberg	
Harpoint	Oberb.	Hartelbauer	Niederb.	(2)	Niederb.
Harpolding	Oberb.	Hartelmühle	Niederb.	Hartmannsberg	Schwb.
Harras (2)	Oberb.	Hartelschuster	Niederb.	Hartmannsbrand	Niederb.
Harras	Ob.Pf.	Hartelshof	Ob.Pf.	Hartmannsed	Niederb.
Harraß	Oberb.	Hartelsöd	Niederb.	Hartmannseinzel	Ob.Frk.
Harraß	Niederb.	Hartenberg	Mitt.Frk.	Hartmannsgrub	
Harratried	Schwb.	Hartenham	Niederb.	(2)	Niederb.
Harrbach (2)	Niederb.	Hartenhof	Ob.Pf.	Hartmannshäusl	Oberb.
Harrbach	Unt.Frk.	Hartenreuth	Ob.Frk.	Hartmanns-	
Harrein	Oberb.	Hartenricht	Ob.Pf.	hausen	Oberb.
Harrer (2)	Oberb.	Hartenstein	Ob.Pf.	Hartmannshof	Mitt.Frk.
Harrerhof	Oberb.	Hartenthal	Schwb.	Hartmannshofen	Oberb.
Harreshof	Ob.Pf.	Hartershofen	Mitt.Frk.	Hartmannsreith	
Harreß, auch		Hartgasse	Oberb.	(2)	Niederb.
Leibsach	Oberb.	Harthäusl		Hartmannsreut	Niederb.
Harrest	Oberb.	Hartham (2)	Niederb.	Hartmannsreuth	Ob.Frk.
Harreszell	Oberb.	Harthausen (6)	Oberb.	Hartmannstett	Oberb.
Harretsreith	Niederb.	Harthausen	Oberb.	Hartmühle (2)	Oberb.
Harrhain	Oberb.	Harthausen	Rh.Pf.	Hartmühle (2)	Unt.Frk.
Harrham (2)	Niederb.	Harthausen	Schwb.	Hartnacker, auch	
Harrhof (2)	Ob.Pf.	Hartheim, Nieder		Hartacker	Oberb.
Harring (2)	Oberb.	und Ober	Oberb.	Hartreit	Niederb.
Harring	Niederb.	Hartheim	Ob.Pf.	Hartsbürd	Niederb.
Harrlach	Ob.Pf.	Harthöfl	Ob.Pf.	Hartschuster	Mitt.Frk.
Harrland	Niederb.	Harthof	Oberb.	Hartshausen (3)	Oberb.
Harrschetsreith	Niederb.	Harthof (2)	Niederb.	Hartsöckerforst	Niederb.
Harrsee	Oberb.	Harthof	Ob.Pf.	Hartungs	Ob.Frk.
Harrwiese, auch		Harthof (2)	Mitt.Frk.	Hartwachsried	Niederb.
Herrwiese	Niederb.	Harthof	Schwb.	Hartweging	Niederb.
Harsberg	Rh.Pf.	Harthof	Oberb.	Hartwigshausen	Oberb.
Harschhof	Ob.Pf.	Harthofen	Oberb.	Hartzettlarn	Niederb.
Harsdorf	Ob.Frk.	Harting (2)	Oberb.	Harxheim	Rh.Pf.
Harskirchen	Niederb.	Harting	Ob.Pf.	Harzberg (2)	Oberb.
		Hartingerhof	Niederb.		

Harzerhof	Schwb.	Haselstauden (2)	Niederb.	Haslberg			Niederb.
Harzhütte	Rh.Pf.	Haselstauben		Ob.Frk.	Haslbühl		Schwb.
Harzöfen	Rh.Pf.	Haselthan		Niederb.	Hasleck		Niederb.
Harzofen (2)	Rh.Pf.	Haselwies		Niederb.	Hasler		Oberb.
Harzthal	Rh.Pf.	Hasen		Ob.Pf.	Haslgrub		Ob.Pf.
Hasam	Niederb.	Hasenberg		Oberb.	Haslhof		Niederb.
Hasberg	Oberb.	Hasenberg		Niederb.	Haslhof (2)		Ob.Pf.
Hasberg (2)	Schwb.	Hasenberg		Rh.Pf.	Haslhub		Niederb.
Haschaberg	Ob.Pf.	Hasenbichl (2)		Oberb.	Hasling (2)		Oberb.
Haschbach (2)	Rh.Pf.	Hasenbihl		Schwb.	Hasling (2)		Niederb.
Haschelthann	Niederb.	Hasenbruck		Ob.Pf.	Haslinger		Niederb.
Hasebauer	Schwb.	Hasenbühl		Ob.Pf.	Haslingerhammer		Niederb.
Hasel	Niederb.	Haseneck		Oberb.	Haslmühl		Ob.Pf.
Haselau	Oberb.	Haseneck (2)		Niederb.	Haslmühle		Niederb.
Haselbach	Oberb.	Haseneb		Niederb.	Haslmühle, auch		
Haselbach (6)	Niederb.	Hasengwandten		Niederb.	Frauenmühle		Niederb.
Haselbach	Ob.Frk.	Hasenhäusl		Oberb.	Haslöd (2)		Oberb.
Haselbach	Unt.Frk.	Hasenhof		Oberb.	Haslreit		Oberb.
Haselbach	Schwb.	Hasenhütte		Rh.Pf.	Haslreith		Oberb.
Haselbeck	Niederb.	Hasenleithen		Niederb.	Haslried		Ob.Pf.
Haselberg	Oberb.	Hasenlohe		Schwb.	Haslsbach		Niederb.
Haselbrunn (2)	Ob.Pf.	Hasenmühle		Rh.Pf.	Haslstein		Niederb.
Haselbrunn	Ob.Frk.	Hasenmühle (2)		Mitt.Frk.	Haslwärth		Oberb.
Haselbuch	Niederb.	Hasenmühle (2)		Unt.Frk.	Hasmühle		Oberb.
Haselermühle ob.		Hasenöd (3)		Niederb.	Haspelmoor		Oberb.
Bliesmühle	Rh.Pf.	Hasenreit (2)		Niederb.	Hasperting		Oberb.
Haselfurt	Niederb.	Hasenreite		Schwb.	Haßberg		Oberb.
Haselham	Niederb.	Hasenried (2)		Schwb.	Haßbichl		Oberb.
Haselhöhe	Ob.Frk.	Hasenwinkel		Niederb.	Haffel		Rh.Pf.
Haselhof (3)	Ob.Pf.	Hasholzen		Oberb.	Haffelbach		Mitt.Frk.
Haselhof (3)	Ob.Frk.	Haslach (16)		Oberb.	Haffelberg		Unt.Frk.
Haselhub	Niederb.	Haslach (9)		Niederb.	Haffelmühle		Unt.Frk.
Haselleiten	Niederb.	Haslach (3)		Ob.Pf.	Haffenbach		Unt.Frk.
Haselleithen	Ob.Frk.	Haslach, am Forst		Ob.Pf.	Haffenham		Oberb.
Haselmühle (3)	Niederb.	Haslach, ober		Ob.Pf.	Haßfurth		Unt.Frk.
Haselmühle (2)	Ob.Pf.	Haslach (2)		Ob.Frk.	Haßlach		Ob.Frk.
Haselmühle (2)	Mitt.Frk.	Haslach (2)		Mitt.Frk.	Haßloch		Rh.Pf.
Haselmühle, hinter	Unt.Frk.	Haslach (7)		Schwb.	Haßloch		Unt.Frk.
		Haslachhof		Niederb.	Haßmannsried		Niederb.
Haselmühle, vorder	Unt.Frk.	Haslangkreit		Oberb.	Haßmoning		Oberb.
		Haslarn		Ob.Pf.	Hastorf, auch		
Haselöd	Oberb.	Haslau (3)		Oberb.	Haßdorf		Niederb.
Haselöd	Niederb.	Haslau		Niederb.	Hattenheim		Niederb.
Haselpoint	Niederb.	Haslbach (3)		Oberb.	Hattenhausen		Ob.Pf.
Haselreith (2)	Oberb.	Haslbach		Niederb.	Hattenhof		Mitt.Frk.
Haselreuth	Niederb.	Haslbach (2)		Ob.Pf.	Hattenhofen (2)		Oberb.
Haselsdorf	Niederb.	Haslberg (2)		Oberb.	Hattenhofen		Ob.Pf.

Hattenhofen	Schwb.	Hauenthal	Unt.Frk.	Haunthal	Oberb.
Hattenkofen	Niederb.	Hauermühle	Niederb.	Haunwang	Niederb.
Hattersdorf	Ob.Frk.	Hausenöd	Niederb.	Haunwöhr	Oberb.
Hatthal	Oberb.	Haugen	Schwb.	Haunzamühle	Ob.Pf.
Hatting	Oberb.	Haugenried	Ob.Pf.	Haunzenberg	Niederb.
Hattnau	Schwb.	Haukeller	Unt.Frk.	Haunzenbergersöl	Niederb.
Hatzelmühle	Oberb.	Haumühle	Ob.Pf.	Haunzenmühle	Schwb.
Hatzelsberg	Oberb.	Haumühle	Unt.Frk.	Haupeltshofen	Schwb.
Hatzelsberg	Ob.Pf.	Haun	Oberb.	Hauperer	Niederb.
Hatzenberg	Niederb.	Haunberg (3)	Oberb.	Haupersreuth	Ob.Pf.
Hatzenberg	Schwb.	Haunberg (2)	Niederb.	Haupolding	Niederb.
Hatzenbühl	Rh.Pf.	Haunberg	Ob.Pf.	Haupprechts	Schwb.
Hatzenbühler-		Haundorf	Niederb.	Hauptenberg	Niederb.
mühle	Rh.Pf.	Haundorf (2)	Mitt.Frk.	Hauptendorf	Ob.Frk.
Hatzenhof	Ob.Pf.	Haundorf	Ob.Frk.	Hauptmann	Niederb.
Hatzenhofen	Schwb.	Haunerhof	Oberb.	Hauptmannsberg	Niederb.
Hatzenreuth	Ob.Pf.	Haunermühle	Unt.Frk.	Hauptmans-	
Hatzerreith	Niederb.	Haunersdorf (5)	Niederb.	greith	Schwb.
Hatzersberg	Niederb.	Haunerting (3)	Oberb.	Hauptmannsgrub	Niederb.
Hatzing	Niederb.	Haunertsholzen	Oberb.	Hauptmannsstett	Oberb.
Hatzl	Oberb.	Haunfang	Niederb.	Hauptstuhl	Rh.Pf.!
Hatzlenberg	Schwb.	Haunhart	Niederb.	Haurschäbl	Niederb.
Hatzlsteig	Oberb.	Haunkenzell	Niederb.	Haus (14)	Oberb.
Hatzmoos	Oberb.	Haunleiten	Niederb.	Haus (4)	Niederb.
Haubenberg	Niederb.	Haunleitner	Oberb.	Haus (2)	Ob.Pf.
Haubenhof	Mitt.Frk.	Haunmühle (2)	Niederb.	Haus (2)	Schwb.
Haubensteig	Schwb.	Haunolben	Oberb.	Hausbach (2)	Niederb.
Hauberstett	Oberb.	Haunolbshofen	Mitt.Frk.	Hausbäck	Niederb.
Hauberthal	Niederb.	Haunpolding, a.		Hausberg	Oberb.
Haubertshub	Niederb.	Haupolding	Niederb.	Hausberg (2)	Niederb.
Haubing	Oberb.	Haunprechting	Niederb.	Hausberg	Unt.Frk.
Haubmühle	Ob.Pf.	Haunprechts	Oberb.	Hausberger	Niederb.
Haubold	Niederb.	Haunreit	Oberb.	Hauseck	Oberb.
Hauck	Unt.Frk.	Haunreit	Niederb.	Hauseck	Ob.Pf.
Hauckenmühle	Unt.Frk.	Haunritz (2)	Ob.Pf.	Hauseed	Niederb.
Hauckmohrmühle	Unt.Frk.	Haunsbach	Niederb.	Hauselmann	Niederb.
Haub, Hautern	Oberb.	Haunsberg (2)	Niederb.	Hauselweib	Niederb.
Haubersmühle	Unt.Frk.	Haunsfeld	Mitt.Frk.	Hausen (15)	Oberb.
Haueisen	Ob.Frk.	Haunsheim	Schwb.	Hausen (2)	Niederb.
Hauen	Oberb.	Haunshofen	Oberb.	Hausen	Rh.Pf.
Hauendorf	Ob.Frk.	Haunspach	Niederb.	Hausen	Ob.Pf.
Hauenreuth (2)	Ob.Frk.	Haunsrieb	Oberb.	Hausen (2)	Ob.Frk.
Hauenstein	Rh.Pf.	Haunstätt	Oberb.	Hausen (2)	Mitt.Frk.
Hauenstein	Ob.Frk.	Haunstein	Niederb.	Hausen (7)	Unt.Frk.
Hauenstein	Unt.Frk.	Haunstetten	Oberb.	Hausen (11)	Schwb.
Hauensteiner-		Haunstetten	Mitt.Frk.	Hausenberg	Niederb.
mühle	Rh.Pf.	Haunstetten	Schwb.	Hausenermühle	Schwb.

Hausenhof	Mitt.Frk.	Haurdorf	Ob.Pf.	Hechtelmühle	Ob.Pf.
Hausenthal	Niederb.	Hauzenberg (3)	Niederb.	Hechtfeldt	Ob.Pf.
Hauserhof	Ob.Pf.	Hauzendorf	Ob.Pf.	Hechthof	Ob.Pf.
Hausermühle	Niederb.	Hauzenmühle	Unt.Frk.	Hechtmühle	Ob.Pf.
Hausern	Oberb.	Hauzenmühle	Schwb.	Heckelmühle, oder	
Hauserlsmühle	Mitt.Frk.	Hauzenstein	Ob.Pf.	Buchmühle	Mitt.Frk.
Hausfürst	Unt.Frk.	Hawangen	Schwb.	Heckels	Schwb.
Hausham	Oberb.	Harenöst	Oberb.	Heckelsmühle	Schwb.
Haushausen	Oberb.	Harhausen	Oberb.	Hecken (3)	Oberb.
Hausheim	Ob.Pf.	Haying	Oberb.	Hecken	Niederb.
Haushof	Niederb.	Hayna	Rh.Pf.	Heckenbach	Oberb.
Haushof	Ob.Pf.	Hazbeck	Ob.Pf.	Heckenberg	Ob.Frk.
Hausing	Oberb.	Hazenberg	Oberb.	Heckendahlheim	Rh.Pf.
Hauslach	Mitt.Frk.	Hebanz	Ob.Frk.	Heckengrub	Niederb.
Hauslehen (2)	Oberb.	Hebendorf	Unt.Frk.	Heckenhöfchen	Unt.Frk.
Hauslehen	Niederb.	Hebenhof	Ob.Pf.	Heckenhof	Ob.Frk.
Hausleiten (3)	Oberb.	Hebensdorf	Niederb.	Heckenhof (2)	Unt.Frk.
Hausleiten	Niederb.	Hebenstreit	Niederb.	Heckenhofen, oder	Mitt.Frk.
Hauslez	Oberb.	Hebermühle	Ob.Pf.	Heckenhofen,	
Hausmann	Oberb.	Hebern	Schwb.	unter	Mitt.Frk.
Hausmann	Niederb.	Hebersberg	Niederb.	Heckenmühle	Mitt.Frk.
Hausmanning(2)	Niederb.	Hebersdorf (2)	Ob.Pf.	Heckenmühle (3)	Unt.Frk.
Hausmehring (4)	Oberb.	Hebersmühl	Mitt.Frk.	Heckenstall	Oberb.
Hausmetting	Niederb.	Hebersreuth	Ob.Pf.	Heckenwimm	Niederb.
Hausmonning		Heberthal	Oberb.	Hecker	Niederb.
(4)	Oberb.	Heberting	Oberb.	Heckermühle	Ob.Pf.
Hausmühle	Ob.Pf.	Heberting	Niederb.	Heckling	Niederb.
Hausner	Oberb.	Hebertsham	Oberb.	Hecklesmühle (2)	Unt.Frk.
Hausraltenbuch	Ob.Pf.	Herbertshausen	Oberb.	Heckmaier	Oberb.
Hausreuth	Niederb.	Heblesricht	Ob.Pf.	Heckmühle	Niederb.
Hausrockelmühle	Oberb.	Hebramsdorf	Niederb.	Heckmühle	Rh.Pf.
Hausruck	Oberb.	Hebrontshausen	Niederb.	Heckmühle	Unt.Frk.
Hausruckling	Niederb.	Hechelbach	Mitt.Frk.	Hedersdorf	Mitt.Frk.
Hausschwend	Niederb.	Hechelberg (2)	Niederb.	Hedersreuth	Ob.Frk.
Hausschwendner	Niederb.	Heckenberg (6)	Oberb.	Hedharterhof	Rh.Pf.
Hauserbühl	Oberb.	Heckenberg, auch		Hedlenreuth	Ob.Frk.
Hausstadt	Oberb.	Höhenberg	Oberb.	Heegmühle	Unt.Frk.
Hausstätt (2)	Oberb.	Heckenberg, auch		Heerstadterhof	Unt.Frk.
Hausstätten	Niederb.	Höhenberg	Niederb.	Heerwagensberg	Ob.Frk.
Hausstatt	Oberb.	Heckenberg (2)	Niederb.	Hefele	Schwb.
Hauswies	Oberb.	Heckendorf	Oberb.	Hefenhof	Schwb.
Hauszell	Niederb.	Heckenrain	Oberb.	Hefersweiler	Rh.Pf.
Hauterstädt	Oberb.	Heckenried	Oberb.	Heft (2)	Oberb.
Hautschenmühle	Mitt.Frk.	Heckenwang	Oberb.	Heft (2)	Niederb.
Hautzenbichl	Oberb.	Hechfelden (2)	Oberb.	Hege	Schwb.
Hautzenöd	Oberb.	Heching	Oberb.	Hegelhofen	Schwb.
Hautzing (2).	Oberb.	Hechlingen	Mitt.Frk.	Hegenau	Mitt.Frk.

Hegendorf — Heimathshofen. 97

Hegendorf	Mitt.Frk.	Heidhub	Oberb.	Heiligengeist-	
Heggen (2)	Schwb.	Heidingsfeld	Unt.Frk.	schwaig	Oberb.
Heggers	Schwb.	Heidling	Oberb.	Heiligenhäusl	Ob.Pf.
Heggesting	Niederb.	Heidling	Mitt.Fr.	Heilinghausen	Ob.Pf.
Heggler	Oberb.	Heidmersbrunn	Schwb.	Heiligenhof	Unt.Frk.
Heglau	Mitt.Frk.	Heidmühle	Rh.Pf.	Heiligenkreuz	Ob.Pf.
Heglohe	Mitt.Frk.	Heidmühle	Mitt.Frk.	Heiligenkreuz	Mitt.Frk.
Hegnabrunn	Ob.Frk.	Heidreut	Niederb.	Heiligenkreuz, a.	
Hegnenbach	Schwb.	Heidvocking	Oberb.	Ziegenberg	Mitt.Frk.
Hegnenberg	Mitt.Frk.	Heidweiherhöfe	Ob.Pf.	Heiligenmoschel	Rh.Pf.
Hegratsried	Oberb.	Heigel	Oberb.	Heiligenmühle	Mitt.Frk.
Hehelberg	Niederb.	Heigelhof	Niederb.	Heiligenmühle	Unt.Frk.
Heherberg, auch		Heigelmühle	Oberb.	Heiligenstadt	Oberb.
Hechelberg	Niederb.	Heigelsberg	Oberb.	Heiligenstadt (2)	Niederb.
Hehlen	Schwb.	Heigenbrücken	Unt.Frk.	Heiligenstadt, a.	
Hehnhub	Oberb.	Heigerbrücker		Lutherisch Hall-	
Hehrhof	Ob.Frk.	Schacht	Unt.Frk.	stadt	Ob.Frk.
Heibelhof	Niederb.	Heigenhausen		Heiligenstein	Rh.Pf.
Heiberskofen	Niederb.	Heigenkam (3)	Oberb.	Heiligenthal	Unt.Frk.
Heiblhub	Niederb.	Heigenlander	Oberb.	Heilig Geist	Niederb.
Heid, am Rain	Oberb.	Heigenmoos	Oberb.	Heiligkreuz	Oberb.
Heid (2)	Niederb.	Heiging	Oberb.	Heilig Kreuz	Ob.Frk.
Heid, unter Tan-		Heigle	Schwb.	Heiligkreuz	Unt.Frk.
net	Niederb.	Heiland	Oberb.	Heiligkreuz (2)	Schwb.
Heid (2)	Schwb.	Heilbach	Oberb.	Heiling	Niederb.
Heidach (2)	Oberb.	Heilbertskofen	Niederb.	Heilingkreuz	Niederb.
Heidach	Schwb.	Heilbründl	Ob.Pf.	Heilingmühle	Niederb.
Heidau	Ob.Pf.	Heilbrunn	Oberb.	Heilingwies	Niederb.
Heide	Rh.Pf.	Heilbrunn, auch		Heilmberg	Niederb.
Heideck	Ob.Pf.	Brünndl hl.	Niederb.	Heilmfurt	Niederb.
Heidelberg	Ob.Pf.	Heilbrunn	Rh.Pf.	Heilmöd	Niederb.
Heidelbingerhof	Rh.Pf.	Heilegart		Heilmühle	Niederb.
Heidelheim	Ob.Frk.	Heilgersdorf	Unt.Frk.	Heilnberg	Oberb.
Heidelleithen	Ob.Frk.	Heilham	Oberb.	Heilnstein, auch	
Heidelmühle	Ob.Frk.	Heilig Blut		Heiligenstein	Niederb.
Heidelsberg	Niederb.	Heiligenbauer	Schwb.	Heilsberg	Unt.Frk.
Heidelsbuch	Schwb.	Heiligenberg	Niederb.	Heilsbergermühle	Ob.Pf.
Heiden (2)	Oberb.	Heiligenblut	Oberb.	Heilsbronn	Mitt.Frk.
Heidenau	Oberb.	Heiligenblut	Mitt.Frk.	Heimath	Oberb.
Heidenfeld	Unt.Frk.	Heiligenbrünnl	Niederb.	Heimathen	Unt.Frk.
Heidenham	Niederb.	Heiligenbrunn		Heimathsberg	Oberb.
Heidenheim	Mitt.Frk.	(2)	Niederb.	Heimathshausen	Oberb.
Heiderhof	Oberb.	Heiligenbrunn-		Heimathshausen,	
Heidersberg	Niederb.	mühl	Ob.Frk.	auch Helmelts-	
Heidesheim	Rh.Pf.	Heiligenfurt		hausen	Oberb.
Heidhäusel	Ob.Pf.	Heiligengeist-		Heimathshofen,	
Heidholz	Niederb.	mühle	Schwb.	a. Haimetshofen	Oberb.

Generalregister z. Orts- u. Postlex. f. Bayern. 7

98 Heimathsrieb — Helena.

Heimathsrieb	Oberb.	Heindlschlag	Niederb.	Heinzhof	Ob.Pf.
Heimbach	Oberb.	Heinersberg	Ob.Pf.	Heisanger	Oberb.
Heimbach	Mitt.Frk.	Heinersberg (3)	Ob.Frk.	Heisenhub	Niederb.
Heimberg (2)	Oberb.	Heinersdorf (2)	Mitt.Frk.	Heisenstein	Ob.Frk.
Heimberg	Schwb.	Heinersdorfer-		Heisprechting	Niederb.
Heimberg	Niederb.	mühle	Mitt.Frk.	Heiß	Oberb.
Heimbuch (3)	Oberb.	Heinersdorf	Unt.Frk.	Heiß	Niederb.
Heimbuchenthal	Unt.Frk.	Heinersgrund	Ob.Frk.	Heissen	Niederb.
Heimburg	Ob.Pf.	Heinersreuth	Ob.Pf.	Heissen	Schwb.
Heimen (2)	Schwb.	Heinersreuth (5)	Ob.Frk.	Heißenbauer	Oberb.
Heimenegg	Schwb.	Heinert	Unt.Frk.	Heißenberg	Niederb.
Heimenhalden	Schwb.	Heinfeld	Ob.Pf.	Heißenöd	Niederb.
Heimenhof	Unt.Frk.	Heinhub	Niederb.	Heißenzell	Ob.Pf.
Heimenhofen	Schwb.	Heining	Oberb.	Heissenschwenden	Schwb.
Heimenkirch	Schwb.	Heining	Niederb	Heisseshelm	Schwb.
Heimerlhof	Niederb.	Heiningermühl	Oberb.	Heißhof*)	Oberb.
Heimersreutin	Schwb.	Heinleinshaus	Ob.Frk.	Heißing (2)	Niederb.
Heimertingen	Schwb.	Heinleinshof	Mitt.Frk.	Heißmaning	Oberb.
Heimgarten (2)	Oberb.	Heinmühle	Mitt.Frk.	Heißmühle	Oberb.
Heimgolding	Oberb.	Heinriching	Niederb.	Heisting (4)	Oberb.
Heimham	Oberb.	Heinrichsberg	Oberb.	Heistrach	Oberb.
Heimhausen	Niederb.	Heinrichsberg	Niederb.	Heitl	Oberb.
Heimhilgen (2)	Oberb.	Heinrichsbrunn	Niederb.	Heitlern	Schwb.
Heimhof (3)	Ob.Pf.	Heinrichsdobel	Niederb.	Heitzbäck	Niederb.
Heimhofen	Schwb.	Heinrichsdorf (2)	Oberb.	Heitzelsberg	Niederb.
Heimholz	Schwb.	Heinrichsdorf	Niederb.	Heitzen	Schwb.
Heimkirchen	Rh.Pf.	Heinrichsdorf	Ob.Frk.	Heitzenberg	Oberb.
Heimkreut	Oberb.	Heinrichsheim	Schwb.	Heitzmannsberg	Oberb.
Heimleinshof	Mitt.Frk.	Heinrichshofen	Oberb.	Heizing	Niederb.
Heimlichschönau	Niederb.	Heinrichskirchen	Ob.Pf.	Hekestall	Oberb.
Heimling (2)	Oberb.	Heinrichsmühle	Ob.Frk.	Helbing	Oberb.
Heimmühle	Mitt.Frk.	Heinrichsmühle	Unt.Frk.	Helchenbach	Niederb.
Heimpersdorf	Oberb.	Heinrichsöd	Niederb.	Helchenried	Schwb.
Heimpolding	Niederb.	Heinrichsreith	Niederb.	Heldenberg	Niederb.
Heimprechtsreith	Niederb.	Heinrichsthal, a.		Heldengut	Niederb.
Heimtreiber	Ob.Frk.	Heinrichshütte	Unt.Frk.	Heldenstein	Oberb.
Heimweg	Mitt.Frk.	Heinsbacherhof	Rh.Pf.	Heldenmühle	Rh.Pf.
Hein	Niederb.	Heinsberg	Ob.Pf.	Heldensteiner	
Heinach	Oberb.	Heinstätten	Oberb.	Forsthaus	Rh.Pf.
Heinach	Ob.Frk.	Heinzelberg	Schwb.	Heldering	Oberb.
Heinachshof	Unt.Frk.	Heinzeleck	Niederb.	Heldersberg, auch	
Heindlfeld	Niederb.	Heinzelmühle	Ob.Pf.	Hölbersberg	Schwb.
Heindlhof	Ob.Pf.	Heinzendorf	Ob.Frk.	Helding	Oberb.
Heindlhub	Oberb.	Heinzenhausen	Rh.Pf.	Heldmannsberg	Mitt.Frk.
Heindlmühle	Oberb.	Heinzenhof	Schwb.	Heldweinsreuth	Ob.Pf.
Heindlmühle (2)	Niederb.	Heinzenmühle	Ob.Pf.	Helena Sct.	Ob.Pf.
Heindlmühle	Ob.Pf.	Heinzenthal	Rh.Pf.	Helena Sct.	Ob.Frk.

*) Neue Ansiedlung zur Gemeinde Lauterbach, Bezirksamt Dachau, gehörig.

Helfenberg	Ob.Pf.	Helmishofen	Schwb.	Hengstbach	Rh.Pf.
Helfenbrunn	Oberb.	Helmsdorf	Niederb.	Heugstbacherhof	Rh.Pf.
Helfendorf	Oberb.	Helmsricht	Ob.Pf.	Hengstbacher-	
Helfenroth	Unt.Frk.	Helmstadt	Unt.Frk.	mühle	Rh.Pf.
Helfenwang	Oberb.	Helo	Schwb.	Hengstwald, Zie-	
Helfersried	Oberb.	Helperting	Oberb.	gelhütte	Rh.Pf.
Helfkam	Niederb.	Helsberg	Oberb.	Hengthal	Oberb.
Helgenstein	Niederb.	Helsbrunn	Niederb.	Henhart	Niederb.
Hellberg	Ob.Pf.	Heltersberg	Rh.Pf.	Henhüll	Ob.Pf.
Hellbrechting	Niederb.	Hematshof	Ob.Pf	Henigeg	Niederb.
Hellbronn	Oberb.	Hemau	Ob.Pf.	Hening (2)	Oberb.
Hellenbach	Mitt.Frk.	Hembach, ober	Ob.Pf.	Henkels, auch	
Hellengerst	Schwb.	Hemberg	Oberb.	Hengeler	Schwb.
Hellers	Schwb.	Hemerau	Niederb.	Henn	Niederb.
Hellersberg	Schwb.	Hemersheim	Mitt.Frk.	Hennebach	Mitt.Frk.
Hellersmühle	Unt.Frk.	Hemerten	Oberb.	Henneberg	Ob.Pf.
Hellerschwang	Oberb.	Hemhausen	Oberb.	Henneberg	Mitt.Frk.
Helletsgaden	Oberb.	Hemhof	Oberb.	Hennemühle	Schwb.
Hellgrub	Niederb.	Hemhofen	Ob.Frk.	Hennenberg	Mitt.Frk.
Hellham	Niederb.	Hemhub	Oberb.	Hennenbühl	Oberb.
Hellhammer, auch		Hemmendorf	Mitt.Frk.	Hennenbügel	Ob.Pf.
Hellenhof	Unt.Frk.	Hemmendorf	Unt.Frk.	Hennenhof	Ob.Pf.
Hellhof	Niederb.	Hemmersdorf	Niederb.	Hennenschwang	Schwb.
Hellkofen	Ob.Pf.	Hemsbach	Unt.Frk.	Hennenweidach	Schwb.
Hellmannsberg(3)	Oberb.	Hemshof	Rh.Pf.	Hennenzogl	Oberb.
Hellmannsried	Niederb.	Hempelhof	Ob.Frk.	Hennermais	Niederb.
Hellmizheim	Mitt.Frk.	Hempelsberg	Niederb.	Hennermühl	Ob.Pf.
Hellöd	Niederb.	Hempelsberg	Ob.Frk.	Hennersperg, auch	
Hellring	Niederb.	Hendelhammer	Ob.Frk.	Henningsberg	Niederb.
Hellroth	Oberb.	Hendelhof	Schwb.	Hennetsreith	Niederb.
Hellsberg	Niederb.	Hendenham	Oberb.	Hennhart	Oberb.
Helm	Oberb.	Hendlmühle	Ob.Pf.	Hennhofen	Schwb.
Helmau (2)	Oberb.	Hendungen	Unt.Frk.	Henning (2)	Niederb.
Helmbach	Oberb.	Hendungermühle	Unt.Frk.	Hennthal (2)	Oberb.
Helmbachermühle	Rh.Pf.	Henetsberg	Oberb.	Hennthal (2)	Niederb.
Helmberg	Oberb.	Henfenfeld	Mitt.Frk.	Henrlettenluft	Ob.Frk.
Helmberg	Niederb.	Heng	Ob.Pf.	Henschberg	Rh.Pf.
Helmbühl	Oberb.	Hengdorf	Mitt.Frk.	Henscher	Schwb.
Helmbrechts	Ob.Pf.	Hengeberg	Oberb.	Hense	Schwb.
Helmbrechts	Ob.Frk.	Hengeler	Schwb.	Henthalhof, auch	
Helmel	Oberb.	Hengersberg (2)	Niederb.	Hendelhof	Schwb.
Helmenstein	Schwb.	Henghof	Ob.Pf.	Henzenmühle	Rh.Pf.
Helmer	Oberb.	Henghub (2)	Niederb.	Hepfengraben	Oberb.
Helmeringerhof,		Henglberg	Niederb.	Heppdiel	Unt.Frk.
auch Spitalhof	Schwb.	Hengnau	Schwb.	Heppenhof	Unt.Frk.
Helming (2)	Oberb.	Hengsberg	Niederb.	Heppenhütte	Unt.Frk.
Helming	Niederb.	Hengsberg	Rh.Pf.	Hepperg	Oberb.

Heppolding	Niederb.	Hergramsdorf	Ob.Frk.	Heroldsmühle	Ob.Frk.
Heppstädt	Ob.Frk.	Heringen	Oberb.	Heroltsreuth	Ob.Frk.
Herbelsdorf	Unt.Frk.	Heringnohe	Ob.Pf.	Herolsöd	Oberb.
Herben	Schwb.	Herings	Schwb.	Herper	Unt.Frk.
Herberg	Oberb.	Heringsloh	Ob.Frk.	Herpersdorf (5)	Mitt.Frk.
Herberg, kalte u. neue	Oberb.	Herkertsmühle	Unt.Frk.	Herpfenried	Schwb.
		Herkheim	Schwb.	Herrabach	Mitt.Frk.
Herberg, hinter	Niederb.	Herlaß	Ob.Frk.	Herrenau	Niederb.
Herbering	Oberb.	Herlen	Schwb.	Herrenchiemsee	Oberb.
Herbermühle	Schwb.	Herleshof	Unt.Frk.	Herrenhaus	Rh.Pf.
Herbersdorf (2)	Niederb.	Herlheim	Unt.Frk.	Herrenlehen	Oberb.
Herbertsfelden	Niederb.	Herlingshart	Mitt.Frk.	Herrenlohe	Ob.Frk.
Herbertshain	Unt.Frk.	Hermann Sct.	Niederb.	Herrenmühle	Mitt.Frk.
Herbertshofen	Schwb.	Hermannsberg		Herrenmühle	Unt.Frk.
Herbishofen	Schwb.	(2)	Oberb.	Herrenmühle (3)	Schwb.
Herbisried	Schwb.	Hermannsberg	Niederb.	Herrenöd	Oberb.
Herbitzheim	Rh.Pf.	Hermannsberg	Ob.Pf.	Herrenstetten	Schwb.
Herblfing	Niederb.	Hermannschlag	Oberb.	Herrentelsenbach	Oberb.
Herblingen	Schwb.	Hermannsdorf	Oberb.	Herrenwalds-	
Herboldshof (2)	Mitt.Frk.	Hermannsdorf	Ob.Pf.	höfchen	Rh.Pf.
Herbolzheim	Mitt.Frk.	Hermannsgrub	Ob.Pf.	Herrenwies	Niederb.
Herbsdorf	Oberb.	Hermannshof	Ob.Pf.	Herrenwies	Schwb.
Herbstadt	Unt.Frk.	Hermannskirchen	Niederb.	Herretshofen, auch Herets- hofen	
Herbstham	Oberb.	Hermannsöd (2)	Niederb.		
Herbstmühle	Ob.Frk.	Hermannsöd	Ob.Pf.		Schwb.
Herbstmühle	Mitt.Frk.	Hermannsreit	Niederb.	Herrfurt	Ob.Pf.
Herchsheim	Unt.Frk.	Hermannsreith (2)		Herrgottsmühle	Ob.Frk.
Herchweiler	Rh.Pf.		Niederb.	Herrgottsmühle	Mitt.Frk.
Herdathurm	Unt.Frk.	Hermannsried	Niederb.	Herrgottsmühle	Unt.Frk.
Herder	Oberb.	Hermannstall	Oberb.	Herrgottsruhe	Oberb.
Herdgasse	Niederb.	Hermannstetten	Oberb.	Herrgotts Ruhe	Schwb.
Herdweg	Oberb.	Hermatzen	Schwb.	Herrgottswiesen	Oberb.
Heretshausen	Oberb.	Hermersberg	Rh.Pf.	Herrieden	Mitt.Frk.
Heretsheim	Oberb.	Hermersbergerhof	Rh.Pf.	Herrmann	Oberb.
Heretshofen	Schwb.	Hermersdorf	Ob.Frk.	Herrmannsberg	Niederb.
Heretsöd, Herzöd	Oberb.	Hermershof	Ob.Frk.	Herrmannsberg (2)	
Heretsried	Schwb.	Hermersreith	Ob.Frk.		Ob.Pf.
Herfahrtsmühle	Oberb.	Hermes	Ob.Frk.	Herrmannsberg	Mitt.Frk.
Herfingerhof	Rh.Pf.	Hermesgrün	Ob.Frk.	Herrmannsberg	Unt.Frk.
Hergatz	Schwb.	Hernberg	Niederb.	Herrmannsberg	Schwb.
Hergelshäuserhof	Rh.Pf.	Hernbling	Oberb.	Herrmannsbrunn	Ob.Pf.
Hergensweiler	Schwb.	Heroldingen	Schwb.	Herrmannsdorf	Niederb.
Hergersbach	Mitt.Frk.	Heroldsbach	Ob.Frk.	Herrmanneck	Niederb.
Hergersweiler	Rh.Pf.	Heroldsberg	Ob.Frk.	Herrmannseb	Niederb.
Hergetsmühle	Unt.Frk.	Heroldsberg	Mitt.Frk.	Herrmannsdorf	Ob.Pf.
Hergolding	Oberb.	Heroldsgrün	Ob.Frk.	Herrmannshof	Ob.Frk.
Hergolshausen	Unt.Frk.	Heroldsmühle	Ob.Pf.	Herrmannsöd	Oberb.

Herrmannsöd — Hettlisweiler.   101

Herrmannsöd (2)	Niederb.	Herrnwies (2)	Oberb.	Herzogwind		Ob.Frk.
Herrmannsreuth (2)	Ob.Pf.	Herrnwies (2)	Niederb.	Heselmeier		Niederb.
		Herrnwinden	Mitt.Frk.	Heßacker		Niederb.
Hermannstetten	Ob.Pf.	Herrnzell	Oberb.	Heßbach		Mitt.Frk.
Herrmannsthal	Ob.Frk.	Herrsching	Oberb.	Heßdorf		Ob.Frk.
Herrmannsthal	Unt.Frk.	Hersbruck	Mitt.Frk.	Heßdorf		Unt.Frk.
Herrnbachham	Niederb.	Herschberg	Rh.Pf.	Hesselbach		Ob.Frk.
Herrnberg (3)	Oberb.	Herschfeld	Unt.Frk.	Hesselbach		Unt.Frk.
Herrnberg	Mitt.Frk.	Herschfeldermühle	Unt.Frk.	Hesselbacher Thor		Unt.Frk.
Herrnbirket	Niederb.	Herschweiler	Rh.Pf.	Hesselberg		Ob.Frk.
Herrnbründl	Ob.Pf.	Herschweiler-mühle	Rh.Pf.	Hesselfurth		Oberb.
Herrnbobl	Niederb.			Hesselohe		Oberb.
Herrneck	Niederb.	Hettingen	Schwb.	Hesselohe		Schwb.
Herrneb	Oberb.	Hertlingshausen	Rh.Pf.	Hesselmühle		Mitt.Frk.
Herrneich	Oberb.	Hertnegg	Schwb.	Hesselsmühle		Unt.Frk.
Herrnfehlburg	Niederb.	Hertwegsgrün	Ob.Frk.	Hesselstall		Schwb.
Herrnfelden	Niederb.	Hertwies	Schwb.	Hessen		Schwb.
Herrngiersdorf	Niederb.	Herrheim	Rh.Pf.	Hessenbichl		Oberb.
Herrnhausen	Oberb.	Herrheim a. Berg	Rh.Pf.	Hessenhof		Mitt.Frk.
Herrnholz (2)	Niederb.	Herrheimweyer	Rh.Pf.	Hessenhütte		Rh.Pf.
Herrnhütte	Mitt.Frk.	Herzenbirgl	Schwb.	Hessenküfer		Schwb.
Herrnlehen	Oberb.	Herzenmühle	Unt.Frk.	Hessenmühle (2)		Ob.Frk.
Herrnmühl	Ob.Pf.	Herziesuberg	Ob.Pf.	Hessenmühle		Mitt.Frk.
Herrnmühle	Niederb.	Herzing	Oberb.	Hessenmühle (3)		Unt.Frk.
Herrnmühle (2)	Rh.Pf.	Herzmanns	Schwb.	Hessenreuth		Ob.Pf.
Herrnmühle (2)	Ob.Pf.	Herzöd	Oberb.	Hessenthal		Oberb.
Herrnmühle, auch Rothwang	Ob.Pf.	Herzog im Feld	Oberb.	Hessenthal		Unt.Frk.
		Herzogau (2)	Niederb.	Heßlach		Ob.Frk.
Herrnmühle	Ob.Frk.	Herzogau	Ob.Pf.	Heßheim		Rh.Pf.
Herrnmühle	Mitt.Frk.	Herzogauerhütten	Ob.Pf.	Heßlar		Unt.Frk.
Herrnmühle (5)	Unt.Frk.	Herzogberg	Oberb.	Hetschetshub		Oberb.
Herrnneuses	Mitt.Frk.	Herzogenaurach	Ob.Frk.	Hetschingsmühle		Unt.Frk.
Herrnreuth	Oberb.	Herzogenmühle	Ob.Frk.	Hetschmühle (2)		Rh.Pf.
Herrnried	Ob.Pf.	Herzogenreuth	Ob.Frk.	Hetschwang		Schwb.
Herrnsaal	Niederb.	Herzoghof	Ob.Pf.	Hetten, Hätten		Oberb.
Herrnsberg	Mitt.Frk.	Herzoghuth	Ob.Pf.	Hettenbach *)		Schwb.
Herrnschallbach	Mitt.Frk.	Herzogmühle	Niederb.	Hettenhausen		Rh.Pf.
Herrnschroth	Ob.Frk.	Herzogmühle	Rh.Pf.	Hettenhausen		Unt.Frk.
Herrnschwaig	Oberb.	Herzogmühle	Ob.Pf.	Hettenkirchen		Oberb.
Herrnsdorf (2)	Ob.Frk.	Herzogöd	Ob.Pf.	Hettenlosen		Niederb.
Herrnsheim	Unt.Frk.	Herzogreit	Oberb.	Hettenleitelheim		Rh.Pf.
Herrnsheimer-mühle	Unt.Frk.	Herzogsägmühle	Oberb.	Hettenpaulshof		Unt.Frk.
		Herzogsgasse	Rh.Pf.	Hettenshausen		Oberb.
Herrnthan	Niederb.	Herzogspitz	Ob.Pf.	Hettisried		Schwb.
Herrnthann	Ob.Pf.	Herzogsreith	Niederb.	Hettlingen		Schwb.
Herrnwahl	Niederb.	Herzogsreithermühle	Niederb.	Hettlisweiler		Schwb.
Herrnwalberhof	Rh.Pf.					

*) Eine neubenannte Vorstadt von Augsburg.

102 Hettstadt — Hilling

Hettstadt	Unt.Frk.	Heumosmühle	Schwb.	Hierenbach	Schwb.
Hetz	Niederb.	Heumühle	Oberb.	Hierfurt, Hinfurt	Oberb.
Hetzelsdorf	Ob.Pf.	Heumühle	Niederb.	Hierla	Niederb.
Hetzelsdorf	Ob.Frk.	Heunefäßer	Unt.Fil.	Hierlbach	Niederb.
Hetzelsdorf (2)	Niederb.	Heunischhof	Mitt.Frk.	Hiermersried	Ob.Pf.
Hetzelsried	Niederb.	Heurain	Oberb.	Hiersdorf (2)	Niederb.
Hetzenbach	Niederb.	Heureuth	Mitt.Frk.	Hierzing	Niederb.
Hetzenbach	Ob.Pf.	Heustabel	Ob.Pf.	Hiesenauer	Niederb.
Hetzenberg	Niederb.	Heusteig	Schwb.	Hießling	Oberb.
Hetzenbühl	Oberb.	Heustreu	Unt.Frk.	Hiffring	Niederb.
Hetzendorf	Ob.Frk.	Heuwang	Schwb.	Higketten	Schwb.
Hetzenhausen	Oberb.	Heuweg	Ob.Pf.	Hilb	Niederb.
Hetzenhof	Ob.Frk.	Heuwies (2)	Niederb.	Hildbrandsgrün	Ob.Frk.
Hetzenmühle	Ob.Frk.	Heuwinkel (2)	Oberb.	Hildenbach	Ob.Frk.
Hetzenmühle	Schwb.	Herenagger (2)	Ob.Pf.	Hildenbergerhöfe	Unt.Frk.
Hetzennest	Ob.Frk.	Hetzb	Rh.Pf.	Hildenbrandseck	Rh.Pf.
Hetzhof, auch		Hezlas	Ob.Frk.	Hildenmühle	Ob.Frk.
Hötzkof	Niederb.	Hezweiler	Mitt.Frk.	Hilders	Unt.Frk.
Hetzlinshofen	Schwb.	Hickern	Oberb.	Hilg (2)	Oberb.
Hetzles	Unt.Frk.	Hickersöd	Oberb.	Hilgartsberg	Niederb.
Hetzlsberg	Niederb.	Hickerstall	Niederb.	Hilgen (5)	Oberb.
Hetzmannsdorf	Niederb.	Hibler	Niederb.	Hilgen	Niederb.
Hetzmannsdorf	Ob.Pf.	Hibring	Niederb.	Hilgenrain	Oberb.
Heubach (2)	Unt.Frk.	Hieb	Niederb.	Hilgenreith	Niederb.
Heuberg	Ob.Pf.	Hieberhof	Schwb.	Hilger (2)	Oberb.
Heuberg (2)	Mitt.Frk.	Hiebing	Oberb.	Hilger	Niederb.
Heuberg (2)	Schwb.	Hiebing	Niederb.	Hilgersdorf	Oberb.
Heubergerhof	Rh.Pf.	Hiebl (2)	Oberb.	Hilgersöd	Oberb.
Heubergermühle	Rh.Pf.	Hiebl	Niederb.	Hilgertshausen	Oberb.
Heubsch	Ob.Frk.	Hiebler	Oberb.	Hilhof	Mitt.Frk.
Heubühl	Ob.Pf.	Hiebl	Oberb.	Hilfering	Niederb.
Heuchelheim (2)	Rh.Pf.	Hiemenhofen	Schwb.	Hilkersdorf, auch	
Heuchelheim	Ob.Frk.	Hiendelsöd	Niederb.	Zoll	Ob.Frk.
Heuchling (2)	Mitt.Frk.	Hienklau	Niederb.	Hilkinger	Niederb.
Heudorf	Schwb.	Hienblöd (2)	Niederb.	Hill	Oberb.
Heuerhof	Rh.Pf.	Hiendorf	Ob.Pf.	Hillau	Niederb.
Heufeld (2)	Oberb.	Hienhardt	Niederb.	Hilleck	Oberb.
Heufelderhof	Unt.Frk.	Hienhart (2)	Niederb.	Hiller	Oberb.
Heufurt	Unt.Frk.	Hienheim	Niederb.	Hillermauer	Oberb.
Heugamühle	Ob.Pf.	Hiening (2)	Niederb.	Hillern	Niederb.
Heugelshof	Unt.Frk.	Hienling	Niederb.	Hillersbach, auch	
Heugrumbach	Unt.Frk.	Hienlings, auch		Hilsbach	Niederb.
Heuhof	Schwb.	Hinlings	Schwb.	Hillertsham	Oberb.
Heuhofermühle	Niederb.	Hienraching (3)	Oberb.	Hillertsöd	Oberb.
Heuloh	Ob.Frk.	Hienstorf	Oberb.	Hillersgaben	Oberb.
Heumaden	Ob.Pf.	Hierankel (2)	Oberb.	Hilling (3)	Oberb.
Heumödern	Mitt.Frk.	Hiereding	Oberb.	Hilling (2)	Niederb.

Hilloße — Hinterfreundorf. 103

Hilloße (2)	Ob.Pf.	Himmelreich	Niederb.	Hinterbaumberg	Oberb.
Hillstätten	Ob.Pf.	Himmelsberg	Oberb.	Hinterberg (6)	Oberb.
Hilm	Niederb.	Himmelspforte	Unt.Frk.	Hinterberg (4)	Niederb.
Hilm	Ob.Pf.	Himmelstadt	Unt.Frk.	Hinterberg (3)	Ob.Pf.
Hilmberg	Niederb.	Himmelstadter		Hinterberg (2)	Schwb.
Hilmer (2)	Oberb.	Mühle	Unt.Frk.	Hinterberg, auch	
Hilnhart	Niederb.	Himmelthal	Ob.Pf.	Unterberghof	Schwb.
Hilöd	Niederb.	Himmelthal	Unt.Frk.	Hinterberger	Ob.Pf.
Hilperding	Oberb.	Himmelwies	Niederb.	Hinterbichl (4)	Oberb.
Hilpersried	Ob.Pf.	Himmerstall	Mitt.Frk.	Hinterbrand	Oberb.
Hilpertshausen, auch Sct. Veit	Unt.Frk.	Himo	Schwb.	Hinterbreiten- thann	Mitt.Frk.
Hilpertshausen	Schwb.	Himpfelshof	Mitt.Frk.	Hinterbremberg	Schwb.
Hilpertshof	Mitt.Frk.	Hindelang	Schwb.	Hinterbrünst	Ob.Pf.
Hilpertsgraben	Ob.Frk.	Hinding (2)	Niederb.	Hinterbuch (3)	Oberb.
Hilpertsried	Oberb.	Hindlhub	Oberb.	Hinterbuch	Ob.Frk.
Hilpertsweller	Mitt.Frk.	Hindling	Oberb.	Hinterbuch (2)	Schwb.
Hilpolding	Oberb.	Hindling	Niederb.	Hinterbuchberg	
Hilpoldsberg	Schwb.	Hindsberg	Oberb.	(2)	Niederb.
Hilpoltstein	Ob.Pf.	Hinflucht	Niederb.	Hinter Buchen- brunn	Schwb.
Hilsbach	Mitt.Frk.	Hingerszell	Oberb.		
Hilst	Rh.Pf.	Hinhart	Oberb.	Hinterburg	Niederb.
Hilstermühle	Rh.Pf.	Hinkerding	Oberb.	Hinterburn	Niederb.
Hiltelsberg	Niederb.	Hinkhof	Niederb.	Hinterbietsberg	Niederb.
Hiltenbach	Ob.Pf.	Hinkofen	Ob.Pf.	Hinterdobl	Niederb.
Hiltensingen	Schwb.	Hinlings, auch Hienlings	Schwb.	Hinterdorenwald	Schwb.
Hiltensberg (2)	Schwb.	Hinmühle	Oberb.	Hintereben	Niederb.
Hiltersdorf	Ob.Pf.	Hinnang	Schwb.	Hintereck (4)	Oberb.
Hiltershof	Ob.Pf.	Hinnatsreit	Oberb.	Hintereck, ober und unter	Oberb.
Hiltesried	Ob.Pf.	Hinning	Niederb.		
Hiltmannsdorf	Mitt.Frk.	Hino	Schwb.	Hintereck	Schwb.
Hiltpoltstein	Ob.Frk.	Hintberg	Niederb.	Hintered	Oberb.
Hiltraching, auch Hiltrichen	Niederb.	Hintelsberg	Niederb.	Hintered (2)	Niederb.
Hilz	Niederb.	Hinten (2)	Niederb.	Hintere Gemeinde	Ob.Frk.
Hilzenberg	Oberb.	Hinter der Enge	Schwb.	Hinteregg (4)	Schwb.
Hilzenhütte	Niederb.	Hinteraich (2)	Oberb.	Hintereggeten	Ob.Frk.
Hilzhofen	Ob.Pf.	Hinteraichberg	Niederb.	Hintereglburg	Oberb.
Himmel, im	Schwb.	Hinteralbing	Oberb.	Hintererb	Ob.Frk.
Himmelberg	Niederb.	Hinterappendorf	Ob.Pf.	Hintere Schnald	Ob.Frk.
Himmelgarten	Mitt.Frk.	Hinterascha	Niederb.	Hinteresfelsbrunn	Unt.Frk.
Himmelkron	Ob.Frk.	Hinteraschau	Oberb.	Hinterestenberg	Oberb.
Himmelmühle	Ob.Pf.	Hinterau	Oberb.	Hinterettenberg	Oberb.
Himmelreich (2)	Oberb.	Hinterau	Niederb.	Hinterfarnach	Oberb.
Himmelreich (3)	Niederb.	Hinterauberg	Niederb.	Hinterfelling	Niederb.
Himmelreich, auch Lobhof	Ob.Frk.	Hinterbach	Niederb.	Hinterfirmians- reith	Niederb.
		Hinterbach	Schwb.		
		Hinterbächel	Oberb.	Hinterfreundorf	Niederb.

Hinterfuchsreut	Oberb.	Hinterholzmühle		Hinterrauchen-	
Hintergalgenberg	Niederb.	(2)	Oberb.	berg	Ob.Pf.
Hintergereuth	Ob.Frk.	Hinterhorlachen	Ob.Frk.	Hinter Recken-	
Hinter Gern	Oberb.	Hinterhub	Oberb.	berg	Niederb.
Hintergesselberg	Oberb.	Hinterhublach	Niederb.	Hinterrehberg	Ob.Frk.
Hintergmain	Oberb.	Hinterkauf	Niederb.	Hinterreisach	Niederb.
Hintergraben	Oberb.	Hinterkehr	Oberb.	Hinterreith	Oberb.
Hintergraseck	Oberb.	Hinterkeilberg	Ob.Pf.	Hinter-Reith	Niederb.
Hintergrashof	Unt.Frk.	Hinterkesselberg	Ob.Frk.	Hinterreute (2)	Schwb.
Hintergrub	Oberb.	Hinterkirchen	Oberb.	Hinterreuth	Oberb.
Hintergrub (4)	Niederb.	Hinterkirnberg	Oberb.	Hinterried (2)	Oberb.
Hintergrub (2)	Ob.Pf.	Hinterkleebach	Ob.Frk.	Hinterried	Schwb.
Hintergründl	Oberb.	Hinterkobel	Niederb.	Hinterröhrnhof	Ob.Frk.
Hintergsäng	Schwb.	Hinterkreit	Ob.Pf.	Hinterrottach	Schwb.
Hintergschwall	Oberb.	Hinterkreut	Niederb.	Hintersarling	Niederb.
Hinterg'schwendt	Oberb.	Hinterkronberg	Oberb.	Hintersberg (2)	Oberb.
Hinterhaag	Niederb.	Hinterlangegg	Oberb.	Hinterschatten-	
Hinterhag	Niederb.	Hinterlehen	Ob.Frk.	kirchen	Niederb.
Hinterhagengrub	Niederb.	Hinterleiten (5)	Oberb.	Hinterschellnbach	Schwb.
Hinterhaibhof	Ob.Pf.	Hinterleiten	Niederb.	Hinterschleten	Schwb.
Hinterhainberg	Niederb.	Hinterleithen (2)	Niederb.	Hinterschlag	Oberb.
Hinterhalben	Schwb.	Hinterleuthen	Niederb.	Hinterschleefeld,	
Hinterhammer	Niederb.	Hinterlerenau	Niederb.	s. Schleefeld	Oberb.
Hinterharpfing	Niederb.	Hinterloch	Oberb.	Hinterschloß	Niederb.
Hinterhartenthal	Schwb.	Hinterloh (2)	Oberb.	Hinterschmalholz	Schwb.
Hinterhaslach	Mitt.Frk.	Hinterloh	Niederb.	Hinterschmieding	Niederb.
Hinterhaunried	Ob.Pf.	Hinterloh	Ob.Frk.	Hinterschnaid	Schwb.
Hinterheid	Niederb.	Hintermaier	Oberb.	Hinterschnait	Oberb.
Hinter Helmhof	Niederb.	Hintermalling	Niederb.	Hinterschönau	Oberb.
Hinterherberg	Niederb.	Hintermberg	Schwb.	Hinterschwaig	Oberb.
Hinterherlaß	Ob.Frk.	Hintermehring	Oberb.	Hinterschwanteln	Schwb.
Hinterhillertsham	Oberb.	Hintermiesberg	Oberb.	Hinterschwarzen-	
Hinterhöhberg	Mitt.Frk.	Hintermoosham	Oberb.	berg	Schwb.
Hinterhör	Oberb.	Hinterm Stein	Oberb.	Hinterschweinhof	Oberb.
Hinterhof	Niederb.	Hintermühle	Oberb.	Hinterschwolmbach	Niederb.
Hinterhof (2)	Mitt.Frk.	Hintermühle	Niederb.	Hintersee	Schwb.
Hinterhof, ober	Mitt.Frk.	Hintermühle	Ob.Pf.	Hinterskirchen (2)	Niederb.
Hinterhofen	Oberb.	Hintermühle (2)	Mitt.Frk.	Hinterstall	Oberb.
Hinterhohenwald	Oberb.	Hintermühle	Schwb.	Hinterstallau	Oberb.
Hinterholz (5)	Oberb.	Hinternholz	Niederb.	Hinterstaufen	Schwb.
Hinterholz (2)	Niederb.	Hinteröd (5)	Oberb.	Hintersteig	Niederb.
Hinterholz	Mitt.Frk.	Hinteröd (6)	Niederb.	Hinterstein	Schwb.
Hinterholz (2)	Schwb.	Hinterpfeimach	Mitt.Frk.	Hintersteinberg	Oberb.
Hinterholzen	Oberb.	Hinterpoint	Oberb.	Hintersteinerhof	Rh.Pf.
Hinterholzen (3)	Niederb.	Hinterprer	Ob.Frk.	Hinterstellberg	Unt.Frk.
Hinterholzer	Oberb.	Hinterrannsberg	Ob.Pf.	Hintersterfl	Niederb.
				Hinterstetten	Oberb.

Hinterstetten	Niederb.	Hirnkirchen	Oberb.	Hirschhausen	Oberb.
Hinterstöcken	Ob.Frk.	Hirnkofen	Niederb.	Hirschhelm	Oberb.
Hinterstößl	Oberb.	Hirnloh	Oberb.	Hirschhöf	Ob.Pf.
Hinterstraß	Niederb.	Hirnmühle	Ob.Pf.	Hirschhof (2)	Ob.Pf.
Hintersulzberg	Schwb.	Hirnsberg	Oberb.	Hirschhorn	Niederb.
Hintertausch	Niederb.	Hirnsberg	Niederb.	Hirschhorn, oder	
Hinterthan (2)	Oberb.	Hirnschnell	Niederb.	Hühnerscharre	Rh.Pf.
Hinterthann	Ob Pf.	Hirnstetten	Mitt.Frk.	Hirschhornerhof	Rh.Pf.
Hintertharren	Oberb.	Hirsch	Niederb.	Hirschhub	Oberb.
Hinterthürn	Ob.Pf.	Hirsch, goldner	Ob.Frk.	Hirschhütte	Ob.Pf.
Hinterviechtach	Niederb.	Hirschald (2)	Ob.Frk.	Hirschkofen	Niederb.
Hinterwald	Oberb.	Hirschalbermühle	Rh.Pf.	Hirschlach	Mitt.Frk.
Hinterwaldeck	Niederb.	Hirschau (5)	Oberb.	Hirschling	Niederb.
Hinterwaldmans	Schwb.	Hirschau	Ob.Pf.	Hirschling	Ob.Pf.
Hinterwallberg	Oberb.	Hirschauer Kirche	Rh.Pf.	Hirschmühle (2)	Ob.Pf.
Hinterwalten	Schwb.	Hirschbach (2)	Oberb.	Hirschneuses	Mitt.Frk.
Hinterweldenthal	Rh.Pf.	Hirschbach	Niederb.	Hirschöd	Niederb.
Hinterweinberg	Niederb.	Hirschbach	Ob.Pf.	Hirschpoint (3)	Oberb.
Hinterwellen	Oberb.	Hirschbach	Mitt.Frk.	Hirschreit	Oberb.
Hinterwessen	Oberb.	Hirschbach	Schwb.	Hirschreith	Niederb.
Hinterwies	Oberb.	Hirschberg (2)	Oberb.	Hirschricht	Ob.Pf.
Hinterwiesenreut	Oberb.	Hirschberg (3)	Niederb.	Hirschschlag	Niederb.
Hinterwimm (2)	Niederb.	Hirschberg	Ob.Pf.	Hirschstätt (2)	Oberb.
Hinterwinkl	Oberb.	Hirschberg	Ob.Frk.	Hirschstein	Ob.Pf.
Hinterwinn	Oberb.	Hirschberg	Mitt.Frk.	Hirschthal	Niederb.
Hinterwollaberg	Niederb.	Hirschberglein	Ob.Frk.	Hirschthal	Rh.Pf.
Hinterzhof	Ob.Pf.	Hirschbichel	Schwb.	Hirschthürl	Oberb.
Hinterziegelstadl	Niederb.	Hirschbichl	Oberb.	Hirschwald	Ob.Pf.
Hinterzirnberg	Ob.Pf.	Hirschbronn	Mitt.Frk.	Hirschzell	Schwb.
Hintlaber	Niederb.	Hirschbrunn	Ob.Frk.	Hirten (2)	Oberb.
Hintner	Oberb.	Hirschbrunn	Schwb.	Hirtenkichel	Schwb.
Hinwang	Schwb.	Hirschbuch	Oberb.	Hirtenhaus	Niederb.
Hinzelbach	Niederb.	Hirschbüchel	Schwb.	Hirtenhaus	Ob.Frk.
Hinzelsberg	Niederb.	Hirschdobel	Niederb.	Hirtenhaus	Mitt.Frk.
Hinzing (2)	Oberb.	Hirschdorf	Schwb.	Hirtenstein	Niederb.
Hinzing (2)	Niederb.	Hirschen	Oberb.	Hirtl	Niederb.
Hinzweiler	Rh.Pf.	Hirschenberg	Niederb.	Hirtlbach	Oberb.
Hipfelham	Oberb.	Hirschenhausen	Oberb.	Hirtreith, siehe	
Hippenstall	Niederb.	Hirschenhofen	Oberb.	Hörtreith	Niederb.
Hippoltsried	Ob.Pf.	Hirschenwies	Niederb.	Hirzau	Niederb.
Hirbishofen	Schwb.	Hirschfeld	Ob.Frk.	Hirzing	Niederb.
Hirblingen	Schwb.	Hirschfeld	Unt.Frk.	Hirzlheim	Oberb.
Hirl	Oberb.	Hirschfelden	Schwb.	Hitscherhof	Rh.Pf.
Hirlöd	Niederb.	Hirschgarten	Oberb.	Hitting	Niederb.
Hirmerhaus	Ob.Pf.	Hirschgründlein,		Hittistetten	Schwb.
Hirn	Schwb.	a. Arschkörben	Ob.Frk.	Hizaberg	Niederb.
Hirnhofen	Niederb.	Hirschhalm	Oberb.	Hizdorf	Niederb.

Hitzelmühle	Ob.Pf.	Hochbucherhof	Schwb.	Hochkreut	Niederb.
Hitzelsberg	Oberb.	Hochdorf	Oberb.	Hochlehen	Oberb.
Hitzelsberg	Ob.Pf.	Hochdorf	Niederb.	Hochletten (2)	Oberb.
Hitzenau	Niederb.	Hochdorf	Rh.Pf.	Hochletten	Niederb.
Hitzenberg, ober		Hochdorf (2)	Ob.Pf.	Hochleithe	Schwb.
und unter	Oberb.	Hochdorf	Schwb.	Hochlinn	Niederb.
Hitzenberg	Niederb.	Hocheck (2)	Oberb.	Hochmanner	Schwb.
Hitzendorf	Ob.Pf.	Hocheck (3)	Niederb.	Hochmanns	Schwb.
Hitzenhofen	Schwb.	Hochegg	Schwb.	Hochmoos	Oberb.
Hitzenschwenden	Schwb.	Hochelgen	Ob.Pf.	Hochmoos	Niederb.
Hitzenschwenden,		Hochenau	Niederb.	Hochmühl	Oberb.
auch Heissen-		Hocheneb	Niederb.	Hochmuting	Oberb.
schwenden	Schwb.	Hochenrath	Ob.Pf.	Hochöb (2)	Oberb.
Hitzenthal	Niederb.	Hochenstein	Niederb.	Hochöb, ober und	
Hitzhofen	Mitt.Frk.	Hocherb	Oberb.	unter	Oberb.
Hitzing (3)	Oberb.	Hocherlach	Oberb.	Hochöster	Oberb.
Hitzing	Niederb.	Hocherting	Oberb.	Hochofen	Ob.Pf.
Hitzleberg	Schwb.	Hochesten	Niederb.	Hochofen	Ob.Frk.
Hitzlenried	Schwb.	Hochfeld	Oberb.	Hochpaint	Niederb.
Hitzling	Oberb.	Hochfeld (2)	Niederb.	Hochpoint	Oberb.
Hitzling	Niederb.	Hochfeld	Schwb.	Hochrab	Schwb.
Hitzmain	Ob.Frk.	Hochfurth	Oberb.	Hochreit (7)	Oberb.
Hitzlo	Schwb.	Hochgart	Niederb.	Hochreit (5)	Niederb.
Hitzing (2)	Niederb.	Hochgart	Ob.Pf.	Hochreiten	Schwb.
Hitzling (2)	Niederb.	Hochgarten	Oberb.	Hochreith (5)	Oberb.
Hobach	Mitt.Frk.	Hochglend	Schwb.	Hochreith (5)	Niederb.
Hobbach, auch		Hochgreuth	Schwb.	Hochreut	Niederb.
Hofenleuch	Unt.Frk.	Hochhäusel	Niederb.	Hochreuthe	Schwb.
Hobelmühle	Schwb.	Hochhäusl (2)	Oberb.	Hochrieden	Niederb.
Hobelsberg, auch		Hochhäusl (2)	Niederb.	Hochschatzen	Oberb.
Hobersberg	Niederb.	Hochhaus (3)	Oberb.	Hochschein	Niederb.
Hobmannsberg	Niederb.	Hochhaus	Niederb.	Hochschloß	Oberb.
Hoch (2)	Niederb.	Hochhaus	Schwb.	Hochspeyer	Rh.Pf.
Hocha	Ob.Pf.	Hochhölzl	Niederb.	Hochstadt	Oberb.
Hochabrunn	Ob.Pf.	Hochhof	Schwb.	Hochstadt	Niederb.
Hochalch	Niederb.	Hochholbing	Niederb.	Hochstadt	Rh.Pf.
Hochaltingen	Schwb.	Hochholz (2)	Oberb.	Hochstadt	Ob.Frk.
Hochbach	Mitt.Frk.	Hochholz	Niederb.	Hochstadt (2)	Schwb.
Hochberg	Ob.Frk.	Hochholz	Ob.Pf.	Hochstadtermühle	Ob.Frk.
Hochberg (2)	Niederb.	Hochholz	Mitt.Frk.	Hochstadtmühle	Oberb.
Hochberg	Schwb.	Hochholz (2)	Schwb.	Hochstädt	Oberb.
Hochberg, auch		Hochholzen (2)	Oberb.	Hochstätt	Oberb.
Höchberg	Schwb.	Hochholzen (4)	Niederb.	Hochstätten (3)	Niederb.
Hochbruck	Oberb.	Hochhorn	Oberb.	Hochstätten	Rh.Pf.
Hochbruck	Niederb.	Hoching, auch		Hochstätten	Ob.Pf.
Hochbrunn	Ob.Pf.	Ilching	Oberb.	Hochstätten	Unt.Frk.
Hochbuch	Schwb.	Hochkreut (2)	Oberb.	Hochstall (2)	Ob.Frk.

Hochstaudelöb	Niederb.	Höchermühle	Ob.Pf.	Höflas (3)	Ob.Frk.
Hochstein	Rh.Pf.	Höchheim	Unt.Frk.	Höfle	Oberb.
Hochstein	Schwb.	Höchmansbüchl	Niederb.	Höfle, am	Schwb.
Hochstell	Rh.Pf.	Höchst	Unt.Frk.	Höflein	Niederb.
Hochstetten (3)	Niederb.	Höchstadt a. A.	Ob.Frk.	Höflein	Ob.Frk.
Hochstraß (2)	Oberb.	Höchstädt (2)	Ob.Frk.	Höfler	Niederb.
Hochstraß (2)	Niederb.	Höchstädt	Schwb.	Höfles (2)	Ob.Frk.
Hochstraß	Ob.Pf.	Höchstädterhof	Schwb.	Höfles (2)	Mitt.Frk.
Hochstraß (2)	Schwb.	Höchstetten	Niederb.	Höfling	Oberb.
Hochthal	Oberb.	Höchstetten	Mitt.Frk.	Höfling (4)	Niederb.
Hochthann	Niederb.	Höck (3)	Oberb.	Höfling (3)	Ob.Pf.
Hochwald	Niederb.	Höcken	Oberb.	Höflings (2)	Schwb.
Hochwang	Schwb.	Höckhof (2)	Oberb.	Höfstädten	Ob.Frk.
Hochwart	Ob.Frk.	Höckling	Niederb.	Höfstetten (5)	Mitt.Frk.
Hochwegen	Niederb.	Höcknwies	Niederb.	Höfstettermühle	
Hochweid	Niederb.	Hödel	Oberb.	(2)	Mitt.Frk.
Hochweiler	Schwb.	Hödelmühle	Ob.Frk.	Hög	Oberb.
Hochwies (2)	Niederb.	Hödenau	Oberb.	Högel	Oberb.
Hochwiese	Oberb.	Höfa	Oberb.	Högel	Niederb.
Hochwiesl	Niederb.	Höfarten	Oberb.	Högelau	Oberb.
Hochwiesmühle	Rh.Pf.	Höfel (2)	Niederb.	Högeldorf	Niederb.
Hochwimm (5)	Niederb.	Höfele	Oberb.	Högelsberg	Niederb.
Hochwinkel	Ob.Frk.	Höfelesbauer	Schwb.	Högelstein (2)	Ob.Pf.
Hochwinkl	Niederb.	Höfelhof	Schwb.	Högen	Ob.Pf.
Hochwinn	Oberb.	Höfelmayr	Oberb.	Högenau	Oberb.
Hochwurzer	Oberb.	Höfen (8)	Oberb.	Högering	Oberb.
Hochzellhütte	Niederb.	Höfen (6)	Niederb.	Högerlberg	Ob.Pf.
Hochzipfl	Niederb.	Höfen (8)	Ob.Pf.	Högerlsee	Ob.Pf.
Hochzoll	Oberb.	Höfen, auch		Högl	Oberb.
Hock	Niederb.	Speckmannshof	Ob.Pf.	Högl (3)	Niederb.
Hockamühle	Ob.Pf.	Höfen (4)	Ob.Frk.	Höglhaus	Oberb.
Hockenrech	Unt.Frk.	Höfen	Rh.Pf.	Högling	Oberb.
Hobering	Oberb.	Höfen (9)	Mitt.Frk.	Högling	Oberb.
Hobersberg	Oberb.	Höfen	Unt.Frk.	Höglwörth	Oberb.
Höbelsreith	Niederb.	Höfen (4)	Schwb.	Högnmühl	Niederb.
Höbering	Oberb.	Höfengrub	Niederb.	Höhberg	Mitt.Frk.
Höbrig	Oberb.	Höfenhof	Ob.Pf.	Höhbergsmühle	Unt.Frk.
Höbstl	Oberb.	Höfenmühle	Mitt.Frk.	Höhe (2)	Oberb.
Höch (2)	Oberb.	Höfenneußig	Unt.Frk.	Höhe, auf der	Oberb.
Höch	Niederb.	Höferanger	Ob.Frk.	Höhe	Schwb.
Höchberg	Unt.Frk.	Höferberg	Ob.Frk.	Höhehof	Ob.Pf.
Höchel	Niederb.	Höfermühle	Ob.Pf.	Höhelnöd	Rh.Pf.
Höchen	Rh.Pf.	Höfing (2)	Niederb.	Höhelschweiler	Rh.Pf.
Höchenberg	Ob.Pf.	Höfl	Oberb.	Höhen	Schwb.
Höchensee	Ob.Pf.	Höfla	Ob.Pf.	Höhenbauer	Schwb.
Höcherberg	Niederb.	Höflarn (2)	Ob.Pf.	Höhenberg (11)	Oberb.
Höcherhof	Niederb.	Höflas (4)	Ob.Pf.	Höhenberg (7)	Niederb.

Höhenberg (4)	Ob.Pf.	Höll, am Hochberg	Oberb.	Höllnbach	Oberb.
Höhenberg	Schwb.	Höll (5)	Niederb.	Höllnberg	Oberb.
Höhenbrunn	Niederb.	Höll (3)	Ob.Pf.	Höllned	Niederb.
Höhendorf	Oberb.	Höll und Halb	Ob.Pf.	Höllnharr	Niederb.
Höhenester	Oberb.	Höll (3)	Schwb.	Höllnhub	Niederb.
Höhengau	Ob.Pf.	Höllbauer	Oberb.	Höllöd	Niederb.
Höhenkirchen (2)	Oberb.	Höllbauer (3)	Schwb.	Höllrich	Unt.Frk.
Höhenmoos	Oberb.	Höllberg	Oberb.	Höllthal (5)	Oberb.
Höhenmühle	Niederb.	Höllberg	Ob.Pf.	Höllthal	Niederb.
Höhenrain (5)	Oberb.	Höllberg	Schwb.	Höllzlehen	Ob.Pf.
Höhenrain	Niederb.	Höllbräumühle	Oberb.	Hölskofen	Niederb.
Höhenreutin	Schwb.	Höllbruck	Niederb.	Hölzel	Niederb.
Höhenried (2)	Niederb.	Höllbobel	Niederb.	Hölzelgrub	Niederb.
Höhenstadt (2)	Niederb.	Höllbobl	Niederb.	Hölzelhof	Ob.Pf.
Höhenstätten	Niederb.	Hölldorf	Niederb.	Hölzelmühle	Mitt.Frk.
Höhensteig	Oberb.	Hölle (4)	Ob.Frk.	Hölzer	Schwb.
Höhenstein	Niederb.	Höllen	Oberb.	Hölzing	Oberb.
Höhenstein	Oberb.	Höllenbauer	Schwb.	Hölzl (2)	Oberb.
Höhenthal	Oberb.	Höllengeister	Schwb.	Hölzl (3)	Niederb.
Höhenwald	Oberb.	Höllenhof	Unt.Frk.	Hölzlberg	Niederb.
Höherskirchen	Niederb.	Höllenkirchen	Oberb.	Hölzlarn	Oberb.
Höherstetten	Oberb.	Höllenmühle	Rh.Pf.	Hölzlashof	Ob.Pf.
Höhfelden	Niederb.	Höllenstein (3)	Oberb.	Hölzllechen	Oberb.
Höhfeldner	Niederb.	Höllenstein	Niederb.	Hölzleinsmühle	Ob.Frk.
Höhfröschen	Rh.Pf.	Höllenthal	Oberb.	Hölzleinsmühle	Mitt.Frk.
Höhfurtmühle	Oberb.	Höllenthal	Schwb.	Hölzlers (2)	Schwb.
Höhhof (2)	Ob.Pf.	Höller	Niederb.	Hölzlhof	Ob.Pf.
Höhhof	Ob.Frk.	Höllerfeld	Oberb.	Hölzlhub	Niederb.
Höhl	Niederb.	Höllerthal (2)	Niederb.	Hölzling (2)	Oberb.
Höhle	Niederl.	Höllgrub (2)	Niederb.	Hölzlmühle (2)	Ob.Pf.
Höhle (3)	Schwb.	Höllhäusel	Oberb.	Hölzlöd	Niederb.
Höhlmühle	Ob.Frk.	Höllhäuser	Ob.Frk.	Hölzlwimm	Oberb.
Höhlthal	Oberb.	Höllhaslach	Oberb.	Hölzweber	Niederb.
Höhmannsbühl	Niederb.	Höllhaus	Niederb.	Hömark	Oberb.
Höhmühlbach	Rh.Pf.	Höllhof	Oberb.	Hönebichl	Oberb.
Hök (3)	Oberb.	Höllhof	Niederb.	Hönighausen	Oberb.
Hökhof	Oberb.	Höllhund	Oberb.	Hönighausen	Ob.Pf.
Hölling	Niederb.	Hölling	Oberb.	Hönigsbach	Niederb.
Hölching	Oberb.	Höllkreut	Niederb.	Hönigsgrub	Niederb.
Hölden	Schwb.	Höllmann	Oberb.	Höning	Ob.Pf.
Hölderle	Schwb.	Höllmannsried	Niederb.	Höningen	Rh.Pf.
Höllern	Oberb.	Höllmühl	Mitt.Frk.	Hönning	Oberb.
Höltersberg	Schwb.	Höllmühle (2)	Oberb.	Höpfenau	Ob.Frk.
Hölbing (2)	Ob.Pf.	Höllmühle (3)	Niederb.	Höpfermühle	Niederb.
Hölkering	Oberb.	Höllmühle (3)	Ob.Pf.	Höpfhof	Oberb.
Hölking	Oberb.	Höllmühle	Ob.Frk.	Höpfing	Oberb.
Höll (4)	Oberb.	Höllmühle	Mitt.Frk.	Höpfling	Oberb.

Höppelhof	Niederb.	Höringermühle	Rh.Pf.	Hörzhausen	Oberb.
Höpperting	Oberb.	Hörlasreuth	Ob.Frk.	Hörzing (3)	Oberb.
Hör	Oberb.	Hörlbach	Niederb.	Hörzing	Niederb.
Hörabach (2)	Niederb.	Hörlinreuth	Ob.Frk.	Hösbach	Unt.Frk.
Hörasing	Oberb.	Hörlis	Schwb.	Höschelhof	Oberb.
Höramoos	Niederb.	Hörlkam	Niederb.	Höselbach	Ob.Pf.
Hörasdorf	Niederb.	Hörlkofen, ober		Höselgrub	Ob.Pf.
Hörathal	Niederb.	und unter	Oberb.	Höselburst	Schwb.
Hörbach	Oberb.	Hörlmühle	Ob.Pf.	Höselsthal	Oberb.
Hörbach	Niederb.	Hörmann (2)	Oberb.	Höselwang	Oberb.
Hörbergen	Niederb.	Hörmann	Schwb.	Höslbach	Niederb.
Hörbering, auch		Hörmannsberg		Hösling	Niederb.
Herbering	Oberb.	(2)	Oberb.	Höttenkofen	Niederb.
Hörbering	Oberb.	Hörmannsberg	Niederb.	Höttingen	Mitt.Frk.
Hörbersdorf	Oberb.	Hörmannsdorf		Höttingen	Unt.Frk.
Hörbolz	Schwb.	(2)	Oberb.	Hötzdorf	Niederb.
Hörbolzmühle	Schwb.	Hörmannsdorf		Hötzelsberg	Oberb.
Hördorf	Niederb.	(5)	Niederb.	Hötzendorf (2)	Niederb.
Hördt	Rh.Pf.	Hörmannsdorf	Ob.Pf.	Hötzenham	Niederb.
Höreith	Niederb.	Hörmannsed	Niederb.	Hötzenhub	Niederb.
Hörensberg	Schwb.	Hörmating	Oberb.	Hötzenmühle	Niederb.
Hörensberghof	Schwb.	Hörmatshofen	Schwb.	Hötzerreith	Niederb.
Höresham	Oberb.	Hörmatzen	Schwb.	Hötzhof	Niederb.
Hörethal	Niederb.	Hörndl	Oberb.	Hötzing (3)	Oberb.
Höretshausen	Oberb.	Hörndl	Niederb.	Hötzkof	Niederb.
Hörgassing	Oberb.	Hörneting	Niederb.	Hötzlarn	Oberb.
Hörgassing	Niederb.	Hörnetsham	Oberb.	Hötzlberg	Niederb.
Hörgeding	Niederb.	Hörnsheim	Oberb.	Hötzling	Oberb.
Hörgelhof	Ob.Pf.	Hörnzhausen	Oberb.	Hötzling	Niederb.
Hörgelkofen	Niederb.	Hörpertsham	Niederb.	Hötzlmair	Niederb.
Hörgelsdorf	Niederb.	Hörpoint	Oberb.	Hötzmann	Niederb.
Hörgen	Oberb.	Hörpolting	Oberb.	Hötzmannsöd	Niederb.
Hörgenau	Niederb.	Hörpolting (2)	Niederb.	Hözelsberg	Oberb.
Hörgenbach (2)	Oberb.	Hörpolz	Schwb.	Hof (27)	Niederb.
Hörger	Schwb.	Hörring (2)	Oberb.	Hof (19)	Ob.Pf.
Hörgering	Oberb.	Hörrleinsdorf	Mitt.Frk.	Hof (4)	Ob.Pf.
Hörgers	Schwb.	Hörstein	Unt.Frk.	Hof am Regen	Ob.Frk.
Hörgersberg	Oberb.	Hört	Niederb.	Hof (2)	Schwb.
Hörgersdorf (2)	Oberb.	Hörtehof	Schwb.	Hof (3)	Schwb.
Hörgertsham	Niederb.	Hörtersmühle	Unt.Frk.	Hofackerhäusl	Niederb.
Hörgertshausen	Oberb.	Hörtner	Niederb.	Hofau	Oberb.
Hörgessing, auch		Hörtreith, auch		Hofau	Niederb.
Hörgassing	Niederb.	Hirtreith	Niederb.	Hofbau	Oberb.
Hörhof	Mitt.Frk.	Hörwalting	Ob.Pf.	Hofbauer (4)	Oberb.
Hörich	Schwb.	Hörwart	Oberb.	Hofbauer	Niederb.
Höring	Niederb.	Hörweg	Oberb.	Hofbauer am	
Höringen	Rh.Pf.	Hörzell	Oberb.	grünen Hof	Niederb.

Hofberg (3)	Oberb.	Hofmark	Niederb.	Hogberg	Ob.Pf.
Hofberg (3)	Niederb.	Hofmarksgasse	Oberb.	Hogen	Oberb.
Hofberg	Mitt.Frk.	Hofmühle (4)	Oberb.	Hoggen	Oberb.
Hofbruck	Niederb.	Hofmühle (2)	Niederb.	Hohberg	Ob.Frk.
Hofbuchberg	Ob.Pf.	Hofmühle (3)	Ob.Pf.	Hohe	Ob.Frk.
Hofdorf (2)	Niederb.	Hofmühle	Ob.Frk.	Hohe Fichte	Mitt.Frk.
Hofdorf	Ob.Pf.	Hofmühle (2)	Mitt.Frk.	Hohefichten	Ob.Frk.
Hofeck	Ob.Frk.	Hofmühle	Unt.Frk.	Hohegeis	Unt.Frk.
Hofen (3)	Oberb.	Hofmühle	Schwb.	Hohehäuser	Ob.Frk.
Hofen	Niederb.	Hofolding	Oberb.	Hoheim	Unt.Frk.
Hofen	Ob.Pf.	Hofpoint	Niederb.	Hohe Mühle	Unt.Frk.
Hofen (7)	Schwb.	Hofraith	Unt.Frk.	Hohemühle	Ob.Frk.
Hofenbuch, auch		Hofreit	Niederb.	Hohenaltheim	Schwb.
Hobbach	Unt.Frk.	Hofreith (2)	Oberb.	Hohenaschau	Oberb.
Hofendorf	Niederb.	Hofreith (2)	Niederb.	Hohenau	Niederb.
Hofenstetten	Ob.Pf.	Hofroth	Niederb.	Hohenaub	Mitt.Frk.
Hofer	Niederb.	Hofs (3)	Schwb.	Hohenauer	Niederb.
Hoferhof	Rh.Pf.	Hofschallern (2)	Oberb.	Hohenbachern	Oberb.
Hofering	Oberb.	Hofsingolding	Oberb.	Hohenbercha	Oberb.
Hofermühle	Schwb.	Hofstadt	Oberb.	Hohenberg (2)	Oberb.
Hofern	Oberb.	Hofstadt (2)	Niederb.	Hohenberg (3)	Ob.Frk.
Hofern (4)	Niederb.	Hofstädt	Oberb.	Hohenberg	Mitt.Frk.
Hoffeld (2)	Ob.Pf.	Hofstädten	Unt.Frk.	Hohenberger-	
Hoffer	Oberb.	Hofstädten	Schwb.	mühle	Schwb.
Hoffmann	Niederb.	Hofstätt (6)	Oberb.	Hohenbergham	Oberb.
Hofgarten	Oberb.	Hofstätten (2)	Oberb.	Hohenbirkach	Ob.Frk.
Hofgarten	Niederb.	Hofstätten (3)	Niederb.	Hohenbirkach	Unt.Frk.
Hofgiebing	Oberb.	Hofstätten	Rh.Pf.	Hohenbränd	Ob.Frk.
Hofgraben	Oberb.	Hofstätten	Ob.Pf.	Hohenbrunn	Oberb.
Hofham (2)	Oberb.	Hofstarring	Oberb.	Hohenbuch	Oberb.
Hofham	Niederb.	Hofstatt	Niederb.	Hohenbuch	Ob.Frk.
Hofhegnenberg	Oberb.	Hofstatt (2)	Schwb.	Hohenbuchen	Ob.Frk.
Hofheim	Oberb.	Hofstett (4)	Oberb.	Hohenbügel	Ob.Pf.
Hofheim	Unt.Frk.	Hofstetten (3)	Oberb.	Hohenbug	Ob.Frk.
Hofholz	Oberb.	Hofstetten (9)	Niederb.	Hohenburg	Niederb.
Hofhut	Ob.Pf.	Hofstetten (3)	Ob.Pf.	Hohenburg	Ob.Pf.
Hofing	Niederb.	Hofstetten (3)	Mitt.Frk.	Hohenburg (2)	Oberb.
Hofing	Ob.Pf.	Hofstetten (3)	Unt.Frk.	Hohenburg,	
Hofsen	Oberb.	Hofstetten (2)	Schwb.	Schloß	Ob.Pf.
Hofkirchen	Oberb.	Hofstetter	Niederb.	Hohenbilching	Oberb.
Hofkirchen (2)	Niederb.	Hofsteig	Ob.Pf.	Hohenbing	Oberb.
Hoflach	Oberb.	Hofthambach	Oberb.	Hohendorf	Ob.Frk.
Hofstelten	Oberb.	Hof-Thiergarten	Unt.Frk.	Hoheneck (2)	Oberb.
Hofmadmühle	Schwb.	Hofthurm	Schwb.	Hoheneck	Niederb.
Hofmann	Oberb.	Hofwaschen	Oberb.	Hoheneck	Mitt.Frk.
Hofmanns	Schwb.	Hofweinzier	Niederb.	Hohenecken	Rh.Pf.
Hofmannsed	Niederb.	Hofwies (2)	Oberb.	Hoheneckermühle	Rh.Pf.

Hohenegg	Schwb.	Hohenposter	Oberb.	Hohenweiler	Mitt.Frk.
Hoheneggelkofen	Niederb.	Hohenrad	Ob.Pf.	Hohenwieden	Niederb.
Hoheneich	Oberb.	Hohenrad	Mitt.Frk.	Hohenwies	Ob.Pf.
Hoheneichberg	Niederb.	Hohenrad	Schwb.	Hohenwiesen	Oberb.
Hoheneichinger	Niederb.	Hohenrain	Niederb.	Hohenwürzburg	Mitt.Frk.
Hohenfeld	Unt.Frk.	Hohenraunau	Schwb.	Hohenzant	Ob.Pf.
Hohenfels	Ob.Pf.	Hohenreichen	Schwb.	Hohenzell (2)	Oberb.
Hohenfreyberg	Schwb.	Hohenreit	Oberb.	Hohenzorn	Ob.Frk.
Hohenfurch, ober und unter	Oberb.	Hohenreuth (3)	Ob.Frk.	Hohersdorf	Ob.Pf.
		Hohenreuthen	Schwb.	Hoherting	Oberb.
Hohengebraching	Ob.Pf.	Hohenried (3)	Ob.Frk.	Hohestadt	Unt.Frk.
Hohengüßbach	Ob.Frk.	Hohenried	Niederb.	Hohezorn	Ob.Frk.
Hohenhaid	Ob.Frk.	Hohenried	Unt.Frk.	Hohholz	Mitt.Frk.
Hohenhard	Ob.Pf.	Hohenrobt	Mitt.Frk.	Hohl	Unt.Frk.
Hohenheußling	Ob.Frk.	Hohenröhrn	Niederb.	Hohlach	Mitt.Frk.
Hohenhöfe	Ob.Pf.	Hohenroth	Unt.Frk.	Hohlbornerhof	Rh.Pf.
Hohenhofen	Oberb.	Hohenschäftlarn	Oberb.	Hohlbrünner-	
Hohenholz	Mitt.Frk.	Hohenschambach	Ob.Pf.	mühle	Mitt.Frk.
Hohenimbach	Ob.Pf.	Hohenschlau	Schwb.	Hohleneich	Oberb.
Hohenkammer	Oberb.	Hohenschwärz	Mitt.Frk.	Hohlglashütte	Niederb.
Hohenkasten	Oberb.	Hohenschwalg	Oberb.	Hohlhelm	Schwb.
Hohenkogel	Oberb.	Hohenschwangau	Oberb.	Hohlmühle	Ob.Frk.
Hohenkemnath	Ob.Pf.	Hohenschwarz	Ob.Frk.	Hohlweg	Oberb.
Hohenkuden	Ob.Frk.	Hohenschwesen-		Hohlweger	Oberb.
Hohenlehen	Oberb.	dorf	Ob.Frk.	Hohlweiler	Mitt.Frk.
Hohenleithen	Oberb.	Hohenstadt	Mitt.Frk.	Hohlweilermühle	Mitt.Frk.
Hohenleitner	Oberb.	Hohensteg	Unt.Frk.	Hohmanns (2)	Schwb.
Hohenlinden	Oberb.	Hohenstein (2)	Niederb.	Hohmannsberg	Oberb.
Hohenlist	Rh.Pf.	Hohenstein	Mitt.Frk.	Hohmannsstett	Oberb.
Hohenlohe	Ob.Pf.	Hohenstraß	Schwb.	Hohn	Unt.Frk.
Hohenmauer	Niederb.	Hohentann	Niederb.	Hohnberg	Oberb.
Hohenmirsberg	Ob.Frk.	Hohenthan	Niederb.	Hohnhausen	Unt.Frk.
Hohenmorgen	Oberb.	Hohenthaner	Oberb.	Hohnsberg	Mitt.Frk.
Hohenmühle	Ob.Frk.	Hohenthann (2)	Oberb.	Hohreit	Niederb.
Hohenmühle (2)	Mitt.Frk.	Hohenthann	Niederb.	Hoiraus	Niederb.
Hohennobendorf	Niederb.	Hohenthann	Ob.Pf.	Hois	Oberb.
Hohenöd	Oberb.	Hohenthann	Schwb.	Hoisberg	Niederb.
Hohenöd	Niederb.	Hohenthann	Ob.Pf.	Hoisching	Niederb.
Hohenöllen	Rh.Pf.	Hohentreßwitz	Mitt.Frk.	Hoisenhäusl	Oberb.
Hohenösch	Oberb.	Hohentrübingen	Ob.Pf.	Hoiß	Oberb.
Hohenöster	Oberb.	Hohenwald	Oberb.	Hoißberg	Niederb.
Hohenofen	Oberb.	Hohenwart (3)	Niederb.	Hoisweber	Niederb.
Hohenparkstein	Ob.Pf.	Hohenwart	Ob.Pf.	Holben	Schwb.
Hohenpeißenberg	Oberb.	Hohenwart	Ob.Frk.	Holbenried	Schwb.
Hohenpfahl	Niederb.	Hohenwart	Schwb.	Holbereggen	Mitt.Frk.
Hohenpölz	Ob.Frk.	Hohenwarth (2)	Niederb.	Holbermühle	Ob.Frk.
Hohenpolding	Oberb.	Hohenwarth	Ob.Pf.	Holenbrunn	

Holenbrunn	Unt.Frk.	Holz, im	Oberb.	Holzhaarlanden	Niederb.
Holenstein	Ob.Pf.	Holz, vorm	Oberb.	Holzhäuschen	Niederb.
Hollba	Rh.Pf.	Holz (5)	Niederb.	Holzhäusel (2)	Niederb.
Holkronöd, auch		Holz	Ob.Pf.	Holzhäuseln (5)	Oberb.
Holkron	Niederb.	Holz (2)	Schwb.	Holzhäuseln im	
Holl	Niederb.	Holzaichen	Oberb.	Gfeichtet	Oberb.
Holla, Halla	Oberb.	Holzanbrä		Holzhäuseln, ober	
Hollaberg	Oberb.	Holzapfel	Oberb.	und unter	Oberb.
Holländermühle	Unt.Frk.	Holzapfel	Niederb.	Holzhäuseln (11)	Niederb.
Holland	Niederb.	Holzapfelhof	Mitt.Frk.	Holzhäuseln im	
Hollareuth	Ob.Frk.	Holzapfelöd	Niederb.	Algen	Niederb.
Hollen (2)	Schwb.	Holzara	Schwb.	Holzhäuser, vor-	
Hollenbach	Schwb.	Holzau	Niederb.	dere	Niederb.
Hollenbach	Oberb.	Holzbach	Oberb.	Holzhäuser (15)	Niederb.
Hollenberg	Ob.Frk.	Holzbäuerle	Schwb.	Holzhäuser	Ob.Frk.
Hollenburg	Oberb.	Holzbauer	Niederb.	Holzhäusel (6)	Oberb.
Hollenreuth	Ob.Frk.	Holzbauer (2)	Schwb.	Holzhäusel (5)	Niederb.
Holler	Ob.Frk.	Holzberg	Oberb.	Holzhäusel, siehe	
Hollerau	Niederb.	Holzberg	Niederb.	Prost	Niederb.
Hollerau, ober		Holzbergerhof	Unt.Frk.	Holzham (4)	Oberb.
und unter	Niederb.	Holzberndorf	Mitt.Frk.	Holzham (7)	Niederb.
Hollerbach	Niederb.	Holzbichl	Oberb.	Holzhammer	Niederb.
Hollermühle	Ob.Pf.	Holzbinder	Niederb.	Holzhammer	Ob.Pf.
Hollermühle	Mitt.Frk.	Holzbrand	Oberb.	Holzhaus (5)	Ob.Pf.
Hollern	Oberb.	Holzbruck	Oberb.	Holzhaus	Ob.Frk.
Holleröd	Niederb.	Holzbrunn	Oberb.	Holzhausen (22)	Oberb.
Hollerschlag	Oberb.	Holzbuch	Niederb.	Holzhausen, hin-	
Hollerstetten	Ob.Pf.	Holzburg	Oberb.	ter	Oberb.
Hollerthal	Oberb.	Holzdobl	Oberb.	Holzhauseu, vor-	
Hollfeld	Ob.Frk.	Holzdolling	Oberb.	ter	Oberb.
Hollhütte	Niederb.	Holzen (21)	Oberb.	Holzhausen, ober	
Holling (2)	Oberb.	Holzen (18)	Niederb.	und unter	Oberb.
Holling	Niederb.	Holzen	Schwb.	Holzhausen (4)	Niederb.
Hollmannsöd	Niederb.	Holzenhilgen		Holzhausen	Mitt.Frk.
Hollneich	Oberb.	Holzer	Oberb.	Holzhausen (2)	Unt.Frk.
Hollnöd	Niederb.	Holzerhof	Oberb.	Holzhausen	Schwb.
Hollreis	Oberb.	Holzerreuth	Niederb.	Holzheim (3)	Oberb.
Hollreit	Niederb.	Holzfeld	Oberb.	Holzheim (7)	Ob.Pf.
Hollstabt	Unt.Frk.	Holzfranz	Niederb.	Holzheim	Mitt.Frk.
Hollweg	Oberb.	Holzfreyung	Niederb.	Holzheim	Schwb.
Holm am Berg	Ob.Frk.	Holzgaben	Oberb.	Holzheim (2)	Oberb.
Holmbrun	Ob.Pf.	Holzgarten	Oberb.	Holzheu	Oberb.
Holspach	Niederb.	Holzgattern	Niederb.	Holzhiesel	Niederb.
Holnstein	Mitt.Frk.	Holzgrandl	Oberb.	Holzhof (2)	Oberb.
Holz (13)	Oberb.	Holzgrub	Oberb.	Holzhof (3)	Niederb.
Holz, am (3)	Oberb.	Holzgüng	Schwb.	Holzhof (3)	Rh.Pf.
Holz, am Berg	Oberb.	Holzgütel	Mitt.Frk.	Holzhof	Unt.Frk.

Holzhub	Niederb.	Holzner (2)	Niederb.	Honsolgen	Schwb.
Holzi	Ob.Pf.	Holzöd	Oberb.	Hoof	Rh.Pf.
Holzjackl (2)	Niederb.	Holzöd	Niederb.	Hopfau	Ob.Pf.
Holzingen	Mitt.Frk.	Holzolling	Oberb.	Hopfen	Oberb.
Holzkirchen (3)	Oberb.	Holzpaull	Niederb.	Hopfen (2)	Schwb.
Holzkirchen	Niederb.	Holzpoint	Oberb.	Hopfenau	Oberb.
Holzkirchen	Unt.Frk.	Holzpoint	Niederb.	Hopfengarten	Mitt.Frk.
Holzkirchen	Schwb.	Holzreit	Niederb.	Hopfengarten	Ob.Pf.
Holzkirchhausen	Unt.Frk.	Holzreuth	Niederb.	Hopfengarten-	
Holzkling	Oberb.	Holzried	Oberb.	mühle	Mitt.Frk.
Holzlechen	Oberb.	Holzschmied	Oberb.	Hopfenmühle	Ob.Pf.
Holzlehen	Oberb.	Holzschmuderer	Niederb.	Hopfenmühle (4)	Ob.Frk.
Holzlehen	Niederb.	Holzschneid (2)	Oberb.	Hopfenmühle,	
Holzleiten (4)	Oberb.	Holzschneid	Niederb.	Weiler	Mitt.Frk.
Holzleithen	Oberb.	Holzschneider	Niederb.	Hopfenohe	Ob.Pf.
Holzleithen (4)	Niederb.	Holzschnell	Oberb.	Hopfenried	Schwb.
Holzleuten (2)	Schwb.	Holzschuster (3)	Niederb.	Hopfenroith	Ob.Pf.
Holzlucken	Niederb.	Holzschwaig	Niederb.	Hopfensberg	Niederb.
Holzlucken	Ob.Frk.	Holzschwang	Schwb.	Hopfenstall	Niederb.
Holzmännische		Holzstadler	Niederb.	Hopfenwies	Niederb.
Mühle	Unt.Frk.	Holzstraß	Oberb.	Hopferau	Schwb.
Holzmärtel	Niederb.	Holzstrogn	Oberb.	Hopferbach	Schwb.
Holzmaier	Niederb.	Holztheis	Schwb.	Hopferstatt	Unt.Frk.
Holzmann (11)	Oberb.	Holztraubach	Niederb.	Hopfgarten (4)	Oberb.
Holzmann (11)	Niederb.	Holzurban	Niederb.	Hopfing	Oberb.
Holzmanns	Schwb.	Holzwagner	Oberb.	Hopfloh	Niederb.
Holzmanns-		Holzwagner	Niederb.	Hoppachshof, a.	
hausen	Niederb.	Holzwarth	Schwb.	Thomashof	Unt.Frk.
Holzmannstett	Oberb.	Holzweber (2)	Oberb.	Hoppelmühle	Schwb.
Holzmaurer	Niederb.	Holzweber	Niederb.	Hoppenbichl	Oberb.
Holzmaurer	Schwb.	Holzweg	Niederb.	Hoppern	Niederb.
Holzmichl	Oberb.	Holzwoferl	Ob.Pf.	Hoppingen	Schwb.
Holzmichl	Niederb.	Holzwies	Oberb.	Hopsing	Niederb.
Holzmiltach	Oberb.	Holzwim	Oberb.	Horating	Niederb.
Holzmühl	Oberb.	Holzzell	Oberb.	Horausberg	Niederb.
Holzmühl	Ob.Frk.	Homabing	Oberb.	Horb	Ob.Frk.
Holzmühle (2)	Oberb.	Homberg	Rh.Pf.	Horbach	Rh.Pf.
Holzmühle (9)	Niederb.	Homburg	Unt.Frk.	Horbach (2)	Ob.Frk.
Holzmühle (2)	Rh.Pf.	Homburg	Mitt.Frk.	Horbach	Mitt.Frk.
Holzmühle (9)	Ob.Pf.	Hombeer	Rh.Pf.	Horbacherhof	Rh.Pf.
Holzmühle (2)	Ob.Frk.	Hombronnerhof	Oberb.	Horbachermühle	Rh.Pf.
Holzmühle (2)	Mitt.Frk.	Homer	Oberb.	Horbacherthal	Rh.Pf.
Holzmühle (6)	Unt.Frk.	Honau (2)	Oberb.	Horben	Schwb.
Holzmühle (3)	Schwb.	Honeleshof	Ob.Frk.	Horbhof	Ob.Frk.
Holzmüller	Oberb.	Honings	Ob.Pf.	Horgau	Schwb.
Holzmüller	Niederb.	Honnersreuth	Ob.Pf.	Horgauergreuth	Schwb.
Holznachbarn	Oberb.	Honolb	Schwb.	Horgenbach	Oberb.

Horhausen	Unt.Frk.	Hozenbauer	Schwb.	Hubmühle	Oberb.
Horlach	Ob.Frk.	Hoyen	Schwb.	Hubmühle (3)	Niederb.
Horlachen (2)	Ob.Frk.	Hoyerberg	Schwb.	Hubrechts	Schwb.
Horlachen, hinter und vorder	Ob.Frk.	Hoyren	Schwb.	Hubreitb	Niederb.
		Hub (42)	Oberb.	Hubstetten	Niederb.
Hormersdorf	Mitt.Frk.	Hub (23)	Niederb.	Hubwies	Niederb.
Horn	Schwb.	Hub (5)	Ob.Pf.	Huch	Oberb.
Horn (3)	Oberb.	Hub	Mitt. Frk.	Huchelwiesen	Niederb.
Hornach	Niederb.	Hub (9)	Schwb.	Huckelheim	Unt.Frk.
Hornau	Oberb.	Hubberg	Oberb.	Huckenham	Niederb.
Hornau	Ob.Pf.	Hubbrände	Schwb.	Hucking	Oberb.
Hornau	Mitt.Frk.	Hubelschwaig	Schwb.	Hublach	Niederb.
Hornbach	Rh.Pf.	Huben (3)	Oberb.	Hublberg (2)	Oberb.
Hornbl	Niederb.	Hubenberg	Ob.Frk.	Hublhub	Oberb.
Horneck	Niederb.	Hubenhäuschen	Rh.Pf.	Hüb	Oberb.
Horner	Niederb.	Hubenhaus	Rh Pf.	Hueb (4)	Niederb.
Horphof	Niederb.	Hubenstein	Oberb.	Hueb	Ob.Pf.
Horniß	Oberb.	Huber (3)	Oberb.	Hübel (2)	Oberb.
Hornißelwieserhof	Rh.Pf.	Huber, am Ort	Oberb.	Hübel	Rh.Pf.
		Huber, am Bach	Oberb.	Hübeler	Schwb.
Hornlohe	Oberb.	Huber, am Moos	Oberb.	Hübschenried	Oberb.
Hornmühl	Ob.Pf.	Huber, am See, f. Faichten	Oberb.	Hübschmühle	Oberb.
Hornmühle	Ob.Pf.			Hüffler	Rh.Pf.
Hornmühle	Mitt.Frk.	Huber, auf der Wies	Oberb.	Hüfling	Niederb.
Horns	Schwb.			Hügel	Niederb.
Hornsdorf	Niederb.	Huber, in der Zell	Oberb.	Hügel	Ob.Frk.
Hornsegen	Mitt.Frk.			Hügelfing	Oberb.
Hornsröth	Ob.Frk.	Huberhäusl	Niederb.	Hügelhart	Oberb.
Hornstein	Oberb.	Huberhof (2)	Niederb.	Hügelmühle	Mitt.Frk.
Hornungsreuth	Ob.Frk.	Huberhof	Rh.Pf.	Hüglletterhof	Schwb.
Horschbach	Rh.Pf.	Huberleschwand	Schwb.	Hühl (2)	Ob.Frk.
Horschdorf	Ob.Frk.	Huberlöb	Niederb.	Hühnerbühl	Oberb.
Horst, Forsthaus	Rh.Pf.	Huberöd, s. am Sprüng	Niederb.	Hühnergrund	Ob.Frk.
Hort	Oberb.			Hühnerhöfen	Ob.Frk.
Horterhof	Rh.Pf.	Hubers (4)	Schwb.	Hühnerleite	Ob.Frk.
Horwagen	Ob.Frk.	Hubersberg	Niederb.	Hühnerloh	Ob.Frk.
Hosam	Niederb.	Hubertshäusl	Rh.Pf.	Hühnermühle	Mitt.Frk.
Hoserschwaig, a. Aschenschwaige	Schwb.	Huberwald	Niederb.	Hühners	Schwb.
		Huberweber	Niederb.	Hühnerscharre, a. Hirschhorn	Rh.Pf.
Hospitalhof	Ob.Frk.	Hubfranz	Oberb.		
Hospitalhof	Schwb.	Hubgern	Oberb.	Hühnersmühle	Ob.Frk.
Hostienbäcker	Oberb.	Hubhof (2)	Ob.Pf.	Hülbing	Niederb.
Hoswaschen	Oberb.	Hubing (3)	Niederb.	Hüll	Oberb.
Hottelkam	Niederb.	Hublohe (2)	Niederb.	Hüll	Niederb.
Hottenberg	Oberb.	Hubmannsegg	Schwb.	Hüll	Ob.Frk.
Hotting	Niederb.	Hubmersberg	Mitt.Frk.	Hülsenmühle	Ob.Frk.
Hozaberg	Ob.Pf.	Hubmühl	Oberb.	Hündl	Oberb.

Hündlbach — Hundsmühle.   115

Hündlbach, groß und klein	Oberb.	Hüttleithen	Niederb.	Hunackerhof	Rh.Pf.
Hünkelshäuptchen	Unt.Frk.	Hüttlingen	Mitt.Frk.	Hund	Niederb.
		Hüttner	Oberb.	Hundbalgen	Niederb.
Hünleinshaus	Ob.Frk.	Hüttstabel	Ob.Frk.	Hundberg	Oberb.
Hürbel (2)	Mitt.Frk.	Hüttung	Ob.Frk.	Hundelshausen	Unt.Frk.
Hürben	Schwb.	Hüttwustung	Ob.Frk.	Hundenschwaig	Schwb.
Hürblach	Unt.Frk.	Huflar	Unt.Frk.	Hunderdorf (2)	Niederb.
Hürfeld	Mitt.Frk.	Hufnagel	Oberb.	Hundertthalermühle	Schwb.
Hürlbach	Mitt.Frk.	Hufnagelsberg	Niederb.		
Hürnheim	Schwb.	Hufnagl	Niederb.	Hundessen	Ob.Pf.
Hürst	Oberb.	Hufschlag	Oberb.	Hundhagermühle	Ob.Pf.
Hürth	Mitt.Frk.	Hufschlag	Schwb.	Hundham (4)	Oberb.
Hüffingen	Mitt.Frk.	Hugelitz	Schwb.	Hundham	Niederb.
Hüterhaus	Unt.Frk.	Hguo	Schwb.	Hundheim	Rh.Pf.
Hütschenhausen	Rh.Pf.	Hugofluß	Unt.Frk.	Hundheim	Ob.Pf.
Hütstetten	Niederb.	Hugograben	Unt.Frk.	Hundheim, auch Hundenschwaig	Schwb.
Hütt (2)	Oberb.	Huhnmühle	Unt.Frk.		
Hütt	Niederb.	Huhnrain	Unt.Frk.	Hunding	Niederb.
Hütte	Schwb.	Huisheim	Schwb.	Hundlsdorf	Niederb.
Hüttelau	Oberb.	Huithe	Schwb.	Hundmühle	Oberb.
Hütten	Oberb.	Huldsessen	Niederb.	Hundsbach	Ob.Pf.
Hütten (4)	Niederb.	Humbach	Oberb.	Hundsbach (2)	Unt.Frk.
Hütten (3)	Ob.Pf.	Humbach	Schwb.	Hundsberg	Oberb.
Hütten (2)	Ob.Frk.	Humbertsweiler	Schwb.	Hundsberg (2)	Niederb.
Hüttenbach	Ob.Frk.	Humelmühle	Ob.Pf.	Hundsblasel	Niederb.
Hüttenbach	Mitt.Frk.	Humelreit	Niederb.	Hundsboden	Ob.Pf.
Hüttenberg	Oberb.	Humendorf	Ob.Frk.	Hundsboden	Ob.Frk.
Hüttenberg	Unt.Frk.	Humeratsried	Schwb.	Hundschwanz	Ob.Pf.
Hüttenberg	Schwb.	Humetsberg	Oberb.	Hundsdorf (2)	Niederb.
Hüttendorf	Mitt.Frk.	Humhausen	Oberb.	Hundsdorf	Ob.Frk.
Hüttenhausen	Ob.Pf.	Hummel (2)	Schwb.	Hundsdorf	Mitt.Frk.
Hüttenheim	Unt.Frk.	Hummelhausen	Oberb.	Hundseb	Oberb.
Hüttenkirchen	Oberb.	Hummelhof	Mitt.Frk.	Hundsfeld	Unt.Frk.
Hüttenkofen	Oberb.	Hummelmarter	Unt.Frk.	Hundsham	Oberb.
Hüttenkofen (2)	Niederb.	Hummels	Schwb.	Hundsham	Niederb.
Hüttenpeter	Oberb.	Hummelsberg	Oberb.	Hundshaupten (2)	Niederb.
Hüttensölden	Niederb.	Hummelsberg (2)	Niederb.	Hundshaupten	Ob.Frk.
Hüttenthal (2)	Oberb.	Hummelstein	Mitt.Frk.	Hundsheim	Oberb.
Hüttenthal	Rh.Pf.	Hummenberg	Ob.Frk.	Hundshof	Oberb.
Hüttenwirth	Oberb.	Hummendorf	Ob.Frk.	Hundshof	Niederb.
Hüttenzell	Niederb.	Humpel	Niederb.	Hundshof (4)	Ob.Frk.
Hütter	Oberb.	Humpferding	Niederb.	Hundshof	Mitt.Frk.
Hütterfurth	Niederb.	Humprechtsau	Mitt.Frk.	Hundsmaier	Niederb.
Hütting (4)	Oberb.	Humprechtshausen	Unt.Frk.	Hundsmiething	Oberb.
Hütting (2)	Niederb.	Humprechtsmühle	Schwb.	Hundsmühle	Ob.Frk.
Hütting	Schwb.	Hunaberg	Niederb.	Hundsmühle	Mitt.Frk.

Hundsöd (2)	Oberb.	Hungerlehen	Oberb.	Hutlehen	Oberb.
Hundsöd	Niederb.	Hungermühle	Oberb.	Hutler	Niederb.
Hundsöder	Niederb.	Hungermühle	Niederb.	Hutmühle	Niederb.
Hundsperg	Niederb.	Hungeröd	Oberb.	Hutuer	Schwb.
Hundspoint	Niederb.	Hungersacker	Ob.Pf.	Hutschbach (2)	Rh.Pf.
Hundsruch	Niederb.	Hungersberg	Oberb.	Hutschdorf	Ob.Frk.
Hundsruck	Oberb.	Hungersdorf	Ob.Pf.	Hutschenreuth	Ob.Frk.
Huudsruck (3)	Niederb.	Hungerwiesen	Oberb.	Hutschmühle	Rh.Pf.
Hundsrück	Unt.Frk.	Hungerzell	Niederb.	Hutschwald	Ob.Frk.
Hundschedel	Oberb.	Hunkling	Oberb.	Huttenbach	Schwb.
Hundsweihersäg-		Hunnas	Mitt.Frk.	Huttenried	Schwb.
mühle	Rh.Pf.	Huppenberg	Oberb.	Huttenstett (2)	Oberb.
Hundswinkel	Niederb.	Huppendorf	Ob.Frk.	Huttenwang	Schwb.
Hundszell	Oberb.	Hupprechts	Schwb.	Hutterer	Oberb.
Hundweiler	Schwb.	Hurlach	Oberb.	Hutteröd	Oberb.
Hundzell	Niederb.	Hurn (2)	Niederb.	Hutthurn	Niederb.
Hundzell	Mitt.Frk.	Hurnaus	Niederb.	Hutting	Niederb.
Hungenberg	Niederb.	Hurren	Schwb.	Hutting, auch	
Hungenberg	Ob.Pf.	Hurt	Oberb.	Huttingsöd	Ob.Pf.
Hungenberg	Ob.Frk.	Hurting	Ob.Pf.	Huttler	Schwb.
Hunger	Ob.Pf.	Hurtöfter	Oberb.	Huttlermühle	Schwb.
Hunger	Ob.Frk.	Hurzfurt	Unt.Frk.	Huttol	Schwb.
Hungerau	Oberb.	Huschermühle	Ob.Frk.	Hutwald	Ob.Frk.
Hungerberg (2)	Oberb.	Hussengut	Ob.Frk.	Hutzelmühle	Ob.Pf.
Hungerberg	Niederb.	Hustenöd	Niederb.	Hutzelmühle	Mitt.Frk.
Hungerberg	Ob.Pf.	Hut	Oberb.	Hutzenau	Oberb.
Hungerham (2)	Niederb.	Hutenkofen	Niederb.	Hutzenthal	Niederb.
Hungerhof	Mitt.Frk.	Huterhof	Niederb.	Hutzlmühle	Ob.Pf.
Hungerhub	Oberb.	Hutersberg	Niederb.	Huzelhof	Mitt.Frk.

J.

Jachenau	Oberb.	Jacobsruh	Mitt.Frk.	Jägerbild	Niederb.
Jachenhausen	Ob.Pf.	Jacobsruhe, auch		Jägerfleck	Niederb.
Jackel (2)	Schwb.	Brukartshof	Ob.Frk.	Jägerhäuschen	Ob.Frk.
Jackelhäusl (2)	Niederb.	Jackfenmühle	Unt.Frk.	Jägerhäuschen	
Jackeljörg	Schwb.	Jacobsmühle	Niederb.	(2)	Unt.Frk.
Jackenmühle	Mitt.Frk.	Jacobsthal	Unt.Frk.	Jägerhäuser	Mitt.Frk.
Jackenmühle	Schwb.	Jacobsweiler	Rh.Pf.	Jägerhäusl (2)	Niederb.
Jackhub	Oberb.	Jäger (2)	Oberb.	Jägerhaus (7)	Oberb.
Jackling, ober	Niederb.	Jäger in der		Jägerhaus (3)	Niederb.
Jacklpoint	Oberb.	Ebene	Oberb.	Jägerhaus	Rh.Pf.
Jacob Sct.	Ob.Pf.	Jäger in der		Jägerhaus	Ob.Pf.
Jacobshof	Ob.Frk.	Oeh	Oberb.	Jägerhaus	Ob.Frk.
Jacobsmühle (2)	Mitt.Frk.	Jägerberg	Ob.Pf.		

Jägerhaus (6)	Unt.Frk.	Jakob	Schwb.	Jenkofen		Oberb.
Jägerhaus (2)	Schwb.	Jakobhub	Oberb.	Jepolding (2)		Oberb.
Jägerhof	Unt.Frk.	Jakobneuharting	Oberb.	Jeserndorf		Niederb.
Jägerholz	Niederb.	Jakobreitenbach	Oberb.	Jesenkofen		Niederb.
Jägerhütte	Schwb.	Jakobsberg	Oberb.	Jesenwang		Oberb.
Jägermann	Oberb.	Jakobshub (2)	Oberb.	Jesserndorf		Unt.Frk.
Jägermann	Niederb.	Jammer	Ob.Pf.	Jeßling		Oberb.
Jägermühle, auch		Jandelsbrunn	Niederb.	Jesuitenhof		Niederb.
Welshäuplmühle	Niederb.	Janner	Oberb.	Jesuitenschwaig		Oberb.
Jägermühle	Schwb.	Jans	Oberb.	Jettenbach		Oberb.
Jägerndorf	Niederb.	Jarzt	Oberb.	Jettenbach		Rh.Pf.
Jägeröd	Niederb.	Jasberg	Oberb.	Jettenberg		Oberb.
Jägerreith (2)	Niederb.	Jaubing	Oberb.	Jettenhausen		Oberb.
Jägers	Schwb.	Jauchen	Schwb.	Jettenhofen		Mitt.Frk.
Jägersberg	Schwb.	Jauchshofen	Niederb.	Jettenstetten		Oberb.
Jägersberg	Niederb.	Jaubmühle	Oberb.	Jettingen		Schwb.
Jägersbühl, auch		Jaunen	Schwb.	Jettingsdorf		Mitt.Frk.
Kochheim	Schwb.	Jbenthann	Ob.Pf.	Jezelsberg		Niederb.
Jägersburg	Rh.Pf.	Jber	Ob.Pf.	Jetzenau		Niederb.
Jägersburg	Ob.Frk.	Jberlsmühle	Ob.Pf.	Jetzendorf		Oberb.
Jägersdorf	Oberb.	Jbind	Unt.Frk.	Jetzeneck		Niederb.
Jägershof (2)	Niederb.	Jbling	Mitt.Frk.	Jetzenham		Oberb.
Jägersmühle	Unt.Frk.	Jchendorf		Jetzing (2)		Niederb.
Jägersteig	Niederb.	Jchenhausen	Schwb.	Jetzlmaierhöfen		Oberb.
Jägertafel	Ob.Frk.	Jdelheim	Mitt.Frk.	Jetzleiten		Niederb.
Jägerthal	Rh.Pf.	Jdelsheim	Mitt.Frk.	Jetzhof		Oberb.
Jägerverein	Unt.Frk.	Jding	Oberb.	Jfelsdorf		Ob.Pf.
Jägerwies (2)	Niederb.	Jebertshausen	Oberb.	Jffeldorf		Oberb.
Jägerwirth	Niederb.	Jechling	Oberb.	Jffelkofen		Niederb.
Jähsen	Ob.Frk.	Jedelhausen	Schwb.	Jffelsberg		Oberb.
Jähsenmühle	Ob.Frk.	Jedelstetten	Oberb.	Jfflgheim		Unt.Frk.
Järkerndorf	Unt.Frk.	Jedenhofen	Oberb.	Jgelbach		Niederb.
Järtsöd	Oberb.	Jedenselten	Oberb.	Jgelsbach		Mitt.Frk.
Jagbberg	Oberb.	Jebersburg	Niederb.	Jgelsdorf		Niederb.
Jagenried	Ob.Pf.	Jedesbach	Ob.Pf.	Jgelsdorf		Ob.Frk.
Jagdhaus	Rh.Pf.	Jedesheim	Schwb.	Jgelsdorf		Mitt.Frk.
Jagdhaus	Unt.Frk.	Jeding	Ob.Pf.	Jgelsreuth		Ob.Frk.
Jaging	Niederb.	Jedling	Oberb.	Jgelthal		Niederb.
Jaglhof	Ob.Pf.	Jegling	Oberb.	Jgenhausen		Oberb.
Jahrdorf	Niederb.	Jehl	Schwb.	Jgenstorf		Ob.Frk.
Jahrsdorf	Niederb.	Jehlshof	Schwb.	Jggelbach		Rh.Pf.
Jahrsdorf	Ob.Pf.	Jellenkofen	Niederb.	Jggelheim		Rh.Pf.
Jaibing	Oberb.	Jelling	Oberb.	Jggenbach		Niederb.
Jaibling	Oberb.	Jenbach	Oberb.	Jggstetterhof		Schwb.
Jainbl	Oberb.	Jengen	Schwb.	Jglbach		Oberb.
Jakob Sct.	Oberb.	Jenhausen	Oberb.	Jglberg		Oberb.
Jakob Sct.	Niederb.	Jenkofen	Niederb.	Jgleinsberg		Niederb.

Iglersreuth	Ob.Pf.	Ilzrettenbach	Niederb.	Imstetten	Oberb.
Iglgeis	Oberb.	Ilzstadt	Niederb.	Imstetten	Ob.Pf.
Ilhaft	Niederb.	Imbad, auch Im-		Imsweiler	Rh.Pf.
Igling, ober und unter	Oberb.	bath	Ob.Pf.	Inchenhofen	Oberb.
		Imberg	Oberb.	Inchingen	Mitt.Frk.
Iglsbach	Oberb.	Imberg	Schwb.	Indernbuch	Mitt.Frk.
Ilbach (3)	Oberb.	Imbuchs	Oberb.	Indersbach	Niederb.
Ilbesheim (2)	Rh.Pf.	Imelsed	Niederb.	Inderschwing	Niederb.
Ichberg	Oberb.	Imelsham	Niederb.	Indersdorf (2)	Oberb.
Iching, auch Hoching	Oberb.	Im Graben	Unt.Frk.	Indling	Niederb.
		Im Gschwend	Schwb.	Indorf	Oberb.
Ilgen	Oberb.	Im Himmel	Schwb.	Infang	Oberb.
Ilger	Oberb.	Imholz	Oberb.	Infang	Schwb.
Ilgering	Niederb.	Iming	Niederb.	Ingbert Sct.	Rh.Pf.
Ilkofen	Ob.Pf.	Imling	Oberb.	Ingberter Schmelz	Rh.Pf.
Illach	Oberb.	Im Loch	Unt.Frk.	Ingelsberg	Oberb.
Illafeld	Ob.Frk.	Immelberg	Oberb.	Ingelshof	Ob.Pf.
Illbach	Niederb.	Immeldorf	Mitt.Frk.	Ingenheim	Rh.Pf.
Illberg	Oberb.	Immelfeld	Oberb.	Ingenried (2)	Schwb.
Illdorf	Oberb.	Immelstetten	Schwb.	Ingershof	Schwb.
Illemad	Schwb.	Immen	Schwb.	Inghausen	Oberb.
Illenschwang	Mitt.Frk.	Immendorf	Oberb.	Inglham	Oberb.
Illerberg	Schwb.	Immendorf	Mitt.Frk.	Ingolstadt	Oberb.
Illerbeuern	Schwb.	Immenfeld	Oberb.	Ingolstadt	Mitt.Frk.
Illerelchen	Schwb.	Immenhofen	Schwb.	Ingolstadt	Unt.Frk.
Illerfeld	Schwb.	Immenreich	Schwb.	Ingstätten	Oberb.
Illermühle	Schwb.	Immenreuth	Ob.Pf.	Ingstetten	Schwb.
Illertissen	Schwb.	Immenstadt	Schwb.	Ingweiler	Rh.Pf.
Illerüberfahrt	Schwb.	Immenstetten	Ob.Pf.	Ingweilerhof	Rh.Pf.
Illerzell	Schwb.	Immenthal	Schwb.	Inham	Niederb.
Illesheim	Mitt.Frk.	Immerseiben	Ob.Frk.	Inholz	Oberb.
Illhof	Mitt.Frk.	Immershof	Ob.Frk.	Inkam	Niederb.
Illkofen	Ob.Pf.	Immesheim	Rh.Pf.	Inkelthalerhof	Rh.Pf.
Illmberg, groß und klein	Oberb.	Imn.etshausen	Rh.Pf.	Inkofen	Niederb.
		Imnhof	Ob.Pf.	Innach	Oberb.
Ilschwang	Ob.Pf.	Imming	Oberb.	Inndobel	Oberb.
Ilmbach	Unt.Frk.	Imming	Niederb.	Inndorf	Niederb.
Ilmbachermühle	Unt.Frk.	Imnat	Schwb.	Inneberg	Schwb.
Ilmberg	Oberb.	Imperbach	Niederb.	Innerberg	Oberb.
Ilmenau	Ob.Frk.	Impflingen	Rh.Pf.	Innerblttlbach	Oberb.
Ilmendorf	Oberb.	Impleithen, auch Imleiten	Oberb.	Innere Lohen	Oberb.
Ilmesberg	Unt.Frk.			Innergrub	Niederb.
Ilmmünster	Oberb.	Impler	Oberb.	Innerhartsberg	Niederb.
Ilmried	Oberb.	Imsbach	Rh.Pf.	Innerhienthal	Niederb.
Ilsenbach	Ob.Pf.	Imsbacherhof	Rh.Pf.	Innerirlach	Niederb.
Ilsmühle	Ob.Pf.	Imsbachermühle	Rh.Pf.	Innerkager	Niederb.
Ilzham	Oberb.	Imsenkopperhof	Rh.Pf.	Innerkinsach	Niederb.

Innerloh	Oberb.	Jochenstein	Niederb.	Jonasbauer	Schwb.
Innerlehen	Ob.Pf.	Jochsberg	Mitt.Frk.	Joppenpoint	Oberb.
Innerlohen	Oberb.	Jocklut	Rh.Pf.	Josenmühle	Schwb.
Innernböbrach	Niederb.	Jobelbauer	Oberb.	Josephenburg	Schwb.
Innernried	Niederb.	Jobitz	Ob.Frk.	Josephsburg	Oberb.
Innernzell	Niederb.	Jobock Sct.	Oberb.	Josephshof	Ob.Pf.
Inneröbt	Niederb.	Jobock Sct.	Ob.Pf.	Josephskapelle	Schwb.
Innerfollach	Niederb.	Jöbetskirchen	Niederb.	Josephsluft	Schwb.
Innerstetten	Niederb.	Jörgenmühle	Mitt.Frk.	Josephsmühle	Rh.Pf.
Innerthann	Oberb.	Jörgenmühle	Unt.Frk.	Josephs Ruhe	Unt.Frk.
Innerwald	Oberb.	Jöslein	Ob.Frk.	Josephsthal	Oberb.
Innerwlefen	Oberb.	Johann Sct. (2)	Oberb.	Josereite	Schwb.
Innerwotzdorf	Niederb.	Johann Sct. (3)	Niederb.	Joshofen	Schwb.
Innhausen (2)	Oberb.	Johann Sct. (2)	Rh.Pf.	Joßmühle	Unt.Frk.
Inning (2)	Oberb.	Johann Sct. (2)	Ob.Pf.	Josten	Schwb.
Inning am Holz	Oberb.	Johann Sct., Johanneshof	Ob.Frk.	Jpfelheim	Ob.Pf.
Inningen	Schwb.			Jphofen	Mitt.Frk.
Innisried	Schwb.	Johann Sct.	Mitt.Frk.	Jppenberg	Niederb.
Innkam	Oberb.	Johann Sct. (3)	Schwb.	Jppertshausen	Oberb.
Innkofen	Oberb.	Johanneck	Oberb.	Jppesheim	Mitt.Frk.
Innkofen	Niederb.	Johannenberg	Ob.Pf.	Jpsheim	Mitt.Frk.
Innleiten	Oberb.	Johannes Sct.	Niederb.	Jpthausen	Unt.Frk.
Innreit	Oberb.	Johannes Sct.	Mitt.Frk.	Jrach	Niederb.
Innthal	Oberb.	Johannesberg	Ob.Pf.	Jrbereb	Niederb.
Insel (2)	Schwb.	Johannesberg	Unt.Frk.	Jrchenbrunn	Oberb.
Insel	Ob.Frk.	Johannesberger-hohl	Unt.Frk.	Jrchenrieth	Ob.Pf.
Insel Wörth	Oberb.			Jrching	Niederb.
Inselmühle	Rh.Pf.	Johannesberg-ham	Niederb.	Jresing	Niederb.
Inselsberg	Ob.Pf.			Jrfersdorf oder Jrfriedsdorf	Mitt.Frk.
Insheim	Rh.Pf.	Johanneshof	Unt.Frk.		
Insingen	Mitt.Frk.	Johanneskirchen	Niederb.	Jrgatting	Oberb.
Jnslkam	Oberb.	Johannesmühle	Unt.Frk.	Jrgertingen, auch Jrgarten	Oberb.
Jnzell	Oberb.	Johanneszell	Niederb.		
Jnzenberg	Niederb.	Johannisbuch-bach, ober, mitter, unter	Oberb.	Jrgetsheim	Oberb.
Jnzendorf	Ob.Pf.			Jrgetshofen	Ob.Pf.
Jnzenham	Oberb.			Jrging	Niederb.
Jnzenhof (2)	Ob.Pf.	Johannistirchen	Oberb.	Jrl	Oberb.
Jnzing	Oberb.	Johannisfreuz (2)	Rh.Pf.	Jrlach (12)	Oberb.
Jnzing	Niederb.	Johannisried	Schwb.	Jrlach (8)	Niederb.
Jnzkofen	Oberb.	Johannisthal	Ob.Frk.	Jrlach (2)	Ob.Pf.
Joanfenschwaige	Schwb.	Johanniswirth-haus	Ob.Frk.	Jrlahüll	Mitt.Frk.
Jobs Sct.	Ob.Pf.			Jrlau	Oberb.
Jobsgreuth	Mitt.Frk.	Johannsbrunn	Niederb.	Jrlbach	Oberb.
Jobst Sct.	Mitt.Frk.	Johannschwim-bach	Niederb.	Jrlbach	Niederb.
Jobstthal	Unt.Frk.			Jrlbach (3)	Ob.Pf.
Joch	Oberb.	Johannshögel	Oberb.	Jrlberg	Oberb.
Jochberg	Oberb.	Jolling	Oberb.	Jrlberg (2)	Niederb.

Irlbrünbl	Ob.Pf.	Irschen	Oberb.	Ittelshofen	Mitt.Frk.
Irlbrunn	Niederb.	Irschenbach	Niederb.	Itling	Niederb.
Irlesberg	Niederb.	Irschenberg	Oberb.	Itling	Ob.Frk.
Irleshof	Ob.Pf.	Irschengrund	Schwb.	Itlingmühle	Ob.Frk.
Irleswim	Niederb.	Irschenham	Oberb.	Itzing	Schwb.
Irlham (3)	Oberb.	Irschenhausen	Oberb.	Itzling (3)	Oberb.
Irlham	Niederb.	Irschenhofen	Oberb.	Itzling	Niederb.
Irlhamer An-		Irsching	Oberb.	Itzlings	Schwb.
siedlung	Niederb.	Irsee	Schwb.	Jubelheim	Niederb.
Irlhaus	Niederb.	Irsing (2)	Oberb.	Judenberg	Ob.Pf.
Irlhof	Niederb.	Irsingen	Mitt.Frk.	Judeneidenfeld	Ob.Pf.
Irling (3)	Oberb.	Irsingen	Schwb.	Judengraben	Ob.Frk.
Irling (2)	Niederb.	Irsöd	Niederb.	Indenhöfe	Niederb.
Irlingshofen	Schwb.	Irsenberg	Unt.Frk.	Judenhof	Niederb.
Irlmair	Oberb.	Isaar	Ob.Frk.	Judenhof	Ob Frk.
Irlmühle	Oberb.	Isarau	Niederb.	Judenhof	Mitt.Frk.
Irlmühle (6)	Niederb.	Isareck	Oberb.	Judenreith	Niederb.
Irlmühle	Ob.Pf.	Isarhofen (2)	Niederb.	Judenried	Schwb.
Irlpoint	Oberb.	Isarmünd	Niederb.	Jüngstmühle	Rh.Pf.
Irlsbrunn	Niederb.	Ischhofen	Ob.Pf.	Julbach	Niederb.
Irlspach	Niederb.	Ischl	Oberb.	Julian Sct.	Rh.Pf.
Irlwirth	Oberb.	Isel	Niederb.	Julianahof	Mitt.Frk.
Irmelshausen	Unt.Frk.	Isel	Schwb.	Jullushammer	Ob.Frk.
Irnberg	Oberb.	Iselmühle	Schwb.	Jullushammer-	
Irnfrieder	Niederb.	Isen (2)	Oberb.	mühle	Ob.Frk.
Irnhill	Ob.Pf.	Isenach	Rh.Pf.	Jullushof	Ob.Frk.
Irnsfelden	Niederb.	Isenbrunn	Mitt.Frk.	Jullushof	Unt.Frk.
Irnsing	Niederb.	Isenbretzhofen	Schwb.	Jullusthal	Ob.Frk.
Irpisdorf	Schwb.	Isengau	Oberb.	Jungenhof	Mitt.Frk.
Irrach	Niederb.	Isenhofen	Schwb.	Jungenhofen	Ob.Frk.
Irrabing	Ob.Pf.	Isenmühle	Oberb.	Jungensberg	Schwb.
Irrebach	Mitt.Frk.	Isidori	Oberb.	Jungfernmühle	Unt.Frk.
Irreck	Niederb.	Ising	Oberb.	Junghausen	Schwb.
Irrenkofen	Ob.Pf.	Isling, ober	Ob.Pf.	Junghof	Rh.Pf.
Irrenlohe	Ob.Pf.	Isling	Ob.Frk.	Jungholzen	Niederb.
Irrhub	Niederb.	Ismaning	Oberb.	Jungmaier	Niederb.
Irring (2)	Oberb.	Ismannsdorf	Mitt.Frk.	Jungmaierhütte	Niederb.
Irring	Niederb.	Isnerberg	Schwb.	Junkenhofen	Oberb.
Irrl	Ob.Pf.	Ißgier	Ob.Pf.	Junkersdorf (2)	Unt.Frk.
Irrlach (4)	Niederb.	Ißgau	Ob.Frk.	Junkershausen	Unt.Frk.
Irrling	Ob.Pf.	Ißing	Oberb.	Iven	Schwb.
Irrlmaut	Ob.Pf.	Itschenöd	Oberb.	Irheim	Rh.Pf.
Irrlmühle	Niederb.	Itsching	Oberb.	Irheimermühle	Rh.Pf.
Irrthal	Niederb.	Ittelhofen	Mitt.Frk.	Izelsberg	Niederb.
Irrwald	Mitt.Frk.	Ittelsburg	Schwb.	Izlishofen	Schwb.

K.

Kaag	Schwb.	Käshofen	Rh.Pf.	Kahlerglashütte	Unt.Frk.
Kaaghof	Ob.Pf.	Kästel	Mitt.Frk.	Kahlforsterhof	Rh.Pf.
Kaar	Ob.Pf.	Kästenburg	Rh.Pf.	Kahlheck	Rh.Pf.
Kaansberg	Niederb.	Kästhal	Niederb.	Kahlhofer	Oberb.
Kaasbergerwald	Niederb.	Kästleinsmühle	Mitt.Frk.	Kahlmühle	Unt.Frk.
Kabigsmühle	Rh.Pf.	Käswasser	Mitt.Frk.	Kahrmühle	Ob.Pf.
Kabishof	Schwb.	Käufelkofen	Niederb.	Kai	Oberb.
Kachelmannsberg		Käufl	Niederb.	Kai	Ob.Pf.
(2)	Ob.Frk.	Kafering	Niederb.	Kaibach	Schwb.
Kabeltshofen	Schwb.	Kaferting	Niederb.	Kaibauer	Niederb.
Kabenzhofen	Ob.Pf.	Kafling	Oberb.	Kaibitz	Ob.Pf.
Kabersmühle	Unt.Frk.	Kasterbaum	Oberb.	Kaibach	Oberb.
Kabing	Niederb.	Kag	Niederb.	Kaider, auch	
Kabolzhofen	Mitt.Frk.	Kagenhof	Mitt.Frk.	Abermannsdorf	Ob.Frk.
Käserbach	Mitt.Frk.	Kager (7)	Oberb.	Kaiseck	Ob.Frk.
Käserlohe	Oberb.	Kager, am Berg	Oberb.	Kaikenried	Niederb.
Käsermühl	Ob.Pf.	Kager (9)	Niederb.	Kailbach	Oberb.
Käsermühle	Mitt.Frk.	Kager (5)	Ob.Pf.	Kailling	Niederb.
Käsersdorf	Ob.Pf.	Kager, innerer	Ob.Pf.	Kaimel	Oberb.
Käsl	Oberb.	Kagerer	Oberb.	Kainerl (2)	Oberb.
Kälberau	Unt.Frk.	Kagerer	Niederb.	Kaimling, auch	
Kälberbach	Niederb.	Kagerhäusl	Ob.Pf.	Kraimling	Ob.Pf.
Kälberberg	Ob.Frk.	Kagerhof (4)	Niederb.	Kaimoos	Oberb.
Kälberhäusl	Ob.Pf.	Kagerhof (2)	Ob.Pf.	Kain	Oberb.
Kälberhof	Niederb.	Kagerhof	Schwb.	Kaina	Niederb.
Kälberhof	Schwb.	Kagerl	Niederb.	Kainach	Ob.Frk.
Kälbermühle	Niederb.	Kagermühle	Niederb.	Kainau (2)	Oberb.
Kälberschwaig	Oberb.	Kagermühle	Ob.Pf.	Kaindeln	Niederb.
Kälberstall	Oberb.	Kagern (2)	Oberb.	Kaindl	Oberb.
Kämmerlein	Ob.Frk.	Kagern (2)	Niederb.	Kaing	Oberb.
Kämmleinsmühle	Mitt.Frk.	Kagern	Ob.Pf.	Kainhub	Oberb.
Kämpfthal	Oberb.	Kagers	Niederb.	Kaining (2)	Oberb.
Käpfstuhl	Niederb.	Kaghösl	Ob.Pf.	Kaining	Niederb.
Kärm	Ob.Pf.	Kahhof	Oberb.	Kaining, ober	Niederb.
Käs	Oberb.	Kagn (3)	Ob.Pf.	Kainmühle	Oberb.
Käsbauer	Niederb.	Kagreit	Ob.Pf.	Kainrading	Oberb.
Käsberg	Niederb.	Kahl	Unt.Frk.	Kainrading	Niederb.
Käsburg	Unt.Frk.	Kahl, am Main	Unt.Frk.	Kainsricht	Ob.Pf.
Käsermühle	Niederb.	Kahldorf	Mitt.Frk.	Kainz (2)	Oberb.
Käsers	Schwb.	Kahlenberg	Unt.Frk.	Kainz	Niederb.
Käshof, ober	Niederb.	Kahlenbergerhof	Rh.Pf.	Kainzberg	Oberb.
Käshof	Mitt.Frk.	Kahlerbergwerk	Unt.Frk.	Kainzbobel	Niederb.

8*

Kainzenbad	Oberb.	Kalkgrub (4)	Oberb.	Kaltenbuch	Oberb.
Kainzenhäusl	Oberb.	Kalkshäusl (2)	Ob.Pf.	Kaltenbuch	Mitt.Frk.
Kalnzhub	Niederb.	Kalkhof	Oberb.	Kalteneck (5)	Oberb.
Kainzl	Niederb.	Kalkhütte	Ob.Frk.	Kalteneck (8)	Niederb.
Kainzmühle	Ob.Pf.	Kalkofen (2)	Oberb.	Kalteneb	Niederb.
Kaipershof	Ob.Frk.	Kalkofen (3)	Niederb.	Kaltenegg	Oberb.
Kalrl	Oberb.	Kalkofen	Rh.Pf.	Kaltenegg	Niederb.
Kalrlindach	Ob.Frk.	Kalkofen (3)	Ob.Frk.	Kalteneggoldsfeld	Ob.Frk.
Kalser	Oberb.	Kalkofenmühle	Schwb.	Kaltengreuth	Mitt.Frk.
Kalser, ober und unter	Oberb.	Kalkreit	Oberb.	Kaltengrund	Unt.Frk.
		Kalkstetten	Ob.Pf.	Kaltenhausen	Ob.Frk.
Kaiseraign	Niederb.	Kallbach	Rh.Pf.	Kaltenhausen	Unt.Frk.
Kaiserbauer	Schwb.	Kallbrunn	Niederb.	Kaltenherberg	Oberb.
Kaiserberg	Niederb.	Kalldorf	Mitt.Frk.	Kaltenherberg	Ob.Pf.
Kaiserhammer (2)	Ob.Frk.	Kallersberg	Oberb.	Kaltenherberg	Ob.Frk.
Kaisermad	Schwb.	Kallert	Mitt.Frk.	Kaltenherberg	Mitt.Frk.
Kaisermühle	Oberb.	Kallertshofen	Schwb.	Kaltenhof	Niederb.
Kaisermühle, ober Wernersbergermühle		Kalling (2)	Oberb.	Kaltenhof	Mitt.Frk.
		Kalling	Niederb.	Kaltenhof (2)	Unt.Frk.
	Rh.Pf.	Kallmünz	Ob.Pf.	Kaltenkraut	Oberb.
Kaisersbachermühle		Kallöd (2)	Niederb.	Kaltenkreuth	Mitt.Frk.
	Rh.Pf.	Kallstadt	Rh.Pf.	Kaltenloh	Ob.Pf.
Kaisersberg (2)	Oberb.	Kalluzen	Ob.Pf.	Kaltenmühle	Ob.Pf.
Kaiserschneider	Oberb.	Kalmhub	Oberb.	Kaltenneuses	Mitt.Frk.
Kaiserslautern	Rh.Pf.	Kalmreuth	Ob.Pf.	Kaltenöd	Niederb.
Kaisersmoos	Schwb.	Kalsberg	Oberb.	Kaltenöden	Niederb.
Kaisersmühle	Rh.Pf.	Kalsing	Ob.Pf.	Kaltenreuth	Ob.Frk.
Kaisheim	Schwb.	Kaltbronn	Schwb.	Kaltenseign	Niederb.
Kalsing	Mitt.Frk.	Kaltbrunn (2)	Oberb.	Kaltensontheim	Unt.Frk.
Kalsten	Unt.Frk.	Kaltbuch	Ob.Frk.	Kaltenstadt	Oberb.
Kaltl (2)	Oberb.	Kalte Gassen	Niederb.	Kaltenstauden	Ob.Frk.
Kaiwimm	Niederb.	Kalteis	Niederb.	Kaltenstein	Niederb.
Kalbenhof	Unt.Frk.	Kalten (2)	Oberb.	Kaltensteinach	Ob.Frk.
Kalbensteinberg	Mitt.Frk.	Kaltenbach (8)	Oberb.	Kaltenthal	Oberb.
Kalbsmühle	Rh.Pf.	Kaltenbach	Rh.Pf.	Kaltenthal	Ob.Frk.
Kalchen	Oberb.	Kaltenbach	Ob.Pf.	Kaltherberg	Oberb.
Kalchenbach	Schwb.	Kaltenbaur	Ob.Pf.	Kaltmühl	Oberb.
Kalchöd	Oberb.	Kaltenberg (5)	Oberb.	Kaltmühle (2)	Oberb.
Kalchofen	Unt.Frk.	Kaltenberg (5)	Niederb.	Kaltrum	Niederb.
Kalchreuth	Mitt.Frk.	Kaltenberg	Ob.Pf.	Kalvarienberg	Oberb.
Kalchsreuth	Ob.Pf.	Kaltenberg	Unt.Frk.	Kalzhofen	Schwb.
Kalden	Schwb.	Kaltenbronn	Mitt.Frk.	Kam	Oberb.
Kaleseyerhof	Rh.Pf.	Kaltenbrunn (8)	Oberb.	Kam	Niederb.
Kalham	Niederb.	Kaltenbrunn (4)	Niederb.	Kamberg	Niederb.
Kalkberg	Niederb.	Kaltenbrunn (2)	Ob.Pf.	Kamillenhof	Ob.Pf.
Kalkbrenner	Oberb.	Kaltenbrunn (3)	Ob.Frk.	Kaming	Oberb.
Kalkgraben	Oberb.	Kaltenbrunn (2)	Schwb.	Kammer (3)	Oberb.

Kammer	Niederb.	Kaninchesberger-		Karachmühle		Mitt.Frk.
Kammerabing, a.		hof	Rh.Pf.	Karbach (2)		Unt.Frk.
Kramerting	Oberb.	Kanndorf	Ob.Frk.	Karbaum		Oberb.
Kammeralmach	Niederb.	Kannetsberg	Niederb.	Karbeiserhof		Schwb.
Kammerau	Niederb.	Kanzelöb	Niederb.	Karcherhof		Rh.Pf.
Kammerberg (2)	Oberb.	Kanzler	Oberb.	Kardorf		Schwb.
Kammerdobel	Schwb.	Kapelgarten	Niederb.	Kargen (2)		Schwb.
Kammerdorf	Ob.Pf.	Kapelhof	Ob.Pf.	Kargesmühle		Unt.Frk.
Kammerforst	Unt.Frk.	Kapell	Oberb.	Kargl, v. Wald		Niederb.
Kammerforst	Mitt.Frk.	Kapelle (2)	Schwb.	Karglhof		Niederb.
Kammergrub	Oberb.	Kapeller	Schwb.	Karglöb		Niederb.
Kammergrub	Niederb.	Kapellhof	Schwb.	Kargsinn		Oberb.
Kammerhof	Ob.Pf.	Kapelln	Oberb.	Karlburg		Unt.Frk.
Kammerhub	Oberb.	Kapf	Schwb.	Karlhäuser		Niederb.
Kammerhub (2)	Niederb.	Kapfelberg (2)	Niederb.	Karlhammer		Niederb.
Kammering	Oberb.	Kapfelhof	Niederb.	Karling		Oberb.
Kammerlehen (2)	Oberb.	Kapfelsberg	Oberb.	Karling		Niederb.
Kammerlehen	Niederb.	Kapferbühl	Ob.Frk.	Karlins		Schwb.
Kammerloch	Oberb.	Kapfham (7)	Niederb.	Karlmühle		Oberb.
Kammerlohe		Kapfing (3)	Oberb.	Karlsbach		Oberb.
Kammern (2)	Niederb.	Kapfing (3)	Niederb.	Karlsbach		Niederb.
Kammersdorf	Niederb.	Kapfsberg	Niederb.	Karlsbach, auch		
Kammersöd	Niederb.	Kapfmühle	Schwb.	Clarsbach		Mitt.Frk.
Kammersölben	Ob.Pf.	Kapfreit	Schwb.	Karlsbachmühle		Niederb.
Kammerstein	Mitt.Frk.	Kapfwies	Oberb.	Karlsberg		Ob.Pf.
Kammerstorf	Niederb.	Kaplanethof (2)	Rh.Pf.	Karlsberg		Unt.Frk.
Kammerting	Oberb.	Kappel (3)	Oberb.	Karlsdorf (2)		Oberb.
Kammerwetzdorf	Niederb.	Kappel (2)	Ob.Pf.	Karlsebene (2)		Oberb.
Kammlach	Schwb.	Kappel (2)	Ob.Frk.	Karlsfeld		Oberb.
Kammmühle	Niederb.	Kappel	Mitt.Frk.	Karlshöhe		Unt.Frk.
Kammühle	Mitt.Frk.	Kappel	Schwb.	Karlshof		Oberb.
Kampeln	Niederb.	Kappelgarten	Niederb.	Karlshof		Rh.Pf.
Kampfrain	Niederb.	Kappelhof (2)	Oberb.	Karlshof		Mitt.Frk.
Kamping	Oberb.	Kappelhof	Ob.Pf.	Karlshof		Schwb.
Kamping	Niederb.	Kappellen, auch		Karlsholz		Mitt.Frk.
Kanalfischer	Oberb.	Drusweiler	Rh.Pf.	Karlshütte		Unt.Frk.
Kanalbaus	Oberb.	Kappen	Schwb.	Karlshuld		Schwb.
Kanalhaus	Rh.Pf.	Kappendobel	Niederb.	Karlskron		Schwb.
Kanau	Niederb.	Kappersberg	Mitt.Frk.	Karlsried		Oberb.
Kanaumühle	Niederb.	Kapping	Niederb.	Karlsruhe		Schwb.
Kandel, Langen-		Kapplhof	Ob.Pf.	Karlstadt		Unt.Frk.
kandel	Rh.Pf.	Kaps (7)	Oberb.	Karlstein		Oberb.
Kandl	Oberb.	Kapsdorf	Mitt.Frk.	Karlstein		Ob.Pf.
Kandlbach	Niederb.	Kapseck	Oberb.	Karlstein		Ob.Frk.
Kandling	Niederb.	Kapsiner	Niederb.	Karlsweiler		Niederb.
Kanet	Oberb.	Kapsreit	Niederb.	Karlwies		Oberb.
		Kapsweyer	Rh.Pf.	Karm		Ob.Pf.

Karmensölden	Ob.Pf.	Kastelmühle (2)	Niederb.	Katzbach, unter	Oberb.
Karner	Oberb.	Kasten (5)	Oberb.	Katzbach (2)	Ob.Pf.
Karnhub (2)	Oberb.	Kasten (2)	Niederb.	Katzberg	Ob.Pf.
Karniffel	Oberb.	Kastenau	Oberb.	Katzbichler	Niederb.
Karnöd	Niederb.	Kastenbauer	Oberb.	Katzbrüh	Schwb.
Karolinenhain	Ob.Frk.	Kastenberg (2)	Niederb.	Katzdobl	Niederb.
Karolinenhöhe	Ob.Frk.	Kastengrub	Niederb.	Katzdorf	Ob.Pf.
Karolinenhütte	Ob.Pf.	Kastenhof	Ob.Pf.	Katzenbach	Niederb.
Karolinenruth, a.		Kastenhofen	Oberb.	Katzenbach (2)	Rh.Pf.
Fasanengarten	Ob.Frk.	Kastenhoibel	Niederb.	Katzenbach	Unt.Frk.
Karpfenstein	Niederb.	Kastenleben	Oberb.	Katzenberg	Oberb.
Karpfham	Niederb.	Kastenlemos	Oberb.	Katzenbogen	Oberb.
Karpfhofen	Oberb.	Kastenmühle	Ob.Pf.	Katzendorf	Niederb.
Karpfsee	Oberb.	Kastenmühle	Ob.Frk.	Katzeneichen	Ob.Frk.
Karr	Oberb.	Kastenmühle	Mitt.Frk.	Katzengraben	Ob.Frk.
Karrach	Oberb.	Kastenreith	Niederb.	Katzenhirn	Schwb.
Karrer, am Holz	Oberb.	Kastenreuth	Mitt.Frk.	Katzenhüll	Ob.Pf.
Karrer, im Holz	Niederb.	Kastenseeon	Oberb.	Katzenloch (2)	Schwb.
Karreth	Ob.Pf.	Kastl (2)	Oberb.	Katzenlohe	Ob.Frk.
Karrhof	Ob.Pf.	Kastl	Ob.Pf.	Katzenmoos	Schwb.
Karrerwies	Oberb.	Kastlhub	Oberb.	Katzenmühle	Rh.Pf.
Karsbach	Unt.Frk.	Kastlmühle	Niederb.	Katzenmühle	Schwb.
Kartenried	Ob.Pf.	Kastlmühle	Schwb.	Katzenöd	Ob.Pf.
Karwinkelsmühle	Unt.Frk.	Kastlscheltern	Oberb.	Katzenreuth	Oberb.
Kasamühle	Niederb.	Kataleich	Oberb.	Katzenrohrbach	Ob.Pf.
Kasbach	Niederb.	Kataried	Ob.Pf.	Katzenstein	Schwb.
Kasberg (4)	Niederb.	Katernbach	Oberb.	Katzenthal	Oberb.
Kasberg	Ob.Frk.	Katharagrub	Ob.Frk.	Katzenthal	Niederb.
Kasendorf	Ob.Frk.	Katharina Sct.	Rh.Pf.	Katzewich	Ob.Frk.
Kasing	Oberb.	Katharina Sct.	Ob.Pf.	Katzham	Niederb.
Kasleben, alt und neu	Oberb.	Katharina Sct.	Schwb.	Katzheim	Ob.Pf.
		Katharinenberg	Oberb.	Katzhub	Oberb.
Kasleiten	Oberb.	Katharinenhöhe	Ob.Frk.	Katzlesried (2)	Ob.Pf.
Kasöd	Niederb.	Katharinenhof	Schwb.	Katzlmühle	Mitt.Frk.
Kaspar	Schwb.	Katharinenthal	Ob.Pf.	Katzling	Niederb.
Kasparsbach	Niederb.	Katharinszell	Oberb.	Katzwalchen (2)	Oberb.
Kaspauer	Ob.Frk.	Kathaus	Schwb.	Katzweiler	Rh.Pf.
Kaspeltshub	Ob.Pf.	Kaischenreuth	Ob.Frk.	Kaubenheim	Mitt.Frk.
Kasperle	Schwb.	Kattenbach	Niederb.	Kaudorf	Mitt.Frk.
Kaspermühle	Oberb.	Kattenhochstadt	Mitt.Frk.	Kauerburg	Ob.Frk.
Kaspermühle	Schwb.	Katterlohe	Oberb.	Kauerheim	Ob.Pf.
Kasperzell	Niederb.	Katterbach (2)	Mitt.Frk.	Kauerhof	Ob.Pf.
Kasreit	Oberb.	Kattersdorf	Niederb.	Kauerlach	Ob.Pf.
Kassel	Unt.Frk.	Kattersreuth	Ob.Frk.	Kauerndorf	Ob.Frk.
Kassler	Schwb.	Kattsdorf	Ob.Pf.	Kauernhofen	Ob.Frk.
Kastatt	Oberb.	Katzbach	Oberb.	Kauernhofen	Mitt.Frk.
Kastel	Ob.Pf.	Katzbach, ober	Oberb.	Kaufbeuren	Schwb.

Kaufering	Oberb.	Kehrmühle	Schwb.	Kellerloh	Ob.Pf.
Kauflanden	Niederb.	Kehrum	Oberb.	Kellermühle	Ob.Pf.
Kaufmanns	Schwb.	Kehrwisching	Niederb.	Kellermühle	Mitt.Frk.
Kaufnitz	Ob.Pf.	Keidenzell	Mitt.Frk.	Kellern	Oberb.
Kaufreith	Niederb.	Keierberg	Mitt.Frk.	Kellern	Mitt.Frk.
Kaul	Oberb.	Keifeck	Oberb.	Kellersdorf	Oberb.
Kaulbach	Rh.Pf.	Keil	Ob.Frk.	Kellershof	Oberb.
Kaulhausen	Ob.Pf.	Keilberg	Ob.Pf.	Kellersmühle	Unt.Frk.
Kaulsdorf	Ob.Frk.	Keilberg	Mitt.Frk.	Kellmünz	Schwb.
Kaum	Oberb.	Keilberg	Unt.Frk.	Kellnöd	Niederb.
Kaundorf	Ob.Pf.	Keilbühl	Ob.Pf.	Kellpoint	Oberb.
Kaupersberg	Ob.Frk.	Keilenthal, ober	Ob.Pf.	Kelndorf	Niederb.
Kaurus	Schwb.	Keilersbach	Niederb.	Kelter, rothe	Ob.Frk.
Kausched	Niederb.	Keilsdorf	Ob.Pf.	Kemaben, Kemnat	Oberb.
Kaußing	Niederb.	Keilshof (2)	Oberb.	Kemathen	Oberb.
Kautendorf	Ob.Frk.	Keilsrieth	Oberb.	Kemathen, auch	
Kautzenhof	Ob.Pf.	Keilstein	Ob.Pf.	Kemothen	Niederb.
Kautzenmühle	Unt.Frk.	Keilstein, auch		Kemathen (2)	Niederb.
Kautzing	Oberb.	Karlstein	Ob.Frk.	Kemathen	Mitt.Frk.
Kay (3)	Oberb.	Keimenschneid-		Kemathing	Oberb.
Kay (2)	Niederb.	mühle	Ob.Frk.	Kemating (2)	Oberb.
Kayholz	Oberb.	Keinblmühle	Niederb.	Kemating (2)	Niederb.
Kazberg	Niederb.	Keinreut	Niederb.	Kemeritz	Ob.Frk.
Kazwang	Mitt.Frk.	Keinsbach	Mitt.Frk.	Kemlas	Ob.Frk.
Keesers	Schwb.	Keinthal	Niederb.	Kemmathen	Ob.Frk.
Keckbrunn	Oberb.	Keitl	Oberb.	Kemmating	Niederb.
Keckenhütte	Rh.Pf.	Kekmühle (3)	Niederb.	Kemmern	Ob.Frk.
Keseb	Niederb.	Kelburg	Niederb.	Kemmoden	Oberb.
Kegelhäusl	Oberb.	Kelcham (2)	Niederb.	Kemmoden	Niederb.
Kegelmühle	Oberb.	Kelchheim	Oberb.	Kemnat	Oberb.
Kegelsberg	Oberb.	Kelchsried	Schwb.	Kemnath	Oberb.
Kehl	Oberb.	Kelheim	Niederb.	Kemnath (4)	Ob.Pf.
Kehl	Mitt.Frk.	Kelheimwinzer	Niederb.	Kemnath	Schwb.
Kehlbach	Ob.Frk.	Kellberg (4)	Niederb.	Kemnatzen	Oberb.
Kehlberg	Niederb.	Keller		Kemnatzen	Niederb.
Kehlburg	Niederb.	Keller	Niederb.	Kemnatzen (2)	Ob.Pf.
Kehlhof	Niederb.	Keller (2)	Ob.Pf.	Kemnatzen (3)	Mitt.Frk.
Kehlingsdorf	Ob.Frk.	Keller	Unt.Frk.	Kemnathermühle	
Kehlmünz	Mitt.Frk.	Keller	Schwb.	(2)	Ob.Pf.
Kehr	Oberb.	Kellerbühl	Ob.Pf.	Kemnatheröd	Ob.Pf.
Kehr dich an		Kellerhäusl	Rh.Pf.	Kemothen	Oberb.
nichts	Rh.Pf.	Kellerhaus (3)	Ob.Pf.	Kemothing	Oberb.
Kehrer	Oberb.	Kellerhaus (4)	Ob.Frk.	Kempfenhof	Ob.Pf.
Kehrham	Oberb.	Kellerhaus (2)	Mitt.Frk.	Kempfenhausen	Oberb.
Kehrheim, auch		Kellerheiß	Oberb.	Kempfing	Oberb.
Kochheim	Schwb.	Kellerhof	Oberb.	Kempten	Schwb.
Kehrhof	Schwb.	Kellerhof (2)	Ob.Pf.	Kempterweg	Schwb.
				Kenbel (2)	Oberb.

Kendling (2)	Oberb.	Keßler	Oberb.	Kienberg (2)	Oberb.
Kendlmühle	Oberb.	Keßnach	Niederb.	Kienberg, ober	
Kenels (2)	Schwb.	Kestel	Ob.Frk.	und unter	Oberb.
Kenners	Schwb.	Ketschendorf	Ob.Frk.	Kienberg (2)	Niederb.
Kennersberg	Niederb.	Ketschenmühle	Mitt.Frk.	Kienberg	Ob.Pf.
Kennoben	Niederb.	Ketschenweiler	Mitt.Frk.	Kienberg	Ob.Frk.
Kennotting	Niederb.	Ketteldorf	Mitt.Frk.	Kienberg	Schwb.
Kepfsberg	Niederb.	Kettelmühle	Oberb.	Kienertsham	Oberb.
Kerbfeld	Unt.Frk.	Ketten	Niederb.	Kienhausen	Oberb.
Kerbling	Niederb.	Kettenbach	Ob.Pf.	Kienhöfe	Oberb.
Kerkhofen	Ob.Pf.	Kettenberg	Oberb.	Kienhof	Ob.Pf.
Kerm	Ob.Pf.	Kettendorf	Niederb.	Kienholz	Ob.Pf.
Kern (2)	Oberb.	Kettenham	Oberb.	Kiening (3)	Oberb.
Kern	Niederb.	Kettenham	Niederb.	Kiening	Niederb.
Kernaign	Niederb.	Kettenhöfstetten	Mitt.Frk.	Kienleithen	Ob.Pf.
Kernberg	Niederb.	Kettenmühle	Unt.Frk.	Kienmühle	Niederb.
Kernhöfen	Niederb.	Ketterlberg	Niederb.	Kienmühle	Ob.Frk.
Kernmühle	Niederb.	Kettersbach	Mitt.Frk.	Kienoben	Oberb.
Kernmühle	Ob.Pf.	Kettersbergerhof	Rh.Pf.	Kienoben (2)	Niederb.
Kernmühle	Mitt.Frk.	Ketterschwang	Schwb.	Kienothen	Niederb.
Kernpoint (2)	Oberb.	Kettersdorf	Niederb.	Kienraching (2)	Oberb.
Kersbach	Mitt.Frk.	Kettershausen	Schwb.	Kienrabing	Oberb.
Kerschall	Oberb.	Kettnitzmühle	Ob.Pf.	Kiensberg	Oberb.
Kerschbach	Ob.Frk.	Kettrichhof	Rh.Pf.	Kiensee	Oberb.
Kerschbaum	Oberb.	Ketzerstätt	Oberb.	Kienzelberg	Niederb.
Kerschbaum (3)	Niederb.	Keuppelmühle	Unt.Frk.	Kienzen	Oberb.
Kerschberg (2)	Niederb.	Keuschlingen	Schwb.	Kienzling	Niederb.
Kerschbichl	Oberb.	Keventhüll	Mitt.Frk.	Kienzlmühle	Niederb.
Kerschdorf	Oberb.	Kibelberg	Niederb.	Kiepen	Niederb.
Kerschhof	Oberb.	Kicklingen	Schwb.	Kierberg, auch	
Kerschhofen	Ob.Pf.	Kicklingermühle	Schwb.	Kirrberg	Schwb.
Kerschl	Niederb.	Kieselmaut	Ob.Pf.	Kiesried	Ob.Pf.
Kerschlach	Oberb.	Kiesenholz	Ob.Pf.	Kierwang	Schwb.
Kerschlberg	Oberb.	Kiefer	Oberb.	Kiesach	Niederb.
Kerschöd	Niederb.	Kiefering (2)	Oberb.	Kiesberg	Schwb.
Kerschreit	Niederb.	Kiefermühle	Niederb.	Kieseckersmühle	Unt.Frk.
Kerschuster	Niederb.	Kiefermühle	Oberb.	Kieselhof	Ob.Frk.
Kerzenheim	Rh.Pf.	Kieferndorf	Ob.Frk.	Kieselmühle	Niederb.
Kerzweilerhof	Rh.Pf.	Kiefersau	Oberb.	Kieselmühle	Ob.Pf.
Kesselbach	Niederb.	Kiefersfelden	Oberb.	Kieselmühle	Ob.Frk.
Kesselberg	Ob.Frk.	Kießing	Oberb.	Kieselmühle	Mitt.Frk.
Kesselberg	Mitt.Frk.	Kielhub	Oberb.	Kiesels (2)	Schwb.
Kesselhof	Unt.Frk.	Kieling	Oberb.	Kieselsmühle	Unt.Frk.
Kesselhütte	Ob.Pf.	Kielöd	Oberb.	Kieselweiher	Rh.Pf.
Kesselmühle	Unt.Frk.	Kiemanstetten	Niederb.	Kiesenberg	Ob.Pf.
Kesselostheim	Schwb.	Kien	Niederb.	Kiesenhof	Ob.Pf.
Kessenmühle	Unt.Frk.	Kienau	Oberb.	Kieslau	Niederb.

Kießling	Niederb.	Kinshof	Oberb.	Kirchenbemen-	
Kießwimm	Niederb.	Kinsing	Niederb.	reuth	Ob.Pf.
Kieten	Niederb.	Kinten	Oberb.	Kirchendornbach	Ob.Pf.
Kiferling	Niederb.	Kinten	Niederb.	Kirchenelbenfeld	Ob.Pf.
Kiflitz	Niederb.	Kinzenhub	Niederb.	Kirchenlaibach	Ob.Frk.
Kigl	Niederb.	Kinzesberg	Niederb.	Kirchenlamitz	Ob.Frk.
Kilbrackhof	Schwb.	Kinzighausen	Unt.Frk.	Kirchenobbenhard	Ob.Pf.
Kilgen	Niederb.	Kinzlbach	Oberb.	Kirchenreinbach	Ob.Pf.
Kilian (2)	Oberb.	Kipfelsberg	Niederb.	Kirchenrohrbach	Ob.Pf.
Kiliansdorf	Mitt.Frk.	Kipfenberg	Mitt.Frk.	Kirchenfittenbach	Mitt.Frk.
Kilianshof	Unt.Frk.	Kipfenberg	Schwb.	Kirchenfur	Oberb.
Kiliansmühle	Unt.Frk.	Kipfing	Oberb.	Kirchenthumbach	Ob.Pf.
Kilischwaig	Schwb.	Kipfstuhl	Niederb.	Kirchenwien	Ob.Pf.
Kimberg, auch		Kippach	Schwb.	Kirchernbach	Ob.Frk.
Kienberg	Niederb.	Kippelbach	Unt.Frk.	Kirchfarrnbach	Mitt.Frk.
Kimmelmühle	Unt.Frk.	Kippelsmühle	Unt.Frk.	Kirchfembach	Mitt.Frk.
Kimmelsbach	Unt.Frk.	Kippenwang	Ob.Pf.	Kirchgattendorf	Ob.Frk.
Kimperling	Niederb.	Kirbling	Niederb.	Kirchhalling	Oberb.
Kimpfler	Schwb.	Kirchach	Oberb.	Kirchham	Niederb.
Kimratshofen	Schwb.	Kirchahorn	Ob.Frk.	Kirchhaslach	Schwb.
Kinatöd	Niederb.	Kirchaich	Unt.Frk.	Kirchheim (2)	Oberb.
Kinbach	Schwb.	Kirchaltnach	Niederb.	Kirchheim an der	
Kindberg, ober	Schwb.	Kirchamper	Oberb.	Eck	Rh.Pf.
Kindberg, unter	Schwb.	Kirchanhausen	Mitt.Frk.	Kirchheim	Unt.Frk.
Kindelbach	Niederb.	Kirchanschöring	Oberb.	Kirchheim	Schwb.
Kindenheim	Rh.Pf.	Kirchbach	Oberb.	Kirchheimbolan-	
Kindhammer	Niederb.	Kirchbamsham	Oberb.	den	Rh.Pf.
Kindhofen	Oberb.	Kirchberg (7)	Oberb.	Kirchheimerhof	Rh.Pf.
Kinding	Mitt.Frk.	Kirchberg (9)	Niederb.	Kirchhof	Oberb.
Kindingermühle	Rh.Pf.	Kirchberg	Oberb.	Kirchhof	Ob.Pf.
Kindlas	Ob.Pf.	Kirchberg	Unt.Frk.	Kirchholz	Oberb.
Kindlasberg	Niederb.	Kirchbichel (3)	Oberb.	Kirchholzen	Niederb.
Kindlbach	Niederb.	Kirchbrünnlein	Ob.Frk.	Kirching	Niederb.
Kindlbuch	Oberb.	Kirchbrunn	Oberb.	Kirchisen	Oberb.
Kindleinsberg	Niederb.	Kirchbuch	Mitt.Frk.	Kirchkagen	Oberb.
Kindlmühle	Ob.Pf.	Kirchbühl	Ob.Frk.	Kirchl	Niederb.
Kindlpoint	Oberb.	Kirchdorf (4)	Oberb.	Kirchlauter	Unt.Frk.
Kindlreit	Niederb.	Kirchdorf (5)	Niederb.	Kirchleben	Oberb.
Kindlthal	Oberb.	Kirchdorf (2)	Schwb.	Kirchleben	Niederb.
Kindo	Schwb.	Kirchdorföd	Niederb.	Kirchlein	Ob.Frk.
Kindsbach	Rh.Pf.	Kircheiselfing	Oberb.	Kirchleiten	Oberb.
Kindsmühle	Niederb.	Kirchelhof	Unt.Frk.	Kirchlern	Oberb.
Kinnberg, Ost	Schwb.	Kirchen	Oberb.	Kirchleus	Ob.Frk.
Kinnberg, West	Schwb.	Kirchenarnbach	Rh.Pf.	Kirchloibersdorf	Oberb.
Kinnrathing	Oberb.	Kirchenbingarten	Ob.Frk.	Kirchmaier	Oberb.
Kinsau	Oberb.	Kirchenbirklg	Ob.Frk.	Kirchmatting	Niederb.
Kinsegg	Oberb.	Kirchenbuch	Ob.Pf.	Kirchmohr	Rh.Pf.

Kirchötting	Oberb.	Kirrberg	Rh.Pf.	Kitzlmann	Oberb.
Kirchreith (2)	Oberb.	Kirrberg	Schwb.	Klachlhub	Oberb.
Kirchrimbach	Mitt.Frk.	Kirrwang	Schwb.	Klaffenbach	Oberb.
Kirchröttenbach	Mitt.Frk.	Kirrweiler	Rh.Pf.	Klafferhof	Niederb.
Kirchroth	Ob.Pf.	Kirschbacherhof	Rh.Pf.	Klaffermühle	Oberb.
Kirchrüffelbach	Ob.Frk.	Kirschbacher-		Klaffermühle	Niederb.
Kirchschletten	Ob.Frk.	mühle	Rh.Pf.	Klafferstraß	Niederb.
Kirchschönbach	Unt.Frk.	Kirschbaum	Ob.Frk.	Klafflsberg	Oberb.
Kirchseeon	Oberb.	Kirschbaumeinzel	Ob.Frk.	Klaffil	Oberb.
Kirch Simnach,		Kirschendorf	Oberb.	Klastbauer	Oberb.
auch Siebnach	Schwb.	Kirschendorf	Mitt.Frk.	Klasterding	Niederb.
Kirchstädt (2)	Oberb.	Kirschenhof	Oberb.	Klasterthalerhof	Rh.Pf.
Kirchstätten	Oberb.	Kirschenmühle	Mitt.Frk.	Klastlechner	Oberb.
Kirchsteg	Oberb.	Kirschhof	Unt.Frk.	Klastmühle	Oberb.
Kirchsteig (2)	Oberb.	Kirschner	Oberb.	Klais	Oberb.
Kirchstein	Oberb.	Kirschthal	Rh.Pf.	Klaisbach, siehe	
Kirchstett	Oberb.	Kirwisching, auch		Kloßbach	Niederb.
Kirchstetten (2)	Oberb.	Kehrwisching	Niederb.	Klamm	Schwb.
Kirchstetten	Niederb.	Kißling	Niederb.	Klammer	Ob.Pf.
Kirchstetten	Schwb.	Kisselhof	Rh.Pf.	Klang	Niederb.
Kirchstockach	Oberb.	Kisselweiherhof	Rh.Pf.	Klapfenberg (3)	Ob.Pf.
Kirchtann	Niederb.	Kissing	Oberb.	Klappermühle	Mitt.Frk.
Kirchthal	Schwb.	Kissingen	Unt.Frk.	Klardorf	Ob.Pf.
Kirchthalmühle	Ob.Pf.	Kitzlhof	Niederb.	Klarer	Oberb.
Kirchthambach	Oberb.	Kitzling	Niederb.	Klarmühle	Mitt.Frk.
Kirchtrudering	Oberb.	Kist	Unt.Frk.	Klasenmühle	Schwb.
Kirchwald	Oberb.	Kistler	Schwb.	Klasmühle	Oberb.
Kirchweg	Oberb.	Kistlmühle	Oberb.	Klaubmühle	Unt.Frk.
Kirchweidach	Oberb.	Kitschendorf	Mitt.Frk.	Klaus (2)	Oberb.
Kirchzell	Unt.Frk.	Kittel	Schwb.	Klausaurach	Mitt.Frk.
Kirkel	Rh.Pf.	Kittelau	Niederb.	Klausberg	Niederb.
Kirmaier	Oberb.	Kittelmühle	Oberb.	Klausberg	Ob.Frk.
Kirmbach	Niederb.	Kittenberg	Ob.Pf.	Klause (7)	Oberb.
Kirmesau	Oberb.	Kittenhausen	Ob.Pf.	Klause (9)	Niederb.
Kirmsees	Ob.Frk.	Kittenrain	Ob.Pf.	Klause, auf der	Ob.Pf.
Kirn (2)	Oberb.	Kittensee	Ob.Pf.	Klause (4)	Ob.Pf.
Kirnach, ober	Schwb.	Kitilmühl	Niederb.	Klause	Schwb.
Kirnach, unter	Schwb.	Kitzberg (2)	Oberb.	Klausen	Oberb.
Kirnbach, ober		Kitzbichel	Oberb.	Klausen	Niederb.
und unter	Oberb.	Kitzed	Oberb.	Klausen	Rh.Pf.
Kirnbach, Neu	Oberb.	Kitzenhofen	Niederb.	Klausen (4)	Ob.Pf.
Kirnberg (2)	Oberb.	Kitzenried	Ob.Pf.	Klausen (2)	Ob.Frk.
Kirnberg	Ob.Pf.	Kitzensberg	Schwb.	Klausengut	Unt.Frk.
Kirnberg	Mitt.Frk.	Kitzenthal	Oberb.	Klausenhäusl	Ob.Pf.
Kirnham	Oberb.	Kitzing	Niederb.	Klausenstein	Ob.Frk.
Kirnstätt	Oberb.	Kitzingen	Unt.Frk.	Klausenthalerhof	Rh.Pf.
Kirnstein	Oberb.	Kitzler	Oberb.	Klauser	Schwb.

Klaushof	Mitt.Frk.	Kleinberg	Oberb.	Kleinfrauentha-	
Klaushof	Unt.Frk.	Kleinberg	Niederb.	lerhof	Rh.Pf.
Klausman	Oberb.	Kleinbergham	Oberb.	Kleingailenreuth	Ob.Frk.
Klausschuster	Oberb.	Kleinberghausen	Mitt.Frk.	Kleingauting	Oberb.
Klautzenbach	Niederb.	Kleinberghofen	Oberb.	Kleingemünden	Unt.Frk.
Klebel	Niederb.	Kleinberghofen	Niederb.	Kleingeraszell	Ob.Pf.
Klebermühle	Niederb.	Kleinbernbach	Niederb.	Kleingern	Niederb.
Klebham	Oberb.	Kleinbettenrain	Niederb.	Kleingerstetten	Oberb.
Klebheim	Ob.Frk.	Kleinbeuern	Schwb.	Kleingeschaid	Mitt.Frk.
Klebing (3)	Oberb.	Kleinbirckach	Ob.Frk.	Kleingesee	Ob.Frk.
Klebstein	Niederb.	Kleinbissendorf	Ob.Pf.	Kleingiersdorf	Niederb.
Kleebach	Ob.Frk.	Kleinblankenbach	Unt.Frk.	Kleingoldberg	Oberb.
Kleeberg (2)	Niederb.	Kleinbockenheim	Rh.Pf.	Kleingreith	Oberb.
Kleeberg (2)	Ob.Pf.	Kleinböbrach	Niederb.	Kleingreffingen	Ob.Frk.
Kleedorf	Niederb.	Kleinbrach	Unt.Frk.	Kleingrünbach	Mitt.Frk.
Kleegarten	Niederb.	Kleinbreiten-		Kleingrünling	Oberb.
Kleeham (2)	Oberb.	bronn	Mitt.Frk.	Kleinsenget	Niederb.
Kleeham (4)	Niederb.	Kleinbuchfeld	Ob.Frk.	Kleingunderts-	
Kleehof	Rh.Pf.	Kleinbüchlberg	Ob.Pf.	hausen	Niederb.
Kleehof	Ob.Pf.	Kleinbundenbach	Rh.Pf.	Kleinhaarbach	Niederb.
Kleehof	Mitt.Frk.	Kleindechsendorf	Ob.Frk.	Kleinhabersdorf	Mitt.Frk.
Kleemeister	Schwb.	Kleindingharting	Oberb.	Kleinhabern	Oberb.
Kleezhöfe	Ob.Frk.	Kleindöbra	Ob.Frk.	Kleinhaltzenhofen	Ob.Pf.
Klefers	Schwb.	Kleinduggendorf	Ob.Pf.	Kleinhalmanns-	
Kleibhof	Niederb.	Kleine Birken	Ob.Frk.	egg	Oberb.
Kleibmühl, auch		Kleineckenberg	Niederb.	Kleinharbach	Mitt.Frk.
Kleymühl	Niederb.	Kleinegelsee	Oberb.	Kleinhartpenning	Oberb.
Kleidorf	Oberb.	Kleineggikofen	Niederb.	Kleinhaselau	Niederb.
Klerenmühle	Ob.Frk.	Kleinelbstadt	Unt.Frk.	Kleinhaßlach	Mitt.Frk.
Kleinabenberg	Mitt.Frk.	Kleineich (2)	Niederb.	Kleinhebing	Mitt.Frk.
Kleinach	Oberb.	Kleineichberg	Niederb.	Kleinhelfendorf	Oberb.
Kleinaichamühle	Ob.Pf.	Kleineichenhausen	Oberb.	Kleinhemsbach	Unt.Frk.
Kleinaigen, auch		Kleineigen	Oberb.	Kleinherreth	Ob.Frk.
Kleineigen	Oberb.	Kleineinzenried	Ob.Pf.	Kleinhesselohe	Oberb.
Kleinaigen	Niederb.	Kleineisenbach	Oberb.	Kleinheubach	Unt.Frk.
Kleinaitingen	Schwb.	Klein Ellbrunn	Niederb.	Kleinhiebing	Oberb.
Kleinalbershof	Ob.Pf.	Kleine Mühle	Unt.Frk.	Kleinhindelbach	Oberb.
Kleinalfalterbach	Ob.Pf.	Kleinerdlingen	Schwb.	Kleinhochleiten	Niederb.
Kleinalfalterbach	Mitt.Frk.	Kleinerlbach	Mitt.Frk.	Kleinhochöster	Oberb.
Kleinangelhof	Ob.Pf.	Kleinesterndorf	Oberb.	Kleinhochreit	Niederb.
Kleinanhausen	Schwb.	Kleinetzenberg	Ob.Pf.	Kleinhöfling	Niederb.
Kleinarmschlag	Niederb.	Kleinfalz	Ob.Pf.	Kleinhögl	Oberb.
Kleinarreshausen	Oberb.	Kleinfeld	Niederb.	Kleinhöhenkirchen	Oberb.
Kleinaschau (2)	Oberb.	Kleinfelden	Niederb.	Kleinhöhenrain	Oberb.
Kleinbachern	Oberb.	Kleinfischbach	Unt.Frk.	Kleinhobenried	Schwb.
Kleinbardorf	Unt.Frk.	Kleinfischlingen	Rh.Pf.	Kleinholzen	Oberb.
Kleinbellhofen	Mitt.Frk.	Kleinfrankfurt	Mitt.Frk.	Kleinholzham	Oberb.

Kleinholzhausen	Oberb.	Kleinmiebersdorf	Ob.Pf.	Kleinrohrdorf	Oberb.
Kleinhub (2)	Oberb.	Kleinmißlberg	Niederb.	Kleinrückstetten	Oberb.
Kleinhühl	Ob.Frk.	Kleinmühle	Oberb.	Kleinsaarhof	Unt.Frk.
Kleininzemoos	Oberb.	Kleinmühle	Niederb.	Kleinsaltendorf	Ob.Pf.
Kleinkag	Niederb.	Kleinmühle	Rh.Pf.	Kleinsandner	Niederb.
Kleinkager	Niederb.	Kleinmühle	Ob.Frk.	Kleinsassen	Unt.Frk.
Kleinkahl	Unt.Frk.	Kleinmühle	Mitt.Frk.	Kleinsberg	Oberb.
Kleinkammerberg	Oberb.	Kleinmühle	Unt.Frk.	Kleinschaching	Niederb.
Kleinkarlenbach	Rh.Pf.	Kleinmühlen	Mitt.Frk.	Kleinschafhausen	Oberb.
Kleinkarolinen-		Kleinmühlthal	Oberb.	Kleinscherneck	Niederb.
feld	Oberb.	Kleinmünchen	Niederb.	Kleinscherzhausen	Oberb.
Kleinkatzbach	Oberb.	Kleinmünster	Oberb.	Kleinschifferstadt	Rh.Pf.
Kleinkatz	Niederb.	Kleinmünster	Unt.Frk.	Kleinschloppen	Ob.Frk.
Kleinkemnath,		Kleinneuses	Ob.Frk.	Kleinschmidten	Ob.Frk.
auch Kemnath	Schwb.	Kleinliebesheim	Rh.Pf.	Kleinschmidten-	
Kleinklefenholz	Ob.Pf.	Kleinnöhbach	Oberb.	hammer	Ob.Frk.
Kleinkirchberg	Oberb.	Kleinnußgarten	Ob.Pf.	Kleinschöftenhub,	
Kleinkirchstetten	Oberb.	Kleinochsenfurt	Unt.Frk.	s. Schöftenhub	Oberb.
Kleinklitzighofen	Schwb.	Kleinöd	Oberb.	Kleinschönbrunn	Ob.Pf.
Kleinklenau	Ob.Pf.	Kleinohrenbronn	Mitt.Frk.	Kleinschönthal	Ob.Pf.
Kleinklöpfach	Niederb.	Kleinornach	Oberb.	Kleinschwalba	Niederb.
Kleinköchlham	Oberb.	Kleinostheim	Unt.Frk.	Kleinschwaig	Oberb.
Kleinköz	Schwb.	Kleinottersdorf	Mitt.Frk.	Kleinschwandt	Ob.Pf.
Kleinkolham	Niederb.	Kleinottweiler	Rh.Pf.	Kleinschwarz	Oberb.
Kleinkonreuth	Ob.Pf.	Kleinpalmberg	Oberb.	Kleinschwarzach	Niederb.
Kleinkorlas	Ob.Frk.	Kleinphilipps-		Kleinschwarzen-	
Kleinkothwies	Niederb.	reith	Niederb.	bach	Ob.Frk.
Kleinkotzenreuth	Ob.Pf.	Kleinpinning	Niederb.	Kleinschwarzen-	
Kleinkrausmühle	Ob.Pf.	Kleinpinzenau	Oberb.	lohe	Mitt.Frk.
Kleinküssendorf	Schwb.	Kleinpinzing	Ob.Pf.	Kleinschwashof	Unt.Frk.
Kleinlaimering	Oberb.	Kleinpöning	Niederb.	Kleinschwindau	Oberb.
Kleinlangheim	Unt.Frk.	Kleinprüfening	Ob.Pf.	Kleinseebach	Mitt.Frk.
Kleinlaubenbach	Unt.Frk.	Kleinramsbau	Ob.Pf.	Kleinseebacher-	
Kleinlellenfeld,		Kleinrappendorf,		mühle	Mitt.Frk.
auch Oberlellen-		auch ober und		Kleinseeham	Oberb.
feld	Mitt.Frk.	unter Rappen-		Kleinsendelbach	Ob.Frk.
Kleinlinbach	Niederb.	dorf	Niederb.	Kleinseyboldsrieh-	
Kleinlösau	Ob.Frk.	Kleinrathberg	Niederb.	ried	Niederb.
Kleinloitzenried	Niederb.	Kleinreicherts-		Kleinsorheim	Schwb.
Kleinlosnitz	Ob.Frk.	hofen	Oberb.	Kleinstadl	Oberb.
Kleinlueg	Niederb.	Kleinreut	Oberb.	Kleinsteinach	Unt.Frk.
Kleinmaulberg	Niederb.	Kleinreuth (2)	Mitt.Frk.	Kleinsteinach	Mitt.Frk.
Kleinmederschach	Schwb.	Kleinrheinfeld	Unt.Frk.	Kleinsteinberg	Oberb.
Kleinmehring	Oberb.	Kleinried	Mitt.Frk.	Kleinsteinfeld	Rh.Pf.
Kleinmelking	Niederb.	Kleinried	Schwb.	Kleinsteinhausen	Rh.Pf.
Kleinmeinfeld	Ob.Pf.	Kleinriedl	Oberb.	Kleinsteinloh	Ob.Pf.
Kleinmenach	Niederb.	Kleinrinderfeld	Unt.Frk.	Kleinsterz	Ob.Pf.

Kleinstockach	Oberb.	Kleinwim-		Klingen	Unt.Frk.
Kleinstraß	Niederb.	pasing	Oberb.	Klingen	Schwb.
Kleinstürzelham	Oberb.	Kleinwinds-		Klingenbad	Schwb.
Kleintettau	Ob.Frk.	heimermühle	Mitt.Frk.	Klingenberg	Niederb.
Kleinthal	Oberb.	Kleinwinklarn	Ob.Pf.	Klingenberg (2)	Unt.Frk.
Kleinthalham	Oberb.	Kleinwolfersdorf	Oberb.	Klingenbrunn	Niederb
Kleinthalhelm	Oberb.	Kleinzaitzkofen	Niederb.	Klingenhof	Mitt.Frk.
Kleinthann	Niederb.	Kleinzlegenfeld	Ob.Frk.	Klingenmühle	Rh.Pf.
Kleinthannensteig	Niederb.	Kleinzirling	Niederb.	Klingenmühle	Unt.Frk.
Kleinthanner	Niederb.	Kleißmühle	Niederb.	Klingenmühlen	Ob.Frk.
Kleintiefenbach	Niederb.	Klemes	Schwb.	Klingenmünster	Rh.Pf.
Kleintrenter	Niederb.	Klemm, die	Ob.Frk.	Klingensporn	Ob.Frk.
Kleinthundorf	Ob.Pf.	Klemmenhof	Ob.Frk.	Klinger	Oberb.
Kleinulrichs-		Klemning	Niederb.	Klingerhäusl	Niederb.
hausen	Mitt.Frk.	Klenau	Oberb.	Klingershof, auch	
Kleinvelben	Niederb.	Klenau, groß	Ob.Pf.	Hammelshorn	Unt.Frk.
Kleinvichtach	Ob.Frk.	Klengelbrunn	Niederb.	Klingermühle	Unt.Frk.
Kleinvicht	Oberb.	Kleppermühle	Ob.Frk.	Klingersmühle	Ob.Frk.
Kleinviecht	Niederb.	Klesenmühle	Unt.Frk.	Klinghof	Niederb.
Kleinviehberg	Mitt.Frk.	Kleß	Niederb.	Klinglbach	Niederb.
Kleinvohberg	Niederb.	Kleßberg	Ob.Pf.	Klinglmühle	Ob.Pf.
Kleinwalddorf	Niederb.	Klessen	Schwb.	Klinglswald	Niederb.
Kleinwaldhausen	Mitt.Frk.	Kelßham	Oberb.	Klingmühle (2)	Niederb.
Kleinwalding	Niederb.	Kleßheim	Oberb.	Klingmühle	Ob.Pf.
Kleinwallen	Niederb.	Klessing (3)	Niederb.	Klingsmoos	Schwb.
Kleinwallstadt	Unt.Frk.	Kleßling	Ob.Pf.	Klinkerhof	Schwb.
Kleinweiching	Oberb.	Kleit	Oberb.	Klippenburg	Unt.Frk.
Kleinweichs	Niederb.	Kletten	Oberb.	Kloback, auch	
Kleinweichshofen	Niederb.	Klettenhöhe	Ob.Frk.	Klöböck	Niederb.
Kleinweiden-		Klettham	Oberb.	Klobenmühle	Mitt.Frk.
mühle	Mitt.Frk.	Kletzenmühle	Niederb.	Klobenreuth	Ob.Pf.
Kleinweiglareuth	Ob.Frk.	Kletzenmühle	Schwb.	Klobighof	Niederb.
Kleinwelher	Niederb.	Kletzenöd	Niederb.	Klocksberg	Niederb.
Kleinweil	Oberb.	Kletzl	Oberb.	Klöbing	Niederb.
Kleinweiler	Schwb.	Kletzling	Oberb.	Klöbl	Niederb.
Kleinweingarten	Ob.Pf.	Kleugheim	Ob.Frk.	Klöpfach	Niederb.
Kleinweisach	Ob.Frk.	Klevmühle	Niederb.	Klöpfelsberg	Ob.Pf.
Kleinweißmanns-		Klezl	Niederb.	Klöppermühle	Ob.Frk.
dorf	Mitt.Frk.	Klimnach	Schwb.	Klösmühle	Mitt.Frk.
Kleinwendern	Ob.Frk.	Kling (3)	Oberb.	Klössing (2)	Niederb.
Kleinwenkheim	Unt.Frk.	Kling	Niederb.	Klößing (2)	Ob.Pf.
Kleinwernfeld	Unt.Frk.	Klingbach	Oberb.	Klösterl	Oberb.
Kleinwesterhäusl	Oberb.	Klingelhof	Ob.Pf.	Klösterl	Niederb.
Kleinwieden	Niederb.	Klingelmühle	Ob.Pf.	Klötzl	Oberb.
Kleinwies	Niederb.	Klingen	Oberb.	Klötzlamühle	Ob.Frk.
Kleinwiesen	Niederb.	Klingen	Rh.Pf.	Klotzau	Niederb.
Kleinwimm	Niederb.	Klingen	Ob.Pf.	Klohberg	Niederb.

Klohub	Niederb.	Klotzing	Niederb.	Knogel	Oberb.		
Kloibach	Niederb.	Klotzmühle	Schwb.	Knogelham	Niederb.		
Kloiber	Oberb.	Klübershof	Unt.Frk.	Knogeln	Niederb.		
Kloiber zu Oed	Oberb.	Klugenhof	Unt.Frk.	Knoggenthal	Niederb.		
Kloo	Oberb.	Klugham (4)	Oberb.	Knogl (7)	Oberb.		
Klosenmühle	Unt.Frk.	Klugsöd	Niederb.	Knogl	Niederb.		
Kloßbach, auch		Klumpermühle	Ob.Frk.	Knogler	Niederb.		
Klaisbach	Niederb.	Knab	Oberb.	Knoglersfreud	Oberb.		
Klossing	Niederb.	Knabenhof	Niederb.	Knolenhof	Ob.Pf.		
Kloster	Oberb.	Knabmühle	Ob.Pf.	Knoll	Oberb.		
Klosterberg	Oberb.	Knadlarn	Niederb.	Knollenhaus	Ob.Frk.		
Klosterberg	Niederb.	Knall	Oberb.	Knopfhammer	Ob.Frk.		
Klosterberg	Rh.Pf.	Knapp	Oberb.	Knopfmühle	Oberb.		
Klosterberg	Ob.Pf.	Knappen	Oberb.	Knopp	Rh.Pf.		
Klosterbergerhof	Rh.Pf.	Knappenfeld	Oberb.	Knoppermühle	Rh.Pf.		
Klosterbeuern	Schwb.	Knapper	Oberb.	Knorrenmühle	Mitt.Frk.		
Klosterdorf	Mitt.Frk.	Knaumühle	Ob.Pf.	Knotenhof	Ob.Frk.		
Klosterebrach	Ob.Frk.	Knaus (2)	Schwb.	Knottenhof	Unt.Frk.		
Klosterfeld	Oberb.	Knechtenhofen	Schwb.	Knottensöd	Niederb.		
Klosterhäusl	Ob.Pf.	Kneispermühle	Rh.Pf.	Knottenried	Schwb.		
Klosterhausen	Unt.Frk.	Kneisting (4)	Niederb.	Knottenried	Oberb.		
Klosterheidenfeld	Unt.Frk.	Kneiting	Ob.Pf.	Knotthof	Ob.Pf.		
Kloster Heils-		Knellendorf	Ob.Frk.	Knottmühle	Niederb.		
bronn	Mitt.Frk.	Knesing	Oberb.	Knozenberg	Oberb.		
Klosterhof (2)	Rh.Pf.	Knetzgau	Unt.Frk.	Kobel (3)	Oberb.		
Klosterhof	Ob.Pf.	Kniebis	Oberb.	Kobel (4)	Niederb.		
Klosterhof (2)	Schwb.	Kniebos	Schwb.	Kobel	Schwb.		
Kloster Inders-		Kniereith	Niederb.	Kobelhof	Niederb.		
dorf	Oberb.	Kniermühle	Ob.Pf.	Kobelpoint	Niederb.		
Klosterlangheim	Ob.Frk.	Knittelhof	Ob.Pf.	Kobelsberg	Niederb.		
Klostermödingen	Schwb.	Knittelmühle	Niederb.	Kobelsberg	Ob.Frk.		
Klostermühle	Oberb.	Knittelsbach	Mitt.Frk.	Kobelsmühle	Mitt.Frk.		
Klostermühle (2)	Niederb.	Knittelsheim	Rh.Pf.	Kobelstadt	Oberb.		
Klostermühle (2)	Rh.Pf.	Knittelsheimer-		Kobl (8)	Oberb.		
Klostermühle	Ob.Pf.	mühle	Rh.Pf.	Kobl	Ob.Pf.		
Klostermühle	Schwb.	Knobl	Ob.Pf.	Koblachhütte	Schwb.		
Kloster Rohr	Niederb.	Knoblachsmühle	Unt.Frk.	Kobled	Niederb.		
Klosterschwarzach	Unt.Frk.	Knochenbrennerei	Unt.Frk.	Kobler (2)	Oberb.		
Kloster Sulz	Mitt.Frk.	Knochenmühle	Rh.Pf.	Kobler	Niederb.		
Klosterwald	Schwb.	Knockenhof	Mitt.Frk.	Kobold	Oberb.		
Kloster Welten-		Knodorf	Oberb.	Koboldsöd	Niederb.		
burg	Niederb.	Knöbling	Ob.Pf.	Kochbauer	Oberb.		
Klosterzimmern	Schwb.	Knödelbräu	Oberb.	Kochbrunnl	Oberb.		
Kloz	Schwb.	Knödlsederhof	Niederb.	Kochel	Oberb.		
Klozau	Oberb.	Knölling	Ob.Pf.	Kochenmühle,			
Klozenhof	Unt.Frk.	Knörringen	Rh.Pf.	a. Kuchenmühle	Ob.Frk.		
Klozenmühle	Unt.Frk.	Knötzing	Ob.Pf.	Kochgrub	Niederb.		

Kochheim, auch Jägersbühl	Schwb.	Köhler Köhlershub	Unt.Frk. Schwb.	Königshofen, ober und unter	Mitt.Frk.
Kochlehen	Niederb.	Köhlersloh	Ob.Frk.	Königshofen, im -Grabfeld	Unt.Frk.
Kochöd	Oberb.	Köhlhof	Oberb.		
Kochreut	Niederb.	Köhr	Ob.Pf.	Königshofen, im Gau	Unt.Frk.
Kochs (2)	Schwb.	Köfersrieb, auch			
Kochshaus	Ob.Frk.	Köbelsrieb	Niederb.	Königshofen, an der Kahl	Unt.Frk.
Kochsmühle	Ob.Frk.	Kölberg	Schwb.		
Kochsmühle	Mitt.Frk.	Kölbldorf	Ob.Pf.	Königshub	Niederb.
Kochsöd	Niederb.	Kölbled	Niederb.	Königshütte	Ob.Pf.
Kobach	Ob.Frk.	Kölburg	Schwb.	Königskron	Ob.Pf.
Kobermühle	Ob.Pf.	Kölis	Schwb.	Königslachen	Oberb.
Koblitz	Ob.Pf.	Köllberg	Niederb.	Königsmühle	Rh.Pf.
Köbeln (2)	Oberb.	Köllen	Schwb.	Königsmühle	Ob.Pf.
Köbelsrieb, siehe Köckersrieb	Niederb.	Kölling Köllndorf	Oberb. Oberb.	Königsmühle Königsmühle	Ob.Frk. Mitt.Frk.
Köbing	Oberb.	Kömmertshof	Schwb.	Königsmühle	Unt.Frk.
Köbitz	Ob.Pf.	Könbarn	Oberb.	Königsmühle	Schwb.
Köblitz, ober	Ob.Pf.	Köneröd	Ob.Pf.	Königsöd (3)	Niederb.
Köching	Niederb.	Köngetrieb	Schwb.	Königsreit	Niederb.
Köchlin	Schwb.	Könghausen	Schwb.	Königsreith	Ob.Pf.
Köck	Oberb.	Königbach	Niederb.	Königsried	Schwb.
Köckbrunn	Oberb.	Königholz	Niederb.	Königsschaldern	Niederb.
Köbel	Oberb.	Königreicherhof	Rh.Pf.	Königssee	Oberb.
Köbelberg	Ob.Frk.	Königsau	Niederb.	Königstein	Ob.Pf.
Köbitz	Ob.Frk.	Königsbach	Rh.Pf.	Königswart	Oberb.
Köbnitz	Ob.Frk.	Königsberg	Oberb.	Königswiesen	Ob.Pf.
Köbnitzerberg	Ob.Frk.	Königsberg (2)	Niederb.	Königswiesen (2)	Oberb.
Köbritz	Ob.Pf.	Königsberg	Ob.Pf.	Königswinkel	Niederb.
Köfering (2)	Ob.Pf.	Königsberg	Schwb.	Königswinkl	Oberb.
Köferling	Niederb.	Königsbrunn	Oberb.	Königszeche	Ob.Frk.
Kögel (2)	Oberb.	Königsbrunn	Schwb.	Köning	Niederb.
Kögel	Niederb.	Königsdorf	Oberb.	Könnersdorf	Mitt.Frk.
Kögel (2)	Schwb.	Königseck	Niederb.	Köpf	Schwb.
Kögeleck	Niederb.	Königsfeld	Oberb.	Köpfelsberg	Oberb.
Kögelheim	Ob.Pf.	Königsfeld	Niederb.	Köpfelsberg	Niederb.
Kögelmühle	Niederb.	Königsfeld	Ob.Frk.	Köpfelsed	Niederb.
Kögelmühle	Ob.Frk.	Königsgütter	Niederb.	Köpfing	Niederb.
Kögelmühle	Schwb.	Königshäusel	Ob.Pf.	Köpflingerhof	Schwb.
Kögelsberg	Oberb.	Königshammer	Mitt.Frk.	Köpfsed	Niederb.
Kögelsmühle	Ob.Frk.	Königshausen	Schwb.	Köpfstadt	Niederb.
Kögl	Niederb.	Königshof	Niederb.	Köplhof	Niederb.
Kögl	Ob.Pf.	Königshof	Ob.Pf.	Köppel, am Moos	Oberb.
Köglitz	Ob.Pf.	Königshof	Ob.Frk.	Köppelhof	Niederb.
Kögning	Oberb.	Königshof	Mitt.Frk.	Köppelmühle	Oberb.
Köhl	Oberb.	Königshofen auf der Haide	Mitt.Frk.	Köppelmühle	Niederb.
Köhlau	Mitt.Frk.			Köppelreit	Oberb.

Körpenreith	Niederb.	Kohlbach	Niederb.	Kohlstadt (3)	Oberb.
Körvelborf	Ob.Frk.	Kohlbach	Ob.Pf.	Kohlstadt (3)	Niederb.
Körbelmoos	Niederb.	Kohlbachermühle	Niederb.	Kohlstadt	Ob.Pf.
Körbersborf	Ob.Frk.	Kohlbeck	Oberb.	Kohlstadt (2)	Schwb.
Körbling	Niederb.	Kohlberg	Ob.Pf.	Kohlstädt	Oberb.
Körborn	Rh.Pf.	Kohlbichl	Oberb.	Kohlstall	Oberb.
Körzenborf	Ob.Frk.	Kohlbrenn	Oberb.	Kohlstatt	Oberb.
Kösching	Oberb.	Kohlbrenner	Oberb.	Kohlstart	Niederb.
Köslar	Ob.Frk.	Kohlbründl	Oberb.	Kohlstein	Ob.Frk.
Kössain	Ob.Pf.	Kohlbrunn	Oberb.	Kohlstetten (2)	Ob.Pf.
Kössentöbele	Schwb.	Kohlbüchl	Ob.Pf.	Kohlstöcke	Unt.Frk.
Kößing	Ob.Pf.	Kohlbühl	Ob.Frk.	Kohlwaldhof	Schwb.
Kößlmühle	Ob.Pf.	Kohlenaich	Oberb.	Kohlwies	Oberb.
Köst, ober	Ob.Frk.	Kohlenberg	Niederb.	Kohlwies	Niederb.
Köst, unter	Ob.Frk.	Kohlenberg	Schwb.	Kohnhof	Mitt.Frk.
Köstelhof	Ob.Pf.	Kohlenloh	Ob Frk.	Kohnstein, siehe	
Kösten	Ob.Frk.	Kohlenmühle	Ob.Pf.	Kolmstein	Niederb.
Köstenberg	Ob.Frk.	Kohlenmühle	Mitt.Frk.	Koier	Niederb.
Köstenhof	Ob.Frk.	Kohlerhaus	Ob.Pf.	Kolbäck	Niederb.
Köstl (2)	Ob.Pf.	Kohlersmühle	Mitt.Frk.	Kolben	Schwb.
Köstlarn	Niederb.	Kohlesmühle	Ob.Frk.	Kolbenberg	Oberb.
Köstlarn	Ob.Pf.	Kohlfuß	Oberb.	Kolbenhof	Oberb.
Köstlbach	Ob.Pf.	Kohlgraben	Unt.Frk.	Kolbenhof	Ob.Pf.
Köstlboben	Niederb.	Kohlgrub (5)	Oberb.	Kolbenmühle	Unt.Frk.
Köstlmühle	Ob.Pf.	Kohlhäussler	Niederb.	Kolbenreuth	Ob.Frk.
Kötsch	Ob.Frk.	Kohlhäusl	Oberb.	Kolber, am	Oberb.
Kötschborf	Ob.Pf.	Kohlhof	Oberb.	Kolberhof	Ob.Frk.
Köttel	Ob.Frk.	Kohlhof (2)	Rh.Pf.	Kolbermoor	Oberb.
Köttensborf	Ob.Frk.	Kohlhof	Mitt.Frk.	Kolbermühle	Rh.Pf.
Köttlitz	Ob.Pf.	Kohlhofen	Oberb.	Kolbern	Oberb.
Köttmannsborf	Ob.Frk.	Kohlhütten	Rh.Pf.	Kolbersberg	Oberb.
Köttweinsborf	Ob.Frk.	Kohlhütten	Ob.Pf.	Kolberstadt	Oberb.
Kötzel	Oberb.	Kohlhunden	Schwb.	Kolbessen	Niederb.
Kötzenhof, auch		Kohlleiten	Niederb.	Kolbing (4)	Oberb.
Veitenhof	Unt.Frk.	Kohlmühl	Mitt.Frk.	Kolbing	Niederb.
Kötzersborf	Ob.Pf.	Kohlmühle (2)	Oberb.	Kolbstetter	Niederb.
Kötzersricht	Ob.Pf.	Kohlmühle	Niederb.	Kolcheskopf, am	Unt.Frk.
Kötzing	Oberb.	Kohlmühle (4)	Ob.Pf.	Kolitzheim	Unt.Frk.
Kötzting (2)	Niederb.	Kohlmühle	Ob.Frk.	Kollbach	Oberb.
Kötztingerberg	Niederb.	Kohlmühle (3)	Mitt.Frk.	Kollbach	Niederb.
Kogel (4)	Oberb.	Kohlöb	Niederb.	Kollbachmühle	Niederb.
Kogelhof (2)	Niederb.	Kohlpaint	Niederb.	Kollbeck	Niederb.
Kogelsöb	Niederb.	Kohlplatz, auch		Kollberg (4)	Niederb.
Kogl (2)	Niederb.	Trosloch	Niederb.	Kollbrunnberg	Rh.Pf.
Koglreit	Oberb.	Kohlpoint	Oberb.	Kollelten	Niederb.
Kohlaufmühle (2)	Oberb.	Kohlruck	Niederb.	Kollenberg	Niederb.
Kohlbach	Oberb.	Kohlschmid	Oberb.	Kollenberg	Unt.Frk.

Kollenhub	Ober b.	Kolmenberg	Oberb.	Koppelstabel	Oberb.
Kollenzendorf	Ob.Pf.	Kolmhof	Oberb.	Koppenbach	Oberb.
Koller	Oberb.	Kolmhof	Ob.Pf.	Koppendobel	Niederb.
Koller	Niederb.	Kolmhof	Ob.Frk.	Koppened	Niederb.
Kolleralpen	Niederb.	Kolmhub	Oberb.	Koppenhof	Oberb.
Kollerbachsmühle	Ob.Frk.	Kolmhub	Niederb.	Koppenhof	Mitt.Frk.
Kollerhammer	Ob.Frk.	Kolmitz	Niederb.	Koppenhof	Schwb.
Kollerhof	Niederb.	Kolmöd	Niederb.	Koppenmühle	Ob.Pf.
Kollerhof	Ob.Pf.	Kolmreuth	Ob.Frk.	Koppenmühle	Unt.Frk.
Kollermühl	Ob.Pf.	Kolmschneidbach	Mitt.Frk.	Koppenschallbach	Mitt.Frk.
Kollersaich	Niederb.	Kolmsdorf	Ob.Frk.	Koppenstein	Oberb.
Kollersberg	Niederb.	Kolmstein, ober		Koppenwahl	Niederb.
Kollersdorf	Oberb.	Kohnstein	Niederb.	Koppenwind	Ob.Frk.
Kollersöd	Niederb.	Kolomann	Oberb.	Koppenzell	Oberb.
Kollersried	Ob.Pf.	Komposten	Schwb.	Koralden	Niederb.
Kollertshof	Unt.Frk.	Konatsried	Ob.Pf.	Korb, ober und	
Kollhaus	Niederb.	Kondl	Oberb.	unter	Oberb.
Kollhof	Niederb.	Kondrau	Ob.Pf.	Korb	Schwb.
Kolling	Niederb.	Koneberg	Schwb.	Korber	Schwb.
Kollmann (3)	Oberb.	Konhof, ober	Ob.Pf.	Korbis	Ob.Frk.
Kollmann Sct. (4)	Oberb.	Konken	Rh.Pf.	Korbsee	Schwb.
		Konnenberg	Schwb.	Kornangers	Schwb.
Kollmann	Niederb.	Konnersreuth (2)	Ob.Pf.	Kornau	Oberb.
Kollmann Sct. (2)	Niederb.	Konnertsreuth	Ob.Pf.	Kornau	Schwb.
Kollmann Sct.	Ob.Pf.	Konrading (3)	Oberb.	Kornbacherhof	Niederb.
Kollmannshof, o.		Konrading	Niederb.	Kornberg	Oberb.
Kremelsmoos	Oberb.	Konradshofen	Schwb.	Kornburg	Mitt.Frk.
		Konradsmühle	Rh.Pf.	Korned	Niederb.
Kollmannsöd	Niederb.	Konradsreuth	Ob.Pf.	Kornetsmühle	Unt.Frk.
Kollmberg	Ob.Pf.	Konradsreuth	Ob.Frk.	Kornhöfstadt	Mitt.Frk.
Kollmenzing	Niederb.	Konradswiese	Ob.Frk.	Kornhof	Ob.Pf.
Kollmering (2)	Niederb.	Konreuth	Ob.Pf.	Kornhofen	Schwb.
Kollnbrunner-		Konseehof	Niederb.	Kornmühle	Niederb.
mühle	Ob.Pf.	Konstanzer	Schwb.	Kornmühle	Ob.Pf.
Kollnburg	Niederb.	Konstein	Mitt.Frk.	Kornöd	Niederb.
Kollnitz	Oberb.	Konzell	Niederb.	Kornthann	Ob.Pf.
Kollnöd (2)	Niederb.	Konzenberg	Schwb.	Kornthanner-	
Kollstein	Ob.Pf.	Koosmühl	Niederb.	mühle	Ob.Pf.
Kollstorf	Niederb.	Kopainter	Niederb.	Korreite	Schwb.
Kollweiler	Rh.Pf.	Kopfsberg	Niederb.	Korzenhammer	Ob.Frk.
Kolman	Niederb.	Kopfham	Niederb.	Kosbach	Ob.Frk.
Kolmannsberg	Niederb.	Kopfmühle (2)	Oberb.	Kosbrunn	Ob.Frk.
Kolmanneck	Oberb.	Kopfsberg	Niederb.	Koserhäusl	Niederb.
Kolmbach	Oberb.	Kopfsburg	Oberb.	Kosermühle	Ob.Frk.
Kolmberg (2)	Niederb.	Kopfsöd (2)	Oberb.	Koserweber	Niederb.
Kolmberg	Ob.Pf.	Kopp	Niederb.	Kosmas Sct.	Schwb.
Kolmberg	Mitt.Frk.	Koppelreit	Oberb.	Kostenz	Niederb.

Rotach	Ob.Frk.	Rottlehen	Oberb.	Krayam	Niederb.
Rothaich	Oberb.	Rottmühle	Ob.Pf.	Krahburg	Niederb.
Rothau	Oberb.	Rottweiler	Rh.Pf.	Krahof	Niederb.
Rothbach	Oberb.	Rottwellermühle	Rh.Pf.	Krahub	Niederb.
Rothdörfel	Oberb.	Rotzau	Ob.Pf.	Krai (2)	Oberb.
Rotheben	Ob.Pf.	Rotzenbach	Ob.Pf.	Kraiburg (2)	Oberb.
Rothen	Unt.Frk.	Rotzendorf	Ob.Frk.	Kraied	Niederb.
Rothgeifering	Oberb.	Rotzenhammer	Ob.Frk.	Kraienberg	Schwb.
Rothhöring	Niederb.	Rotzenhof	Ob.Pf.	Krailing	Oberb.
Rothhof	Oberb.	Rotzenhof	Mitt.Frk.	Krailling	Niederb.
Rothhof (2)	Ob.Pf.	Rotzenreuth, klein	Ob.Pf.	Kraimling	Ob.Pf.
Rothigenbibers-		Rotzheim	Ob.Pf.	Kraimoos (3)	Oberb.
bach	Ob.Frk.	Rotzing	Oberb.	Kraimoos	Ob.Frk.
Rothineck	Niederb.	Rotzmanns	Ob.Pf.	Kraimühle	Niederb.
Rothingbuchbach	Oberb.	Rotzmannsreuth	Ob.Frk.	Krainholz	Niederb.
Rothingdorfen	Oberb.	Rotzmühle	Unt.Frk.	Krainöd	Niederb.
Rothingrub	Niederb.	Krabing	Niederb.	Krainsberg	Oberb.
Rothlacken	Niederb.	Krachenhausen	Ob.Pf.	Kraisch	Ob.Frk.
Rothmaißling	Ob.Pf.	Krackwies	Niederb.	Kraisdorf	Unt.Frk.
Rothmühle (2)	Oberb.	Krad	Niederb.	Kraisdorfer-	
Rothmühle	Ob.Pf.	Kräft	Mitt.Frk.	mühle	Unt.Frk.
Rothöd (2)	Oberb.	Kräftner	Niederb.	Kraiß	Oberb.
Rothrettenbach	Niederb.	Krähberg (2)	Schwb.	Kraivogels	Schwb.
Rottingrohr	Niederb.	Krähbichl	Oberb.	Kralling	Oberb.
Rotlehen	Niederb.	Krähenberg	Rh.Pf.	Kralling	Niederb.
Rotschersgrund	Ob.Frk.	Krähenhaus	Ob.Pf.	Kramberg	Ob.Pf.
Rottenbach	Ob.Frk.	Krähmoos	Schwb.	Kramelsbrunn	Niederb.
Rottenberg	Niederb.	Krähmühle	Oberb.	Kramer	Oberb.
Rottendorf	Unt.Frk.	Krähsdorf	Niederb.	Kramermann	Niederb.
Rottenheim	Mitt.Frk.	Krämershof	Mitt.Frk.	Kramerschlag	Niederb.
Rottenöd	Niederb.	Krämersloch	Unt.Frk.	Kramersbobl	Niederb.
Rottensdorf	Mitt.Frk.	Kräpflins	Schwb.	Kramersdorf	Niederb.
Rotter	Niederb.	Krätzach	Oberb.	Kramersepp	Niederb.
Rottern (2)	Schwb.	Kräuteret	Niederb.	Kramersfeld	Ob.Frk.
Rottersberg	Oberb.	Kräuterl	Niederb.	Kramersöd	Niederb.
Rottersberg	Niederb.	Krafft	Oberb.	Kramerting	Oberb.
Rottersreuth	Ob.Frk.	Krafting	Schwb.	Kramerwetzdorf	Niederb.
Rottholz	Oberb.	Kraftisried	Mitt.Frk.	Krametshof	Ob.Pf.
Rottigstelzham	Niederb.	Kraftsbuch	Mitt.Frk.	Kramhof	Ob.Pf.
Rottingereichen-		Kraftshof	Niederb.	Kramposthub	Oberb.
dorf	Niederb.	Kragenmühle	Niederb.	Kramppelmühle	Ob.Pf.
Rottinghammer	Niederb.	Kragenried	Ob.Pf.	Krampl	Niederb.
Rottingried	Oberb.	Kragenroth	Niederb.	Kranawitt	Oberb.
Rottingrub	Niederb.	Kraggenau	Oberb.	Kranbichl, auch	
Rottingwörth	Mitt.Frk.	Kragling	Oberb.	Kronbichel	Oberb.
Rottingwörther-		Kraglöb	Niederb.	Krandorf	Ob.Pf.
mühle	Mitt.Frk.	Kraham (3)	Oberb.	Kransberg	Niederb.

Kranenwied — Kreutles.   137

Kronenwied	Oberb.	Kreben	Mitt.Frk.	Krempfschlag	Oberb.
Krankenthal	Rb.Pf.	Kreben	Schwb.	Krems	Ob.Pf.
Kranleiten, auch		Kreberg	Niederb.	Kremshof	Oberb.
Kronleuten	Oberb.	Krebs	Schwb.	Kremshub	Niederb.
Kranza	Oberb.	Krebshof	Mitt.Frk.	Kremsöd	Niederb.
Kranzberg (2)	Oberb.	Krebsmühle	Ob.Frk.	Krendobler	Niederb.
Kranzeck	Schwb.	Krebsmühle (2)	Unt.Frk.	Krenerhäuser	Niederb.
Kranzl (2)	Oberb.	Kreckenmühle	Ob.Frk.	Krenhäusl	Niederb.
Kranzlhub	Niederb.	Krebenbach	Unt.Frk.	Krenleitner	Niederb.
Krapf	Oberb.	Kreen	Schwb.	Kreppe	Oberb.
Krapfenau	Mitt.Frk.	Kreez	Ob.Frk.	Kreppen	Niederb.
Krapfenberg	Niederb.	Kreidelberg	Oberb.	Kreppen	Schwb.
Krappenhof	Unt.Frk.	Kreil	Niederb.	Kreppendorf	Mitt.Frk.
Krappenhofen	Ob.Pf.	Kreilenberg	Ob.Pf.	Kreppling	Mitt.Frk.
Krappenroth	Ob.Frk.	Kreilhof	Oberb.	Kresham	Niederb.
Krassach	Ob.Frk.	Kreiling (2)	Niederb.	Kressen, auch	
Krassemann	Ob.Frk.	Kreilstein	Niederb.	Krössen	Schwb.
Kraßholzheim	Mitt.Frk.	Kreimbach	Rh.Pf.	Kressenberg (2)	Oberb.
Kratzberg	Oberb.	Krein	Oberb.	Kressengarten	Mitt.Frk.
Kratzen	Niederb.	Kreisenmühle	Unt.Frk.	Kressenhof	Mitt.Frk.
Kratzer	Oberb.	Kreismühle	Mitt.Frk.	Kreßfurth	Niederb.
Kratzerhof	Schwb.	Kreit (2)	Oberb.	Kreßhof	Ob.Pf.
Kratzerimbach	Oberb.	Kreit (2)	Ob.Pf.	Kretelbauer	Oberb.
Kratzham	Oberb.	Kreitenbach	Oberb.	Krettenbach	Mitt.Frk.
Kratzhof	Schwb.	Kreith (2)	Niederb.	Kreussen	Ob.Frk.
Kratzing	Oberb.	Kreith, bei		Kreut (13)	Oberb.
Kratzmeier	Oberb.	Schwandorf	Ob.Pf.	Kreut (2)	Niederb.
Kratzmühle	Oberb.	Kreitham	Oberb.	Kreut	Ob.Pf.
Kratzmühle	Mitt.Frk.	Kreithof (2)	Oberb.	Kreutbartel	Niederb.
Kratzschwaige	Niederb.	Kreithof	Ob.Pf.	Kreutelberg	Niederb.
Krausenbach	Unt.Frk.	Krellesmühle	Schwb.	Kreuter	Schwb.
Krausenbeckhofen	Ob.Frk.	Krelling	Niederb.	Kreutern	Oberb.
Krauseneinöd	Ob.Pf.	Kremitz (2)	Ob.Frk.	Kreutfilz, auch	
Krausmühle	Rh.Pf.	Kremitzerschleife	Ob.Pf.	Kreutholz	Oberb.
Krautenbach	Oberb.	Kremmel	Niederb.	Kreuth (5)	Oberb.
Krautenberg	Oberb.	Kremmeldorf	Ob.Frk.	Kreuth, Bad	Oberb.
Krautenberg	Schwb.	Kremmelen	Schwb.	Kreuth (3)	Niederb.
Krauthaus	Schwb.	Kremmelsmoos,		Kreuth (2)	Ob.Pf.
Krautheim	Unt.Frk.	a. Kollmannshof	Oberb.	Kreuth	Mitt.Frk.
Krauthof	Oberb.	Kremmlermühle	Schwb.	Kreuth (3)	Schwb.
Krautloher	Niederb.	Kremnitzmühle		Kreuthäusl	Niederb.
Krautostheim	Mitt.Frk.	(2)	Ob.Frk.	Kreuthäusl	Schwb.
Krautthal	Oberb.	Krempel	Niederb.	Kreuthof (2)	Oberb.
Krautwinkel	Ob.Pf.	Krempl	Niederb.	Kreuthof (2)	Mitt.Frk.
Krarenhof	Niederb.	Krempling	Niederb.	Kreutholz	Oberb.
Krarennest	Oberb.	Kremplmühle	Oberb.	Kreutle	Oberb.
Kraring	Oberb.	Kremplsberg	Niederb.	Kreutles	Mitt.Frk.

9*

Kreutsteig	Niederb.	Kreuzhof	Schwb.	Krieshammer	Ob.Frk.
Kreutulrich	Niederb.	Kreuzholzen	Niederb.	Krieshecke, auch	
Kreuz, heil.	Oberb.	Kreuzholzhausen	Oberb.	Sibillenhof	Unt.Frk.
Kreuzaigen	Niederb.	Kreuzhub	Oberb.	Kriestorf	Niederb.
Kreuzberg (2)	Niederb.	Kreuzkirche	Unt.Frk.	Kriestorf	Niederb.
Kreuzbichel	Oberb.	Kreuzkirchen	Niederb.	Krikelhof	Ob.Pf.
Kreuzbrücke	Rh.Pf.	Kreuzknock	Ob.Frk.	Krill	Schwb.
Kreuzerhof, oder		Kreuzmühle	Oberb.	Krimbichl	Oberb.
Grubhof	Niederb.	Kreuzmühle	Rh.Pf.	Kriming	Oberb.
Kreuzhof	Rh.Pf.	Kreuzmühle	Ob.Frk.	Kriming, Krin-	
Kreuzholzen	Oberb.	Kreuzmühle	Mitt.Frk.	ning	Oberb.
Kreuzling	Oberb.	Kreuzmühle (3)	Unt.Frk.	Krimling	Ob.Pf.
Kreuzöd (2)	Niederb.	Kreuzöd	Niederb.	Kringing	Niederb.
Kreuzpullach	Oberb.	Kreuzpoint	Oberb.	Krining	Niederb.
Kreuzseugen	Niederb.	Kreuzschuh	Ob.Frk.	Krinmühle	Oberb.
Kreuz (2)	Oberb.	Kreuzstauben	Niederb.	Krinzell	Niederb.
Kreuz	Niederb.	Kreuzstein	Ob.Frk.	Krinzing (2)	Niederb.
Kreuz	Schwb.	Kreuzstigl	Niederb.	Kripfling	Ob.Pf.
Kreuz heilig	Ob.Frk.	Kreuzstrassen-		Krippersberg	Ob.Pf.
Kreuz-Heilig (2)	Schwb.	wirth	Oberb.	Krippstätt	Oberb.
Kreuz, zum heil.	Unt.Frk.	Kreuztann	Niederb.	Krippnermühle	Ob.Frk.
Kreuzanger, oder	Schwb.	Kreuzthal	Unt.Frk.	Kriß	Oberb.
Kreuzanger, unter	Schwb.	Kreuzthal	Schwb.	Krißmühle	Niederb.
Kreuzbach	Niederb.	Kreuzung, bei		Kristbobl	Niederb.
Kreuzberg (2)	Oberb.	Fürth	Mitt.Frk.	Kritzenast	Ob.Pf.
Kreuzberg	Niederb.	Kreuzwether	Ob.Pf.	Kritzenberg	Oberb.
Kreuzberg (2)	Ob.Pf.	Kreuzwertheim	Unt.Frk.	Kritzenthal	Ob.Pf.
Kreuzberg	Ob.Frk.	Kreuzwies	Oberb.	Kroatenhof	Unt.Frk.
Kreuzberg	Unt.Frk.	Krickenbach	Rh.Pf.	Krobshausen	Mitt.Frk.
Kreuzberger	Niederb.	Kriechbaum	Oberb.	Krobshauser-	
Kreuzbind	Oberb.	Kriechwies	Niederb.	mühle	Mitt.Frk.
Kreuzbügl	Ob.Pf.	Krieg, ober und		Krodelsberg	Ob.Frk.
Kreuzbühl	Oberb.	unter	Oberb.	Kroding	Niederb.
Kreuzbühl	Mitt.Frk.	Kriegelau	Niederb.	Kröblitz	Ob.Pf.
Kreuzeck	Schwb.	Kriegenbrunn	Mitt.Frk.	Kröblmühle	Mitt.Frk.
Kreuzed	Niederb.	Kriegermühle	Niederb.	Kröcl	Niederb.
Kreuzer	Niederb.	Kriegermühle (2)	Ob.Pf.	Krögelhof	Ob.Frk.
Kreuzer	Ob.Frk.	Krieghaus	Niederb.	Krögelstein	Ob.Frk.
Kreuzermühle	Ob.Frk.	Krieglmühle	Rh.Pf.	Kröglitzen	Niederb.
Kreuzfelden	Oberb.	Kriegsfeld	Rh.Pf.	Kröhaus	Niederb.
Kreuzgrube	Ob.Frk.	Kriegshaber	Schwb.	Kröhstorf	Niederb.
Kreuzgrund	Unt.Frk.	Kriegshuth	Ob.Pf.	Krönau (2)	Oberb.
Kreuzhäusel	Niederb.	Kriegsreuth	Ob.Frk.	Krönhof	Mitt.Frk.
Kreuzhäusl	Niederb.	Kriegsstatthof	Schwb.	Kröning	Niederb.
Kreuzhaus (2)	Niederb.	Kriegstetten	Oberb.	Krönlingsfurth	Niederb.
Kreuzhof	Rh.Pf.	Krienesmühle	Ob.Frk.	Kröpfl	Oberb.
Kreuzhof	Ob.Pf.	Kriering	Niederb.	Kröpflings	Schwb.

Kröppen — Kruichen.   139

Kröppen	Rh.Pf.	Kronburg	Schwb.	Kropfetsöd	Oberb.
Krösbach	Niederb.	Krondorf (3)	Ob.Pf.	Kropfmühle	Niederb.
Kröffen, auch		Kroneck	Oberb.	Kropfmühle	Ob.Frk.
Kreffen	Schwb.	Kroneck (3)	Niederb.	Kropfsburg	Rh.Pf.
Krötelsberg	Oberb.	Kroned	Oberb.	Kropp	Oberb.
Krötenbruck	Ob.Frk.	Kronenberg	Rh.Pf.	Krostorf	Niederb.
Krötendorfswu-		Kronenmühle	Rh.Pf.	Krotenmühle	Ob.Frk.
stung	Ob.Frk.	Kronhammer	Niederb.	Krottelbach	Rh.Pf.
Krötenmühle	Ob.Frk.	Kronhart	Niederb.	Krottenbach	Niederb.
Krötenneft	Ob.Frk.	Kronhof	Mitt.Frk.	Krottenbach	Mitt.Frk.
Kröttenbach	Mitt.Frk.	Kronholz	Oberb.	Krottenberg	Niederb.
Kröttendorf	Ob.Frk.	Kronholzen	Oberb.	Krottendorf	Ob.Frk.
Kröttenhof	Ob.Frk.	Kronholzer	Niederb.	Krottenhaus-	
Kröttenthal	Oberb.	Kronhub	Oberb.	mühle	Oberb.
Krötzach	Oberb.	Kronhügl	Oberb.	Krottenhof	Niederb.
Krötzing	Oberb.	Kronl, am Berg	Niederb.	Krottenhof	Rh.Pf.
Krogl	Oberb.	Kronleiten	Niederb.	Krottenholz	Niederb.
Krohenhammer	Ob.Frk.	Kronleuten	Oberb.	Krottenhüll	Schwb.
Krohenhof	Ob.Pf.	Kronlohe	Oberb.	Krottenmühle	Oberb.
Krohermühle	Ob.Pf.	Kronmühl	Ob.Pf.	Krottenmühle	Mitt.Frk.
Kroimühle	Niederb.	Kronmühle	Oberb.	Krottenried	Oberb.
Kroiß	Oberb.	Kronmühle	Oberb.	Krottensee	Ob.Pf.
Kroiffen	Niederb.	Kronmühle	Mitt.Frk.	Krottenthal (5)	Niederb.
Kroiffenhof	Niederb.	Kronöd (2)	Niederb.	Krottenthal (2)	Ob.Pf.
Kroiffenmühle	Niederb.	Kronreith (2)	Oberb.	Krottenthal (4)	Oberb.
Kroit	Oberb.	Kronsberg	Oberb.	Krottham	Niederb.
Krombach	Unt.Frk.	Kronsdorf	Oberb.	Kruchenhausen	Oberb.
Krommenthal	Unt.Frk.	Kronsöd (2)	Oberb.	Kruckenberg	Ob.Pf.
Krompetshub, a.		Kronstaube (2)	Ob.Pf.	Kruckenhub	Niederb.
Krampofthub	Oberb.	Kronstetten	Niederb.	Krücklasmühle	Ob.Pf.
Kronach	Oberb.	Kronthal (2)	Niederb.	Krügelmühle	Niederb.
Kronach	Ob.Frk.	Kronungen	Unt.Frk.	Krügergütl	Ob.Pf.
Kronach	Mitt.Frk.	Kronwinkel (3)	Oberb.	Krügling	Oberb.
Kronacker (3)	Oberb.	Kronwinkel (3)	Niederb.	Krügling	Ob.Pf.
Kronaft	Oberb.	Kronwinkl	Niederb.	Krukelham	Oberb.
Kronaft, Kroneft	Oberb.	Kronwith	Ob.Pf.	Krün	Oberb.
Kronaft	Niederb.	Kronwitt	Oberb.	Krug	Oberb.
Kronau	Oberb.	Kronwittberg	Niederb.	Krug	Niederb.
Kronau	Ob.Pf.	Kronwittbügl	Niederb.	Krugfabrick	Ob.Pf.
Kronawitt	Oberb.	Kronwitten (5)	Niederb.	Krugfabrick	Unt.Frk.
Kronawitten (2)	Niederb.	Kronwittshof	Niederb.	Kruglmühle	Mitt.Frk.
Kronawitter	Niederb.	Kronzöd, auch		Krugsberg	Ob.Frk.
Kronawitthof	Niederb.	Kranzöd	Oberb.	Krugshof	Unt.Frk.
Kronberg (10)	Oberb.	Kropfbrunn	Unt.Frk.	Krugsmühle	Niederb.
Kronberg (3)	Niederb.	Kropfeinzel	Ob.Frk.	Krugsöd	Schwb.
Kronberghäng	Niederb.	Kropfersberg	Ob.Pf.	Kruggell	Schwb.
Kronbichel (2)	Oberb.	Kropfersöricht	Ob.Pf.	Kruichen	

Krumbach (2)	Oberb.	Kübel	Oberb.	Kühlsöd	Oberb.
Krumbach	Niederb.	Kübelaberg	Ob.Frk.	Kühmoos	Oberb.
Krumbach	Ob.Pf.	Kübelberg	Rh.Pf.	Kühmühle	Ob.Pf.
Krumbach (2)	Ob.Frk.	Kübelhof	Ob.Frk.	Kühnberg	Schwb.
Krumbach	Mitt.Frk.	Kübelmühle	Ob.Frk.	Kühndorf	Mitt.Frk.
Krumbach (2)	Schwb.	Kübelsbach	Oberb.	Kühnen	Schwb.
Krumbab	Schwb.	Kübelstein	Ob.Frk.	Kühnern	Oberb.
Krumbus	Schwb.	Kübler	Oberb.	Kühnersberg	Schwb.
Krumennaab	Ob.Pf.	Küblgrub	Niederb.	Kühnfeld	Ob.Frk.
Krumfohrn	Ob.Frk.	Küchelbach	Mitt.Frk.	Kühnfisching	Oberb.
Krumgassen	Niederb.	Küchenmühle	Unt.Frk.	Kühnham	Oberb.
Krumlehen	Niederb.	Küchl	Niederb.	Kühnham	Niederb.
Krumlengenfeld	Ob.Pf.	Küchler	Oberb.	Kühnhardt	Mitt.Frk.
Krumm	Unt.Frk.	Küfer	Schwb.	Kühnhausen (4)	Oberb.
Krummbach	Ob.Pf.	Küffleinsmühle	Unt.Frk.	Kühnhausen	Ob.Pf.
Krumme Mühle	Unt.Frk.	Küfner	Niederb.	Kühnhof	Ob.Pf.
Krummengraben	Oberb.	Kügel	Oberb.	Kühnhofen	Mitt.Frk.
Krummühle	Rh.Pf.	Kühbach	Oberb.	Kühnleiten	Ob.Frk.
Krummerthaler- mühle	Ob.Pf.	Kühbach (4)	Niederb.	Kühnried	Ob.Pf.
		Kühbach (2)	Ob.Pf.	Kühnstett	Oberb.
Krumpach	Ob.Pf.	Kühbach (2)	Schwb.	Kühried	Ob.Pf.
Krumpelschneid- mühle	Ob.Frk.	Kühbeck	Niederb.	Kühschlag	Ob.Pf.
		Kühbeckenberg	Niederb.	Kühschwitz	Ob.Frk.
Krumpenbobl	Niederb.	Kühberg (4)	Oberb.	Kühsteig	Schwb.
Krumpenwien	Ob.Pf.	Kühberg, auch Kirchberg	Oberb.	Kühstein	Niederb.
Kruppach	Ob.Pf.			Kühstetten (2)	Niederb.
Kruppach	Mitt.Frk.	Kühberg (3)	Niederb.	Kühthal	Ob.Pf.
Krut, auch Kreut	Oberb.	Kühberg (3)	Ob.Pf.	Kühthalhaus	Ob.Pf.
Kruth	Mitt.Frk.	Kühberg	Schwb.	Kühzagel	Oberb.
Kruzling	Oberb.	Kühbergwald	Niederb.	Kühzogel	Oberb.
Kucha	Mitt.Frk.	Kühbley	Niederb.	Kühzogel	Niederb.
Kuchelholz	Niederb.	Kühblößbauer	Ob.Pf.	Külbingen	Mitt.Frk.
Kucheln	Oberb.	Kühbörnershof	Rh.Pf.	Küllersberg	Niederb.
Kuchelsrieb	Niederb.	Kühbuch	Niederb.	Külsheim	Mitt.Frk.
Kuchen	Oberb.	Kühdorf	Mitt.Frk.	Kümerbruck	Ob.Pf.
Kuchenmühle	Ob.Frk.	Kühetränk	Ob.Pf.	Kümersbuch	Ob.Pf.
Kuchenreuth	Ob.Pf.	Kühheim	Oberb.	Kümmel	Ob.Frk.
Kuchenried	Oberb.	Kühhof	Niederb.	Kümmelbüchse	Ob.Frk.
Kuchenthal	Ob.Pf.	Kühholzen	Niederb.	Kümmelhof	Unt.Frk.
Kuchl	Niederb.	Kühhügel	Niederb.	Kümmelsmühle	Unt.Frk.
Kuchlbauer	Niederb.	Kühleiten	Oberb.	Kümmering	Oberb.
Kuchler	Niederb.	Kühlenfels	Ob.Frk.	Kümmershofen	Oberb.
Kuchlhof	Niederb.	Kühlenmorgen	Ob.Pf.	Kümmersmühle	Ob.Pf.
Kuderhaus	Schwb.	Kühlenthal	Schwb.	Kümmersreuth	Ob.Frk.
Kudermühle	Schwb.	Kühlgrün	Ob.Frk.	Kümpfmühle (2)	Oberb.
Kudlhub	Niederb.	Kühloch	Niederb.	Künzach	Schwb.
Kudlsö	Niederb.	Kühloh	Niederb.	Künzing	Niederb.

Küps — Kuttenhofen.

Küps (2)	Ob.Frk.	Kuhmühle	Ob.Frk.	Kupferhammer	Oberb.
Kürbenhof	Ob.Pf.	Kuhnhof	Mitt.Frk.	Kupferhammer	Niederb.
Kürbisgarten-		Kuisler	Schwb.	Kupferhammer	Rh.Pf.
häusl	Rh.Pf.	Kulbing (2)	Oberb.	Kupferhammer	Ob.Frk.
Kürmreuth	Ob.Pf.	Kulmain	Ob.Pf.	Kupferhammer	Mitt.Frk.
Kürn	Niederb.	Kulmbach	Ob.Frk.	Kupfermühle	Rh.Pf.
Kürn	Ob.Pf.	Kulmberg (2)	Ob.Frk.	Kupfermühle	Unt.Frk.
Kürnach	Unt.Frk.	Kulmhöfe	Ob.Frk.	Kupferschmelz	Rh.Pf.
Kürnberg (2)	Ob.Pf.	Kulmitz	Ob.Frk.	Kupferstatt	Niederb.
Kürpsee	Schwb.	Kultursheim	Oberb.	Kuppe	Unt.Frk.
Kürzenen	Schwb.	Kulz, auch Külz	Ob.Pf.	Kuppel	Ob.Frk.
Kürzling	Niederb.	Kum, oder Kum-		Kuppel	Schwb.
Küstersreuth	Ob.Frk.	mer	Oberb.	Kuppelhof	Ob.Pf.
Kützberg	Unt.Frk.	Kumberg	Oberb.	Kurbersdorf	Ob.Pf.
Kufberg	Ob.Pf.	Kumberg	Niederb.	Kurf	Oberb.
Kufenmühle	Unt.Frk.	Kummerbüchel	Oberb.	Kurfürst	Niederb.
Kufhäuser	Niederb.	Kummereck	Oberb.	Kurmhof	Ob.Pf.
Kufing	Niederb.	Kummerlohe	Oberb.	Kursberg	Ob.Pf.
Kugelau	Ob.Frk.	Kummersdorf	Niederb.	Kurz	Oberb.
Kugelbach	Oberb.	Kummerthal	Ob.Pf.	Kurzbach	Niederb.
Kugelhäusl	Oberb.	Kumpf	Ob.Pf.	Kurzberg	Schwb.
Kugelhof	Ob.Pf.	Kumpfemühle	Oberb.	Kurzeichet	Niederb.
Kugelmoos	Oberb.	Kumpfhof	Ob.Pf.	Kurzenaltheim	Mitt.Frk.
Kugelmühle	Oberb.	Kumpfmühl (2)	Niederb.	Kurzenaurach	Mitt.Frk.
Kugelmühle	Ob.Frk.	Kumpfmühl	Ob.Pf.	Kurzenberg	Oberb.
Kugelmühle (2)	Mitt.Frk.	Kumpfmühle (6)	Oberb.	Kurzenbruck	Niederb.
Kugelöd	Niederb.	Kumpfmühle (9)	Niederb.	Kurzendorf (2)	Mitt.Frk.
Kugelstadt	Niederb.	Kumpfmühle	Ob.Pf.	Kurzenhart	Niederb.
Kugelthal	Oberb.	Kumpfmüller	Oberb.	Kurzenhof	Schwb.
Kugl	Niederb.	Kumreith	Niederb.	Kurzenisarhofen	Niederb.
Kugler	Niederb.	Kunbach	Niederb.	Kurzenried	Oberb.
Kuglern	Oberb.	Kundelsberg	Oberb.	Kurzensäg, Kurz	Oberb.
Kuglhof	Oberb.	Kundertshofen	Niederb.	Kurzewind	Unt.Frk.
Kuglhof	Niederb.	Kundheft	Oberb.	Kurzholz	Niederb.
Kuglhof	Ob.Pf.	Kunding	Oberb.	Kurzholzhäusl	Niederb.
Kugllenz	Niederb.	Kundlmühle	Ob.Pf.	Kurzlintach	Niederb.
Kuglmühle	Oberb.	Kunhausen	Niederb.	Kurzmühle	Oberb.
Kuglmühle	Niederb.	Kunigunda Sect.	Mitt.Frk.	Kurzstädt	Oberb.
Kuglöd	Niederb.	Kunigunda Sect.	Unt.Frk.	Kusel, Cusel	Rh.Pf.
Kuglstadt	Oberb.	Kunigundenruh	Ob.Frk.	Kussenhof	Mitt.Frk.
Kuglstadt	Niederb.	Kunreuth (2)	Ob.Frk.	Kustermann	Schwb.
Kuh	Oberb.	Kunstdorf	Ob.Pf.	Kutschendorf	Ob.Pf.
Kuharbt	Rh.Pf.	Kunstwahl	Oberb.	Kutschenrangen	Ob.Frk.
Kuhberg, auch		Kunzenloh	Ob.Pf.	Kutscherhof	Ob.Pf.
Küheberg	Oberb.	Kunzenmühle	Unt.Frk.	Kutten	Schwb.
Kuhberg	Ob.Frk.	Kunzenreute	Schwb.	Kuttenau	Oberb.
Kuhbruckmühle	Rh.Pf.	Kupferberg	Ob.Frk.	Kuttenhofen	Niederb.

Kuttenreuth	Oberb.	Kuttern, auch		Kutzenhausen		Schwb.
Kuttenthalmühle	Schwb.	Theilen	Schwb.	Kutzholz		Niederb.
Kutterling	Oberb.	Kutzenberg	Ob.Frk.			

L.

Laab	Oberb.	Lackenhäuser	Niederb.	Lahmreuth	Ob.Frk.
Laab (2)	Niederb.	Lackenschneider	Oberb.	Lahn (2)	Niederb.
Laaber	Ob.Pf.	Lackerau	Niederb.	Lahnbauer	Oberb.
Laaberthal	Ob.Pf.	Lackermeier	Oberb.	Lahngraben	Unt.Frk.
Laag	Oberb.	Lackner	Oberb.	Lahof	Niederb.
Laar	Oberb.	Lackner	Niederb.	Lahr	Oberb.
Labach	Oberb.	Lacksberg	Ob.Pf.	Lahrbach	Unt.Frk.
Labach	Rh.Pf.	Lächl	Niederb.	Lahrester	Oberb.
Labenbach (3)	Oberb.	Lähr	Ob.Pf.	Laibarös, auch	
Laber	Niederb.	Lämersdorf	Ob.Pf.	Leibarös	Ob.Frk.
Laber	Ob.Pf.	Lämlings	Schwb.	Laiberer	Schwb.
Laberg	Oberb.	Lämmersdorf	Niederb.	Laibstadt	Ob.Pf.
Laberberg	Niederb.	Lämmershof	Ob.Pf.	Laich (2)	Oberb.
Labering	Oberb.	Ländlerhof	Rh.Pf.	Laichmühle	Schwb.
Labermühle	Niederb.	Längenau	Ob.Frk.	Laichspoint	Oberb.
Labermühle	Mitt.Frk.	Längenen	Schwb.	Laichstädt	Ob.Pf.
Labersberg	Oberb.	Längenfeld	Oberb.	Laiden	Schwb.
Labersdorf	Oberb.	Längenmühle	Niederb.	Laidingshof	Ob.Frk.
Labersricht	Ob.Pf.	Längenmühle	Schwb.	Laim (2)	Oberb.
Laberthal	Ob.Pf.	Längermühle	Niederb.	Laim	Niederb.
Laberting	Niederb.	Längersau	Schwb.	Laimbach (2)	Niederb.
Labertsried	Niederb.	Längfeld (2)	Niederb.	Laimbach	Ob.Frk.
Labertswend, Hu-		Länglohe	Oberb.	Laimbach, ober	Mitt.Frk.
zelhof	Mitt.Frk.	Längmühle	Niederb.	Laimbach, unter	Mitt.Frk.
Laberweinting	Niederb.	Längslerhof	Rh.Pf.	Laimbach	Unt.Frk.
Lach	Ob.Frk.	Längthal	Niederb.	Laimbachsmühle	Unt.Frk.
Lachen (4)	Oberb.	Längwies	Oberb.	Laimbichl	Niederb.
Lachen	Rh.Pf.	Läuterkofen	Niederb.	Laimbühel	Niederb.
Lachen (3)	Schwb.	Läuterkofen	Ob.Pf.	Laimering	Oberb.
Lachenmühle	Rh.Pf.	Lasering	Oberb.	Laimerstadt	Ob.Pf.
Lacherhof	Schwb.	Laffenau	Ob.Pf.	Laimgraben	Oberb.
Lacham	Niederb.	Laffenthal	Oberb.	Laimgrub (2)	Oberb.
Lachheim	Mitt.Frk.	Lageln	Niederb.	Laimgrub (3)	Niederb.
Lachl	Oberb.	Lageltshausen	Oberb.	Laimgruben	Oberb.
Lachsgang	Oberb.	Lagled	Niederb.	Laimgruben	Ob.Pf.
Lack	Oberb.	Lahbüchl	Niederb.	Laiming (5)	Oberb.
Lacken (11)	Oberb.	Lahm (3)	Ob.Frk.	Lain (5)	Oberb.
Lacken (5)	Niederb.	Lahm am Gebirge	Ob.Frk.	Lain	Niederb.
Lackenbach	Oberb.	Lahmer	Niederb.	Lainau	Oberb.

Lainbach (3)	Oberb.	Lamplmühle	Ob.Pf.	Landsgrub	Ob.Pf.
Laineck	Ob.Frk.	Lampoding	Oberb.	Landsham	Oberb.
Laipflitz	Niederb.	Lampolz	Schwb.	Landshausen	Schwb.
Lalling (3)	Niederb.	Lamprechten	Oberb.	Landshut	Oberb.
Lam	Niederb.	Lamprechts	Schwb.	Landshut	Niederb.
Lambachshof	Ob.Pf.	Lamprechtsmühle	Mitt.Frk.	Landsöd, Lamsed	Oberb.
Lamberg	Ob.Pf.	Lamprechtsmühle	Unt.Frk.	Landstetten	Oberb.
Lambrecht	Rh.Pf.	Lamprechtsöd	Niederb.	Landstraſſer	Schwb.
Lambsbacherhof	Rh.Pf.	Lanau	Niederb.	Landstrost	Schwb.
Lambsborn	Rh.Pf.	Lanbach	Niederb.	Landstuhl	Rh.Pf.
Lambsheim	Rh.Pf.	Landasberg	Niederb.	Landthurm (2)	Mitt.Frk.
Lambsheimer-mühle	Rh.Pf.	Landau a./J.	Niederb.	Land-Thurm	Unt.Frk.
		Landau	Rh.Pf.	Lang	Niederb.
Lamenbingen	Schwb.	Landeck, Ruine	Mitt.Frk.	Lang	Schwb.
Lamenhof	Unt.Frk.	Landenham	Oberb.	Langacker	Oberb.
Lamershof	Oberb.	Landenham, ober und unter	Oberb.	Langau (2)	Oberb.
Lamerthal, auch Laberthal	Ob.Pf.	Landenhausen	Oberb.	Langau	Ob.Pf.
				Langau, ober	Ob.Pf.
Lamineten	Schwb.	Landensberg	Schwb.	Langbruck (2)	Niederb.
Laming	Oberb.	Landerham	Niederb.	Langbruckmühl	Niederb.
Lamitz	Ob.Frk.	Landerhof	Ob.Pf.	Langbürgen	Oberb.
Lamitzmühle (2)	Ob.Frk.	Landersberg	Niederb.	Langburg	Niederb.
Lammberg	Niederb.	Landersdorf (2)	Ob.Pf.	Langdobel	Niederb.
Lammelbach	Mitt.Frk.	Landersdorf	Niederb.	Langdorf (2)	Niederb.
Lammelhösl	Ob.Pf.	Landersdorf	Mitt.Frk.	Langeckerhof	Rh.Pf.
Lammelhof	Ob.Pf.	Landershofen	Mitt.Frk.	Langegg, ober	Schwb.
Lammerbach	Niederb.	Landertsham	Oberb.	Langegg, unter	Schwb.
Lammersdorf	Niederb.	Landertzhofen	Mitt.Frk.	Langenaltheim	Mitt.Frk.
Lampelhof	Ob.Pf.	Landholz, außer	Schwb.	Langenamming	Niederb.
Lampeln	Niederb.	Landholz, ober	Schwb.	Langenau (2)	Ob.Frk.
Lampelstett	Oberb.	Landholz, unter	Schwb.	Langenbach	Oberb.
Lampenricht	Ob.Pf.	Landing	Oberb.	Langenbach	Rh.Pf.
Lampersberg (2)	Oberb.	Landing	Niederb.	Langenbach (2)	Ob.Frk.
Lampersdorf	Niederb.	Landiring, auch Landöhring	Niederb.	Langenbachermühle	Rh.Pf.
Lampersdorf	Ob.Pf.				
Lampert Sct.	Ob.Pf.	Landl (2)	Oberb.	Langenbauer	Schwb.
Lampertsham (2)	Oberb.	Landl	Ob.Pf.	Langenberg	Rh.Pf.
Lampertshausen	Oberb.	Landlmühle	Oberb.	Langenberg	Mitt.Frk.
Lampertshofen	Oberb.	Landmannsberg	Niederb.	Langenberg	Unt.Frk.
Lampertshofen	Ob.Pf.	Landmannsdorf	Oberb.	Langenberg	Schwb.
Lampertskirchen	Oberb.	Landmühle	Schwb.	Langenbergerhof	Rh.Pf.
Lampertsmühle	Rh.Pf.	Landorf	Niederb.	Langenborn	Unt.Frk.
Lampertsneukirchen	Ob.Pf.	Landrichterhof	Niederb.	Langenbrucn	Oberb.
		Landsbach	Unt.Frk.	Langenbruck (2)	Niederb.
Lampertsweiler	Schwb.	Landsberg	Oberb.	Langenbruck	Ob.Pf.
Lampferding	Oberb.	Landsberied	Oberb.	Langenbrückermühle	Mitt.Frk.
Lamplmühle	Oberb.	Landsdorf	Niederb.		

Langenbusch, Forsthaus	Rh.Pf.	Langensallach	Mitt.Frk.	Langlehen	Niederb.	
		Langenscheiberhof	Rh.Pf.	Langmair	Niederb.	
Langendorf	Unt.Frk.	Langensendelbach	Ob.Frk.	Langmeil, auch		
Langendorfer-		Langensohlerhof	Rh.Pf.	Alsenbruck	Rh.Pf.	
mühle	Unt.Frk.	Langenspach	Oberb.	Langmühle	Niederb.	
Langeneck (3)	Oberb.	Langenstabt	Ob.Frk.	Langmühle (2)	Rh.Pf.	
Langeneck (2)	Niederb.	Langensteinach	Mitt.Frk.	Longolbing	Oberb.	
Langeneb	Oberb.	Langensteinbach	Mitt.Frk.	Langpreming	Oberb.	
Langenegg	Schwb.	Langenstephan	Oberb.	Langqualb	Oberb.	
Langenehrling	Ob.Pf.	Langentebenhof	Niederb.	Langqualb	Niederb.	
Langenerringen	Schwb.	Langenthal	Ob.Pf.	Langquart	Niederb.	
Langeneufnach	Schwb.	Langenthal	Schwb.	Langrain	Oberb.	
Langenfeld	Ob.Pf.	Langenthalerhof	Rh.Pf.	Langschachtelhütte	Niederb.	
Langenfeld	Mitt.Frk.	Langentheilen	Ob.Pf.	Langschwert	Oberb.	
Langengeisling	Oberb.	Langenthon-		Langwaid (2)	Oberb.	
Langengern	Oberb.	hausen	Ob.Pf.	Langwaid	Schwb.	
Langengsäll	Ob.Frk.	Langenvils	Niederb.	Langwied (6)	Oberb.	
Langenhart	Niederb.	Langenwald	Schwb.	Langwieden	Rh.Pf.	
Langenhaslach	Schwb.	Langenwang	Schwb.	Langwiedmühle	Mitt.Frk.	
Langenhettenbach	Niederb.	Langenwies (2)	Ob.Pf.	Langwiedmühle	Schwb.	
Langenisarhofen	Niederb.	Langenwiesen	Oberb.	Langwies	Niederb.	
Langenkatzbach	Niederb.	Langenzell	Ob.Frk.	Langwinkel	Niederb.	
Langenkandel	Rh.Pf.	Langenzenn	Mitt.Frk.	Langwitz	Ob.Pf.	
Langenkreit	Ob.Pf.	Langesöd	Oberb.	Lanhofen	Niederb.	
Langenkünzing	Niederb.	Langesöd, auch		Lankweld, auch		
Langenleich	Oberb.	Längersöd	Oberb.	Langwaid	Schwb.	
Langenleiten	Unt.Frk.	Langeweil	Ob.Frk.	Lankendorf	Ob.Frk.	
Langenloh	Oberb.	Langfeichten	Oberb.	Lankenreuth	Ob.Frk.	
Langenloh	Ob.Frk.	Langfischer	Oberb.	Lankersberg	Niederb.	
Langenlohe (2)	Mitt.Frk.	Langfurt	Niederb.	Lannenberg	Schwb.	
Langenmoosen	Oberb.	Langfurth	Mitt Frk.	Lantersham, auch		
Langenmühle	Ob.Pf.	Langgassen	Oberb.	Landertsham	Oberb.	
Langenmühle	Mitt.Frk.	Langgraben	Niederb.	Lanz	Ob.Pf.	
Langenmühle	Schwb.	Langham	Oberb.	Lanzen	Schwb.	
Langenpettenbach	Oberb.	Langhausen	Oberb.	Lanzenberg	Oberb.	
Langenpfunzen	Oberb.	Langheckerhof	Rh.Pf.	Lanzenberg (2)	Schwb.	
Langenpreising	Oberb.	Langheid	Niederb.	Lanzendorf	Niederb.	
Langenprozelten	Unt.Frk.	Langheim	Ob.Frk.	Lanzendorf	Ob.Frk.	
Langenreichen	Schwb.	Langheim	Unt.Frk.	Lanzendorf	Mitt.Frk.	
Langenreicher-		Langholz	Niederb.	Lanzenhaar	Oberb.	
mühle	Schwb.	Langholzen	Oberb.	Lanzenhausen	Oberb.	
Langenreuth	Ob.Frk.	Langholzner	Oberb.	Lanzenmühle	Mitt.Frk.	
Langenried	Oberb.	Langhub	Niederb.	Lanzenöd	Niederb.	
Langenried	Ob.Pf.	Langhütte	Niederb.	Lanzenreut	Niederb.	
Langenried	Schwb.	Langkehl	Rh.Pf.	Lanzenreuth	Ob.Frk.	
Langenroth	Ob.Frk.	Langkofen	Oberb.	Lanzenried (2)	Oberb.	
Langenroth	Unt.Frk.	Langlau	Mitt.Frk.	Lanzenried	Ob.Pf.	

Lanzing (6)	Oberb.	Laubenzedel	Mitt.Frk.	Lausenhof	Ob.Frk.
Lanzing (2)	Niederb.	Lauber	Schwb.	Lausers (2)	Schwb.
Lanzlberg	Niederb.	Lauberhart	Schwb.	Lausers am Moos	Schwb.
Lanzmühl	Oberb.	Lauberhof (2)	Rh.Pf.	Lausham	Oberb.
Lanzmühle	Mitt.Frk.	Laubers	Schwb.	Laushäusl	Niederb.
Lapferling	Niederb.	Laubersreuth	Ob.Frk.	Lautenberg	Schwb.
Lappach (2)	Oberb.	Laubhof	Ob.Pf.	Lautengund	Ob.Frk.
Lappach, ober		Laubmühle	Ob.Pf.	Lauter	Oberb.
und unter	Oberb.	Lauchdorf (2)	Schwb.	Lauter (2)	Unt.Frk.
Lappach	Ob.Frk.	Lauban	Schwb.	Lauterach	Ob.Pf.
Lappach	Schwb.	Laudenbach (3)	Unt.Frk.	Lauterbach (7)	Oberb.
Lappen (2)	Oberb.	Laudenmühle	Oberb.	Lauterbach, ober	
Lappentescherhof	Rh.Pf.	Lauenhaln	Ob.Frk.	und unter	Oberb.
Lapperding	Niederb.	Lauenhainer-		Lauterbach (3)	Niederb.
Lappersdorf	Niederb.	mühle	Ob.Frk.	Lauterbach	Ob.Pf.
Lappersdorf	Ob.Pf.	Lauenstein	Ob.Frk.	Lauterbach	Ob.Frk.
Lappersdorf	Mitt.Frk.	Lauerhof	Rh.Pf.	Lauterbach (2)	Mitt.Frk.
Larch	Oberb.	Lauersmühle	Unt.Frk.	Lauterbach (2)	Schwb.
Larchster	Oberb.	Lauf	Ob.Pf.	Lauterbacherfilz	Oberb.
Laros	Oberb.	Lauf (2)	Ob.Frk.	Lauterbronnen-	
Larrieben	Mitt.Frk.	Lauf	Mitt.Frk.	mühle	Mitt.Frk.
Larsbach	Niederb.	Lauf am Holz	Mitt.Frk.	Lauterbrunn	Oberb.
Laßberg	Niederb.	Laufach	Unt.Frk.	Lauterbrunn	Schwb.
Lasseln	Oberb.	Laufen	Oberb.	Lauterecken	Rh.Pf.
Latsch	Ob.Pf.	Laufen	Schwb.	Lauterhof	Rh.Pf.
Lattenberg	Oberb.	Laufenau	Oberb.	Lauterhof (3)	Unt.Frk.
Lattenbuch	Mitt.Frk.	Laufenau	Niederb.	Lauterhofen	Ob.Pf.
Lattenreuth	Ob.Frk.	Laufenbach	Niederb.	Lauterschwann	Rh.Pf.
Lattenweiler	Schwb.	Laufenbürg	Mitt.Frk.	Lautersee	Oberb.
Latzelsberg	Niederb.	Laufenegg	Schwb.	Lautersee	Ob.Pf.
Laub (3)	Ob.Pf.	Laufenthal	Ob.Pf.	Lautersheim	Rh.Pf.
Laub	Unt.Frk.	Laufersöd	Oberb.	Lauterspring	Rh.Pf.
Laub	Schwb.	Laufhausen	Rh.Pf.	Lautrach	Schwb.
Laubau	Oberb.	Laufing (2)	Oberb.	Lautzkirchen	Rh.Pf.
Laubberg	Oberb.	Laufmühle	Niederb.	Latz	Ob.Pf.
Laubberg	Niederb.	Laufzorn	Oberb.	Latzh	Mitt.Frk.
Laubbühl	Ob.Frk.	Laugna	Schwb.	Lebecksmühle	Rh.Pf.
Lauben (2)	Schwb.	Lauingen	Schwb.	Lebenau	Oberb.
Lauben unter		Laumeistersmühle	Unt.Frk.	Lebenhan	Unt.Frk.
der Brück	Schwb.	Laumersheim	Rh.Pf.	Leberfing	Niederb.
Lauben vor der		Laurenz, Sct.	Oberb.	Leberhof	Schwb.
Brück	Schwb.	Lauringen	Unt.Frk.	Lebermann	Niederb.
Laubenberg	Schwb.	Laus	Oberb.	Lebern	Oberb.
Laubend	Ob.Frk.	Lausbach	Oberb.	Lebersberg	Niederb.
Laubendorf	Mitt.Frk.	Lausbach	Niederb.	Lebzeltenhaus	Niederb.
Laubenhof (2)	Ob.Pf.	Lausbühl	Schwb.	Lech	Oberb.
Laubenthal	Mitt.Frk.	Lauschhub	Oberb.	Lechau	Oberb.

Lechau	Niederb.	Lehel	Niederb.	Lehrgrub	Niederb.
Lechbruck	Schwb.	Lehen (19)	Oberb.	Lehrsbach	Niederb.
Lechbrücke	Oberb.	Lehen, am	Oberb.	Lehsten (2)	Ob.Frk.
Lechel	Oberb.	Lehen am Wald	Oberb.	Lehstenbachmühle	Ob.Frk.
Lechel	Niederb.	Lehen (16)	Niederb.	Lehstenmühle	Ob.Frk.
Lechen (8)	Oberb.	Lehen (3)	Ob.Pf.	Leibarås	Ob.Frk.
Lechenroth	Ob.Frk.	Lehen (3)	Ob.Frk.	Leibelbach	Mitt.Frk.
Lechern	Schwb.	Lehenanger	Oberb.	Leibelhof	Ob.Pf.
Lechfeld	Schwb.	Lehenbach	Niederb.	Leibenberg	Schwb.
Lechhausen	Oberb.	Lehenbauer	Oberb.	Leibersberg	Oberb.
Lechlingszell	Oberb.	Lehenbuch	Mitt.Frk.	Leibersdorf	Schwb.
Lechmühle	Oberb.	Lehenbühl	Schwb.	Leibi	Oberb.
Lechmühle	Schwb.	Lehendorf	Ob.Pf.	Leibing	Niederb.
Lechner (5)	Oberb.	Leheneck	Oberb.	Leiblachsberg	Schwb.
Lechsberg	Schwb.	Lehengütingen	Mitt.Frk.	Leiblfing	Niederb.
Lechsend	Schwb.	Lehenhäusl	Schwb.	Leiblhof	Niederb.
Lechsgmünd	Schwb.	Lehenhammer	Ob.Pf.	Leichau	Ob.Pf.
Leckelhub	Niederb.	Lehenhof (2)	Schwb.	Leichendorf	Mitt.Frk.
Leckern	Niederb.	Lehenmühle, auch		Leichendorfer-	
Lederbach	Niederb.	Lehmühle	Schwb.	mühle	Mitt.Frk.
Lederer	Oberb.	Lehenpoint	Oberb.	Leichertshofen	Schwb.
Lederborn	Niederb.	Lehenreuth	Niederb.	Leichsenhof	Mitt.Frk.
Lederhof	Oberb.	Lehenthal	Ob.Frk.	Leichtmühle	Unt.Frk.
Lederhof (2)	Niederb.	Lehenwiesen-		Leidelheim	Rh.Pf.
Lederhof	Ob.Pf.	mühle	Mitt.Frk.	Leidenberg	Mitt.Frk.
Lederhub (2)	Oberb.	Leherbauer	Niederb.	Leidendorf	Mitt.Frk.
Lederhub	Niederb.	Lehersreith	Niederb.	Leider	Unt.Frk.
Ledering	Niederb.	Lehertshub	Niederb.	Leidersbach	Unt.Frk.
Lederling	Niederb.	Lehesten	Ob.Frk.	Leidersdorf	Ob.Pf.
Ledermühle	Ob.Pf.	Lehesten, auch		Leiderting	Oberb.
Ledern	Oberb.	Löften	Ob.Frk.	Leidlgendorf	Mitt.Frk.
Ledersberg	Niederb.	Lehhof	Ob.Pf.	Leidlhub	Niederb.
Lederstadt	Schwb.	Lehmberg	Niederb.	Leidling	Schwb.
Lederstätt	Oberb.	Lehmbichl	Oberb.	Leidstahler Hube	Rh.Pf.
Lederstuben	Oberb.	Lehmgrube	Ob.Pf.	Leierersmühle	Unt.Frk.
Leding	Oberb.	Lehmhof	Ob.Pf.	Leiersöd (2)	Niederb.
Ledl	Niederb.	Lehmingen	Schwb.	Leiharting	Oberb.
Leeder	Schwb.	Lehmkirchen	Oberb.	Leihelm	Schwb.
Leerhaus	Schwb.	Lehndobl	Niederb.	Leihmoos	Schwb.
Leerstetten	Mitt.Frk.	Lehneck	Oberb.	Leihmoosmühle	Schwb.
Leesau	Ob.Frk.	Lehner (3)	Oberb.	Leimbachsmühle	Mitt.Frk.
Leesten, auch		Lehner, am Hart	Oberb.	Leimbauer	Schwb.
Lehesten	Ob.Frk.	Lehner (3)	Niederb.	Leimbüchel	Niederb.
Leestnermühle	Ob.Frk.	Lehnershof	Ob.Pf.	Leimbüchelholz	Niederb.
Legau	Schwb.	Lehnleinsmühle	Mitt.Frk.	Leimen	Rh.Pf.
Legendorf	Ob.Pf.	Lehrberg, auch		Leimersberg	Ob.Frk.
Leger	Oberb.	Lerchenberg	Mitt.Frk.	Leimersheim	Rh.Pf.

Leimershof	Ob.Frk.	Leitenberg	Oberb.	Leitsweiler	Mitt.Frk.
Leiming	Oberb.	Leitenberg	Ob.Frk.	Leitzachmühle	Oberb.
Leiwitz	Ob.Frk.	Leitenbobl	Niederb.	Leitzersberg	Niederb.
Leimtobel	Schwb.	Leiteneck	Oberb.	Leizing	Oberb.
Leinach (2)	Unt.Frk.	Leitenmühle	Niederb.	Leizing	Niederb.
Leinau	Schwb.	Leitensdorf	Niederb.	Lellenfeld	Mitt.Frk.
Leinbach	Niederb.	Leiter	Schwb.	Lembach	Niederb.
Leinbacher Bord-mühle	Rh.Pf.	Leiterbach	Ob.Frk.	Lembach	Unt.Frk.
		Leiterberg	Schwb.	Lemberg (2)	Oberb.
Leinburg	Mitt.Frk.	Leitern	Niederb.	Lemberg	Niederb.
Leingart, auch Lalmgart	Niederb.	Leitersberg	Oberb.	Lemberg	Rh.Pf.
		Leitersdorf (2)	Niederb.	Lembuch	Niederb.
Leinhelm	Schwb.	Leitershofen	Schwb.	Lemming	Niederb.
Leinhof	Rh.Pf.	Leiterzhofen	Ob.Pf.	Lempenmühle	Ob.Frk.
Leinhofen	Ob.Pf.	Leitgering	Oberb.	Lemperholzen	Oberb.
Leiningerhof	Rh.Pf.	Leithau	Schwb.	Lempertsöd	Niederb.
Leinmühle (2)	Ob.Pf.	Leithen (11)	Oberb.	Lenach	Niederb.
Leinöd	Oberb.	Leithen, auch Leithenhof	Oberb.	Lenachmühle	Niederb.
Leinschlag	Ob.Pf.			Lenau	Ob.Pf.
Leinschwenden	Schwb.	Leithen (9)	Niederb.	Lendbichl	Oberb.
Leinstebl	Ob.Pf.	Leithen, außer	Ob.Frk.	Lendersch	Schwb.
Leinsweiler	Rh.Pf.	Leithen	Ob.Frk.	Lendershausen	Unt.Frk.
Leintobel	Schwb.	Leithen, auch Leuthau	Schwb.	Lendl	Niederb.
Leiperslohe	Mitt.Frk.			Lendras	Schwb.
Leiperzell	Mitt.Frk.	Leithenbach	Niederb.	Lengaz	Schwb.
Leipfritz	Schwb.	Leithenhausen	Niederb.	Lengau	Oberb.
Leipheim	Schwb.	Leithenhof, siehe Leithen	Oberb.	Lengau	Ob.Pf.
Leipoldsberg	Mitt.Frk.			Lengdorf (2)	Oberb.
Leisacker	Schwb.	Leithenhof	Schwb.	Lengdorf	Niederb.
Leisau	Ob.Frk.	Leithenmühle	Niederb.	Lengenbach	Ob.Pf.
Leising	Mitt.Frk.	Leithelm	Schwb.	Lengendorf	Oberb.
Leismühle	Oberb.	Leithöfe	Rh.Pf.	Lengenen	Schwb.
Leismühle	Ob.Frk.	Leithof	Rh.Pf.	Lengenfeld (2)	Oberb.
Leisstadt	Rh.Pf.	Leithner	Oberb.	Lengenfeld (4)	Ob.Pf.
Leisteneck	Niederb.	Leitl		Lengenfeld (2)	Mitt.Frk.
Leistenmühle	Rh.Pf.	Leitmannstett	Oberb.	Lengenfeld (2)	Schwb.
Leistfelden	Oberb.	Leitner (2)	Oberb.	Lengenlaich	Oberb.
Leistmühle	Ob.Pf.	Leitner, am Berg	Oberb.	Lengenlohe	Ob.Pf.
Leistschneider	Niederb.	Leitner (3)	Niederb.	Lengenmoos	Oberb.
Leitelshof	Mitt.Frk.	Leitsch	Ob.Frk.	Lengenwang	Schwb.
Leiten (24)	Oberb.	Leitschmühle, obere	Ob.Frk.	Lengfeld	Ob.Pf.
Leiten, Leuthen	Oberb.			Lengfeld	Unt.Frk.
Leiten, unter dem	Oberb.	Leitschmühle, untere	Ob.Frk.	Lengfelden (2)	Niederb.
Leiten (2)	Ob.Pf.			Lengfurt	Unt.Frk.
Leiten (6)	Niederb.	Leitschneidmühle, obere	Ob.Frk.	Lenggerseau	Schwb.
Leitenbach	Oberb.			Lenggries	Oberb.
Leitenbauer	Oberb.	Leitsmühle	Mitt.Frk.	Lengham (2)	Niederb.

Lenghart	Niederb.	Leonberg (2)	Ob.Pf.	Lerchen	Niederb.
Lengling	Niederb.	Leonbergermühle	Ob.Pf.	Lerchen	Schwb.
Lengloh (2)	Oberb.	Leonhard, siehe		Lerchenberg	Oberb.
Lenglohe	Oberb.	Wonneberg	Oberb.	Lerchenberg (2)	Ob.Frk.
Lengmoos	Oberb.	Leonhard	Oberb.	Lerchenberg	Schwb.
Lengsham	Niederb.	Leonhard Sct.		Lerchenberghof	Mitt.Frk.
Lengthal (3)	Oberb.	(2)	Oberb.	Lerchenbergs-	
Lenkenhütte	Ob.Pf.	Leonhard Sct.	Niederb.	mühle	Mitt.Frk.
Lenkenreuth	Ob.Pf.	Leonhard Sct.		Lerchenbornerhof	Rh.Pf.
Lenkenthal	Ob.Pf.	(2)	Ob.Pf.	Lerchenbühl (2)	Ob.Frk.
Lenker	Ob.Frk.	Leonhard Sct.	Mitt.Frk.	Lerchenbühl	Schwb.
Lenkerhof	Ob.Frk.	Leonhard Sct.		Lerchenfeld	Niederb.
Lenkermühle	Ob.Pf.	(2)	Schwb.	Lerchenfeld	Ob.Pf.
Lenkersheim	Mitt.Frk.	Leonhardt Sct.		Lerchenfeld	Ob.Frk.
Lennesrieth	Ob.Pf.	(6)	Schwb.	Lerchenhöchstadt	Mitt.Frk.
Lentersdorf	Mitt.Frk.	Leonhardsbuch	Oberb.	Lerchenhof	Oberb.
Lentersheim	Mitt.Frk.	Leonhardshaus	Ob.Frk.	Lerchenhof	Ob.Frk.
Lenting	Oberb.	Leonhardskirchen	Ob.Pf.	Lerchenhub	Oberb.
Lenz	Oberb.	Leonhardsmühle	Mitt.Frk.	Lerchenmühle	Schwb.
Lenz	Ob.Frk.	Leonhardspfun-		Lerchlberg	Niederb.
Lenz	Schwb.	zen	Oberb.	Lerenbeutl	Niederb.
Lenzau	Oberb.	Leonhardsruh	Mitt.Frk.	Lernbach	Niederb.
Lenzbauer	Schwb.	Leoni	Oberb.	Lernpoint	Niederb.
Lenzen (2)	Schwb.	Leonrodt	Mitt.Frk.	Lesermühle, auch	
Lenzenbronn	Unt.Frk.	Leonsberg	Niederb.	Gschwellmühle	Ob.Pf.
Lenzenbösl	Niederb.	Leopiermühle	Niederb.	Lesmansrieb	Niederb.
Lenzenhäusl	Mitt.Frk.	Leopoldsberg	Oberb.	Lessau	Ob.Frk.
Lenzenmühle	Ob.Frk.	Leopoldsberg	Niederb.	Lesselberg	Ob.Pf.
Lenzenmühle	Schwb.	Leopoldsdorf	Niederb.	Lessellohe	Ob.Pf.
Lenzer	Schwb.	Leopoldsreith	Niederb.	Letten (6)	Oberb.
Lenzersdorf	Niederbf.	Leopoldsruhe	Niederb.	Letten	Ob.Pf.
Lenzersdorf	Mitt.Fr	Leoprechting	Oberb.	Letten (4)	Ob.Frk.
Lenzfelchten	Oberb.	Leoprechting	Niederb.	Letten	Mitt.Frk.
Lenzfelden	Oberb.	Leoprechting, auch		Letten (3)	Schwb.
Lenzfried, auch		Loiprechting	Ob.Pf.	Lettenbauer	Oberb.
Sct. Mang	Schwb.	Leoprechtstein	Niederb.	Lettenberg	Oberb.
Lenzhub	Niederb.	Leperhberg	Niederb.	Lettenhaus	Ob.Frk.
Lenzing	Niederb.	Leperting	Oberb.	Lettenhof	Ob.Pf.
Lenzingerberg	Niederb.	Leppelsdorf	Unt.Frk.	Lettenhof (4)	Ob.Frk.
Lenzlohe	Niederb.	Leprosenhaus	Niederb.	Lettenmühle	Ob.Pf.
Lenzmühle	Oberb.	Lerau	Ob.Pf.	Lettenmühle (2)	Mitt.Frk.
Lenzmühle	Niederb.	Lerbing	Niederb.	Lettenreuth	Ob.Frk.
Lenzmühle	Schwb.	Lerch	Oberb.	Lettenthal	Oberb.
Lenzschuster	Niederb.	Lerch	Niederb.	Lettgenbrunn	Unt.Frk.
Leobendorf	Oberb.	Lerchberg	Niederb.	Lettigenbühl	Oberb.
Leonardshaun	Niederb.	Lerchegg	Schwb.	Lettlmühle	Niederb.
Leonberg	Oberb.	Lerchen	Oberb.	Lettmoos	Oberb.

Lettner	Oberb.	Leuthenhofen	Schwb.	Lichtentanne	Ob.Frk.
Lettweiler	Rh.Pf.	Leuthmühle	Niederb.	Lichtenthanne	Ob.Frk.
Letz (3)	Schwb.	Leutstetten	Oberb.	Lichtenwald	Ob.Pf.
Letzau	Ob.Pf.	Leutzdorf	Ob.Frk.	Lichtenwald, ober	Ob.Pf.
Letzenberg	Oberb.	Leutzdorf	Mitt.Frk.	Lichtenweg	Oberb.
Letzenberg	Ob.Frk.	Leuzenberg	Mitt.Frk.	Lichtenwörth	Niederb.
Letzenhof	Ob.Frk.	Leuzing	Niederb.	Lichthausen	Oberb.
Letzter Hieb	Unt.Frk.	Leuzenbronn	Mitt.Frk.	Lichtling	Niederb.
Leubach	Unt.Frk.	Leuzendorf	Unt.Frk.	Lichtlberg	Niederb.
Leubas	Schwb.	Leuzenhof	Ob.Pf.	Lichtlhub	Niederb.
Leuboldsdorf	Ob.Frk.	Leuzenhof	Mitt.Frk.	Lichtsberg	Oberb.
Leuboldsdorfer-		Ler (2)	Oberb.	Lickenrieth	Ob.Pf.
hammer	Ob.Frk.	Lerangerhaus	Niederb.	Lidling	Oberb.
Leuboldsgrün	Ob.Frk.	Lereb	Niederb.	Lidorf	Niederb.
Leuboldshammer	Ob.Frk.	Leren	Oberb.	Lieben	Schwb.
Leuboldstein	Ob.Frk.	Lerl	Oberb.	Liebenau	Niederb.
Leuchau	Ob.Frk.	Lermühle	Niederb.	Liebenau	Ob.Frk.
Leucherhof	Unt.Frk.	Lezenfels	Ob.Frk.	Liebeneck	Niederb.
Leuchtenberg	Ob.Pf.	Leyermühle	Unt.Frk.	Liebenstadt	Ob.Pf.
Leuckersdorf	Mitt.Frk.	Liberi	Schwb.	Liebenstein	Niederb.
Leugas	Ob.Pf.	Licherstätt	Oberb.	Liebenstein	Ob.Pf.
Leugast	Ob.Frk.	Lichtberg	Oberb.	Liebenstein	Schwb.
Leugnitzhof	Ob.Frk.	Lichtenau	Oberb.	Liebenthan	Schwb.
Leupolds	Schwb.	Lichtenau (2)	Niederb.	Lieberg	Ob.Pf.
Leupolz	Schwb.	Lichtenau (2)	Mitt.Frk.	Lieberharting	Oberb.
Leupratsried	Schwb.	Lichtenau	Unt.Frk.	Lieberhof	Oberb.
Leups	Ob.Frk.	Lichtenau (2)	Schwb.	Liebersberg	Niederb.
Leusersmühle	Unt.Frk.	Lichtenberg (2)	Oberb.	Liebersdorf	Mitt.Frk.
Leustadtmühle	Ob.Pf.	Lichtenberg	Niederb.	Liebertsöd	Niederb.
Leute	Schwb.	Lichtenberg	Ob.Pf.	Liebesmühle	Unt.Frk.
Leuten	Oberb.	Lichtenberg, ober	Ob.Pf.	Liebharden	Oberb.
Leuten	Schwb.	Lichtenberg	Ob.Frk.	Liebhards, auch	
Leutenbach	Ob.Pf.	Lichtenberg	Mitt.Frk.	Lieberts	Unt.Frk.
Leutenbach	Ob.Frk.	Lichtenbruch	Rh.Pf.	Liebhardsberg	Oberb.
Leutenbach	Mitt.Frk.	Lichtenburg (2)	Niederb.	Liebhof	Niederb.
Leutenberg	Ob.Frk.	Lichteneck	Oberb.	Liebleiten	Oberb.
Leutenbuch	Mitt.Frk.	Lichteneck (4)	Niederb.	Lieblmühl	Niederb.
Leutendorf	Ob.Frk.	Lichteneck	Ob.Pf.	Liebmannsberg (2)	Niederb.
Leuterschach	Schwb.	Lichtenfels	Ob.Frk.	Liebsthal	Rh.Pf.
Leutershausen	Mitt.Frk.	Lichtenhag	Niederb.	Liedelberg	Niederb.
Leutershausen	Unt.Frk.	Lichtenheim	Schwb.	Liederberg	Schwb.
Leuthau	Schwb.	Lichtenhof	Ob.Pf.	Liedering	Oberb.
Leuthen (5)	Niederb.	Lichtenhof	Mitt.Frk.	Liegenbach	Mitt.Frk.
Leuthen	Ob.Frk.	Lichtenöd (2)	Niederb.	Liegerting	Niederb.
Leuthen (3)	Schwb.	Lichtensee	Niederb.	Lieging	Oberb.
Leuthenforst	Ob.Frk.	Lichtenstein	Unt.Frk.	Liela	Oberb.
Leuthenhof (2)	Schwb.			Liendl	Oberb.

Lienlas	Ob.Frk.	Lindach	Mitt.Frk.	Lindenmühle (2)	Ob.Frk.
Lienlasmühle	Ob.Frk.	Lindach	Unt.Frk.	Lindenmühle	Mitt.Frk.
Lienzing	Oberb.	Lindach	Schwb.	Lindenthal	Niederb.
Liepolding	Niederb.	Lindachhäusl	Oberb.	Linderach	Niederb.
Lierheim	Schwb.	Lindahof	Oberb.	Linderer	Oberb.
Lies	Oberb.	Lindahof (2)	Niederb.	Linderhäusl	Oberb.
Lieseich	Oberb.	Lindamühle	Niederb.	Linderhof	Oberb.
Liesenthann	Ob.Pf.	Lindau	Oberb.	Linderl, siehe	
Liezing	Niederb.	Lindau (2)	Niederb.	Lindach	Niederb.
Liezheim	Schwb.	Lindau (2)	Ob.Pf.	Lindermühle	Ob.Pf.
Liftenegg	Niederb.	Lindau	Ob.Frk.	Lindert	Niederb.
Ligenz	Ob.Pf.	Lindau	Schwb.	Lirbesmühle	Unt.Frk.
Ligöd	Niederb.	Lindberg (5)	Niederb.	Lindflur	Unt.Frk.
Lilling	Ob.Frk.	Lindbergmühl	Niederb.	Lindforst	Niederb.
Lillinghof	Mitt.Frk.	Lindbüchl	Niederb.	Lindgraben	Niederb.
Limbach (4)	Niederb.	Lindegg	Oberb.	Lindgraben	Schwb.
Limbach (2)	Rh.Pf.	Lindegraß	Oberb.	Lindhammer	Ob.Pf.
Limbach	Ob.Frk.	Lindelbach	Unt.Frk.	Lindhof	Oberb.
Limbach (3)	Mitt.Frk.	Lindelbrunn	Niederb.	Lindhof (3)	Niederb.
Limbach, auch		Lindelbrunnerhof	Rh.Pf.	Lindhof	Ob.Pf.
Marlalimbach	Unt.Frk.	Lindelburg	Mitt.Frk.	Lindhub	Niederb.
Limbach	Schwb.	Linden (24)	Oberb.	Lindig	Ob.Frk.
Limbachshof	Unt.Frk.	Linden (8)	Niederb.	Linding	Oberb.
Limberg (2)	Oberb.	Linden	Rh.Pf.	Linding (2)	Niederb.
Limberg	Niederb.	Linden	Ob.Pf.	Lindinger	Niederb.
Limbühl	Niederb.	Linden (3)	Ob.Frk.	Lindkirchen	Niederb.
Limburg	Oberb.	Linden (4)	Mitt.Frk.	Lindl	Oberb.
Limburgerhof (2)	Rh.Pf.	Linden (4)	Schwb.	Lindl	Niederb.
Limersreith	Niederb.	Lindenau	Niederb.	Lindlach	Oberb.
Limmer (2)	Oberb.	Lindenau	Schwb.	Lindleinsberg	Oberb.
Limmer	Niederb.	Lindenberg	Rh.Pf.	Lindleshof	Unt.Frk.
Limmern	Oberb.	Lindenberg	Ob.Frk.	Lindlesmühle	Unt.Frk.
Limmersdorf	Ob.Frk.	Lindenberg (2)	Schwb.	Lindlmühle	Niederb.
Limpfbach	Niederb.	Lindenberg, ober	Schwb.	Lindloh	Oberb.
Linau	Oberb.	Lindenberg, unter	Schwb.	Lindloh	Niederb.
Lind	Ob.Pf.	Lindenbühl	Mitt.Frk.	Lindnermühle	Ob.Pf.
Lind	Mitt.Frk.	Lindenermühle	Rh.Pf.	Lindta, am	Oberb.
Lind	Unt.Frk.	Lindenfeld	Niederb.	Lindum	Oberb.
Linda (2)	Niederb.	Lindenfurt	Unt.Frk.	Linetzhub	Niederb.
Linda, auch		Lindenhäusl	Oberb.	Lingelhof	Ob.Pf.
Lindach	Ob.Pf.	Lindenhard	Ob.Frk.	Lingenfeld	Rh.Pf.
Lindach (20)	Oberb.	Lindenhof	Oberb.	Linggen	Schwb.
Lindach (7)	Niederb.	Lindenhof	Niederb.	Linggenreite	Schwb.
Lindach, auch		Lindenhof	Ob.Pf.	Linglmühle	Ob.Pf.
Linderl	Niederb.	Lindenhof (3)	Ob.Frk.	Linkenmühle	Mitt.Frk.
Lindach, groß	Niederb.	Lindenhof	Schwb.	Linkershaindt	Schwb.
Lindach	Ob.Frk.	Lindenlohe	Ob.Pf.	Linn	Niederb.

Linnau	Oberb.	Lizau	Oberb.	Lochermühle	Ob.Pf.
Linnen	Niederb.	Lizeldorf	Oberb.	Lochhäuseln	Oberb.
Linner (6)	Oberb.	Lizelkirchen	Niederb.	Lochhäusl	Schwb.
Linner	Niederb.	Lizen	Schwb.	Locham (2)	Oberb.
Linnern (2)	Oberb.	Lizendorf	Ob.Frk.	Locham (2)	Niederb.
Linnerting	Oberb.	Lizis	Schwb.	Lochaus (2)	Ob.Frk.
Linöd	Niederb.	Lizlau	Oberb.	Lochhausen (2)	Oberb.
Linsen	Schwb.	Lizlbach (2)	Oberb.	Lochheim	Oberb.
Linsenmühle (2)	Unt.Frk.	Lizlburg	Schwb.	Lochhof	Oberb.
Lintach	Ob.Pf.	Lizling	Ob.Pf.	Lochhof	Ob.Frk.
Lintach, ober	Ob.Pf.	Lizlkirchen	Oberb.	Lochhofen	Oberb.
Lintelhof	Ob.Pf.	Lizllohe	Ob.Pf.	Lochmaier	Oberb.
Linthen	Oberb.	Lizlsdorf	Niederb.	Lochmannshof,	
Linzing	Niederb.	Lizlskirchen	Niederb.	auch Lochnerhof	Mitt.Frk.
Lippach	Oberb.	Lizlwalchen	Oberb.	Lochmühle (3)	Rh.Pf.
Lippach, ober	Niederb.	Lir	Oberb.	Lochmühle (2)	Ob.Pf.
Lippeck	Niederb.	Liren	Oberb.	Lochmühle	Unt.Frk.
Lippen	Oberb.	Lirenböfering	Ob.Pf.	Lochmühle (4)	Schwb.
Lippen	Schwb.	Lirengern	Schwb.	Lochschuster	Niederb.
Lippenbühl	Schwb.	Lirenmühle	Schwb.	Lochthal	Oberb.
Lipperhalden	Schwb.	Lirenried	Ob.Pf.	Lockenmühle	Mitt.Frk.
Lippert	Niederb.	Lirer, beim	Schwb.	Lockenricht	Ob.Pf.
Lipperts	Ob.Frk.	Lizelsdorf	Ob.Pf.	Lobdorf	Oberb.
Lippertsgrün	Ob.Frk.	Lobach	Schwb.	Loderbach	Ob.Pf.
Lippertshofen	Ob.Pf.	Lobenhof	Ob.Pf.	Loderer	Oberb.
Lippertshofen	Mitt.Frk.	Lobensteig	Ob.Pf.	Loderham	Niederb.
Lippertskirchen	Oberb.	Lobenstein	Niederb.	Loderhart	Niederb.
Lippertsmühle,		Lobesau, Raut	Oberb.	Loderhof	Oberb.
Rablmühle	Ob.Pf.	Lobing	Oberb.	Loderhof	Niederb.
Lippmühle	Oberb.	Lobloch	Rh.Pf.	Loderhof	Ob.Pf.
Lipprichhausen	Mitt.Frk.	Lobmannswies	Niederb.	Lodermühle	Niederb.
Liritzhofen	Mitt.Frk.	Lobsing	Ob.Pf.	Lodermühle	Ob.Pf.
Lisberg	Ob.Frk.	Loch (8)	Oberb.	Lodern	Oberb.
Liß	Schwb.	Loch, Lohe		Lodersöd	Niederb.
Listeck	Oberb.	Loch (2)	Niederb.	Loderstett-	Oberb.
Listenberg, auch		Loch	Rh.Pf.	Loding	Oberb.
Lissenberg	Ob.Frk.	Loch (6)	Ob.Pf.	Löchel	Ob.Pf.
Listfelden	Oberb.	Loch	Mitt.Frk.	Löchelsau	Niederb.
Listhof	Schwb.	Loch, im	Unt.Frk.	Löchlermühle	Schwb.
Listhub	Oberb.	Loch (3)	Schwb.	Löchlers	Schwb.
Littenhof	Ob.Pf.	Lochau	Ob.Pf.	Löchlmaier	Niederb.
Littenschwang	Ob.Pf.	Lochau (3)	Ob.Frk.	Löchlmühl	Niederb.
Littersbacher-		Lochberg	Oberb.	Löffelberg	Niederb.
mühle	Rh.Pf.	Lochbühl	Ob.Frk.	Löffelhof	Ob.Pf.
Littershelmerhof,	Rh.Pf.	Lochen (13)	Oberb.	Löffelleiten	Niederb.
ob. Nonnenbusch	Rh.Pf.	Lochen, Lochner	Oberb.	Löffelmoos	Oberb.
Littershofen	Mitt.Frk.	Lochenbach	Schwb.	Löffelmühle	Ob.Pf.

Löffelsberg	Ob.Pf.	Lohe (3)	Niederb.	Lohn	Niederb.
Löffelsterz	Unt.Frk.	Lohe (2)	Ob.Pf.	Lohndorf	Ob.Frk.
Löfflersmühle, auch Rieblichs-		Lohe (4)	Ob Frk.	Lohnen im Wald	Oberb.
		Lohe (3)	Mitt.Frk.	Lohner (6)	Oberb.
mühle	Ob.Frk.	Lohe	Schwb.	Lohnsfeld	Rh.Pf.
Löfflmühle	Niederb.	Lohebüchl, auch		Lohnweiler	Rh.Pf.
Löflersmühle	Unt.Frk.	Lohbügl	Ob.Pf.	Lohr, ober und	
Löhlein	Ob.Frk.	Lohemann	Niederb.	unter	Oberb.
Löhm	Ob.Frk.	Lohen (11)	Oberb.	Lohr	Mitt.Frk.
Löhmar	Ob.Frk.	Lohen	Mitt.Frk.	Lohr (2)	Unt.Frk.
Löhmarmühle (2)	Ob.Frk.	Lohenberg	Oberb.	Lohrbach	Mitt.Frk.
Löhrleth	Unt.Frk.	Loher (2)	Oberb.	Lohrerstraß	Unt.Frk.
Löllborf	Mitt.Frk.	Loher (3)	Niederb.	Lohrgrund, oberer	Unt.Frk.
Löpfingen	Schwb.	Lohern	Oberb.	Lohrgrund, un-	
Lösau	Ob.Frk.	Lohfeld	Niederb.	terer	Unt.Frk.
Löschenbrand	Niederb.	Lohfeld	Ob.Pf.	Lohrmannshof	Mitt.Frk.
Löschenmühle	Mitt.Frk.	Lohhaus	Rh.Pf.	Lohschuster	Oberb.
Löschwitz	Ob.Pf.	Lohhof	Oberb.	Lohstadt	Niederb.
Lösten, auch Le-		Lohhof (5)	Niederb.	Lohstampf	Oberb.
hesten	Ob.Frk.	Lohhof	Rh.Pf.	Lohstampf	Niederb.
Lösleins Häuslein	Mitt.Frk.	Lohhof (3)	Ob.Pf.	Lohwiesen	Oberb.
Lösmühle	Ob.Pf.	Lohhof	Ob.Frk.	Lohwiesen	Ob.Frk.
Lößmühle	Ob.Pf.	Lohhof, auch		Lohwinden	Oberb.
Lötschau	Oberb.	Himmelreich	Ob.Frk.	Lohziegelhütte	Ob.Frk.
Löwendorf	Ob.Pf.	Lohhof, auch Lon-		Loibersdorf (2)	Oberb.
Löwenthal	Ob.Pf.	netshof	Ob.Frk.	Loiberstett, auch	
Löwergrub	Ob.Pf.	Lohhof (2)	Mitt.Frk.	Luberstett	Oberb.
Löwmühl	Niederb.	Lohhof	Schwb.	Loiberting	
Loseneck	Niederb.	Lohholz	Niederb.	Loiblau	Niederb.
Lofering	Niederb.	Lohhub	Niederb.	Loibling (2)	Ob.Pf.
Losersed	Niederb.	Lohkirchen (2)	Oberb	Loiching	Niederb.
Loffeld	Ob.Frk.	Lohma	Ob.Pf.	Loiderding	Oberb.
Loh (6)	Oberb.	Lohmändler	Schwb.	Loidershof	Niederb.
Loh ober Oberloh	Oberb.	Lohmaier	Oberb.	Loisling	Ob.Pf.
Loh (21)	Niederb.	Lohmann	Oberb.	Loigenkam	Oberb.
Loh	Ob.Frk.	Lohmann (4)	Niederb.	Lolnbruck	Oberb.
Loh, auch Loch	Schwb.	Lohmeierhof	Ob.Pf.	Loipel	Oberb.
Lohach	Oberb.	Lohmühle (4)	Oberb.	Loiperding (2)	Oberb.
Loham	Niederb.	Lohmühle (2)	Niederb.	Loipersdorf	Oberb.
Lohbauer (2)	Oberb.	Lohmühle (6)	Rh.Pf.	Loipersstätten	Oberb.
Lohbauer	Niederb.	Lohmühle (4)	Ob.Pf.	Loiperstetten	Oberb.
Lohbauer (2)	Schwb.	Lohmühle (5)	Ob.Frk.	Loipertsberg, auch	
Lohberg	Niederb.	Lohmühle (11)	Mitt.Frk.	Lolpelsberg	Niederb.
Lohbergerhütten	Niederb.	Lohmühle (14)	Unt.Frk.	Lolpertsham	Niederb.
Lohbichl	Niederb.	Lohmühle, obere	Unt.Frk.	Lolpertshausen	Oberb.
Lohbruck	Niederb.	Lohmühle, untere	Unt.Frk.	Loipfering	Oberb.
Lohe (9)	Oberb.	Lohmühle (6)	Schwb.	Loipfering	Niederb.

Loipfing (2)	Oberb.	Loretto Sct. (2)	Schwb.	Ludwigsfeld	Ob.Frk.
Loipführn	Oberb.	Lorgenmühle	Ob.Frk.	Ludwigsfeld *)	Schwb.
Loipl (2)	Oberb.	Losa	Ob.Frk.	Ludwigshafen	Rh.Pf.
Loiprechting, Leo-		Losau	Ob.Pf.	Ludwigshöhe	Rh.Pf.
prechting	Ob.Pf.	Losau	Ob.Frk.	Ludwigshöhle	Ob.Frk.
Loisenau	Mitt.Frk.	Losaurach	Mitt.Frk.	Ludwigsland	Ob.Frk.
Loisiing	Niederb.	Losbichler	Oberb.	Ludwigslust	Rh.Pf.
Loisnitz (2)	Ob.Pf.	Losengarten	Ob.Frk.	Ludwigsmoos (2)	Oberb.
Loitendorf	Ob.Pf.	Losenhof	Ob.Pf.	Ludwigsmoos	Schwb.
Loiterding	Niederb.	Losenried	Ob.Pf.	Ludwigsmühle	Rh.Pf.
Loitersdorf	Oberb.	Loserl	Niederb.	Ludwigsmühle	Ob.Frk.
Loitersdorf (2)	Niederb.	Losle, im	Schwb.	Ludwigsmühle	
Loitershofen	Oberb.	Loßbergsgereuth	Unt.Frk.	(2)	Unt.Frk.
Loithal	Oberb.	Lossing	Oberb.	Ludwigsreith	Niederb.
Loitling	Oberb.	Lothringer Haus	Rh.Pf.	Ludwigsstadt	Ob.Frk.
Loitzberg	Ob.Pf.	Lotsbach	Oberb.	Ludwigsthal	Niederb.
Loitzendorf	Niederb.	Lott	Schwb.	Ludwigsthal,	
Loitzersdorf	Niederb.	Lotterberg	Schwb.	Glashütte	Rh.Pf.
Loitzhausen	Oberb.	Lotterhof	Ob.Pf.	Ludwigswalz-	
Loitzenkirchen	Niederb.	Lottermühle	Mitt.Frk.	mühle	Oberb.
Loitzermühle	Schwb.	Lottishof	Ob.Pf.	Ludwigswinkel	Rh.Pf.
Loitzersdorf	Niederb.	Louisenburg	Ob.Frk.	Lübnitz	Ob.Frk.
Loking	Oberb.	Louisenhof	Rh.Pf.	Lüften	Oberb.
Lomannswiesen	Ob.Pf.	Louismühle	Mitt.Frk.	Lüftenberg (2)	Schwb.
Lomersheim	Schwb.	Lorhub	Oberb.	Lüfteneck	
Londnerhof	Ob.Pf.	Luberstadt, siehe		Lüfteneck	Niederb.
Lonnershof, auch		Loiberstadt	Oberb.	Lüftlberg	Niederb.
Lohhof	Ob.Frk.	Lubetsried	Oberb.	Lüg	Oberb.
Lonnerstadt	Ob.Frk.	Lucasöd	Niederb.	Lueg	Oberb.
Lonsitz	Ob.Pf.	Luckasöd	Oberb.	Lueg (2)	Niederb.
Loos	Niederb.	Luckenpoint	Ob.Pf.	Lüglas	Ob.Frk.
Loosing	Niederb.	Ludenhausen	Oberb.	Luegsstätt	Oberb.
Lopp (2)	Ob.Frk.	Luderbach (2)	Niederb.	Lülsbachmühle	Unt.Frk.
Loppenhausen	Schwb.	Luderfing	Niederb.	Lülsfeld	Unt.Frk.
Lopphof	Ob.Frk.	Ludersdorf	Niederb.	Lüftler, Oster-	
Lortshof	Ob.Frk.	Ludersheim	Mitt.Frk.	wald	Oberb.
Lorenz, Franz	Ob.Pf.	Ludmannsdorf	Niederb.	Lütter	Unt.Frk.
Lorenzmühle	Schwb.	Ludwag	Ob.Frk.	Lützelburg	Niederb.
Lorenz Sct.	Schwb.	Ludwiger	Oberb.	Lützelburg	Schwb.
Lorenzen Sct.	Oberb.	Ludwighöhle	Ob.Frk.	Lützeldorf	Ob.Frk.
Lorenzen	Ob.Pf.	Ludwigsau	Rh.Pf.	Lützelebern	Unt.Frk.
Lorenzenberg	Oberb.	Ludwigsberg	Ob.Pf.	Lützenreuth	Ob.Frk.
Lorenzenmühle	Rh.Pf.	Ludwigsbrunn	Ob.Frk.	Lufertsöd	Oberb.
Lorenzi Grube	Rh.Pf.	Ludwigsbrunn	Unt.Frk.	Lufling	Ob.Pf.
Lorenzreuth	Ob.Frk.	Ludwigschorgast	Ob.Frk.	Luft	Oberb.
Loretto Sct.	Oberb.	Ludwigschwaig	Schwb.	Lug (3)	Oberb.
Loretto Sct. (2)	Ob.Pf.	Ludwigsfeld	Oberb.	Lug (4)	Niederb.

*) Eine neue Ansiedlung, zur Gemeinde Neu-Ulm gehörig.

Lug	Rh.Pf.	Lukasöd	Niederb.	Lusthausen	Schwb.
Lughof	Niederb.	Lukasreite	Schwb.	Lustheim (2)	Oberb.
Luging	Oberb.	Lukaswies	Niederb.	Lustmühle	Unt.Frk.
Luhberg	Niederb.	Lukatsried	Oberb.	Lutherisch Hall-	
Luhe	Ob.Pf.	Lumpera	Ob.Frk.	stadt	Ob.Frk.
Luhmühle (2)	Ob.Pf.	Lungdorf	Niederb.	Luthersbronn	Rh.Pf.
Luiblings	Schwb.	Lungenmühle	Unt.Frk.	Luttenbach	Oberb.
Luidenhofen	Oberb.	Lungenstätt	Oberb.	Luttenwang	Oberb.
Luigendorf (2)	Ob.Pf.	Lungham	Oberb.	Lutzenberg (2)	Oberb.
Luipen	Schwb.	Lungsdorf	Mitt.Frk.	Lutzenberg	Schwb.
Luitpolder	Oberb.	Lunkenreuth	Ob.Pf.	Lutzenhof	Niederb.
Luisenburg	Ob.Frk.	Luns	Oberb.	Lutzhäusl	Oberb.
Luisenruhe	Schwb.	Lunz	Ob.Pf.	Lutzingen	Schwb.
Luismoos	Schwb.	Lunzereith	Niederb.	Lutzmannsdorf,	
Luitenried, auch		Lupburg	Ob.Pf.	auch Ludmanns-	
Luttenried	Schwb.	Lupperding	Oberb.	dorf	Nied·gзa
Luithard	Schwb.	Lupperg	Oberb.	Lutzmannstein	Ob.Pf.
Luitpolderhof	Oberb.	Luppersricht	Ob.Pf.	Lutzmühle	Niederb.
Luitzenmühle	Schwb.	Lurz	Niederb.	Lurstätt	Oberb.
Luka	Oberb.	Luß	Oberb.	Luzmann	Niederb.
Lukased	Niederb.	Lußberg	Unt.Frk.	Lysaich	Oberb.
Lukasöd	Oberb.	Lustfeld	Oberb.		

M.

Maab	Ob.Pf.	Mabelhalm	Schwb.	Mähring	Ob.Pf.
Machelberg	Oberb.	Mabenbach, auch		Mähring	Ob.Frk.
Machendorf	Niederb.	Mettenbach	Ob.Pf.	Mähris, auch	
Machendorf	Ob.Pf.	Mabenhausen	Unt.Frk.	Mehris	Schwb.
Machetsöd	Oberb.	Maberbauer	Niederb.	Mändlfeld	Schwb.
Machham	Niederb.	Materlehen	Oberb.	Mänheim	Mitt.Frk.
Machtelfing	Oberb.	Madersdorf	Niederb.	Männichhof, auch	
Machtenhofen	Niederb.	Madhäusl	Niederb.	Münchhof	Rh.Pf.
Machtenstein	Oberb.	Madholz	Niederb.	Mänsgraben, a	
Machtesberg	Ob.Pf.	Mading	Ob.Pf.	Spänfleck	Ob.Frk.
Machtilshausen	Unt.Frk.	Mabl	Niederb.	Märching	Niederb.
Machtlwies	Ob.Pf.	Maböd	Ob.Pf.	Märzenhaus	Ob.Frk.
Mackenbach	Rh.Pf.	Madreut	Oberb.	Märzing	Niederb.
Mackenhof	Schwb.	Mädenberg	Mitt.Frk.	Märrle	Schwb.
Mackenmühle	Mitt.Frk.	Mädelhofen, auch		Märzanderl	Oberb.
Mackenschleif	Ob.Pf.	Maidelhofen	Unt.Frk.	Mäuchen	Schwb.
Mackertsgrün	Unt.Frk.	Mäderschach	Schwb.	Mäusberg	Mitt.Frk.
Mackofen	Niederb.	Mädlau	Niederb.	Mäuskreut	Mitt.Frk.
Mad (2)	Oberb.	Mähnbach	Oberb.	Mäuslberg	Niederb.
Mad (2)	Niederb.	Mährenhühl	Ob.Frk.	Mäusleinsmühle	Mitt.Frk.

Mäusmühl — Maisenecker. 155

Mäusmühl	Niederb.	Maierhof, a. b.		Mainburg	Niederb.
Mäusmühle	Rh.Pf.	Leithen	Oberb.	Maineck	Ob.Frk.
Magafsing	Niederb.	Maierhof (12)	Niederb.	Maingau, auch	
Magdalena Sct.	Ob.Pf.	Maierhof (3)	Ob.Pf.	Mennigau	Ob.Frk.
Magdalenenhof	Rh.Pf.	Maierhof (3)	Ob.Frk.	Maingründl	Schwb.
Magdalenenhütte	Rh.Pf.	Maierhof	Mitt.Frk.	Mainharbswinden	Mitt.Frk.
Magdalenenstein	Schwb.	Maierhof (3)	Schwb.		
Magdpoint	Oberb.	Maierhofen (6)	Oberb.	Mainklein	Ob.Frk.
Magerl	Oberb.	Maierhofer (2)	Niederb.	Mainkofen	Niederb.
Magermühl	Oberb.	Maierhofer	Schwb.	Mainleithe	Ob.Frk.
Magersdorf (2)	Niederb.	Maiering	Oberb.	Mainleus	Ob.Frk.
Maggmannshofen	Schwb.	Maiering	Ob.Pf.	Mainmühle (2)	Unt.Frk.
		Maierklopfen	Oberb.	Mainroth	Ob.Frk.
Maging (2)	Niederb.	Maierl	Oberb.	Mainsbach	Ob.Pf.
Magnetsried	Oberb.	Maiermühle	Oberb.	Mainsbauern	Ob.Pf.
Mahler	Schwb.	Maierndorf	Mitt.Frk.	Mainsontheim	Unt.Frk.
Mahlgafsing	Niederb.	Maiernwald	Oberb.	Mainstockheim	Unt.Frk.
Mahlmühle	Rh.Pf.	Maieröd	Niederb.	Mainstorf	Niederb.
Mahlbauer	Niederb.	Maiers	Schwb.	Mainwolf	Oberb.
Maiach	Mitt.Frk.	Maiersberg	Niederb.	Mainz	Oberb.
Maibach	Unt.Frk.	Maiersdorf	Niederb.	Mainzendorf	Niederb.
Maiberg	Niederb.	Maiersreuth	Ob.Pf.	Mair, am Berg	Niederb.
Maiberg (2)	Ob.Pf.	Maierstetten	Oberb.	Mair, im Holz	Niederb.
Maibrunn	Niederb.	Maierthal	Niederb.	Mairbach (2)	Oberb.
Maicha	Mitt.Frk.	Maiertshof	Ob.Pf.	Mairbach	Niederb.
Maibbronn	Unt.Frk.	Maigen	Niederb.	Mairhof	Oberb.
Maibelsmühle	Unt.Frk.	Maihingen	Schwb.	Mairhof (7)	Niederb.
Maidenried	Ob.Pf.	Maihof	Rh.Pf.	Mairhofen	Niederb.
Maienhof	Ob.Frk.	Maikammer	Rh.Pf.	Mairhofer	Niederb.
Maier (2)	Oberb.	Mailach	Ob.Frk.	Mairholz	Niederb.
Maier, am Haus	Oberb.	Mailes	Unt.Frk.	Mairing	Niederb.
Maier, in der Eck	Oberb.	Mailheim	Mitt.Frk.	Mairstockberg	Niederb.
Maier, zu Bullach	Oberb.	Mailing	Oberb.	Mais (4)	Oberb.
Maier, am Hof	Niederb.	Mailing, Malling		Mais (4)	Niederb.
Maier, zu Thalham	Niederb.		Oberb.	Maisach	Oberb.
		Mailletskirchen	Oberb.	Maisau	Oberb.
Maier	Schwb.	Mainaschaff	Unt.Frk.	Maisbach	Niederb.
Maierbach	Niederb.	Mainbach (2)	Oberb.	Maisberg (3)	Oberb.
Maiered	Niederb.	Mainbach	Niederb.	Maisbrunn	Oberb.
Maierfeld	Mitt.Frk.	Mainbach, ober	Mitt.Frk.	Maiselberg	Oberb.
Maiergschwend	Oberb.	Mainbach, unter	Mitt.Frk.	Maiselstein	Schwb.
Maierhöf	Ob.Pf.	Mainberg (2)	Niederb.	Maiselstein, auch	
Maierhöfe (2)	Schwb.	Mainberg	Unt.Frk.	Obermaiselstein	Schwb.
Maierhöfen	Ob.Pf.	Mainbernheim	Unt.Frk.	Maisenbach	Unt.Frk.
Maierhöfen	Schwb.	Mainbrunn, auch		Maisenberg	Oberb.
Maierhöfen	Niederb.	Mombrunn	Unt.Frk.	Maisenberg (2)	Niederb.
Maierhof (13)	Oberb.	Mainbullau	Unt.Frk.	Maisenecker	Niederb.

Maisenhalb	Rh.Pf.	Mammerts-		Manhardt	Oberb.
Maisenhausen	Unt.Frk.	hausen	Oberb.	Mankart (3)	Oberb.
Maisenpaint	Schwb.	Mammesreith	Oberb.	Manharting	Oberb.
Maisenthal	Niederb.	Mamming	Niederb.	Manhartsdorf	Oberb.
Maisried	Niederb.	Mamminger-		Manhartshof	Oberb.
Maisham	Oberb.	schwaigen	Niederb.	Manholding (3)	Oberb.
Maishammer	Oberb.	Manau	Unt.Frk.	Manigottsödt	Niederb.
Maisling	Niederb.	Manching	Schwb.	Mankham	Oberb.
Maissöd	Oberb.	Mandel (2)	Oberb.	Manndorf	Niederb.
Maisperg	Niederb.	Mandel, am See	Oberb.	Manndorf	Ob.Frk.
Maiß	Niederb.	Mandelbach	Rh.Pf.	Manndorf	Mitt.Frk.
Maißenberg, auch		Mandelbacher-		Manndorf	Unt.Frk.
Meisenberg	Ob.Pf.	mühle	Rh.Pf.	Mannertsöd	Niederb.
Maisteig	Oberb.	Mandelkirchen	Niederb.	Manneschley	Schwb.
Maistered	Niederb.	Mandelsberg	Oberb.	Mannhartshofen	Oberb.
Maisthal	Ob.Pf.	Mantl	Niederb.	Mannhartstatt	Niederb.
Maisthan	Niederb.	Manblahmühle	Oberb.	Mannhof (2)	Mitt.Frk.
Maisthub	Niederb.	Manblau	Ob.Frk.	Mannholz	Ob.Pf.
Maisweber	Niederb.	Manblberg	Oberb.	Mannried	Oberb.
Malszagel	Oberb.	Manblesmühle	Mitt.Frk.	Manuschwenden	Schwb.
Malszell	Niederb.	Manblhof	Oberb.	Mannsdorf	Niederb.
Maltenbeth	Oberb.	Maneberg (2)	Schwb.	Mannsdorf	Ob.Pf.
Maitham	Niederb.	Manetsberg	Oberb.	Ranneseich	Oberb.
Malchesing	Niederb.	Manetsed	Oberb.	Mannsgereuth	Ob.Frk.
Malching	Oberb.	Mang	Schwb.	Mannssöd	Oberb.
Malching	Niederb.	Mang Sct.	Schwb.	Mannstorf	Niederb.
Malerbing	Oberb.	Mangassen	Oberb.	Mannweiler	Rh.Pf.
Malgersdorf	Niederb.	Mangelham	Oberb.	Mantel	Niederb.
Malgertsham	Niederb.	Mangelham	Niederb.	Mantel (2)	Ob.Pf.
Maling	Oberb.	Mangelhof	Unt.Frk.	Mantelberg	Oberb.
Mallas	Schwb.	Mangelsdorf	Oberb.	Mantelkam	Niederb.
Mallastetten	Ob.Pf.	Mangern	Niederb.	Mantelsham	Oberb.
Malleichen	Schwb.	Mangersreuth	Ob.Frk.	Mantlach	Niederb.
Mallersdorf	Niederb.	Mangetsried	Oberb.	Mantlach (4)	Ob.Pf.
Mallersricht	Ob.Pf.	Mangfallbrück	Oberb.	Mantlach	Mitt.Frk.
Mallertshofen	Oberb.	Manghof	Oberb.	Mantlarn	Ob.Pf.
Malling (2)	Oberb.	Manglesdorf	Ob.Pf.	Mantlmühle	Niederb.
Malling (2)	Niederb.	Manglham	Niederb.	Manzen (2)	Schwb.
Malmersdorf	Niederb.	Manglhammühl	Niederb.	Manzenberg	Oberb.
Malmersdorf	Mitt.Frk.	Manglhard	Oberb.	Manzenberg	Niederb.
Malmsbach	Mitt.Frk.	Mangmühle (2)	Oberb.	Manzenberg	Ob.Pf.
Malsbach	Ob.Pf.	Mangmühle	Schwb.	Manzenreith	Niederb.
Malzhausen (2)	Oberb.	Mangolding	Oberb.	Manzing	Oberb.
Mamhofen	Oberb.	Mangolding	Ob.Pf.	Manzing (2)	Niederb.
Mammendorf	Oberb.	Mangoltssöd	Niederb.	Mapferting	Niederb.
Mammersreuth	Ob.Pf.	Mangst	Niederb.	Rappach	Ob.Pf.
Mammerstätt	Oberb.	Manharbsberg	Oberb.	Rappenberg	Ob.Pf.

Mapprechts, auch		Mariabronn	Mitt.Frk.	Markhof		Ob.Pf.
Mengen	Schwb.	Mariabrünnl	Niederb.	Markhof		Mitt.Frk.
Marasberg	Niederb.	Mariabrunn	Oberb.	Markhof		Schwb.
Marastorf	Niederb.	Mariabrunn	Unt.Frk.	Markthof		Ob.Pf.
Marbach	Oberb.	Mariaburghausen	Unt.Frk.	Markstein		Oberb.
Marbach	Niederb.	Maria Ehrenberg	Unt.Frk.	Markstetten		Ob.Pf.
Marbach (2)	Unt.Frk.	Mariahilf	Niederb.	Markt		Schwb.
Marbach, ober	Schwb.	Mariahilf (3)	Ob.Pf.	Marktberg		Niederb.
Marbach, unter	Schwb.	Mariahilf	Mitt.Frk.	Marktbergel		Mitt.Frk.
Marbacherhof (2)	Schwb.	Mariahilf	Unt.Frk.	Marktbibart		Mitt.Frk.
Marbertshofen	Ob.Pf.	Mariahilfsberg	Ob.Pf.	Marktbreit		Unt.Frk.
Marblshof	Ob.Pf.	Mariahülf	Schwb.	Marktbuchen		Niederb.
Marbronn	Unt.Frk.	Mariakirchen	Niederb.	Markt Dachsbach	Mitt.Frk.
March (3)	Niederb.	Marialimbach	Unt.Frk.	Markt Einers-	
March, auch		Mariamödingen	Schwb.	heim		Mitt.Frk.
Marchner	Niederb.	Mariaort	Ob.Pf.	Markterlbach		Mitt.Frk.
Marchaney	Ob.Pf.	Mariaort, Wallf.	Ob.Pf.	Markt Gralz		Ob.Frk.
Marchen (2)	Niederb.	Mariaposching	Niederb.	Marktheldenfeld		Unt.Frk.
Marchenbach	Oberb.	Mariareln, auch		Marktl		Oberb.
Marchetsed	Niederb.	Buchen	Schwb.	Marktlberg		Oberb.
Marchetsreith	Niederb.	Maria Sondheim	Unt.Frk.	Markt Leugast		Ob.Frk.
Marchfeld	Oberb.	Mariastein	Ob.Pf.	Marktleuthen		Ob.Frk.
Marchhäuser (2)	Niederb.	Mariastein	Mitt.Frk.	Marktmühle		Oberb.
Marchner (2)	Niederb.	Mariathalheim,		Marktmühle (2)	Niederb.
Marchsd	Niederb.	f. Thalheim	Oberb.	Marktmühle		Mitt.Frk.
Marchwies	Oberb.	Mariatrost	Schwb.	Marktoffingen		Schwb.
Marenbach	Oberb.	Marienberg (2)	Oberb.	Markt Schorgast	Ob.Frk.
Margarethen	Oberb.	Marienburg	Mitt.Frk.	Marktselnsheim		Unt.Frk.
Margarethen	Niederb.	Marienheim	Schwb.	Marktstauben		Niederb.
Margarethen	Schwb.	Marienheim *)	Schwb.	Marktstest		Unt.Frk.
Margarethenberg	Oberb.	Marienhof	Mitt.Frk.	Marktsteinach		Unt.Frk.
Margarethenhof	Rh.Pf.	Marienroth	Ob.Frk.	Markt Taschendorf	Mitt.Frk.
Margarethenhof	Unt.Frk.	Marienthal	Niederb.	Markt Trieben-	
Margarethenried	Oberb.	Marienthal	Rh.Pf.	dorf		Mitt.Frk.
Margarethentann	Niederb.	Marienthal (2)	Ob.Pf.	Markt Zeuln		Ob.Frk.
Margertshausen	Schwb.	Marienthaler		Marles, auch	
Margetshöchheim	Unt.Frk.	Glashütte	Rh.Pf.	Ahornis		Ob.Frk.
Maria Birnbaum	Oberb.	Marienweiher	Ob.Frk.	Marlesreuth		Ob.Frk.
Maria Brünnel	Ob.Pf.	Marini, Maaron	Oberb.	Marliz		Mitt.Frk.
Maria Eck	Oberb.	Mark (2)	Oberb.	Marliz		Ob.Frk.
Maria Eich	Oberb.	Mark	Ob.Pf.	Marlosstein		Mitt.Frk.
Maria Einsiedel	Oberb.	Mark	Schwb.	Marmorbruch		Oberb.
Maria, im grünen		Markelkofen	Niederb.	Marmormühle		Ob.Frk.
Thal	Unt.Frk.	Markersreuth	Ob.Frk.	Marnheim		Rh.Pf.
Maria Kapell	Oberb.	Markertsmühle	Oberb.	Marod		Oberb.
Mariaberg	Niederb.	Marketsried	Ob.Pf.	Marold (3)		Oberb.
Mariaberg	Schwb.	Markhaus	Oberb.	Maroldsweißach		Unt.Frk.

*) Gehört zur Gemeinde Aeschach, Bezirksamt Lindau.

Marquardsburg	Mitt.Frk.	Marröd	Oberb.	Matzenberg	Niederb.
Marquardsholz	Ob.Pf.	Marzell	Niederb.	Matzenberg	Ob.Frk.
Marquartstein	Oberb.	Marzelstetten	Schwb.	Matzenhof	Niederb.
Marschall	Oberb.	Marzisried	Schwb.	Matzenhof (2)	Ob.Pf.
Marschalling	Niederb.	Marzling	Oberb.	Matzenhof	Mitt.Frk.
Marschberg	Oberb.	Marzoll	Oberb.	Matzenhofen	Schwb.
Marsmeier	Oberb.	Masch	Oberb.	Matzenöd	Niederb.
Martel-Heid	Niederb.	Masch	Ob.Pf.	Matzersreuth	Ob.Pf.
Martelsmühle	Rh.Pf.	Maschenberg	Niederb.	Matzhausen	Ob.Pf.
Martensgrub	Niederb.	Maschinenhaus	Ob.Frk.	Matzing (2)	Oberb.
Marterberg	Niederb.	Maserling	Niederb.	Matzing (3)	Niederb.
Martermühle	Oberb.	Masers	Schwb.	Matzlesberg	Ob.Pf.
Marth	Rh.Pf.	Massamühle	Ob.Frk.	Matzlesried	Niederb.
Martin Sct. (2)	Niederb.	Maßbach	Unt.Frk.	Matzlmoos	Oberb.
Martin Sct.	Rh.Pf.	Masselsried	Niederb.	Matzmannsdorf	Mitt.Frk.
Martin Sct.	Ob.Pf.	Massenbach	Mitt.Frk.	Matzöb	Niederb.
Martin Sct. (2)	Mitt.Frk.	Matzenbuch	Unt.Frk.	Maucheuheim	Rh.Pf.
Martinlamitz	Ob.Frk.	Massendorf	Niederb.	Maucka	Niederb.
Martinsberg	Niederb.	Massendorf	Mitt.Frk.	Maubach	Rh.Pf.
Martinsberg Sct.	Ob.Pf.	Massenhausen	Oberb.	Mauer (2)	Oberb.
Martinsbuch	Niederb.	Massenhausen	Niederb.	Mauerberg	Oberb.
Martinshaun	Niederb.	Massenmühle (2)	Ob.Frk.	Mauererhaus	Schwb.
Martinsheim	Unt.Frk.	Massenricht	Ob.Pf.	Mauerham	Oberb.
Martinshöhe	Rh.Pf.	Massing	Oberb.	Mauerhof (2)	Ob.Pf.
Martinsholzen	Oberb.	Massing (2)	Niederb.	Mauerkirchen	Oberb.
Martinskirchen	Niederb.	Massing	Ob.Pf.	Mauerloben (2)	Oberb.
Martinsneukir-chen	Ob.Pf.	Maßweller	Rh.Pf.	Mauermühle	Oberb.
		Matheer	Schwb.	Mauern (2)	Oberb.
Martinsreuth (2)	Ob.Frk.	Mathesbergerhof	Unt.Frk.	Mauern	Niederb.
Martinsried	Oberb.	Mathesmühle	Schwb.	Mauern (2)	Schwb.
Martinstetten	Niederb.	Matt, auch Mad	Niederb.	Mauerröd	Niederb.
Martinstödling	Niederb.	Mattau	Niederb.	Mauerreiten	Oberb.
Martinszell	Niederb.	Mattenham	Niederb.	Mauerschell	Unt.Frk.
Martinszell	Schwb.	Wattenhofen	Oberb.	Mauerschwang	Oberb.
Martlholzen	Niederb.	Wattenkofen	Niederb.	Mauerstetten	Oberb.
Marwang	Oberb.	Mattenzell	Ob.Pf.	Mauerstetten	Schwb.
Marrbauer	Niederb.	Matting	Niederb.	Mauertsmühle	Ob.Pf.
Marrenbauer	Schwb.	Mattmühle	Mitt.Frk.	Maugs	Niederb.
Marrer	Schwb.	Mattsies (2)	Schwb.	Mauk	Mitt.Frk.
Marrgrub	Oberb.	Mattsiesmühle	Schwb.	Mauken	Oberb.
Marrgrün	Ob.Frk.	Matzbach, ober und unter	Oberb.	Mauken	Schwb.
Marrheim	Schwb.			Maukenreith	Niederb.
Marrhub	Niederb.	Matzed	Niederb.	Maulberg	Niederb.
Marrmühle	Oberb.	Matzelsdorf	Niederb.	Maulendorf	Niederb.
Marrmühle	Niederb.	Matzenau	Niederb.	Maulhof	Niederb.
Marrmühle	Ob.Pf.	Matzenbach	Rh.Pf.	Maulhof	Unt.Frk.
Marrmühle (2)	Unt.Frk.	Matzenberg	Oberb.	Maulmacher	Mitt.Frk.

Maulschelle	Ob.Frk.	Marborf	Rh.Pf.	Mechtersheim	Rh.Pf.
Maurach (2)	Oberb.	Marelbauern-		Meckatz	Schwb.
Maurell	Niederb.	mühle	Niederb.	Meckelshof	Rh.Pf.
Maurer	Oberb.	Marfeld	Oberb.	Meckenhausen	Ob.Pf.
Maurer (2)	Niederb.	Marhof	Oberb.	Meckenheim	Rh.Pf.
Maurer	Schwb.	Marhofen	Oberb.	Meckenlohe	Mitt.Frk.
Maurergabel	Niederb.	Marhofen	Niederb.	Meckling	Oberb.
Maurerhäusl	Ob.Pf.	Marhütte	Ob.Pf.	Medelsheim	Rh.Pf.
Maurerhans	Niederb.	Maximilian	Oberb.	Medelsheimer-	
Maurermeister	Niederb.	Maximiliansau	Rh.Pf.	mühle	Rh.Pf.
Mauschbach	Rh.Pf.	Maximilianshof	Ob.Pf.	Medensdorf	Ob.Frk.
Mauschelhof	Mitt.Frk.	Maximilians-		Medernberg	Niederb.
Mauschendorf	Unt.Frk.	hütte	Oberb.	Medersbach	Ob.Pf.
Mausdorf	Ob.Pf.	Maring	Oberb.	Mederschach, auch	
Mausdorf	Mitt.Frk.	Marlkron	Oberb.	Großmederschach	Schwb.
Mausenbacherhof	Unt.Frk.	Marlrain	Oberb.	Meblach	Ob.Frk.
Mausenberg	Oberb.	Marlried		Meblitz	Ob.Frk.
Mausendorf	Mitt.Frk.	Marreuth	Ob.Frk.	Meerbodenreuth	Ob.Pf.
Mausenmühle	Mitt.Frk.	Marweiler	Schwb.	Meergrün	Ob.Frk.
Mausg'sees	Mitt.Frk.	Mayenstein, auch		Meerhof	Unt.Frk.
Mausheim	Niederb.	Eichenrain	Unt.Frk.	Meerschwinden	Unt.Frk.
Mausheim	Ob.Pf.	Mayerhof (3)	Oberb.	Meggenried	Schwb.
Maushof	Oberb.	Mayerhof (2)	Niederb.	Meggenriederhof	Schwb.
Maushof	Schwb.	Mayerhof	Ob.Pf.	Meggenthal	Oberb.
Mausloch	Niederb.	Mayerholz	Niederb.	Meggingen, auch	
Mausmühle	Niederb.	Mayerholzen	Niederb.	Meckingen und	
Mausöd	Niederb.	Mayersbach	Unt.Frk.	Möggingen	Schwb.
Maußermühle	Ob.Pf.	Mayerstetten	Oberb.	Megmannsdorf	Ob.Pf.
Mauswinkl	Niederb.	Mayrhof (2)		Mehl	Schwb.
Maut	Niederb.	Mayrhof	Niederb.	Mehlbach	Niederb.
Mautersmühle	Unt.Frk.	Mayrhof	Schwb.	Mehlbach	Rh.Pf.
Mauth	Oberb.	Mayrhofen (4)	Oberb.	Mehlhäusl	Niederb.
Mauth (2)	Niederb.	Mayrhofen	Niederb.	Mehlhard	Niederb.
Mauth	Ob.Pf.	Mayrlreuth	Oberb.	Mehlhart	Niederb.
Mauthhäusl (2)	Oberb.	Mayröder	Niederb.	Mehlingen	Rh.Pf.
Mauthhaus (2)	Oberb.	Maythal	Niederb.	Mehlmäusl	Niederb.
Mauthaus	Niederb.	Mayweilerhof	Rh.Pf.	Mehlmeisel	Ob.Pf.
Mauthaus	Ob.Frk.	Mazelsberg	Ob.Pf.	Mehlmühle	Oberb.
Mauthaus bei		Mazenhof	Niederb.	Mehlstäubl	Niederb.
Rehau	Mitt.Frk.	Mazersdorf	Niederb.	Mehlthaumühle	Ob.Frk.
Mauthhausen	Oberb.	Mazing	Niederb.	Mehlteuer (2)	Oberb.
Mauthner	Oberb.	Mazlesrieth, auch		Mehmberg	Niederb.
Mauthof	Ob.Pf.	Maffelsried	Ob.Pf.	Mehnhaupten	Niederb.
Mautis	Schwb.	Mechelwind	Ob.Frk.	Mehrenstetten	Schwb.
Mautmühle	Ob.Frk.	Mechenhard	Unt.Frk.	Mehring (2)	Oberb.
Mautschneid	Niederb.	Mechenried	Unt.Frk.	Mehring	Niederb.
Marau	Oberb.	Mechlenreuth	Ob.Frk.	Mehris	Schwb.

Meichen, auch		Meister	Oberb.	Menzen	Schwb.
Maichen	Schwb.	Meisterhäusl	Oberb.	Menzenbach	Oberb.
Meidendorf	Niederb.	Meisterhaus	Oberb.	Menzenpriel	Oberb.
Meidengrub	Niederb.	Meisterlehen	Oberb.	Menzlas	Ob.Pf.
Meierhof	Ob.Frk.	Meisternthal	Niederb.	Menzlhof	Ob.Pf.
Meierl	Niederb.	Meitingen	Schwb.	Menzweiler	Rh.Pf.
Meiernberg	Ob.Frk.	Melberöd	Niederb.	Merching	Oberb.
Meiernreuth	Ob.Frk.	Melchenhof	Schwb.	Merestetten	Schwb.
Meiersberg	Mitt.Frk.	Melchensmühle	Unt.Frk.	Mergentau	Oberb.
Meiglsried	Ob.Pf.	Melchershof	Mitt.Frk.	Mergenthalerhof	Rh.Pf.
Meihern	Ob.Pf.	Meldau	Ob.Pf.	Mergertsmühle,	
Meikling	Niederb.	Melkendorf (3)	Ob.Frk.	auch Hacklhof	Oberb.
Meilenbach	Ob.Pf.	Mellatz	Schwb.	Mergilisham	Oberb.
Meilenberg	Oberb.	Melleck	Oberb.	Mergl	Niederb.
Meilendorf	Oberb.	Mellenberg, auch		Mergners	Ob.Frk.
Meilendorf	Ob.Pf.	Melnberg	Niederb.	Mering, Mehring	Oberb.
Meilenhofen	Niederb.	Mellrichstadt	Unt.Frk.	Meringerau	Oberb.
Meilenhofen	Ob.Pf.	Melm	Ob.Frk.	Meringerzell	Oberb.
Meilenhofen	Mitt.Frk.	Melmenacker	Unt.Frk.	Merkendorf (2)	Ob.Frk.
Meiletskirchen	Oberb.	Melperts	Unt.Frk.	Merkendorf	Mitt.Frk.
Meilham	Oberb.	Melzl	Oberb.	Merkershausen	Unt.Frk.
Meilhausen	Niederb.	Membech	Ob.Frk.	Merkleinsmühle	Mitt.Frk.
Meilheim	Oberb.	Membölz	Schwb.	Merlach	Ob.Frk.
Meilheim	Niederb.	Memhofen	Schwb.	Merlbach	Oberb.
Meiling (3)	Oberb.	Memlos	Unt.Frk.	Mermethenreuth	Ob.Frk.
Meilingen	Schwb.	Memmelsdorf	Ob.Frk.	Mernes	Unt.Frk.
Meiln	Niederb.	Memmelsdorf	Unt.Frk.	Mernham	Oberb.
Meindlgrub	Niederb.	Memmenhausen	Schwb.	Mertenberg	Ob.Pf.
Meindling, auch		Memmersch-Schi-		Mertesheim	Rh.Pf.
Meitling	Niederb.	den	Schwb.	Merthe	Schwb.
Meinfeld	Ob.Pf.	Memming	Oberb.	Mertingen	Schwb.
Meinheim	Mitt.Frk.	Memmingen	Schwb.	Mertzbach	Mitt.Frk.
Meinzing	Niederb.	Memmingerberg	Schwb.	Merzalben	Rh.Pf.
Meischendorf	Ob.Pf.	Mendenmühle	Ob.Frk.	Merzenhaus	Ob.Frk.
Meisel	Niederb.	Mendorf	Ob.Pf.	Merzenschwaig	Oberb.
Meiselöd	Niederb.	Mendorferbuch	Ob.Pf.	Merzingen	Schwb.
Meisenberg	Ob.Pf.	Mengersdorf	Ob.Frk.	Meschbach	Ob.Frk.
Meisenthal	Niederb.	Mengersreuth	Ob.Pf.	Meserholz	Niederb.
Meiserhof	Rh.Pf.	Mengersreuth	Ob.Frk.	Meserihmühle	Ob.Frk.
Meiserspring	Rh.Pf.	Mengkofen	Niederb.	Mespelbrunn	Unt.Frk.
Meisham	Oberb.	Menglesmühle	Schwb.	Meßberg	Niederb.
Meising (2)	Oberb.	Mennersberg	Ob.Pf.	Messenfeld	Ob.Frk.
Meising	Niederb.	Mennigau, auch		Messengrund	Ob.Frk.
Meisingermühle	Niederb.	Maingau	Ob.Frk.	Messerkling	Niederb.
Meislhof	Ob.Pf.	Menning	Oberb.	Messerpoint	Oberb.
Meislingen	Mitt.Frk.	Menschhof	Mitt.Frk.	Messersbacherhof	Rh.Pf.
Meißenhalt	Rh.Pf.	Mensengesäß	Unt.Frk.	Messerschmid	Oberb.

Messerschwander-hof	Rh.Pf.	Meyerhof (2) Meyern, auch	Ob.Frk.	Mierskofen, auch Mirschkofen	Niederb.
Meßhofen	Schwb.	Mauern	Schwb.	Miesau	Rh.Pf.
Messing	Mitt.Frk.	Meyernberg	Ob.Frk.	Miesbach (2)	Oberb.
Meßmehring	Oberb.	Meyhof	Ob.Frk.	Miesberg, auch	
Meßner	Oberb.	Mezlasreuth	Ob.Pf.	Miesbach	Oberb.
Meßner Aberl	Oberb.	Michael Sct.	Rh.Pf.	Miesberg, vorder	
Meßner	Niederb.	Michael Sct. (2)	Mitt.Frk.	und hinter	Oberb.
Meßnerschläger-weid	Niederb.	Michael Sct. (3) Michael Sct. (2)	Unt.Frk. Schwb.	Miesberg Miesbrunn	Niederb. Ob.Pf.
Meßnerschlag	Niederb.	Michaelihölzl, f.		Miesenbach	Rh.Pf.
Meßnerskreith	Ob.Pf.	Mühlhölzl	Oberb.	Miesenbach	Schwb.
Mettelaurach	Mitt.Frk.	Michaelsberg	Schwb.	Miesenböck	Oberb.
Metten (2)	Niederb.	Michaelsbuch	Niederb.	Mieshäusl, auch	
Mettenbach	Oberb.	Michaelsdorf	Ob.Pf.	Miedenerhäusl	Niederb.
Mettenbach	Niederb.	Michelau	Oberb.	Miesing	Oberb.
Mettenbach	Ob.Pf.	Michelau	Ob.Frk.	Miesing	Niederb.
Mettenbacherhof	Rh.Pf.	Michelau (2)	Unt.Frk.	Miesleuten	Niederb.
Mettenbuch	Niederb.	Michelbach	Ob.Pf.	Miesmühle	Ob.Pf.
Mettendorf	Mitt.Frk.	Michelbach	Mitt.Frk.	Mießling	Niederb.
Mettenhausen	Niederb.	Michelbach	Unt.Frk.	Miesweidach	Oberb.
Mettenheim (2)	Oberb.	Micheldorf	Ob.Frk.	Mietenkam	Oberb.
Mettenhofen	Ob.Pf.	Micheleckmühle	Niederb.	Miethal	Niederb.
Mettenufer	Niederb.	Michelfeld	Ob.Pf.	Miething	Niederb.
Metting	Niederb.	Michelfeld	Unt.Frk.	Miethnach	Niederb.
Metzdorf	Ob.Frk.	Michelrieth	Unt.Frk.	Miethnach (2)	Ob.Pf.
Metzelschwander-hof	Rh.Pf.	Michelsberg Michelsberg	Niederb. Ob.Pf.	Mietraching Mietraching	Oberb. Niederb.
Metzen	Niederb.	Michelschwaig,		Miezing (2)	Niederb.
Metzengasse	Oberb.	a. Raifchwaig	Schwb.	Miezöd	Niederb.
Metzenhof	Ob.Pf.	Michelskirchen	Oberb.	Mieglings	Schwb.
Metzenhof	Mitt.Frk.	Michels Neu-kirchen		Milbertshofen(2)	Oberb.
Metzenleithen	Oberb.			Milbing	Oberb.
Metzenmühle	Ob.Pf.	Michelsreuth	Ob.Frk.	Milbach	Mitt.Frk.
Metzenmühle	Unt.Frk.	Michlbach	Niederb.	Milbenberg	Niederb.
Metzenried	Oberb.	Michlbuchmühle	Niederb.	Miletshausen	Oberb.
Metzenstephen	Oberb.	Michldorf	Ob.Pf.	Millemann	Niederb.
Metzger	Schwb.	Michler	Schwb.	Millers	Schwb.
Metzlers (2)	Schwb.	Michhausen	Schwb.	Millersmühle	Schwb.
Metzlersreuth	Ob.Frk.	Miedelmühle	Ob.Frk.	Milmersdorf	Mitt.Frk.
Metzlesberg	Mitt.Frk.	Miedelsberg	Oberb.	Miltach	Niederb.
Metzlesdorf	Ob.Frk.	Miedering	Oberb.	Miltenberg	Unt.Frk.
Metzling	Niederb.	Miedersdorf,		Milzham	Oberb.
Meuchlein	Mitt.Frk.	Mindersdorf	Ob.Pf.	Mimbach	Rh.Pf.
Meuschlitz	Ob.Frk.	Miegersbach	Oberb.	Mimberg	Mitt.Frk.
Meuselsberg	Ob.Frk.	Mienbach	Niederb.	Mimbuch	Oberb.
Meusselsdorf	Ob.Frk.	Miersberg	Ob.Frk.	Mimmelheim	Oberb.

Mimming	Niederb.	Mitgenfeld	Unt.Frk.	Mittelrieden	Schwb.
Minbach	Ob.Pf.	Mittbach	Oberb.	Mittel Rosenbach	Mitt.Frk.
Mindel	Rh.Pf.	Mittelbach	Rh.Pf.	Mittelrüßelbach	Ob.Frk.
Mindel	Schwb.	Mittelbach	Mitt.Frk.	Mittelrupsroth	Unt.Frk.
Mindelaltheim	Schwb.	Mittelberg	Ob.Frk.	Mittelsailauf	Unt.Frk.
Mindelau	Schwb.	Mittelberg	Unt.Frk.	Mittelschleba	Ob.Frk.
Mindelberg (2)	Schwb.	Mittelberg (3)	Schwb.	Mittelschneppen-	
Mindelheim	Schwb.	Mittelberbach	Rh.Pf.	bach	Unt.Frk.
Mindelmühle	Schwb.	Mittelberbacher-		Mittelschönbronn	Mitt.Frk.
Mindelstetten	Ob.Pf.	grube	Rh.Pf.	Mittelschwaig	Oberb.
Mindelzell	Schwb.	Mittelberbacher-		Mittelschwarzen-	
Minder-Betzigau	Schwb.	thorhäuschen	Rh.Pf.	berg	Schwb.
Minderdorf, ober	Schwb.	Mittelbrunn	Rh.Pf.	Mittelsinn	Unt.Frk.
Minderdorf, unter	Schwb.	Mittelbrunner-		Mittelsteinach	Ob.Fck.
Minderleins-		mühle	Rh.Pf.	Mittelsteinach	Mitt.Frk.
mühle	Mitt.Frk.	Mittelburg (2)	Mitt.Frk.	Mittelsteinbach	Unt.Frk.
Minderoffingen	Schwb.	Mittelbachstetten	Mitt.Frk.	Mittelstellberg	Unt.Frk.
Minderslachen	Rh.Pf.	Mitteldorf (2)	Ob.Pf.	Mittelstetten (3)	Oberb.
Mindorf	Niederb.	Mitteldorf (2)	Ob.Frk.	Mittelstetten	Mitt.Frk.
Mindorf	Ob.Pf.	Mittelehrenbach	Ob.Frk.	Mittelstetten	Schwb.
Minettenheim	Ob.Pf.	Mitteleschenbach	Mitt.Frk.	Mittelstreu	Unt.Frk.
Minfeld	Rh.Pf.	Mittelham	Oberb.	Mittelwegerhof	Schwb.
Minihof (2)	Niederb.	Mittelhambach	Rh.Pf.	Mittelweissenbach	Ob.Frk.
Minkmühle	Rh.Pf.	Mittelhammer	Ob.Frk.	Mittelzell	Unt.Frk.
Minnihof	Niederb.	Mittelhembach	Mitt.Frk.	Mitten	Schwb.
Minoritenhof	Ob.Pf.	Mittelherlaß	Ob.Frk.	Mittenbuch	Schwb.
Minsing	Niederb.	Mittelhöfen	Schwb.	Mittenkirchen	Oberb.
Minsingmühle	Niederb.	Mittelhof	Mitt.Frk.	Mittenwald	Oberb.
Mintraching	Oberb.	Mittelhof	Unt.Frk.	Mitteraich	Oberb.
Mintraching	Ob.Pf.	Mittelhofen	Schwb.	Mitteralch	Ob.Pf.
Mintsberg	Oberb.	Mittelkrombach	Unt.Frk.	Mitteralting	Niederb.
Mischberg	Schwb.	Mittelmarterhof	Mitt.Frk.	Mitteraschau	Ob.Pf.
Mischelbach	Ob.Pf.	Mittelmembach	Ob.Frk.	Mitterau	Oberb.
Mischenried	Oberb.	Mittelmühl	Rh.Pf.	Mitterau	Niederb.
Mißelbach	Niederb.	Mittelmühle	Rh.Pf.	Mitterauerbach	Ob.Pf.
Missen	Schwb.	Mittelmühle, s.		Mitteraufham	Oberb.
Missenhof	Oberb.	Grafenmühle	Rh.Pf.	Mitterbach	Oberb.
Mistbühl	Oberb.	Mittelmühle (3)	Ob.Pf.	Mitterberg	Oberb.
Mistelbach	Ob.Frk.	Mittelmühle (3)	Ob.Frk.	Mitterberg (2)	Niederb.
Mistelfeld	Ob.Frk.	Mittelmühle (9)	Mitt.Frk.	Mitterberging	Niederb.
Mistelgau	Ob.Frk.	Mittelmühle(12)	Unt.Frk.	Mitterbichl (2)	Oberb.
Mistendorf	Ob.Frk.	Mittelmühle (2)	Schwb.	Mitterbichl	Niederb.
Misthilgen (2)	Oberb.	Mittelneufnach	Schwb.	Mitterbinder	Niederb.
Mistlbach	Niederb.	Mittelramstadt	Mitt.Frk.	Mitterbindham	Oberb.
Mistlhof	Ob.Pf.	Mittelreinbach	Ob.Pf.	Mitterböham	Niederb.
Mistlstett	Oberb.	Mittelreppich	Unt.Frk.	Mitterbruckloh	Oberb.
Mitbüchel	Schwb.	Mittelricht	Ob.Pf.	Mitterbrunst	Niederb.

Mitter Buch	Oberb.	Mitterholz	Schwb.	Mittersberg	Niederb.
Mitterbuchbach	Oberb.	Mitterhub	Oberb.	Mittersberg	Ob.Pf.
Mitterbühel	Niederb.	Mitterimbach	Oberb.	Mitterschabing	Niederb.
Mitterbügl	Ob.Pf.	Mitterkirchen	Oberb.	Mitterschaben-	
Mitterbug	Ob.Frk.	Mitterklingen-		bach	Niederb.
Mitterbarching	Oberb.	mühle	Ob.Frk.	Mitterscheyern	Oberb.
Mitterdorf (2)	Niederb.	Mitterklingen-		Mitterschmiddorf	Niederb.
Mitterdorf	Ob.Pf.	sporn	Ob.Frk.	Mitterschnelbhart	Niederb.
Mittereck	Oberb.	Mitterkogl	Niederb.	Mitterschwelba	Niederb.
Mittereck	Niederb.	Mitterkreit	Ob.Pf.	Mittersendling	Oberb.
Mittereb	Niederb.	Mitterkrotzen	Niederb.	Mitterskirchen	Niederb.
Mitterebt	Niederb.	Mitterlangau	Ob.Pf.	Mitterstadt	Oberb.
Mittereinzel	Ob.Frk.	Mitterlehen (3)	Oberb.	Mitterstätten	Niederb.
Mitterfeilen	Niederb.	Mitterleinbach	Niederb.	Mitterstahl	Ob.Pf.
Mitterfeking	Niederb.	Mitterleiten (2)	Oberb.	Mitterstallau	Oberb.
Mitterfelden	Oberb.	Mitterlern	Oberb.	Mitterstöckels-	
Mitterfels	Niederb.	Mitterlind	Ob.Pf.	berg	Ob.Pf.
Mitterfirmians-		Mitterling	Niederb.	Mittersulzberg	Schwb.
reith	Niederb.	Mitterlueg	Niederb.	Mittertaubenbach	Niederb.
Mitterfischen	Oberb.	Mittermaier	Oberb.	Mitterteich	Ob.Pf.
Mittergarching	Oberb.	Mittermarbach	Oberb.	Mitterwachsen-	
Mittergars	Oberb.	Mittermarchen-		berg	Niederb.
Mittergerolds-		bach	Oberb.	Mitterwasser	Niederb.
hausen	Oberb.	Mittermühl	Oberb.	Mitterweg	Oberb.
Mittergfäll	Ob.Pf.	Mittermühle (9)	Oberb.	Mitterwegen	Oberb.
Mittergolding	Niederb.	Mittermühle (5)	Niederb.	Mitterwehr	Oberb.
Mittergraßeck	Oberb.	Mittermühle (2)	Ob.Pf.	Mitterweilers-	
Mittergrößling	Niederb.	Mittermühle	Mitt.Frk.	bach	Ob.Frk.
Mitterhaag	Niederb.	Mitternach	Niederb.	Mitterwieben-	
Mitterhaarbach	Niederb.	Mitternberg	Niederb.	hofen	Oberb.
Mittersham	Oberb.	Mitterndorf (2)	Oberb.	Mitterwies	Oberb.
Mittersham	Niederb.	Mitterndorf (2)	Niederb.	Mitterwillenbach	Niederb.
Mitterhart (2)	Oberb.	Mitterober	Ob.Pf.	Mitterwinbach	Oberb.
Mitterharthausen	Niederb.	Mitteröd	Oberb.	Mitterwinkel	Oberb.
Mitterhaselbach	Niederb.	Mitterpirach	Oberb.	Mitterwuhr	Oberb.
Mitterhaus	Schwb.	Mitterrast	Niederb.	Mitterziegelstadl	Niederb.
Mitterhausen (3)	Oberb.	Mitterreit	Niederb.	Mittich	Niederb.
Mitterhausen	Niederb.	Mitterreith	Oberb.	Mittlachsmühle	Mitt.Frk.
Mitterheld	Niederb.	Mitterreut	Oberb.	Mittlerbug	Ob.Frk.
Mitterhienhart	Niederb.	Mitterried	Oberb.	Mittlere Einzel	Ob.Frk.
Mitterhirschberg	Niederb.	Mitterrohr	Niederb.	Mittlere Mühle	Mitt.Frk.
Mitterhöll	Ob.Pf.	Mitterrohrbach	Niederb.	Mittlere Mühle	
Mitterhörlbach	Niederb.	Mitterroldham	Oberb.	(5)	Unt.Frk.
Mitterhof (3)	Oberb.	Mitterroith	Ob.Pf.	Mittlerer Ham-	
Mitterhof	Niederb.	Mittersaßen, ober		mer	Ob.Frk.
Mitterhof	Ob.Pf.	und unter	Oberb.	Mittleres Pöllitz	Ob.Frk.
Mitterhofen	Niederb.	Mittersauerhof	Ob.Frk.		

Mittler Rottweilermühle	Rh.Pf.	Möging, auch Mönging	Niederb.	Mörmoosen	Oberb.
Mitlerneufenmühle, auch		Mögling (2)	Oberb.	Mörn (2)	Oberb.
		Mögling	Niederb.	Mörnberg	Obrrb.
Mitteraisenmühle	Ob.Frk.	Mögstetten	Oberb.	Mörner	Oberb.
		Möhlsbacherhof	Rh.Pf.	Mörnsheim	Mitt.Frk.
Mitlernhammer	Ob.Frk.	Möhren	Schwb.	Mörsach	Mitt.Frk.
Mittlere Schnaid	Ob.Frk.	Möhrenberg	Mitt.Frk.	Mörsbach	Rh.Pf.
Mittling	Oberb.	Möhrendorf	Mitt.Frk.	Mörsbrunn	Schwb.
Mitweilerhof, ober und unter	Rh.Pf.	Möhrenreuth	Ob.Frk.	Mörsch	Rh.Pf.
		Mökerlohe	Mitt.Frk.	Mörschwörth	Rh.Pf.
Mitwitz	Ob.Frk.	Möllen	Schwb.	Mörsdorf	Ob.Pf.
Mixmühle	Niederb.	Möllersdorf	Niederb.	Mörsfeld	Rh.Pf.
Mixmühle	Ob.Pf.	Mölling	Niederb.	Mörslingen	Schwb.
Mochenbach	Oberb.	Mölschbach	Rh.Pf.	Mörswinkel	Ob.Pf.
Mockersdorf	Ob.Pf.	Mölschbachermühle	Rh.Pf.	Mörth	Oberb.
Mockhäusl	Niederb.			Mörzheim	Rh.Pf.
Modelshausen	Schwb.	Mömbris	Unt.Frk.	Mösbuch	Oberb.
Modelsmühle	Ob.Frk.	Mömbuch	Oberb.	Möschenfeld	Oberb.
Modenbacherhof	Rh.Pf.	Mömlingen	Unt.Frk.	Mösel	Schwb.
Moderegg	Oberb.	Mömlingermühle	Unt.Frk.	Möselreit	Niederb.
Modlhaiming	Oberb.			Möser am Wald	Oberb.
Modlitz	Ob.Frk.	Mönchau	Ob.Frk.	Möshäusl, Moos	Oberb.
Modlitzmühle	Ob.Frk.	Mönchberg	Unt.Frk.	Mösing	Niederb.
Modlos	Unt.Frk.	Mönchhof	Rh.Pf.	Mösl (4)	Oberb.
Modschiebel	Ob.Frk.	Mönchkröttendorf	Ob.Frk.	Möslberg	Oberb.
Möchs	Ob.Frk.	Mönchsbeggingen	Schwb.	Möslberg	Niederb.
Möckenau	Mitt.Frk.			Mösle	Schwb.
Mödelsmühle	Mitt.Frk.	Mönchshof	Ob.Frk.	Mößling	Oberb.
Möderhof	Schwb.	Mönchshof (2)	Unt.Frk.	Möst	Schwb.
Möding	Niederb.	Mönchsmühle	Unt.Frk.	Mösten	Schwb.
Mödingen, auch Medingen	Schwb.	Mönchsontheim	Mitt.Frk.	Möstenberg	Schwb.
		Mönchspoint	Oberb.	Möttingen	Schwb.
Möbishofen	Schwb.	Mönchsroth	Mitt.Frk.	Mötzing	Ob.Pf.
Möblareuth	Ob.Frk.	Mönchssambach	Ob.Frk.	Moggast	Ob.Frk.
Möblenreuth	Ob.Frk.	Mönchstockheim	Unt.Frk.	Moggendorf	Ob.Frk.
Möbling	Oberb.	Möning	Ob.Pf.	Mohrdammmühle	Rh.Pf.
Möblsbach	Niederb.	Möningerberg	Ob.Pf.	Mohrenhausen	Schwb.
Mögeldorf	Mitt.Frk.	Mönlas	Ob.Pf.	Mohrenmühle	Unt.Frk.
Mögeleinsschlößle	Mitt.Frk.	Mönstetten	Schwb.	Mohrenstein	Ob.Pf.
		Mörgen	Ob.Pf.	Mohrhof	Ob.Frk.
Mögendorf	Ob.Pf.	Mörlach	Ob.Pf.	Mohrmühle (2)	Rh.Pf.
Mögersbronn	Mitt.Frk.	Mörlach	Mitt.Frk.	Mohrmühle	Unt.Frk.
Mögersheim, ober	Mitt.Frk.	Mörlbach	Mitt.Frk.	Moise	Oberb.
		Mörlheim	Rh.Pf.	Molberting (2)	Oberb.
Mögesheim	Schwb.	Mörlheimermühle	Rh.Pf.	Molkenberg	Unt.Frk.
Möggingen	Schwb.			Molkenbrunn	Ob.Frk.

Mollartshof	Unt.Frk.	Moosbach	Schwb.	Moosjäger	Oberb.
Mollbaum	Oberb.	Moosbaltus	Schwb.	Moosing	Niederb.
Mollberg	Schwb.	Moosbauer (4)	Oberb.	Moosing	Ob.Frk.
Mollenberg	Schwb.	Moosbauer (2)	Niederb.	Moosinning	Oberb.
Mollenmühle	Schwb.	Moosberg	Niederb.	Moosknappen	Oberb.
Mollerdorf	Niederb.	Moosberg	Ob.Frk.	Moosleiten	Oberb.
Mollerhof	Ob.Pf.	Moosbichl	Oberb.	Mooslienbl	Oberb.
Mollersdorf	Ob.Pf.	Moosbichel	Schwb.	Moosmühl (4)	Oberb.
Mollned	Niederb.	Moosbrunn	Oberb.	Moosmühl	Niederb.
Mollstetten	Oberb.	Moosburg	Ob.Pf.	Moosmühle (9)	Oberb.
Molnhof	Niederb.	Moosburg (3)	Oberb.	Moosmühle (9)	Niederb.
Molsberg	Mitt.Frk.	Moosdorf	Niederb.	Moosmühle (2)	Mitt.Frk.
Molzen	Schwb.	Moosdorf	Ob.Pf.	Moosmühle (9)	Schwb.
Momannsfelden	Ob.Pf.	Mooseck (2)	Oberb.	Moospoint	Oberb.
Mombrunn, auch		Mooseck	Niederb.	Moospoint (2)	Niederb.
Mainbrunn	Unt.Frk.	Mooseder	Oberb.	Moosrain (2)	Oberb.
Monatshausen	Oberb.	Moosegg	Oberb.	Moosreithen	Oberb.
Monbijou	Rh.Pf.	Moosen (20)	Oberb.	Moosschmied	Oberb.
Monburg	Schwb.	Mooser im Wald	Oberb.	Moosschneider	Niederb.
Monham	Oberb.	Mooser am Berg	Niederb.	Moosschwaig	Oberb.
Monheim	Schwb.	Mooser	Schwb.	Moosschwaige	Oberb.
Monheimerkreut	Schwb.	Mooserholz	Niederb.	Moostann	Niederb.
Moniberg	Niederb.	Moosern	Oberb.	Moostenning	Niederb.
Monigold	Niederb.	Mooseurach	Oberb.	Moosstetten	Oberb.
Monnessen	Ob.Pf.	Moosfischer	Oberb.	Moosvogl	Niederb.
Monplaisir	Ob.Frk.	Moosfürth	Niederb.	Mooswastl	Oberb.
Montforterhof	Rh.Pf.	Moosgraben	Oberb.	Moosweiler	Oberb.
Moorenweis	Oberb.	Moosgrub	Oberb.	Mooswiese	Niederb.
Moorhäuser	Oberb.	Moosgut	Schwb.	Mooswieserhof	Rh.Pf.
Moormühle	Rh.Pf.	Mooshäusel	Oberb.	Mooswinkeln	Oberb.
Moos (37)	Oberb.	Mooshäuseln	Niederb.	Mooswinkl	Niederb.
Moos, Moos-		Mooshäuser	Oberb.	Morabach	Oberb.
häusl	Oberb.	Mooshäusl (8)	Oberb.	Moratneustetten	Mitt.Frk.
Moos (11)	Niederb.	Mooshäusl (3)	Niederb.	Morbach	Rh.Pf.
Moos, am	Niederb.	Mooshäusln	Niederb.	Morbach	Mitt.Frk.
Moos (4)	Ob.Pf.	Moosham (7)	Oberb.	Morbberg	Niederb.
Moos	Ob.Frk.	Moosham (3)	Niederb.	Morblau	Ob.Frk.
Moos	Unt.Frk.	Moosham	Ob.Pf.	Mordkammer	Rh.Pf.
Moos (12)	Schwb.	Mooshaupten	Oberb.	Mored	Oberb.
Moosach	Oberb.	Moosheim	Niederb.	Morgen	Schwb.
Moosalberthal	Rh.Pf.	Mooshof (2)	Oberb.	Morgenroth-	
Moosanger	Ob.Frk.	Mooshof (3)	Niederb.	mühle	Niederb.
Moosau	Niederb.	Mooshof (2)	Ob.Pf.	Moritz	Oberb.
Moosauhütte	Niederb.	Mooshof	Ob.Frk.	Moritz Sct. (2)	Ob.Pf.
Moosbach (2)	Niederb.	Moosholzen	Niederb.	Moritz	Ob.Frk.
Moosbach	Ob.Pf.	Mooshügel	Ob.Frk.	Moritzberg	Ob.Frk.
Moosbach (2)	Mitt.Frk.	Mooshütte	Niederb.	Moritzbrunn	Mitt.Frk.

Moritzmühle	Ob.Frk.	Motschenbacher-		Mühlbach	Schwb.		
Moritzreuth	Ob.Frk.	mühle	Ob.Frk.	Mühlberg (13)	Oberb.		
Morizenberg	Mitt.Frk.	Motten	Unt.Frk.	Mühlberg (6)	Niederb.		
Morlautern	Rh.Pf.	Motting	Niederb.	Mühlberg (4)	Ob.Pf.		
Morlesau, auch		Motzen (2)	Schwb.	Mühlberg (3)	Ob.Frk.		
Morsau	Unt.Frk.	Motzenberg	Oberb.	Mühlberger	Oberb.		
Morlitzwinden	Mitt.Frk.	Motzenbrunn	Oberb.	Mühlbergerhäusl	Oberb.		
Morloh	Niederb.	Motzenhofen	Oberb.	Mühlbergerhof(2	Rh.Pf.		
Mornthal	Niederb.	Motzenöd	Niederb.	Mühlbogen (2)	Niederb.		
Morolting	Niederb.	Motzersreuth	Ob.Pf.	Mühlbichel	Oberb.		
Morrieden	Mitt.Frk.	Motzgatried	Schwb.	Mühlbruck	Mitt.Frk.		
Morsbach	Mitt.Frk.	Motzhauck	Unt.Frk.	Mühlbühl	Ob.Frk.		
Morschbach	Rh.Pf.	Motzküppel	Unt.Frk.	Mühlbuscherhof	Rh.Pf.		
Morschbacherhof	Rh.Pf.	Mowinkel	Oberb.	Mühldemmelberg	Niederb.		
Morsbrunn	Mitt.Frk.	Mozach	Schwb.	Mühldobl	Niederb.		
Morschheim	Rh.Pf.	Muckenbach	Ob.Pf.	Mühldorf (3)	Oberb.		
Morschreuth	Ob.Frk.	Muckendobl	Niederb.	Mühldorf	Ob.Pf.		
Rosach	Oberb.	Muckendorf	Niederb.	Mühldorf	Ob.Frk.		
Mosbach (3)	Mitt.Frk.	Muckenlochs-		Mühldorferöd	Niederb.		
Mosbach, ober	Mitt.Frk.	mühle	Unt.Frk.	Mühle (2)	Oberb.		
Mosbach, unter	Mitt.Frk.	Muckenmühle	Unt.Frk.	Mühle	Niederb.		
Mosbach	Unt.Frk.	Muckenreuth (2)	Ob.Frk.	Mühle	Rh.Pf.		
Moscau, sonst		Muckenthal	Niederb.	Mühle (3)	Ob.Frk.		
Münsterhof	Unt.Frk.	Muckenthal (2)	Ob.Pf.	Mühle	Mitt.Frk.		
Moschee	Unt.Frk.	Muckenthall	Niederb.	Mühle	Unt.Frk.		
Moschellanzberg	Rh.Pf.	Muckenwinkel	Niederb.	Mühle, obere	Schwb.		
Moschelmühle	Rh.Pf.	Muckenwinkling	Niederb.	Mühle, zur	Schwb.		
Moschendorf	Ob.Frk.	Mucham	Oberb.	Mühleck (2)	Oberb.		
Moselbing	Niederb.	Muckl	Oberb.	Mühleck, ober	Schwb.		
Mosen (2)	Oberb.	Muderpolz	Schwb.	Mühleck, unter	Schwb.		
Mosenberg (2)	Ob.Frk.	Mückeneb	Niederb.	Mühlen (2)	Oberb.		
Mosenhof	Mitt.Frk.	Mückenhof	Rh.Pf.	Mühlen (3)	Niederb.		
Moser	Oberb.	Mückenmühle	Rh.Pf.	Mühlen	Ob.Pf.		
Mosers	Schwb.	Mückenwieserhof	Rh.Pf.	Mühlendorf	Ob.Frk.		
Mosig, auch		Müdesheim	Unt.Frk.	Mühlenried	Schwb.		
Oberprer	Ob.Frk.	Mühewalten	Oberb.	Mühlenthaler			
Moslbruck	Rh.Pf.	Mühhof	Mitt.Frk.	Glashütte	Ob.Pf.		
Moslthal	Rh.Pf.	Mühlau (5)	Oberb.	Mühlerget	Schwb.		
Mosendorf, auch		Mühlau (3)	Niederb.	Mühles	Ob.Pf.		
Mosendorf	Ob.Pf.	Mühlauhof	Schwb.	Mühlfeld	Oberb.		
Mostholz	Ob.Frk.	Mühlbach (5)	Oberb.	Mühlfeld	Niederb.		
Mostrach	Ob.Frk.	Mühlbach	Niederb.	Mühlfeld	Unt.Frk.		
Mostviel, auch		Mühlbach	Rh.Pf.	Mühlfelden	Oberb.		
Mostfüll	Ob.Frk.	Mühlbach a.Glan	Rh.Pf.	Mühlgraben	Oberb.		
Mothen	Schwb.	Mühlbach	Ob.Pf.	Mühlhabing	Oberb.		
Mothenmühle	Schwb.	Mühlbach	Ob.Frk.	Mühlhagen	Oberb.		
Motschenbach	Ob.Frk.	Mühlbach (2)	Unt.Frk.	Mühlham (2)	Oberb.		

Mühlham — Muggenbachermühle. 167

Mühlham (2)	Niederb.	Müller auf der Leithen	Oberb.	Münchsrieb (2)	Ob.Pf.
Mühlhausen (4)	Oberb.			Münchsteinach	Mitt.Frk.
Mühlhausen (2)	Niederb.	Müller am Moos	Niederb.	Münchsteuer, a.	
Mühlhausen	Ob.Frk.	Müller a. d. Leite	Mitt.Frk.	Münster	Oberb.
Mühlhausen (2)	Ob.Pf.	Müllerdd	Niederb.	Münchweiler	Rh.Pf.
Mühlhausen (2)	Unt.Frk.	Müllersdorf	Niederb.	Münchweiler, an der Alsenz	Rh.Pf.
Mühlheim	Rh.Pf.	Müllersesch	Schwb.		
Mühlheim	Mitt.Frk.	Müllersperg	Niederb.	Münchweiler, an der Glan	Rh.Pf.
Mühlhölzl, auch Michaelihölzl	Oberb.	Müllertann	Niederb.		
		Münchau	Unt.Frk.	Münchweiler, an der Rodalbe	Rh.Pf.
Mühlhof (2)	Oberb.	Münchaurach	Ob.Frk.		
Mühlhof	Niederb.	Münchberg	Oberb.	Münchszell	Niederb.
Mühlhöf (4)	Ob.Pf.	Münchberg	Ob.Frk.	Münchzell	Mitt.Frk.
Mühlhof	Mitt.Frk.	Müncheelbach	Mitt.Frk.	Mündelhaus	Niederb.
Mühlhofen	Rh.Pf.	München	Oberb.	Mündling	Schwb.
Mühlholz	Niederb.	München	Niederb.	Münichham	Oberb.
Mühlhölzen (2)	Oberb.	München	Ob.Pf.	Münnerstadt	Unt.Frk.
Mühlhub	Oberb.	Münchenreuth	Ob.Pf.	Münsing	Oberb.
Mühljörg	Oberb.	Münchenreuth	Ob.Frk.	Münster	Oberb.
Mühlkamen	Ob.Frk.	Müncham	Niederb.	Münster, siehe Münchsteuer	
Mühlkreut	Oberb.	Münchhof	Ob.Frk.		
Mühleiten	Oberb.	Münchhof	Rh.Pf.	Münster (2)	Oberb.
Mühleithen	Ob.Frk.	Münchhof, auch Männichhof	Rh.Pf.	Münster, auch Pfaffenmünster	Niederb.
Mühloh	Niederb.				
Mühlohe	Ob.Pf.	Münchhof	Mitt.Frk.	Münster	Unt.Frk.
Mühlmann	Niederb.	Münchhof	Unt.Frk.	Münster (2)	Schwb.
Mühlreit	Oberb.	Münchhof	Schwb.	Münsterappel	Rh.Pf.
Mühlreit	Niederb.	Münchmühle	Rh.Pf.	Münsterhausen	Schwb.
Mühlried	Oberb.	Münchner	Niederb.	Münsterhof	Rh.Pf.
Mühlschlag	Ob.Pf.	Münchnerau	Niederb.	Münsterschwarzach, auch Klosterschwarzach	Unt.Frk.
Mühlstadt	Schwb.	Münchs	Ob.Frk.		
Mühlstätt	Oberb.	Münchsberg	Oberb.		
Mühlstatt	Oberb.	Münchsberg	Mitt.Frk.	Münzberg	Oberb.
Mühlstetten	Mitt.Frk.	Münchschwanderhof	Rh.Pf.	Münzenberg	Unt.Frk.
Mühlstraß	Niederb.			Münzenried	Schwb.
Mühlthal (18)	Oberb.	Münchsdorf (3)	Niederb.		
Mühlthal	Niederb.	Münchsgrünn	Ob.Pf.	Münzhof	Mitt.Frk.
Mühlthal (2)	Ob.Pf.	Münchshausen	Niederb.	Münzighof	Niederb.
Mühlthal	Rh.Pf.	Münchshöf	Ob.Pf.	Münzlohe	Oberb.
Mühlthalerhof	Rh.Pf.	Münchshöfen (2)	Niederb.	Müracl	Oberb.
Mühlthalmühle	Oberb.	Münchshofen	Ob.Pf.	Mürnsee	Unt.Frk.
Mühlthann (2)	Niederb.	Münchsmühle	Niederb.	Mürsbach	Oberb.
Mühlwastl	Oberb.	Münchsmühle	Ob.Pf.	Müssen	MittFrk.
Mühlweg	Oberb.	Münchsmühle, a. Mirmühle	Ob.Pf.	Müßlghof	Schwb.
Mühlwinkl	Oberb.			Müweiler	Ob.Frk.
Müller am Baum	Oberb.	Münchsmünster	Ob.Pf.	Muggenbach	
		Münchsreuth	Ob.Pf.	Muggenbachermühle	Ob.Frk.

Muggendorf	Ob.Frk.	Murack	Oberb.	Mußhof	Ob.Pf.
Muggenhof	Mitt.Frk.	Murau	Niederb.	Mußlach	Niederb.
Muggenthal	Niederb.	Murbach	Oberb.	Muth	Niederb.
Muglmühle	Ob.Pf.	Murgenbach	Oberb.	Muthen	Schwb.
Multerhof	Niederb.	Murglhof	Ob.Pf.	Muthmannshofn	Schwb.
Mummen, alt	Schwb.	Murn (2)	Oberb.	Muthmanns-	
Munbdobl	Niederb.	Murnau (2)	Oberb.	reuth	Ob.Frk.
Mundelmann	Niederb.	Murr	Oberb.	Muttau	Oberb.
Mundenheim	Rh.Pf.	Murrbach	Oberb.	Mutten (2)	Schwb.
Mundharbterhof	Rh.Pf.	Murrenkreut	Niederb.	Muttenau	Schwb.
Mundlfing	Niederb.	Murschall	Oberb.	Muttenhofen	Ob.Pf.
Mundraching	Oberb.	Mußbach	Schwb.	Muttenshofen	Ob.Pf.
Mundsberg	Niederb.	Muschelhof	Ob.Frk.	Muttering	Oberb.
Mundus	Oberb.	Muschelmühle	Rh.Pf.	Muttersau	Oberb.
Mungenhof	Ob.Pf.	Muschenried	Niederb.	Muttersham	Oberb.
Munningen	Schwb.	Muschenried	Ob.Pf.	Muttershofen (2)	Schwb.
Muntersgrub	Niederb.	Mußbach	Oberb.	Mutterstadt	Rh.Pf.
Munzing	Oberb.	Mußbach	Rh.Pf.	Mutzendorf	Niederb.
Munzing	Niederb.	Mussen	Ob.Frk.	Mutzenroth	Unt.Frk.
Munzingen	Schwb.	Mussenhausen	Schwb.	Mutzenwinkl (2)	Niederb.
Mupferting	Oberb.	Mussenmühle	Oberb.	Mutzershof	Ob.Frk.
Murach	Ob.Pf.	Mußhausen	Schwb.		

N.

Naab	Ob.Pf.	Nabling	Niederb.	Nagelsmühle	Unt.Frk.
Naabbemmen-	Ob.Pf.	Nächstmühle	Rh.Pf.	Nagl	Niederb.
reuth		Nächstmühle	Ob.Pf.	Naglbach	Niederb.
Naabeck	Ob.Pf.	Nägelhub	Schwb.	Naglbauer	Niederb.
Naabmühle	Ob.Pf.	Nägelishalden	Schwb.	Nagler	Schwb.
Naabstegenhofen	Ob.Pf.	Nägelrieb, auch		Naglmühle	Niederb.
Nabburg	Ob.Pf.	Negetried	Schwb.	Naglsß	Oberb.
Nabin	Niederb.	Näglstall	Oberb.	Naglstätt	Oberb.
Nachermühle	Schwb.	Näham	Niederb.	Nahenfürst	Ob.Pf.
Nachmühle	Oberb.	Nähermemmin-		Naichhöfe	Schwb.
Nachsee	Oberb.	gen	Schwb.	Naien	Schwb.
Nachstetterhof	Schwb.	Nähermittenhau-		Naiers	Schwb.
Nacken	Oberb.	sen	Schwb.	Naifermühle	Ob.Frk.
Nackenberg	Niederb.	Nähreit	Oberb.	Naila	Ob.Frk.
Nackendorf	Ob.Frk.	Naffenhofen	Niederb.	Nainhof	Ob.Pf.
Nackterhof	Rh.Pf.	Nagel (2)	Ob.Frk.	Nainsb	Niederb.
Nadelfabrick	Mitt.Frk.	Nagelbach	Oberb.	Nainsdorf	Ob.Frk.
Nabenberg	Schwb.	Nagelringen	Schwb.	Nairitz	Ob.Frk.
Naberham	Oberb.	Nagelschmiede (2)	Ob.Pf.	Naisa	Ob.Frk.
Nabereb	Niederb.	Nagelshof	Mitt.Frk.	Nallesmühle	Unt.Frk.

Nalling (2)	Niederb.	Naumburgerhof	Rh.Pf.	Nentschau, auch	
Namsenbach	Ob.Pf.	Nebel	Oberb.	Nentsch	Ob.Frk.
Namsreuth	Ob.Pf.	Nebelberg	Oberb.	Nenzenheim	Mitt.Frk.
Nandlstadt	Oberb.	Nebelhub	Niederb.	Nepsen	Schwb.
Nankau	Ob.Pf.	Nebers	Ob.Frk.	Nepomuk Sct.	Schwb.
Nankendorf (2)	Ob.Frk.	Nebling (2)	Niederb.	Neppen	Schwb.
Nankenhof	Ob.Frk.	Nebensdorf	Ob.Frk.	Neppersdorf	Niederb.
Nannhofen	Oberb.	Nederling	Oberb.	Neppersreuth	Mitt.Frk.
Nantenbach	Unt.Frk.	Nedernsdorf	Oberb.	Neppling	Niederb.
Nantesbuch (2)	Oberb.	Nees, auch Näß	Ob.Frk.	Nerpern	Ob.Pf.
Nantwein	Oberb.	Nesling	Ob.Pf.	Nerret	Mitt.Frk.
Nanzbleßweiler	Rh.Pf.	Neßend	Schwb.	Nersingen	Schwb.
Nanzing	Ob.Pf.	Negetried	Schwb.	Nerzweiler	Rh.Pf.
Nanzweiler	Rh.Pf.	Nehalb	Oberb.	Nessathing	Ob.Pf.
Napfberg	Ob.Pf.	Nehalb	Niederb.	Neßelbach	Niederb.
Naruberg	Oberb.	Nehndorf, auch		Neßelbach	Mitt.Frk.
Narrenham (2)	Niederb.	Nähndorf	Mitt.Frk.	Nesselbrut	Oberb.
Narrenstätten	Niederb.	Nehring	Oberb.	Nesselburg	Schwb.
Narring	Oberb.	Neibberg	Niederb.	Nesselgraben	Oberb.
Nasbach	Mitt.Frk.	Neibegg	Schwb.	Nesselholz	Oberb.
Nasenberg	Niederb.	Neidenfels	Rh.Pf.	Nesselmühle	Mitt.Frk.
Nasengrub	Schwb.	Neidenstein	Ob.Frk.	Nesselthal	Oberb.
Naslitz	Ob.Pf.	Neiderting	Niederb.	Nesselthal (2)	Niederb.
Nasnitz	Ob.Pf.	Neidhartswinden	Mitt.Frk.	Nesselthalerhof	Rh.Pf.
Nasanger, auch		Heidhof	Unt.Frk.	Nesselwang	Schwb.
Aasanger	Ob.Frk.	Neibling	Niederb.	Nessenmühle	Mitt.Frk.
Nassau	Niederb.	Neiblingen	Mitt.Frk.	Neßlbach	Oberb.
Naßberg	Niederb.	Neiblingerberg	Niederb.	Neßlbach	Niederb.
Naßen	Ob.Pf.	Neidsmühle	Ob.Frk.	Neßling, Neßlach	Oberb.
Naßenau	Ob.Pf.	Neidstein	Ob.Pf.	Neßo	Schwb.
Nassenbeuren	Schwb.	Neißl	Niederb.	Nest	Niederb.
Nassenfels	Mitt.Frk.	Nelharting, Nel-		Nestelreuth	Ob.Frk.
Naßenhard	Ob.Pf.	lert	Oberb.	Nettelkofen	Oberb.
Nassenhausen	Oberb.	Nellenberg	Schwb.	Nettenbauer	Schwb.
Naßgütl	Ob.Pf.	Nellenbruck	Schwb.	Netterndorf	Oberb.
Naßkamping	Nieder b.	Nemeden	Oberb.	Nettershausen	Schwb.
Naßmühle	Unt.Frk.	Nemmering	Niederb.	Netzstahl	Ob.Pf.
Naßwiesen	Mitt.Frk.	Nemmersdorf	Ob.Frk.	Netzstall	Ob.Pf.
Nasting	Niederb.	Nemschenteuth	Ob.Frk.	Netzstall	Mitt.Frk.
Nattenhausen	Schwb.	Nemsdorf	Mitt.Frk.	Netzstuhl	Niederb.
Natterbauer	Niederb.	Nendelberg	Oberb.	Neuaich	Niederb.
Natterholz	Schwb.	Nendlnach	Niederb.	Neuaigen	Niederb.
Natternberg	Oberb.	Nenneigen	Ob.Pf.	Neualbenreuth	Ob.Pf.
Natternberg	Niederb.	Nenningshof	Schwb.	Neualtheim	Rh.Pf.
Nattersdorf	Niederb.	Nensling	Mitt.Frk.	Neubau (2)	Ob.Pf.
Nattershofen	Ob.Pf.	Nentmannsreuth	Ob.Frk.	Neubanz	Ob.Frk.
Natzing	Oberb.			Neubau (2)	Oberb.

11*

Neubau (4)	Niederb.	Neudörflein	Ob.Frk.	Neuenschwand	Ob.Pf.
Neubau (3)	Rh.Pf.	Neudorf	Oberb.	Neuensee	Ob.Frk.
Neubau (2)	Ob.Pf.	Neudorf	Niederb.	Neuensorg	Ob.Pf.
Neubau (3)	Ob.Frk.	Neudorf (4)	Ob.Pf.	Neuensorg (3)	Ob.Frk.
Neubau	Mitt.Frk.	Neudorf (12)	Ob.Frk.	Neue Oelmühle	Mitt.Frk.
Neubau	Unt.Frk.	Neudorf (3)	Mitt.Frk.	Neuerding	Oberb.
Neubauer	Oberb.	Neudorf (3)	Unt.Frk.	Neuermühle	Ob.Pf.
Neubauer	Niederb.	Neudorf, auch		Neuersdorf	Ob.Pf.
Neubauer	Schwb.	Neuhof	Unt.Frk.	Neuerweg	Ob.Frk.
Neubauhof	Unt.Frk.	Neudorf	Schwb.	Neue Schneid-	
Neuberg (2)	Oberb.	Neudorferhof	Rh.Pf.	mühle	Ob.Frk.
Neuberg	Niederb.	Neudorfermühle	Ob.Frk.	Neuessing	Niederb.
Neuberghausen	Oberb.	Neudorfermühle	Mitt.Frk.	Neue Welt	Niederb.
Neubessingen, a.		Neubrossenfeld	Ob.Frk.	Neues Schloß	Unt.Frk.
Neubeinsgesang	Unt.Frk.	Neudürrlas	Ob.Frk.	Neues Wirths-	
Neubeuern	Oberb.	Neueben	Ob.Frk.	haus	Ob.Pf.
Neubichl (2)	Oberb.	Neuebersbach	Mitt.Frk.	Neufahrn (6)	Oberb.
Neubolz	Schwb.	Neue Bleiche	Mitt.Frk.	Neufahrn	Niederb.
Neubreitenfelder-		Neueck	Niederb.	Neufahrnreit	Niederb.
hof	Rh.Pf.	Neue Gemeinde	Niederb.	Neufang (3)	Niederb.
Neubronn	Mitt.Frk.	Neuegling	Oberb.	Neufang (3)	Ob.Frk.
Neubronn	Schwb.	Neueglosheim	Ob.Pf.	Neufang (3)	Mitt.Frk.
Neubrunn	Ob.Pf.	Neue Häuser	Ob.Frk.	Neufeld	Unt.Frk.
Neubrunn (2)	Unt.Frk.	Neue Mühle	Mitt.Frk.	Neusilzer	Niederb.
Neubuchenbrunn	Schwb.	Neue Mühle (2)	Unt.Frk.	Neufrauenhofen	Niederb.
Neubürg	Ob.Frk.	Neuenbach	Ob.Frk.	Neufreymann	Oberb.
Neuburg	Oberb.	Neuenbau	Ob.Frk.	Neufriedrichsthal	Unt.Frk.
Neuburg (2)	Niederb.	Neuenbrand (2)	Ob.Frk.	Neugaben	Oberb.
Neuburg	Rh.Pf.	Neuenbuch	Unt.Frk.	Neugattendorf	Ob.Frk.
Neuburg (3)	Schwb.	Neuenbürg	Ob.Frk.	Neugebäude	Niederb.
Neuburg a./D.	Schwb.	Neuendettelsau	Mitt.Frk.	Neugelgen	Ob.Pf.
Neuburg a./K.	Schwb.	Neuendorf	Unt.Frk.	Neugermühle	Niederb.
Neucastlerhof	Rh.Pf.	Neuengrün	Ob.Frk.	Neugertsham	Niederb.
Neubahner		Neuenhald	Ob.Frk.	Neuglashütte	Unt.Frk.
Schloß	Rh.Pf.	Neuenhammer	Ob.Pf.	Neugrub	Mitt.Frk.
Neubahner		Neuenhammer (4)	Ob.Pf.	Neugrün	Ob.Pf.
Schneidmühle	Rh.Pf.	Neuenhinzen-		Neugrünberg	Ob.Pf.
Neubau (2)	Niederb.	hausen	Ob.Pf.	Neuhäder	Schwb.
Neubeck (4)	Oberb.	Neuenkehrsdorf	Ob.Pf.	Neuhäuschen	Rh.Pf.
Neubeck (4)	Niederb.	Neuenmarkt	Ob.Frk.	Neuhäusel (2)	Rh.Pf.
Neubeck (3)	Ob.Pf.	Neuenmühle (5)	Ob.Frk.	Neuhäuseln	Niederb.
Neubeck (2)	Schwb.	Neuenmühle	Unt.Frk.	Neuhäuser	Niederb.
Neubes	Ob.Frk.	Neuenmuhr	Mitt.Frk.	Neuhäuser	Ob.Pf.
Neubesmühle	Ob.Frk.	Neuenplos	Ob.Frk.	Neuhäuserhof,	
Neurietenholz	Mitt.Frk.	Neuenrandsberg	Niederb.	siehe Neuhäusl	Oberb.
Neudobl	Niederb.	Neuenreuth (6)	Ob.Frk.	Neuhäusl (14)	Oberb.
Neudöbl	Niederb.	Neuenried (2)	Schwb.		

Neuhäusl — Neundorf. 171

Neuhäusl, auch		Neuhof (2)	Niederb.	Neulauterburg	Rh.Pf.
Neuhäuserhof	Oberb.	Neuhof (7)	Rh.Pf.	Neulbauer	Oberb.
Neuhäusl, an der		Neuhof, auch		Neulebelang	Schwb.
Alz	Oberb.	Nothhof	Rh.Pf.	Neuleiningen	Rh.Pf.
Neuhäusl, beim		Neuhof (6)	Ob.Pf.	Neulern, auch	
Hartberg	Oberb.	Neuhof (2)	Mitt.Frk.	Neulehen	Oberb.
Neuhäusl (5)	Niederb.	Neuhof, an der		Neuling, auch	
Neuhäusl	Rh.Pf.	Zenn	Mitt.Frk.	Neundling	Oberb.
Neuhäusler (2)	Oberb.	Neuhof (4)	Ob.Frk.	Neulmühle	Oberb.
Neuhäusler	Niederb.	Neuhof (7)	Unt.Frk.	Neulohe	Ob.Pf.
Neuhäusln (2)	Oberb.	Neuhof, auch		Neulust	Niederb.
Neuhald	Ob.Pf.	Neudorf	Unt.Frk.	Neumaierhof	Ob.Pf.
Neuhaldhof	Ob.Frk.	Neuhof (2)	Schwb.	Neumais	Niederb.
Neuhammer	Niederb.	Neuhofen (2)	Oberb.	Neumarkt	Oberb.
Neuhammer	Rh.Pf.	Neuhofen (5)	Niederb.	Neumarkt	Ob.Pf.
Neuhammer	Ob.Pf.	Neuhofen	Rh.Pf.	Neumiletshausen	Oberb.
Neuhammer	Unt.Frk.	Neuhofen	Ob.Pf.	Neumühl	Oberb.
Neuharting (2)	Oberb.	Neuhub	Niederb.	Neumühl	Niederb.
Neuhartsberg	Oberb.	Neuhütte	Oberb.	Neumühl	Ob.Pf.
Neuhaus (9)	Oberb.	Neuhütte	Niederb.	Neumühle (7)	Oberb.
Neuhaus (5)	Niederb.	Neuhütten	Unt.Frk.	Neumühle (13)	Niederb.
Neuhaus (7)	Ob.Pf.	Neuhüttendorf	Ob.Frk.	Neumühle (20)	Rh.Pf.
Neuhaus, auf der		Neuhüttenmühle	Niederb.	Neumühle, oder	
Trat	Ob.Pf.	Neuirrabing	Ob.Pf.	Warthweiler	Rh.Pf.
Neuhaus (10)	Ob.Frk.	Neukaslehen	Oberb.	Neumühle, oder	
Neuhaus	Mitt.Frk.	Neukastel Hof	Rh.Pf.	Dürrmühle	Rh.Pf.
Neuhaus (2)	Unt.Frk.	Neukatterbach	Mitt.Frk.	Neumühle (14)	Ob.Frk.
Neuhaus (5)	Schwb.	Neukelheim	Niederb.	Neumühle (19)	Ob.Pf.
Neuhaus, auch		Neukenroth	Ob.Frk.	Neumühle (18)	Mitt.Frk.
Rothkreuz	Schwb.	Neukersen	Oberb.	Neumühle (22)	Unt.Frk.
Neuhausen (8)	Oberb.	Neukirchen (10)	Oberb.	Neumühle, auch	
Neuhausen	Oberb.	Neukirchen (5)	Niederb.	Gemeindemühle	Unt.Frk.
Neuhausen (7)	Niederb.	Neukirchen a. J.	Niederb.	Neumühle, auch	
Neuhausen	Ob.Pf.	Neukirchen, bei		Thalmühle	Unt.Frk.
Neuhausen (2)	Ob.Frk.	hl. Blut	Niederb.	Neumühle (3)	Schwb.
Neuhausen	Unt.Frk.	Neukirchen, vorm		Neumühlen	Ob.Pf.
Neuhausen (3)	Schwb.	Wald	Niederb.	Neumühlhausen	Oberb.
Neuhausermühle	Ob.Frk.	Neukirchen	Rh.Pf.	Neumühlschwaige	Oberb.
Neuhausmühle	Niederb.	Neukirchen (4)	Ob.Pf.	Neumünster	Schwb.
Neuheim	Mitt.Frk.	Neukirchen, Bal-		Neumummen	Schwb.
Neuhelfendorf	Oberb.	bini	Ob.Pf.	Neunburg v. W.	Ob.Pf.
Neuhemsbach	Rh.Pf.	Neukirchen	Unt.Frk.	Neundling, auch	
Neuherberg	Oberb.	Neukirnberg	Oberb.	Neuling	Oberb.
Neuherberg (3)	Mitt.Frk.	Neukl	Niederb.	Neundling	Niederb.
Neuhöferthal	Rh.Pf.	Neuköslarn	Ob.Pf.	Neundorf (3)	Ob.Frk.
Neuhöfl	Ob.Pf.	Neukreut (2)	Niederb.	Neundorf, am	
Neuhöflein	Mitt.Frk.	Neuland	Oberb.	Holz	Ob.Frk.

Neundorf	Mitt.Frk.	Neuschwambach	Unt.Frk.	Neustädtlein, an	
Neuneb, auch		Neusees	Mitt.Frk.	der Wörnitz	Mitt.Frk.
Nonnenöd	Niederb.	Neuselingsbach	Mitt.Frk.	Neustädtles	Unt.Frk.
Neunkirchen	Rh.Pf.	Neuses	Ob.Pf.	Neustätten	Schwb.
Neunkirchen	Ob.Pf.	Neuses (3)	Ob.Frk.	Neustein, siehe	
Neunkirchen	Ob.Frk.	Neuses, b. obere	Ob.Frk.	Haldhausen	Oberb.
Neunkirchen, a.		Neuses, b. untere	Ob.Frk.	Neusteinreuth	Ob.Pf.
Br.	Ob.Frk.	Neuses, groß	Ob.Frk.	Neustett	Mitt.Frk.
Neunkirchen (3)	Mitt.Frk.	Neuses, klein	Ob.Frk.	Neustift	Oberb.
Neunschauerberg	Mitt.Frk.	Neuses (7)	Mtt.F rk.	Neustift (4)	Niederb.
Neunstetten (2)	Mitt.Frk.	Neuses	Unt.Frk.	Neustockach	Oberb.
Neunteuseln	Oberb.	Neuses, am Berg	Unt.Frk.	Neustockau	Schwb.
Neunußberg	Niederb.	Neuses, am		Neustraßberg	Niederb.
Neuöd	Ob.Pf.	Raueneck	Unt.Frk.	Neuswarts	Unt.Frk.
Neuöstein	Mitt.Frk.	Neuses, am Sand	Ob.Frk.	Neutauperlitz	Ob.Frk.
Neuölling	Niederb.	Neusesermühle	Ob.Frk.	Neutenkam	Niederb.
Neuötting	Oberb.	Neusetz	Unt.Frk.	Neutennig	Ob.Frk.
Neupachling	Niederb.	Neusig (2)	Ob.Frk.	Neutermühle	Schwb.
Neupfotz	Rh.Pf.	Neusitz	Mitt.Frk.	Neutheilung	Ob.Frk.
Neupitz	Oberb.	Neusles, auch		Neutmühle	Schwb.
Neupoint	Oberb.	Neusitz	Ob.Frk.	Neutras	Ob.Pf.
Neuprühl	Ob.Pf.	Neusleshof	Ob.Frk.	Neutzenbrunn	Unt.Frk.
Neupullach (2)	Oberb.	Neusling	Niederb.	Neutzkam	Niederb.
Neureichenau	Niederb.	Neusoll	Niederb.	Neu-Ulm	Schwb.
Neureit	Oberb.	Neusorg (2)	Ob.Pf.	Neuvielreich	Niederb.
Neureith	Niederb.	Neusreuth	Oberb.	Neuvogelsang	Schwb.
Neureuth	Oberb.	Neustabel	Oberb.	Neuwagner	Oberb.
Neureuth	Niederb.	Neustadt (2)	Oberb.	Neuwaid	Niederb.
Neureuth (2)	Ob.Pf.	Neustadt, an der		Neuwaldhaus*)	Niederb.
Neuricht (2)	Ob.Pf.	Donau	Niederb.	Neuwart (2)	Unt.Frk.
Neuried (3)	Oberb.	Neustadt, a. d.		Neuweiher, am	Niederb.
Neuried	Niederb.	Hardt	Rh.Pf.	Neuweiher	Ob.Pf.
Neuried	Ob.Pf.	Neustadt, an		Neuweiler	Mitt.Frk.
Neuriedlhütte	Niederb.	der Wald-		Neuweiler	Schwb.
Neurittsteig	Niederb.	naab	Ob.Pf.	Neuwelt (2)	Ob.Frk.
Neurödlhof, auch		Neustadt, a. K.	Ob.Pf.	Neuwelt	Schwb.
Rödlberg	Ob.Pf.	Neustadt a. A.	Mitt.Frk.	Neuwerk	Ob.Frk.
Neusäß	Schwb.	Neustadt, am		Neuwies (2)	Oberb.
Neusäßing	Niederb.	Main	Unt.Frk.	Neuwies	Niederb.
Neusath	Ob.Pf.	Neustadt, an der		Neuwirthshaus	Oberb.
Neuscheuer	Unt.Frk.	Saale	Unt.Frk.	Neuwirthshaus	
Neuschleichach	Unt.Frk.	Neustädterhof	Unt.Frk.	(2)	Ob.Pf.
Neuschlimmer-		Neustädtges	Unt.Frk.	Neuwirthshaus	
statt	Oberb.	Neustädtlein, a.		(3)	Ob.Frk.
Neuschönau	Niederb.	Neustädtlein am		Neuwirthshaus	Unt.Frk.
Neuschwätzingen	Schwb.	Forst	Ob.Frk.	Neuwöhr	Oberb.
Neuschwaige	Schwb.			Neuwoogshof	Rh.Pf.

*) Zur Gemeinde Lindberg, Bez.-Amt Regen gehörig.

Neuzell	Mitt.Frk.	Niederbuch	Oberb.	Niederhof (2)	Ob.Pf.
Neuziegenrück	Mitt.Frk.	Niederding	Oberb.	Niederhof	Unt.Frk.
Neuzirkendorf	Ob.Pf.	Niederbombach	Mitt.Frk.	Niederhofen (2)	Oberb.
Nezart, im Thal	Ob.Pf.	Niederdorf (2)	Oberb.	Niederhofen (3)	Niederb.
Nick	Schwb.	Niederdorf (2)	Niederb.	Niederhofen (2)	Ob.Pf.
Nickele	Oberb.	Niederdorf	Ob.Pf.	Niederhofen	Mitt.Frk.
Nickelsfelden	Oberb.	Niederdorf (2)	Schwb.	Niederhofen (3)	Schwb.
Nickersfelden	Unt.Frk.	Niedereck	Oberb.	Niederholzen	Oberb.
Nickling	Oberb.	Niedereck	Niederb.	Niederhorbach	Rh.Pf.
Nicklhub	Niederb.	Niedereber	Oberb.	Niederhorn	Oberb.
Nicola Sct. (4)	Niederb.	Niederegger	Niederb.	Niederhornbach	Niederb.
Nicolai Sct.	Niederb.	Niederelbach	Niederb.	Niederhub	Oberb.
Nicolaus Sct. (4)	Ob.Pf.	Niederrha	Niederb.	Niederhub	Niederb.
Nicolaus	Ob.Pf.	Niederfeilen	Niederb.	Niederhummel	Oberb.
Nicolaushof	Rh.Pf.	Niederfellendorf	Ob.Frk.	Niederinbling	Niederb.
Niebers	Schwb.	Niedergailbach	Rh.Pf.	Niederkaging	Oberb.
Niederach	Oberb.	Niedergebraching	Ob.Pf.	Niederkam	Niederb.
Niederachdorf	Ob.Pf.	Niedergeiselbach	Oberb.	Niederkirchen (3)	Rh.Pf.
Niederachen	Oberb.	Niedergerolds-		Niederkümmering	Niederb.
Niederärndt	Ob.Pf.	hausen	Oberb.	Niederland	Ob.Pf.
Niederaibach	Niederb.	Niedergottsau	Niederb.	Niederlamitz	Ob.Frk.
Niederaibacherau	Niederb.	Niedergrün	Niederb.	Niederlauer	Unt.Frk.
Niederaich (2)	Oberb.	Niederhaag	Niederb.	Niederlauterbach	Oberb.
Niederaich	Niederb.	Niederhaizing	Niederb.	Niederleiernborf	Oberb.
Niederaltaich	Niederb.	Niederham (6)	Oberb.	Niederlehen	Niederb.
Niederaltheim	Schwb.	Niederham (4)	Niederb.	Niederleiten	Oberb.
Niederalting	Niederb.	Niederhandlbach	Oberb.	Niederleiten	Niederb.
Niederaltmanns-		Niederharthausn	Niederb.	Niederlern	Oberb.
berg	Oberb.	Niederhaßling	Oberb.	Niederleuten	Niederb.
Niederambach	Oberb.	Niederhaßling	Niederb.	Niederlinbach	Ob.Frk.
Niederanger	Oberb.	Niederhatzkofen	Niederb.	Niederlindhart	Niederb.
Niederarling	Ob.Pf.	Niederhaus (2)	Schwb.	Niederlippach	Niederb.
Niederarnbach	Oberb.	Niederhausen	Oberb.	Niederlohe	Oberb.
Niederart	Niederb.	Niederhausen	Niederb.	Niederlohe	Niederb.
Niederaschau	Oberb.	Niederhausen (2)	Rh.Pf.	Niederlucker	Niederb.
Niederast	Niederb.	Niederhausen	Schwb.	Niederlustadt	Rh.Pf.
Niederau (3)	Oberb.	Niederheiming	Oberb.	Niedermach	Oberb.
Niederau	Ob.Frk.	Niederheldenstein	Oberb.	Niedermaier	Oberb.
Niederaudorf	Oberb.	Niederhinkofen	Ob.Pf.	Niedermauck	Ob.Pf.
Niederauerbach	Rh.Pf.	Niederhinzing	Niederb.	Niedermehlingen	Rh.Pf.
Niederbachleithen	Oberb.	Niederhochstadt	Rh.Pf.	Niedermenach	Niederb.
Niederbalerbach	Niederb.	Niederhöcking	Niederb.	Niedermiesau	Rh.Pf.
Niederbergkirchen	Oberb.	Niederhöf	Ob.Pf.	Niedermirsberg	Ob.Frk.
Niederberbach	Rh.Pf.	Niederhöfel	Ob.Pf.	Niedermohr	Rh.Pf.
Niederbichl	Oberb.	Niederhöming	Oberb.	Niedermoos	Ob.Pf.
Niederbrünst	Niederb.	Niederhof	Oberb.	Niedermoofen	Oberb.
Niederbrunn	Oberb.	Niederhof	Niederb.	Niedermoschel	Rh.Pf.

Niedermotzing	Niederb.	Niederreuten	Niederb.	Niederwachenau	Oberb.
Niedermühl	Niederb.	Niederricht	Ob.Pf.	Niederwall	Oberb.
Niedermühle (2)	Oberb.	Niederried	Oberb.	Niederwalting	Niederb.
Niedermühle	Niederb.	Niederried	Schwb.	Niederwang	Schwb.
Niedermühle	Rh.Pf.	Niederrieden (2)	Schwb.	Niederwegscheid	Niederb.
Niedermünchen	Niederb.	Niederroith	Ob.Pf.	Niederwehr	Oberb.
Niedermünchsdorf	Niederb.	Niederronning	Niederb.	Niederwern	Unt.Frk.
Niedermurach	Ob.Pf.	Niederroth	Oberb.	Niederwies	Oberb.
Niedernberg	Niederb.	Niederrunding	Ob.Pf.	Niederwillern	Oberb.
Niedernberg	Ob.Frk.	Niedersailing	Niederb.	Niederwimpäsing	Mitt.Frk.
Niedernberg	Unt.Frk.	Niedersatzbach-		Niederwinkeln	Oberb.
Niedernburg	Oberb.	mühl	Niederb.	Niederwinkl	Oberb.
Niederndobrach	Ob.Frk.	Niedersberg	Oberb.	Niederwinkling	Niederb.
Niederndorf (3)	Oberb.	Niederschäftlarn	Oberb.	Niederwinzer	Ob.Pf.
Niederndorf (5)	Niederb.	Niederschärding	Niederb.	Niederwörth	Oberb.
Niederndorf	Ob.Pf.	Niederscheyern	Oberb.	Niederwürzbach	Rh.Pf.
Niederndorf (2)	Ob.Frk.	Niederschletten-		Niederwurmbach	Mitt.Frk.
Niederndorf	Mitt.Frk.	bach	Rh.Pf.	Niederwurmsham	Niederb.
Niedernehreut	Niederb.	Niederschneiding	Niederb.	Niederzauner	Niederb.
Niederneuching	Oberb.	Niederschönbuch	Oberb.	Niederzell	Oberb.
Niedernfels	Oberb.	Niederschönenfeld	Oberb.	Niedling	Oberb.
Niedernfloß	Ob.Pf.	Niederschweibern	Oberb.	Niefernheim	Rh.Pf.
Niedernhart	Niederb.	Nieperseeon (2)	Oberb.	Niemannsbichl	Oberb.
Niedernhof	Ob.Pf.	Niederselchenbach	Rh.Pf.	Nierand	Niederb.
Niedernhof	Niederb.	Niederstaiten	Rh.Pf.	Nierenmühle	Mitt.Frk.
Niedernkirchen	Niederb.	Niedersonthofen	Schwb.	Niereuth	Oberb.
Niederoberbach	Mitt.Frk.	Niederstaufen	Schwb.	Niernharting	Oberb.
Niederöd (4)	Oberb.	Niederstaufenbach	Rh.Pf.	Niernstorf	Oberb.
Niederöd	Niederb.	Niedersteinbach	Unt.Frk.	Niesaß (4)	Ob.Pf.
Niederohmbach	Rh.Pf.	Niederstetten	Oberb.	Niesußen	Niederb.
Niederotterbach	Rh.Pf.	Niederstimm	Schwb.	Niesberg	Oberb.
Niederpappen-		Niederstocking	Niederb.	Niesberg	Niederb.
heim	Mitt.Frk.	Niederstraß	Oberb.	Niesgau	Oberb.
Niederperach	Oberb.	Niederstraubing	Oberb.	Niesten	Ob.Frk.
Niederperlesreith	Niederb.	Niedersüßbach	Niederb.	Nietenhausen	Niederb.
Niederpframmern	Oberb.	Niedersulzbach	Rh.Pf.	Niggeln	Oberb.
Niederpiebing	Niederb.	Niedersunzing	Niederb.	Niklashaag	Niederb.
Niederpöcking	Oberb.	Niedertauffkirchen	Oberb.	Niklasreuth (2)	Oberb.
Niederpöring	Niederb.	Niederthann (3)	Oberb.	Niklausmühle	Unt.Frk.
Niederpremeischl	Ob.Pf.	Niedertraubling	Ob.Pf.	Niklhub	Oberb.
Niederpretz	Niederb.	Niedertrembach	Niederb.	Niklmühle	Oberb.
Niederraunau	Schwb.	Niedertunding	Niederb.	Nilkhelmerhof	Unt.Frk.
Niederreisbach	Niederb.	Niederrummels-		Nilling	Oberb.
Niederreit	Oberb.	dorf		Nindorf (2)	Niederb.
Niederreith (2)	Oberb.	Niederviehbach	Niederb.	Nirschelkofen	Niederb.
Niederreith	Niederb.	Niederviehbacher-		Nirsching	Niederb.
Niederreuth	Niederb.	au	Niederb.	Niß	Niederb.

Niffelbach	Oberb.	Nonnenhorn	Schwb.	Nüchternbrunn	Oberb.
Nißlöd	Niederb.	Nonnenmühle	Mitt.Frk.	Nüblingen	Unt.Frk.
Nißlpram	Niederb.	Nonnenöd, siehe		Nundorf	Niederb.
Nisting	Oberb.	Neuned	Niederb.	Nürnberg	Niederb.
Nittenau	Ob.Pf.	Nonnenwald	Oberb.	Nürnberg	Mitt.Frk.
Nittendorf	Ob.Pf.	Nonnenwald	Ob.Frk.	Nuischnau	Schwb.
Nittlngen	Schwb.	Nonnhof	Ob.Pf.	Nultenmühle, a.	
Nitzelbuch	Ob.Pf.	Nonreut	Oberb.	Neutenmühle	Schwb.
Nobach, auch		Noppenberg	Oberb.	Numberg	Oberb.
Nolbach	Oberb.	Noppenthal	Oberb.	Nünschweiler	Rh.Pf.
Nober (2)	Oberb.	Noppling	Niederb.	Nunberg, auch	
Nobering	Oberb.	Nordeck	Ob.Frk.	Nonnberg	Oberb.
Nobern (2)	Oberb.	Nordenberg	Mitt.Frk.	Nunberg (2)	Niederb.
Noberried, auch		Nordendorf	Schwb.	Nunbichl	Oberb.
Aidenried	Oberb.	Nordfelderhof	Schwb.	Nundorfermühle	Mitt.Frk.
Noberwichs	Oberb.	Nordhalben	Ob.Frk.	Nunend	Oberb.
Nöhag	Niederb.	Nordheim	Mitt.Frk.	Nunhausen	Oberb.
Nöhom (3)	Niederb.	Nordheim (2)	Unt.Frk.	Nunkas	Ob.Pf.
Nömer	Niederb.	Nordheim	Schwb.	Nunnering	Oberb.
Nömer, in der		Nordhof	Oberb.	Nunsting	Ob.Pf.
Au	Niederb.	Nordhofen	Oberb.	Nunzenried	Ob.Pf.
Nörbling	Oberb.	Nordhofen	Schwb.	Nuppling	Niederb.
Nördlingen	Schwb.	Nordholz	Schwb.	Nurn	Ob.Frk.
Nörting	Oberb.	Nordstetten	Mitt.Frk.	Nuschelberg	Mitt.Frk.
Nöß, auch Nees	Ob.Frk.	Norhäusl	Oberb.	Nußbach	Rh.Pf.
Nößlbach		Norlaching		Nußbaum (2)	Oberb.
Nößling	Niederb.	Nornhelm	Schwb.	Nußbaum (5)	Niederb.
Nößwartling	Ob.Pf.	Noth	Ob.Pf.	Nußbaumer	Niederb.
Nößling	Niederb.	Nothackersberg	Niederb.	Nußbaumühle	Niederb.
Nöttelreith, auch		Nothbicheln	Oberb.	Nußbaumöd	Niederb.
Nödelsreith	Oberb.	Nothhaft	Niederb.	Nußberg (2)	Oberb.
Nötting	Oberb.	Nothhof, auch		Nußberg (2)	Niederb.
Nogg	Oberb.	Neuhof	Rh.Pf.	Nußbühl	Schwb.
Nolbach, auch		Nothmühlen	Unt.Frk.	Nußdorf (2)	Oberb.
Noberried	Oberb.	Nothweiler	Rh.Pf.	Nußdorf	Niederb.
Noisleben	Niederb.	Nottau (2)	Niederb.	Nußdorf	Rh.Pf.
Noll	Oberb.	Nottersdorf (2)	Ob.Pf.	Nuffenburg	Schwb.
Nollen	Schwb.	Notzen	Oberb.	Nußertsham	Niederb.
Nonhof	Ob.Pf.	Notzen	Schwb.	Nußhausen	Ob.Pf.
Nonn	Oberb.	Notzen, an der		Nußhof	Ob.Pf.
Nonnberg (2)	Oberb.	Halbe	Schwb.	Nuffing	Niederb.
Nonnberg, auch		Notzenhausen	Niederb.	Nußmühle	Unt.Frk.
Nunberg		Notzing (2)	Oberb.	Nußrain	Oberb.
Nonnenberg-		Notzling	Niederb.	Nuz	Oberb.
mühle	Schwb.	Nozart	Niederb.	Nuzbach	Oberb.
Nonnenbusch	Rh.Pf.	Nubelbühl	Oberb.	Nymphenburg	Oberb.
Nonnenbuschhof	Rh.Pf.	Nudelburg	Schwb.		

O.

Ob	Schwb.	Oberaltaich	Niederb.	Oberau	Ob.Frk.
Ob bem Holz	Schwb.	Oberaltenbern-		Oberaudorf	Oberb.
Obau (2)	Oberb.	heim	Mitt.Frk.	Oberauerbach	Niederb.
Obbach	Unt.Frk.	Oberaltenbuch	Unt.Frk.	Oberauerbach	Rh.Pf.
Obelfing	Oberb.	Oberaltenbucher-		Oberauerbach	Ob.Pf.
Obelfing	Niederb.	hof	Unt.Frk.	Oberauerbach	Schwb.
Obelhof	Schwb.	Oberaltenweiher	Unt.Frk.	Oberauerheim	Unt.Frk.
Obelshof	Mitt.Frk.	Oberaltertheim	Unt.Frk.	Oberauerkiel	Niederb.
Obenbronn	Mitt.Frk.	Oberalting	Oberb.	Oberauersberg	Niederb.
Obenhausen	Schwb.	Oberalting	Niederb.	Oberaufham	Oberb.
Oberach (2)	Oberb.	Oberalting *)	Ob.Pf.	Oberaufsees	Ob.Frk.
Oberachau	Oberb.	Oberaltmanns-		Oberauhof	Ob.Frk.
Oberachertling	Oberb.	berg	Oberb.	Oberaulenbach	Unt.Frk.
Oberachdorf	Ob.Pf.	Oberaltmanns-		Oberaumühle	Mitt.Frk.
Oberachtel	Mitt.Frk.	rieth	Ob.Pf.	Oberaurach	Ob.Frk.
Oberachtelmühle	Ob.Frk.	Oberambach (2)	Oberb.	Oberbaar, Paar	Oberb.
Oberachthal (2)	Oberb.	Oberambach	Mitt.Frk.	Oberbach	Oberb.
Oberachtl	Ob.Pf.	Oberamersricht	Ob.Pf.	Oberbach	Niederb.
Oberackerhof	Ob.Pf.	Oberamerthal	Ob.Pf.	Oberbach	Unt.Frk.
Oberablhof	Ob.Pf.	Oberammergau	Oberb.	Oberbachern (2)	Oberb.
Oberafferbach	Unt.Frk.	Oberampfrach	Mitt.Frk.	Oberbachham	Niederb.
Oberaham	Oberb.	Oberanger	Oberb.	Oberbachham, a.
Oberahorn	Mitt.Frk.	Oberanhleßing	Niederb.	Herrnbachham	Niederb.
Oberahrain	Niederb.	Oberapfeldorf	Oberb.	Oberbaiersbach	Ob.Frk.
Oberaibach	Niederb.	Oberapfelkam	Oberb.	Oberbalmbach	Mitt.Frk.
Oberaich	Oberb.	Oberappenberg	Mitt.Frk.	Oberbarbing	Ob.Pf.
Oberaich	Ob.Pf.	Oberappersdorf	Oberb.	Oberbauer	Oberb.
Oberaichenbach	Mitt.Frk.	Oberapping	Oberb.	Oberbaumgarten	Oberb.
Oberaichet	Oberb.	Oberarnbach	Oberb.	Oberbaumühle	Ob.Pf.
Oberaigen	Niederb.	Oberarnbach	Rh.Pf.	Oberbechingen	Schwb.
Oberaign	Oberb.	Oberarrmoos	Oberb.	Oberbelwalterhof	Rh.Pf.
Oberaign (2)	Ob.Pf.	Oberartelshofen	Mitt.Frk.	Oberberg (2)	Oberb.
Oberaigner	Niederb.	Oberasbach	Oberb.	Oberberg	Ob.Frk.
Oberailsfeld	Ob.Frk.	Oberasbach (2)	Mitt.Frk.	Oberberg (2)	Schwb.
Oberalbach	Ob.Frk.	Oberasberg	Niederb.	Oberbergen	Oberb.
Oberalbach	Mitt.Frk.	Oberascha	Oberb.	Oberbergham (2)	Oberb.
Oberalben	Rh.Pf.	Oberaschau (3)	Oberb.	Oberbergham	Niederb.
Oberallmanns-		Oberaschau	Ob.Pf.	Oberberghausen	Oberb.
bach	Niederb.	Oberast	Niederb.	Oberberghof	Schwb.
Oberallmans-		Oberatting	Niederb.	Oberberging (2)	Niederb.
hausen	Oberb.	Oberau (9)	Oberb.	Oberbergkirchen	Oberb.
Oberalmsham (2)	Oberb.	Oberau (2)	Niederb.	Oberbernhards	Unt.Frk.

*) Oberalting gehört zur Gemeinde Eulsbrunn, Bez.-A. Stadtamhof.

Oberbernrain	Oberb.	Oberbrunnham	Oberb.	Oberbohlmühle	Oberb.
Oberbernried	Ob.Pf.	Oberbubach (2)	Niederb.	Oberdörfl	Niederb.
Oberbernstein	Ob.Pf.	Oberbuch (5)	Oberb.	Oberdörnbach	Niederb.
Oberbessenbach	Unt.Frk.	Oberbuch	Niederb.	Oberdolben	Schwb.
Oberbeuern	Oberb.	Oberbuch	Mitt.Frk.	Oberdolling	Oberb.
Oberbeuern	Schwb.	Oberbuch	Ob.Pf.	Oberdombach	Mitt.Frk.
Oberbeutelsbach	Niederb.	Oberbucha	Niederb.	Oberdorf	Oberb.
Oberbeutenmühl	Schwb.	Oberbuchberg	Oberb.	Oberdorf, auch	
Oberberbach	Rh.Pf.	Oberbuchen	Oberb.	Oberndorf	Oberb.
Oberbiberg	Oberb.	Oberbuchenberg	Schwb.	Oberdorf	Ob.Pf.
Oberbiberkor	Oberb.	Oberbuchenbühl	Schwb.	Oberdorf (4)	Schwb.
Oberbibrach	Ob.Pf.	Oberbuchfeld	Ob.Pf.	Oberdorfen	Oberb.
Oberbichl (4)	Oberb.	Oberbüchlein	Mitt.Frk.	Oberdornlach	Ob.Frk.
Oberbiebelsbach	Niederb.	Oberbügl	Ob.Pf.	Oberdünkelhof	Oberb.
Oberbienloch	Unt.Frk.	Oberbühl	Ob.Pf.	Oberdürrbach	Unt.Frk.
Oberbierbach	Oberb.	Oberbürg	Ob.Pf.	Oberbummels-	
Oberbierwang	Oberb.	Oberbürg	Mitt.Frk.	hausen	Oberb.
Oberbihl	Schwb.	Oberbug	Ob.Frk.	Obereben	Oberb.
Oberbiltsberg	Niederb.	Oberburg (2)	Schwb.	Obereberfing	Oberb.
Oberbinder	Niederb.	Oberburgkirchen	Oberb.	Oberebersbach	Unt.Frk.
Oberbindham	Oberb.	Oberdaching	Niederb.	Oberebitnstengel	Ob.Frk.
Oberbinwang	Schwb.	Oberdachsbach	Mitt.Frk.	Oberebürg	Ob.Frk.
Oberbirnbach (2)	Niederb.	Oberdachstetten	Mitt.Frk.	Oberechsleugen	Niederb.
Oberbirkach	Oberb.	Oberdallersbach	Mitt.Frk.	Obereck (5)	Oberb.
Oberbirkenhof	Ob.Frk.	Oberdarching	Oberb.	Obereck (2)	Niederb.
Oberbleichen	Schwb.	Oberdarham	Oberb.	Obereckenhausen	Oberb.
Oberbleika	Niederb.	Oberdattenbach	Niederb.	Obered (3)	Oberb.
Oberblernbach	Oberb.	Oberdautenwin-		Obered	Niederb.
Oberbocksberg	Niederb.	den	Mitt.Frk.	Obereinzel	Ob.Frk.
Oberbobenrain	Oberb.	Oberdax	Niederb.	Obere Faller-	
Oberböham	Niederb.	Oberdarbühl	Niederb.	mühlen	Unt.Frk.
Oberboigen	Ob.Pf.	Oberdeggenbach	Niederb.	Oberegelhof	Niederb.
Oberbraunstuben	Ob.Pf.	Oberdeschenried	Ob.Pf.	Oberegg (5)	Schwb.
Oberbreitenau	Mitt.Frk.	Oberdessing	Niederb.	Obereggermühle	Schwb.
Oberbreitenau		Oberdeutenbach	Mitt.Frk.	Obereggersberg	Ob.Pf.
(2)	Niederb.	Oberdeutsch	Schwb.	Oberegging	Niederb.
Oberbreitenlohr	Mitt.Frk.	Oberdiendorf	Niederb.	Oberegglham	Niederb.
Oberbreinbichl	Oberb.	Oberdietenau	Niederb.	Obereglfing	Oberb.
Oberbremeck	Niederb.	Oberdietfurt	Niederb.	Oberegling (2)	Oberb.
Oberbremrhain	Oberb.	Oberdietldorf	Ob.Pf.	Obere Grube	Unt.Frk.
Oberbruck	Ob.Pf.	Oberdill	Schwb.	Oberehsberg	Ob.Frk.
Oberbruckloh	Oberb.	Oberdilljäger	Oberb.	Oberehrenbach	Ob.Frk.
Oberbrücklein	Ob.Frk.	Oberding (2)	Oberb.	Oberehring	Ob.Pf.
Oberbrumberg	Ob.Frk.	Oberding	Niederb.	Ober-Elben	Ob.Frk.
Oberbrunn (3)	Oberb.	Oberdingolfing	Niederb.	Obereichel	Niederb.
Oberbrunn	Ob.Frk.	Oberdipling	Niederb.	Obereichen-	
Oberbrunnenreit	Oberb.	Oberdissen	Schwb.	winden	Unt.Frk.

Obereichet (2)	Oberb.	Oberergoldsbach	Niederb.	Oberstofling	Oberb.
Obereichheim,		Oberer Hammer	Ob.Pf.	Oberföhring	Oberb.
auch Oberaich	Oberb.	Oberer Hammer		Oberfrankenohe	Ob.Pf.
Obereichhofen	Oberb.	(2)	Ob.Frk.	Oberfrauenau	Niederb.
Obereichstädt	Mitt.Frk.	Obererlach	Oberb.	Oberfrauenholz	Niederb.
Obereinharz	Schwb.	Obererlbach	Niederb.	Oberfrauenwald	Niederb.
Obereinöd	Oberb.	Obererlbach	Mitt.Frk.	Oberfreundorf	Niederb.
Obereinöd	Niederb.	Obere Röth	Ob.Frk.	Oberfriesen	Ob.Frk.
Obereinzel	Ob.Frk.	Obere Rottmühle	Oberb.	Oberfriesing	Oberb.
Obereisbach	Niederb.	Oberer Stein	Oberb.	Oberfrohnstetten	Niederb.
Obereisching	Niederb.	Obererthal	Unt.Frk.	Oberfroschham	Niederb.
Obereiselberg	Ob.Pf.	Obereschenbach	Unt.Frk.	Oberfürberg	Mitt.Frk.
Obereisenbach	Rh.Pf.	Obereschlbach	Oberb.	Obergaiching	Niederb.
Obereisenhammer	Mitt.Frk.	Obereschlbach	Niederb.	Obergailnau	Mitt.Frk.
Obereisensheim	Unt.Frk.	Oberes Pöllitz	Ob.Frk.	Obergaisach	Oberb.
Obere Kottwei-		Oberesfeld	Unt.Frk.	Obergaishardt	Schwb.
lermühle	Rh.Pf.	Obereulenbach	Niederb.	Obergambach	Niederb.
Oberelbach	Niederb.	Obereulenthal	Oberb.	Obergamenried	Schwb.
Oberelchingen	Schwb.	Obereurach	Oberb.	Obergangkofen	
Oberelend	Ob.Pf.	Obere Zech	Ob.Frk.	(2)	Niederb.
Oberelldorf	Ob.Frk.	Obere Zollbrücke	Schwb.	Obergarching	Oberb.
Oberellegg	Schwb.	Oberfahlheim	Schwb.	Obergartels-	
Oberellenbach	Niederb.	Oberfahrenberg	Ob.Pf.	hausen	Oberb.
Oberellenbach,		Oberfarrnbach,		Obergartenhof	Unt.Frk.
auch Teufels-		Burg	Mitt.Frk.	Obergassen	Oberb.
mühle	Niederb.	Oberfasanengar-		Obergau	Oberb.
Oberellmoosen	Oberb.	ten	Oberb.	Obergauling	Oberb.
Oberelottermühle	Mitt.Frk.	Oberfastern	Niederb.	Obergebensbach	Oberb.
Oberelzbach	Unt.Frk.	Oberfeichten	Niederb.	Obergebertsham	Oberb.
Oberemmendorf	Mitt.Frk.	Oberfeilen	Niederb.	Obergelersberg	
Oberempfenbach	Niederb.	Oberfeilenreit	Niederb.	(3)	Oberb.
Oberemühle	Niederb.	Oberfeking	Niederb.	Obergelersnest	Unt.Frk.
Obere Mühle	Rh.Pf.	Oberfelbrecht	Mitt.Frk.	Obergeiselbach	Oberb.
Obere Mühle	Ob.Frk.	Oberfelden	Mitt.Frk.	Obergeisenfelden	Oberb.
Obere Mühle (7)	Mitt.Frk.	Oberfellendorf	Ob.Frk.	Obergerbacherhof	Rh.Pf.
Obere Mühle (23)	Unt.Frk.	Oberfembach	Mitt.Frk.	Ober-Germarin-	
Obere Mühle	Schwb.	Oberfent	Oberb.	gen	Schwb.
Oberendhof	Niederb.	Oberferrieben	Mitt.Frk.	Obergern (2)	Oberb.
Oberenbsbach	Niederb.	Oberfilke	Unt.Frk.	Obergerolsshau-	
Oberengbach	Niederb.	Oberfimbach	Niederb.	sen	Oberb.
Oberengelberg	Niederb.	Oberfinning	Oberb.	Obergessenbach	Niederb.
Oberengelhäng	Oberb.	Oberfinningen	Schwb.	Ober-Gefferts-	
Oberengen	Oberb.	Ober-Firmians-		hausen	Schwb.
Oberenglstorf	Niederb.	reith	Niederb.	Obergfabering	Niederb.
Oberenzenau	Oberb.	Oberfischen	Oberb.	Obergfäll	Ob.Pf.
Obereppenberg	Ob.Pf.	Oberflabungen	Unt.Frk.	Obergfiesing	Oberb.
Obereppenrieb	Ob.Pf.	Oberflintsbach	Oberb.	Obergfieß	Oberb.

Obergießen	Schwb.	Oberhabermarkt	Oberb.	Oberhaslach	Ob.Pf.
Oberglaim	Niederb.	Oberhäuser	Schwb.	Oberhaslach	Schwb.
Oberglauheim	Schwb.	Oberhäusing	Ob.Pf.	Oberhasling	Oberb.
Obergmainholzen	Oberb.	Oberhäsing	Oberb.	Oberhasling	Niederb.
Obergolding	Niederb.	Oberhagenried	Schwb.	Oberhatzkofen	Niederb.
Obergolzaberg	Niederb.	Oberhalb (2)	Oberb.	Oberhauenstein	Ob.Frk.
Obergoßzell	Ob.Pf.	Oberhalb	Niederb.	Oberhaunstadt	Oberb.
Obergraben	Oberb.	Oberhalb	Ob.Pf.	Oberhaus	Oberb.
Obergräfenthal	Ob.Frk.	Oberhalb	Ob.Frk.	Oberhausbach (2)	Niederb.
Obergrämelsberg	Niederb.	Ober-Halde	Ob.Frk.	Oberhausen (2)	Niederb.
Obergrafendorf	Niederb.	Oberhaidelbach	Mitt.Frk.	Oberhausen (6)	Oberb.
Obergrainau	Oberb.	Oberhaiden	Oberb.	Oberhausen (3)	Rh.Pf.
Obergraineth	Niederb.	Oberhaiderberg	Niederb.	Oberhausen, an	
Obergraselfing	Niederb.	Oberhaimbuch	Ob.Pf.	der Nahe	Rh.Pf.
Obergrasensee	Niederb.	Oberhalb Ge-		Oberhausen (2)	Unt.Frk.
Obergrasheim	Oberb.	roldsgrün	Ob.Frk.	Oberhausen (3)	Schwb.
Obergreuth, auch		Oberhalling	Oberb.	Oberhausenthal	Niederb.
Gereuth	Ob.Frk.	Oberhallmanns-		Oberhaushofer	Niederb.
Obergries (2)	Oberb.	eck	Oberb.	Oberhaus-	
Obergriesbach	Oberb.	Oberham (5)	Niederb.	mehring	Oberb.
Obergriesgraben	Niederb.	Oberhambach	Rh.Pf.	Oberhausstett	Oberb.
Obergröben	Oberb.	Oberhambach	Mitt.Frk.	Oberheckenhofen	Mitt.Frk.
Obergrönenberg	Schwb.	Oberhamberg	Oberb.	Oberhefelden	Oberb.
Obergrößdorf	Mitt.Frk.	Oberhamberg	Niederb.	Oberhegenau	Mitt.Frk.
Obergrötzach	Oberb.	Oberhammer (2)	Niederb.	Oberheggers	Schwb.
Obergrub (2)	Oberb.	Oberhandenz-		Oberhehenberg	Oberb.
Obergrub (4)	Niederb.	hofen	Oberb.	Oberheid	Niederb.
Obergrün	Niederb.	Oberhaublbach	Niederb.	Oberheldmühle	Mitt.Frk.
Obergrünbach	Niederb.	Oberhanning	Oberb.	Oberheilbrunn	Oberb.
Obergrünhof	Schwb.	Oberhard	Mitt.Frk.	Oberheindelfing	Oberb.
Obergrund (2)	Oberb.	Oberharland	Niederb.	Oberhelning	Oberb.
Obergrusberg	Oberb.	Oberharm	Ob.Pf.	Oberheltau	Oberb.
Obergschaid	Niederb.	Oberharnsbach	Ob.Frk.	Oberhelzing	Niederb.
Obergschwall,		Oberharpfing	Oberb.	Oberheldenberg	Niederb.
hinter u. vorder	Oberb.	Oberhart (2)	Oberb.	Oberheldenstein	Oberb.
Obergschwand	Niederb.	Oberhart	Niederb.	Oberhellersberg	Niederb.
Obergschwend (4)	Oberb.	Oberhart	Schwb.	Oberhembach	Ob.Pf.
Obergschwend	Schwb.	Oberhartberg	Niederb.	Oberhennhart	Niederb.
Obergstaubach	Niederb.	Oberhartbobel	Niederb.	Oberheroldsbach	Ob.Frk.
Obergstetten	Niederb.	Oberharthausen	Niederb.	Oberherrnhausen	Oberb.
Obergünzburg	Schwb.	Oberharthelm	Oberb.	Oberheßbach	Mitt.Frk.
Obergünzkofen	Niederb.	Oberharthof	Niederb.	Oberhetzenberg	Niederb.
Obergünzl	Oberb.	Oberhartmanns-		Oberheubat	Schwb.
Oberhaag (2)	Niederb.	reuth	Ob.Frk.	Oberheumödern	Mitt.Frk.
Oberhaarbach	Niederb.	Oberhaselau	Niederb.	Oberhiebl	Niederb.
Oberhaching (2)	Oberb.	Oberhaselbach (3)	Niederb.	Oberhienhart	Niederb.
Oberhackenberg	Niederb.	Oberhaslach	Oberb.	Oberhilgen	Oberb.

Oberhilling	Niederb.	Oberhollneich	Oberb.	Oberkammlach	Schwb.
Oberhinkofen	Ob.Pf.	Oberholspach	Niederb.	Oberkannelsberg	Niederb.
Oberhintereck	Oberb.	Oberholz	Oberb.	Oberkashof	Niederb.
Oberhinterhof	Mitt.Frk.	Oberholz	Niederb.	Oberkastl	Oberb.
Oberhinzing	Niederb.	Oberholz	Ob.Pf.	Oberkatzendorf	Niederb.
Oberhirschberg	Niederb.	Oberholz	Schwb.	Oberkehlen	Schwb.
Oberhirschwell	Niederb.	Oberholzen (4)	Oberb.	Oberkeierberg	Mitt.Frk.
Oberhitzelheim	Oberb.	Oberholzen	Niederb.	Oberkeil	Ob.Frk.
Oberhitzenberg	Oberb.	Oberholzgünz	Schwb.	Oberkeitenthal	Ob.Pf.
Oberhitzling	Niederb.	Oberholzham	Oberb.	Oberkelheim	Niederb.
Oberhochleiten	Niederb.	Oberholzhausen	Oberb.	Oberkellermühle	Ob.Pf.
Oberhochöd	Oberb.	Oberholzhausen	Niederb.	Oberkemmathen	Mitt.Frk.
Oberhochstadt	Rh.Pf.	Oberholzleiten	Niederb.	Oberkenating	Niederb.
Oberhochstadt	Mitt.Frk.	Oberhornbach	Niederb.	Oberkennels	Schwb.
Oberhochstätt	Oberb.	Oberhub (6)	Oberb.	Oberkesselberg	Mitt.Frk.
Oberhöchenstetten	Niederb.	Oberhub (2)	Niederb.	Oberkesselberg	Ob.Frk.
Oberhöchstädt	Ob.Frk.	Oberhub	Ob.Pf.	Oberkettendorf	Niederb.
Oberhöchstett	Mitt.Frk.	Oberhub (3)	Schwb.	Oberkiefering	Oberb.
Oberhöcking	Niederb.	Oberhublach	Niederb.	Oberkienberg (2)	Oberb.
Oberhöfen (2)	Niederb.	Oberhütt	Niederb.	Oberkindberg	Schwb.
Oberhöfen	Ob.Pf.	Oberhütte	Ob.Pf.	Oberkirchberg	Niederb.
Oberhöfen	Schwb.	Oberhüttensölden	Niederb.	Oberkirchen	Schwb.
Oberhöft	Niederb.	Oberhummel	Oberb.	Oberkirchnach	Schwb.
Oberhögen	Oberb.	Oberhunderdorf	Niederb.	Oberkirnberg	Oberb.
Oberhöhberg	Mitt.Frk.	Oberjacking	Niederb.	Oberkising	Oberb.
Oberhöll	Niederb.	Oberickelsheim	Mitt.Frk.	Oberkläfferstraß	Niederb.
Oberhöll	Ob.Pf.	Oberjehsen	Ob.Frk.	Oberklausen	Ob.Pf.
Oberhöll	Ob.Frk.	Oberjettenberg	Oberb.	Oberklebing	Oberb.
Oberhöllmühle	Ob.Frk.	Oberiglbach	Niederb.	Oberkleingeras-	
Oberhörbach	Niederb.	Oberigling	Oberb.	zell	Ob.Pf.
Oberhörlbach	Niederb.	Oberiling	Oberb.	Oberklesenmühle	Unt.Frk.
Oberhörlkofen	Oberb.	Oberillach	Oberb.	Oberklingen	Mitt.Frk.
Oberhöselwang	Oberb.	Oberillzmühl	Niederb.	Oberklingenbach	Niederb.
Oberhof (10)	Oberb.	Oberinbling	Niederb.	Ober-Klingen-	
Oberhof (6)	Niederb.	Oberjoch, auch		mühle	Ob.Frk.
Oberhof (4)	Ob.Pf.	Vorberjoch	Schwb.	Oberllingensporn	Ob.Frk.
Oberhof	Unt.Frk.	Oberirrabing	Ob.Pf.	Oberkneisting	Niederb.
Oberhof	Schwb.	Oberirsham	Niederb.	Oberknörringen	Schwb.
Oberhofen (3)	Oberb.	Oberisling	Ob.Pf.	Oberkobler	Oberb.
Oberhofen	Niederb.	Oberjulbach	Niederb.	Oberkobach	Ob.Frk.
Oberhofen	Rh.Pf.	Oberkäfermühl	Ob.Pf.	Oberköblitz	Ob.Pf.
Oberhofen	Ob.Pf.	Oberkager (8)	Niederb.	Oberköllnbach	Niederb.
Oberhofen (3)	Schwb.	Oberkaging	Oberb.	Oberköln	Oberb.
Oberhofkirchen	Oberb.	Oberkaining	Niederb.	Oberkönigshofen	Mitt.Frk.
Oberhohenreuth	Ob.Frk.	Oberkaltbrunn	Oberb.	Oberköst	Ob.Frk.
Oberhohenried	Unt.Frk.	Oberkaltenhof	Niederb.	Oberkogl (2)	Niederb.
Oberhollerau	Niederb.	Oberkammerloh	Oberb.	Oberkohlgraben	Unt.Frk.

Oberkolbersbach	Niederb.	Oberleichtersbach	Unt.Frk.	Oberlütter	Unt.Frk.
Oberkolbing	Niederb.	Oberleiterndorf	Niederb.	Oberlustadt	Rh.Pf.
Oberkonhof	Ob.Pf.	Oberleinach	Unt.Frk.	Obermabl	Niederb.
Oberkonnersreuth	Ob.Frk.	Oberleinbach	Niederb.	Obermagerbein	Schwb.
		Oberleinbeck	Oberb.	Obermaier (2)	Oberb.
Oberkorb	Oberb.	Oberleinleiter	Ob.Frk.	Obermaierhof	Oberb.
Oberkottern	Schwb.	Oberleinstetl	Ob.Pf.	Obermainbach	Mitt.Frk.
Oberkotzau	Ob.Frk.	Oberleipfritz	Schwb.	Obermainsbach	Ob.Pf.
Oberkrausenbach	Unt.Frk.	Oberletten (6)	Oberb.	Obermainshof	Ob.Pf.
Oberkreith	Ob.Pf.	Oberleitenbach	Niederb.	Obermalling	Oberb.
Oberkreut	Oberb.	Oberleiterbach	Ob.Frk.	Obermankau	Ob.Pf.
Oberkrieg	Oberb.	Oberleithen (2)	Oberb.	Obermannbach	Niederb.
Oberkrombach	Unt.Frk.	Oberlessenfeld	Mitt.Frk.	Obermanndorf	Unt.Frk.
Oberkronwinkl	Niederb.	Oberlenkenreuth	Ob.Pf.	Obermarbach	Oberb.
Oberkrumbach	Mitt.Frk.	Oberlern	Niederb.	Obermarchenbach	Oberb.
Oberkruppach	Mitt.Frk.	Ober Leupoldsberg	Ob.Frk.	Obermassing	Ob.Pf.
Oberkühbuch	Niederb.			Obermauck	Mitt.Frk.
Oberkümmering	Niederb.	Oberleups	Ob.Frk.	Obermauerbach	Oberb.
Oberküps	Ob.Frk.	Oberleuthen	Niederb.	Obermauerkirchen	Oberb.
Oberkulmhof	Ob.Frk.	Oberlichtenberg	Ob.Pf.	Obermaulendorf	Niederb.
Oberlänghart	Niederb.	Oberlichtenwald	Ob.Pf.	Obermarfeld	Schwb.
Oberlaichling	Niederb.	Oberliezheim	Schwb.	Obermeblingen	Schwb.
Oberlaimbach	Niederb.	Oberlimmer	Oberb.	Obermehlingen	Rh.Pf.
Oberlaimbach	Mitt.Frk.	Oberlind (2)	Ob.Pf.	Obermehmberg	Niederb.
Oberlaindern	Oberb.	Oberlindach	Oberb.	Obermeisllngen	Mitt.Frk.
Oberlaitsch	Ob.Pf.	Oberlindach	Ob.Frk.	Obermeitingen	Oberb.
Oberlanding	Niederb.	Oberlindberg	Niederb.	Obermelben	Schwb.
Oberlangau	Ob.Pf.	Oberlindelbach	Ob.Frk.	Obermelzendorf	Ob.Frk.
Oberlangenau	Ob.Frk.	Oberlindelburg	Mitt.Frk.	Obermembach	Ob.Frk.
Oberlangenroth	Ob.Frk.	Oberlinden	Oberb.	Obermenach	Niederb.
Oberlangenstadt	Ob.Frk.	Oberlindenberg	Schwb.	Obermenzing	Oberb.
Oberlangfurth	Niederb.	Oberlindhart	Niederb.	Obermertsee	Niederb.
Oberlangheim	Ob.Frk.	Oberlindhof	Ob.Pf.	Obermertzbach	Unt.Frk.
Oberlangrhain	Niederb.	Oberliniach	Ob.Pf.	Obermessing	Mitt.Frk.
Oberlangwied	Niederb.	Oberlippach	Niederb.	Obermettenbach	Oberb.
Oberlankersberg	Niederb.	Oberlipplgütl	Ob.Pf.	Obermettnerwald	Niederb.
Oberlappach	Oberb.	Oberloch	Ob.Pf.	Obermichelbach	
Oberlarch	Oberb.	Oberloch	Ob.Frk.	(2)	Mitt.Frk.
Oberlauben	Schwb.	Oberloh	Oberb.	Obermiesau	Rh.Pf.
Oberlausing	Oberb.	Oberloh	Niederb.	Obermiethnach	Ob.Pf.
Oberlauringen	Unt.Frk.	Oberlohe	Oberb.	Oberminnberg	Mitt.Frk.
Oberlaus	Oberb.	Oberlohe	Ob.Frk.	Obermindersdorf	Schwb.
Oberlauterbach (3)		Oberlohe	Niederb.	Obermittbach	Unt.Frk.
		Oberlohen (3)	Oberb.	Obermitterdorf	Niederb.
Oberlauterbach	Niederb.	Oberlohwies	Niederb.	Obermittersassen	Oberb.
Oberlehen (3)	Oberb.	Oberlucker	Niederb.	Obermödling	Oberb.
Oberlehen (2)	Niederb.	Oberlueg	Niederb.	Obermögersheim	Mitt.Frk.

Obermökenlohe	Mitt.Frk.	Obernbach	Niederb.	Obernhausen	Unt.Frk.
Obermörmoosen	Oberb.	Obernberg	Niederb.	Obernheim	Rh.Pf.
Obermohr	Rh.Pf.	Oberbibert	Mitt.Frk.	Obernhof	Oberb.
Obermondsberg	Niederb.	Obernbreit	Unt.Frk.	Obernhof	Niederb.
Obermoos (2)	Oberb.	Obernbuch	Niederb.	Obernhofen	Niederb.
Obermoosbach	Oberb.	Obernburg	Oberb.	Oberniederndorf	Mitt.Frk.
Obermoosen (3)	Oberb.	Obernburg	Unt.Frk.	Oberniedersteinach	Niederb.
Obermooshäuser	Oberb.	Obernbobl	Niederb.		
Obermoosham (2)	Oberb.	Oberndorf (16)	Oberb.	Obernieberwang	Schwb.
		Oberndorf (21)	Niederb.	Obernmühle	Rh.Pf.
Obermoosmühle	Oberb.	Oberndorf	Rh.Pf.	Obernödt	Niederb.
Obermoosschwalge		Oberndorf (6)	Ob.Pf.	Obernösterbach	Niederb.
	Oberb.	Oberndorf (2)	Ob.Frk.	Obernordenberg	Mitt.Frk.
Obermosbach	Mitt.Frk.	Oberndorf (10)	Mitt.Frk.	Obernreith	Niederb.
Obermoschel	Rh.Pf.	Oberndorf (2)	Unt.Frk.	Obernreut	Niederb.
Obermotzing	Niederb.	Oberndorf, auch		Obernricht	Mitt.Frk.
Obermühl	Oberb.	Obendorf	Unt.Frk.	Obernried	Ob.Pf.
Obermühl (2)	Niederb.	Oberndorf	Schwb.	Obernsees	Ob.Frk.
Obermühl	Rh.Pf.	Oberndorfermühle		Obernstein	Niederb.
Obermühl	Mitt.Frk.		Niederb.	Oberntief	Mitt.Frk.
Obermühlbach (2)	Niederb.	Obernebling	Niederb.	Obernunberg	Oberb.
		Obernefsried	Schwb.	Obernzell, auch Hafnerzell	Niederb.
Obermühle (15)	Oberb.	Obernehreut	Niederb.		
Obermühle (5)	Niederb.	Obernesselbach	Mitt.Frk.	Obernzenn	Mitt.Frk.
Obermühle (15)	Rh.Pf.	Oberneuching	Oberb.	Oberobland	Oberb.
Obermühle (4)	Ob.Pf.	Oberneueben	Ob.Frk.	Oberobsang	Ob.Frk.
Obermühle (13)	Mitt.Frk.	Oberneuenreuth	Ob.Frk.	Oberoder	Ob.Pf.
Obermühle (13)	Unt.Frk.	Oberneuenried	Schwb.	Oberöbling, auch Obernebling	Niederb.
Obermühle (9)	Schwb.	Oberneufnach	Schwb.		
Obermühlegg	Schwb.	Oberneuhausen	Niederb.	Oberöd (3)	Oberb.
Obermühlhausen	Oberb.	Oberneuhüttendorf		Oberöd (5)	Niederb.
Obermühlthal (2)	Oberb.		Ob.Frk.	Oberöd	Unt.Frk.
Obermünchen	Niederb.	Oberneukirchen	Oberb.	Oberödenhart	Ob.Pf.
Obermünchsdorf	Niederb.	Oberneuling	Oberb.	Oberödt	Niederb.
Obermünzenbruck	Schwb.	Oberneumais	Niederb.	Oberöhlbühl	Ob.Pf.
Obermurach	Ob.Pf.	Oberneumühle (2)		Oberöhrner	Niederb.
Obermurbäck	Oberb.		Ob.Pf.	Oberölkofen	Oberb.
Obermusbach	Niederb.	Oberneunstetten	Mitt.Frk.	Oberölsbach	Ob.Pf.
Obermusbach	Schwb.	Oberneufes (2)	Ob.Frk.	Oberölschnitz	Ob.Frk.
Obernach (3)	Oberb.	Oberneustift	Niederb.	Oberöstheim	Mitt.Frk.
Obernäuchhöf	Schwb.	Oberngern	Oberb.	Oberötzdorf	Niederb.
Obernaglbach	Niederb.	Oberngern	Niederb.	Oberoffendorf	Ob.Pf.
Obernaicha	Niederb.	Oberngries	Niederb.	Oberoh	Niederb.
Obernalfermühle	Ob.Frk.	Oberngrub, auch Obergrub		Oberohmbach	Rh.Pf.
Obernameiing	Niederb.		Ob.Frk.	Oberornau	Oberb.
Obernau	Oberb.	Oberngscheib	Niederb.	Oberostendorf	Schwb.
Obernau	Unt.Frk.	Obernhart	Niederb.	Oberottenberg	Niederb.

Oberotterbach	Niederb.	Oberputting	Oberb.	Oberreuthen (2)	Schwb.
Oberotterbach	Rh.Pf.	Oberquellhof	Ob.Frk.	Oberried	Oberb.
Oberpaar	Oberb.	Oberrabach	Mitt.Frk.	Oberried (5)	Niederb.
Oberparkstetten	Niederb.	Oberradelsbach	Niederb.	Oberried	Ob.Pf.
Oberparzham	Niederb.	Oberradlspeck	Niederb.	Oberried (9)	Schwb.
Oberparzlohe	Oberb.	Oberräthen	Schwb.	Oberrieden	Mitt.Frk.
Oberpeiching	Oberb.	Oberrain (2)	Oberb.	Oberrieden (2)	Schwb.
Oberpelkerisham	Niederb.	Oberramelsberg	Niederb.	Oberriedenberg	Unt.Frk.
Oberpelschelsau	Oberb.	Oberrammers-		Oberriedhof	Niederb.
Oberpennating	Ob.Pf.	dorf	Mitt.Frk.	Oberriedl	Niederb.
Oberperlasberg	Niederb.	Oberrammingen	Schwb.	Oberriesbach	Oberb.
Oberperlsmühle	Oberb.	Oberramsee	Oberb.	Oberrimbach	Oberb.
Oberpettenbach	Niederb.	Oberramstadt	Mitt.Frk.	Oberrimbach	Mitt.Frk.
Oberpfaffenhofen	Oberb.	Oberraning	Ob.Pf.	Oberringingen	Schwb.
Oberpfaffing	Oberb.	Oberrankham	Oberb.	Oberrodach	Ob.Frk.
Oberpfaffing	Niederb.	Oberransbach	Mitt.Frk.	Oberröbl	Ob.Pf.
Oberpferdt	Ob.Frk.	Oberrappendorf	Niederb.	Oberröhren	Ob.Pf.
Oberpframmern	Oberb.	Oberrast	Niederb.	Oberröhrenbach	Niederb.
Oberpfraundorf	Ob.Pf.	Oberratting	Oberb.	Oberrößlau	Ob.Frk.
Oberpfrelmt	Ob.Pf.	Oberratzing	Niederb.	Oberrözing	Niederb.
Oberpichl	Niederb.	Oberrechberg	Schwb.	Oberrognstorf	Niederb.
Oberpiebing	Niederb.	Oberredwitz	Ob.Frk.	Oberrohr (2)	Niederb.
Oberplesing	Oberb.	Oberreichenau	Oberb.	Oberrohr	Ob.Frk.
Oberpletzing	Oberb.	Oberreichenbach	Ob.Frk.	Oberrohr	Schwb.
Oberplndhart	Niederb.	Oberreichenbach		Oberrohrbach	Oberb.
Oberpirach	Oberb.	(2)	Mitt.Frk.	Oberrohrbach	Niederb.
Oberpisat	Niederb.	Oberreichenbach,		Oberrohrenstadt	Ob.Pf.
Oberpischlsberg	Niederb.	auch Reichen-		Oberroidham	Oberb.
Oberplaiken	Oberb.	bach	Schwb.	Oberroith	Ob.Pf.
Oberpleichfeld	Unt.Frk.	Obereinbach	Ob.Pf.	Oberronning	Niederb.
Oberpleiskirchen	Oberb.	Oberreisach	Niederb.	Oberrosbach	Niederb.
Oberpöring	Niederb.	Oberreisbäck	Niederb.	Ober Rosenbach	Mitt.Frk.
Oberpösnach	Oberb.	Oberreit (8)	Oberb.	Oberrosenthal	Ob.Pf.
Oberpolling	Niederb.	Oberreit	Niederb.	Oberroßbach	Mitt.Frk.
Oberponzaun	Niederb.	Oberreiten	Oberb.	Oberroth (2)	Oberb.
Oberprechhausen	Niederb.	Oberreith (3)	Niederb.	Oberroth	Schwb.
Oberpretersbach	Niederb.	Oberreitnau	Schwb.	Oberrothen	Schwb.
Oberpretz	Niederb.	Oberreitzing	Niederb.	Oberrothmühle	Mitt.Frk.
Oberpreuschwitz	Ob.Frk.	Oberremmelsberg		Oberrubendorf	Niederb.
Oberprer, auch		Oberrengerswei-		Oberrückersbach	Unt.Frk.
Moßg	Ob.Frk.	ler	Schwb.	Oberrüßelbach	Ob.Frk.
Oberpriel	Oberb.	Oberreppich	Unt.Frk.	Oberrupsroth	Unt.Frk.
Oberprienmühl	Oberb.	Oberrettenhof	Ob.Pf.	Obersaal	Niederb.
Oberprobst	Schwb.	Oberreut	Oberb.	Obersachsen	Mitt.Frk.
Oberprombach	Ob.Pf.	Oberreute	Schwb.	Obersachsenbb	Oberb.
Oberpromenhof	Ob.Pf.	Oberreuth	Niederb.	Obersägen	Schwb.
Oberpurbach	Ob.Frk.	Oberreuth	Ob.Frk.	Obersailauf	Unt.Frk.

Obersalzberg	Oberb.	Oberschneiding	Niederb.	Oberschweibern	Oberb.
Obersandling	Ob.Pf.	Oberschneppen-		Oberschweibern	Niederb.
Obersaß, siehe		bach	Unt.Frk.	Oberschweinach	Mitt.Frk.
Saß	Oberb.	Oberschnitenkofn	Niederb.	Oberschweinbach	Oberb.
Obersatzbach	Niederb.	Oberschnitzen	Oberb.	Oberschwemberg	Niederb.
Obersauerhof	Ob.Frk.	Oberschnitzing	Oberb.	Oberschwemm	Niederb.
Obersaurain	Oberb.	Oberschnorrhof	Unt.Frk.	Oberschwend	Niederb.
Oberschabing	Niederb.	Oberschöftenberg	Oberb.	Oberschwenden	Schwb.
Oberschabenbach	Niederb.	Oberschöllenbach	Mitt.Frk.	Oberschwillach	Oberb.
Oberschalkenbach	Ob.Pf.	Oberschöllhart	Niederb.	Oberschwurbach	Ob.Pf.
Oberschambach	Niederb.	Oberschöllnach	Niederb.	Obersdorf (2)	Ob.Pf.
Oberscheckenbach	Mitt.Frk.	Oberschönau	Oberb.	Obersdorf	Ob.Frk.
Oberscheiben	Schwb.	Oberschönau I.		Obersedlhof	Oberb.
Oberscheinfeld	Mitt.Frk.	und II.	Oberb.	Oberseebach	Oberb.
Oberschellenberg		Oberschönau	Mitt.Frk.	Oberseeon	Oberb.
(3)	Niederb.	Oberschönbach	Oberb.	Oberseiffleben	Oberb.
Oberscherm	Oberb.	Oberschönbach	Niederb.	Oberseilach, auch	
Oberschernauer-		Oberschönbronn	Mitt.Frk.	Obersailach	Oberb.
hof	Rh.Pf.	Oberschönbuch	Oberb.	Oberseilberg, auch	
Oberschernauer-		Oberschönefeld	Schwb.	Obersalberg	Niederb.
mühle	Rh.Pf.	Oberschönegg	Schwb.	Oberselchenbach	Rh Pf.
Oberscheuern	Niederb.	Oberschönenberg	Schwb.	Oberselighof	Rh.Pf.
Oberschieda	Ob.Frk.	Oberschönenwald	Schwb.	Obersendling	Oberb.
Oberschilding	Oberb.	Oberschondorf	Oberb.	Obersfeld	Unt.Frk.
Oberschiltern, s.		Oberschopf	Oberb.	Obersiebenholden	Niederb.
Schiltern	Oberb.	Oberschops	Oberb.	Obersiegsdorf	Oberb.
Oberschlag	Ob.Pf.	Oberschorrmühle	Ob.Frk.	Obersielheim	Schwb.
Oberschlauers-		Oberschreez	Ob.Frk.	Obersiffelhofen	Oberb.
bach	Mitt.Frk.	Oberschroffen	Oberb.	Obersimbach (3)	Niederb.
Oberschlehmühle	Ob.Frk.	Oberschrottenlohe	Oberb.	Obersimten	Rh.Pf.
Oberschleichach	Unt.Frk.	Oberschur	Unt.Frk.	Obersinkenbach	Oberb.
Oberschleißheim	Oberb.	Oberschuß	Oberb.	Obersinn	Unt.Frk.
Oberschleittenbach	Rh.Pf.	Oberschwärzen-		Oberskirchen	Niederb.
Oberschlicht	Schwb.	bach	Niederb.	Obersöchering	Oberb.
Oberschlottham	Oberb.	Oberschwaig	Ob.Pf.	Obersölden	Oberb.
Oberschmelz	Niederb.	Oberschwall-		Obersölling	Niederb.
Oberschmelz	Ob.Frk.	mühle	Schwb.	Obersolden	Niederb.
Oberschmiddorf	Niederb.	Oberschwaningen	Mitt.Frk.	Obersollhof	Niederb.
Oberschmidham	Oberb.	Oberschwappach	Unt.Frk.	Obersommerkahl	Unt.Frk.
Oberschmieden	Schwb.	Oberschwarzach	Ob.Frk.	Obersonnhart	Oberb.
Oberschmiedheim	Ob.Pf.	Oberschwarzach	Unt.Frk.	Oberspechtrain	Niederb.
Oberschmitten	Oberb.	Oberschwarzen-		Oberspielberg	Oberb.
Oberschmitten	Schwb.	berg	Schwb.	Obersplesheim	Unt.Frk.
Oberschnaitberg	Niederb.	Oberschwarzen-		Oberspitalhof	Schwb.
Oberschnatterbach	Oberb.	stein	Ob.Frk.	Oberspitalmühle	Schwb.
Oberschneidbach	Oberb.	Oberschwelba,		Oberstabler	Oberb.
Oberschneidhart	Niederb.	auch Schwalbach	Niederb.	Oberstabler	Niederb.

Oberstarz	Oberb.	Oberstollnkirchen	Oberb.	Oberthiergarten	Ob.Frk.
Oberstatzenberg	Niederb.	Oberstrahlbach	Mitt.Frk.	Oberthierwasen	Rh.Pf.
Oberstaudach	Niederb.	Oberstraß (2)	Oberb.	Oberthilbach	Niederb.
Oberstaubhausen	Oberb.	Oberstraubing	Oberb.	Oberthingau	Schwb.
Oberstaubkirchen	Oberb.	Oberstreu	Unt.Frk.	Oberthölau	Ob.Frk.
Oberstaufen	Schwb.	Oberstrogn	Oberb.	Oberthürheim	Schwb.
Oberstaufenbach	Rh.Pf.	Oberstuben	Niederb.	Oberthulba	Unt.Frk.
Oberstdorf	Schwb.	Oberstützing	Oberb.	Oberthurnhof	Niederb.
Obersteben	Ob.Frk.	Oberstuft	Oberb.	Obertiefendorf	Ob.Frk.
Oberstessling	Oberb.	Obersülzen	Rh.Pf.	Obertinsbach	Niederb.
Oberstegham	Oberb.	Obersüßbach	Niederb.	Obertollbach	Niederb.
Oberstein (2)	Niederb.	Obersulzbach	Oberb.	Obertraubenbach	Ob.Pf.
Oberstein	Schwb.	Obersulzbach	Niederb.	Obertraubing	Oberb.
Obersteinach	Oberb.	Obersulzbach	Rh.Pf.	Obertraubling	Ob.Pf.
Obersteinach	Ob.Frk.	Obersulzbach	Mitt.Frk.	Obertrembach	Niederb.
Obersteinacher- mühle	Ob.Frk.	Obersulzberg	Oberb.	Obertresenfeld	Ob.Pf.
		Obersummering		Obertrogen	Schwb.
Obersteinbach (3)	Oberb.	Obersunzing	Niederb.	Obertrubach	Ob.Frk.
Obersteinbach (2)	Niederb.	Obersur	Oberb.	Obertrübenbach	Ob.Pf.
Obersteinbach (2)	Ob.Pf.	Obersurrheim	Oberb.	Obertsloh	Oberb.
Obersteinbach	Mitt.Frk.	Obertaching	Oberb.	Obertürken	Niederb.
Obersteinbach (2)	Unt.Frk.	Obertanneshof	Unt.Frk.	Obertunding	Niederb.
Obersteinbach, a. Obergemünd	Mitt.Frk.	Obertaschendorf Obertattenbach	Mitt.Frk. Niederb.	Oberullrain Oberulpoint	Niederb. Oberb.
Obersteinbach, an der Halde	Mitt.Frk.	Obertaufkirchen Obertauschendorf	Oberb. Ob.Pf.	Oberulsenbach Oberulsham	Mitt.Frk. Oberb.
Obersteinberg	Niederb.	Oberteich	Ob.Pf.	Oberumbach	Oberb.
Obersteinbühl	Niederb.	Oberteisbach	Niederb.	Oberummelsdorf	Niederb.
Obersteinbühl	Schwb.	Obertennsreuth	Ob.Frk.	Oberumwagen	Niederb.
Obersteinfeld	Ob.Frk.	Obertennig	Ob.Frk.	Oberunsbach	Niederb.
Obersteingrub	Niederb.	Oberteisendorf	Oberb.	Oberunterach	Oberb.
Obersteinhaus	Niederb.	Oberteuerting	Niederb.	Oberunterberg	Oberb.
Obersteinhausen	Niederb.	Oberteusch	Schwb.	Oberuttlau	Niederb.
Obersteinhöring	Oberb.	Oberthal (3)	Oberb.	Obervachenau	Oberb.
Obersteinkirchen	Oberb.	Oberthal	Niederb.	Oberveilhof	Mitt.Frk.
Obersteinmühle	Ob.Frk.	Oberthal	Schwb.	Obervlecht	Niederb.
Oberstellberg	Unt.Frk.	Oberthalham	Oberb.	Obervlechtach	Ob.Pf.
Obersteppach	Oberb.	Oberthalham	Niederb.	Obervlechtafeld	Niederb.
Obersteppach	Niederb.	Oberthalhelm (2)	Oberb.	Oberviehbach	Niederb.
Oberstetten (2)	Oberb.	Oberthalhofen (2)	Schwb.	Oberviehhausen (3)	Niederb.
Oberstimm	Schwb.	Oberthalling	Oberb.	Obervierau	Niederb.
Oberstizing	Oberb.	Oberthanbach	Oberb.	Obervillern	Oberb.
Oberstirner	Schwb.	Oberthann (3)	Oberb.	Obervilslern	Niederb.
Oberstockach	Niederb.	Oberthannen	Schwb.	Obervogiarn	Niederb.
Oberstockörled	Ob.Pf.	Oberthannlohe	Niederb.	Obervolkach	Unt.Frk.
Oberstöckelsberg	Ob.Pf.	Oberthees	Unt.Frk.	Obervolking	Oberb.
Oberstöger	Oberb.				

Obervorholzen	Niederb.	Oberweiler	Ob.Frk.	Oberwindering	Oberb.
Oberwachsenberg	Niederb.	Oberweiler	Mitt.Frk.	Oberwindsberg	Mitt.Frk.
Oberwackerstall	Niederb.	Oberweiler	Schwb.	Oberwindschnur	Niederb.
Oberwahl	Oberb.	Oberweilersbach	Ob.Frk.	Oberwinkl (3)	Oberb.
Oberwahlberg	Oberb.	Oberweilling	Ob.Pf.	Oberwinkling	Niederb.
Oberwahrberg	Ob.Pf.	Oberweinbach	Oberb.	Oberwinnstetten	Mitt.Frk.
Oberwalz	Ob.Frk.	Oberweinberg	Niederb.	Oberwinterbach	Ob.Frk.
Oberwalchen	Oberb.	Oberweissenbach	Ob.Pf.	Oberwintersbach	Unt.Frk.
Oberwald, auch		Oberweissenbach		Oberwinzer	Ob.Pf.
Westerwald	Oberb.	(2)	Ob.Frk.	Oberwittbach	Unt.Frk.
Oberwaldbach	Schwb.	Oberweissen-		Oberwittelsbach	Oberb.
Oberwaldbehrun-		brunn	Unt.Frk.	Oberwitterslit	Niederb.
gen	Unt.Frk.	Oberweissenkir-		Oberwöhr	Oberb.
Oberwaldegg	Schwb.	chen	Oberb.	Oberwöhrn	Oberb.
Oberwalding	Oberb.	Oberwendling	Oberb.	Oberwörnitz	Mitt.Frk.
Oberwaldmühle	Schwb.	Oberwendling	Niederb.	Oberwörth	Oberb.
Oberwall	Ob.Pf.	Oberwengen	Oberb.	Oberwohlbach	Oberb.
Oberwallenstadt	Ob.Frk.	Oberwengen (2)	Schwb.	Oberwolfsknock	Ob.Frk.
Oberwaltenkofen	Niederb.	Oberwern	Unt.Frk.	Oberwolkersdorf	Niederb.
Oberwalting	Niederb.	Oberwertach	Schwb.	Oberwoltersgrün	Ob.Frk.
Oberwalzlings	Schwb.	Oberwessen	Oberb.	Oberwürzbach	Rh.Pf.
Oberwambach	Oberb.	Oberwesterbach	Niederb.	Oberwurmbach	Mitt.Frk.
Oberwang	Schwb.	Oberwesterheim	Schwb.	Oberwurmsgefäll	Ob.Pf.
Oberwangenbach	Niederb.	Oberwestern	Unt.Frk.	Oberzarnham	Oberb.
Oberwannis	Schwb.	Oberwolbersbach	Niederb.	Oberzaubach	Ob.Frk.
Oberwappenöst	Ob.Pf.	Oberwidmais	Niederb.	Oberzauner	Niederb.
Oberwarlins	Schwb.	Oberwiedenhofen	Oberb.	Oberzaunsbach	Ob.Frk.
Oberwarmen-		Oberwies	Oberb.	Oberzell	Oberb.
steinach	Ob.Frk.	Oberwiesbach	Oberb.	Oberzeilling	Niederb.
Oberwarnbach	Ob.Pf.	Oberwiesen	Oberb.	Oberzeitelbach	Oberb.
Oberwarngau	Oberb.	Oberwiesen	Rh.Pf.	Oberzeitelwaldt	Ob.Frk.
Oberwatenbach	Niederb.	Oberwiesenacker	Ob.Pf.	Oberzeitlarn	Oberb.
Oberwehl	Unt.Frk.	Oberwiesenbach	Schwb.	Oberzeitlarn	Niederb.
Oberwehr	Oberb.	Oberwiessing	Niederb.	Oberzell (3)	Oberb.
Oberweickenhof	Ob.Pf.	Oberwildenau	Ob.Pf.	Oberzell	Ob.Pf.
Oberweidach (2)	Oberb.	Oberwildenried,		Oberzell	Mitt.Frk.
Oberweigendorf	Niederb.	auch Oberwil-		Oberzell	Unt.Frk.
Oberweiherhaus	Ob.Pf.	benricht	Oberb.	Oberzell	Schwb.
Oberweihern	Ob.Pf.	Oberwillenbach	Niederb.	Oberzettling	Niederb.
Oberweikerts-		Oberwillizleithen	Mitt.Frk.	Oberzettlitz (2)	Ob.Frk.
hofen	Oberb.	Oberwimmelbach	Ob.Frk.	Oberziesmering	Oberb.
Oberweilbach	Oberb.	Oberwimmer (2)	Niederb.	Oberzinkenflur	Ob.Frk.
Oberweilenbach	Oberb.	Oberwimpäsing	Mitt.Frk.	Oberzollbrück	Schwb.
Oberwellenbach	Niederb.	Oberwimpersing	Niederb.	Oberzollhaus	Schwb.
Oberweiler	Rh.Pf.	Oberwinbach	Oberb.	Oberzolling	Oberb.
Oberweiler, im		Oberwinden	Oberb.	Oberzuckenried	Niederb.
Thal	Rh.Pf.	Oberwinden	Niederb.	Oberzwieselau	Niederb.

Obing — Oedwaldersreuth. 187

Obing	Oberb.	Oberb	Oberberg	Oberb.	Oedenreith	Oberb.
Obrigheim	Rh.Pf.	Oberding	Oberb.	Oedenreuth	Mitt.Frk.
Obristfeld	Ob.Frk.	Oberer	Niederb.	Oedenried	Ob.Pf.
Obsang	Ob.Frk.	Obernheim	Rh.Pf.	Oedenstockach	Oberb.
Obslaufen	Oberb.	Obering	Oberb.	Oedenthal	Oberb.
Obstätt	Oberb.	Obi	Oberb.	Oedenthal	Ob.Pf.
Ochenbruck	Mitt.Frk.	Obmühle	Oberb.	Oedenwies	Niederb.
Ochsenbartl	Oberb.	Oebele	Schwb.	Oedenwöhrmühle	Ob.Pf.
Ochsenberg	Niederb.	Oeblhof	Niederb.	Oeder	Oberb.
Ochsenberg	Ob.Pf.	Oechenbach	Unt.Frk.	Oeder, am Holz	Oberb.
Ochsenbrunn	Ob.Frk.	Oechselhof	Niederb.	Oederried	Oberb.
Ochsenbrunn, a.		Oechslarn	Niederb.	Oedersberg	Oberb.
Orenbrunn	Schwb.	Oechslermühle	Ob.Frk.	Oedfriedhof	Ob.Pf.
Ochsenfeld	Mitt.Frk.	Oeckelsberg	Oberb.	Oedgarten	Oberb.
Ochsenfurt, siehe		Oed (63)	Oberb.	Oedgarten	Ob.Pf.
Ochsfurt	Oberb.	Oed, am Berg	Oberb.	Oedgartenhof	Ob.Pf.
Ochsenfurt	Unt.Frk.	Oed, beim Baum-		Oedgassen	Oberb.
Ochsengarten	Ob.Frk.	garten	Oberb.	Oedgobiricht	Ob.Pf.
Ochsengrunder		Oed, im Moos	Oberb.	Oedgötzendorf	Ob.Pf.
Ziegelhütte	Rh.Pf.	Oed, im Pech-		Oedhaag	Ob.Pf.
Ochsenhans	Schwb.	scheid	Oberb.	Oedhäuser	Niederb.
Ochsenhart	Mitt.Frk.	Oed (32)	Niederb.	Oedhäusl (2)	Oberb.
Ochsenholz	Ob.Frk.	Oed (9)	Ob.Pf.	Oedhof (2)	Oberb.
Ochsenkopf	Niederb.	Oed, am Leim-		Oedhof (6)	Niederb.
Ochsenmühle	Oberb.	berg	Ob.Pf.	Oedhof (7)	Ob.Pf.
Ochsenmühle	Unt.Frk.	Oed, in der	Ob.Pf.	Oedhof (2)	Mitt.Frk.
Ochsenreut	Niederb.	Oedallerzhofen	Ob.Pf.	Oedhub	Oberb.
Ochsenschenkel	Ob.Frk.	Oedammershüll	Ob.Pf.	Oedführieth	Ob.Pf.
Ochsensitz	Oberb.	Oedbauer (2)	Niederb.	Oedland	Oberb.
Ochsenthal	Unt.Frk.	Oedberg	Oberb.	Oedland	Niederb.
Ochsenwald	Ob.Pf.	Oedbraunetsrieth	Ob.Pf.	Oedlehen	Niederb.
Ochsenweid	Niederb.	Oede, auf der	Ob.Pf.	Oedlend	Ob.Pf.
Ochsenweid	Ob.Pf.	Oedelbach	Unt.Frk.	Oedmalersried	Ob.Pf.
Ochsenwöhr	Oberb.	Oeden	Oberb.	Oedmann	Niederb.
Ochsenweiher	Niederb.	Oeden	Niederb.	Oedmiesmühle	Ob.Pf.
Ochsfurt, auch		Oedenberg (2)	Oberb.	Oedmühle (3)	Oberb.
Ochsenfurt	Oberb.	Oedenberg	Mitt.Frk.	Oedmühle (3)	Niederb.
Ockergrube	Unt.Frk.	Oedenbügl	Ob.Pf.	Oedmühle	Ob.Pf.
Ockermühle, auch		Oedeneibach	Niederb.	Oedmühle (2)	Schwb.
Ackermühle	Schwb.	Oedengoben	Niederb.	Oedpilmannsberg	Ob.Pf.
Obach	Schwb.	Oedenhald	Ob.Pf.	Oedpullach	Oberb.
Odelsham	Oberb.	Oedenhausen	Oberb.	Oedputzberg	Ob.Pf.
Odelzhausen	Oberb.	Oedenhof (3)	Oberb.	Oedreichersried	Ob.Pf.
Odenbach	Rh.Pf.	Oedenhof (2)	Ob.Pf.	Oedschönlind	Ob.Pf.
Odenhof	Oberb.	Oedenhof	Mitt.Frk.	Oedsloh	Oberb.
Odensthal	Rh.Pf.	Oedenholz	Ob.Pf.	Oetthal	Ob.Pf.
Oder	Ob.Pf.	Oedenhub (2)	Oberb.	Oedwaldersreuth	Ob.Pf.

Oebwaldhausen	Ob.Pf.	Oeschelbach	Niederb.	Offenstätt	Oberb.
Oebwang	Schwb.	Oeschenau	Schwb.	Offenstätten	Niederb.
Oebwiesen	Niederb.	Oeschle (2)	Schwb.	Offersdorf	Niederb.
Oefeleinsmühle	Mitt.Frk.	Oesdorf	Ob.Frk.	Offenwang	Oberb.
Oefenstadt	Oberb.	Oesel	Ob.Frk.	Offingen	Schwb.
Oegg	Oberb.	Oesfeld	Unt.Frk.	Offling	Oberb.
Oeging	Oberb.	Oesing	Oberb.	Offner	Oberb.
Oeheim	Schwb.	Oestall	Oberb.	Offweilerhof	Rh.Pf.
Oeheimermühle	Schwb.	Oester, s. Ester	Oberb.	Ofner (2)	Niederb.
Oehmbäck	Oberb.	Oesterberg	Mitt.Frk.	Ofterschwang	Schwb.
Oehrbachsmühle	Unt.Frk.	Oesterl	Oberb.	Ofilsing	Oberb.
Oehrberg	Unt.Frk.	Oestern (3)	Oberb.	Oggenhof	Schwb.
Oelaß	Niederb.	Oesterreich	Niederb.	Oggenried	Schwb.
Oelberg	Oberb.	Oestheim	Mitt.Frk.	Oggersheim	Rh.Pf.
Oelbrechts	Schwb.	Oett	Niederb.	Ogleinsmais	Niederb.
Oelbrunn	Oberb.	Oettersbach	Unt.Frk.	Oh	Niederb.
Oelbrunn	Niederb.	Oettershausen	Unt.Frk.	Ohhausen	Ob.Pf.
Oelbrunn	Ob.Pf.	Oetting	Oberb.	Ohhof	Niederb.
Oelchering	Oberb.	Oettingen	Schwb.	Ohlangen	Ob.Pf.
Oelhart	Niederb.	Oetz (8)	Oberb.	Ohlstadt	Oberb.
Oelharten	Niederb.	Oetz, die	Oberb.	Ohm	Oberb.
Oelhof	Ob.Pf.	Oetz	Niederb.	Ohmbach	Rh.Pf.
Oelküchenmühle	Ob.Pf.	Oetzbauer (2)	Oberb.	Ohmmühle	Niederb.
Oellerberg	Oberb.	Oetzen Sct.	Ob.Pf.	Ohneberg (2)	Schwb.
Oelling	Niederb.	Oetzenbach	Niederb.	Ohnholz	Schwb.
Oellingen	Unt.Frk.	Oetzhäusl (2)	Oberb.	Ohnmühle	Niederb.
Oelmühl	Rh.Pf.	Oetzmann	Oberb.	Ohnsang	Schwb.
Oelmühle (2)	Oberb.	Oetzschneid	Niederb.	Ohnwangs	Schwb.
Oelmühle (9)	Rh.Pf.	Oering	Oberb.	Ohobruck	Niederb.
Oelmühle (2)	Mitt.Frk.	Oeselesmühle	Mitt.Frk.	Ohomühle (2)	Niederb.
Oelmühle (13)	Unt.Frk.	Ofen	Oberb.	Ohrenbach	Ob.Pf.
Oelmühle (23)	Schwb.	Ofen (3)	Niederb.	Ohrenbach	Mitt.Frk.
Oelmüller	Schwb.	Ofen	Ob.Pf.	Ohrenbronn	Mitt.Frk.
Oelpersberg	Oberb.	Ofen	Schwb.	Ohrnbach	Unt.Frk.
Oelprechting	Oberb.	Ofened	Niederb.	Ohu	Niederb.
Oelsbach	Ob.Pf.	Ofener	Niederb.	Oib, in der	Schwb.
Oelschläger	Oberb.	Ofenschwarz	Niederb.	Oiglug	Oberb.
Oelschläger	Schwb.	Ofenweber	Schwb.	Oisching (2)	Niederb.
Oelschlag (2)	Ob.Pf.	Ofenwinkl	Oberb.	Oittnershaide	Ob.Pf.
Oelschnitz (2)	Ob.Frk.	Offenbach	Rh.Pf.	Oitzing	Niederb.
Oelstauden	Schwb.	Offenbau	Mitt.Frk.	Oizet	Niederb.
Oening	Mitt.Frk.	Offenberg	Niederb.	Oizing	Niederb.
Oerlenbach, auch Eulenbach	Unt.Frk.	Offendorf	Ob.Pf.	Olching	Oberb.
		Offenham (2)	Oberb.	Oleumhütte	Niederb.
Oertelsgut	Ob.Frk.	Offenhausen	Mitt.Frk.	Olgishofen	Schwb.
Oesbühl	Ob.Pf.	Offenhausen	Schwb.	Ollachmühle	Schwb.
Oesch (5)	Schwb.	Offensberg	Niederb.	Ollarzried	Schwb.

Ollerbing — Ostin.

Ollerbing	Oberb.	Orthofen (3)	Oberb.	Osterhaun	Niederb.
Ollersberg	Niederb.	Ortholbing	Niederb.	Osterhofen (3)	Oberb.
Ollertshof	Ob.Pf.	Orthub	Niederb.	Osterhofen	Niederb.
Olsbrücken	Rh.Pf.	Ortlseb	Niederb.	Osterhofen	Schwb.
Omersbach	Unt.Frk.	Ortmann	Oberb.	Osterholzen	Oberb.
Ommersheim	Rh.Pf.	Ortmaring	Oberb.	Osterholzen (2)	Niederb.
Onalsberg	Niederb.	Ortnergut	Oberb.	Osterimbach	Oberb.
Onersdorf	Niederb.	Ortprechting	Niederb.	Osterkam (2)	Oberb.
Onichreit	Niederb.	Ortsberg, auch		Osterkühbach	Schwb.
Opelsgut	Ob.Frk.	Arzberg	Ob.Frk.	Osterlauchdorf	Schwb.
Opersberg	Schwb.	Ortspitz	Ob.Frk.	Osterlehen	Oberb.
Opfenbach	Schwb.	Ortwang	Schwb.	Osterloh (2)	Oberb.
Opfenried	Mitt.Frk.	Oschenberg	Ob.Frk.	Ostermühle	Oberb.
Opferbaum	Unt.Frk.	Oschwitz	Ob.Frk.	Ostermühle	Niederb.
Opferstetten	Schwb.	Oselberg	Niederb.	Ostermühle	Ob.Pf.
Oppau	Rh.Pf.	Osen (2)	Oberb.	Ostermühle	Unt.Frk.
Oppenried (2)	Oberb.	Osenaham	Oberb.	Ostermünchen	Oberb.
Oppenroth	Ob.Frk.	Osenbaum	Ob.Frk.	Ostern	Oberb.
Oppensteiner-		Osendorf (2)	Oberb.	Osternach	Oberb.
mühle	Rh.Pf.	Osenhub	Oberb.	Osternberg	Niederb.
Opperding	Oberb.	Osenstätten	Oberb.	Osterndorf	Niederb.
Opperkofen	Niederb.	Osing	Oberb.	Osternohe	Mitt.Frk.
Oppersdorf	Niederb.	Oslang	Schwb.	Osterrainen	Schwb.
Oppersdorf	Ob.Pf.	Osseck	Ob.Frk.	Osterreith	Oberb.
Oppertshofen	Schwb.	Osseck am Wald	Ob.Frk.	Osterreuthe	Schwb.
Opping	Niederb.	Osseltshausen	Niederb.	Osterried (2)	Schwb.
Oppolding	Oberb.	Ossenecl	Niederb.	Ostersee	Oberb.
Opprechts	Schwb.	Offenwinkel	Oberb.	Osterseeon, auch	
Orating	Niederb.	Offenwinkel	Niederb.	Ostersoyen	Oberb.
Orb	Unt.Frk.	Ossenzhausen	Ob.Frk.	Ostertann	Niederb.
Orbis	Rh.Pf.	Osterich	Ob.Frk.	Osterthal	Niederb.
Orlfing	Oberb.	Osten (3)	Oberb.	Osterwald	Oberb.
Ormesheim	Rh.Pf.	Osten (3)	Niederb.	Osterwald (2)	Schwb.
Ormsheimerhöfe	Rh.Pf.	Osten	Ob.Pf.	Osterwall	Niederb.
Ornau	Oberb.	Ostendorf	Schwb.	Osterwarngau	Oberb.
Ornau, ober	Oberb.	Osten Vorstadt	Mitt.Frk.	Osterweiler	Schwb.
Ornazöbt	Niederb.	Osterberg (3)	Oberb.	Osterwies	Oberb.
Ornbau	Mitt.Frk.	Osterberg (6)	Schwb.	Osterwind	Niederb.
Ort (5)	Oberb.	Osterbrücken	Rh.Pf.	Osterzell	Schwb.
Ort (4)	Niederb.	Osterbuch	Schwb.	Osterzhausen	Oberb.
Ort	Ob.Frk.	Osterbuchberg	Schwb.	Ostettringen	Schwb.
Ortacker	Oberb.	Osterdorf	Schwb.	Ostgattern	Oberb.
Ortelfing	Schwb.	Osterdorf	Mitt.Frk.	Osthausen	Unt.Frk.
Ortelfingen	Schwb.	Osterfing	Oberb.	Ostheim	Mitt.Frk.
Ortelsbrunn	Ob.Pf.	Ostergaden	Niederb.	Ostheim (2)	Unt.Frk.
Ortenburg	Niederb.	Osterham (4)	Oberb.	Osthof	Rh.Pf.
Ortfischer	Oberb.	Osterham	Niederb.	Ostin	Oberb.

Oswald Sct.	Niederb.	Ottenlohe	Ob.Frk.	Ottisried	Schwb.
Oswaldberg	Oberb.	Ottenmühle	Unt.Frk.	Ottmannsberg	Mitt.Frk.
Ott	Oberb.	Ottenöd	Oberb.	Ottmannsfeld	Ob.Pf.
Ott	Niederb.	Ottenöd (2)	Niederb.	Ottmannsfelden	Mitt.Frk.
Ottach	Niederb.	Ottenrieth	Ob.Pf.	Ottmannsreuth	Ob.Frk.
Ottackers (2)	Schwb.	Ottensoos	Mitt.Frk.	Ottmannszell	Niederb.
Ottel	Oberb.	Ottenthal	Oberb.	Ottmar Sct.	Oberb.
Ottelmannshäu- serhof, a. Würz- burgerhof	Unt.Frk.	Ottenzell Otterbach Otterbach	Niederb. Rh.Pf. Unt.Frk.	Ottmaring Ottmaring Ottmaring	Oberb. Niederb. Mitt.Frk.
Ottelmannshau- sen, auch Dörf- lein	Unt.Frk.	Otterberg Otterfing Ottering	Rh.Pf. Oberb. Oberb.	Ottmarshart Ottmarshausen Ottmarshausen	Oberb. Oberb.
Ottelsburg	Oberb.	Ottering	Niederb.	(2)	Schwb.
Otten	Schwb.	Otterkring	Oberb.	Ottmoning	Oberb.
Ottenberg (4)	Niederb.	Otterlohe	Oberb.	Ottneuses	Unt.Frk.
Ottenberg	Ob.Frk.	Ottermühle	Oberb.	Otto Bad	Ob.Pf.
Ottenburg	Oberb.	Ottersberg	Oberb.	Ottobeuern	Schwb.
Ottenbichl	Oberb.	Ottersdorf	Ob.Pf.	Ottobrunn	Niederb.
Ottending	Niederb.	Ottersdorf	Mitt.Frk.	Ottomühle	Oberb.
Ottendorf	Ob.Frk.	Ottershausen	Oberb.	Ottorfszell	Unt.Frk.
Ottendorf	Unt.Frk.	Ottersheim (2)	Rh.Pf.	Ottoried	Oberb.
Ottened	Niederb.	Otterskirchen	Niederb.	Ottosau	Ob.Pf.
Ottengrün	Ob.Pf.	Ottersrieb	Oberb.	Ottostall	Schwb.
Ottengrün	Ob.Frk.	Otterstadt	Rh.Pf.	Ozen	Oberb.
Ottenhausen	Unt.Frk.	Otterwald	Schwb.	Ozenberg	Ob.Pf.
Ottenhof	Ob.Frk.	Ottillenberg	Schwb.	Ozing	Niederb.
Ottenhofen	Oberb.	Otting	Oberb.	Orenbrunn	Schwb.
Ottenhofen	Mitt.Frk.	Otting	Niederb.	Oy	Schwb.
Ottenkofen	Niederb.	Otting	Schwb.	Oymühle	Schwb.
Ottenloh (2)	Oberb.	Ottischhof	Ob.Pf.		

P.

Paar (2)	Oberb.	Pachling	Ob.Pf.	Pahres	Mitt.Frk.
Paar	Schwb.	Pachmann	Oberb.	Paindlkofen	Niederb.
Paarleiten	Oberb.	Patersberg	Niederb.	Paindorf	Oberb.
Paarleiten	Ob.Pf.	Patersberger- mühle	Niederb.	Painhofen Paint	Oberb. Niederb.
Pabing	Oberb.	Pading	Oberb.	Paint zu Sct. Georg	Niederb.
Pabst	Oberb.	Pading	Niederb.		
Pabstenschneid- mühle	Ob.Frk.	Pading	Niederb.	Painten	Oberb.
Pacha	Oberb.	Pähl	Oberb.	Painten	Niederb.
Pachling	Niederb.	Pagenhardt	Mitt.Frk.	Painten	Ob.Pf.

Paintmannsgrub	Niederb.	Papiermühle (7)	Ob.Pf.	Paßbrunn	Niederb.
Paintmühle	Ob.Pf.	Papiermühle (10)	Ob.Frk.	Passelsberg	Niederb.
Paintstreich	Niederb.	Papiermühle (7)	Mitt.Frk.	Passenrieth	Ob.Pf.
Palkering	Ob.Pf.	Papiermühle,		Passerting	Niederb.
Palkham	Oberb.	obere	Mitt.Frk.	Paßhausen	Niederb.
Palksöd, Paröd	Oberb.	Papiermühle (13)	Unt.Frk.	Paßlsberg, auch	
Pallauf	Oberb.	Papiermühle (9)	Schwb.	Paselsberg	Niederb.
Pallaufgütl	Oberb.	Papiermühlen	Rh.Pf.	Paßmühle	Unt.Frk.
Pallersdorf	Niederb.	Papierschwaig	Niederb.	Pastetten	Oberb.
Pallerstall	Oberb.	Papiersmühle	Ob.Pf.	Patering	Niederb.
Pallertshausen	Oberb.	Papierstampf	Mitt.Frk.	Patersbach	Rh.Pf.
Pallhausen	Oberb.	Pappenberg	Ob.Pf.	Patersberg	Ob.Frk.
Palling	Oberb.	Pappenheim	Mitt.Frk.	Patersdorf	Oberb.
Pallkam, siehe		Paradies	Niederb.	Paterstorf	Niederb.
Balbkam	Oberb.	Paradies (2)	Schwb.	Patersholz	Ob.Pf.
Pallsberg	Oberb.	Parbießen	Oberb.	Paterzell, auch	
Palmberg	Oberb.	Pareszell	Niederb.	Peterszell	Oberb.
Palmberg (2)	Niederb.	Parhof	Niederb.	Pathall	Ob.Pf.
Palsweis	Oberb.	Paring (2)	Niederb.	Pathendorf	Niederb.
Palzing, Balzing	Oberb.	Parkhaus	Mitt.Frk.	Patriching	Niederb.
Pamering	Oberb.	Parkstein	Ob.Pf.	Pattenau	Oberb.
Pamling	Niederb.	Parmbichel	Oberb.	Pattenberg	Oberb.
Pamming	Niederb.	Parnham	Niederb.	Pattendorf	Niederb.
Pamsendorf	Ob.Pf.	Parnkofen	Niederb.	Pattenham (2)	Oberb.
Pamvogel, siehe		Parnsberg	Oberb.	Pattenham	Niederb.
Peinvogel	Oberb.	Parsberg	Oberb.	Pattenhofen	Mitt.Frk.
Panblsreit		Parsberg	Ob.Pf.	Patterlhütte	Ob.Pf.
Pang		Parschall	Oberb.	Pattershofen	Ob.Pf.
Pangerlhof	Ob.Pf.	Parschalling	Niederb.	Patting (2)	Oberb.
Pangratz	Oberb.	Parschenberg	Oberb.	Patzing	Niederb.
Panhof	Niederb.	Parschenstett	Oberb.	Patzmühle	Oberb.
Panholling	Niederb.	Parsdorf		Paulberg	Niederb.
Panholz	Oberb.	Parst	Niederb.	Pauleck	Oberb.
Panbolz	Niederb.	Parstabl	Ob.Pf.	Paulengrund-	
Pank, auch Benk	Oberb.	Parsting	Niederb.	mühle	Rh.Pf.
Pankofen	Niederb.	Partenfeld	Ob.Frk.	Pauserl	Oberb.
Pannholz	Niederb.	Partenhausen	Oberb.	Paulimühle	Oberb.
Panzen	Ob.Pf.	Partenkirchen	Oberb.	Paulöd (3)	Oberb.
Panzenhofen	Niederb.	Partenstein	Unt.Frk.	Paulreith	Niederb.
Panzermühle	Niederb.	Partern	Oberb.	Paulsberg	Niederb.
Panzermühle	Mitt.Frk.	Parzham	Oberb.	Paulsdorf	Ob.Pf.
Panzing	Niederb.	Parzing	Oberb.	Paulsmühle	Niederb.
Papferding	Oberb.	Paselsdorf	Ob.Pf.	Paulusberg (2)	Niederb.
Papierer	Schwb.	Pasen	Oberb.	Paulushofen	Mitt.Frk.
Papiermühle (3)	Oberb.	Pasenbach	Oberb.	Paulusmühle (2)	Ob.Pf.
Papiermühle	Niederb.	Pasing	Oberb.	Paulusmühle	Unt.Frk.
Papiermühle (8)	Rh.Pf.	Passau	Niederb.	Pauluszell	Niederb.

Paunzenhofen	Oberb.	Peinkofen	Niederb.	Penfenleithen	Ob.Frk.
Paunzhausen	Oberb.	Peinlehen	Oberb.	Penfenreuth	Ob.Pf.
Pauschendorf	Ob.Pf.	Peinvogel, auch		Pentenried	Oberb.
Pausdorf	Ob.Frk.	Pamvogel	Oberb.	Penting (2)	Ob.Pf.
Pausmühle	Oberb.	Peischelsau	Oberb.	Pentlhof	Ob.Pf.
Paussing	Niederb.	Peiseln	Niederb.	Pentling	Ob.Pf.
Pautzfeld	Ob.Frk.	Peisenhofen	Niederb.	Penzberg	Oberb.
Pauröd	Niederb.	Peiß	Oberb.	Penzendorf	Mitt.Frk.
Pavelsbach	Ob.Pf.	Peissing (2)	Oberb.	Penzenhof	Ob.Pf.
Pavenzing	Niederb.	Peissing (2)	Niederb.	Penzenhofen	Mitt.Frk.
Pavolding	Oberb.	Peisting	Niederb.	Penzenreuth	Ob.Pf.
Pechaign	Niederb.	Peiting	Oberb.	Penzenried	Niederb.
Pechanton	Niederb.	Peittenhausen	Oberb.	Penzenstadl	Niederb.
Pechbrunn	Ob.Pf.	Peitzenbruck	Oberb.	Penzhaus	Niederb.
Peched	Niederb.	Peitzing (2)	Oberb.	Penzing (3)	Oberb.
Pechgraben	Ob.Frk.	Peitzkofen	Niederb.	Penzing	Niederb.
Pechhäuseln	Niederb.	Pelchenhofen	Ob.Pf.	Penzkofen	Niederb.
Pechhof (2)	Ob.Pf.	Pelham	Oberb.	Penzling	Niederb.
Pechhütte	Rh.Pf.	Pelka	Oberb.	Penzrain	Niederb.
Pechhütten	Mitt.Frk.	Pelkering	Niederb.	Peppenhöchsteit	Mitt.Frk.
Pechler (2)	Oberb.	Pelkermühle	Niederb.	Peppenkum	Rh.Pf.
Pechler (4)	Niederb.	Pelletsmühle	Oberb.	Peppenkummer-	
Pechlerhäusl	Oberb.	Pellham	Niederb.	mühle	Rh.Pf.
Pechlerhäusl	Ob.Pf.	Pellhausen	Oberb.	Perach (3)	Oberb.
Pechmann	Oberb.	Pellheim	Oberb.	Perading	Oberb.
Pechmannhäusl	Oberb.	Pelndorf	Ob.Pf.	Perastorf	Niederb.
Pechmühle (2)	Ob.Pf.	Pelzgarten	Niederb.	Perastorf	Niederb.
Pechöd	Niederb.	Pelzmann	Niederb.	Perating	Oberb.
Pechofen	Oberb.	Pelzmühle (2)	Rh.Pf.	Perating	Niederb.
Pechofen	Ob.Pf.	Pemberg (2)	Oberb.	Perau	Oberb.
Pechreuth (2)	Ob.Frk.	Pemering	Oberb.	Perbach	Niederb.
Pechtnersreuth	Ob.Pf.	Pempfling	Ob.Pf.	Perbing	Niederb.
Pechweber	Oberb.	Pemselkeller	Oberb.	Percha (2)	Oberb.
Pecking	Oberb.	Pemzhof	Oberb.	Perchtling	Oberb.
Peesten	Ob.Frk.	Pendelhagen	Oberb.	Peretshofen (2)	Oberb.
Pegertsham, siehe		Pendlöd	Niederb.	Perfall, Berfall	Oberb.
Weigertsham	Niederb.	Penetsöd	Oberb.	Pergstorf	Niederb.
Pegnitz	Ob.Frk.	Pengkofen	Niederb.	Perka	Niederb.
Peharding	Oberb.	Pening (2)	Oberb.	Perkam	Oberb.
Pehtl	Oberb.	Penk	Oberb.	Perkam	Niederb.
Peigelmühle	Oberb.	Penk (2)	Niederb.	Perlach (2)	Oberb.
Peigelswinden	Oberb.	Penk	Ob.Pf.	Perlaigen	Niederb.
Peigen	Niederb.	Penkhof	Ob.Pf.	Perlasberg	Niederb.
Peigerting	Niederb.	Penleinsmühle	Mitt.Frk.	Perlenhaus	Ob.Frk.
Peilenstein	Ob.Pf.	Pennating	Ob.Pf.	Perlesöd	Niederb.
Peilstein	Ob.Pf.	Pennberg	Oberb.	Perlesreith	Niederb.
Peinberg	Oberb.	Penning	Oberb.	Perlesried	Niederb.

Perlezhofen	Ob.Pf.	Peterhof	Oberb.	Pettendorfer-	
Perlhäusl	Oberb.	Peterlehen	Oberb.	mühle	Ob.Frk.
Perling (2)	Niederb.	Peterloh, auch		Pettenham	Oberb.
Perlkam	Niederb.	Peterloh in der		Pettenhof	Niederb.
Perlsham	Oberb.	Schwelbach	Niederb.	Pettenhof (2)	Ob.Pf.
Permering (2)	Oberb.	Petermühle	Oberb.	Pettenhofen	Oberb.
Permetting, auch		Petermühle (2)	Niederb.	Pettenhofen	Ob.Pf.
Pernerding	Niederb.	Petermühle	Ob.Pf.	Pettenkofen	Niederb.
Permühle	Oberb.	Petermühle	Mitt.Frk.	Pettenreuth	Ob.Pf.
Pernetsed	Niederb.	Petern	Oberb.	Pettenstedel	Ob.Frk.
Pernhof	Oberb.	Peterreit	Niederb.	Pettermühle	Niederb.
Perschen	Ob.Pf.	Petersau	Rh.Pf.	Pettersheim	Rh.Pf.
Pernsdorf	Oberb.	Petersaurach	Mitt.Frk.	Petterskirchen	Niederb.
Persdorf	Oberb.	Petersbächel	Rh.Pf.	Petting (3)	Oberb.
Persels (2)	Oberb.	Petersberg (2)	Oberb.	Petzling	Oberb.
Pertabing	Niederb.	Petersberg	Rh.Pf.	Petzstadt	Ob.Frk.
Pertelsham	Oberb.	Petersberg	Ob.Pf.	Petzstadt	Unt.Frk.
Pertenau	Oberb.	Petersberg, auch		Petzberg	Oberb.
Perteneb	Niederb.	Waldkirchen	Mitt.Frk.	Petzelmühle	Ob.Frk.
Pertenham	Oberb.	Petersbrunn	Oberb.	Petzenbach	Niederb.
Pertenhof	Ob.Pf.	Petersbuch	Mitt.Frk.	Petzenberg (2)	Niederb.
Pertenstein	Oberb.	Peterschulzenhaus	Rh.Pf.	Petzenbrunn	Niederb.
Pertholting	Niederb.	Petersdorf	Oberb.	Petzenbühl	Oberb.
Pertl am Wald	Oberb.	Petersdorf	Niederb.	Petzendorf	Niederb.
Pertolzhofen	Ob.Pf.	Petersdorf	Mitt.Frk.	Petzenham	Oberb.
Perzau	Oberb.	Petersglaim	Niederb.	Petzenhausen	Oberb.
Perzl	Oberb.	Petersgmünd	Mitt.Frk.	Petzenhausen	Niederb.
Perzlohn	Niederb.	Petershausen	Oberb.	Petzenhofen	Oberb.
Peselmühle	Oberb.	Petershof	Schwb.	Petzenthal	Oberb.
Pesenhausen	Oberb.	Peterskirchen (2)	Oberb.	Petzerreith	Niederb.
Pesenricht	Ob.Pf.	Peterskirchen (2)	Niederb.	Petzersberg	Niederb.
Pessenbach	Oberb.	Petersmühle	Ob.Frk.	Petzet	Ob.Frk.
Pessenburkheim	Oberb.	Petersmühle (3)	Unt.Frk.	Petzgersdorf	Oberb.
Peßlmühle	Niederb.	Petersthal	Schwb.	Petzlberg	Oberb.
Peßlöd	Niederb.	Peterswahl	Oberb.	Petzling	Oberb.
Peßlsberg	Niederb.	Peterswörth	Schwb.	Petzling	Niederb.
Pestenacker	Oberb.	Peterszell	Oberb.	Petzlsdorf	Niederb.
Pestenrain	Ob.Pf.	Peterwinkeln	Oberb.	Petzmannsberg	Ob.Frk.
Peter Sct. (2)	Niederb.	Petrachling	Niederb.	Petzmeß	Niederb.
Peter Sct.	Ob.Pf.	Petschbichl	Oberb.	Peuerling	Mitt.Frk.
Peter Sct.	Mitt.Frk.	Petschen	Ob.Frk.	Peugenhammer	Ob.Pf.
Peteratzing	Oberb.	Pettenau	Niederb.	Peulendorf	Ob.Frk.
Peterau	Niederb.	Pettenbach	Niederb.	Peunding	Mitt.Frk.
Peterbauer	Oberb.	Pettenbrunn	Oberb.	Peuntmühle	Ob.Frk.
Peterfeking	Niederb.	Pettendorf	Oberb.	Peusenhof	Ob.Frk.
Peterhäusl	Oberb.	Pettendorf (2)	Ob.Pf.	Peutner	Oberb.
		Pettendorf	Ob.Frk.	Pezmühle	Ob.Pf.

Pezenmühle	Schwb.	Pfaffenreuth (3)	Ob.Pf.	Pfarrweißach	Unt.Frk.
Pezkofen	Ob.Pf.	Pfaffenreuth	Ob.Frk.	Pfatter	Ob.Pf.
Pfaben	Ob.Pf.	Pfaffenried (2)	Schwb.	Pfaudels, auch	
Pfabendorf	Oberb.	Pfaffenrieth	Ob.Pf.	Pfaudlings oder	
Pfäfflingen	Schwb.	Pfaffenstein	Ob.Pf.	Pfaulins	Schwb.
Pfälzerhof	Ob.Pf.	Pfaffenstetten	Ob.Pf.	Pfauenhof	Niederb.
Pfänder	Schwb.	Pfaffenthal	Niederb.	Pfauhub	Oberb.
Pfändhausen	Unt.Frk.	Pfaffenthann	Ob.Pf.	Pfaule	Schwb.
Pfaffeggeten	Ob.Frk.	Pfaffenzell	Oberb.	Pfauzen, auch	
Pfaffenbach	Niederb.	Pfaffenzell	Niederb.	Fauzen	Schwb.
Pfaffenberg (6)	Oberb.	Pfaffenzing	Niederb.	Pfeffendorf	Niederb.
Pfaffenberg (2)	Niederb.	Pfafferl	Niederb.	Pfeffenhausen	Niederb.
Pfaffenberg	Ob.Frk.	Pfaffing (18)	Oberb.	Pfeffenreuth	Ob.Pf.
Pfaffenberger	Niederb.	Pfaffing (3)	Niederb.	Pfeffer (2)	Oberb.
Pfaffenbichl	Oberb.	Pfahl	Niederb.	Pfefferbichel	Oberb.
Pfaffenbuch	Oberb.	Pfahldorf	Mitt.Frk.	Pfefferhof	Niederb.
Pfaffenbühl	Oberb.	Pfahleck	Oberb.	Pfefferhof	Schwb.
Pfaffendorf	Oberb.	Pfahlenheim	Mitt.Frk.	Pfefferloh	Oberb.
Pfaffendorf	Niederb.	Pfahlhaus	Niederb.	Pfeffermanns	Schwb.
Pfaffendorf (2)	Ob.Frk.	Pfakofen	Ob.Pf.	Pfeffermühle (2)	Niederb.
Pfaffendorf	Unt.Frk.	Pfalhof	Niederb.	Pfeffermühle	Mitt.Frk.
Pfaffened	Oberb.	Pfaltermühle	Ob.Pf.	Pfefferöd	Niederb.
Pfaffened	Niederb.	Pfalz, Forsthaus	Rh.Pf.	Pfeffersöd	Oberb.
Pfaffensang	Ob.Pf.	Pfalzau	Niederb.	Pfeffertshofen	Ob.Pf.
Pfaffenfleck	Ob.Frk.	Pfalzen	Schwb.	Pfeffingen	Rh.Pf.
Pfaffengreuth	Mitt.Frk.	Pfalzgrafenmühle	Rh.Pf.	Pfeifenham	Oberb.
Pfaffengrün (2)	Ob.Frk.	Pfalzhof	Rh.Pf.	Pfeifenmacher	Schwb.
Pfaffengschwand	Ob.Pf.	Pfalzmühle	Rh.Pf.	Pfeifer (2)	Oberb.
Pfaffenham	Oberb.	Pfalzpaint	Mitt.Frk.	Pfeiferhaus	Ob.Frk.
Pfaffenhausen (2)	Unt.Frk.	Pfandlaich	Oberb.	Pfeifermühle	Ob.Frk.
Pfaffenhausen	Schwb.	Pfannen	Ob.Pf.	Pfeifferhütte	Mitt.Frk.
Pfaffenhof	Niederb.	Pfannenflicker	Oberb.	Pfeiffermühle,	
Pfaffenhof	Mitt.Frk.	Pfannenstiel	Niederb.	obere	Rh.Pf.
Pfaffenhof	Unt.Frk.	Pfannenstiel	Ob.Frk.	Pfeiffermühle,	
Pfaffenhofen (5)	Oberb.	Pfannmühle	Ob.Pf.	untere	Rh.Pf.
Pfaffenhofen (2)	Ob.Pf.	Pfannstiel	Oberb.	Pfeifferöd	Niederb.
Pfaffenhofen (3)	Mitt.Frk.	Pfarrerberg	Niederb.	Pfeifhaus, auch	
Pfaffenhofen (3)	Schwb.	Pfarrhaus (2)	Oberb.	Pfeifmichl	Oberb.
Pfaffenbütte	Oberb.	Pfarrhof (6)	Oberb.	Pfeifhaus	Mitt.Frk.
Pfaffenkirchen	Oberb.	Pfarrhof (5)	Niederb.	Pfeifhöfe	Schwb.
Pfaffenloh	Ob.Frk.	Pfarrholz	Niederb.	Pfeil	Oberb.
Pfaffenmühle	Unt.Frk.	Pfarrkirchen	Niederb.	Pfeilstein	Ob.Pf.
Pfaffenmünster	Niederb.	Pfarrkofen (2)	Niederb.	Pfeilstett	Oberb.
Pfaffenöd	Ob.Pf.	Pfarrloh	Ob.Frk.	Pfeilmach	Mitt.Frk.
Pfaffenpoint	Niederb.	Pfarrschenstett	Oberb.	Pfeilkofen	Ob.Pf.
Pfaffenzeit	Oberb.	Pfarrschneib-		Pfellelkofen	Niederb.
Pfaffenreut	Niederb.	mühle	Ob.Frk.		

Pfeuling — Piesenham.   195

Pfeuling	Niederb.	Pflaumermühle	Schwb.	Pichl (3)	Niederb.
Pfenningbach	Niederb.	Pförer	Oberb.	Pichl	Schwb.
Pfenninghof	Mitt.Frk.	Pförn	Oberb.	Pichlberg	Niederb.
Pfenningsmühle	Unt.Frk.	Pförring	Oberb.	Pichlberg	Ob.Pf.
Pfenningsöd	Niederb.	Pförring	Ob.Pf.	Pichler	Oberb.
Pferdsfeld	Ob.Frk.	Pfohlbach, links		Pichler	Niederb.
Pferenberg	Schwb.	des kalten Bachs	Unt.Frk.	Pichlhof	Ob.Pf.
Pfergacker	Ob.Frk.	Pfortmühle (2)	Rh.Pf.	Pichling (2)	Oberb.
Pferrach	Ob.Pf.	Pforz	Rh.Pf.	Pichlmühle	Niederb.
Pfersdorf	Unt.Frk.	Pforzen	Schwb.	Pichlmühle	Ob.Pf.
Pfersee	Schwb.	Pfosen	Schwb.	Pichlstein	Niederb.
Pfettrach (2)	Oberb.	Pfram	Oberb.	Pickelöd	Niederb.
Pfettrach	Niederb.	Pfranzgrub	Niederb.	Pickenbach	Oberb.
Pfettrachmühle	Oberb.	Pfraumbach	Ob.Pf.	Pickenbach	Niederb.
Pfetzendorf	Mitt.Frk.	Pfraundorf	Oberb.	Pickenricht	Ob.Pf.
Pfielhof	Unt.Frk.	Pfraundorf	Ob.Pf.	Pibelberg	Niederb.
Pfifferling (2)	Niederb.	Pfraundorf	Mitt.Frk.	Piding	Oberb.
Pfifferlingstill	Ob.Pf.	Pfraunfeld	Mitt.Frk.	Piechelkien	Ob.Pf.
Pfifferloh	Oberb.	Pfreimt	Ob.Pf.	Piedendorf	Oberb.
Pfingstelln	Oberb.	Pfrentsch, auch		Piedensdorf	Ob.Pf.
Pfinz	Mitt.Frk.	Pfreimtsch	Ob.Pf.	Piegendorf (2)	Niederb.
Pfirch	Ob.Frk.	Pfrimmerhof	Rh.Pf.	Piehl	Ob.Pf.
Pfirsching	Niederb.	Pfrombach	Oberb.	Pielenhofen (2)	Ob.Pf.
Pfirschling	Niederb.	Pfronbach	Oberb.	Pielhof (3)	Ob.Pf.
Pfisterbäck	Oberb.	Pfronten-Berg	Schwb.	Pielmansricht	Ob.Pf.
Pfisterberg	Oberb.	Pfronten-Dorf	Schwb.	Pielmühle	Ob.Pf.
Pfisterer	Oberb.	Pfronten-		Pielweichs	Niederb.
Pfisterham	Niederb.	Kappel	Schwb.	Plendling, auch	
Pfistermühle	Niederb.	Pfronten-Ried	Schwb.	Piedling	Ob.Pf.
Pfistern	Oberb.	Pfronten-		Pierach (6)	Oberb.
Pflabermühle	Schwb.	Steinach	Schwb.	Pierheim	Ob.Pf.
Pflammelmühle	Niederb.	Pfronten-Weiß-		Piering (2)	Oberb.
Pflanzenöd	Niederb.	bach	Schwb.	Piering (3)	Niederb.
Pflaubaumen	Schwb.	Pfubermühle	Ob.Pf.	Pieringer	Oberb.
Pflaumdorf	Oberb.	Pfubrachöd	Niederb.	Pierlhof	Ob.Pf.
Pflaumfeld	Mitt.Frk.	Pfütze, schwarze	Unt.Frk.	Pierlhof, auch	
Pflaumheim	Unt.Frk.	Pfuhl	Schwb.	Bierlhof	Ob.Pf.
Pfleg	Oberb.	Pfundsmühle	Unt.Frk.	Pierling	Oberb.
Pflegermühle	Schwb.	Philippsberg	Ob.Pf.	Piermaier (2)	Niederb.
Pfleghelm	Oberb.	Philippsburg,		Piermeier	Niederb.
Pflegsöd	Niederb.	Forsthaus	Rh.Pf.	Piern	Oberb.
Pflxenried	Oberb.	Philippshalle,		Pierring	Niederb.
Pflochsbach	Unt.Frk.	Saline	Rh.Pf.	Piersthor	Oberb.
Pflöderl	Oberb.	Philippshof	Ob.Pf.	Piersting	Oberb.
Pflüglmühle	Oberb.	Philippsruhe	Ob.Frk.	Piesel	Niederb.
Pflugdorf	Oberb.	Pichel (2)	Niederb.	Piesenberg	Oberb.
Pflugsmühle	Mitt.Frk.	Pichl (9)	Oberb.	Piesenham	Oberb.

Piesenhausen	Oberb.	Pillnach	Ob.Pf.	Piras	Mitt.Frk.
Piesenkam	Oberb.	Pilris	Niederb.	Pirchen	Niederb.
Piesenkofen	Oberb.	Pilsach	Ob.Pf.	Piring	Niederb.
Piesenkofen	Ob.Pf.	Pilsenmühle	Mitt.Frk.	Pirtz	Oberb.
Piesheim	Unt.Frk.	Pilsmühle	Mitt.Frk.	Pirk (3)	Ob.Pf.
Piesing (3)	Oberb.	Pilsterhof	Unt.Frk.	Pirk	Ob.Frk.
Piesting	Niederb.	Pilsting	Niederb.	Pirka (2)	Oberb.
Pietenberg	Oberb.	Pistl	Oberb.	Pirka (4)	Niederb.
Pietenfeld	Mitt.Frk.	Pilzenberg	Oberb.	Pirkach (2)	Mitt.Frk.
Pietllug	Oberb.	Pilzheim	Ob.Pf.	Pirkachshof	Mitt.Frk.
Pietzenberg	Oberb.	Pimmern	Niederb.	Pirseln	Oberb.
Pietzenkirchen	Oberb.	Pimmersdorf	Niederb.	Pirken	Oberb.
Pietzham	Oberb.	Pimmerstorf	Niederb.	Pirken (3)	Niederb.
Pietzing	Oberb.	Pimperl	Oberb.	Pirkenhof	Ob.Pf.
Pietzlöd	Oberb.	Pimperl	Niederb.	Pirkenzant	Ob.Pf.
Piflas	Niederb.	Pimshof	Niederb.	Pirkern	Oberb.
Pifllh	Oberb.	Pimsöd	Niederb.	Pirket (2)	Oberb.
Pifllig	Niederb.	Pingarten	Ob.Pf.	Pirkhof (3)	Ob.Pf.
Pifliz	Niederb.	Pingermühle (2)	Ob.Pf.	Pirkhof	Mitt.Frk.
Pignet	Niederb.	Pinkelhof	Ob.Pf.	Pirking	Niederb.
Pikling	Niederb.	Pinkeneis	Oberb.	Pirkingmühle	Niederb.
Pilbertskofen	Niederb.	Pinkofen	Niederb.	Pirkmühle	Niederb.
Pilchau	Ob.Pf.	Pinsenbühl, auch		Birkmühle	Ob.Pf.
Pilbenau	Niederb.	Pinsenhof	Ob.Frk.	Pirling	Niederb.
Pilbened	Niederb.	Pinsenhof	Ob.Frk.	Pirmasens	Rh.Pf.
Pilgern der f	Ob.Frk.	Pinsenhof, auch		Pirn	Oberb.
Pilgersheim	Oberb.	Bruckhartshof	Ob.Frk.	Pirnau	Oberb.
Pilgramsberg (2)	Niederb.	Pinsenstock	Ob.Pf.	Pirschling	Ob.Frk.
Pilgramshof	Ob.Pf.	Pinswang	Oberb.	Pirsling	Niederb.
Pilgramsreuth	Ob.Pf.	Pinzberg	Ob.Frk.	Pirstling	Oberb.
Pilgramsreuth	Ob.Frk.	Pinzenhof	Ob.Pf.	Pirzelberg	Oberb.
Pilham	Niederb.	Pinzenöll	Niederb.	Pirzled	Oberb.
Pillenreuth	Mitt.Frk.	Pinzerhof	Ob.Pf.	Pischdorf	Ob.Pf.
Pillersberg	Niederb.	Pinzgau	Oberb.	Bischelsdorf	Oberb.
Pillhausen	Ob.Pf.	Pinzig	Ob.Pf.	Bischelsdorf (2)	Niederb.
Pillhofen	Oberb.	Pinzig	Ob.Frk.	Bischeltsried	Oberb.
Pilling	Oberb.	Pinzing	Ob.Pf.	Bischertshofen	Oberb.
Pilling (3)	Niederb.	Pinzl	Niederb.	Pischl	Niederb.
Pilzkofen	Oberb.	Pinzmaler	Oberb.	Pischldorf	Ob.Pf.
Pillmannsberg	Ob.Pf.	Pipping	Oberb.	Bischlfing, auch	
Pillmersreuth an der Straße	Ob.Pf.	Pippinsried	Oberb.	Bischofing	Niederb.
		Pirach (5)	Oberb.	Pisling, auch	
Pillmersreuth am Wald	Ob.Pf.	Pirach (2)	Niederb.	Pitzling	Niederb.
		Piramoos, auch		Pissau, auch Pischau	Ob.Pf.
Pillmersreuth	Ob.Frk.	Pyramoos	Oberb.		
Pillmersried	Ob.Pf.	Piras	Ob.Pf.	Pistlwies	Ob.Pf.

Pistor — Pöcklhof. 197

Pistor, auch Pi-stern und Bisthoren	Oberb.	Plankmühle Plankstatt Plankstetten Plantage Plantage Plantage Plantage Plarnhof Plassenberg Plassenburg Plainersberg Platten (2) Plattenbauer Plattenberg (4) Plattendorf Plattenhaus, auch Blattenhof Plattenhöh Plattenhof Plattenmühle Plattling Plattner Platz Platzberg Platzermühle Plech Plechhammer Plechmühle Pleckenstein Pleckenthal Pledl, auch Plabl Pledorf Pleichfeld Pleickerstorf Pleickertshof Pleicklehen Pleiling Pleinfeld Pleining Pleisdorf Pleishof Pleiskirchen Pleistein Pleisweiler Pleitmannswang Plettshof	Niederb. Mitt.Frk. Mitt.Frk. Niederb. Rh.Pf. Ob.Frk. Unt.Frk. Niederb. Oberb. Ob.Frk. Mitt.Frk. Niederb. Schwb. Oberb. Niederb. Ob.Pf. Ob.Pf. Niederb. Ob.Pf. Niederb. Niederb. Unt.Frk. Oberb. Ob.Pf. Ob.Frk. Ob.Pf. Ob.Pf. Niederb. Niederb. Niederb. Niederb. Unt.Frk. Niederb. Mitt.Frk. Oberb. Oberb. Mitt.Frk. Oberb. Ob.Pf. Ob.Pf. Oberb. Ob.Pf. Rh.Pf. Oberb. Oberb.	Plenken Plenkl (2) Plenting Pleosen Pleß Pletschau Pletscher Pletschmoos Pletschmühle Pletzer Pletzerer Pletzerfischer Pleußen Plienng Plierenried Plitting Plöck Plöckendorf Plöcking (2) Plöcking (2) Plöken Plörnbach Plösen (2) Plösenermühle Plösenthal Plößberg (2) Plößberg Plössen Plössenberg Plößhöf Plötzing Plofeld Plosau Plosenberg Ploßau Plüm Plundendorf Plutzer Poben Pobenhausen Pocher Pocking (2) Pocköd Pöbenhausen Pöcking Pöcl Pöcklhof	Oberb. Niederb. Niederb. Ob.Frk. Schwb. Oberb. Oberb. Oberb. Rh.Pf. Oberb. Oberb. Oberb. Ob.Pf. Oberb. Ob.Pf. Ob.Pf. Oberb. Mitt.Frk. Oberb. Niederb. Oberb. Ob.Frk. Ob.Frk. Ob.Pf. Ob.Frk. Ob.Pf. Ob.Pf. Ob.Pf. Oberb. Mitt.Frk. Oberb. Ob.Frk. Oberb. Oberb. Niederb. Oberb. Oberb. Oberb. Ob.Pf. Niederb. Niederb. Niederb. Oberb. Niederb. Oberb.
Pitrichsberg	Niederb.					
Pittenhart	Oberb.					
Pittersberg	Niederb.					
Pittersberg	Ob.Pf.					
Pittersdorf	Oberb.					
Pittersdorf (2)	Niederb.					
Pittersdorf	Ob.Frk.					
Pittershof	Ob.Pf.					
Pitthal	Oberb.					
Pittrich	Ob.Pf.					
Pitz (2)	Oberb.					
Pitzen	Niederb.					
Pitzenberg	Oberb.					
Pitzenfeld	Niederb.					
Pitzenhofen	Oberb.					
Pitzenlohe	Niederb.					
Pitzetshofen	Oberb.					
Pitzing	Oberb.					
Pitzing, gr. u. kl.	Oberb.					
Pitzing	Niederb.					
Pitzlhof	Oberb.					
Pitzling	Oberb.					
Pitzling	Niederb.					
Pitzling	Ob.Pf.					
Pitzloh	Oberb.					
Plachenberg	Oberb.					
Plackersdorf	Oberb.					
Plaern	Ob.Pf.					
Plätterberg	Ob.Pf.					
Plaicken (2)	Oberb.					
Plaier	Oberb.					
Plaika (2)	Niederb.					
Plaikamühle	Niederb.					
Plaikner	Niederb.					
Plainmoosen	Oberb.					
Plamberg	Niederb.					
Planeck	Oberb.					
Planersgut	Ob.Frk.					
Plankenbach	Niederb.					
Plankenfels	Ob.Frk.					
Plankenhammer	Ob.Pf.					
Plankenhof	Oberb.					
Plankenstein	Ob.Frk.					
Plankmühle	Oberb.					

Pöbeldorf	Ob.Frk.	Pöhing	Oberb.	Polster	Ob.Pf.
Pöbing	Niederb.	Pöging	Niederb.	Polsterhof	Unt.Frk.
Pöselkofen	Niederb.	Pöhling	Mitt.Frk.	Polstermühle	Ob.Pf.
Pösersdorf	Ob.Pf.	Pogersdorf	Ob.Pf.	Polting	Niederb.
Pösing	Niederb.	Pognroith	Niederb.	Polz	Oberb.
Pöhl, auch Pühl	Ob.Frk.	Polbeck	Niederb.	Polzhausen	Ob.Pf.
Pölching	Oberb.	Polendorf	Ob.Frk.	Polzheim	Oberb.
Pölkam	Oberb.	Polgen	Niederb.	Polzing (2)	Oberb.
Pöllenhaid	Ob.Pf.	Polgen	Ob.Pf.	Polzwang	Oberb.
Pöllenricht	Ob.Pf.	Polgen, ober	Ob.Pf.	Pomeislhammer	Niederb.
Pöllersdorf	Ob.Frk.	Polgern	Oberb.	Poming	Oberb.
Pöllhof	Ob.Pf.	Polgham	Niederb.	Pomm	Oberb.
Pölling	Ob.Pf.	Poikam	Niederb.	Pommelsbrunn	Mitt.Frk.
Pöllitz	Ob.Frk.	Poing (2)	Oberb.	Pommer, auch	
Pölln	Oberb.	Poingberg	Oberb.	Wunna	Ob.Frk.
Pöllner	Oberb.	Poih.ham	Oberb.	Pommern	Oberb.
Pölsmoos	Oberb.	Point (16)	Oberb.	Pommersberg	Niederb.
Pölsterl	Oberb.	Point (2)	Niederb.	Pommersfelden	Ob.Frk.
Pölten	Oberb.	Pointen	Niederb.	Pommershof	Ob.Pf.
Pölz, auch Pöl-		Pointmühle	Ob.Pf.	Pompoint	Oberb.
nitz	Ob.Frk.	Poinvogel	Oberb.	Ponau (2)	Oberb.
Pölzödt	Niederb.	Poitelmann	Oberb.	Ponau	Niederb.
Pönhof (2)	Ob.Pf.	Pokaberg	Niederb.	Pondorf	Niederb.
Pöning	Niederb.	Poldering	Oberb.	Pondorf (3)	Ob.Pf.
Pöpelsmühle	Unt.Frk.	Polding (2)	Oberb.	Ponhardsberg	Niederb.
Pöppel	Oberb.	Polenfeld	Mitt.Frk.	Ponholz	Niederb.
Pöppelhäuschen	Ob.Pf.	Poleten	Schwb.	Ponholz (3)	Ob.Pf.
Pöppelhof	Ob.Pf.	Poliere	Ob.Pf.	Ponlach	Oberb.
Pörblitsch	Ob.Frk.	Polkasing	Niederb.	Ponlehen	Oberb.
Pöring (2)	Oberb.	Pollanden (2)	Mitt.Frk.	Ponleithen	Oberb.
Pöring	Niederb.	Pollenried (2)	Ob.Pf.	Ponsheimerhof	Rh.Pf.
Pöringerschwaig	Niederb.	Pollersbach	Niederb.	Ponthal	Oberb.
Pörnbach	Oberb.	Pollersham	Oberb.	Ponzaun (2)	Niederb.
Pörndorf (2)	Niederb.	Pollier	Ob.Pf.	Ponzaunöd	Niederb.
Pörrbach	Rh.Pf.	Polling (2)	Oberb.	Popelhaus	Ob.Frk.
Pörrbachmühle	Rh.Pf.	Polling (2)	Niederb.	Popolarn	Niederb.
Pörsdorf	Oberb.	Pollingried	Oberb.	Popp, am Wald	Oberb.
Pöschläd	Niederb.	Pollmann	Oberb.	Poppberg	Ob.Pf.
Pösenmaigen	Niederb.	Pollmannsdorf	Niederb.	Poppenbach	Mitt.Frk.
Pösing	Ob.Pf.	Pollmoos	Oberb.	Poppenberg	Niederb.
Pösnach	Oberb.	Polln (2)	Oberb.	Poppenberg, auch	
Pössing	Oberb.	Pollsdorf	Ob.Pf.	Bogenberg	Niederb.
Pößling	Oberb.	Polmeshof, Ball-		Poppenberg	Ob.Pf.
Pösmös	Oberb.	mannshof	Mitt.Frk.	Poppendorf (4)	Ob.Frk.
Pötting	Oberb.	Polnöd	Niederb.	Poppengrün	Ob.Frk.
Pöttmes	Oberb.	Polsing	Oberb.	Poppengraub	Ob.Frk.
Pötzersdorf	Niederb.	Polsingen	Mitt.Frk.		

Poppenhausen (2)	Unt.Frk.	Postbauer	Ob.Pf.	Prähub	Oberb.
Poppenhof	Ob.Pf.	Posterlitz	Ob.Frk.	Brag	Niederb.
Poppenhof	Ob.Frk.	Postfelden	Ob.Pf.	Brakenbach	Niederb.
Poppenhof (2)	Mitt.Frk.	Posthaus	Niederb.	Bram	Niederb.
Poppenhofer-		Posthaus	Rh.Pf.	Brambach	Oberb.
mühle	Mitt.Frk.	Posthof	Oberb.	Bramelsberg	Oberb.
Poppenholz	Ob.Frk.	Posthof	Schwb.	Bramersberg	Niederb.
Poppenlauer	Unt.Frk.	Posthof (2)	Ob.Pf.	Bramös	Niederb.
Poppenleithen	Ob.Frk.	Postmeister	Oberb.	Bramwinkel	Niederb.
Poppenmühle	Ob.Frk.	Postmühle	Rh.Pf.	Prangershof	Ob.Pf.
Poppenreith	Niederb.	Postmünster	Niederb.	Pranst	Oberb.
Poppenreuth (2)	Ob.Pf.	Postreit	Niederb.	Pranz (2)	Niederb.
Poppenreuther-		Postsaal, auch		Prappach	Unt.Frk.
Einzel	Ob.Frk.	Untersaal	Niederb.	Praßberg	Oberb.
Poppenreuth	Ob.Frk.	Potaschenhäusl	Ob.Pf.	Praßl	Oberb.
Poppenreuth (2)	Mitt.Frk.	Potaschhütte	Ob.Frk.	Praßreith	Niederb.
Poppenricht	Ob.Pf.	Pothenmühle	Rh.Pf.	Praßreuth	
Poppenricht, auch		Pottenau, auch		Prast	Oberb.
Ursula-Poppe-		Pottenweilerau	Oberb.	Prasting (2)	Oberb.
richt	Ob.Pf.	Pottenau	Niederb.	Pratzmühle	Niederb.
Poppenroth	Unt.Frk.	Pottenhof	Ob.Pf.	Praxenthal	Oberb.
Poppenweiler	Mitt.Frk.	Pottenstein	Ob.Frk.	Preblitz	Ob.Frk.
Poppenwies	Ob.Frk.	Pottenstetten	Ob.Pf.	Prebrunn	Ob.Pf.
Poppenwim	Niederb.	Potzbach	Rh.Pf.	Prechting	Ob.Frk.
Poppenwind	Ob.Frk.	Potzenberg	Oberb.	Predelfing	Ob.Pf.
Poppenzell	Niederb.	Potzersreuth	Ob.Pf.	Prebling	Niederb.
Porbacherhof	Rh.Pf.	Potzham	Oberb.	Prehhausen	Niederb.
Portenläng	Oberb.	Potzmühle	Oberb.	Preimersdorf (2)	Oberb.
Portenreuth	Ob.Pf.	Poudremühle	Ob.Frk.	Preimerszell	Oberb.
Porzham	Niederb.	Porau	Niederb.	Preinting	Niederb.
Posch (3)	Oberb.	Porbach	Niederb.	Prelschlgütl	Ob.Pf.
Poschanger	Oberb.	Pordorf (2)	Ob.Pf.	Preisdorf	Ob.Frk.
Poschen	Oberb.	Pordorf (2)	Ob.Frk.	Preisinger	Niederb.
Poschenmühle	Oberb.	Poreb	Niederb.	Preißach	Ob.Pf.
Poschetsried	Niederb.	Porham	Oberb.	Preißenberg	Oberb.
Poschingerhütte	Niederb.	Porleithenmühle	Niederb.	Preissenberg	Niederb.
Poschmühle	Oberb.	Poröb	Niederb.	Preising	Oberb.
Posseck	Ob.Frk.	Porreith	Niederb.	Preit	Mitt.Frk.
Possenfelden	Ob.Frk.	Porstall	Ob.Frk.	Preitenbrunn	Schwb.
Possenheim	Mitt.Frk.	Pracht	Schwb.	Prell	Niederb.
Possenhofen	Oberb.	Prachtsried	Oberb.	Prem	Oberb.
Possenmühle	Mitt.Frk.	Prack	Oberb.	Premach	Schwb.
Possenried	Schwb.	Brackendorf	Ob.Pf.	Premberg	Ob.Pf.
Postruck	Ob.Pf.	Brackenfels	Mitt.Frk.	Premelschl	Ob.Pf.
Postau, auch Au		Brackenhof	Mitt.Frk.	Premenreuth	Ob.Pf.
bei Landshut	Niederb.	Prabling	Niederb.	Premersbach	Niederb.
		Prähof	Niederb.	Premerzhofen	Ob.Pf.

Premeusel	Ob.Frk.	Prerlhof	Ob.Pf.	Pröbstlsberg	Oberb.
Premhof	Niederb.	Preying	Niederb.	Pröckled	Niederb.
Premhof	Ob.Pf.	Preynhof	Niederb.	Prölling	Niederb.
Premich	Unt.Frk.	Prezabruck	Ob.Pf.	Pröllner	Oberb.
Preming	Niederb.	Prichsenstadt	Unt.Frk.	Pröls, im Höll-	
Prenbl, Branbl	Oberb.	Prieberg	Ob.Pf.	thal	Niederb.
Brennersried	Niederb.	Priefing	Niederb.	Prölsdorf	Unt.Frk.
Prenning	Oberb.	Priegendorf	Unt.Frk.	Profs	Ob.Frk.
Prenning	Niederb.	Priel (8)	Oberb.	Prohof	Ob.Pf.
Prensdorf	Ob.Pf.	Prel (3)	Niederb.	Prollermühle	Ob.Pf.
Prenten	Oberb.	Prielhof	Mitt.Frk.	Bromberg	Oberb.
Prenzing (2)	Niederb.	Briemen	Schwb.	Bromberg	Niederb.
Preppach	Ob.Pf.	Prien	Oberb.	Promenhof	Ob.Pf.
Preppach	Unt.Frk.	Prienbach	Niederb.	Prommersberg	Niederb.
Preppach, auch		Prienzing	Ob.Pf.	Pronfelden	Niederb.
Breitbach	Unt.Frk.	Priesendorf	Ob.Frk.	Pronnen, auch	
Pressath	Ob.Pf.	Briesenthal	Oberb.	Bronnen	Schwb.
Presseck	Ob.Frk.	Priestersöd	Oberb.	Prosberg	Niederb.
Preßfurt	Niederb.	Prigelried	Niederb.	Prosberg	Mitt.Frk.
Preßfurtmühl	Niederb.	Prigern	Oberb.	Prosdorf	Ob.Pf.
Preßgrund	Ob.Pf.	Prill, Priel	Oberb.	Prosmehring	Niederb.
Pressig	Ob.Frk.	Prill, auch Briel	Niederb.	Prosselsheim	Unt.Frk.
Preßlermühle	Ob.Frk.	Primersdorf	Ob.Frk.	Prost	Oberb.
Prestlings	Schwb.	Prims	Niederb.	Prost, oder Holz-	
Prethalmühle	Mitt.Frk.	Primsdobl	Niederb.	häusel	Niederb.
Pretschenbach	Ob.Frk.	Primsmaier	Niederb.	Prostöder	Niederb.
Prettelshofen	Schwb.	Prining	Oberb.	Protschkimühle	Ob.Pf.
Prettschenreuth	Ob.Frk.	Prinkofen	Niederb.	Prozelten	Unt.Frk.
Pretz	Niederb.	Prinz	Niederb.	Bruck	Oberb.
Pretzdorf	Ob.Frk.	Priors	Schwb.	Bruck, Bruck	Oberb.
Pretzen (2)	Oberb.	Brissat	Ob.Pf.	Bruck	Niederb.
Pretzfeld	Ob.Frk.	Prittlbach	Oberb.	Prüfening	Ob.Pf.
Pretzhof	Niederb.	Prittriching	Oberb.	Prügel	Ob.Frk.
Preunersfeld	Ob.Frk.	Pritz	Oberb.	Prügeldorf	Ob.Frk.
Preunschen	Unt.Frk.	Probfeld	Schwb.	Prühl	Ob.Pf.
Preuntsfelben	Mitt.Frk.	Probmühle	Schwb.	Prühl	Mitt.Frk.
Preußling	Ob.Frk.	Probst	Oberb.	Prühlermühle	Mitt.Frk.
Preussenbühl	Ob.Frk.	Probst, ober	Schwb.	Prühmühle	Niederb.
Preußendorf	Oberb.	Probst, unter	Schwb.	Brüll (2)	Niederb.
Preussenhof	Ob.Pf.	Probstberg	Ob.Pf.	Brüllsbirkig	Ob.Frk.
Preussenmühle	Unt.Frk.	Probstett	Niederb.	Pründl, auch	
Prer	Ob.Frk.	Probstried	Schwb.	Brundl und	
Prerelmühle	Mitt.Frk.	Probstschwaig	Niederb.	Brunnbobl	Niederb.
Prereumühle	Niederb.	Pröbsten	Schwb.	Prünnthal	Ob.Pf.
Prerer Wirths-		Pröbstl	Oberb.	Prünst (3)	Niederb.
haus	Ob.Frk.	Pröbstl, klein und		Prünst	Mitt.Frk.
Prerhäuser	Ob.Frk.	groß	Oberb.	Prünstfehlburg	Niederb.

Prünthal — Pyrbaum.

Prünthal	Ob.Pf.	Pürtelhofen	Oberb.	Punschermühle	Oberb.
Prüsberg	Unt.Frk.	Pürten	Oberb.	Punschern	Oberb.
Pruthausen	Ob.Pf.	Pürtenberg	Oberb.	Punz	Niederb.
Prumbauer	Niederb.	Püscheldorf	Mitt.Frk.	Punzendorf	Niederb.
Prummer	Niederb.	Püffensheim	Unt.Frk.	Punzenhof	Niederb.
Prunn	Ob.Pf.	Püttberg, auch		Punzenpoint	Oberb.
Prunn	Mitt.Frk.	Pöttberg	Oberb.	Punzing	Niederb.
Pruppach (2)	Ob.Pf.	Püttelshof	Ob.Frk.	Punzmann	Niederb.
Pruppach	Mitt.Frk.	Püttlach	Ob.Frk.	Pupling	Oberb.
Pruttdorf	Oberb.	Püzelmühle	Niederb.	Puppenhof	Ob.Pf.
Prutting	Oberb.	Pufferhäusl	Niederb.	Pups	Oberb.
Pfallersöd	Niederb.	Puffermühle	Niederb.	Purbach	Ob.Frk.
Pschorschenstett	Oberb.	Pufferwies	Niederb.	Purfing	Oberb.
Puch (5)	Oberb.	Pufthal	Oberb.	Purgstall	Oberb.
Puch (2)	Niederb.	Puitl	Oberb.	Purk	Oberb.
Puchbüchel	Niederb.	Pulharting	Oberb.	Purkering	Oberb.
Pucher, ober	Niederb.	Pullach (3)	Oberb.	Purkholz, Burg-	
Pucher	Ob.Pf.	Pullach (2)	Niederb.	holz	Oberb.
Puchermühle	Niederb.	Pullendorf	Ob.Frk.	Purstuck	Ob.Pf.
Puchschlage	Oberb.	Pullenhofen	Oberb.	Purtlhofen	Oberb.
Pucking	Niederb.	Pullenreuth	Ob.Pf.	Puffelsheim	Unt.Frk.
Pudermühle	Rh.Pf.	Pullenried	Ob.Pf.	Puster	Oberb.
Pudermühle	Ob.Frk.	Pullhausen	Oberb.	Puttenham	Oberb.
Püchenbach	Ob.Frk.	Pulling (2)	Oberb.	Putting	Oberb.
Püchersreuth	Ob.Pf.	Puling	Niederb.	Putting (2)	Niederb.
Püchlt	Ob.Frk.	Pulschnitzberg	Ob.Frk.	Putz (2)	Oberb.
Pühel (3)	Niederb.	Pulst	Ob.Frk.	Putz	Niederb.
Pühl	Ob.Pf.	Pulverfabrik	Oberb.	Putzbrunn	Oberb.
Pühlheim	Mitt.Frk.	Pulvermühle	Oberb.	Putzenau	Oberb.
Pühlhof	Mitt.Frk.	Pulvermühle	Rh.Pf.	Putzenberg	Niederb.
Pühling	Niederb.	Pulvermühle	Ob.Pf.	Putzenhofen	Niederb.
Püllersreuth	Ob.Pf.	Pulvermühle (2)	Ob.Frk.	Putzenmühle	Ob.Frk.
Pünzendorf	Ob.Frk.	Pulvermühle (3)	Mitt.Frk.	Putzenreuth	Mitt.Frk.
Pürg	Oberb.	Pulvermühle (4)	Unt.Frk.	Putzenrieth	Ob.Pf.
Pürgen	Oberb.	Pulvermühle (4)	Schwb.	Putzenstein	Ob.Frk.
Pürgl	Niederb.	Pummerhof	Niederb.	Putzham	Oberb.
Pürn	Oberb.	Pumpenberg	Niederb.	Putzhof	Ob.Pf.
Pürner	Oberb.	Pumpernudl	Oberb.	Puzing	Niederb.
Pürschläg	Ob.Pf.	Pumpernudl	Niederb.	Putzlehen	Oberb.
Pürschlehen	Oberb.	Pumstetten	Niederb.	Putzmühle	Ob.Pf.
Pürstenberg	Niederb.	Punding	Niederb.	Putzöd	Niederb.
Pürstling	Niederb.	Punreuth	Ob.Pf.	Pyrbaum	Ob.Pf.
Pürstling (5)	Oberb.				

13*

Q.

Quabfelmühle	Ob.Pf.	Queidersbach	Rh.Pf.	Querenbach	Ob.Frk.
Quallen	Niederb.	Quellenreuth	Ob.Frk.	Quertsfelden	Oberb.
Quartier	Ob.Frk.	Quellgut	Schwb.	Quetschen	Ob.Frk.
Queer	Ob.Pf.	Quellhof	Ob.Frk.	Quick	Oberb.
Queichhambach	Rh.Pf.	Quellizhof	Ob.Frk.	Quinkt	Niederb.
Queichheim	Rh.Pf.	Quellizmühle	Ob.Frk.	Quirin Sct.	Oberb.
Queichheimer-		Queng (3)	Oberb.	Quirin	Ob.Pf.
mühle	Rh.Pf.	Querbach	Unt.Frk.	Quirnbach	Rh.Pf.
Queichmühlen	Rh.Pf.	Querenbach	Ob.Pf.	Quirnheim	Rh.Pf.

R.

Raab am Zaun	Oberb.	Rabensteinerhütte	Niederb.	Racksdorf	Niederb.
Raabeneck	Ob.Frk.	Rabersdorf	Oberb.	Rabau	Schwb.
Raabenhof (2)	Ob.Pf.	Rabeswimm	Niederb.	Radeck	Oberb.
Raabenmühle (2)	Ob.Pf.	Rabhof	Niederb.	Radelbrunn	Oberb.
Raabenreuth	Ob.Pf.	Rabhof	Ob.Pf.	Radelding	Oberb.
Raabenreuth	Ob.Frk.	Rabing (2)	Niederb.	Radelhaus	Oberb.
Raabenstein (2)	Ob.Frk.	Rablhäusl	Niederb.	Radelkofen (2)	Niederb.
Raasen, auch		Rablmühle (2)	Ob.Pf.	Rabenshofen	Oberb.
Ransen	Ob.Frk.	Rachelsbach	Oberb.	Radersberg	Oberb.
Rabein	Oberb.	Rachelsberg	Oberb.	Radersdorf	Oberb.
Rabelsdorf	Unt.Frk.	Rachen	Schwb.	Raderstetten	Oberb.
Raben	Niederb.	Racherting (2)	Oberb.	Radfeln	Oberb.
Rabenanger	Niederb.	Rachertsfelden	Oberb.	Radigunbis	Schwb.
Rabenbach	Oberb.	Rachertshofen	Niederb.	Rabing (2)	Niederb.
Rabenberg	Oberb.	Rachstorf	Niederb.	Radl	Oberb.
Rabenberg	Niederb.	Rackelhof	Ob.Pf.	Radldorf	Niederb.
Rabenbrunn	Niederb.	Rackelsdorf	Ob.Pf.	Radlhöfe	Oberb.
Rabenden	Oberb.	Rackendorf	Ob.Pf.	Radling	Ob.Pf.
Rabeneck (4)	Oberb.	Rackenthal	Ob.Pf.	Radlsbach	Niederb.
Rabenhof	Niederb.	Rackersberg	Oberb.	Radmoos	Niederb.
Rabenmühle (2)	Unt.Frk.	Rackersberg	Ob.Frk.	Radschin	Ob.Pf.
Rabennest	Unt.Frk.	Rackersöd	Niederb.	Radschinmühle	Ob.Pf.
Rabenöd	Oberb.	Rackerting	Oberb.	Radsperre	Schwb.
Rabensberg	Oberb.	Rackertshofen	Oberb.	Rabithal	Oberb.
Rabensham	Niederb.	Racking	Oberb.	Radwang	Mitt.Frk.
Rabenshof	Mitt.Frk.	Racklern	Niederb.	Radwaschen	Ob.Pf.
Rabenstein	Oberb.	Rackling	Niederb.	Rädertshausen	Oberb.
Rabenstein (3)	Niederb.	Rackmann	Oberb.	Raendelmühle	Unt.Frk.

Ränkam	Ob.Pf.	Rainsperg	Niederb.	Ramersberg	Oberb.
Räßmarn	Niederb.	Rainting	Niederb.	Ramersdorf	Oberb.
Räumlas	Ob.Frk.	Rainwalting	Ob.Pf.	Ramersdorf	Niederb.
Räumlasgrund	Ob.Frk.	Raisach	Ob.Pf.	Ramersdorfer-	
Räumlasmühle	Ob.Frk.	Raisting	Oberb.	lüften	Oberb.
Rafach	Niederb.	Raisting	Niederb.	Ramertshof	Ob.Pf.
Rafau	Niederb.	Rait	Oberb.	Ramertshofen	Oberb.
Rafelberg	Niederb.	Raitbach	Oberb.	Ramertshofen	Ob.Pf.
Rafenau	Oberb.	Raiten (2)	Oberb.	Ramesberg	Niederb.
Raffach	Ob.Pf.	Raitenberg	Niederb.	Rametnach	Niederb.
Raffelsdorf	Niederb.	Raitenberg	Mitt.Frk.	Ramgraben	Oberb.
Raffenstetten	Oberb.	Raitenbuch	Oberb.	Ramhof	Schwb.
Rafolding	Niederb.	Raitenbuch	Ob.Pf.	Raming	Oberb.
Rafoldsreit	Niederb.	Raitenbuch (2)	Mitt.Frk.	Raming	Niederb.
Ragaul	Niederb.	Raitenhart	Oberb.	Ramlehen	Oberb.
Ragenwies	Ob.Pf.	Raitenhaslach	Oberb.	Ramling (2)	Niederb.
Rager	Schwb.	Raitenstein	Niederb.	Ramlesreuth	Ob.Pf.
Ragering	Ob.Pf.	Raitersaich	Mitt.Frk.	Rammel	Schwb.
Ragern	Niederb.	Raith	Oberb.	Rammelsbach	Rh.Pf.
Raggau	Ob.Pf.	Raithenbach	Ob.Frk.	Rammelsberg (3)	Niederb.
Raggenhof	Ob.Pf.	Raithham, auch		Rammelstein	Ob Pf.
Raggenstorf	Niederb.	Roitham	Oberb.	Rammer	Oberb.
Ragin	Niederb.	Raithof	Oberb.	Rammersberg (3)	Ob.Pf.
Ragl	Niederb.	Raitschin (2)	Ob.Frk.	Rammersdorf	Mitt.Frk.
Rahmschaid	Ob.Frk.	Ram (2)	Oberb.	Rammertshof	Ob.Pf.
Rahmühle	Niederb.	Rambach	Niederb.	Rammsried	Niederb.
Rahsdorf	Niederb.	Rambach	Ob.Pf.	Rammühle	Ob.Pf
Raichen	Schwb.	Rambach	Ob.Frk.	Rumpelsberg	Niederb.
Raiching	Niederb.	Ramberg	Oberb.	Ramperding	Oberb.
Raifberg	Niederb.	Ramberg	Rh.Pf.	Rampersdorf	Niederb.
Raigerholz	Niederb.	Rambichln	Oberb.	Ramperting	Niederb.
Raigerholz	Ob.Pf.	Rameck	Oberb.	Rampertshof	Mitt.Frk.
Raigering	Ob.Pf.	Ramel	Oberb.	Rampertshofen	Oberb.
Raigers	Schwb.	Ramelberg	Oberb.	Rampertskirchen	Oberb.
Raimbach	Niederb.	Ramelkam	Niederb.	Rampertsmühle	Unt.Frk.
Rain (18)	Oberb.	Ramelsbach	Ob.Pf.	Ramplhub	Niederb.
Rain	Niederb.	Ramelsbach	Niederb.	Ramplstetten	Niederb.
Rainding	Niederb.	Ramelsberg	Oberb.	Rampoldsham	Oberb.
Rainbobl	Niederb.	Ramelschelb	Niederb.	Ramppelsdorf	Niederb.
Raindorf	Niederb.	Ramelsdorf	Niederb.	Ramprecht	Niederb.
Raindorf	Ob.Pf.	Ramelsleuthen	Ob.Pf.	Ramsach	Oberb.
Raindorf	Mitt.Frk.	Ramelsried	Oberb.	Ramsau (8)	Oberb.
Rainer (3)	Oberb.	Ramerbing	Oberb.	Ramsbau	Ob.Pf.
Rainermühle	Niederb.	Ramerblug	Niederb.	Ramsberg	Mitt.Frk.
Rainmühle	Oberb.	Ramered	Niederb.	Ramsdorf	Oberb.
Rainmühle (2)	Unt.Frk.	Ramering	Oberb.	Ramsdorf	Niederb.
Rainsberg	Oberb.	Ramermühle	Oberb.	Ramsee (2)	Oberb.

Ramsen	Rh.Pf.	Rannertsham	Oberb.	Rappetenreuth (2)	Ob.Frk.
Ramsenthal	Oberb.	Rannertshausen	Oberb.	Rappl	Niederb.
Ramsenthal	Ob.Frk.	Rannertshofen	Niederb.	Rappmannsberg	
Ramsol	Schwb.	Rannungen	Unt.Frk.	(2)	Niederb.
Ramstein	Rh.Pf.	Ranoldsberg	Oberb.	Rappolb (2)	Oberb.
Ramstein	Schwb.	Ransbach	Ob.Pf.	Rappoldshofen	Mitt.Frk.
Ramstetten	Oberb.	Ransbach (2)	Mitt.Frk.	Rappoldskirchen	Oberb.
Ramsthal	Unt.Frk.	Ransbachshof	Unt.Frk.	Rappoldskreit	Oberb.
Randeck	Niederb.	Ransbachsmühle	Unt.Frk.	Rappoltengrün	Ob.Frk.
Randeck, Ruine	Rh.Pf.	Ranschbach	Rh.Pf.	Rappolz	Schwb.
Randeckerhof	Rh.Pf.	Ranschbronner-		Rasch	Niederb.
Randelkofen	Niederb.	hof	Rh.Pf.	Rasch	Ob.Pf.
Randelsried	Oberb.	Ransen	Ob.Frk.	Rasch	Mitt.Frk.
Randersacker	Unt.Frk.	Ransweiler	Rh.Pf.	Raschbach	Niederb.
Randling	Oberb.	Ranzenberg	Niederb.	Raschbach	Mitt.Frk.
Randling	Niederb.	Ranzenried	Schwb.	Raschenberg (2)	Schwb.
Ranerding	Niederb.	Ranzenthal	Ob.Pf.	Rascheneck	Schwb.
Ranertshausen	Niederb.	Ranzing (5)	Niederb.	Raschenöd	Oberb.
Ranertshofen	Niederb.	Ranzingerberg	Niederb.	Raschmaier	Niederb.
Ranetzhof	Ob.Pf.	Rapenzell	Oberb.	Raschmühlhäusl	Niederb.
Ranfels	Niederb.	Rapertshofen	Oberb.	Rasenstätten	Oberb.
Ranfstetten	Oberb.	Rapolden	Oberb.	Raßberg	Niederb.
Ranft	Oberb.	Rapoldsried	Oberb.	Raßreut	Niederb.
Rangen (3)	Ob.Frk.	Rappach	Niederb.	Rast	Oberb.
Rangenmühle (2)	Mitt.Frk.	Rappach	Unt.Frk.	Rast, auf der	Oberb.
Rangenmühle (2)	Unt.Frk.	Rappauf	Ob.Pf.	Rast	Niederb.
Ranham	Oberb.	Rappelhofen	Niederb.	Rastbühel	Niederb.
Ranharting (3)	Oberb.	Rappen	Schwb.	Rastdorf	Niederb.
Ranhartsberg	Oberb.	Rappenau	Mitt.Frk.	Rastenhof	Ob.Pf.
Ranhartstetten	Oberb.	Rappenberg	Ob.Pf.	Rasthof	Niederb.
Ranhör (2)	Oberb.	Rappenbügl	Ob.Pf.	Rastmühle	Schwb.
Ranischberg	Oberb.	Rappenbühl	Schwb.	Rathertshausen	Niederb.
Rank	Oberb.	Rappendorf (2)	Niederb.	Rathes (2)	Schwb.
Rankam	Niederb.	Rappenhaus	Niederb.	Rathgeb	Niederb.
Rankham	Oberb.	Rappenhof	Niederb.	Ratholz	Schwb.
Rankmühle	Mitt.Frk.	Rappenhof	Mitt.Frk.	Rathsberg	Mitt.Frk.
Ranna	Ob.Pf.	Rappenloch	Schwb.	Rathskirchen	Rh.Pf.
Rannaberg (2)	Niederb.	Rappensberg	Oberb.	Rathsmannsdorf	Niederb.
Rannahof (2)	Ob.Pf.	Rappeusberg	Niederb.	Rathsweiler	Rh.Pf.
Rannenmühle	Mitt.Frk.	Rappenscheuchen	Schwb.	Rathsweiler-	
Ranner (2)	Oberb.	Rappernborf	Niederb.	mühle	Rh.Pf.
Ranner	Niederb.	Rappersborf	Niederb.	Ratschenbach	Oberb.
Rannersberg	Niederb.	Rappersdorf (2)	Mitt.Frk.	Rattelsdorf	Ob.Frk.
Rannersberg	Ob.Pf.	Rappershausen	Unt.Frk.	Rattelshof	Ob.Frk.
Rannersdorf (2)	Niederb.	Rappershof	Ob.Pf.	Rattenbach	Niederb.
Rannersdorf (2)	Ob.Pf.	Rapperszell	Mitt.Frk.	Rattenberg	Oberb.
Rannerting	Oberb.	Rappertmühle	Unt.Frk.	Rattenberg	Niederb.

Rattenberg	Ob.Pf.	Rauenbichl	Oberb.	Rautenham	Oberb.
Rattenkirchen	Oberb.	Rauenbuch	Mitt.Frk.	Rautenstock	Niederb.
Rattersberg (2)	Niederb.	Rauenstadt	Mitt.Frk.	Rauthäusl	Oberb.
Ratting	Niederb.	Rauenthal	Unt.Frk.	Razing	Niederb.
Rattiszell	Niederb.	Rauenzell	Mitt.Frk.	Realsmühle	Ob.Pf.
Rattmannshof	Schwb.	Rauhen (2)	Schwb.	Realshofen	Schwb.
Ratzen	Oberb.	Rauhenberg (2)	Ob.Frk.	Reba	Ob.Frk.
Ratzenberg	Oberb.	Rauhenlechsberg	Oberb.	Rebdorf	Mitt.Frk.
Ratzenberg	Schwb.	Rauhenstein	Oberb.	Rebensdorf	Niederb.
Ratzendorf	Mitt.Frk.	Rauhenstein	Ob.Pf.	Reberhöhe	Ob.Pf.
Ratzenhof	Ob.Pf.	Rauhenstein	Schwb.	Rechberg	Ob.Pf.
Ratzenhofen	Niederb.	Rauhenstetten	Ob.Pf.	Rechberg	Schwb.
Ratzenlehen	Oberb.	Rauhenzell	Schwb.	Rechbergreuthen	Schwb.
Ratzenleiten	Niederb.	Rauhertshof	Ob.Frk.	Rechbichel	Schwb.
Ratzenstall	Niederb.	Rauholz	Ob.Frk.	Rechelsdorf	Unt.Frk.
Ratzenwinden	Mitt.Frk.	Rauhmühle	Schwb.	Rechelfing	Oberb.
Ratzenwinkl	Oberb.	Raubstigl	Oberb.	Rechenau (2)	Oberb.
Ratzing (2)	Oberb.	Raumberg	Schwb.	Rechenberg	Mitt.Frk.
Ratzing (3)	Niederb.	Raumertshofen	Schwb.	Rechenhäuschen	
Ratzricht	Ob.Pf.	Raumetengrün	Ob.Frk.	(2)	Rh.Pf.
Rauberrain	Niederb.	Raunethsrieb	Ob.Pf.	Rechenlohe	Ob.Pf.
Raubershof	Mitt.Frk.	Rauns	Schwb.	Rechersberg	Niederb.
Raubersrieb	Ob.Pf.	Raupolz	Schwb.	Rechertsrieb	Niederb.
Raubersrieth	Mitt.Frk.	Rausch (3)	Oberb.	Rechelsberg	Oberb.
Rauberthal	Niederb.	Rauschberg	Oberb.	Rechhub, a. Rechau	Niederb.
Rauberweiher-		Rauschberg	Ob.Pf.	Rechlgut	Oberb.
baus	Ob.Pf.	Rauscheck	Oberb.	Rechtenbach	Rh.Pf.
Raubling	Oberb.	Rauscheb	Niederb.	Rechtenbach	Unt.Frk.
Raubügl	Ob.Pf.	Rauschelbach	Unt.Frk.	Rechthal (2)	Oberb.
Rauch, im Holz	Oberb.	Rauschenberg	Oberb.	Rechthal, auch	
Rauch, zu Buch	Niederb.	Rauschenberg, a.		Sct. Leonhard	Oberb.
Rauchbühl	Niederb.	Rauschenwald	Ob.Frk.	Rechtis	Schwb.
Rauchbobl	Niederb.	Rauschenberg	Mitt.Frk.	Rechtmehring	Oberb.
Raucheck	Niederb.	Rauschenham-		Rechtschmid	Oberb.
Rauchenberg	Oberb.	mermühle	Ob.Frk.	Reckenbach	Oberb.
Rauchenberg (2)	Ob.Pf.	Rauschenhof	Ob.Frk.	Reckenberg	Niederb.
Rauchenbichl	Oberb.	Rauschensteig	Ob.Frk.	Reckenberg	Schwb.
Rauchenstein	Niederb.	Rauscher (2)	Oberb.	Reckendorf (2)	Niederb.
Raucher	Oberb.	Rauscher	Niederb.	Reckendorf	Ob.Frk.
Raucherting	Oberb.	Rauschermühle	Rh.Pf.	Reckendorf	Unt.Frk.
Rauchhof	Oberb.	Rauschhof (2)	Ob.Pf.	Reckenneußig	Unt.Frk.
Rauchleiten	Niederb.	Rauschling	Oberb.	Reckenricht	Ob.Pf.
Rauchmoos	Oberb.	Rauschöb (3)	Niederb.	Reckenwagen	Oberb.
Rauchmühle	Schwb.	Rauschwaltelham	Oberb.	Reckersdorf	Mitt.Frk.
Rauchöd	Oberb.	Raustetten	Schwb.	Reckertshausen	Unt.Frk.
Rauchschwaig	Niederb.	Raut (2)	Oberb.	Recksperg	Niederb.
Rauenbauer	Schwb.	Raut	Schwb.	Rebenfeld	Oberb.

Rebenhof	Schwb.	Rehle	Schwb.	Reichenbach-		
Rebl	Oberb.	Rehleiten	Niederb.	Steegen	Rh.Pf.	
Rebling	Niederb.	Rehleithen	Ob.Frk.	Reichenbach (3)	Ob.Pf.	
Reblmühle (2)	Niederb.	Rehling	Oberb.	Reichenbach (4)	Ob.Frk.	
Rebnershof	Unt.Frk.	Rehlingen	Mitt.Frk.	Reichenbach (4)	Mitt.Frk.	
Rebnitzhembach	Mitt.Frk.	Rehlings, auch		Reichenbach (2)	Unt.Frk.	
Rebwitz (2)	Ob.Frk.	Röhlings	Schwb.	Reichenbach (3)	Schwb.	
Rebwitzerhöhe	Ob.Frk.	Rehloch	Oberb.	Reichenbach, auch		
Rethal	Ob.Pf.	Rehmühle	Rh.Pf.	Wald-Reichen-		
Regau	Oberb.	Rehmühle, große	Ob.Frk.	bach, oder Rei-		
Regberg	Ob.Frk.	Rehmühle, kleine	Ob.Frk.	chenbach im		
Regelmanns-		Rehpoint	Niederb.	Wald	Schwb.	
brunn	Mitt.Frk.	Rehpuit	Oberb.	Reichenbacherhof	Rh.Pf.	
Regelsbach	Mitt.Frk.	Rehschaln	Niederb.	Reichenbacher-		
Regelsberg	Mitt.Frk.	Rehthal	Ob.Pf.	mühle	Unt.Frk.	
Regelsmühle	Mitt.Frk.	Rehweiler	Rh.Pf.	Reichenberg (2)	Niederb.	
Regen	Niederb.	Rehweiler	Unt.Frk.	Reichenberg	Unt.Frk.	
Regendorf	Ob.Pf.	Rehwinkel	Niederb.	Reichenborn, auch		
Regenhütte (2)	Niederb.	Reiben	Niederb.	Reichenbrunn	Rh.Pf.	
Regenmühle	Ob.Pf.	Reibenmühle	Niederb.	Reichenbuch	Unt.Frk.	
Regenpeilstein	Ob.Pf.	Reibersdorf	Oberb.	Reichendorf	Ob.Frk.	
Regensberg	Ob.Frk.	Reibersdorf	Niederb.	Reicheneck	Mitt.Frk.	
Regensburg	Ob.Pf.	Reichalch	Oberb.	Reicheneibach	Niederb.	
Regenstauf	Ob.Pf.	Reichardshausen	Unt.Frk.	Reichenhall	Oberb.	
Regensüßmühle	Ob.Pf.	Reichartsreut	Niederb.	Reichenhausen	Oberb.	
Regenthal	Ob.Frk.	Reichardsried	Schwb.	Reichenholz	Ob.Pf.	
Regis	Schwb.	Reichardswinkel	Ob.Pf.	Reichenhub	Niederb.	
Regismais	Ob.Pf.	Reichau	Schwb.	Reichenkan	Oberb.	
Regmannsdorf	Mitt.Frk.	Reichberg	Oberb.	Reichenkirchen	Oberb.	
Regnitzdorf	Ob.Frk.	Reichbrandstatt	Oberb.	Reichenöd	Oberb.	
Regnitzlosau	Ob.Frk.	Reichdeutelhausen	Oberb.	Reichenöd (3)	Niederb.	
Rehau	Ob.Frk.	Reichhobel	Oberb.	Reichenrieb	Oberb.	
Rehau	Schwb.	Reichel (2)	Oberb.	Reichenroith	Niederb.	
Rehbach	Oberb.	Reichel, in Grü-		Reichenroth	Oberb.	
Rehberg (2)	Niederb.	ben	Niederb.	Reichensbuch	Oberb.	
Rehberg (2)	Ob.Frk.	Reichelkofen	Niederb.	Reichenschwand	Mitt.Frk.	
Rehbichl	Schwb.	Reichelsberg	Schwb.	Reichenspurn	Oberb.	
Rehborn	Rh.Pf.	Reichelsdorf	Mitt.Frk.	Reichenstätten	Niederb.	
Rehbühl	Ob.Pf.	Reichelshof	Unt.Frk.	Reichenstall	Niederb.	
Rehdorf	Oberb.	Reichelshofen	Mitt.Frk.	Reichenstetten	Niederb.	
Reheberg (2)	Ob.Pf.	Reichelsmühle	Ob.Frk.	Reichenunholden	Ob.Pf.	
Rehedorf	Mitt.Frk.	Reicheltshofen	Ob.Pf.	Reichenvils	Oberb.	
Reheloh	Ob.Pf.	Reichen	Schwb.	Reichermann	Niederb.	
Rehemühle	Ob.Pf.	Reichenau	Ob.Pf.	Reichermühle (2)	Niederb.	
Rehenbühl	Mitt.Frk.	Reichenau	Mitt.Frk.	Reichersbaiern	Oberb.	
Rehhof	Mitt.Frk.	Reichenbach	Niederb.	Reichersdorf (3)	Oberb.	
Rehhütte	Rh.Pf	Reichenbach	Rh.Pf.	Reichersdorf (5)	Niederb.	

Reichersdorf	Ob.Pf.	Reicholz	Schwb.	Reineck (2)	Oberb.
Reichersdorf	Mitt.Frk.	Reichreit	Niederb.	Reinen	Schwb.
Reichersöd	Niederb.	Reichschmidten	Oberb.	Reiner	Oberb.
Reicherstein	Oberb.	Reichsdorf	Rh.Pf.	Reinersdorf	Ob.Frk.
Reicherstorf	Niederb.	Reichsdorf	Niederb.	Reinersreuth	Ob.Frk.
Reicherting	Oberb.	Reichstadt	Oberb.	Reinertshaus	Ob.Frk.
Reicherting	Niederb.	Reichsthal	Rh.Pf.	Reinertshof (2)	Schwb.
Reichertsfeld	Ob.Pf.	Reichstorf	Niederb.	Reinfeldshof	Unt.Frk.
Reichertsham	Oberb.	Reichstraß (2)	Oberb.	Reingrub	Ob.Pf.
Reichertsham	Niederb.	Reichthalham	Oberb.	Reingrub	Mitt.Frk.
Reichertshausen (4)	Oberb.	Reichthalshof	Unt.Frk.	Reingruber	Oberb.
		Reichwalln	Niederb.	Reinhardshausen	Schwb.
Reichertsheim	Oberb.	Reichwimm	Oberb.	Reinhardshof	Unt.Frk.
Reichertshofen	Ob.Pf.	Reichwimmer	Oberb.	Reinhardshofen	Schwb.
Reichertshofen (2)	Schwb.	Reichzaun	Niederb.	Reinhardsleithen	Ob.Pf.
		Reidelmes	Unt.Frk.	Reinhardsmühle	Rh.Pf.
Reichertsmühle (2)	Mitt.Frk.	Reiber	Niederb.	Reinhardsried	Schwb.
		Reisberg	Niederb.	Reinhardswinden	Unt.Frk.
Reichertsried	Oberb.	Reiselbach	Rh.Pf.	Reinharten	Schwb.
Reichertsried	Niederb.	Reiselbing	Ob.Pf.	Reinharts	Schwb.
Reichertsried	Schwb.	Reisenberg	Rh.Pf.	Reinhartsmais	Niederb.
Reichertsroth	Mitt.Frk.	Reisenberg	Ob.Frk.	Reinhausen	Ob.Pf.
Reichertsweiler	Schwb.	Reisenthal	Oberb.	Reinholding	Niederb.
Reichertswien	Ob.Pf.	Reisenthal	Ob.Pf.	Reinischgrub	Niederb.
Reichertswies	Schwb.	Reisersbrunn	Oberb.	Reinmühle	Unt.Frk.
Reichgreißl	Oberb.	Reisersdorf	Oberb.	Reinöd	Niederb.
Reichgrub	Oberb.	Reising	Oberb.	Reinprechting	Niederb.
Reichhaid	Niederb.	Reigerfing	Oberb.	Reinsberger	Oberb.
Reichharten	Schwb.	Reigeröd	Niederb.	Reinsdorf	Oberb.
Reichhausen	Oberb.	Reigersberg	Niederb.	Reinswinden	Mitt.Frk.
Reichhof (2)	Oberb.	Reithzieher	Niederb.	Reinthal (5)	Oberb.
Reichhof	Niederb.	Reifering	Oberb.	Reinthal	Niederb.
Reichholzried	Schwb.	Reilbrunn	Niederb.	Reinthal	Schwb.
Reichhub	Oberb.	Reilhof	Niederb.	Reinting	Oberb.
Reichhui	Oberb.	Reiling, auch		Reinwazhofen	Mitt.Frk.
Reiching (2)	Oberb.	Reilhäng	Ob.Pf.	Reipersberg	Oberb.
Reichkobl	Oberb.	Reimerling	Oberb.	Reiperting	Niederb.
Reichl	Oberb.	Reimlingen	Schwb.	Reipertsgesee	Ob.Frk.
Reichling	Oberb.	Reinbach	Oberb.	Reipertshofen	Oberb.
Reichling	Niederb.	Reinboldsmühle	Mitt.Frk.	Reipoltskirchen	Rh.Pf.
Reichlingsried	Oberb.	Reinbrecht	Oberb.	Reis	Ob.Pf.
Reichmannsdorf	Ob.Frk.	Reinbrunl	Ob.Pf.	Reisach (8)	Oberb.
Reichmannshausen	Unt.Frk.	Reinbhäusl	Oberb.	Reisach (19)	Niederb.
		Reinbl	Oberb.	Reisach (7)	Ob.Pf.
Reicholdsgrün	Ob.Frk.	Reinblmühle	Oberb.	Reisach	Mitt.Frk.
Reicholdsmühle	Rh.Pf.	Reinblöd	Niederb.	Reisach	Schwb.
Reicholds-Weber	Ob.Frk.	Reinblschmiede	Oberb.	Reisachanger	Niederb.

Reisachberg	Oberb.	Reislas	Ob.Frk.	Reiter	Schwb.
Reisachhof	Ob.Pf.	Reisleinsberg	Niederb.	Reiterberg	Ob.Pf.
Reisachmühle (2)	Niederb.	Reismühle (2)	Oberb.	Reiterfurtbruck	Niederb.
Reisachöd (2)	Oberb.	Reismühle	Niederb.	Reiterhof	Oberb.
Reisachsmühle	Schwb.	Reismühle (2)	Ob.Pf.	Reitermann	Oberb.
Reisachsruhe, a. Weinberg	Schwb.	Reismühle	Mitt.Frk.	Reitern	Niederb.
		Reismühle	Schwb.	Reiteröd	Ob.Pf.
Reisat	Niederb.	Reismühle, ober	Schwb.	Reiters	Schwb.
Reisawald	Niederb.	Reismühle, unter	Schwb.	Reitersau	Oberb.
Reisbach (3)	Niederb.	Reißach	Ob.Pf.	Reitersberg	Oberb.
Reisch	Oberb.	Reißberg	Oberb.	Reitersberg	Niederb.
Reisch (2)	Ob.Pf.	Reissen	Oberb.	Reiterswiesen	Unt.Frk.
Reischach (2)	Oberb.	Reißen	Niederb.	Reitgarten	Oberb.
Reischelberg	Niederb.	Reißhof	Ob.Pf.	Reitgarten	Niederb.
Reischenau	Schwb.	Reissing (2)	Niederb.	Reitgesing	Oberb.
Reischenbach	Oberb.	Reißmühle	Niederb.	Reith (19)	Oberb.
Reischenberg	Niederb.	Reißmühle	Rh.Pf.	Reith (32)	Niederb.
Reischenhart	Oberb.	Reistenhausen	Unt.Frk.	Reith, hinter und vorder	Niederb.
Reischhigen	Oberb.	Reisling	Niederb.		
Reischl	Niederb.	Reislingen	Schwb.	Reith	Unt.Frk.
Reischleiten	Oberb.	Reiswies	Oberb.	Reithaas	Niederb.
Reisdorf	Oberb.	Reit (40)	Oberb.	Reitham (2)	Oberb.
Reiseck	Niederb.	Reit, am	Oberb.	Reithanerl	Niederb.
Reiselerhof	Rh.Pf.	Reit, im Winkl	Oberb.	Reitheck	Niederb.
Reisen	Oberb.	Reit (15)	Niederb.	Reithermühle	Unt.Frk.
Reisensburg	Schwb.	Reit, inneres und äußeres	Niederb.	Reithl	Niederb.
Reisenthal	Oberb.			Reithmehring	Oberb.
Reiser (3)	Oberb.	Reit, bei Jenkofen	Niederb.	Reithmühle	Niederb.
Reiser	Niederb.			Reithof	Oberb.
Reiserberg	Niederb.	Reit, bei Wölfelkofen	Niederb.	Reithof (4)	Niederb.
Reiserhof	Niederb.			Reithofen	Oberb.
Reiserlehen	Oberb.	Reitbauer (2)	Niederb.	Reitholz (2)	Niederb.
Reisermann	Oberb.	Reitberg (3)	Oberb.	Reitrain	Oberb.
Reisermühle	Oberb.	Reitberg (4)	Niederb.	Reiting	Ob.Pf.
Reisermühle	Niederb.	Reite (3)	Schwb.	Reitl	Oberb.
Reisermühle	Ob.Pf.	Reite, auch Reute	Schwb.	Reitmaier (2)	Oberb.
Reisern (2)	Oberb.	Reitel	Niederb.	Reitmaier (4)	Niederb.
Reisers	Schwb.	Reitelbauer	Niederb.	Reitmayer	Oberb.
Reisersdorf	Ob.Pf.	Reiten (3)	Oberb.	Reitmeister	Oberb.
Reisgang (2)	Oberb.	Reiten	Niederb.	Reitrain	Oberb.
Reisighof	Ob.Frk.	Reitenbuch	Schwb.	Reitsberg	Niederb.
Reising (2)	Oberb.	Reitenhof	Schwb.	Reitsch	Ob.Frk.
Reising (3)	Niederb.	Reitenmühle	Schwb.	Reitschuster	Niederb.
Reisinger	Oberb.	Reiter (6)	Oberb.	Reittelshofen	Ob.Pf.
Reiskirchen	Rh.Pf.	Reiter, am Berg	Oberb.	Reitz	Niederb.
Reiskirchermühle	Rh.Pf.	Reiter, im Feld	Niederb.	Peitzensmühle	Rh.Pf.
Reisl (2)	Niederb.	Reiter, im Wald	Niederb.	Reitzenstein	Ob.Frk.

Reitwalchen — Reuterhöfe. 209

Reitwalchen, auch		Rennerhof	Niederb.	Rettersbach	Unt.Frk.
Ralthwalchen	Oberb.	Renneröd	Niederb.	Rettershelm	Unt.Frk.
Reitwinkl	Oberb.	Rennertshofen		Retting	Niederb.
Reizendorf	Ob.Frk.	(2)	Schwb.	Rettingen	Schwb.
Reizenstein	Ob.Frk.	Rennesberg	Ob.Frk.	Rettlersweilerhof	Schwb.
Rekenberg	Mitt.Frk.	Rennhäusl	Oberb.	Rettmühle	Oberb.
Relsberg	Rh.Pf.	Rennhof	Oberb.	Retzbach	Unt.Frk.
Rembach	Niederb.	Rennhofen	Mitt.Frk.	Retzel, oder Un-	
Remelberg	Ob.Pf.	Renning	Niederb.	terfembach	Mitt.Frk.
Remelsberg	Oberb.	Rennmühle	Mitt.Frk.	Retzelsdorf	Ob.Frk.
Remelsberg	Niederb.	Rennschmidten	Oberb.	Retzenried	Oberb.
Remerz	Unt.Frk.	Rennweg	Niederb.	Retzet	Schwb.
Remerzhof	Unt.Frk.	Rennweg	Mitt.Frk.	Retzstadt	Unt.Frk.
Remigiusberg	Rh.Pf.	Rentershofen	Schwb.	Reubelshof, auch	
Remitzhof	Ob.Frk.	Rentpoldenreith	Niederb.	Schmalfelderhof	Unt.Frk.
Remlingen	Unt.Frk.	Rentschen	Oberb.	Reuchelhelm	Unt.Frk.
Remmatsried	Schwb.	Rentweinsdorf	Unt.Frk.	Reuenthal	Mitt.Frk.
Remmelsberg	Niederb.	Renzenhof	Mitt.Frk.	Reuenthal	Unt.Frk.
Remmelsberg	Schwb.	Renzling	Niederb.	Reulbach	Unt.Frk.
Remmeltshofen	Schwb.	Reppendorf	Unt.Frk.	Reumansmind	Ob.Frk.
Rempelkofen	Ob.Pf.	Reppendorfer-		Reundorf (2)	Ob.Frk.
Rempolz (2)	Schwb.	mühle	Unt.Frk.	Reupelsdorf	Unt.Frk.
Remschlitz	Ob.Frk.	Reppich	Unt.Frk.	Reupelsdorfer-	
Remshardt	Schwb.	Resch, am Holz	Oberb.	mühle	Unt.Frk.
Renau	Niederb.	Reschau	Niederb.	Reupershof	Unt.Frk.
Rendelberg	Schwb.	Reschberg	Oberb.	Reusch (2)	Mitt.Frk.
Rendlhof	Mitt.Frk.	Reschdobl	Niederb.	Reuschbach	Rh.Pf.
Rendlingsfurth	Niederb.	Reschenberg	Oberb.	Reuschbergerhof	Unt.Frk.
Renegarn	Oberb.	Reschenhäusl	Niederb.	Reusenmühle	Unt.Frk.
Renften	Niederb.	Reschmühle	Oberb.	Reussendorf	Unt.Frk.
Renfting	Niederb.	Resenöd	Niederb.	Reussensberg	Unt.Frk.
Renftinghäusl	Niederb.	Reserveweiher	Rh.Pf.	Reut (7)	Oberb.
Rengersbrunn	Unt.Frk.	Resölberg	Niederb.	Reut	Niederb.
Rengersdorf	Niederb.	Resle	Oberb.	Reutacker	Schwb.
Rengersfeld	Unt.Frk.	Resten	Oberb.	Reutberg	Oberb.
Rengersricht	Ob.Pf.	Rettenbach (11)	Oberb.	Reutberg	Mitt.Frk.
Rengersweiler	Schwb.	Rettenbach (7)	Niederb.	Reute (3)	Schwb.
Rengunertling,		Rettenbach	Ob.Pf.	Reute, auch Reite	
auch Regenwart-		Rettenbach (3)	Schwb.	(2)	Schwb.
ling	Niederb.	Rettenberg	Oberb.	Reute, hinter	Schwb.
Renholding (2)	Niederb.	Rettenberg	Niederb.	Reute, vorder	Schwb.
Renholdsberg	Niederb.	Rettenberg, auch		Reutehof	Schwb.
Renk	Schwb.	Stephans-Ret-		Reuten	Schwb.
Renkersmühle	Unt.Frk.	tenberg	Schwb.	Reutenen	Schwb.
Rennbothen	Schwb.	Rettenbergen	Schwb.	Reutenmühle (2)	Schwb.
Renner (2)	Oberb.	Rettenhof	Ob.Pf.	Reuter	Niederb.
Rennermühle	Ob.Pf.	Rettern	Ob.Frk.	Reuterhöfe	Rh.Pf.

Generalregister z. Orts- u. Postlex. f. Bayern. 14

Reutern (2)	Niederb.	Rhobt	Rh.Pf.	Rieb, auch Sct.	
Reutern	Mitt.Frk.	Ribenzing	Niederb.	Virgilien	Oberb.
Reutern	Schwb.	Ribeseck	Niederb.	Rieb (21)	Niederb.
Reutersbrunn	Unt.Frk.	Ribing	Oberb.	Rieb hint. Berg	Niederb.
Reutersmühle	Unt.Frk.	Richalm	Oberb.	Rieb im Winkel	Niederb.
Reuterswustung	Ob.Frk.	Richardsreith	Niederb.	Rieb (7)	Ob.Pf.
Reuth (5)	Oberb.	Richelbach	Unt.Frk.	Rieb am Pfahl	Ob.Pf.
Reuth (7)	Niederb.	Riching	Oberb.	Rieb am Sand	Ob.Pf.
Reuth (3)	Ob.Pf.	Richt (4)	Ob.Pf.	Rieb	Mitt.Frk.
Reuth (10)	Ob.Frk.	Richterhaus	Ob.Pf.	Rieb	Unt.Frk.
Reuth (2)	Mitt.Frk.	Richterhaus	Schwb.	Rieb (20)	Schwb.
Reuth, am Wald	Mitt.Frk.	Richterhof (2)	Ob.Pf.	Riebbach	Oberb.
Reuthberg	Ob.Frk.	Richtermühle	Niederb.	Riebbach	Schwb.
Reuthe (4)	Schwb.	Richtershof	Unt.Frk.	Rieberg	Oberb.
Reuthen	Oberb.	Richterskeller	Ob.Pf.	Rieberg	Niederb.
Reuther, auch		Richterstett	Oberb.	Riebbichl (2)	Oberb.
Reiter	Schwb.	Richthausen	Mitt.Frk.	Riebegg	Schwb.
Reuthhaus	Ob.Frk.	Richtheim (2)	Ob.Pf.	Riebelberg	Oberb.
Reuthhof	Ob.Frk.	Richthof (4)	Ob.Pf.	Riebelberg	Rh.Pf.
Reutlashof	Ob.Frk.	Richthofen	Ob.Pf.	Riebelberger-	
Reutl	Schwb.	Richting	Niederb.	mühle	Rh.Pf.
Reutin	Schwb.	Richtmühl	Ob.Pf.	Riebelham	Oberb.
Reutinen	Schwb.	Rickartshofen	Schwb.	Riebelkam	Niederb.
Reutlas	Ob.Pf.	Rickenbach (2)	Schwb.	Riebelmühl	Oberb.
Reutlas	Ob.Frk.	Rickering	Niederb.	Riebelsbach	Niederb.
Reuthlasmühle	Ob.Pf.	Rickersricht	Ob.Pf.	Riebelsgut	Ob.Frk.
Reutles	Mitt.Frk.	Rickertshof	Ob.Pf.	Riebels Häuslein	Mitt.Frk.
Reutlos	Ob.Frk.	Ridl	Oberb.	Riebelshof	Mitt.Frk.
Rerau	Oberb.	Ricklenmühle	Schwb.	Rieben (9)	Oberb.
Reyersbach	Unt.Frk.	Rieb	Ob.Pf.	Rieben	Niederb.
Reymundsreith	Niederb.	Riebeisenmühle	Ob.Pf.	Rieben	Ob.Pf.
Rezendorf	Mitt.Frk.	Rieberseck	Oberb.	Rieben	Unt.Frk.
Rezleinsdorf, auch		Riebesberg	Niederb.	Rieben (3)	Schwb.
Netzelsdorf	Ob.Frk.	Riebeseck	Niederb.	Rieben an der	
Rhän	Ob.Pf.	Riebisch	Oberb.	Kötz	Schwb.
Rhain	Oberb.	Riebismaier	Niederb.	Riebenberg	Niederb.
Rhain	Schwb.	Rieblich	Ob.Frk.	Riebenberg	Mitt.Frk.
Rhanwalding	Ob.Pf.	Rieblichsmühle,		Riebenberg	Unt.Frk.
Rhein	Oberb.	auch Löfflers-		Riebenburg	Niederb.
Rheinen	Schwb.	mühle	Ob.Frk.	Riebenburg	Ob.Pf.
Rheinfeld	Unt.Frk.	Riebling	Ob.Pf.	Riebenheim	Unt.Frk.
Rheingänheim	Rh.Pf.	Rieblingen	Schwb.	Riebenmühle	Rh.Pf.
Rheinhards-		Rieblingen, auch		Riebensheim	Schwb.
hausen	Unt.Frk.	Rieblingen	Schwb.	Riebenwies	Niederb.
Rheinhardshofen	Mitt.Frk.	Rieckertsham	Oberb.	Riebenzhofen	Oberb.
Rheinheim	Rh.Pf.	Ried (51)	Oberb.	Rieber (3)	Oberb.
Rheinzabern	Rh.Pf.			Rieber im Feld	Niederb.

Rieber (7)	Schwb.	Riebl (2)	Oberb.	Riegsee	Oberb.
Rieberau	Oberb.	Rieblach	Niederb.	Riekofen	Ob.Pf.
Rieberau	Schwb.	Rieble (3)	Schwb.	Rielach	Oberb.
Rieberding	Oberb.	Riebleiten	Oberb.	Rielhofen	Schwb.
Rieberer	Ob.Pf.	Riedler	Oberb.	Rielingstetten	Mitt.Frk.
Riebergütl	Oberb.	Riedlern	Oberb.	Riem	Oberb.
Riebering (3)	Oberb.	Riedlheim	Oberb.	Riem	Niederb.
Riebermeier	Oberb.	Riedlhof (2)	Ob.Pf.	Riemabing	Oberb.
Riebermühle	Oberb.	Riedling	Niederb.	Riembauer	Niederb.
Riebermühle	Niederb.	Riedlingen (3)	Schwb.	Riemberg	Niederb.
Riebern (2)	Oberb.	Riedlöd	Niederb.	Riementrab, auch	
Riebern (2)	Niederb.	Riedlohhof	Niederb.	Rinnentrabb,	
Riebern	Mitt.Frk.	Riedlsberg	Oberb.	oder Minnirober	Oberb.
Riebern	Unt.Frk.	Riedlswald	Niederb.	Rienblberg	Niederb.
Riebern	Schwb.	Riedmaier (2)	Oberb.	Rienblhäuser	
Riebersdorf	Ob.Pf.	Riedmaier	Niederb.	Rieneck	Unt.Frk.
Riebersfurt	Niederb.	Riedmühle	Oberb.	Riening	Oberb.
Riebersheim	Oberb.	Riedmühle	Niederb.	Riening, auch	
Rieberszell	Niederb.	Riedmühle	Ob.Pf.	Minding	Oberb.
Rieberisham	Niederb.	Riedmühle	Mitt.Frk.	Rienshofen	Oberb.
Rieberzhausen,		Riedmüle (8)	Unt.Frk.	Riepel	Oberb.
auch Räberts-		Riedmühle (6)	Schwb.	Riepelschuster	Oberb.
hausen	Oberb.	Riedschneider	Schwb.	Rieperting	Oberb.
Riedfeld	Niederb.	Riedssend	Schwb.	Riepertsham	Oberb.
Riedfeld	Mitt.Frk.	Riedwirthshaus		Ries	Oberb.
Riedgasteig	Oberb.	(2)	Schwb.	Ries (2)	Niederb.
Riedglas	Oberb.	Riedwies	Niederb.	Rieschweiler	Rh.Pf.
Riedhäusl	Schwb.	Riefen	Schwb.	Rieschweiler-	
Riedhalden	Schwb.	Riefer	Oberb.	mühle	Rh.Pf.
Riedham	Niederb.	Riegel	Niederb.	Rieselberg	Oberb.
Riedhausen (2)	Oberb.	Riegelbach	Niederb.	Riesen	Oberb.
Riedhausen	Schwb.	Riegelkopf	Niederb.	Riesen (2)	Ob.Pf.
Riedheim	Oberb.	Riegelöd	Niederb.	Riesen (2)	Schwb.
Riedheim	Schwb.	Riegelsberg	Niederb.	Riesenfeld	Oberb.
Riedhirsch	Schwb.	Riegelsbronner-		Rieshofen	Mitt.Frk.
Riedhöfl	Ob.Pf.	hof	Rh.Pf.	Riesleithen	Niederb.
Riedhof (10)	Oberb.	Riegelstein	Ob.Frk.	Riesperg	Niederb.
Riedhof (3)	Niederb.	Regen (2)	Schwb.	Rieß (3)	Oberb.
Riedhof	Rh.Pf.	Rieger	Schwb.	Rieß	Niederb.
Riedhof	Mitt.Frk.	Riegeröd (2)	Niederb.	Rießle	Oberb.
Riedhof	Unt.Frk.	Rieggerting	Niederb.	Riesweiler	Rh.Pf.
Riedhof	Schwb.	Rieggis	Schwb.	Riethberg	Niederb.
Riedholz	Schwb.	Riegler	Niederb.	Rietz	Niederb.
Rieding (2)	Oberb.	Rieglersreuth	Ob.Frk.	Rietzing	Niederb.
Riebing	Ob.Pf.	Riegling	Ob.Pf.	Rietzmehring	Oberb.
Riebls	Schwb.	Rieglsberg	Oberb.	Riering	Oberb.
Riebl (5)	Oberb.	Rieglsperg	Oberb.	Riffenthal	Oberb.

Rigertshofen	Ob.Pf.	Ringlasmühle	Ob.Frk.	Ritzelsdorf	Ob.Pf.
Riggau	Ob.Pf.	Ringlbrunnen	Ob.Pf.	Ritzelshof	Unt.Frk.
Rigl (2)	Niederb.	Ringkofen	Niederb.	Ritzenfeld	Ob.Pf.
Riglashof (2)	Ob.Pf.	Ringolai	Niederb.	Ritzenried	Niederb.
Riglasreuth	Ob.Pf.	Ringweilerhof	Rh.Pf.	Ritzenschatten-	
Riglberg	Niederb.	Rinkam	Niederb.	halb	Schwb.
Riglmühle	Ob.Pf.	Rinkenbergerhof	Rh.Pf.	Ritzensonnenhalb	Schwb.
Rikkartshofen	Schwb.	Rinkenstätten	Niederb.	Ritzermühle	Mitt.Frk.
Rimbach (3)	Niederb.	Rinkertsham	Oberb.	Ritzging	Niederb.
Rimbach	Mitt.Frk.	Rinn	Niederb.	Ritzhof	Ob.Pf.
Rimbach, ober	Mitt.Frk.	Rinn, auch Rie-		Ritzing	Oberb.
Rimbach, unter	Mitt.Frk.	ben	Niederb.	Ritzing (2)	Niederb.
Rimbach	Unt.Frk.	Rinnberg	Oberb.	Ritzisried	Schwb.
Rimbäck	Oberb.	Rinnen	Oberb.	Ritzlersreuth	Ob.Pf.
Rimberg	Niederb.	Rinnenthal	Oberb.	Ritzlhub	Niederb.
Rimlas	Ob.Frk.	Rinnentrapp	Oberb.	Ritzurais	Niederb.
Rimmbach	Niederb.	Rinning (2)	Oberb.	Ritzmehring	Oberb.
Rimmersdorf	Niederb.	Rinnthal	Rh.Pf.	Rirenöd	Niederb.
Rimpar	Unt.Frk.	Rins	Oberb.	Rizing	Niederb.
Rimpöcken	Niederb.	Ripperterhof	Rh.Pf.	Rizmannsdorf	Mitt.Frk.
Rimschweiler	Rh.Pf.	Rischgau	Schwb.	Robain	Ob.Pf.
Rimselrain	Oberb.	Rislashof	Ob.Pf.	Robelhaus	Niederb.
Rimsting	Oberb.	Rismannsdorf	Niederb.	Robogen	Oberb.
Rinchnach	Niederb.	Rißigel	Niederb.	Rochus Sct.	Ob.Frk.
Rindberg	Niederb.	Rißing	Ob.Pf.	Rochusfeld	Oberb.
Rindegg	Schwb.	Rißl	Niederb.	Rochusthal	Oberb.
Rinterhof	Oberb.	Rißling	Ob.Pf.	Rockelfing	Niederb.
Rinderling	Oberb.	Rißmannschall-		Rockeljäger	Oberb.
Rindhof	Oberb.	bach	Mitt.Frk.	Rocken	Oberb.
Rindhof	Unt.Frk.	Rißmühle	Niederb.	Rockenbach	Mitt.Frk.
Rindlas	Ob.Frk.	Rißfelg	Oberb.	Rockenbrunn	Mitt.Frk.
Rintmühle	Niederb.	Rißle	Oberb.	Rockeneb	Oberb.
Ringang	Schwb.	Ritterhof	Unt.Frk.	Rockenhausen	Rh.Pf.
Ringau	Ob.Frk.	Ritterleithen	Ob.Frk.	Rockerbach	Niederb.
Ringberg	Ob.Pf.	Rittersbach	Mitt.Frk.	Rockern	Niederb.
Ringdobel	Niederb.	Rittershausen	Unt.Frk.	Rockersbach (2)	Oberb.
Ringelbach	Oberb.	Rittersbeck	Rh.Pf.	Rockhöflings	Schwb.
Ringelsberg, auch		Rittersheim	Rh.Pf.	Rocklfing (2)	Oberb.
Riglsberg	Oberb.	Rittershof	Rh.Pf.	Rockolding	Oberb.
Ringelsdorf	Oberb.	Rittershof	Ob.Pf.	Rocksdorf	Ob.Pf.
Ringelwies	Niederb.	Rittersmühle	Rh.Pf.	Robalben	Rh.Pf.
Ringenberg	Schwb.	Rittersmühle	Ob.Frk.	Robalberhof	Rh.Pf.
Ringfüssing	Niederb.	Rittersmühle	Unt.Frk.	Robau	Ob.Pf.
Ringgen	Schwb.	Ritthal	Niederb.	Robeck	Ob.Frk.
Ringham	Oberb.	Rittmansberg	Niederb.	Robelhof	Niederb.
Ringheimermühle	Unt.Frk.	Rittmannshof	Ob.Pf.	Robelsee	Unt.Frk.
Ringlas	Schwb.	Rittsteig (2)	Niederb.	Robelzried	Oberb.

Roben	Unt.Frk.	Röfleuthen	Schwb.	Röselsmüh	Rh.Pf.
Robenbach (2)	Rh.Pf.	Rögling	Oberb.	Röshof	Mitt.Frk.
Robenbach	Unt.Frk.	Rögling	Schwb.	Rösl	Ob.Pf.
Robenbach, auch		Röhlings	Schwb.	Röslermühle	Ob.Frk.
Rothenbach	Unt.Frk.	Röhrach	Ob.Fr.	Röslings	Schwb.
Robenzenreuth	Ob.Pf.	Röhrenbach	Oberb.	Rösmühle (2)	Mitt.Frk.
Robersberg	Ob.Frk.	Röhrenhof	Ob.Frk.	Rößbach	Ob.Pf.
Robesgrün	Ob.Frk.	Röhrensee	Mitt.Frk.	Rösselberg (2)	Oberb.
Robheim	Mitt.Frk.	Röhresbach	Oberb.	Rösselsd	Oberb.
Robholz	Unt.Frk.	Röhrich	Rh.Pf.	Rößelsbronn	Rh.Pf.
Robing (2)	Ob.Pf.	Röhrig (2)	Ob.Frk.	Rößleinsdorf	Mitt.Frk.
Robler (2)	Niederb.	Röhrigeinzel	Ob.Frk.	Rößleinsmühle	Mitt.Frk.
Roblseigen	Ob.Pf.	Röhrischhof	Mitt.Frk.	Rößler	Oberb.
Röbersdorf	Ob.Frk.	Röhrlhof	Niederb.	Rößlöd	Niederb.
Röckenhof	Mitt.Frk.	Röhrmoos (4)	Oberb.	Rötenbach	Oberb.
Röckenhofen	Mitt.Frk.	Röhrmühle	Ob.Frk.	Röth (3)	Ob.Frk.
Röckenhofen	Ob.Pf.	Röhrnachmühle	Niederb.	Röthelbach (2)	Ob.Frk.
Röckenricht	Ob.Pf.	Röhrnau	Niederb.	Röthenbach (2)	Ob.Pf.
Röckersbühl	Ob.Pf.	Röhrnbach (2)	Niederb.	Röthenbach	Ob.Frk.
Röckerszell	Niederb.	Röhrnbach, ober	Niederb.	Röthenbach	Mitt.Frk.
Röckingen	Mitt.Frk.	Röhrndobl	Niederb.	Röthenbach	Schwb.
Röcklmühle	Niederb.	Röhrsteig	Ob.Frk.	Röthendorf	Mitt.Frk.
Röckweilerhof	Rh.Pf.	Röhrwang	Schwb.	Röthenhof	Mitt.Frk.
Röbel	Ob.Pf.	Röhwang	Schwb.	Röthenlohe	Ob.Pf.
Röbelmeier	Unt.Frk.	Röka	Oberb.	Rötherthalerhof	Rh.Pf.
Röbelsee	Unt.Frk.	Rökersberg	Oberb.	Röthlein	Unt.Frk.
Röbenbach	Ob.Pf.	Rökerzell	Oberb.	Röttbach	Unt.Frk.
Röbenhof	Schwb.	Röllbach	Unt.Frk.	Röttenbach	Ob.Pf.
Röbensdorf	Ob.Frk.	Röllenreuth	Oberb.	Röttenbach	Ob.Frk.
Röbenweiler	Mitt.Frk.	Röllfeld	Unt.Frk.	Röttenbach (5)	Mitt.Frk.
Röberbachshof	Unt.Frk.	Röllmühle	Ob.Frk.	Röttenberg	Oberb.
Röberberg	Oberb.	Rölnberg	Niederb.	Röttenreuth	Oberb.
Röberheld	Unt.Frk.	Römelsdorf	Unt.Frk.	Röttingen	Unt.Frk.
Röberhof	Rh.Pf.	Römerkessel	Schwb.	Rötz	Niederb.
Röberhof (2)	Unt.Frk.	Römerleithen	Ob.Frk.	Rötz	Ob.Pf.
Rödern	Ob.Frk.	Römersberg	Ob.Frk.	Rötzelmühle	Niederb.
Rödersbach	Unt.Frk.	Römersbühl	Ob.Pf.	Rötzing	Niederb.
Rödersdorf	Mitt.Frk.	Römershag	Unt.Frk.	Roffelsberg	Niederb.
Rödersheim	Rh.Pf.	Römershofen	Unt.Frk.	Roflach	Niederb.
Röblas	Ob.Pf.	Römersreuth	Ob.Frk.	Rogau	Niederb.
Röblas	Ob.Frk.	Rönnertshofen	Oberb.	Rogeis	Oberb.
Röblasberg	Ob.Frk.	Rörigham	Oberb.	Roggten	Schwb.
Röbles	Unt.Frk.	Rörnhof	Ob.Pf.	Roggenburg	Schwb.
Röblhof	Ob.Pf.	Rös	Mitt.Frk.	Roggendorf	Oberb.
Rötlhub	Niederb.	Röschenmühle	Mitt.Frk.	Roggendorf	Niederb.
Röblmühle	Ob.Pf.	Röschmühle	Ob.Frk.	Roggenstein	Oberb.
Röfingen	Schwb.	Röselsberg	Oberb.	Roggenstein	Ob.Pf.

Roggersdorf	Oberb.	Rohrlohmühle	Ob.Frk.	Rommelsried	Schwb.
Rogglfing (2)	Niederb.	Rohrmaier	Niederb.	Rommenthal	Oberb.
Roglkreit	Niederb.	Rohrmoos (2)	Oberb.	Rommers	Unt.Frk.
Rohensaas	Mitt.Frk.	Rohrmoos	Schwb.	Roneck	Ob.Pf.
Rohmühle	Ob.Frk.	Rohrmühle (2)	Oberb.	Ronegg	Oberb.
Rohmühle	Rh.Pf.	Rohrmühle (2)	Niederb.	Rondsdorf	Niederb.
Rohnhof	Mitt.Frk.	Rohrmühle (3)	Ob.Pf.	Ronheim	Schwb.
Rohr (2)	Oberb.	Rohrmühle (3)	Ob.Frk.	Ronnberg	Ob.Pf.
Rohr (2)	Niederb.	Rohrmühle (3)	Mitt.Frk.	Ronnersberg	Oberb.
Rohr	Ob.Pf.	Rohrmünz	Niederb.	Ronnweng	Oberb.
Rohr	Ob.Frk.	Rohrschneid-		Ronried	Schwb.
Rohr	Mitt.Frk.	mühle	Ob.Frk.	Ronsberg	Schwb.
Rohr (6)	Schwb.	Rohrsdorf	Oberb.	Ronsolden	Ob.Pf.
Rohrach	Niederb.	Rohrstetten	Niederb.	Ropferding	Oberb.
Rohrach	Mitt.Frk.	Rohrwalk	Mitt.Frk.	Roppeltshausen	Schwb.
Rohrach	Schwb.	Rohrweicher	Schwb.	Rorgenmoos	Schwb.
Rohrbach (5)	Oberb.	Rohrwieshäusl	Niederb.	Rosall	Ob.Pf.
Rohrbach (5)	Niederb.	Roja	Oberb.	Rosamühle	Ob.Pf.
Rohrbach (3)	Rh.Pf.	Roibach	Oberb.	Rosbach	Niederb.
Rohrbach	Ob.Pf.	Roichling	Niederb.	Rosbach	Ob.Pf.
Rohrbach (2)	Mitt.Frk.	Roidham	Oberb.	Rosberg	Niederb.
Rohrbach	Unt.Frk.	Roidhof	Ob.Pf.	Roschau	Ob.Pf.
Rohrbach (2)	Schwb.	Roisenberg	Niederb.	Roschbach	Rh.Pf.
Rohrbacher Glas-		Roismannsed	Niederb.	Roschlaub	Ob.Frk.
hütte	Rh.Pf.	Roith (2)	Niederb.	Rosbach	Ob.Frk.
Rohrbachermühle	Rh.Pf.	Roith (3)	Ob.Pf.	Rosenau	Oberb.
Rohrberg	Mitt.Frk.	Roitham (4)	Oberb.	Rosenau (4)	Niederb.
Rohrbruck	Ob.Pf.	Roitham	Niederb.	Rosenau	Schwb.
Rohrbrunn	Unt.Frk.	Roithham	Niederb.	Rosenbach (2)	Mitt.Frk.
Rohrdorf	Oberb.	Roithen	Oberb.	Rosenberg (4)	Oberb.
Rohrdorf	Ob.Pf.	Roithof	Niederb.	Rosenberg (2)	Niederb.
Rohrdorferfilz	Oberb.	Roithof (3)	Ob.Pf.	Rosenberg	Ob.Pf.
Rohreck	Niederb.	Roithwalchen	Oberb.	Rosenberg,	
Rohregg	Niederb.	Rolen	Oberb.	Festung	Ob.Frk.
Rohrenfeld	Schwb.	Roting	Ob.Pf.	Rosenberg	Mitt.Frk.
Rohrenfels	Schwb.	Roll	Oberb.	Rosenberger	Niederb.
Rohrenstadt	Ob.Pf.	Rollhofen	Mitt.Frk.	Rosenbirkach	Mitt.Frk.
Rohrergütl	Niederb.	Rollmühle	Oberb.	Rosenbühl (2)	Ob.Pf.
Rohrersreuth	Ob.Frk.	Rollwagenmühle	Rh.Pf.	Rosenbühl (3)	Ob.Frk.
Rohresmühle	Mitt.Frk.	Romannsthal	Ob.Frk.	Rosenburg	Ob.Pf.
Rohrfleck	Ob.Pf.	Romatsried	Schwb.	Rosengarten	Ob.Frk.
Rohrhof (2)	Niederb.	Rombach (2)	Niederb.	Rosengrund	Ob.Frk.
Rohrhof	Ob.Pf.	Romeb	Oberb.	Rosenhammer	Ob.Pf.
Rohrhof	Schwb.	Romersrain	Unt.Frk.	Rosenhammer	Ob.Frk.
Rohring	Niederb.	Romersrainer-		Rosenheim	Oberb.
Rohrlacherhof	Rh.Pf.	mühle	Unt.Frk.	Rosenhof	Niederb.
Rohrlohe	Niederb.	Romigsmühle	Ob.Frk.	Rosenhof	Rh.Pf.

Rosenhof — Rothenkreuz. 215

Rosenhof (5)	Ob.Pf.	Roßlach (2)	Ob.Frk.	Rothenbauhof	Rh.Pf.
Rosenhof (3)	Ob.Frk.	Roßlauf	Oberb.	Rothenberg	Niederb.
Rosenhof (2)	Mitt.Frk.	Roßmaiersdorf	Mitt.Frk.	Rothenberg	Ob.Pf.
Rosenholz	Niederb.	Roßmais, auch		Rothenberg	Ob.Frk.
Roseninsel, auch		Roßmaier	Oberb.	Rothenberg	Mitt.Frk.
Wörth	Oberb.	Roßmoos	Schwb.	Rothenberg,	
Rosenkopf	Rh.Pf.	Roßmühle	Ob.Pf.	Festung	Mitt.Frk.
Rosenmühle	Niederb.	Roßmühle	Unt.Frk.	Rothenberg (2)	Schwb.
Rosenmühle	Ob.Pf.	Roßmühle	Unt.Frk.	Rothenbergerhöfl	Rh.Pf.
Rosenmühle	Unt.Frk.	Roßrieth	Unt.Frk.	Rothenbergerhof	Unt.Frk.
Rosenöd	Oberb.	Roßruck (3)	Oberb.	Rothenbergerhof	Schwb.
Rosenschwaig	Oberb.	Roßschenkels	Schwb.	Rothenberger-	
Rosenstein	Rh.Pf.	Roßstall	Mitt.Frk.	mühle	Rh.Pf.
Rosenthal	Oberb.	Roßstadt	Unt.Frk.		
Rosenthalerhof	Rh.Pf.	Roßtauschen	Niederb.	Rothenbergham	Niederb.
Rosing	Schwb.	Roßthal	Mitt.Frk.	Rothenbruck	Ob.Pf.
Roslas	Ob.Pf.	Roßtränk	Ob.Pf.	Rothenbuch	Unt.Frk.
Roßamühle	Ob.Pf.	Roßwang	Oberb.	Rothenbügl	Ob.Pf.
Roßacker	Oberb.	Roßweib	Niederb.	Rothenbühl	Niederb.
Roßbach (2)	Oberb.	Roßweibmühle	Niederb.	Rothenbühl	Ob.Pf.
Roßbach (2)	Niederb.	Roßwies	Oberb.	Rothenbühl (2)	Ob.Frk.
Roßbach	Rh.Pf.	Rotenham	Unt.Frk.	Rothenbühl	Unt.Frk.
Roßbach (2)	Mitt.Frk.	Rotenwört	Niederb.	Rothenbürg	Ob.Pf.
Roßbach (2)	Unt.Frk.	Roth (4)	Oberb.	Rothenbürg	Ob.Frk.
Roßberg	Oberb.	Roth (2)	Niederb.	Rothenburg a. T.	Mitt.Frk.
Roßberg (3)	Niederb.	Roth	Rh.Pf.	Rothenfels	Ob.Pf.
Roßbirn	Oberb.	Roth (4)	Ob.Frk.	Rothenfels	Unt.Frk.
Roßbrunn	Unt.Frk.	Roth (2)	Mitt.Frk.	Rothenfels	Schwb.
Roßdorf	Oberb.	Roth (2)	Unt.Frk.	Rothenfelser-	
Roßdorf	Ob.Frk.	Roth	Schwb.	schanz	Schwb.
Roßdorf, am		Rothach	Oberb.	Rothenfurth	Niederb.
Berg	Ob.Frk.	Rothach	Schwb.	Rothenfurth	Ob.Pf.
Roßegg	Oberb.	Rothachmühle	Schwb.	Rothengrub	Niederb.
Rosselmühle	Rh.Pf.	Rothädern	Niederb.	Rothengrund	Unt.Frk.
Rossendorf	Mitt.Frk.	Rotham	Niederb.	Rothenhag	Niederb.
Rossessing	Oberb.	Rothanschöring	Oberb.	Rothenhaus	Rh.Pf.
Roßfallen	Schwb.	Rothau	Niederb.	Rothenhof (2)	Ob.Pf.
Roßfelden	Niederb.	Rothaurach	Mitt.Frk.	Rothenhof,	Ob.Frk.
Roßhart	Oberb.	Rothberg	Oberb.	Rothenhof	Mitt.Frk.
Roßhaupten	Niederb.	Rothbühl	Niederb.	Rothenhofstadt	Ob.Pf.
Roßhaupten (2)	Schwb.	Rothelm	Schwb.	Rothenhügel (2)	Ob.Frk.
Roßhof	Niederb.	Rothe Mühle	Ob.Frk.	Rothenkasten	Niederb.
Roßhof, oberer	Ob.Pf.	Rothen (2)	Schwb.	Rothenkirchen	Ob.Frk.
Roßhof, unterer	Ob.Pf.	Rothenaichmühle	Mitt.Frk.	Rothenkircherhof	Rh.Pf.
Roßhof	Unt.Frk.	Rothenaign	Niederb.	Rothenkircher-	
Roßholzen	Oberb.	Rothenau	Oberb.	mühle	Rh.Pf.
Roßhub	Niederb.	Rothenbach, auch			
		Rodenbach	Unt.Frk.	Rothenkreuz	Niederb.

Rothenleiten	Mitt.Frk.	Rothmoos (2)	Schwb.	Rottenhub	Oberb.
Rothenmoos	Schwb.	Rothmühle (3)	Oberb.	Rottenkolb, auch	
Rothenmühle	Ob.Pf.	Rothmühle, ober		Kolbenhof	Oberb.
Rothenmühle	Ob.Frk.	und unter	Oberb.	Rottenmann	Niederb.
Rothenmühle (2)	Unt.Frk.	Rothmühle (4)	Niederb.	Rottenried	Oberb.
Rothenrain	Unt.Frk.	Rothmühle (2)	Rh.Pf.	Rottenstein	Unt.Frk.
Rothenrain,		Rothmühle (3)	Ob.Pf.	Rottenstett	Oberb.
hinter und vorder	Oberb.	Rothmühle (3)	Unt.Frk.	Rottenstetten	Oberb.
Rothensand	Ob.Frk.	Rothmühle	Mitt.Frk.	Rottenwöhr	Niederb.
Rothenschuster	Schwb.	Rothsaal	Ob.Pf.	Rottersdorf (2)	Niederb.
Rothenstadt	Ob.Pf.	Rothsal	Niederb.	Rottersham	Niederb.
Rothenstein	Ob.Frk.	Rothschenreuth	Ob.Frk.	Rottershausen	Unt.Frk.
Rothenstein	Mitt.Frk.	Rothschwaig	Oberb.	Rottersmühle	Unt.Frk.
Rothenstein	Schwb.	Rothschwaige	Oberb.	Rottersreuth	Ob.Frk.
Rothensteiner-		Rothselberg	Rh.Pf.	Rottselling	Niederb.
mühle	Schwb.	Rothsteig	Rh.Pf.	Rotthalmünster	Niederb.
Rothenstuben	Niederb.	Roththal	Niederb.	Rotthof	Niederb.
Rothenthurm	Oberb.	Rothwang	Ob.Pf.	Rottilesreuth	Ob.Frk.
Rothentöbele	Schwb.	Rothwind	Ob.Frk.	Rottmann	Oberb.
Rothenwald	Niederb.	Rothwinder-		Rottmannsdorf	Mitt.Frk.
Rothenweg	Niederb.	mühle	Ob.Frk.	Rottmannshart	Oberb.
Rothfilz	Oberb.	Rothwinkl	Oberb.	Rottmeister	Schwb.
Rothfurt, auch		Rott (3)	Oberb.	Rottmersdorf	Mitt.Frk.
Rothenfurth	Niederb.	Rott, an der		Rottmoos (2)	Oberb.
Rothhaar	Ob.Pf.	Rott	Niederb.	Rottmühle (3)	Oberb.
Rothhahnen-		Rottach	Oberb.	Rottmühle	Niederb.
schwaig	Schwb.	Rottach (3)	Schwb.	Rottmühle	Rh.Pf.
Rothhaus	Oberb.	Rottachmühle (2)	Schwb.	Rottner	Oberb.
Rothhaus	Niederb.	Rottau	Oberb.	Rotsee	Oberb.
Rothhausen (2)	Unt.Frk.	Rottau	Niederb.	Rottwinkel	Oberb.
Rothhell	Rh.Pf.	Rottbach	Oberb.	Rotzendorf	Ob.Pf.
Rothhof (2)	Oberb.	Rottberg	Oberb.	Rotzenmühle	Ob.Pf.
Rothhof	Niederb.	Rottbuch	Oberb.	Rorfeld	Ob.Pf.
Rothhof	Ob.Pf.	Rottelsdorf	Ob.Frk.	Ruben, auch	
Rothhof (3)	Ob.Frk.	Rottenaich	Niederb.	Rubi	Schwb.
Rothhof (2)	Mitt.Frk.	Rottenbauer	Oberb.	Rubenbauer	Ob.Pf.
Rothhof (2)	Unt.Frk.	Rottenbauer	Unt.Frk.	Rubenheim	Rh.Pf.
Rothhofmann	Niederb.	Rottenberg	Niederb.	Rubensberg	Oberb.
Rothhub	Oberb.	Rottenberg	Unt.Frk.	Rubsam	Niederb.
Rothkampeln	Oberb.	Rottenbrunn	Niederb.	Ruchheim	Rh.Pf.
Rothkreuz	Schwb.	Rottenbuch (2)	Oberb.	Rüchis	Schwb.
Rothkreuzhof	Unt.Frk.	Rottenburg	Niederb.	Ruckasing	Niederb.
Rothleck	Niederb.	Rottendorf (2)	Ob.Pf.	Ruckerding	Niederb.
Rothleithen	Ob.Frk.	Rottendorf	Unt.Frk.	Ruckersmühle	Ob.Pf.
Rothmaiers	Schwb.	Rotteneck	Oberb.	Ruckerting	Oberb.
Rothmannsthal	Ob.Frk.	Rottenfeld	Oberb.	Ruckertsbichl	Oberb.
Rothmoos	Oberb.	Rottenfuß	Oberb.	Rucking	Niederb.

Ruckmühle	Unt.Frk.	Rückertshofen	Mitt.Frk.	Ruhensdorf	Oberb.
Ruckowitz-		Rückertsmühle	Mitt.Frk.	Ruhenstätt	Oberb.
schachten	Niederb.	Ruchof	Ob.Pf.	Ruhepalzing	Oberb.
Rucksgasse	Ob.Frk.	Ruchholz	Schwb.	Ruhethal, Forst-	
Rucksmühle	Ob.Frk.	Rückleinsmühle	Ob.Frk.	haus	Rh.Pf.
Rudelfing	Niederb.	Rücklemühle, auch		Rußfelden, auch	
Rudelsdorf	Mitt.Frk.	Nicklenmühle	Schwb.	Nieblingen	Schwb.
Rudelshofen	Oberb.	Rückstetten, groß		Rublantsmühle	Unt.Frk.
Rudelstetten	Schwb.	und klein	Oberb.	Ruhmannsdorf	
Rudelzhausen	Niederb.	Rübelhof	Mitt.Frk.	(2)	Niederb.
Rudendorf	Unt.Frk.	Rüdenau	Unt.Frk.	Ruhmansdorf	Niederb.
Rudenshofen	Ob.Pf.	Rüdenhausen	Unt.Frk.	Ruhmansfelben	Niederb.
Ruderatshofen	Schwb.	Rüdern (2)	Mitt.Frk.	Ruhpoint (2)	Oberb.
Ruderatsried	Schwb.	Rüdern	Unt.Frk.	Ruhpolding	Oberb.
Ruderding	Niederb.	Rüblsbronn	Mitt.Frk.	Ruhsdorf	Oberb.
Rudering	Oberb.	Rügersberg	Ob.Frk.	Ruhsdorf (2)	Niederb.
Rudersberg (3)	Oberb.	Rügersgrün	Ob.Frk.	Ruhstorf	Niederb.
Rudersdorf	Ob.Pf.	Rügheim	Unt.Frk.	Rußtorf	Niederb.
Rudersdorf	Mitt.Frk.	Rügland	Mitt.Frk.	Ruhwies	Oberb.
Ruderszell	Ob.Pf.	Rügshof	Unt.Frk.	Ruiding	Ob.Pf.
Rudertsau	Oberb.	Rügshofen	Unt.Frk.	Ruith	Ob.Pf.
Rudertshausen	Niederb.	Rührersberg	Ob.Pf.	Rulabing	Oberb.
Rudertshofen	Mitt.Frk.	Rülzheim	Rh.Pf.	Rulands	Schwb.
Rudhart	Oberb.	Rüsselbach	Ob.Frk.	Rumansalgn	Niederb.
Rudholzen	Oberb.	Rüssenbach	Ob.Frk.	Rumbach	Rh.Pf.
Rudlesholz	Ob.Pf.	Rüßlingen	Rh.Pf.	Rumberg	Oberb.
Rudlfing (2)	Oberb.	Rütsch	Rh.Pf.	Rumertsham	Oberb.
Rudlfing	Niederb.	Rütschenhausen	Unt.Frk.	Rumgraben	Oberb.
Rudolphsau	Oberb.	Rüttelborf	Mitt.Frk.	Rumleshof	Ob.Pf.
Rudolphsberg	Ob.Frk.	Rützen	Schwb.	Rummelmühl	Niederb.
Rudolphshof	Mitt.Frk.	Rützenreuth	Ob.Frk.	Rummelsberg	Oberb.
Rudolphskirchen	Rh.Pf.	Rützhofen	Schwb.	Rummelsberg	Mitt.Frk.
Rudolphsmühle	Rh.Pf.	Ruetzing	Niederb.	Rummelsmühle	Mitt.Frk.
Rudolphstein	Ob.Frk.	Rützmühle	Rh.Pf.	Rummelsölden	Ob.Pf.
Rudolzhofen	Mitt.Frk.	Rufen (2)	Schwb.	Rummel:shausen	Oberb.
Rudorfer	Oberb.	Rufenberg	Niederb.	Rummeltshausen	Schwb.
Rudwarz	Schwb.	Rufenmühle	Mitt.Frk.	Rummering	Oberb.
Rueberting	Niederb.	Ruffenhaus	Ob.Frk.	Rummerzricht	Ob.Pf.
Rüblanden	Mitt.Frk.	Ruffenhofen	Mitt.Frk.	Rumpelmühle (2)	Niederb.
Rüblesgrund	Ob.Frk.	Ruffenried	Ob.Pf.	Rumpelöd	Niederb.
Rübling	Mitt.Frk.	Rugenhof	Niederb.	Rumpelstein	Niederb.
Rüblingshof	Mitt.Frk.	Rugendorf	Ob.Frk.	Rumpenstatl	Niederb.
Rück	Unt.Frk.	Ruggenmühle	Ob.Frk.	Rumpfing	Niederb.
Rückersbach	Unt.Frk.	Ruß	Ob.Frk.	Rumplmühlhof	Ob.Pf.
Rückersdorf (2)	Mitt.Frk.	Ruß	Unt.Frk.	Runbuch	Oberb.
Rückersrieth, auch		Ruße, auf der	Oberb.		
Rickersricht	Ob.Pf.	Rußenseberg	Oberb.	Runtelshausen	Unt.Frk.
				Runding	Niederb.

Runbing, Schloß	Ob.Pf.	Ruppertskirchen	Oberb.	Ruffel			Niederb.
Rundorf	Oberb.	Ruppertskirchen	Niederb.	Rußhäusl			Niederb.
Runbum	Oberb.	Ruppertsöd	Oberb.	Rußhütte			Ob.Frk.
Rungertshofen	Schwb.	Ruppertsöd	Niederb.	Rußhütten			Ob.Pf.
Runkenreuth	Ob.Pf.	Ruppertsrieb	Oberb.	Rußmühle			Niederb.
Runthal	Niederb.	Ruppertsweiler	Rh.Pf.	Rußmühle			Rh.Pf.
Rupert Sct.	Niederb.	Ruppertszell	Oberb.	Rußmühle			Ob.Pf.
Rupert Sct.	Ob.Frk.	Ruppertzaint	Unt.Frk.	Rußmühle			Ob.Frk.
Rupertsbühl	Ob.Pf.	Ruppling	Oberb.	Rußöd			Niederb.
Rupolz	Schwb.	Ruppmannsburg	Mitt.Frk.	Rußwelherhäusl			Ob.Pf.
Rupp	Mitt.Frk.	Ruppoden	Unt.Frk.	Ruthmanns-			
Ruppach	Unt.Frk.	Ruppolding	Oberb.	weiler			Mitt.Frk.
Ruppachsmühle	Unt.Frk.	Rupprechtsaign	Niederb.	Rutzen			Schwb.
Ruppenmanklitz	Schwb.	Rupprechtsberg	Niederb.	Rutzenbach			Niederb.
Ruppenmühle	Schwb.	Rupprechts-		Rutzhofen			Schwb.
Ruppenschwaig	Schwb.	hausen	Unt.Frk.	Rutzmoos			Oberb.
Ruppenthalerhof	Rh.Pf.	Rupprechtsreuth	Ob Pf.	Rutzöd			Oberb.
Ruppenwirths-		Rupprechtsreu-		Rutzweiler an der			
haus	Ob.Frk.	thermühle	Ob.Pf.	Glan			Rh.Pf.
Ruppertsberg	Rh.Pf.	Rupprechtsftegen	Mitt.Frk.	Rutzweiler an der			
Ruppertsbuch	Mitt.Frk.	Rupprechtsstein	Ob.Pf.	Lauter			Rh.Pf.
Ruppertsdorf (2)	Oberb.	Rupsroth	Unt.Frk.	Rurhof			Ob.Pf.
Ruppertsecken	Rh.Pf.	Rusch	Oberb.	Ruzendorf			Mitt.Frk.
Ruppertsgrün	Ob.Frk.	Rusel	Niederb.	Ruzendorfer-			
Ruppertsham	Oberb.	Rusel	Ob.Pf.	mühle			Mitt.Frk.
Ruppertshof	Niederb.	Ruspen	Ob.Frk.	Ruzenhof			Mitt.Frk.
Ruppertshütten	Unt.Frk.	Rußbrenner	Niederb.				

Saag	Niederb.	Saalstadt	Rh.Pf.	Sachsbach	Mitt.Frk.
Saal	Rh.Pf.	Saam	Niederb.	Sachsberg	Oberb.
Saal, an der		Saarhaus	Ob.Frk.	Sachsberg	Niederb.
Saale	Unt.Frk.	Saarhof	Unt.Frk.	Sachsen	Oberb.
Saaldorf	Oberb.	Saarmühle	Ob.Frk.	Sachsen (2)	Mitt.Frk.
Saalenbach	Schwb.	Saas	Ob.Pf.	Sachsendorf	Niederb.
Saalenstein (2)	Ob.Frk.	Saas (3)	Ob.Frk.	Sachsendorf (2)	Ob.Frk.
Saalermühle	Rh.Pf.	Saaß	Ob.Pf.	Sachsenham	Oberb.
Saalhaupt	Niederb.	Sabasau	Oberb.	Sachsenham	Niederb.
Saalhof	Ob.Pf.	Sachenbach (2)	Oberb.	Sachsenhausen	Oberb.
Saalingberg	Niederb.	Sachensee	Oberb.	Sachsenhausen	Niederb.
Saalmanns-		Sacherer	Oberb.	Sachsenheim	Unt.Frk.
kirchen	Oberb.	Saching	Niederb.	Sachsenhof	Unt.Frk.
Saalmühle (2)	Ob.Frk.	Sachra	Oberb.	Sachsenhofen	Ob.Pf.
Saalmühle	Unt.Frk.	Sachrang	Oberb.	Sachsenhütte	Rh.Pf.

Sachsenkam (3)	Oberb.	Sag (2)	Oberb.	Sallterer	Oberb.
Sachsenmühle	Ob.Frk.	Sag, Sagerer	Oberb.	Saliterhäusl	Ob.Pf.
Sachsenöd (3)	Oberb.	Sag, auf der	Oberb.	Salitersheim	Niederb.
Sachsenried	Oberb.	Sagberg	Oberb.	Salksdorf	Niederb.
Sachsenried	Schwb.	Sagerfilz	Oberb.	Sallach (2)	Oberb.
Sachsenstein	Oberb.	Sagermühle (2)	Niederb.	Sallach (2)	Niederb.
Sachsenvorwerk	Ob.Frk.	Saggau	Ob.Pf.	Sallach	Ob.Pf.
Sachserhof	Unt.Frk.	Saghof	Niederb.	Sallach	Mitt.Frk.
Sachspfeifen	Ob.Frk.	Saghub	Niederb.	Salleck	Niederb.
Sack	Mitt.Frk.	Sagmeister (2)	Oberb.	Sallermühle	Niederb.
Sackdilling	Ob.Pf.	Sagstetten	Niederb.	Sallern (2)	Ob.Pf.
Sackenbach	Unt.Frk.	Sagstettermühle	Niederb.	Sallernmühle	Ob.Pf.
Sackenreuth	Ob.Frk.	Sahrmühle	Ob.Frk.	Salleröd	Ob.Pf.
Sackenried	Niederb.	Sailauf	Unt.Frk.	Sallerwörth	Niederb.
Sackra	Oberb.	Sallershausen	Unt.Frk.	Salling (2)	Oberb.
Sackstetten	Niederb.	Sailerwörth	Niederb.	Salling	Niederb.
Saberelth	Niederb.	Sailn	Oberb.	Sallitz	Niederb.
Sächsenheim	Unt.Frk.	Sainbach	Oberb.	Sallmannsbühl	Oberb.
Säckenhofen, auch		Sainberg	Ob.Pf.	Sallmannsdorf	Ob.Pf.
Finsterweiling	Ob.Pf.	Saisting	Ob.Pf.	Sallmannshof,	
Sägen, ober	Schwb.	Saiten	Schwb.	auch Spiegel-	
Sägen, unter	Schwb.	Saltenmühle	Schwb.	hof	Mitt.Frk.
Säger	Schwb.	Salabeuren	Schwb.	Sallmannskir-	
Säghäuser	Niederb.	Salach	Schwb.	chen (2)	Oberb.
Säghäusl	Niederb.	Salachmühle	Schwb.	Sallmating	Oberb.
Säghäusl	Ob.Pf.	Saladorf	Niederb.	Salmans	Schwb.
Säghuber	Niederb.	Salb	Schwb.	Salmansberg	Schwb.
Sägmeister	Oberb.	Salberg	Niederb.	Salmannsgrub	Ob.Pf.
Sägmeisterhof	Niederb.	Salchenried	Schwb.	Salmannshofen	Schwb.
Sägmühle (13)	Oberb.	Salchhof	Schwb.	Salmars	Schwb.
Sägmühle (2)	Niederb.	Salching	Niederb.	Salmdorf	Oberb.
Sägmühle (7)	Rh.Pf.	Saldenau	Niederb.	Salmdorf	Ob.Pf.
Sägmühle (13)	Ob.Pf.	Saldenburg	Niederb.	Salmer	Oberb.
Sägmühle (2)	Ob.Frk.	Saleck	Unt.Frk.	Salmering	Oberb.
Sägmühle (5)	Mitt.Frk.	Salenbach	Schwb.	Salming	Oberb.
Sägmühle	Unt.Frk.	Salenwang	Schwb.	Salmsdorf	Unt.Frk.
Sägmühle (16)	Schwb.	Salerberg	Niederb.	Saltendorf (2)	Ob.Pf.
Sälzlhof	Oberb.	Salgen	Schwb.	Saltendorf	Ob.Frk.
Sänding, auch		Salgstorf	Niederb.	Salvator	Niederb.
Santing	Niederb.	Salhof	Oberb.	Salvator Sct.	
Säubäumen	Schwb.	Saline	Unt.Frk.	(2)	Niederb.
Säulen	Oberb.	Salingsmühle	Rh.Pf.	Salvator Sct.	Ob.Pf.
Säumelweg	Niederb.	Salisberg	Oberb.	Salvator Sct.	Ob.Frk.
Säuwald	Oberb.	Saliter (3)	Oberb.	Salz	Unt.Frk.
Saferl	Niederb.	Saliter, am		Salzbauer	Niederb.
Saferstetten	Niederb.	Wasen	Oberb.	Salzberg, ober	Oberb.
Saffelberg	Ob.Pf.	Saliter (2)	Niederb.	Salzberg, unt. I.	Oberb.

Salzberg, unt. II.	Oberb.	Sandau	Oberb.	Sanftlreuth	Oberb.
Salzberg (2)	Niederb.	Sandbach	Niederb.	Sange, a. Zange	Schwb.
Salzburg	Unt.Frk.	Sandberg (3)	Niederb.	Sangerhof	Rh.Pf.
Salzburger	Oberb.	Sandberg	Ob.Pf.	Skt. Alban	Oberb.
Salzburgerhof	Oberb.	Sandberg (2)	Unt.Frk.	Skt. Andrä	Oberb.
Salzburghofen	Oberb.	Sandbrunnen-		Skt. Anna	Oberb.
Salzdorf	Niederb.	häusl	Rh.Pf.	Skt. Anna	Niederb.
Salzed	Oberb.	Sandbühl	Oberb.	Skt. Bernhart	Niederb.
Salzgattern	Niederb.	Sandbüßl	Rh.Pf.	Skt. Castl	Oberb.
Salzhub	Oberb.	Sandbühl	Schwb.	Skt. Colomann	Niederb.
Salzing	Oberb.	Sanddorf	Rh.Pf.	Skt. Corona	Niederb.
Salzleckhof, oder		Sandelzhausen	Niederb.	Skt. Emmeran	Oberb.
Salzkellerhof	Rh.Pf.	Sanden	Niederb.	Skt. Florian	Oberb.
Salzmaier	Oberb.	Sandenhof	Unt.Frk.	Skt. Franziskus	
Salzmann	Niederb.	Sandersdorf	Ob.Pf.	(2)	Oberb.
Salzrinerhof	Unt.Frk.	Sandgraben	Oberb.	Skt. Georg (2)	Oberb.
Salzweg	Niederb.	Sandgrub (3)	Oberb.	Skt. Georgen (3)	Oberb.
Salzwoog	Rh.Pf.	Sandhaarlanden	Niederb.	Skt. Georgen	Ob.Frk.
Sambach	Rh.Pf.	Sandhäuser	Ob.Frk.	Skt. Gilgen	Oberb.
Sambach	Ob.Frk.	Sandheim	Ob.Pf.	Skt. Gilgenberg	Ob.Frk.
Sambach, auch		Sandhöferfahrt	Rh.Pf.	Skt. Heinrich	Oberb.
Mönchsambach	Ob.Frk.	Sandhof	Oberb.	Skt. Hermann	Niederb.
Sambachmühle	Unt.Frk.	Sandhof	Niederb.	Skt. Jakob	Oberb.
Sambachshof	Unt.Frk.	Sandhof	Rh.Pf.	Skt. Jobst	Oberb.
Samberg	Niederb.	Sandhof	Ob.Pf.	Skt. Johann (4)	Oberb.
Sameister	Schwb.	Sandhof (2)	Ob.Frk.	Skt. Johann	Niederb.
Samelshof, oder		Sandhof	Mitt.Frk.	Skt. Johannes	Oberb.
Samuelshof	Rh.Pf.	Sandhof	Unt.Frk.	Skt. Johannes	Niederb.
Samesreit	Oberb.	Sanding	Niederb.	Skt. Johannes-	
Samhof	Oberb.	Sandizell	Oberb.	rain	Oberb.
Sammartl	Niederb.	Sandmann	Niederb.	Skt. Johannis	Ob.Frk.
Sammelberg	Niederb.	Sandmühle (2)	Ob.Pf.	Skt. Julians-	
Sammelhaus	Ob.Pf.	Sandmühle	Ob.Frk.	mühle	Rh.Pf.
Sammelweg	Niederb.	Sandmühle	Mitt.Frk.	Skt. Kollmann	
Sammenheim	Mitt.Frk.	Sandmühle (2)	Unt.Frk.	(2)	Oberb.
Sammenhütte,		Sandöd	Niederb.	Skt. Leonhard	
oder Sam-		Sandreuth	Ob.Frk.	(7)	Oberb.
mendörr	Rh.Pf.	Sandreuth	Mitt.Frk.	Skt. Lorenz (2)	Oberb.
Sammer	Oberb.	Sands	Unt.Frk.	Skt. Mang, auch	
Sammern	Niederb.	Sandsbach	Niederb.	Lenzfried	Schwb.
Sammühle	Mitt.Frk.	Sandsee	Ob.Pf.	Skt. Maria	Oberb.
Samping	Oberb.	Sandting	Ob.Pf.	Skt. Maria-	
Sand	Oberb.	Sandtner	Niederb.	Alban	Oberb.
Sand (6)	Niederb.	Sandweg	Niederb.	Skt. Martin (2)	Niederb.
Sand	Rh.Pf.	Sandweg	Ob.Pf.	Skt. Martin	Mitt.Frk.
Sand (2)	Ob.Frk.	Sandwörth	Unt.Frk.	Skt. Michel	Oberb.
Sand	Unt.Frk.	Saneberg	Schwb.	Skt. Nikola	Niederb.

St. Ottilien	Oberb.	Sattelgrund-		Sauhof	Ob.Pf.
St. Peter	Niederb.	mühle	Ob.Frk.	Saulach	Schwb.
St. Rochus	Oberb.	Sattelhof	Rh.Pf.	Saulbach	Oberb.
St. Rupert	Ob.Frk.	Sattelmanns-		Saulbach	Niederb.
St. Salvator		burg	Ob.Frk.	Saulburg	Niederb.
(3)	Oberb.	Sattelmühle, auch		Saulehen	Niederb.
St. Sebastian	Oberb.	Sattelthaler-		Saulengrain	Schwb.
St. Sebastian	Niederb.	mühle	Rh.Pf.	Saulgrub	Oberb.
St. Simon	Niederb.	Sattelmühle	Ob.Frk.	Saulnhof	Ob.Pf.
St. Stephan	Oberb.	Sattelstatt	Niederb.	Sauloh	Oberb.
St. Stephan	Ob.Frk.	Sattl	Niederb.	Saulorn (2)	Niederb.
St. Ulrich	Mitt.Frk.	Sattlberg	Niederb.	Saumberg	Ob.Pf.
St. Ursula	Oberb.	Sattler auf der		Saumhof	Rh.Pf.
St. Veit	Ob.Frk.	Freiung	Niederb.	Saumühle	Niederb.
St. Virgilien	Oberb.	Sattlern	Niederb.	Saunstein	Niederb.
St. Wolfgang	Oberb.	Sattlhambach	Oberb.	Sauöd	Niederb.
St. Wolfgang	Niederb.	Sattlhof	Ob.Pf.	Saupern	Oberb.
Sanna	Oberb.	Sattling	Niederb.	Saupferch	Rh.Pf.
Sannetsham	Oberb.	Sattling, nieder	Niederb.	Saurain	Oberb.
Sansenhof	Unt.Frk.	Sattlmühle	Niederb.	Saußdorf	Niederb.
Sanspareil	Ob.Frk.	Satzbach	Ob.Pf.	Sausenheim	Rh.Pf.
Sanzenhof	Niederb.	Satzdorf	Ob.Pf.	Sausenhofen	Mitt.Frk.
Sanzing	Niederb.	Satzenberg	Niederb.	Sausenthal	Schwb.
Sappenberg	Oberb.	Satzing	Niederb.	Sausmühle (2)	Niederb.
Sappenfeld	Mitt.Frk.	Satzlhof, Sälzl-		Saustallen	Niederb.
Sarbacher Eisen-		hof	Oberb.	Sausthal	Niederb.
hammer	Rh.Pf.	Sauberg (2)	Ob.Pf.	Santers	Schwb.
Sarching	Ob.Pf.	Sauberg (2)	Ob.Pf.	Sautorn	Niederb.
Sargau	Oberb.	Saubesrieth	Ob.Pf.	Sauwald	Oberb.
Sarghof	Ob.Pf.	Saubichl	Oberb.	Sarau	Oberb.
Sargmühle (2)	Ob.Pf.	Saubrachshof	Unt.Frk.	Sarenweber	Schwb.
Sarling	Oberb.	Sauer		Saring	Niederb.
Sarling	Niederb.	Sauerbach	Mitt.Frk.	Schaaf	Schwb.
Sarnstall	Rh.Pf.	Sauerbrunnen	Ob.Pf.	Schaafhof	Ob.Pf.
Sarreit	Oberb.	Sauerhof (2)	Ob.Frk.	Schaafhof	Ob.Frk.
Saß, ober, unter,		Sauerlach	Oberb.	Schaafmühle	Ob.Pf.
nieder, mitter	Oberb.	Sauermühle	Unt.Frk.	Schabau	Oberb.
Sußanfarth	Ob.Frk.	Sauernheim	Ob.Frk.	Schabel, am	
Sassau	Oberb.	Sauernheim	Mitt.Frk.	Moos	Oberb.
Sassendorf	Ob.Frk.	Sauernlohe	Ob.Pf.	Schabenberg	Oberb.
Sassenhof	Ob.Pf.	Sauerdö	Oberb.	Schabenberg	Niederb.
Sassenreuth	Ob.Pf.	Sauerdö	Niederb.	Schabenhasöden	Niederb.
Sattel	Ob.Frk.	Sauersberg	Oberb.	Schaberer	Oberb.
Sattelbeilnstein	Ob.Pf.	Sauersberg (2)	Niederb.	Schabernack	Unt.Frk.
Sattelberg (2)	Oberb.	Sauforst	Ob.Pf.	Schabernackmühl	Schwb.
Sattelbogen	Ob.Pf.	Saugendorf	Ob.Frk.	Schabing (2)	Oberb.
Sattelgrund	Ob.Frk.	Sauheim	Ob.Pf.	Schabing	Niederb.

Schabinghof	Oberb.	Schäferei	Ob.Pf.	Schafmeierhof	Schwb.
Schabingsferch	Oberb.	Schäferei (5)	Ob.Frk.	Schafmühle	Rh.Pf.
Schabled	Niederb.	Schäferei	Mitt.Frk.	Schafmühle	Unt.Frk.
Schabringen	Schwb.	Schäferei	Unt.Frk.	Schafreit	Niederb.
Schacha	Oberb.	Schäfereimühlen	Unt.Frk.	Schafshiu	Ob.Pf.
Schacha (2)	Niederb.	Schäferhaus	Ob.Frk.	Schafstall	Oberb.
Schacha	Oh.Pf.	Schäferhaus	Unt.Frk.	Schaffsteinerhof	Unt.Frk.
Schachach	Oberb.	Schäfersmühle	Unt.Frk.	Schaftelbing	Oberb.
Schachen (16)	Oberb.	Schäffler	Schwb.	Schaftlach	Oberb.
Schachen (3)	Niederb.	Schäfler	Schwb.	Schaftnach	Mitt.Frk.
Schachen	Unt.Frk.	Schäflohe	Ob.Pf.	Schafwaschen	Oberb.
Schachen (4)	Schwb.	Schäfmoos	Schwb.	Schaggenhofen	Ob.Pf.
Schachenbobl	Niederb.	Schäfstall	Schwb.	Schaibing	Niederb.
Schachendorf	Ob.Pf.	Schäfstoß	Schwb.	Schaldham (2)	Niederb.
Schacheneck	Niederb.	Schärmessen	Oberb.	Schalbing	Oberb.
Schachenhalbe	Schwb.	Schätz, am Hof	Niederb.	Schalblaich	Niederb.
Schacherhof	Rh.Pf.	Schätzel	Oberb.	Schaldt	Rh.Pf.
Schachert	Niederb.	Schoftach	Ob.Pf.	Schaldtermühle	Rh.Pf.
Schachhof	Oberb.	Schafberg	Niederb.	Schainbach	Oberb.
Schaching (2)	Oberb.	Schafberg	Ob.Pf.	Schalppach	Unt.Frk.
Schaching	Niederb.	Schafbruck	Ob.Pf.	Schattdorf	Ob.Pf.
Schachleiten	Oberb.	Schafbruckmühle		Schalttel	Niederb.
Schachlöh (2)	Niederb.	(2)	Ob.Pf.	Schaitz	Ob.Frk.
Schachmoos	Oberb.	Schafdorn	Oberb.	Schakau	Unt.Frk.
Schachner	Oberb.	Schafed	Niederb.	Schalch, unterm	
Schachner	Niederb.	Schafen	Oberb.	Berg	Oberb.
Schacht	Ob.Pf.	Schaffeghof	Unt.Frk.	Schalchen (3)	Oberb.
Schacht	Ob.Frk.	Schaffhausen	Oberb.	Schalding	Niederb.
Schachten (2)	Oberb.	Schaffler		Schalding, auch	
Schachten (15)	Niederb.	Schaffthal		Schaltern	Niederb.
Schachten, hin-		Schafhaus (4)	Ob.Frk.	Schalk	Schwb.
term	Niederb.	Schafhausen (2)	Niederb.	Schalkenbach	Ob.Pf.
Schachten	Ob.Pf.	Schafhausen (2)	Mitt.Frk.	Schalkenried	Schwb.
Schachtenbach	Niederb.	Schafhausen	Schwb.	Schalkenthan	Ob.Pf.
Schachtl (2)	Niederb.	Schafhauserhof	Schwb.	Schalkham	Oberb.
Schackenberg	Unt.Frk.	Schafhöfe	Oberb.	Schalkham (3)	Niederb.
Schaden	Oberb.	Schafhöfe	Mitt.Frk.	Schalkhausen	Mitt.Frk.
Schadenberg	Niederb.	Schafhof	Niederb.	Schalkshofen	Schwb.
Schadenreuth	Ob.Pf.	Schafhof (6)	Ob.Pf.	Schalldorf	Oberb.
Schadersberg	Ob.Pf.	Schafhof (6)	Ob.Frk.	Schalldorf	Niederb.
Schadham	Niederb.	Schafhof (6)	Mitt.Frk.	Schallehäusl	Oberb.
Schadhub	Oberb.	Schafhof (11)	Unt.Frk.	Schallenkam	Oberb.
Schadlos, auch		Schafhof	Schwb.	Schallenkofen	Oberb.
Schriblos	Ob.Frk.	Schafhofen	Ob.Pf.	Schaller	Oberb.
Schächen (2)	Oberb.	Schafhübel	Ob.Frk.	Schallerhaus	Ob.Pf.
Schäching	Oberb.	Schafhut	Ob.Frk.	Schallerhof	Ob.Frk.
Schäferei	Niederb.	Schafleiten (2)	Oberb.	Schallermühle (2)	Ob.Pf.

Schallersgrün	Ob.Frk.	Scharlau	Ob.Pf.	Schauerhelm	Mitt.Frk.
Schallershof	Ob.Frk.	Scharling (2)	Oberb.	Schauerhof	Niederb.
Schallershof (2)	Mitt.Frk.	Scharlmühle (2)	Ob.Pf.	Schauernhelm	Rh.Pf.
Schallersreuth	Ob.Frk.	Scharmassing	Ob.Pf.	Schauersbreiten	Oberb.
Schallerwörthmühle	Ob.Pf.	Scharmühle (2)	Niederb.	Schauerschorn	Oberb.
		Scharn	Oberb.	Schauersgrub	Niederb.
Schallfeld	Unt.Frk.	Scharn	Niederb.	Schauerstein	Ob.Pf.
Schallnöd	Niederb.	Scharneck	Niederb.	Schaufel	Niederb.
Schallodenbach	Rh.Pf.	Schart	Oberb.	Schaufel	Ob.Frk.
Schalmai	Unt.Frk.	Scharten	Oberb.	Schaufelhütte	Niederb.
Schalmannsberg	Niederb.	Scharten	Niederb.	Schaufling	Niederb.
Schaltdorf (2)	Niederb.	Scharten	Ob.Frk.	Schaumbach-	
Schalterbachhöfl	Niederb.	Scharthammer	Ob.Frk.	mühle	Ob Pf.
Schambach	Oberb.	Schartling	Oberb.	Schaumbergs-	
Schambach (2)	Niederb.	Scharr	Ob.Pf.	wüstung	Ob.Frk.
Schambach (2)	Ob.Pf.	Scharrau	Rh.Pf.	Schaumühle	Oberb.
Schambach (2)	Mitt.Frk.	Scharrhof	Rh.Pf.	Schaurach	Oberb.
Schamburger	Niederb.	Scharrleithen	Niederb.	Schaurain	Oberb.
Schamelsberg	Ob.Frk.	Schatten	Schwb.	Schechen (2)	Oberb.
Schamhaupten	Ob.Pf.	Schattenhof	Mitt.Frk.	Schechenmühle	Unt.Frk.
Schamlesberg	Ob.Frk.	Schattenhofen	Oberb.	Scheckenberg	Ob.Pf.
Schammach	Oberb.	Schattenkirchen	Niederb.	Scheckenhof	Ob.Pf.
Schammelsdorf	Ob.Frk.	Schattenrain	Niederb.	Scheckenhofen	Oberb.
Schammendorf	Ob.Frk.	Schatz	Oberb.	Scheckenmühle(2)	Mitt.Frk.
Schammesrieth	Ob.Pf.	Schatzbach	Niederb.	Schecking, auch	
Schanderlhof	Ob.Pf.	Schatzbach	Ob.Frk.	Schickling	Oberb.
Schandhöfl	Oberb.	Schatzendorf	Ob.Pf.	Schedl	Niederb.
Schandhof	Mitt.Frk.	Schatzenhof	Ob.Frk.	Schebberndorf	Ob.Frk.
Schaned	Oberb.	Schatzenöd	Oberb.	Scheblhof (2)	Niederb.
Schanz	Niederb.	Schatzhof	Oberb.	Schebling	Oberb.
Schanz	Ob.Frk.	Schatzhofen	Niederb.	Scheerleiten	Ob.Frk.
Schanz (3)	Schwb.	Schatzhuber	Niederb.	Scheermühle	Oberb.
Schanze	Niederb.	Schatzöd	Niederb.	Scheermühle (2)	Mitt.Frk.
Schanzerhof	Rh.Pf.	Schatzöd	Oberb.	Scheffau	Oberb.
Schanzermühle	Rh.Pf.	Schatzwinkel	Oberb.	Scheffau	Schwb.
Schanzhaus	Schwb.	Schaubenmühle	Unt.Frk.	Scheften	Niederb.
Schapsthal	Niederb.	Schauberg	Niederb.	Scheftenhof	Niederb.
Schapolderau	Niederb.	Schauberg	Ob.Frk.	Scheftenmühle	Niederb.
Scharam	Oberb.	Schaubergersäg	Niederb.	Schegglins	Schwb.
Scharbling	Oberb.	Schauderslochmühle		Scheibe, auf der	Niederb.
Scharfereck	Oberb.		Unt.Frk.	Scheibe	Schwb.
Scharfereck	Mitt.Frk.	Schauenstein	Ob.Frk.	Scheibelacker	Niederb.
Scharfentöbele	Schwb.	Schauer	Oberb.	Scheibelsgrub	Niederb.
Scharfmühle	Oberb.	Schauerbach	Niederb.	Scheiben	Oberb.
Scharham	Oberb.	Schauerberg	Rh.Pf.	Scheiben (2)	Niederb.
Scharhof	Ob.Pf.	Schauerberg	Mitt.Frk	Scheiben, große	Niederb.
Scharlach	Niederb.	Schauereck	Niederb.	Scheiben, kleine	Niederb.

Scheiben	Ob.Frk.	Schellenberg (3)	Schwb.	Schergenau	Oberb.
Scheiben (2)	Schwb.	Schelleneck (2)	Oberb.	Schergendorf	Niederb.
Scheiben, ober	Schwb.	Schelleneck	Niederb.	Schergendorf	Ob.Pf.
Scheiben, unter	Schwb.	Schellenhof	Schwb.	Schergengrub,	
Scheibenhardt	Rh.Pf.	Schellenlohe	Oberb.	a. Schirngrub	Niederb.
Scheibenhof	Unt.Frk.	Schellenmühle	Unt.Frk.	Schergenhub	Oberb.
Scheibensitz	Niederb.	Schellert	Mitt.Frk.	Schergenöd	Oberb.
Scheibenwies	Niederb.	Schellhof	Ob.Pf.	Scherhäusl	Niederb.
Scheibleck	Oberb.	Schellhof	Mitt.Frk.	Schering	Oberb.
Scheibled	Niederb.	Schellhorn	Schwb.	Scherle	Schwb.
Scheiblhub	Niederb.	Schelling	Schwb.	Scherleinsöd	Niederb.
Scheibmaierhof	Oberb.	Schellmühle	Niederb.	Sterm, Scheer	Oberb.
Scheibner	Niederb.	Schellmühle	Ob.Pf.	Schermau	Niederb.
Scheickl	Niederb.	Schellnbach	Niederb.	Schermer	Niederb.
Scheideck (3)	Oberb.	Schellnberg	Oberb.	Schermühl	Oberb.
Scheidegg	Schwb.	Schellneck	Oberb.	Schermühl	Niederb.
Scheidenhausen	Oberb.	Schellnöd	Niederb.	Schermühle	Ob.Pf.
Scheidenhof	Oberb.	Schellschwang	Oberb.	Schern (2)	Niederb.
Scheidenweiler	Schwb.	Schellweiler	Rh.Pf.	Schernau	Unt.Frk.
Scheidering	Oberb.	Schelmenkopf	Rh.Pf.	Schernauermühle	Unt.Frk.
Scheidham (2)	Niederb.	Schempach	Schwb.	Schernberg	Oberb.
Scheidingsfähr	Oberb.	Schenbrich, auch		Schernberg	Niederb.
Scheidlos, auch		Schöndrich	Oberb.	Schernberg	Mitt.Frk.
Schablos	Ob.Frk.	Schenbrichwörth		Scherneck	Oberb.
Scheidsöd	Oberb.	Scheneck	Niederb.	Scherneck (2)	Niederb.
Scheiermann	Oberb.	Scheneb	Oberb.	Scherned	Oberb.
Scheimerhof	Oberb.	Schenkelhammer	Ob.Pf.	Schernershöfe	Mitt.Frk.
Scheinfeld	Mitt.Frk.	Schenkenau	Oberb.	Schernfanger	Oberb.
Scheithauf	Oberb.	Schenkenau	Ob.Frk.	Schernfeld	Mitt.Frk.
Scheitz	Oberb.	Schenkenburg	Mitt.Frk.	Schernried	Ob.Pf.
Scheitzenberg	Oberb.	Schenkenbobler	Niederb.	Scherreuth	Ob.Pf.
Scheitzenham	Oberb.	Schenkengrub	Oberb.	Schertn	Niederb.
Scheitzenöd	Oberb.	Schenkenschlag	Oberb.	Scherstetten	Schwb.
Schelchenwils	Oberb.	Schenkhub	Oberb.	Schertelesluck	Schwb.
Schelchhof	Oberb.	Scheppach	Schwb.	Scherzing	Oberb.
Schelermühle	Rh.Pf.	Scheppacherhof	Schwb.	Scherzlthambach	Oberb.
Schelham	Oberb.	Scheppacher-		Scheßlitz	Ob.Frk.
Schelhub	Niederb.	mühle	Schwb.	Schettlehof, auch	
Schelberg	Oberb.	Scheps	Unt.Frk.	Schöttlishof	Schwb.
Schelldorf	Mitt.Frk.	Scherau	Mitt.Frk.	Schettler	Schwb.
Schelldorf	Schwb.	Scherbl	Niederb.	Scheublhof	Ob.Pf.
Schellenbach	Schwb.	Scher dich an		Scheueck	Niederb.
Schellenbach	Schwb.	nichts, Forst-		Scheuer	Niederb.
Schellenberg (4)	Oberb.	haus	Rh.Pf.	Scheuer	Ob.Pf.
Schellenberg (2)	Niederb.	Scherenau	Oberb.	Scheuereck (2)	Oberb.
Schellenberg	Rh.Pf.	Scherer	Oberb.	Scheuereck (4)	Niederb.
Schellenberg	Ob.Frk.	Scherfen	Oberb.	Scheuerrer (2)	Oberb.

Scheuerhof — Schirmading. 225

Scheuerhof (2)	Oberb.	Schierling	Oberb.	Schillers	Schwb.
Scheuering	Oberb.	Schierling	Niederb.	Schillersberg	Oberb.
Scheuering	Niederb.	Schierlkofen	Niederb.	Schillerswiesen	Ob.Pf.
Scheuerl (2)	Oberb.	Schiersfeld	Rh.Pf.	Schillhofen	Oberb.
Scheuermanns- mühle	Rh.Pf.	Schießen (2)	Schwb.	Schillhopfen	Ob.Pf.
		Schießeneck	Niederb.	Schilling	Oberb.
Scheuermühle	Ob.Pf.	Schießhütte	Oberb.	Schilling	Niederb.
Scheuermühle	Unt.Frk.	Schießl	Niederb.	Schillingsfürst	Niederb.
Scheuern (2)	Oberb.	Schießler	Oberb.	Schillingsfürst	Mitt.Frk.
Scheuern (3)	Niederb.	Schießlosbühel	Oberb.	Schillmaier	Oberb.
Scheuersberg	Niederb.	Schießstätt	Oberb.	Schillmitzhausen	Oberb.
Scheunöd	Niederb.	Schießstätte	Ob.Frk.	Schillmitzrieb	Oberb.
Scheupeleins-		Schieten	Schwb.	Schiltern, ober,	
mühle	Mitt.Frk.	Schiferöd (2)	Niederb.	unter, mitter	Oberb.
Scheurerhof	Ob.Pf	Schiffbarthl	Oberb.	Schiltern	Ob.Pf.
Scheuring	Niederb.	Schiffer	Oberb.	Schiltmühle	Ob.Pf.
Scheuwimm	Niederb.	Schifferöd	Niederb.	Schiltorn (2)	Niederb.
Scheyereck (2)	Niederb.	Schifferstadt	Rh.Pf.	Schimborn	Unt.Frk.
Scheyern	Oberb.	Schiffherrnleithe	Oberb.	Schimmelbach	Niederb.
Schibitz	Niederb.	Schiffhof	Mitt.Frk.	Schimmendorf	Ob.Frk.
Schicherhof	Niederb.	Schiffhütte	Oberb.	Schimpfhausen	Niederb.
Schickelhub	Niederb.	Schifflidermühle	Rh.Pf.	Schimpflingseb	Oberb.
Schickelmühle	Niederb.	Schiffmoning	Oberb.	Schinagl	Oberb.
Schicken (2)	Schwb.	Schiffmühle (2)	Unt.Frk.	Schinau	Schwb.
Schickenberg	Niederb.	Schiffpoint	Oberb.	Schindelbach	Niederb.
Schickenhof	Niederb.	Schiffwirth	Rh.Pf.	Schindelberg	Schwb.
Schickenhof	Ob.Pf.	Schign	Oberb.	Schindellohe	Ob.Pf.
Schickenhub	Niederb.	Schik	Oberb.	Schindelrangen	Mitt.Frk.
Schickenöd	Niederb.	Schilchen, Schil-		Schindelsee	Unt.Frk.
Schickersgrub	Niederb.	chau	Oberb.	Schindelthal	Ob.Frk.
Schicking	Oberb.	Schilchermühle	Schwb.	Schintelwald	Ob.Frk.
Schiebl	Niederb.	Schilchern	Schwb.	Schindhard	Rh.Pf.
Schieda	Ob.Frk.	Schild	Oberb.	Schindlberg	Oberb.
Schieda, ober	Ob.Frk.	Schildberg	Oberb.	Schindlfurth	Niederb.
Schieda, mittler	Ob.Frk.	Schilddorn	Niederb.	Schindlhof (2)	Ob.Pf.
Schieder	Niederb.	Schildeck	Unt.Frk.	Schindlholz	Oberb.
Schiederberg	Oberb.	Schildertschlag	Niederb.	Schindlstatt	Niederb.
Schiederhof	Ob.Pf.	Schiltjäger	Oberb.	Schineck	Oberb.
Schieferhaus	Ob.Frk.	Schilding	Oberb.	Schinkl	Oberb.
Schieferschneid-		Schilding	Niederb.	Schipfl	Oberb.
mühle	Ob.Frk.	Schildlambach	Oberb.	Schippach	Unt.Frk.
Schiekelmühle	Niederb.	Schildmühle	Oberb.	Schippbach	Unt.Frk.
Schielach	Oberb.	Schildschwaig	Oberb.	Schirbentobel, a.	
Schielhof	Niederb.	Schildthurn	Niederb.	Schirpfentobel	Schwb.
Schiellingmühle	Niederb.	Schillachen	Oberb.	Schirging	Oberb.
Schlenker	Oberb.	Schilled	Niederb.	Schirkhof	Niederb.
Schierlhof	Niederb.	Schillenbergen	Schwb.	Schirmading	Oberb.

Generalregister z. Orts- u. Poßleg. f. Bayern. 15

Schirndorf	Ob.Pf.	Schlagschreiner	Oberb.	Schleefeld, hinter und vorder	Oberb.
Schirmersmühle	Ob.Frk.	Schlagschuster	Oberb.		
Schirmitz	Ob.Pf.	Schlaierdorf	Oberb.	Schleehof	Unt.Frk.
Schirnaidel	Ob.Frk.	Schlaifhausen	Ob.Frk.	Schleerieth	Unt.Frk.
Schirnbach	Niederb.	Schlainhof	Ob.Frk.	Schlegel	Oberb.
Schirnbrunn	Ob.Pf.	Schlaipfering	Oberb.	Schlegel (2)	Ob.Frk.
Schirnding	Ob.Frk.	Schlait	Niederb.	Schlegelberg	Niederb.
Schirndorf	Ob.Pf.	Schlamberg	Niederb.	Schlegelberg	Ob.Frk.
Schirngrub, siehe Schergengrub	Niederb.	Schlammering	Ob.Pf.	Schlegelhof	Oberb.
		Schlammersdorf	Ob.Pf.	Schlegelmühle	Ob.Frk.
Schirnsdorf	Ob.Frk.	Schlammersdorf	Ob.Frk.	Schlegelsberg	Oberb.
Schirradorf	Ob.Frk.	Schlangenhof	Rh.Pf.	Schlegelsberg	Schwb.
Schißled	Niederb.	Schlappach	Ob.Frk.	Schlegelshaid	Ob.Frk.
Schißlhof	Ob.Pf.	Schlappenreuth	Ob.Frk.	Schlegelshalde	Schwb.
Schlacht (2)	Oberb.	Schlapper	Schwb.	Schlegelsreit	Niederb.
Schlachters	Schwb.	Schlappersberg, a. Schlappersjörg	Schwb.	Schlegl	Oberb.
Schlachtham	Oberb.			Schlehaid	Oberb.
Schlackenhof	Ob.Pf.			Schlehburg	Niederb.
Schlackenmühle (2)	Ob.Frk.	Schlapping	Niederb.	Schlehdorf	Oberb.
		Schlappmühle	Ob.Pf.	Schlehenberg	Oberb.
Schlackenreuth	Ob.Frk.	Schlappoltshöhle	Schwb.	Schlehenmühle	Ob.Frk.
Schlaberhäusl	Oberb.	Schlatt	Oberb.	Schlehmühle	Ob.Frk.
Schlafen	Niederb.	Schlatt	Schwb.	Schleiberg	Niederb.
Schlaffen	Oberb.	Schlattein	Ob.Pf.	Schleibing	Oberb.
Schlafthal	Oberb.	Schlatten	Oberb.	Schleichach	Unt.Frk.
Schlag	Oberb.	Schlattermühle (2)	Ob.Pf.	Schleichach, Fabrik	Unt.Frk.
Schlag (6)	Niederb.				
Schlag (3)	Ob.Pf.	Schlattmühle	Niederb.	Schleicher	Oberb.
Schlagberg	Oberb.	Schlatzendorf	Niederb.	Schleichern	Oberb.
Schlagenhäusermühle	Oberb.	Schlauch	Oberb.	Schleichershof	Ob.Pf.
		Schlauderhof	Ob.Pf.	Schleichhof	Oberb.
Schlagenhofen	Oberb.	Schlauersbach	Mitt.Frk.	Schleichwies	Niederb.
Schlageröd	Niederb.	Schlauersbach, ober	Mitt.Frk.	Schleien	Schwb.
Schlaghäuseln (3)	Oberb.			Schleif	Ob.Pf.
		Schlauersbach, unter	Mitt.Frk.	Schleife (2)	Ob.Pf.
Schlaghäuser	Ob.Pf.			Schleife, ober und unter	Ob.Pf.
Schlaghäusl	Niederb.	Schlaureit	Niederb.		
Schlaghof	Ob.Pf.	Schlauter	Schwb.	Schleifenhan	Ob.Frk.
Schlaghofhütte	Schwb.	Schleching, auch Schlehing	Oberb.	Schleifer, am Berg	Mitt.Frk.
Schlagjackl	Niederb.				
Schlagmann	Niederb.	Schlecht (3)	Oberb.	Schleifer	Schwb.
Schlagmartl	Oberb.	Schlechtenberg	Oberb.	Schleiferberg	Niederb.
Schlagmühle (2)	Oberb.	Schlechtenberg	Schwb.	Schleifmühle (8)	Oberb.
Schlagmühle	Niederb.	Schlecknoct	Ob.Frk.	Schleifmühle (3)	Niederb.
Schlagmühle (3)	Unt.Frk.	Schleeberg	Oberb.	Schleifmühle (2)	Rh.Pf.
Schlagschneider	Oberb.	Schleeberg	Niederb.	Schleifmühle (2)	Ob.Pf.
Schlagschneider	Niederb.	Schleebuch	Schwb.	Schleifmühle (4)	Ob.Frk.

Schleifmühle (8)	Mitt.Frk.	Schlimmerstätt	Oberb.	Schloß Ober-	
Schleifmühle (3)	Unt.Frk.	Schlimpfhof	Unt.Frk.	Auffeeß	Ob.Frk.
Schleifmühle (5)	Schwb.	Schlinding	Niederb.	Schloß Colm-	
Schleindlberg	Niederb.	Schlingen	Schwb.	berg	Mitt.Frk.
Schleinhof	Niederb.	Schlinzger	Oberb.	Schloß Giech	Ob.Frk.
Schleipfen	Oberb.	Schlinzgerhäusl	Oberb.	Schloß Heilgers-	
Schleipfering, s.		Schlipfhalden	Schwb.	dorf	Unt.Frk.
Schlolpfering	Oberb.	Schlipfhaun	Oberb.	Schloß Kam-	
Schleißhelmer	Oberb.	Schlipfing (2)	Oberb.	mersdorf	Mitt.Frk.
Schleißbach	Niederb.	Schlipfing	Niederb.	Schloß Triesdorf	Mitt.Frk.
Schleißdorf	Ob.Pf.	Schliphausen	Oberb.	Schloß Wern-	
Schleißesgrub	Niederb.	Schlipsheim	Schwb.	stein	Ob.Frk.
Schleißheim	Oberb.	Schlipps	Oberb.	Schloß Wiesen	Unt.Frk.
Schleizenhof	Niederb.	Schlittbach	Oberb.	Schloßau	Niederb.
Schlenkerhof	Ob.Pf.	Schlitten	Oberb.	Schloßbach	Oberb.
Schleppen	Oberb.	Schlittenhard	Mitt.Frk.	Schloßbauer (5)	Schwb.
Schleppermühle	Unt.Frk.	Schlitzenhausen	Unt.Frk.	Schloßberg (2)	Oberb.
Schlernhof	Ob.Pf.	Schlockenau	Ob.Frk.	Schloßberg	Niederb.
Schlettenmühle	Unt.Frk.	Schlöterhäusl	Oberb.	Schloßberg (2)	Ob.Pf.
Schletterer, auch		Schlögeldorf	Oberb.	Schloßberg	Mitt.Frk.
Schlotten	Oberb.	Schlögelhof	Oberb.	Schloßbrunn	Ob.Pf.
Schlettwagen	Niederb.	Schlögelmühle	Schwb.	Schlossen	Oberb.
Schletzbaum	Oberb.	Schlögelsmühle	Ob.Pf.	Schlosser	Oberb.
Schleußenhaus		Schlögl (2)	Oberb.	Schlosser, im	
(2)	Rh.Pf.	Schlöglmühle	Oberb.	Winkl	Oberb.
Schleyreuth	Ob.Frk.	Schloßbach	Niederb.	Schlosserhaus	Ob.Pf.
Schlichenreuth	Ob.Frk.	Schlösselmühle	Mitt.Frk.	Schloßfeld	Niederb.
Schlicht (3)	Oberb.	Schlößl	Mitt.Frk.	Schloßfranken-	
Schlicht	Niederb.	Schlößle	Schwb.	nohe	Ob.Pf.
Schlicht	Ob.Pf.	Schlößle	Schwb.	Schloßgatten-	
Schlichten	Oberb.	Schlößlein (2)	Ob.Frk.	dorf	Ob.Frk.
Schlichtenberg	Oberb.	Schlößlmühle	Oberb.	Schloßhof	Ob.Pf.
Schlichtenberg	Niederb.	Schlöttermühle	Ob.Frk.	Schloßhof	Schwb.
Schlichtmühle	Oberb.	Schlötzmühle	Ob.Frk.	Schloßmühle (3)	Oberb.
Schlickenried	Oberb.	Schlözenmühle	Mitt.Frk.	Schloßmühle	Rh.Pf.
Schlicking	Niederb.	Schloß	Niederb.	Schloßmühle	Ob.Pf.
Schliefhausen	Oberb.	Schlolpfering, a.		Schloßmühle	Ob.Frk.
Schlierberg	Mitt.Frk.	Schleipfering	Oberb.	Schloßmühle	Mitt.Frk.
Schlierholz	Oberb.	Schlondorf	Ob.Pf.	Schloßmühle (4)	Unt.Frk.
Schlierfermühle	Ob.Pf.	Schlopp	Ob.Frk.	Schloßöd	Oberb.
Schliersee	Oberb.	Schloppach	Ob.Pf.	Schlott (2)	Oberb.
Schliershof	Oberb.	Schloppmühle	Rh.Pf.	Schlott (14)	Niederb.
Schließled	Niederb.	Schloß	Oberb.	Schlotten	Oberb.
Schließpoint	Oberb.	Schloß	Ob.Pf.	Schlottengrund	Ob.Frk.
Schliffer	Oberb.	Schloß	Schwb.	Schlottenhof	Ob.Frk.
Schlimer, zu		Schloß, altes	Ob.Frk.	Schlottermühle	
Schlicht	Niederb.			(2)	Ob.Frk.

228 Schlottermühle — Schmied.

Schlottermühle	Unt.Frk.	Schmalzgütl	Oberb.	Schmid im Holz	Oberb.
Schlottermühle	Schwb.	Schmalzhäusl	Ob.Pf.	Schmid im Lehen	Oberb.
Schlotzham	Oberb.	Schmalzhof	Oberb.	Schmid im Roß-	
Schlottham	Niederb.	Schmalzmaier	Oberb.	lauf	Oberb.
Schlotthof	Ob.Pf.	Schmalzmühle	Mitt.Frk.	Schmidaltnach	Niederb.
Schlucht	Schwb.	Schmalzmühle	Unt.Frk.	Schmidbauer	Oberb.
Schlucking	Niederb.	Schmalzöb	Oberb.	Schmidbauer (4)	Niederb.
Schlüpferleins-		Schmalzöb	Niederb.	Schmidberg (4)	Oberb.
mühle	Unt.Frk.	Schmalzthal	Niederb.	Schmidberg	Niederb.
Schlüpfing	Niederb.	Schmarlmühle	Mitt.Frk.	Schmidberg	Schwb.
Schlüsselau	Ob.Frk.	Schmarnzell	Oberb.	Schmidberger	
Schlüsselbrunn	Niederb.	Schmatzhausen	Niederb.	a./W.	Schwb.
Schlüsselfeld	Ob.Frk.	Schmaunzhof	Oberb.	Schmidgaden	Ob.Pf.
Schlüsselhub	Schwb.	Schmaus	Niederb.	Schmidgrub	Niederb.
Schluifeld	Oberb.	Schmausgarten	Mitt.Frk.	Schmidhäusl	Oberb.
Schlungenhof	Mitt.Frk.	Schmaußenbuch	Mitt.Frk.	Schmidham (4)	Oberb.
Schlupfing	Niederb.	Schmauzenberg	Oberb.	Schmidham	Niederb.
Schluttenberg	Oberb.	Schmeermühle	Mitt.Frk.	Schmidhausen(4)	Oberb.
Schmachtenberg		Schmeilsdorf	Ob.Frk.	Schmidhöfe	Ob.Pf.
(2)	Unt.Frk.	Schmeißbacher-		Schmidhof (2)	Niederb.
Schmackenmühle	Rh.Pf.	mühle	Rh.Pf.	Schmidhub (7)	Oberb.
Schmähingen	Schwb.	Schmelchen	Oberb.	Schmidhub (3)	Niederb.
Schmal	Mitt.Frk.	Schmeling	Niederb.	Schmiding (3)	Oberb.
Schmalach	Mitt.Frk.	Schmellenhof	Ob.Frk.	Schmiding (2)	Niederb.
Schmalenberg	Rh.Pf.	Schmellern	Niederb.	Schmidlehen	Oberb.
Schmalenberg	Schwb.	Schmelling	Niederb.	Schmidlehen (2)	Niederb.
Schmalfelderhof	Rh.Pf.	Schmelnricht	Mitt.Frk.	Schmidlehen	Ob.Pf.
Schmalfelderhof	Unt.Frk.	Schmelz	Niederb.	Schmidleiten	Oberb.
Schmalhof	Niederb.	Schmelz (2)	Rh.Pf.	Schmidleuthen	Ob.Frk.
Schmalhof	Ob.Pf.	Schmelz, alte (2)	Rh.Pf.	Schmidmühle	Ob.Pf.
Schmalholz	Schwb.	Schmelz, alte	Ob.Frk.	Schmidmühle	Unt.Frk.
Schmalhub	Oberb.	Schmelz	Ob.Frk.	Schmidmühlen	Ob.Pf.
Schmalnau	Unt.Frk.	Schmelzenholz-		Schmidöd (3)	Niederb.
Schmalnbach	Mitt.Frk.	ham	Niederb.	Schmidsberg (2)	Niederb.
Schmalnbacher-		Schmelzhütte	Oberb.	Schmidsed	Niederb.
mühle	Mitt.Frk.	Schmelzingerhof	Niederb.	Schmidseibl	Oberb.
Schmalnbachshof	Mitt.Frk.	Schmelzmühle (2)	Ob.Pf.	Schmidstadt	Ob.Pf.
Schmalnbühl	Mitt.Frk.	Schmelzmühle	Mitt.Frk.	Schmidstatt	Oberb.
Schmalnohe	Ob.Pf.	Schmerb	Ob.Frk.	Schmidstock	Oberb.
Schmalwasser	Unt.Frk.	Schmerbach	Oberb.	Schmidstöckl	Niederb.
Schmalwiesen	Mitt.Frk.	Schmerldorf	Ob.Frk.	Schmidten	Niederb.
Schmalzbuckl	Oberb.	Schmerlenbach	Unt.Frk.	Schmidterhof	Rh.Pf.
Schmalzgrub	Oberb.	Schmermühle	Ob.Pf.	Schmidthuber	Ob.Pf.
Schmalzgrub (2)	Niederb.	Schmerold (3)	Oberb.	Schmidtmühle	Ob.Pf.
Schmalzgrube	Niederb.	Schmettersloh	Ob.Frk.	Schmidwald	Niederb.
Schmalzgruben	Ob.Pf.	Schmid	Oberb.	Schmiechen	Oberb.
Schmalzgrubn	Schwb.	Schmid am Hart	Oberb.	Schmied (2)	Oberb.

Schmiede	Schwb.	Schmutterhaus	Schwb.	Schneck	Oberb.
Schmiedberg	Oberb.	Schnabelhof, auch		Schneckenbach	Niederb.
Schmiedberg	Niederb.	Schnabelmühle	Schwb.	Schneckenberg	Oberb.
Schmieddorf (2)	Niederb.	Schnabelmühle	Ob.Pf.	Schneckenbühl	Oberb.
Schmiedelberg	Ob.Frk.	Schnabelmühle	Schwb.	Schneckengrün	Ob.Frk.
Schmieden	Schwb.	Schnabelschuster	Oberb.	Schneckenhammer	Ob.Frk.
Schmiedenbauer	Oberb.	Schnabelwaid	Ob.Frk.	Schneckenhausen	Rh.Pf.
Schmiedham (2)	Oberb.	Schnabling	Oberb.	Schneckenhof	Ob.Pf.
Schmiedhausen	Oberb.	Schnabrichs-		Schneckenhof	Mitt.Frk.
Schmiedheim	Oberb.	mühle	Ob.Frk.	Schneckenhofen	Mitt.Frk.
Schmieding (3)	Oberb.	Schnackenhof	Ob.Pf.	Schneckenhofen	Schwb.
Schmiedleiten	Oberb.	Schnackenhof (2)	Ob.Frk.	Schneckenlohe	Ob.Frk.
Schmiedmühle	Oberb.	Schnackenhof	Mitt.Frk.	Schneckenmühle	Mitt.Frk.
Schmiedreit	Niederb.	Schnackenmühle		Schneckenmühle,	
Schmiedsreuthe	Schwb.	(2)	Ob.Frk.	auch Ziegel-	
Schmiedöd (3)	Niederb.	Schnackenmühle		mühle	Mitt.Frk.
Schmiedwald	Oberb.	(2)	Mitt.Frk.	Schneckenreuth	Ob.Pf.
Schmierbrenner	Ob.Frk.	Schnackenschwaig	Schwb.	Schneckenthal	Oberb.
Schmierdorf	Niederb.	Schnackenwerth	Unt.Frk.	Schnecking	Niederb.
Schmierhof	Ob.Pf.	Schnackenwöhr		Schneb (2)	Niederb.
Schmierhütte (6)	Ob.Pf.	(2)	Ob.Frk.	Schnebenberg	Niederb.
Schmierhütte,		Schnalb (2)	Ob.Frk.	Schnebenhaar-	
obere	Ob.Pf.	Schnait (2)	Oberb.	bach	Niederb.
Schmierhütte,		Schnaiterhof	Ob.Pf.	Schneeberg	Oberb.
untere	Ob.Pf.	Schnaitsee	Oberb.	Schneeberg	Niederb.
Schmiermann	Oberb.	Schnaitt (3)	Oberb.	Schneeberg	Rh.Pf.
Schmierofen (3)	Ob.Pf.	Schnaittach	Mitt.Frk.	Schneeberg	Ob.Pf.
Schmirlsberg	Niederb.	Schnall	Schwb.	Schneeberg	Ob.Frk.
Schmitte	Schwb.	Schnalz	Oberb.	Schneeberg	Unt.Frk.
Schmitten (3)	Oberb.	Schnappach	Rh.Pf.	Schneebühl	Oberb.
Schmitten, ober		Schnappberg	Oberb.	Schneefelden	Oberb.
und unter	Oberb.	Schnappenham-		Schneemühle (2)	Ob.Pf.
Schmitten (2)	Schwb.	mer	Ob.Frk.	Schneemühle (2)	Mitt.Frk.
Schmitthof	Unt.Frk.	Schnappenmühle	Ob.Frk.	Schneepaint	Niederb.
Schmittrain	Unt.Frk.	Schnapping	Oberb.	Schneereit	Oberb.
Schmittshausen	Rh.Pf.	Schnarchenreuth	Ob.Frk.	Schneeschuster	Niederb.
Schmittweiler (2)	Rh.Pf.	Schnarmühle	Niederb.	Schneewald	Oberb.
Schmitzdorf	Ob.Pf.	Schnarren	Niederb.	Schneewaldhof	Rh.Pf.
Schmoderer	Oberb.	Schnarren	Schwb.	Schneewinkel	Niederb.
Schmodsenbach	Mitt.Frk.	Schnattern (2)	Schwb.	Schneewinkl (2)	Oberb.
Schmölz	Oberb.	Schnatting	Niederb.	Schneglmühle	Ob.Pf.
Schmölz (2)	Ob.Frk.	Schnatzling	Niederb.	Schneharting	Niederb.
Schmölz (2)	Niederb.	Schnatzlreit	Oberb.	Schneibner	Niederb.
Schmuck	Oberb.	Schnaubenberg	Oberb.	Schneidbach	Schwb.
Schmuckerwinkl		Schnauping	Oberb.	Schneidemühle	Rh.Pf.
(2)	Ob.Pf.	Schnaupping	Oberb.	Schneider (2)	Oberb.
Schmuttenbach	Schwb.	Schnebes	Ob.Frk.		

Schneider in der Lache	Oberb.	Schneller	Oberb.	Schnorhof	Unt.Frk.
Schneider im Gastag	Oberb.	Schnellerberg	Niederb.	Schnotting	Oberb.
		Schnellers	Schwb.	Schnüring	Niederb.
Schneider im Hart	Oberb.	Schnellersdorf	Ob.Pf.	Schnürleinsmühle	Mitt.Frk.
		Schnellertsham	Niederb.		
Schneider	Schwb.	Schnellham	Niederb.	Schnufenhofen	Mitt.Frk.
Schneiderberg (2)	Niederb.	Schnelling	Oberb.	Schnurren	Oberb.
Schneidereder	Niederb.	Schnelling	Niederb.	Schnurrer	Oberb.
Schneidereich	Oberb.	Schnellmannskreut	Oberb.	Schobbach	Mitt.Frk.
Schneidergröbn	Oberb.			Schobenstett	Oberb.
Schneiderhäusl	Oberb.	Schnellsried	Oberb.	Schober	Oberb.
Schneiderhäusl (3)	Niederb.	Schnepfenbach	Unt.Frk.	Schobermühle	Schwb.
		Schnepfenberg	Ob.Pf.	Schoberöd	Niederb.
Schneiderleiten	Niederb.	Schnepfendorf	Mitt.Frk.	Schobersoed	Oberb.
Schneiderloch	Ob.Frk.	Schnepfenhof	Ob.Pf.	Schobertsberg	Ob.Frk.
Schneidermühl	Niederb.	Schnepfenmühle	Ob.Frk.	Schobertsreuth	Ob.Frk.
Schneideröd	Niederb.	Schnepfenmühle	Mitt.Frk.	Schochen	Schwb.
Schneideröd	Ob.Pf.	Schnepfenmühle	Unt.Frk.	Schochenbühl	Schwb.
Schneiderreuth	Oberb.	Schnepfenreuth	Mitt.Frk.	Schochenhof	Schwb.
Schneiderried	Oberb.	Schnepfenried	Ob.Pf.	Schockenmühle	Mitt.Frk.
Schneidersgrün	Ob.Frk.	Schneppenbach	Unt.Frk.	Schöberl	Oberb.
Schneiderwies	Oberb.	Schnerzhofen	Schwb.	Schöchen	Oberb.
Schneiderwies	Niederb.	Schney	Ob.Frk.	Schöchleins	Ob.Frk.
Schneiderwimm	Oberb.	Schniftenberg	Rh.Pf.	Schöchtleinsmühle	Ob.Frk.
Schneiderwimm	Niederb.	Schniftenbergerhof	Rh.Pf.	Schödelreitt	Oberb.
Schneidbam	Oberb.	Schnilftenbergermühle	Rh.Pf.	Schötelshöh	Ob.Frk.
Schneidhart	Niederb.			Schödenberg	Oberb.
Schneidmühle	Ob.Pf.	Schnigling	Mitt.Frk.	Schöderl	Niederb.
Schneidmühle (3)	Ob.Frk.	Schnirklaich	Oberb.	Schöblas	Ob.Frk.
Schneidmühle	Mitt.Frk.	Schnittling	Mitt.Frk.	Schöblaserwirthshaus	Ob.Frk.
Schneidmühle (10)	Unt.Frk.	Schnitz	Oberb.	Schöbling	Oberb.
		Schnitzelmühle	Niederb.		
		Schnitzen	Schwb.	Schöf	Oberb.
Schneidsäg	Niederb.	Schnitzenberg	Oberb.	Schöfbach (4)	Niederb.
Schneidsteig	Oberb.	Schnitzeneed	Oberb.	Schöfberg	Oberb.
Schneiping	Niederb.	Schnitzenham	Oberb.	Schöffau (3)	Oberb.
Schneit	Schwb.	Schnitzer, oder		Schöffau	Niederb.
Schneitbügl	Ob.Pf.	Schnitzerswustung	Ob.Frk.	Schöffelding	Oberb.
Schneitmühle	Mitt.Frk.			Schöftelten	Oberb.
Schneittenbach	Ob.Pf.	Schnitzhof	Niederb.	Schöföd	Oberb.
Schneitweg	Ob.Pf.	Schnitzlehen	Oberb.	Schöftenhub, groß und klein	Oberb.
Schneitweg	Schwb.	Schnöbling	Oberb.		
Schnelzlreuth	Oberb.	Schnödhof	Schwb.	Schöfthal	Oberb.
Schnell	Niederb.	Schnoegg	Oberb.	Schöfthal	Niederb.
Schnelldorf	Niederb.	Schnörleinsmühle	Ob.Frk.	Schöftlarn, auch Schäftlarn	Oberb.
Schnelldorf	Mitt.Frk.				

Schöfweg — Schönreuth.   231

Schöfweg (2)	Niederb.	Schönberg (14)	Oberb.	Schönesberg	Oberb.
Schöggen	Oberb.	Schönberg (5)	Niederb.	Schöneschach	Schwb.
Schögglins	Schwb.	Schönberg (3)	Ob.Pf.	Schönewald	Schwb.
Schölach	Niederb.	Schönberg	Mitt.Frk.	Schönfeld (2)	Ob.Pf.
Schöllamühle	Niederb.	Schönberghof	Oberb.	Schönfeld (3)	Ob.Frk.
Schöllang	Schwb.	Schönbergmühle,		Schönfeld	Mitt.Frk.
Schöllhart	Niederb.	auch Bergmühle	Unt.Frk.	Schönfelderhof	Oberb.
Schöllhorn	Schwb.	Schönberg-		Schönfeldermühle	Ob.Pf.
Schölling	Oberb.	schwaig	Niederb.	Schönferchen (2)	Ob.Pf.
Schöllkopf	Oberb.	Schönbichl (2)	Oberb.	Schönficht	Ob.Pf.
Schöllkopfing	Niederb.	Schönborn	Rh.Pf.	Schönfleck	Oberb.
Schöllkrippen	Unt.Frk.	Schönbronn (2)	Mitt.Frk.	Schönfuß	Ob.Pf.
Schöllnach	Niederb.	Schönbrunn (2)	Oberb.	Schöngeising	Oberb.
Schöllnstein	Niederb.	Schönbrunn (5)	Niederb.	Schöngras	Ob.Pf.
Schöls in der Oed	Oberb.	Schönbrunn (2)	Ob.Pf.	Schönhaid	Ob.Pf.
Schömersroith	Ob.Pf.	Schönbrunn (4)	Ob.Frk.	Schönhaid (2)	Ob.Frk.
Schömesdorf	Ob.Pf.	Schönbrunn	Mitt.Frk.	Schönhalbmühle	Rh.Pf.
Schömmering	Oberb.	Schönbruun	Unt.Frk.	Schönhard	Unt.Frk.
Schön	Niederb.	Schönbuch (2)	Oberb.	Schönhart	Niederb.
Schön	Oberb.	Schönbuchen	Niederb.	Schönharting	Oberb.
Schönach	Ob.Pf.	Schönbüchel	Niederb.	Schönhausen	Ob.Pf.
Schönaich	Mitt.Frk.	Schönbühl	Oberb.	Schönheim	Ob.Pf.
Schönaich	Unt.Frk.	Schönbühl	Niederb.	Schönhiesl	Oberb.
Schönaicher-		Schönbühl	Mitt.Frk.	Schönhof (2)	Ob.Pf.
mühle	Mitt.Frk.	Schönburg	Niederb.	Schönhof	Ob.Frk.
Schönanger (2)	Niederb.	Schönbusch	Unt.Frk.	Schönhofen	Oberb.
Schönau (7)	Oberb.	Schörberling	Unt.Frk.	Schönhofen (2)	Niederb.
Schönau, ober I.	Oberb.	Schöndorf	Niederb.	Schönhofen	Ob.Pf.
Schönau, ober II.	Oberb.	Schöndorf	Ob.Pf.	Schönhub	Oberb.
Schönau, hinter	Oberb.	Schöndorf	Ob.Frk.	Schönhub (3)	Niederb.
Schönau, unter I.	Oberb.	Schöndrich	Oberb.	Schönkirch	Ob.Pf.
Schönau, unt. II.	Oberb.	Schönebach	Schwb.	Schönleiten	Ob.Pf.
Schönau (5)	Niederb.	Schöneberg	Unt.Frk.	Schönleithen	Oberb.
Schönau	Rh.Pf.	Schöneberg (3)	Schwb.	Schönlind (2)	Ob.Pf.
Schönau (2)	Ob.Pf.	Schöneck (3)	Oberb.	Schönlind (3)	Ob.Frk.
Schönau (3)	Mitt.Frk.	Schöneck	Niederb.	Schönlinden	Oberb.
Schönau (2)	Unt.Frk.	Schöneb	Niederb.	Schönlings	Schwb.
Schönau (2)	Schwb.	Schönegg	Oberb.	Schönmooser	Niederb.
Schönau, auch		Schönegg	Schwb.	Schönmühle	Oberb.
Schinau	Schwb.	Schönen	Ob.Frk.	Schönmühle (2)	Ob.Pf.
Schönauer	Niederb.	Schönenberg	Rh.Pf.	Schönmühle	Mitt.Frk.
Schönauerhof	Oberb.	Schönenberg	Schwb.	Schönpaint	Niederb.
Schönbach (2)	Oberb.	Schönenbüchel	Schwb.	Schönpoint	Oberb.
Schönbach (2)	Niederb.	Schönenbühl	Schwb.	Schönrain (3)	Oberb.
Schönbach	Unt.Frk.	Schönengarten	Schwb.	Schönrain	Niederb.
Schönbacherhütte	Niederb.	Schöner	Schwb.	Schönreuth	Oberb.
Schönbachsmühl	Unt.Frk.	Schönertshof	Unt.Frk.	Schönreuth	Ob.Pf.

Schönsee	Ob.Pf.	Schopfloch	Mitt.Frk.	Schralloch		Schwb.
Schönsreuth	Ob.Frk.	Schopflohe	Schwb.	Schrallen		Schwb.
Schönsreuther		Schopp	Rh.Pf.	Schrallham		Oberb.
Mühle	Ob.Frk.	Schoppbichl	Niederb.	Schralling (2)		Oberb.
Schönstadt	Oberb.	Schoppelreimühle	Unt.Frk.	Schramlhof		Ob.Pf.
Schönstädt	Oberb.	Schoppen	Oberb.	Schramm		Niederb.
Schönstein	Niederb.	Schoppenhald	Oberb.	Schrammen-		
Schönstelzham	Niederb.	Schoppershof	Mitt.Frk.	mühle		Rh.Pf.
Schönthal	Niederb.	Schoppmannshof	Rh.Pf.	Schrammes-		
Schönthal	Ob.Pf.	Schops	Oberb.	mühle		Ob.Frk.
Schönthal	Ob.Frk.	Schorau	Oberb.	Schramühle		Unt.Frk.
Schönthan (2)	Ob.Pf.	Schoren (2)	Schwb.	Schrankbaum		Niederb.
Schönwag	Oberb.	Schorendorfer	Schwb.	Schrankbaumer		
Schönwald (2)	Ob.Frk.	Schorenmoos (2)	Schwb.	(2)		Oberb.
Schönwies	Niederb.	Schorenmühle	Schwb.	Schrankbauen-		
Schönwinkl	Oberb.	Schorer	Oberb.	mühle		Schwb.
Schöpfendorf	Ob.Pf.	Schorgast	Ob.Frk.	Schranken		Oberb.
Schöpferhäusl	Oberb.	Schorkendorf	Ob.Frk.	Schrankenbaum		Oberb.
Schöpferhof	Niederb.	Schorlenberger		Schrankenmühle		Unt.Frk.
Schöpfersbach	Unt.Frk.	Forsthaus	Rh.Pf.	Schrannen		Niederb.
Schörgendorf	Niederb.	Schormühle	Mitt.Frk.	Schrappach		Ob.Frk.
Schörgenham	Oberb.	Schorn (4)	Oberb.	Schrattenbach		Schwb.
Schörgenhub	Oberb.	Schornberg	Niederb.	Schrattenhofen		Schwb.
Schörgenhub	Niederb.	Schorndorf	Ob.Pf.	Schratzenberg		Niederb.
Schörging (2)	Oberb.	Schorndorf	Mitt.Frk.	Schratzlsee		Oberb.
Schörnbuch	Oberb.	Schorndorfsgrub	Ob.Pf.	Schratzmühle		Niederb.
Schötlishof	Schwb.	Schorndorfsried	Ob.Pf.	Schraudenbach		Unt.Frk.
Schöttenau	Schwb.	Schornermühle	Oberb.	Schrautershof		Ob.Frk.
Schois in der Au	Oberb.	Schornreuth	Schwb.	Schratz		Schwb.
Schoisenlager	Niederb.	Schornweißach	Mitt.Frk.	Schreckelberg		Schwb.
Scholderbühl	Schwb.	Schorrmühle	Rh.Pf.	Schreckenbach		Oberb.
Schollaberg	Oberb.	Schorrmühle	Ob.Frk.	Schreckenbauer		Oberb.
Schollbach	Oberb.	Schoßaritz	Ob.Frk.	Schreckenberg		Oberb.
Schollbrunn	Unt.Frk.	Schoßbach	Oberb.	Schreckenbichl		Oberb.
Schollen, auch		Schoßrinn	Oberb.	Schreckenmanklitz		Schwb.
Schollerbauer	Schwb.	Schotten	Schwb.	Schreckenmühle		Unt.Frk.
Schollenreuth	Ob.Frk.	Schottenhammer	Ob.Frk.	Schreckhof		Rh.Pf.
Schollenried	Niederb.	Schottenhof	Niederb.	Schreckmühle ob.		
Schollheiterhof	Unt.Frk.	Schottenhof	Ob.Pf.	Dresenmühle		Rh.Pf.
Schondra	Unt.Frk.	Schottenstein	Ob.Frk.	Schreckmehl-		
Schonerding	Niederb.	Schottermühle	Ob.Frk.	mühle		Niederb.
Schongau	Oberb.	Schraben	Schwb.	Schreding		Oberb.
Schonungen	Unt.Frk.	Schrabenthal	Niederb.	Schreding		Niederb.
Schopf	Oberb.	Schränkhof	Rh.Pf.	Schredl		Niederb.
Schopfenmühle	Ob.Frk.	Schrafstetten	Oberb.	Schref		Niederb.
Schopfhäusl	Oberb.	Schragl	Oberb.	Schreg		Niederb.
Schopfhof	Mitt.Frk.	Schraham	Niederb.	Schreiberthal		Ob.Pf.

Schreiern (2)	Oberb.	Schrottantschö-		Schulern	Niederb.
Schrieröd	Niederb.	ring	Oberb.	Schulhaus	Ob.Frk.
Schreiers	Schwb.	Schrottenbaum-		Schulmühle	Ob.Frk.
Schreihof	Niederb.	mühle	Niederb.	Schulterhäusl	Niederb.
Schreimühle	Oberb.	Schrotteslohe	Ob.Pf.	Schultersdorf	Niederb.
Schreindobl	Niederb.	Schrottfurt	Oberb.	Schulzenmühle	Unt.Frk.
Schreindorf	Niederb.	Schrottwinkl	Oberb.	Schummenhof	Unt.Frk.
Schreiner	Schwb.	Schrotzhofen	Ob.Pf.	Schunderfeld	Unt.Frk.
Schreinerhof	Niederb.	Schrundholz	Schwb.	Schupf	Mitt.Frk.
Schreinermühle	Niederb.	Schubertshof	Ob.Frk.	Schupfenschlag	Ob.Frk.
Schreinersmühle	Unt.Frk.	Schubertsreuth	Ob.Frk.	Schupfing	Oberb.
Schreinerstadel	Schwb.	Schübel	Schwb.	Schur	Unt.Frk.
Schreinmühle	Oberb.	Schübelhammer	Ob.Frk.	Schurfsöd	Niederb.
Schreiöd	Niederb.	Schübelsmühle	Ob.Frk.	Schurnöd	Niederb.
Schrell	Niederb.	Schülling	Oberb.	Schuß, ober und	
Schrenkersberg	Ob.Frk.	Schürfmühle	Oberb.	unter	Oberb.
Schrenkhof	Rh.Pf.	Schürmühle	Mitt.Frk.	Schußbach	Mitt.Frk.
Schressendorf	Ob.Frk.	Schürzbichl	Oberb.	Schußmühle	Oberb.
Schrettenbrunn	Niederb.	Schüsselhausen	Niederb.	Schußöd	Niederb.
Schrettenmoos	Niederb.	Schüssellehen	Niederb.	Schußrain	Niederb.
Schretzheim	Schwb.	Schüsserhof	Schwb.	Schußreit	Niederb.
Schreyed	Niederb.	Schüßlburn	Niederb.	Schuster (4)	Oberb.
Schrittenlohe	Niederb.	Schüttenbobel	Schwb.	Schuster am Bichl	Oberb.
Schrobenhausen	Oberb.	Schüttenmühle	Schwb.	Schuster (4)	Niederb.
Schrobeck	Oberb.	Schüttersmühle	Ob.Frk.	Schuster	Schwb.
Schrobtreit, auch		Schüttwein	Oberb.	Schuster und	
Schrödeltreit	Oberb.	Schütz	Oberb.	Schmidt	Schwb.
Schroeck	Niederb.	Schütz	Schwb.	Schusterberg	Ob.Pf.
Schröcker	Oberb.	Schützen	Oberb.	Schustergraben	Oberb.
Schröding	Oberb.	Schützen	Niederb.	Schusterhäuseln	Oberb.
Schrögenhäusl	Oberb.	Schützenau	Oberb.	Schusterhäusl (2)	Oberb.
Schröttendorf	Niederb.	Schützenhof	Niederb.	Schusterhäusl	Niederb.
Schrötting	Ob.Pf.	Schützenhof	Unt.Frk.	Schusteröd (3)	Niederb.
Schrötzenhof	Ob.Pf.	Schützing (2)	Oberb.	Schustersberg	Niederb.
Schrofen	Schwb.	Schützing	Niederb.	Schuttholz	Niederb.
Schroffen, ober		Schützmühle	Unt.Frk.	Schuttmühle	Niederb.
und unter	Oberb.	Schuheck	Oberb.	Schutzendorf	Mitt.Frk.
Schrollbach	Rh.Pf.	Schuhed	Niederb.	Schutzmühle	Mitt.Frk.
Schrollenbühl	Ob.Pf.	Schuhkristilleßen	Niederb.	Schwab	Oberb.
Schrollenmühle	Oberb.	Schublacken	Niederb.	Schwabach	Mitt.Frk.
Schrollhof (2)	Niederb.	Schuhmühle	Ob.Frk.	Schwabaichach,	
Schrollmühle	Ob.Pf.	Schuböd	Oberb.	auch Eichhöfe	Schwb.
Schroßlach	Oberb.	Schuhreuth	Niederb.	Schwabbauer	Oberb.
Schrot	Ob.Frk.	Schuldholzing	Niederb.	Schwabbruk	Oberb.
Schrothäuser	Ob.Frk.	Schule	Oberb.	Schwabbruk	Niederb.
Schrotsdorf	Mitt.Frk.	Schulerloch	Niederb.	Schwabegg	Schwb.
Schrott	Oberb.	Schulerloch	Schwb.	Schwabelsöd	Oberb.

Schwabelweis	Ob.Pf.	Schwaig (32)	Oberb.	Schwamgraben	Oberb.
Schwaben	Oberb.	Schwaig (6)	Niederb.	Schwammen-	
Schwaben (2)	Niederb.	Schwaig, auch		mühle	Ob.Frk.
Schwabenbach	Rh.Pf.	Firtreith	Niederb.	Schwammerhart	Oberb.
Schwabeneggaten	Ob.Pf.	Schwaig	Mitt.Frk.	Schwand (4)	Ob.Pf.
Schwabenham	Oberb.	Schwaig	Ob.Pf.	Schwand	Ob.Frk.
Schwabenhof	Niederb.	Schwaiganger,		Schwand (2)	Mitt.Frk.
Schwabenhof (2)	Ob.Pf.	Militärfohlen-		Schwand (2)	Schwb.
Schwabenhof	Schwb.	hof	Oberb.	Schwanden	Rh.Pf.
Schwabenmühle	Ob.Pf.	Schwaige	Niederb.	Schwanden (4)	Schwb.
Schwabenmühle		Schwaigelmühle	Oberb.	Schwandmühle	Mitt.Frk.
(2)	Mitt.Frk.	Schwaigen	Oberb.	Schwandorf	Ob.Pf.
Schwaberei	Oberb.	Schwaigen	Niederb.	Schwanfeld	Unt.Frk.
Schwabering	Oberb.	Schwaigerding	Oberb.	Schwangau	Oberb.
Schwabersberg	Oberb.	Schwaigersried	Ob.Pf.	Schwanham	Niederb.
Schwaberwegen	Oberb.	Schwaigfeld	Oberb.	Schwanheim	Rh.Pf.
Schwabhausen (3)	Oberb.	Schwaighäusel	Oberb.	Schwanhof	Niederb.
Schwabhof	Oberb.	Schwaighäuseln	Niederb.	Schwanhof	Rh.Pf.
Schwabing	Oberb.	Schwaighausen	Niederb.	Schwanhof	Ob.Pf.
Schwabingshof	Oberb.	Schwaighausen	Ob.Pf.	Schwaningen	Mitt.Frk.
Schwabmühle	Oberb.	Schwaighausen		Schwank	Oberb.
Schwabmühl-		(2)	Mitt.Frk.	Schwann	Rh.Pf.
hausen	Schwb.	Schwaighausen		Schwannenkir-	
Schwabmünchen	Schwb.	(2)	Schwb.	chen	Niederb.
Schwabnieder-		Schwaighöfe	Schwb.	Schwannenmühle	Rh.Pf.
hofen	Oberb.	Schwaighof (3)	Oberb.	Schwannenreith	Niederb.
Schwabsolen	Oberb.	Schwaighof	Niederb.	Schwannhausen	Unt.Frk.
Schwabsroth	Mitt.Frk.	Schwaighof (4)	Ob.Pf.	Schwannhof	Ob.Pf.
Schwabstabl	Oberb.	Schwaighof	Schwb.	Schwanteln (2)	Schwb.
Schwabstetten	Oberb.	Schwaighofen	Oberb.	Schwanzelöd	Ob.Pf.
Schwabstetten	Ob.Pf.	Schwaighofen	Niederb.	Schwappach	Unt.Frk.
Schwabthal	Ob.Frk.	Schwaigrohr	Oberb.	Schwareit	Oberb.
Schwachshofen	Niederb.	Schwaigstett (2)	Oberb.	Schwartl	Unt.Frk.
Schwabermühle	Ob.Pf.	Schwaim	Niederb.	Schwarz	Oberb.
Schwabermühle	Mitt.Frk.	Schwalbenhof (2)	Ob.Pf.	Schwarz	Niederb.
Schwabermühle	Schwb.	Schwalbenhof	Ob.Frk.	Schwarzach (4)	Niederb.
Schwäbensberg	Schwb.	Schwalbenhof	Mitt.Frk.	Schwarzach (3)	Ob.Pf.
Schwäbishofen	Schwb.	Schwalbenmühle	Mitt.Frk.	Schwarzach (2)	Ob.Frk.
Schwärz	Ob.Pf.	Schwalbenmühle	Unt.Frk.	Schwarzach	Schwb.
Schwärzbauern-		Schwalbennest	Ob.Pf.	Schwarzau (2)	Oberb.
hof	Ob.Frk.	Schwalbenwies	Niederb.	Schwarzau	Niederb.
Schwärzdorf	Ob.Frk.	Schwalbmühle	Schwb.	Schwarzbach	Oberb.
Schwärzermühle		Schwallmühle	Schwb.	Schwarzbach	Rh.Pf.
(2)	Ob.Pf.	Schwallstein	Niederb.	Schwarzbach-	
Schwärzhof	Ob.Pf.	Schwalmberg	Oberb.	wacht	Oberb.
Schwärzhof	Ob.Frk.	Schwaltenmühle	Schwb.	Schwarzbauer	Oberb.
Schwärzleinsdorf	Ob.Frk.	Schwamberg	Unt.Frk.	Schwarzberg	Oberb.

Schwarzberg	Ob.Pf.	Schwarzenbühl	Schwb.	Schwarzmühle (2)	Ob.Frk.
Schwarzbrunn- häusl	Oberb.	Schwarzenbar- berg	Niederb.	Schwarzmühle (2)	Mitt.Frk.
Schwarze Pfütze	Unt.Frk.	Schwarzeneck	Ob.Pf.	Schwarzneb	Oberb.
Schwarzeck	Oberb.	Schwarzenfeld	Ob.Pf.	Schwarzöd	Oberb.
Schwarzed	Oberb.	Schwarzenfurth	Ob.Frk.	Schwarzsohl, Forsthaus	Rh.Pf.
Schwarzen	Niederb.	Schwarzenhäusl	Ob.Pf.		
Schwarzen (3)	Schwb.	Schwarzenham- mer	Ob.Frk.	Schwarzteich	Ob.Frk.
Schwarzenacker	Rh.Pf.			Schwarzwald	Niederb.
Schwarzenacker- hof	Rh.Pf.	Schwarzenhof	Niederb.	Schwarzwinkel	Ob.Frk.
		Schwarzenholz- winkel	Ob.Frk.	Schwarzwöhr	Niederb.
Schwarzenacker- mühle	Rh.Pf.	Schwarzenlohe	Mitt.Frk.	Schwaßhof	Unt.Frk.
Schwarzenau	Unt.Frk.	Schwarzenmühle	Mitt.Frk.	Schwaßhub	Oberb.
Schwarzenbach (7)	Oberb.	Schwarzenreuth	Ob.Pf.	Schwatzen	Niederb.
		Schwarzensee	Schwb.	Schwatzendorf	Niederb.
Schwarzenbach	Niederb.	Schwarzenstein	Oberb.	Schwatzkofen	Niederb.
Schwarzenbach	Rh.Pf.	Schwarzenstein (3)	Niederb.	Schwazen	Schwb.
Schwarzenbach (2)	Ob.Pf.			Schwazöd	Oberb.
		Schwarzenstein (2)	Ob.Frk.	Schwebelhaus	Schwb.
Schwarzenbach (2)	Ob.Frk.	Schwarzenthal	Niederb.	Schwebenried	Unt.Frk.
				Schwebheim	Mitt.Frk.
Schwarzenbach an der Saale	Ob.Frk.	Schwarzenthon- hausen	Ob.Pf.	Schwebheim	Unt.Frk.
				Schwedelbach	Rh.Pf.
Schwarzenbach am Wald	Ob.Frk.	Schwarzerd	Schwb.	Schwedenmühle	Ob.Pf.
		Schwarzerden	Unt.Frk.	Schwegenheim	Rh.Pf.
Schwarzenbach	Mitt.Frk.	Schwarzersdorf	Oberb.	Schweibach (3)	Niederb.
Schwarzenbach (5)	Schwb.	Schwarzfurt	Oberb.	Schweibach	Ob.Pf.
		Schwarzgraben	Rh.Pf.	Schweiber	Oberb.
Schwarzenberg (5)	Oberb.	Schwarzgrub	Niederb.	Schweiberg (2)	Niederb.
		Schwarzheiß	Schwb.	Schweibern	Oberb.
Schwarzenberg (3)	Niederb.	Schwarzhöfe	Ob.Pf.	Schweibern	Niederb.
		Schwarzhöring	Niederb.	Schweibing	Niederb.
Schwarzenberg	Ob.Pf.	Schwarzhof	Niederb	Schweiblmaier	Niederb.
Schwarzenberg	Mitt.Frk.	Schwarzhof	Ob.Pf.	Schweiblreit	Niederb.
Schwarzenberg	Schwb.	Schwarzhofen	Ob.Pf.	Schweig	Oberb.
Schwarzenberg, hinter	Schwb.	Schwarzholz (3)	Ob.Frk.	Schweig	Ob.Pf.
		Schwarzhub	Oberb.	Schweigartswin- den	Mitt.Frk.
Schwarzenberg, ober	Schwb.	Schwarzlack	Oberb.		
		Schwarzland	Rh.Pf.	Schweigelberg	Ob.Frk.
Schwarzenberg, unter	Schwb.	Schwarzlehen	Oberb.	Schweigen	Rh.Pf.
		Schwarzlohe	Oberb.	Schweigered	Niederb.
Schwarzenberger- hof	Schwb.	Schwarzmoos	Niederb.	Schweigersdorf	Mitt.Frk.
		Schwarzmühle (4)	Niederb.	Schweighausen	Oberb.
Schwarzenbichler	Schwb.			Schweighof	Oberb.
Schwarzenborn	Unt.Frk.	Schwarzmühle (2)	Ob.Pf.	Schweighof (2)	Ob.Pf.
Schwarzenbruck	Mitt.Frk.			Schweighofen	Rh.Pf.

Schweiglehn	Niederb.	Schweizerbach	Ob.Pf.	Schwindkirchen	Oberb.
Schweiglern	Oberb.	Schweizerberg	Oberb.	Schwingeck	Niederb.
Schweifharts	Schwb.	Schweizerding	Oberb.	Schwingen (2)	Ob.Frk.
Schweiklberg	Niederb.	Schweizerei	Ob.Frk.	Schwingstetten	Oberb.
Schweina	Mitt.Frk.	Schweizerhof	Niederb.	Schwinkham	Niederb.
Schweinach	Mitt.Frk.	Schweizerhof	Ob.Frk.	Schwoober, am	Oberb.
Schweinau (2)	Mitt.Frk.	Schweizerhof	Unt.Frk.	Schwöb	Oberb.
Schweinbach	Oberb.	Schweizerhof (2)	Schwb.	Schwöll	Oberb.
Schweinbach (3)	Niederb.	Schweizermühle	Ob.Pf.	Schwörsheim	Schwb.
Schweinbach	Ob.Frk.	Schweizermühle	Ob.Frk.	Schwolgau	Niederb.
Schweinbach	Schwb.	Schwelken	Oberb.	Schworreit	Oberb.
Schweinberg (4)	Oberb.	Schwellhof	Niederb.	Schwürbitz	Ob.Frk.
Schweinberg	Niederb.	Schwellhütte	Niederb.	Schwürz	Ob.Frk.
Schweinebach	Schwb.	Schwemberg	Niederb.	Schwurbach	Ob.Pf.
Schweineberg (2)	Schwb.	Schwemm	Niederb.	Sebald (2)	Oberb.
Schweinegg (2)	Schwb.	Schwemmbach	Niederb.	Sebaldmühle	Oberb.
Schweinenburg	Schwb.	Schwemmelsbach	Unt.Frk.	Sebaldsmühle	Oberb.
Schweinersdorf	Oberb.	Schwemmreit	Oberb.	Sebastian Sct.	Niederb.
Schweinfurt	Unt.Frk.	Schwend	Niederb.	Sebastian Sct.	
Schweinham	Oberb.	Schwend (2)	Ob.Pf.	(6).	Ob.Pf.
Schweinheim	Unt.Frk	Schwenden (6)	Schwb.	Sebastian Sct.	Mitt.Frk.
Schweinhöll	Niederb.	Schwenden, unter	Schwb.	Sebastian Sct.	Unt.Frk.
Schweinhof	Unt.Frk.	Schwendneröd	Ob.Pf.	Sebastian Sct.	
Schweinhof	Schwb.	Schwendreith	Niederb.	(3)	Schwb.
Schweinhub	Oberb.	Schwendtlenöd	Niederb.	Seblasmühle	Ob.Pf.
Schweinhütt	Niederb.	Schwenkels	Schwb.	Sechsensand	Schwb.
Schweinkofen	Ob.Pf.	Schwennenbach	Schwb.	Sechsthal	Unt.Frk.
Schweinlang	Schwb.	Schwenningen	Schwb.	Sechstlgrub	Niederb.
Schweinmühle	Ob.Pf.	Schwenzershaus	Unt.Frk.	Sechtel	Oberb.
Schweinsbach (2)	Ob.Frk.	Schwepfing	Oberb.	Sechtenau	Oberb.
Schweinsberg	Ob.Pf.	Schwerifeln	Niederb.	Seckendorf	Mitt.Frk.
Schweinsdorf	Mitt.Frk.	Schwertling	Niederb.	Seckenhauserhof	Rh.Pf.
Schweinshaupten	Unt.Frk.	Schwerzelbach	Unt.Frk.	Secretariusmühle	Mitt.Frk.
Schweinsmühle, auch Schweizermühle	Ob.Frk.	Schwesendorf	Ob.Frk.	Sebelbrunn (2)	Oberb.
		Schwesterberg	Schwb.	Sebelhof (2)	Oberb.
		Schwetzendorf	Ob.Pf.	Sedlhof	Niederb.
Schweinspaint	Schwb.	Schwibich	Oberb.	See (6)	Oberb.
Schweinsteig (5)	Oberb.	Schwibleinsberg	Niederb.	See, am (3)	Oberb.
Schweinthal (3)	Oberb.	Schwieging	Niederb.	See (6)	Niederb.
Schweinthal	Ob.Frk.	Schwiegle	Oberb.	See (3)	Ob.Pf.
Schweißdorf	Ob.Frk.	Schwiewagen	Niederb.	See	Ob.Frk.
Schweißenreuth	Ob.Pf.	Schwifting	Oberb.	See	Mitt.Frk.
Schweisweiler	Rh.Pf.	Schwillach	Oberb.	See (4)	Schwb.
Schweitenkirchen	Oberb.	Schwimbach (2)	Niederb.	See, am	Schwb.
Schweizerhof	Ob.Pf.	Schwimbach	Mitt.Frk.	Seebach (3)	Oberb.
Schweiz	Rh.Pf.	Schwinbach	Oberb.	Seebach	Niederb.
Schweizer (2)	Schwb.	Schwinbegg	Oberb.	Seebach	Rh.Pf.

Seebach (2)	Schwb.	Seeleiten (8)	Oberb.	Segritz	Ob.Pf.
Seebachhütte	Niederb.	Seelen	Rh.Pf.	Sehensand, auch	
Seebachmühle	Oberb.	Seelenbrunnen	Niederb.	Sechsensand	Schwb.
Seebarn	Ob.Pf.	Seelenbenhöfe	Ob.Pf.	Seher	Oberb.
Seebarnhammer	Ob.Pf.	Seeleuthen	Schwb.	Seibelsdorf	Ob.Frk.
Seebeck	Oberb.	Seelig	Ob.Frk.	Seibersbruck	Oberb.
Seeberg (2)	Oberb.	Seeligenstadt	Mitt.Frk.	Seibersdorf	Ob.Pf.
Seeblchl	Oberb.	Seelingau	Ob.Pf.	Seibersdorf	Oberb.
Seebronn	Mitt.Frk.	Seemannshausen	Niederb.	Seibersdorf (2)	Niederb.
Seebruck	Oberb.	Seemannskirchen	Niederb.	Seiberstadt	Oberb.
Seebühl	Oberb.	Seemannsmühl	Mitt.Frk.	Seibertshof (2)	Ob.Pf.
Seeburg	Oberb.	Seemuck	Niederb.	Seibertsloh	Niederb.
Seedorf	Ob.Pf.	Seemühle (3)	Oberb.	Seibertsweiler	Schwb.
Seedorf	Ob.Frk.	Seemühle (2)	Niederb.	Seiböck	Oberb.
Seefahrmühle	Mitt.Frk.	Seemühle (4)	Mitt.Frk.	Seiboldhof	Oberb.
Seefeld	Oberb.	Seemühle (7)	Unt.Frk.	Seiboldsdorf	Oberb.
Seefeld (2)	Schwb.	Seemühle, äußere	Unt.Frk.	Seiboldsdorf	Niederb.
Seefelden	Oberb.	Seemühle, innere	Unt.Frk.	Seiboldsdorf	Schwb.
Seefischer	Oberb.	Seemühle, auch		Seiboldshof	Mitt.Frk.
Seeg (2)	Schwb.	Trillachsmühle	Unt.Frk.	Seiboldsmühle	Ob.Pf.
Seeger (2)	Schwb.	Seenheim	Mitt.Frk.	Seiboldsricht	Ob.Pf.
Seegmühle	Schwb.	Seeon	Oberb.	Seiboldstetten	Mitt.Frk.
Seehäusl (5)	Oberb.	Seeon, Kloster	Oberb.	Seiboldsried	Niederb.
Seehäusl	Niederb.	Seeon	Niederb.	Seibolter	Niederb.
Seehäusl	Mitt.Frk.	Seepoint	Niederb.	Seibothen	Schwb.
Seeham	Oberb.	Seereit	Niederb.	Seiburn	Niederb.
Seehaus (3)	Oberb.	Seerled	Oberb.	Seichenbach	Ob.Pf.
Seehaus (3)	Ob.Frk.	Seerumsmühle	Mitt.Frk.	Seibelhub	Niederb.
Seehaus	Mitt.Frk.	Seeschnelder	Oberb.	Seibelmühle	Niederb.
Seehaus	Unt.Frk.	Seesen	Schwb.	Seibelmühle	Ob.Frk.
Seehausen	Oberb.	Seeshaupt	Oberb.	Seibelsdorf	Mitt.Frk.
Seehöflein (2)	Ob.Frk.	Seeshof (2)	Unt.Frk.	Seibelthal	Niederb.
Seehof (2)	Niederb.	Seeflätten	Niederb.	Seibenberg	Niederb.
Seehof	Ob.Pf.	Seestall	Oberb.	Seibenbusch	Mitt.Frk.
Seehof (2)	Ob.Frk.	Seestall	Schwb.	Seibenhof	Ob.Frk.
Seehof	Mitt.Frk.	Seethal (2)	Oberb.	Seiberau	Niederb.
Seehof	Unt.Frk.	Seethal (3)	Niederb.	Seibersberg	Ob.Pf.
Seehof (3)	Schwb.	Seeweber	Oberb.	Seibersbuch	Niederb.
Seehub	Oberb.	Seeweber	Niederb.	Seiberzell	Mitt.Frk.
Seejäger	Schwb.	Seeweller	Schwb.	Seibing (2)	Oberb.
Seel	Oberb.	Seewendel	Schwb.	Seiblalb	Oberb.
Seelach	Ob.Pf.	Seewies	Oberb.	Seiblbrand	Ob.Pf.
Seelach	Ob.Frk.	Segenhaus	Oberb.	Seiblersreuth	Ob.Pf.
Seelandl	Oberb.	Segger	Schwb.	Seiblgütl	Oberb.
Seelbach	Rh.Pf.	Seglohe	Schwb.	Seiblmühle	Ob.Pf.
Seelbronn	Schwb.	Segnitz	Unt.Frk.	Seibmar	Ob.Frk.
Seelebach	Ob.Frk.	Segringen	Mitt.Frk.	Selbschmid	Oberb.

Selbwitz	Ob.Frk.	Selhof	Oberb.	Senggele	Schwb.
Seler	Niederb.	Seligenporten	Ob.Pf.	Senghaus	Oberb.
Seifen	Schwb.	Sellgenstadt	Ob.Pf.	Senghofen	Ob.Pf.
Seiferts	Unt.Frk.	Sellgenstadt	Unt.Frk.	Senging (2)	Niederb.
Seifertshofen	Schwb.	Selighof	Rh.Pf.	Sengscheid	Rh.Pf.
Seifertsrelth	Niederb.	Seling	Ob.Pf.	Senkeler	Schwb.
Seifrieden	Schwb.	Selinghof	Niederb.	Senkelmühle, a.	
Seifriedsberg (2)	Schwb.	Selingsbach, als	Mitt.Frk.	Sinkelmühle	Schwb.
Seifriedsburg	Unt.Frk.	Selingsbuch, neu	Mitt.Frk.	Senkendorf	Ob.Pf.
Seifriedswörth	Niederb.	Selingsdorf	Mitt.Frk.	Senkenschlag	Oberb.
Seifsleben	Oberb.	Sellanger	Ob.Frk.	Sennfeld	Unt.Frk.
Seigendorf	Ob.Frk.	Sellern (2)	Ob.Pf.	Sennfeldermühle	Unt.Frk.
Seigersdorf	Niederb.	Sellthürn, auch		Sennhof, auch	
Seign	Niederb.	Söllthürn	Schwb.	Weßberg	Schwb.
Seilbach	Oberb.	Selmenau	Schwb.	Sensau	Oberb.
Seilbach	Niederb.	Seltenham	Niederb.	Sensmühl	Oberb.
Sellen	Oberb.	Seltmanns	Schwb.	Seo	Oberb.
Sellenau	Oberb.	Selzmühle	Rh.Pf.	Seon	Niederb.
Sellenberg	Oberb.	Sembach	Rh.Pf.	Seppel, im Holz	Oberb.
Seilerhof	Oberb.	Sembauer	Niederb.	Seppenbaur	Oberb.
Seilersgut	Ob.Frk.	Semler	Oberb.	Seppenberg	Oberb.
Seiling	Niederb.	Semmelhub	Oberb.	Seppenhausen	Ob.Pf.
Sellsdorf	Oberb.	Semmelmühle	Oberb.	Seppenhof	Oberb.
Seining	Niederb.	Semmelreit	Niederb.	Sepphaid	Oberb.
Seinsheim	Unt.Frk.	Semmenhof	Unt.Frk.	Sera	Oberb.
Selpoldenrelth	Niederb.	Semmerskirchen	Niederb.	Sergesen	Schwb.
Seisenberg	Oberb.	Semmerstorf	Niederb.	Serkendorf	Ob.Frk.
Seißl	Oberb.	Sempt	Oberb.	Serlbach	Ob.Frk.
Seßrain	Oberb.	Sendbichl	Niederb.	Serrfeld	Unt.Frk.
Seitenbach	Ob.Frk.	Senden	Schwb.	Serrfeldermühle	Unt.Frk.
Seitenberg	Niederb.	Sendelbach	Mitt.Frk.	Sessenreuth	Ob.Frk.
Seitendorf	Mitt.Frk.	Sendelbach (2)	Unt.Frk.	Seßing	Niederb.
Seitenthal	Ob.Pf.	Sendelmühle	Ob.Pf.	Seßlach	Ob.Frk.
Seitersdorf	Mitt.Frk.	Sendling (2)	Oberb.	Seßlsberg	Niederb.
Seitzenmühle	Ob.Pf.	Sendlingerhalde	Oberb.	Settele	Schwb.
Seitzöd	Niederb.	Sendlmeier	Niederb.	Setzelsdorf	Unt.Frk.
Seitzermühle	Ob.Pf.	Senetsberg, auch		Setzensack	Niederb.
Selb	Ob.Frk.	Semmersberg	Niederb.	Setzensackmühle	Niederb.
Selbensberg	Schwb.	Senftenau	Schwb.	Seubelsdorf	Ob.Frk.
Selberting	Oberb.	Senftenberg	Ob.Frk.	Seubersdorf	Ob.Pf.
Selber Vorwerk	Ob.Frk.	Senftenhof	Ob.Frk.	Seubersdorf	Ob.Frk.
Selbitz	Ob.Pf.	Senftl	Niederb.	Seubersdorf	Mitt.Frk.
Selbitz	Ob.Frk.	Sengelhof	Mitt.Frk.	Seubertshofen	Ob.Pf.
Selbitzmühle	Ob.Frk.	Sengenbühl	Niederb.	Seubetenreuth	Ob.Frk.
Selchen, Selcha-		Sengenried	Oberb.	Seublitz (2)	Ob.Frk.
hof	Oberb.	Sengenthal	Ob.Pf.	Seubrichshausen	Unt.Frk.
Selchenbach	Rh.Pf.	Sengersberg	Mitt.Frk.	Seudenborf	Mitt.Frk.

Seufertshof	Unt.Frk.	Sickling (2)	Niederb.	Siechhaus	Mitt.Frk.
Seuffertshof	Mitt.Frk.	Sibling	Ob.Pf.	Siebafür	Ob.Pf.
Seugast	Ob.Pf.	Siebeldingen	Rh.Pf.	Siebamsdorf	Ob.Frk.
Seugen	Oberb.	Siebelhöfle	Schwb.	Siebelbach	Mitt.Frk.
Seugen	Ob.Pf.	Siebenbauer-		Siebelkofen	Niederb.
Seugenhof	Niederb.	mühle	Rh.Pf.	Sieben	Schwb.
Seugermühle	Schwb.	Siebenbauernhof	Rh.Pf.	Siebenberg	Oberb.
Seuffen	Ob.Frk.	Siebenbronner-		Siebersberg	Oberb.
Seußling	Ob.Frk.	mühle	Mitt.Frk.	Siebersberg	Niederb.
Seubersholz	Mitt.Frk.	Siebenbrunn	Oberb.	Sieberting, auch	
Seyboldsried,		Siebenbrunn	Ob.Frk.	Schuhreitmühle	Niederb.
vorm Wald	Niederb.	Siebeneck	Oberb.	Siedöb	Niederb.
Seybothenreuth	Ob.Frk.	Siebeneich	Oberb.	Siefenwang	Schwb.
Seyersdorf	Niederb.	Siebeneichen	Ob.Pf.	Stegel	Niederb.
Seyfersreuth	Ob.Frk.	Siebeneichenmühle	Oberb.	Siegelbach	Rh.Pf.
Seyfriedsberg	Schwb.	Siebeneichhof	Schwb.	Siegelberg	Oberb.
Seyherhaus	Ob.Frk.	Siebenellen	Niederb.	Siegelbronn	Mitt.Frk.
Seysdorf	Niederb.	Siebengadern	Niederb.	Siegelding	Oberb.
Seywald	Oberb.	Siebengattern	Niederb.	Siegelfeld	Unt.Frk.
Seyweiler	Rh.Pf.	Siebenhar	Niederb.	Siegelhof	Niederb.
Sezenbach	Niederb.	Siebenhard	Oberb.	Siegelreith	Oberb.
Sibichhausen	Oberb.	Siebenhasen	Niederb.	Siegelsdorf	Niederb.
Sibillenhof, auch		Siebenhitz	Ob.Frk.	Siegelsdorf	Ob.Pf.
Kriesheche	Unt.Frk.	Siebenkofen	Niederb.	Siegelsdorf	Mitt.Frk.
Sibrichsmühle	Unt.Frk.	Siebensee	Niederb.	Siegelthann	Niederb.
Sichardshof	Ob.Frk.	Siebentisch	Mitt.Frk.	Siegenburg	Niederb.
Sichartsreit	Niederb.	Siebentisch	Schwb.	Siegendorf	Unt.Frk.
Sichelhof, auch		Sieberding	Niederb.	Siegenhofen (2)	Ob.Pf.
Siegelhof	Oberb.	Siebered	Oberb.	Siegenhofen	Schwb.
Sichelsgrundhof	Unt.Frk.	Siebers	Schwb.	Siegensdorf (2)	Niederb.
Sichelstetten, a.		Siebler	Niederb.	Siegenstein	Ob.Pf.
Sielstetten	Niederb.	Sieblos	Unt.Frk.	Siegenthann	Ob.Pf.
Sichendorf	Oberb.	Siebmühle	Oberb.	Siegersbach	Niederb.
Sichendorf	Ob.Pf.	Siebnach	Schwb.	Siegersberg	Oberb.
Sichersdorf	Mitt.Frk.	Siebolling	Oberb.	Siegersdorf	Oberb.
Sichersdorf	Unt.Frk.	Siebratshofen	Schwb.	Siegersdorf (3)	Niederb.
Sichersreuth	Ob.Frk.	Siebzger	Oberb.	Siegersdorf	Mitt.Frk.
Sichertshofen	Ob.Pf.	Siechen	Ob.Pf.	Siegerstätten	Niederb.
Sichmannsbrunn	Ob.Frk.	Siechenhaus	Ob.Frk.	Siegerszell	Oberb.
Sickenhausen	Oberb.	Siechenhaus	Unt.Frk.	Siegertsbrunn	Oberb.
Sickenreuth (2)	Ob.Frk.	Siechenhaus (2)	Schwb.	Siegertshofen	Oberb.
Sickenthal	Niederb.	Siechenfurth	Niederb.	Siegertshofen	Schwb.
Sickermühle	Niederb.	Siechenöd	Niederb.	Sieghart	Oberb.
Sickersdorf	Mitt.Frk.	Siechenwirth	Mitt.Frk.	Siegharting (3)	Oberb.
Sickershausen	Unt.Frk.	Siechhäuser	Oberb.	Siegharting	Niederb.
Sickertshofen	Oberb.	Siechhaus	Oberb.	Sieghof	Rh.Pf.
Sickling (2)	Niederb.	Siechhaus	Niederb.	Siegl	Ob.Pf.

Sieglberg	Niederb.	Siklasberg	Niederb.	Simmlers	Schwb.
Sieglbrunn	Niederb.	Silberanger	Ob.Frk.	Simnach	Schwb.
Sieglgut	Niederb.	Silberbach (2)	Ob.Frk.	Simon Sct.	Niederb.
Siegliyberg	Mitt.Frk.	Silberberg	Niederb.	Simonmühle	Mitt.Frk.
Siegliyhof (2)	Mitt.Frk.	Silbergrub	Ob.Pf.	Simonsberg	Schwb.
Sieglmühle	Ob.Pf.	Silberhaus, auch		Simonsbühl	Oberb.
Sieglohe	Schwb.	Silberanger	Ob.Frk.	Simonshof	Unt.Frk.
Sieglreit	Oberb.	Silberhof	Unt.Frk.	Simonshofen	Mitt.Frk.
Sieglweiher	Oberb.	Silberhütte	Ob.Pf.	Simonshofer-	
Siegmundsgrün	Ob.Frk.	Silberklippen	Ob.Frk.	mühle	Unt.Frk.
Siegriy	Ob.Pf.	Silbermühle (2)	Ob.Pf.	Simonsmühle	
Siegriy	Ob.Frk.	Silbermühle (2)	Mitt.Frk.	(2)	Mitt.Frk.
Siegrilyberg	Ob.Frk.	Silberrosen	Ob.Frk.	Simonsmühle	Schwb.
Siegsdorf	Oberb.	Silbersbach	Niederb.	Simonsöd	Niederb.
Siegsstädt	Oberb.	Silbersperg	Niederb.	Simontoni	Oberb.
Siegstorf	Niederb.	Silberthal	Rh.Pf.	Simpering	Niederb.
Sielading	Oberb.	Silching	Niederb.	Simpoln	Niederb.
Sielheim, ober	Schwb.	Silerting	Oberb.	Simptmann	Ob.Frk.
Sielheim, unter	Schwb.	Sillaching	Niederb.	Sims	Oberb.
Sielstetten, auch		Sillen	Ob.Pf.	Simsersils	Oberb.
Sichelstetten	Niederb.	Sillenbach	Oberb.	Simten	Rh.Pf.
Sienering	Oberb.	Sillersdorf	Oberb.	Sinbronn	Mitt.Frk.
Siethof	Niederb.	Sillertshau	Oberb.	Sindelbach	Ob.Pf.
Sifenhofen	Oberb.	Silling	Niederb.	Sindelhausen	Oberb.
Siffelbrunn	Niederb.	Sillmering	Oberb.	Sindelsberg	Oberb.
Sifferling	Oberb.	Silz	Rh.Pf.	Sindelsberg	Ob.Pf.
Siggenberg	Oberb.	Simandl (2)	Niederb.	Sindelsdorf	Oberb.
Siggenham	Oberb.	Simbach a. J.	Niederb.	Sinderl	Oberb.
Siggenhofen	Oberb.	Simbach b. L.	Niederb.	Sindersbacher-	
Sighart	Oberb.	Simbach	Mitt.Frk.	mühle	Unt.Frk.
Sigharting (2)	Oberb.	Simering	Oberb.	Sindhub	Niederb.
Sighartsmühle	Niederb.	Sinnet	Oberb.	Sinding	Oberb.
Siglshofen	Schwb.	Similing	Niederb.	Sindorf	Oberb.
Sigiswang	Schwb.	Simmelberg	Mitt.Frk.	Sindorf	Niederb.
Sigl	Oberb.	Simmelbuch	Ob.Frk.	Singberg	Niederb.
Sigl	Niederb.	Simmelreit	Oberb.	Singelding (2)	Oberb.
Siglfing	Oberb.	Simmelsdorf	Mitt.Frk.	Singen	Oberb.
Siglmühle	Niederb.	Simmelsreith	Niederb.	Singenbach	Oberb.
Sigmaiers	Schwb.	Simmerbaur	Oberb.	Singenhorn	Schwb.
Sigmarszell	Schwb.	Simmerberg (2)	Schwb.	Singenrain	Unt.Frk.
Sigmershausen	Oberb.	Simmerbuch	Schwb.	Singer (2)	Oberb.
Sigras	Ob.Pf.	Simmering	Niederb.	Singerhof	Niederb.
Sigratsbold	Schwb.	Simmersberg, a.		Singern	Oberb.
Sigrityau	Ob.Frk.	Bruckhof	Ob.Pf.	Singers	Schwb.
Sigrün	Oberb.	Simmersdorf	Ob.Frk.	Singertöbichel	Oberb.
Siking (2)	Oberb.	Simmershausen	Unt.Frk.	Singham	Niederb.
Siking	Niederb.	Simmershofen	Mitt.Frk.	Singharting	Oberb.

Singler	Oberb.	Sitzing (2)	Oberb.	Solla (7)	Niederb.
Singlmühle	Oberb.	Sitzweilerhof	Rh.Pf.	Sollach (5)	Oberb.
Singrün	Ob.Pf.	Sirenbauer	Oberb.	Sollach	Niederb.
Singstraßen	Oberb.	Sirt in der Point	Oberb.	Sollar	Ob.Pf.
Sinkelmühle, a.		Sirt, a. Raigerholz	Ob.Pf.	Sollasöd	Niederb.
Senkelmühle	Schwb.			Sollbach	Ob.Pf.
Sinnatengrün	Ob.Frk.	Sirtengern, auch		Sollenberg	Oberb.
Sinnelsbühl	Oberb.	Sirtnitgern	Oberb.	Sollenberg	Ob.Frk.
Sinning	Oberb.	Sirtenreuth	Oberb.	Sollerholz	Niederb.
Sinning	Schwb.	Sirthaselbach	Oberb.	Sollern (3)	Oberb.
Sinnleithen	Ob.Pf.	Sirtmühle	Mitt.Frk.	Sollern	Ob.Pf.
Sinnthalhof	Unt.Frk.	Smolensk	Unt.Frk.	Solleröd	Oberb.
Sinsöd (2)	Oberb.	Soden	Unt.Frk.	Solling (3)	Oberb.
Sinswang	Schwb.	Sodenberg	Unt.Frk.	Solling (2)	Niederb.
Sintmann, auch		Söcking (2)	Oberb.	Sollinger	Oberb.
Simptmann	Ob.Frk.	Söcklmühle	Niederb.	Sollmannsberg	Niederb.
Sintmannsbach	Mitt.Frk.	Söbelbronn	Mitt.Frk.	Solln	Oberb.
Sinzendorf	Ob.Pf.	Sölastock	Niederb.	Sollnes	Ob.Pf.
Sinzenhof	Ob.Pf.	Sölb	Oberb.	Solngrießbach	Mitt.Frk.
Sinzhausen	Oberb.	Sölden	Oberb.	Solnhofen	Mitt.Frk.
Sinzing (2)	Ob.Pf.	Sölden (3)	Niederb.	Solnhofermühle	Mitt.Frk.
Sinzing (4)	Oberb.	Söldenau	Niederb.	Solomann	Niederb.
Sinzwinden	Unt.Frk.	Söldenhammer	Oberb.	Sommer	Schwb.
Sipfkofen	Ob.Pf.	Söldenreith	Niederb.	Sommerach	Unt.Frk.
Sippachsmühle	Unt.Frk.	Söldhof	Oberb.	Sommeracker	Niederb.
Sippelmühle	Ob.Pf.	Sölgering	Niederb.	Sommerau (2)	Niederb.
Sippelmühle	Mitt.Frk.	Söll (2)	Oberb.	Sommerau	Ob.Pf.
Sippenau	Niederb.	Söllerstadt	Oberb.	Sommerau	Mitt.Frk.
Sippenbach	Niederb.	Söllhuben	Oberb.	Sommerau	Unt.Frk.
Sippersfeld	Rh.Pf.	Sölling	Niederb.	Sommerberg, a.	
Sirchenried	Oberb.	Söllitz	Ob.Pf.	Frühlingshof	Unt.Frk.
Sirgenstein	Schwb.	Söllthürn, auch		Sommerhau	Ob.Pf.
Sittelkofen	Niederb.	Sellthürn	Schwb.	Sommerhau	Ob.Frk.
Sittelsdorf, auch		Sölnham, auch		Sommerhaus	Ob.Pf.
Siebelsdorf	Niederb.	Sölbenhammer	Oberb.	Sommerhausen	Unt.Frk.
Sittenau	Oberb.	Sömmersdorf	Unt.Frk.	Sommerhöfe	Oberb.
Sittenbach	Oberb.	Sörzen	Oberb.	Sommerhof	Unt.Frk.
Sittenbach	Mitt.Frk.	Sohl	Niederb.	Sommerkahl	Unt.Frk.
Sittenberg	Niederb.	Sohlermühle	Niederb.	Sommerkögel	Niederb.
Sitters	Rh.Pf.	Sohlhütte	Niederb.	Sommerleiten	Ob.Frk.
Sittling	Niederb.	Soilach	Oberb.	Sommermühle	Ob.Pf.
Sittlingen	Mitt.Frk.	Soking	Niederb.	Sommermühle	Ob.Frk.
Sitz	Niederb.	Solalinden	Oberb.	Sommers	Schwb.
Sitzambuch	Ob.Pf.	Solchenberg	Niederb.	Sommersberg	Oberb.
Sitzberg	Niederb.	Solching	Oberb.	Sommersberg (3)	Niederb.
Sitzenberg	Ob.Pf.	Solder	Oberb.	Sommersberg	Schwb.
Sitzenhofen	Ob.Pf.	Solg	Ob.Frk.	Sommersdorf	Niederb.

Generalregister z. Orts- u. Postlex. f. Bayern.

Sommersdorf	Mitt.Frk.	Sonnendorf (3)	Oberb.	Soßau (2)	Niederb.
Sommershausen	Niederb.	Sonnenfeld	Oberb.	Soßen	Oberb.
Sommersreuth	Oberb.	Sonnengrün	Ob.Frk.	Soyerhof	Oberb.
Sommerstorf	Niederb.	Sonnenhalde	Schwb.	Soyermühle	Oberb.
Sommertshof	Ob.Pf.	Sonnenhausen	Oberb.	Spadenöd, auch	
Sonderbilching	Oberb.	Sonnenheim	Oberb.	Spatzenöd	Niederb.
Sonderdorf	Schwb.	Sonnenhofen	Oberb.	Spänfleck, auch	
Sondergey	Niederb.	Sonnenholz (3)	Oberb.	Münsgraben	Ob.Frk.
Sonderham (3)	Oberb.	Sonnenhub	Oberb.	Spär	Schwb.
Sonderham	Niederb.	Sonnenleiten (3)	Oberb.	Spagelsöd	Niederb.
Sonderhausen	Oberb.	Sonnenleiten	Ob.Frk.	Spagenhof	Mitt.Frk.
Sonderhelm	Schwb.	Sonnenmoos	Oberb.	Spalt	Mitt.Frk.
Sonderhof	Oberb.	Sonnenreit	Oberb.	Spanberg (2)	Niederb.
Sonderhof (2)	Schwb.	Sonnenreith (2)	Oberb.	Spangenberger-	
Sonderhofen	Oberb.	Sonnenried	Ob.Pf.	mühle	Rh.Pf.
Sonderhofen	Unt.Frk.	Sonnenstett	Oberb.	Spangenberger	
Sonderholzerhof	Schwb.	Sonnenwald-		Vorbmühle	Rh.Pf.
Sonderl	Oberb.	mühle	Niederb.	Spangenhof	Mitt.Frk.
Sondermonning	Oberb.	Sonner	Oberb.	Spann	Oberb.
Sondernau	Unt.Frk.	Sonnering	Oberb.	Spannagl	Niederb.
Sondernheim	Rh.Pf.	Sonnershof	Oberb.	Spannbruck (2)	Oberb.
Sondernohe	Mitt.Frk.	Sonnhart	Oberb.	Spanneck	Niederb.
Sonderried	Schwb.	Sonnhof	Oberb.	Spannleitenberg	Oberb.
Sondersfeld	Ob.Pf.	Sonnhof (4)	Ob.Pf.	Spannlhof	Ob.Pf.
Sondersham	Niederb.	Sonnleithen (2)	Niederb.	Spannloh	Oberb.
Sondershausen	Oberb.	Sonnöd	Oberb.	Sparbrob	Unt.Frk.
Sonderten	Schwb.	Sontheim (2)	Schwb.	Spardorf	Mitt.Frk.
Sonderung	Ob.Frk.	Sonthelm	Mitt.Frk.	Spatergat	Schwb.
Sonderwiechs	Oberb.	Sonthofen	Schwb.	Sparetsried	Oberb.
Sondheim	Unt.Frk.	Sophienberg (2)	Ob.Frk.	Sparmanseck	Oberb.
Sondheimer-		Sophienhöhle	Ob.Frk.	Sparneck	Ob.Frk.
mühle	Unt.Frk.	Sophienhof	Niederb.	Sparnfluck, auch	
Sondorf	Niederb.	Sophienreuth	Ob.Frk.	Sparnfuß	Oberb.
Sonham	Oberb.	Sophienried	Schwb.	Sparöd	Niederb.
Soningersteig	Niederb.	Sophienthal	Ob.Frk.	Sparr	Niederb.
Sonnau	Oberb.	Soranger	Ob.Frk.	Sparrenberg	Schwb.
Sonnberg	Oberb.	Sorg (7)	Ob.Frk.	Sparz	Oberb.
Sonnberg	Niederb.	Sorg	Mitt.Frk.	Spattweg	Schwb.
Sonndorf	Niederb.	Sorg (2)	Ob.Pf.	Spatzenberg	Oberb.
Sonnen, auch		Sorgenflieh	Ob.Frk.	Spatzenhäusle	Schwb.
Sanna	Oberb.	Sorgers	Schwb.	Spatzenhausen	Oberb.
Sonnen (2)	Oberb.	Sorghof	Ob.Frk.	Spatzenmühle	Ob.Pf.
Sonnen	Niederb.	Sorghof	Mitt.Frk.	Spatzenmühl	Rh.Pf.
Sonnenberg	Niederb.	Sorgmühle	Oberb.	Spatzreit	Oberb.
Sonnenberg	Ob.Frk.	Sorheim	Schwb.	Spechtling	Niederb.
Sonnenberg	Schwb.	Sornhüll	Mitt.Frk.	Spechtrain	Niederb.
Sonnenbruck	Schwb.	Soßau	Oberb.	Spechtthal	Rh.Pf.

Speck — Spitzenrheinhof. 243

Speck (4)	Oberb.	Speyerhof	Mitt.Frk.	Spindlern	Oberb.
Speck, Spöck	Oberb.	Spezigraben	Oberb.	Spindlhof	Ob.Pf.
Speck (2)	Niederb.	Spichting	Niederb.	Spinner	Oberb.
Speckbach	Oberb.	Spickel	Schwb.	Spinnersberg	Oberb.
Speckberg	Oberb.	Spiegel	Oberb.	Spinnfabrick	Ob.Frk.
Speckbroden	Schwb.	Spiegel	Niederb.	Spinnreit, auch	
Specken	Unt.Frk.	Spiegel	Schwb.	Spittenreit	Oberb.
Speckermühle	Ob.Pf.	Spiegelaumühle	Niederb.	Spirka	Oberb.
Speckgreu	Schwb.	Spiegelhütte	Niederb.	Spirkeneb	Niederb.
Speckhaus	Niederb.	Spiegelreit	Niederb.	Spirkengrub	Niederb.
Speckhelm	Mitt.Frk.	Spiegelsberg (3)	Oberb.	Spirkenthal	Niederb.
Speckhof (2)	Oberb.	Spiegelschleife	Niederb.	Spirkesberg	Oberb.
Speckmannshof	Ob.Pf.	Spiegelschleife (3)	Ob.Pf.	Spital	Niederb.
Speckmühle (2)	Oberb.	Spiegler	Schwb.	Spital	Ob.Pf.
Speckmühle	Ob.Pf.	Spieglreith	Niederb.	Spital Vorstadt	Mitt.Frk.
Speckmühle	Mitt.Frk.	Spiekelbach	Rh.Pf.	Spital	Schwb.
Specköhof	Ob.Pf.	Spielberg (5)	Oberb.	Spitalhaus	Ob.Pf.
Speichersdorf	Ob.Pf.	Spielberg, ober		Spitalhof	Oberb.
Speicherz	Unt.Frk.	und unter	Oberb.	Spitalhof	Niederb.
Spelden	Schwb.	Spielberg (3)	Niederb.	Spitalhof, auch	
Spelberer	Oberb.	Spielberg (3)	Ob.Pf.	Branchweilerhof	Rh.Pf.
Speiersberg	Ob.Frk.	Spielberg	Ob.Frk.	Spitalhof	Mitt.Frk.
Speiersmühle	Unt.Frk.	Spielberg (2)	Mitt.Frk.	Spitalhof	Unt.Frk.
Speikern	Mitt.Frk.	Spielberg	Schwb.	Spitalhof (2)	Schwb.
Speinshardt	Ob.Pf.	Spielbichl	Oberb.	Spitalmühle	Oberb.
Speisöd	Niederb.	Spieler	Oberb.	Spitalmühle	Rh.Pf.
Speltenbach	Niederb.	Spielhof	Oberb.	Spitalmühle	Ob.Pf.
Spendholzen	Niederb.	Spielhof	Ob.Pf.	Spitalmühle	Mitt.Frk.
Spengler	Schwb.	Spielhof	Unt.Frk.	Spitalmühle (2)	Unt.Frk.
Sperber	Oberb.	Spielhof	Schwb.	Spitalmühle (2)	Schwb.
Sperbersbach	Mitt.Frk.	Spielindelhäusel	Oberb.	Spitalschnippe	Schwb.
Sperberslohe (2)	Mitt.Frk.	Spielmann	Oberb.	Spittenreit, auch	
Speerhäuser	Niederb.	Spielmannsau	Schwb.	Spinnreit	Oberb.
Sperlbrunn	Niederb.	Spielmannsberg,		Spittersberg	Oberb.
Sperlesberg	Oberb.	auch Spinners-		Spitz (3)	Oberb.
Sperlhammer	Niederb.	berg	Oberb.	Spitz	Niederb.
Sperlhammer	Ob.Pf.	Spieln (2)	Oberb.	Spitz	Ob.Pf.
Sperlhof	Oberb.	Spielwang	Oberb.	Spitzberg (3)	Ob.Frk.
Sperlmühle	Niederb.	Spies	Ob.Frk.	Spitzelchen	Ob.Frk.
Sperr	Niederb.	Spiesberg	Ob.Frk.	Spitzelbach	Niederb.
Sperwies	Niederb.	Spiesbrunn	Niederb.	Spitzelmühle (2)	Oberb.
Spesbach	Rh.Pf.	Spieshof (2)	Ob.Pf.	Spitzelsberg	Niederb.
Speyer	Rh.Pf.	Spiesmühle	Ob.Frk.	Spitzenberg (2)	Niederb.
Speyerbrunn	Rh.Pf.	Spillergut	Niederb.	Spitzenbobl	Niederb.
Speyerbrunner-hof	Rh.Pf.	Spilöz	Niederb.	Spitzendorf	Niederb.
		Spinbelhäusel	Niederb.	Spitzenmühle	Schwb.
Speyerdorf	Rh.Pf.	Spinbelhof	Schwb.	Spitzenrheinhof	Rh.Pf.

Spitzentränk (2)	Oberb.	Staarmalz	Oberb.	Stabla	Ob.Pf.
Spitzer	Oberb.	Staben	Oberb.	Stablaich	Niederb.
Spitzermühle	Ob.Pf.	Stabhammer,		Stableck	Niederb.
Spitzgrub	Niederb.	unterer	Ob.Frk.	Stabler, Stabl	Oberb.
Spitzhaus	Niederb.	Stabhof	Ob.Pf.	Stabler (5)	Oberb.
Spitzhub	Niederb.	Stachelbrandt	Oberb.	Stabler, am	
Spitzingerreith	Niederb.	Stacherl, am		Holz	Oberb.
Spitzispui	Schwb.	Moos	Oberb.	Stabler (7)	Niederb.
Spitzlöb	Ob.Pf.	Stachersdorf	Niederb.	Stablermühle	Ob.Pf.
Spitzmäusing	Niederb.	Stacherting	Oberb.	Stablern	Oberb.
Spitzmühle	Schwb.	Stachesried	Niederb.	Stablern	Niederb.
Spitzöd	Oberb.	Stachet	Oberb.	Stablern	Ob.Pf.
Spitzöd	Niederb.	Stachet, Stachöd	Oberb.	Stablhöfe	Oberb.
Spitzstirl	Oberb.	Stachusried, auch		Stablhof	Oberb.
Spitzwald	Ob.Pf.	Hammerhof	Oberb.	Stablhof (4)	Niederb.
Spitzholz	Niederb.	Stackeldorf	Oberb.	Stablhof (3)	Ob.Pf.
Splitterhof	Oberb.	Stackendorf	Ob.Frk.	Stablhub	Oberb.
Spöck (2)	Oberb.	Stabel (6)	Oberb.	Stablmoos	Oberb.
Spöck (3)	Niederb.	Stabel (3)	Niederb.	Stablmühle	Niederb.
Spöck (2)	Schwb.	Stabel	Ob.Frk.	Stablöd	Niederb.
Spöckberg	Oberb.	Stabel	Mitt.Frk.	Stablöd, auf der	
Spörlmühle	Ob.Frk.	Stabel	Schwb.	Gimpel	Niederb.
Spörrau	Oberb.	Stabel, zum	Schwb.	Stablreith	Niederb.
Spötting	Oberb.	Stabelberg (2)	Oberb.	Stablschuster	Oberb.
Spöttel	Schwb.	Stabelberg	Niederb.	Stablthann	Niederb.
Spormühle	Rh.Pf.	Stabeldorf	Ob.Pf.	Stadtallmal	Schwb.
Spornhütling	Niederb.	Stabelham	Oberb.	Stadtamhof	Ob.Pf.
Spornmühle	Niederb.	Stabelhaus	Ob.Frk.	Stadtberg	Niederb.
Spratt	Oberb.	Stabelhöfe	Ob.Pf.	Stadtbergen	Schwb.
Spreng	Oberb.	Stabelhof (2)	Ob.Pf.	Stadtel	Oberb.
Sprengelsbach	Oberb.	Stabelhof (3)	Mitt.Frk.	Stadtlauringen	Unt.Frk.
Sprelterhof	Rh.Pf.	Stabelhof	Schwb.	Stadtmühle	Mitt.Frk.
Sprengenöd	Oberb.	Stabelhof	Niederb.	Stadtmühle (2)	Unt.Frk.
Sprengseisen	Oberb.	Stabelhofen (2)	Ob.Frk.	Stadtmühle	Schwb.
Sprethub	Niederb.	Stabelhofen	Mitt.Frk.	Stadtprozelten	Unt.Frk.
Sprleberer	Oberb.	Stabelhofen	Unt.Frk.	Stadtschwarzach	Unt.Frk.
Springelbach	Oberb.	Stabelmühle	Schwb.	Stadtsteinach	Ob.Frk.
Springelhof	Ob.Frk.	Stabeln (2)	Oberb.	Stadtwaldhof*)	Oberb.
Springenöd (2)	Oberb.	Stabeln (2)	Mitt.Frk.	Stadtweiher	Schwb.
Springenberg (2)	Oberb.	Stabelöd (4)	Niederb.	Stähle	Schwb.
Springenberg	Niederb.	Stabels (2)	Schwb.	Stählings	
Sprittelsberg	Oberb.	Stabelschwarzach	Unt.Frk.	Ställe	Mitt.Frk.
Spröffelmühle	Schwb.	Stabl (18)	Oberb.	Stätten	Niederb.
Sprung, am	Niederb.	Stabl (9)	Niederb.	Stättenöd	Niederb.
Sprung	Oberb.	Stabl, hinterm		Städling	Oberb.
Staabe	Oberb.	Holz	Niederb.	Staubach	Ob.Frk.
Staabdorf	Ob.Pf.	Stabl (4)	Ob.Pf.		

*) Zur Gemeinde Landsberg gehörig.

Stafellehen — Staufen. 245

Stafellehen, auch		Stampfl (2)	Oberb.	Starzenberg (2)	Niederb.
Steffelehen	Oberb.	Stampfmühle	Unt.Frk.	Starzeneb	Niederb.
Staffelbach	Ob.Frk.	Stanbrieb	Ob.Pf.	Starzhausen	Oberb.
Staffelberg	Ob.Frk.	Standenbühl	Rh.Pf.	Starzmann	Oberb.
Staffelhof	Rh.Pf.	Standtkirchen	Oberb.	Starzmühle	Oberb.
Staffelstein	Ob.Frk.	Standling	Niederb.	Starzner	Niederb.
Staffen	Oberb.	Stangel (2)	Oberb.	Statt	Oberb.
Staffenödt	Niederb.	Stangelhof	Ob.Pf.	Stattenberg	Oberb.
Staffing	Oberb.	Stangelhütte	Niederb.	Stattenberg	Niederb.
Stagl	Niederb.	Stangelmühle	Niederb.	Stattlehen	Oberb.
Stahl, Mitter	Ob.Pf.	Stangelöd	Oberb.	Staubers (2)	Schwb.
Stahlberg	Rh.Pf.	Stangelschwaig	Oberb.	Staubershammer	Ob.Pf.
Stahlhausen	Rh.Pf.	Stangelzell	Oberb.	Staubing	Niederb.
Stahlhöfe	Mitt.Frk.	Stangenberg	Ob.Pf.	Staubmühle (2)	Niederb.
Stahlmühle	Mitt.Frk.	Stangenried	Oberb.	Staucherding	Oberb.
Stahlsmühle	Unt.Frk.	Stangenroth	Unt.Frk.	Staubach (14)	Oberb.
Stalbra	Ob.Frk.	Stangern	Oberb.	Staubach (10)	Niederb.
Stalg (10)	Schwb.	Stanggaß	Oberb.	Staubach (5)	Schwb.
Stalgberg	Schwb.	Stanglhof	Ob.Pf.	Stauben (6)	Oberb.
Stalgers	Schwb.	Stanis	Schwb.	Staubenau	Niederb.
Stalgmühle	Schwb.	Stanning	Ob.Pf.	Staubenberg	Niederb.
Stainbl	Oberb.	Stansee	Oberb.	Staubenberg	Schwb.
Stainblaich	Oberb.	Stapfen (2)	Niederb.	Staubenhäuseln	Niederb.
Staining	Niederb.	Stapfl	Niederb.	Staubenhäuser	Ob.Frk.
Stallau (2)	Oberb.	Stappenbach	Ob.Frk.	Staubenhäusl (3)	Oberb.
Stallbaum	Mitt.Frk.	Staren	Oberb.		
Stallborf	Unt.Frk.	Starfling	Oberb.	Staubenhof	Ob.Pf.
Stalleder	Niederb.	Starken	Oberb.	Staubenhof	Mitt.Frk.
Staller	Oberb.	Starkenacker	Ob.Pf.	Staubenpoint	Niederb.
Staller	Niederb.	Starkenschwind	Ob.Frk.	Staubenschedl	Niederb.
Stallhäusl	Niederb.	Starkern	Oberb.	Stauberer (2)	Oberb.
Stallham	Niederb.	Starkertshofen	Oberb.	Staubham (3)	Oberb.
Stallhof	Ob.Pf.	Starkhelm	Oberb.	Staubham, ober und unter	Oberb.
Stalling	Oberb.	Starkrelt	Oberb.		
Stallwang (2)	Niederb.	Starnberg	Oberb.	Staubhammer	Oberb.
Staltach	Oberb.	Starneck	Oberb.	Staubhausen (3)	Oberb.
Staltannen	Oberb.	Starnhöll	Oberb.	Staubheim	Oberb.
Stambach	Rh.Pf.	Starrelt	Oberb.	Staubhub	Oberb.
Stamm	Oberb.	Starz (4)	Oberb.	Staubigl	Oberb.
Stammbach	Ob.Frk.	Starz, unter und ober	Oberb.	Staubinger	Oberb.
Stammberg	Ob.Frk.			Staubtenmühle	Ob.Frk.
Stammham (3)	Oberb.	Starzberg (2), auch Stolzenberg	Oberb.	Stauern (2)	Niederb.
Stammhelm	Unt.Frk.			Stauf	Ob.Pf.
Stampermühle	Rh.Pf.			Stauf	Mitt.Frk.
Stampfelschwaig	Niederb.	Starzel	Oberb.	Staufen	Schwb.
Stampfermühle	Mitt.Frk.	Starzen (3)	Niederb.	Staufen, auch Oberstaufen	Schwb.
Stampfing	Niederb.	Starzenbach	Ob.Pf.		

Staufenbach	Rh.Pf.	Steger	Schwb.	Steilach	Oberb.
Staufendorf	Niederb.	Steghäusl	Oberb.	Stein (11)	Oberb.
Staufersbuch	Mitt.Frk.	Steghof	Ob.Pf.	Stein (4)	Niederb.
Stauff	Rh.Pf.	Stegholz	Niederb.	Stein	Rh.Pf.
Stauffeneck	Oberb.	Steghub	Niederb.	Stein (2)	Ob.Pf.
Staupen	Oberb.	Steglehen	Oberb.	Stein, auch	
Stausacker	Niederb.	Stegmühl	Oberb.	Stein an der	
Staufteinerhof	Rh.Pf.	Stegmühl	Niederb.	Pfreimt	Ob.Pf.
Steberlberg	Niederb.	Stegmühle (2)	Oberb.	Stein (5)	Ob.Frk.
Stechen	Oberb.	Stegmühle (4)	Niederb.	Stein	Mitt.Frk.
Stechenberg	Ob.Frk.	Stegmühle (2)	Ob.Pf.	Stein, am	Unt.Frk.
Stechendorf	Ob.Frk.	Stegmühle	Ob.Frk.	Stein (3)	Schwb.
Stechera	Ob.Frk.	Stegmühle	Mitt.Frk.	Steina (2)	Niederb.
Stecherhof	Ob.Pf.	Stegmühle	Schwb.	Steinabach	Oberb.
Steckel	Niederb.	Stehermühle	Ob.Pf.	Steinach (6)	Oberb.
Stecken	Oberb.	Stehlesmühle	Schwb.	Steinach (2)	Niederb.
Steckenberg	Oberb.	Stehlings, auch		Steinach (3)	Ob.Pf.
Steckenbüchel	Oberb.	Stählings	Schwb.	Steinach (2)	Ob.Frk.
Steckengrub	Niederb.	Steibis	Schwb.	Steinach (3)	Mitt.Frk.
Steckenried	Schwb.	Steibelbacherhof	Rh.Pf.	Steinach	Unt.Frk.
Steckerhof	Niederb.	Steibl	Oberb.	Steinach (2)	Schwb.
Steeg (2)	Oberb.	Steibler	Oberb.	Steinachern	Niederb.
Steeg	Niederb.	Steiblstetten	Oberb.	Steinacker	Mitt.Frk.
Steegen	Oberb.	Steifling	Ob.Frk.	Steinafurth	Niederb.
Steegen	Rh.Pf.	Steig (2)	Niederb.	Steinalben	Rh.Pf.
Steegmühle (3)	Schwb.	Steig (8)	Schwb.	Steinalbermühle	Rh.Pf.
Stefanskirchen	Oberb.	Steig, auch		Steinamwasser	Ob.Pf.
Steffelhof	Niederb.	G'staig, Stain-		Steinau (3)	Oberb.
Steffellehen	Oberb.	haibl	Schwb.	Steinbach (12)	Oberb.
Steffelmühle	Oberb.	Steigenberg (2)	Oberb.	Steinbach, ober	
Steffelmühle	Niederb.	Steigenfels	Niederb.	und unter	Oberb.
Steffelthann	Oberb.	Steiger	Oberb.	Steinbach (7)	Niederb.
Steffing	Niederb.	Steiger	Niederb.	Steinbach	Rh.Pf.
Stefling	Oberb.	Steiger	Unt.Frk.	Steinbach (4)	Ob.Pf.
Steg	Oberb.	Steigerhof (2)	Rh.Pf.	Steinbach (4)	Ob.Frk.
Stegacker	Schwb.	Steigerhof	Schwb.	Steinbach, an der	
Stegaurach	Ob.Frk.	Steigers, auch		Halde	Ob.Frk.
Stegberg	Niederb.	Staigers	Schwb.	Steinbach, am	
Stegbruck	Mitt.Frk.	Steigerier Hof	Rh.Pf.	Wald	Ob.Frk.
Stegen (5)	Oberb.	Steigle Back	Schwb.	Steinbach (9)	Mitt.Frk.
Stegen	Niederb.	Steigle-ner	Oberb.	Steinbach, ober	
Stegen (3)	Ob.Pf.	Steigmühle	Niederb.	Gemünd	Mitt.Frk.
Stegenbauer	Niederb.	Steigmühle	Mitt.Frk.	Steinbach, unter	
Stegenhof	Ob.Pf.	Steigmühle (2)	Schwb.	Gemünd	Mitt.Frk.
Stegenmühle	Niederb.	Steigrain	Oberb.	Steinbach, an der	
Stegenthumbach	Ob.Pf.	Steigthal, vorder		Haide	Mitt.Frk.
Stegenwaldhaus	Ob.Frk.	und hinter	Oberb.		

Steinbach — Steinlach.

Steinbach, hinter der Sonne	Unt.Frk.	Steinbobl (2)	Niederb.	Steingutfabrik	Ob.Pf.
Steinbach (6)	Unt.Frk.	Steinböllner	Niederb.	Steinhackl	Niederb.
Steinbach (3)	Schwb.	Steindorf	Oberb.	Steinhäuser	Oberb.
Steinbacher-		Steindorf (3)	Niederb.	Steinhäuser	Ob.Frk.
mühl	Ob.Frk.	Steinebach	Oberb.	Steinhäuser-	
Steinbachmühle	Niederb.	Steinebach	Schwb.	mühl	Rh.Pf.
Steinbachmühle	Ob.Frk.	Steineck (4)	Oberb.	Steinhäusl (2)	Oberb.
Steinbachl	Oberb.	Steinegaden	Schwb.	Steinhäusl	Niederb.
Steinbachshof	Unt.Frk.	Steinekirch (2)	Schwb.	Steinhaibl, auch	
Steinbächlein	Mitt.Frk.	Steinenberg	Schwb.	Steig, oder	
Steinbeißen	Niederb.	Steinenhausen	Ob.Frk.	G'steig	Schwb.
Steinberg (13)	Oberb.	Steinensittenbach	Mitt.Frk.	Steinhainchen	Schwb.
Steinberg (9)	Niederb.	Steiner (2)	Oberb.	Steinhammer	Ob.Pf.
Steinberg (2)	Ob.Pf.	Steiner, im Hart	Oberb.	Steinhardt	Mitt.Frk.
Steinberg	Ob.Frk.	Steiner	Niederb.	Steinhart	Oberb.
Steinberg	Mitt.Frk.	Steinerbrückl	Ob.Pf.	Steinhaus	Oberb.
Steinberg	Unt.Frk.	Steinerkirchen	Niederb.	Steinhaus (3)	Niederb.
Steinberg	Schwb.	Steinerkreuz	Niederb.	Steinhaus	Ob.Frk.
Steinberger	Niederb.	Steinerlelmbach	Niederb.	Steinhaus	Schwb.
Steinbergsmühle	Unt.Frk.	Steinermann	Niederb.	Steinhausen (3)	Oberb.
Steinbichl	Oberb.	Steinermühle	Niederb.	Steinhäuser	Schwb.
Steinbichl (2)	Niederb.	Steineröd	Niederb.	Steinhecken	Unt.Frk.
Steinbleß	Ob.Frk.	Steinersdorf	Mitt.Frk.	Steinheil	Schwb.
Steinbrecher	Oberb.	Steinerskirchen	Oberb.	Steinheim (3)	Schwb.
Steinbruch	Mitt.Frk.	Steinenweiler	Mitt.Frk.	Steinhiebel	Niederb.
Steinbruch	Unt.Frk.	Steinfallmühle	Oberb.	Steinhögel	Niederb.
Steinbruch	Schwb.	Steinfeld	Rh.Pf.	Steinhögl	Oberb.
Steinbruck (3)	Oberb.	Steinfeld	Ob.Frk.	Steinhöring	Oberb.
Steinbruck	Niederb.	Steinfeld	Unt.Frk.	Steinhof (4)	Niederb.
Steinbrüche	Rh.Pf.	Steinfels	Ob.Pf.	Steinhof (6)	Ob.Pf.
Steinbrünning	Oberb.	Steinfranken-		Steinhof (2)	Mitt.Frk.
Steinbrunn	Ob.Frk.	reuth	Ob.Pf.	Steinhof (2)	Unt.Frk.
Steinbrunns-		Steinfurt	Niederb.	Steinhofmühle	Niederb.
mühle	Unt.Frk.	Steinfurth	Niederb.	Steinhügel	Niederb.
Steinbuch	Oberb.	Steinfurth	Ob.Frk.	Steinhütte	Niederb.
Steinbüchl	Niederb.	Steingaden	Oberb.	Steining (5)	Niederb.
Steinbügl	Ob.Pf.	Steingaden	Schwb.	Steininger	
Steinbühl (5)	Niederb.	Steingädele	Oberb.	Steiningloße	Ob.Pf.
Steinbühl (5)	Ob.Frk.	Steingassen (2)	Oberb.	Steinkirchen (6)	Oberb.
Steinbühl (2)	Ob.Pf.	Steingau	Oberb.	Steinkirchen (3)	Niederb.
Steinbühl	Mitt.Frk.	Steingraben (3)	Oberb.	Steinklammer	Ob.Pf.
Steinbühl	Schwb.	Steingraben	Ob.Frk.	Steinklippen	Ob.Pf.
Steinburg	Niederb.	Steingriff	Oberb.	Steinkohlen-	
Steindel	Oberb.	Steingrub (4)	Oberb.	schächte	Rh.Pf.
Steindl	Mitt.Frk.	Steingrub	Niederb.	Steinküppel	Unt.Frk.
Steindlberg	Niederb.	Steingruben	Rh.Pf.	Steinla	Oberb.
		Steingrün	Ob.Frk.	Steinlach	Oberb.

Steinleich	Oberb.	Steinsfurth	Mitt.Frk.	Stemmern	Niederb.
Steinleinshof	Ob.Frk.	Steinshofen	Ob.Pf.	Stempelberger-	
Steinlesmühle	Schwb.	Steinsöd	Niederb.	hof, oder Forst-	
Steinling	Oberb.	Steinsölden	Ob.Pf.	haus	Rh.Pf.
Steinling	Ob.Pf.	Steinsorg	Ob.Frk.	Stempfermühle	Ob.Frk.
Steinlishof	Schwb.	Steinspoint	Oberb.	Stempl	Niederb.
Steinloch	Niederb.	Steinszell	Niederb.	Stemplingerhof	Niederb.
Steinloch	Unt.Frk.	Steinthal	Oberb.	Stempemühle	Niederb.
Steinloh	Ob.Pf.	Steinthal	Unt.Frk.	Stemppen	Niederb.
Steinloh	Ob.Frk.	Steinthor	Rh.Pf.	Steng (2)	Oberb.
Steinmaier	Niederb.	Steintraß	Oberb.	Stengelheim	Oberb.
Steinmann	Niederb.	Steinwand (2)	Oberb.	Stengelshof	Ob.Frk.
Steinmark	Unt.Frk.	Steinwand	Unt.Frk.	Stengelsmühle	Unt.Frk.
Steinmaßl	Oberb.	Steinweber	Niederb.	Stenging	Oberb.
Steinmetz	Schwb.	Steinweg (4)	Oberb.	Stenz	Oberb.
Steinmetzbach	Ob.Pf.	Steinweg	Ob.Pf.	Stenzenhof	Ob.Pf.
Steinmühle (3)	Rh.Pf.	Steinweiler	Rh.Pf.	Stepf	Oberb.
Steinmühle (3)	Niederb.	Steinweinmühle	Niederb.	Stephan Sct.	Oberb.
Steinmühle (9)	Ob.Pf.	Steinwenden	Rh.Pf.	Stephan Sct.	Ob.Pf.
Steinmühle (5)	Ob.Frk.	Steinwiesen	Ob.Frk.	Stephan Sct.	Ob.Frk.
Steinmüble (6)	Mitt.Frk.	Stefen	Oberb.	Stephan Sct.	Unt.Frk.
Steinmühle (6)	Unt.Frk.	Stellberg (2)	Unt.Frk.	Stephan Sct. (2)	Schwb.
Steinmühle	Schwb.	Stelln	Oberb.	Stephansberg	Oberb.
Steinöd	Niederb.	Stelln	Niederb.	Stephansberg	Unt.Frk.
Steinparz	Oberb.	Stellner	Oberb.	Stephansberg-	
Steinpözing	Ob.Frk.	Stelza	Niederb.	ham	Niederb.
Steinpoint	Niederb.	Stelzberg	Niederb.	Stephanshof	Rh.Pf.
Steinrab	Oberb.	Stelzen	Niederb.	Stephanskirchen	
Steinrain	Niederb.	Stelzenberg (3)	Oberb.	(4)	Oberb.
Steinreb	Oberb.	Stelzenberg	Niederb.	Stephansmühle	Ob.Pf.
Steinreith	Niederb.	Stelzenberg	Rh.Pf.	Stephansmühle	Unt.Frk.
Steinreuth (2)	Ob.Pf.	Stelzenhof	Ob.Frk.	Stephansposch-	
Steinriesel	Niederb.	Stelzenmühle	Ob.Pf.	ing	Niederb.
Steinrinnen	Ob.Pf.	Stelzenmühle	Unt.Frk.	Stephansreuth	Ob.Frk.
Steinrinnen	Schwb.	Stelzenöd (2)	Niederb.	Stephansried	Schwb.
Steinrücke	Unt.Frk.	Stelzenreuth	Oberb.	Stephelsed	Niederb.
Steinsberg (2)	Oberb.	Stelzer, auch		Stephelsöd	Niederb.
Steinsberg	Ob.Pf.	Stelzberg	Oberb.	Stephling	Niederb.
Steinscharte	Niederb.	Stelzermühle	Niederb.	Stephlingerstand	Niederb.
Steinschlager	Niederb.	Stelzhof	Niederb.	Stephlmühle	Niederb.
Steinschmied	Oberb.	Stelzhof	Schwb.	Steppach (2)	Oberb.
Steinsdorf	Ob.Pf.	Stelzmühle	Niederb.	Steppach	Ob.Frk.
Steinsdorf	Ob.Frk.	Stelzöd	Niederb.	Steppach	Schwb.
Steinseiln	Niederb.	Stemmas	Ob.Frk.	Stepperg	Oberb.
Steinselb	Ob.Frk.	Stemmasgrün	Ob.Frk.	Stepperg	Schwb.
Steinsfeld	Mitt.Frk.	Stemmelberg	Oberb.	Sterfling	Oberb.
Steinsfeld	Unt.Frk.	Stemmenreuth	Ob.Frk.	Sterklings	Schwb.

Sterklis	Schwb.	Stiebelreitmaier	Niederb.	Stilzendorf	Mitt.Frk.
Sterlweib	Niederb.	Stiebenbacherhof	Rh.Pf.	Stimberg	Niederb.
Stern	Oberb.	Stieberling	Oberb.	Stimmelberg	Oberb.
Sternbacherhof	Schwb.	Stiebl	Niederb.	Stimpfl	Oberb.
Sternberg	Mitt.Frk.	Stiefen	Oberb.	Stinau	Oberb.
Sternberg (2)	Unt.Frk.	Stiefenhofen	Schwb.	Stineshof	Oberb.
Sternbichl	Schwb.	Stiegelloh	Oberb.	Stingelham	Niederb.
Sterneck (2)	Oberb.	Stiegelmühle	Ob.Frk.	Stingllham	Niederb.
Sterneck	Niederb.	Stiegelmühle	Mitt.Frk.	Stinglloh	Niederb.
Sternöd	Niederb.	Stieglgrub	Oberb.	Stinglwagen	Niederb.
Sternstein (2)	Ob.Pf.	Stieglmühle	Niederb.	Stinglwies	Niederb.
Sterpersdorf	Ob.Frk.	Stieglschuster	Niederb.	Stinzbach	Niederb.
Sterz	Oberb.	Stiehlings (2)	Schwb.	Stinzendorf	Mitt.Frk.
Sterzenreith	Niederb.	Stielner	Oberb.	Stipfing	Oberb.
Stettbach	Unt.Frk.	Stierbaum	Mitt.Frk.	Stippichen	Niederb.
Stettberg	Oberb.	Stierberg	Oberb.	Stirming	Niederb.
Stettberg	Mitt.Frk.	Stierberg (2)	Niederb.	Stirn	Mitt.Frk.
Stetten (27)	Oberb.	Stierberg	Ob.Frk.	Stitzenbruck	Niederb.
Stetten, im Holz	Oberb.	Stierhöfstetten	Mitt.Frk.	Stitzenbrunn	Niederb.
Stetten, Stötten	Oberb.	Stierhof, auch		Stitzersdorf	Niederb.
Stetten (4)	Niederb.	Stierbauer	Oberb.	Stitzing	Oberb.
Stetten	Rh.Pf.	Stierling	Oberb.	Stirenhof	Mitt.Frk.
Stetten (4)	Ob.Pf.	Stiermühle	Niederb.	Stobersreuth	Ob.Frk.
Stetten	Ob.Frk.	Stiersdorf	Niederb.	Stochergütl	Oberb.
Stetten (2)	Mitt.Frk.	Stierwald	Niederb.	Stock (4)	Oberb.
Stetten	Unt.Frk.	Stierweidmann	Niederb.	Stock	Schwb.
Stetten	Schwb.	Stießberg (2)	Oberb.	Stock, auch Stock-	
Stettenberg	Mitt.Frk.	Stießberg	Schwb.	kapelle	Schwb.
Stettenhöf	Ob.Pf.	Stißling	Niederb.	Stocka (9)	Oberb.
Stettenhof	Schwb.	Stift	Niederb.	Stocka (8)	Niederb.
Stettenhofen	Schwb.	Stift		Stocka	Ob.Pf.
Stettenmühle	Ob.Pf.	Stift Allmal	Schwb.	Stocka (2)	Schwb.
Stettenmühle	Unt.Frk.	Stiftlersloße	Ob.Pf.	Stockach (7)	Oberb.
Stetter	Schwb.	Stiftshäusel	Ob.Pf.	Stockach (2)	Niederb.
Stettfeld	Unt.Frk.	Stiftsgrün	Ob.Frk.	Stockach	Ob.Pf.
Stetthof	Schwb.	Stiftswald	Rh.Pf.	Stockach (4)	Schwb.
Stetting	Niederb.	Stiglholzen	Oberb.	Stockarn	Ob.Pf.
Stettkirchen	Ob.Pf.	Stiglmühle	Ob.Pf.	Stockartsbüchel	Schwb.
Stettwies	Ob.Pf.	Stiglreith	Niederb.	Stockaten	Ob.Frk.
Steuerwalds-		Stilk		Stockau	Niederb.
mühle	Rh.Pf.	Still (2)	Oberb.	Stockau (4)	Ob.Pf.
Steyer	Oberb.	Stillbergerhof	Schwb.	Stockau	Ob.Frk.
Stibl	Oberb.	Stillerhof	Oberb.	Stockau	Mitt.Frk.
Stiblhäusl	Oberb.	Stillern	Oberb.	Stockau	Schwb.
Stieberg (4)	Niederb.	Stilln	Oberb.	Stockbauer	Ob.Pf.
Stieberlimbach	Ob.Frk.	Stillnau	Schwb.	Stockberg	Niederb.
Stiebing	Oberb.	Stilloh	Ob.Pf.	Stockberg	Ob.Pf.

Stockborn	Rh.Pf.	Stockkapelle, auch		Stölln	Oberb.		
Stockbornerhof	Rh.Pf.	Stock	Schwb.	Stölzl	Oberb.		
Stockdorf	Oberb.	Steckland	Niederb.	Stölzlberg	Oberb.		
Stocken (3)	Oberb.	Stocklohe	Niederb.	Stölzlings	Schwb.		
Stocken	Niederb.	Stocklohe	Ob.Pf.	Stöpfing	Oberb.		
Stocken	Schwb.	Stockmann	Oberb.	Stöppach	Mitt.Frk.		
Stockenberg	Oberb.	Stockmann	Niederb.	Stöppelshof	Rh.Pf.		
Stockenreith	Oberb.	Stockmühle (2)	Niederb.	Störetsöd	Niederb.		
Stockenroth	Ob.Frk.	Steckmühle	Ob.Frk.	Störnhof	Ob.Frk.		
Stockensau	Oberb.	Stockmühle	Mitt.Frk.	Störzelbach	Mitt.Frk.		
Stockenweiler	Schwb.	Stocköd	Niederb.	Störzelmühle	Schwb.		
Stecker (3)	Oberb.	Stocksgrub	Ob.Pf.	Stößlöd	Niederb.		
Stecker, am Forrach	Oberb.	Stocksried	Ob.Pf.	Stötten (4)	Oberb.		
		Stockstadt	Unt.Frk.	Stötten, im Holz	Oberb.		
Stocker, am Gänsberg	Oberb.	Stockweber	Oberb.	Stötten	Niederb.		
		Stockweiler	Rh.Pf.	Stötten (2)	Schwb.		
Stocker	Niederb.	Stockwieserhof, oder Vogelstackerhof	Rh.Pf.	Stöttham	Oberb.		
Stocker	Schwb.			Stöttling	Oberb.		
Stockerhausen	Niederb.			Stöttwang	Schwb.		
Stockermann	Oberb.	Stockwiesreith	Niederb.	Stöttwies	Oberb.		
Stockermühle (2)	Oberb.	Stockwimm	Niederb.	Stötzing	Oberb.		
Stockerpoint	Niederb.	Stöberl	Oberb.	Steffel	Niederb.		
Stockers (3)	Schwb.	Stöberlhof (2)	Ob.Pf.	Stoffelhansenschwaig	Schwb.		
Stocket	Oberb.	Stöbersberg	Oberb.				
Stecket	Niederb.	Stöcher	Oberb.	Stoffelmühle	Ob.Pf.		
Stockethäusl	Niederb.	Stöckach	Ob.Frk.	Stoffelmühle (2)	Schwb.		
Stockethof	Niederb.	Stöckach (3)	Mitt.Frk.	Stoffels (4)	Schwb.		
Stockhäuser	Niederb.	Stöckach	Unt.Frk.	Stoffelsmühle	Ob.Frk.		
Stockhäusl (2)	Niederb.	Stöckachermühle	Unt.Frk.	Stoffelsmühle	Mitt.Frk.		
Stockhäusl	Ob.Pf.	Stöckachmühle	Mitt.Frk.	Stoffelemühle	Schwb.		
Stockham (13)	Oberb.	Stöckel	Oberb.	Stoffen	Oberb.		
Stockham (3)	Niederb.	Stöckeln	Oberb.	Stoffenried	Schwb.		
Stockhaus	Niederb.	Stöckelsberg	Niederb.	Stoffersberg	Oberb.		
Stockhaus	Ob.Frk.	Stöckelsberg	Ob.Pf.	Stoib	Oberb.		
Stockhausen	Oberb.	Stöcken	Ob.Frk.	Stoiber	Oberb.		
Stockheim	Ob.Frk.	Stöcken (3)	Schwb.	Stoiß	Oberb.		
Stockheim (2)	Mitt.Frk.	Stöckl (4)	Niederb.	Stoißberg	Oberb.		
Stockheim	Unt.Frk.	Stöcklbauer	Niederb.	Stoitzing	Niederb.		
Stockheim	Schwb.	Stöcklhof (2)	Ob.Pf.	Stoken	Oberb.		
Stockhöfe	Schwb.	Stöffel (2)	Oberb.	Stokham (3)	Oberb.		
Stockhof (2)	Niederb.	Stöffling, auch Stefling	Oberb.	Stokmann	Oberb.		
Stockhof (2)	Ob.Pf.			Stolöß	Oberb.		
Stockhof	Unt.Frk.	Stößling	Ob.Pf.	Stokwim (2)	Oberb.		
Stocking (2)	Oberb.	Stögenhausen	Oberb.	Stollamühle	Mitt.Frk.		
Stocking	Niederb.	Stöger (2)	Oberb.	Stollberg	Niederb.		
Stockingen	Oberb.	Stökelschneid	Oberb.	Stollbergmühle	Niederb.		
Stockinger (2)	Niederb.	Stöker	Oberb.	Stollen	Oberb.		

Stollenhof — Strebeberg. 251

Stollenhof	Ob.Frk.	Strahlenfels	Ob.Frk.	Straßhäuschen	Unt.Frk.
Stollenmühle	Ob.Frk.	Strahlfeld	Ob.Pf.	Straßhäuseln (2)	Niederb.
Stolling	Niederb.	Stralfen	Schwb.	Straßhäusl	Oberb.
Stollmühle	Oberb.	Stralfen, auch		Straßhäusl (3)	Niederb.
Stollnkirchen	Oberb.	Streifen	Schwb.	Straßhäusln	Niederb.
Stollnreut	Oberb.	Stralfing	Niederb.	Straßham (2)	Oberb.
Stollried	Niederb.	Strallen	Oberb.	Straßhausen	Oberb.
Stolpermühle	Unt.Frk.	Stralsbach	Unt.Frk.	Straßhaus	Ob.Frk.
Stolz	Oberb.	Stralungen	Unt.Frk.	Straßhof (2)	Oberb.
Stolz	Niederb.	Strangmühle	Niederb.	Straßhof	Niederb.
Stolzenberg (2)	Oberb.	Strangshof	Ob.Frk.	Straßhof	Ob.Pf.
Stolzenberg, auch		Stranz	Niederb.	Straßkirchen	Oberb.
Starzberg	Oberb.	Straß (42)	Oberb.	Straßkirchen (2)	Niederb.
Stolzenberg	Niederb.	Straß, an der	Oberb.	Straßlach	Oberb.
Stolzenbergerhof	Rh.Pf.	Straß, ober	Oberb.	Straßlehen	Niederb.
Stolzenhofen	Schwb.	Straß (24)	Niederb.	Straßmühle	Oberb.
Stolzenroth	Ob.Frk.	Straß	Ob.Pf.	Straßloh	Oberb.
Stolzersberg	Niederb.	Straß	Ob.Frk.	Straßlücke	Unt.Frk.
Stolzhub	Schwb.	Straß	Unt.Frk.	Straßmair (2)	Oberb.
Stolzmühle	Mitt.Frk.	Straß (6)	Schwb.	Straßmühle	Oberb.
Stolzmühle	Unt.Frk.	Straß, zur	Schwb.	Straßmühle	Niederb.
Stopfen (2)	Niederb.	Straßbauer	Schwb.	Straßmühle	Ob.Pf.
Stopfenheim	Mitt.Frk.	Straßbauerhölzle	Schwb.	Straßöd	Oberb.
Stopfenreit	Niederb.	Straßberg (3)	Oberb.	Straßstuberl	Oberb.
Stopfersfurth	Ob.Frk.	Straßberg (2)	Oberb.	Straßstuberin	Oberb.
Stopfmühle	Ob.Pf.	Straßberger		Straßweber	Oberb.
Stophelsmühle	Ob.Frk.	Straßbessenbach	Unt.Frk.	Straßweber	Niederb.
Storchhof	Unt.Frk.	Straßbinder	Oberb.	Straßwend	Oberb.
Storchmühle	Unt.Frk.	Straßburg	Niederb.	Straßwies	Ob.rb.
Storchshof	Unt.Frk.	Straßdobl	Niederb.	Straßwimm	Niederb.
Storfing	Oberb.	Straßdorf	Niederb.	Straßwirth	Schwb.
Storfling	Oberb.	Straßdorf	Ob.Frk.	Straßwirthshaus	Ob.Frk.
Storrmoog, oder		Straffen	Niederb.	Stratsried	Ob.Pf.
Sturmmoog	Rh.Pf.	Straßenbühel	Schwb.	Stratsmies	Ob.Pf.
Storzmann	Oberb.	Straßenhof	Mitt.Frk.	Strauben	Oberb.
Stoßberg	Schwb.	Straßenhof	Unt.Frk.	Straubenbach	Oberb.
Stoßart	Oberb.	Straßenwirths-		Straubing	Niederb.
Straas	Ob.Frk.	haus (2)	Mitt.Frk.	Straubmühle	Unt.Frk.
Straching	Niederb.	Straffer (2)	Oberb.	Straubartling	Oberb.
Strähberg	Niederb.	Straffer, bei Wet-		Straußmühle	Mitt.Frk.
Strähtrumpf	Oberb.	terkreuz	Oberb.	Strauß, in Sen-	
Sträubl	Oberb.	Straffer (3)	Niederb.	dern	Oberb.
Sträublingshof	Ob.Frk.	Straßerbauer	Niederb.	Straußdorf	Oberb.
Strahlbach, ober	Mitt.Frk.	Straßermühle	Niederb.	Straußgassen	Oberb.
Strahlbach, unter	Mitt.Frk.	Straßermühle	Unt.Frk.	Straußmühle	Ob.Pf.
Strahlbergmühle	Niederb.	Straßglech	Ob.Frk.	Streber	Oberb.
Strahlchen	Oberb.	Straßhäuschen	Ob.Pf.	Strebeberg	Ob.Pf.

Strehhof	Oberb.	Streuthal	Oberb.	Strüth	Mitt.Frk.
Strehlhof	Unt.Frk.	Strich	Oberb.	Strüth	Unt.Frk.
Streichenreuth	Ob.Frk.	Strich, am	Oberb.	Strüthof	Ob.Frk.
Streicher (2)	Oberb.	Strichsen	Niederb.	Strüthof (2)	Unt.Frk.
Streicherberg	Niederb.	Strickberg	Niederb.	Strullendorf	Ob.Frk.
Streichermühle	Oberb.	Strickerschnelter	Oberb.	Stuben	Oberb.
Streichers	Schwb.	Striebelhof	Schwb.	Stubenbach	Oberb.
Streichmühle	Niederb.	Striegl	Oberb.	Stubenberg	Niederb.
Streifl	Oberb.	Strieglhof	Ob.Pf.	Stubengrub	Niederb.
Streiflach	Oberb.	Strießendorf	Ob.Pf.	Stubenhofen	Niederb.
Streifenöd	Niederb.	Strifl, sg. Strohl	Oberb.	Stubenholz	Oberb.
Streiferau	Niederb.	Striuo	Schwb.	Stubenrauch	Oberb.
Streifling	Oberb.	Strittbof	Mitt.Frk.	Stubenreit	Niederb.
Streim	Oberb.	Stritzelöd	Niederb.	Stubenthal	Ob.Pf.
Streißenreuth	Ob.Pf.	Stritzling	Niederb.	Stubenvoll	Oberb.
Streit (2)	Oberb.	Strobelberg	Oberb.	Stublang	Ob.Frk.
Streit	Niederb.	Strobels	Schwb.	Stublberg	Niederb.
Streit (2)	Ob.Frk.	Strobelseck	Niederb.	Stubnrain	Oberb.
Streit	Unt.Frk.	Strobelstätten	Niederb.	Stucksdorf	Oberb.
Streitau	Oberb.	Strobenried	Oberb.	Sturdernheim	Rh.Pf.
Streitau	Ob.Frk.	Strobl	Oberb.	Stübach	Mitt.Frk.
Streitberg (4)	Oberb.	Strobl	Niederb.	Stüben	Ob.Frk.
Streitberg (2)	Niederb.	Strobled	Niederb.	Stübig	Ob.Frk.
Streitberg	Ob.Frk.	Ströbelmühle	Oberb.	Stüblern, auch	
Streitbühl	Ob.Pf.	Ströben	Oberb.	Stüblach	Oberb.
Streitdorf	Oberb.	Ströbing	Oberb.	Stüblhäuser	Niederb.
Streitelsfingen	Schwb.	Ströger	Oberb.	Stücht	Ob.Frk.
Streitheim	Schwb.	Strößendorf	Ob.Frk.	Stückbrunn	Ob.Frk.
Streithäusl	Ob.Pf.	Strötzbach	Unt.Frk.	Stückelmühle	Oberb.
Streitmühle	Rh.Pf.	Strogn	Oberb.	Stücken	Oberb.
Streitmühle (2)	Ob.Frk.	Strohberg (2)	Niederb.	Stückgut	Ob.Pf.
Streitwies	Oberb.	Strohberg	Ob.Pf.	Stübenbacherhof	Rh.Pf.
Strelhof	Unt.Frk.	Stroham	Niederb.	Stündln	Niederb.
Strell	Oberb.	Strohhof (4)	Oberb.	Stündlingshau-	
Strenberg	Niederb.	Strohhof	Niederb.	sen	Unt.Frk.
Streng	Oberb.	Strohmaiers	Schwb.	Stürmers	Schwb.
Strengenberg	Mitt.Frk.	Strohmair	Oberb.	Stürming	Niederb.
Strengleiten	Ob.Pf.	Strohmühle	Niederb.	Stürz	Oberb.
Strenn	Niederb.	Strohmühle	Rh.Pf.	Stürzelham	Oberb.
Streffenanger	Ob.Frk.	Strohmühle (2)	Unt.Frk.	Stürzelheim	Oberb.
Streffenberg	Ob.Frk.	Strohreit	Oberb.	Stürzelhof	Mitt.Frk.
Streffenhof	Ob.Frk.	Stromered	Niederb.	Stürzhausen (2)	Oberb.
Streudorf	Mitt.Frk.	Strub	Oberb.	Stürzl	Niederb.
Streuhof	Oberb.	Strubhof	Unt.Frk.	Stürzlham (3)	Oberb.
Streulach	Oberb.	Strübersberg, a.		Stürzlhofen	Oberb.
Streumühle (2)	Unt.Frk.	Strüßberg	Oberb.	Stütterhof	Rh.Pf.
Streusberg	Oberb.	Strüt	Unt.Frk.	Stütz	Niederb.

Stützenhof	Mitt.Frk.	Sünzhausen	Oberb.	Sulzenmühle	Unt.Frk.
Stützing	Oberb.	Sürgenstein, auch		Sulzer	Oberb.
Stuhlmühle	Schwb.	Shrgenstein	Schwb.	Sulzerain	Oberb.
Stuifzgen, auch		Süß	Ob.Pf.	Sulzfeld a. Main	Unt.Frk.
Steufzgen	Schwb.	Süßbach	Niederb.	Sulzfeld i. Grab-	
Stulln	Ob.Pf.	Süffen	Oberb.	feld	Unt.Frk.
Stumbach	Oberb.	Süßenbach (2)	Ob.Pf.	Sulzgraben	Oberb.
Stumm	Oberb.	Süßengut, auch		Sulzheim	Unt.Frk.
Stumm (2)	Niederb.	Breitengrund	Ob.Frk.	Sulzheimermühle	Unt.Frk.
Stummer	Oberb.	Süßenhof	Rh.Pf.	Sulzhof (2)	Rh.Pf.
Stumpfenbach	Oberb.	Süßenweiher	Ob.Pf.	Sulzhof	Unt.Frk.
Stumpfer an der		Süßetränk	Ob.Frk.	Sulzhub	Oberb.
Grenzleite	Oberb.	Süßlofen	Niederb.	Sulzkirchen	Mitt.Frk.
Stumpfer am		Süßwiesen	Niederb.	Sulzmühle	Ob.Pf.
Zaun	Oberb.	Sufel	Oberb.	Sulzschneid	Schwb.
Stumpfering	Oberb.	Sufferloh	Oberb.	Sulzsteg	Niederb.
Stumpfet	Niederb.	Suffersheim	Mitt.Frk.	Sulzthal	Unt.Frk.
Stumpfhof	Ob.Frk.	Sugenheim	Mitt.Frk.	Sulzwiesen	Unt.Frk.
Stumpfmühle	Ob.Frk.	Sulters	Schwb.	Sumpering (2)	Niederb.
Stumpfreit	Niederb.	Suittermühle	Schwb.	Sunkenroth	Oberb.
Stumpfwalder		Sulbing	Oberb.	Sunklöb	Niederb.
Forsthaus	Rh.Pf.	Sulmaring	Oberb.	Sunthub	Oberb.
Stumsöd	Niederb.	Sulz (2)	Oberb.	Sunzendorf	Ob.Pf.
Stupfa	Oberb.	Sulz, Kloster	Mitt.Frk.	Suppengrub	Oberb.
Stuppacherhof	Rh.Pf.	Sulzbach (2)	Oberb.	Sur	Oberb.
Sturm	Oberb.	Sulzbach (4)	Niederb.	Suranger	Oberb.
Sturmberg	Niederb.	Sulzbach .	Rh.Pf.	Surau	Oberb.
Sturmfeld	Schwb.	Sulzbach (3)	Ob.Pf.	Surbrunn	Oberb.
Sturmmühle	Ob.Pf.	Sulzbach (2)	Mitt.Frk.	Surheim	Oberb.
Sturmsölden	Niederb.	Sulzbach (2)	Unt.Frk.	Surmühle	Oberb.
Sturzerhof	Rh.Pf.	Sulzbacher Glas-		Surr	Oberb.
Sturzhäuser	Niederb.	hütte	Rh.Pf.	Surrberg	Oberb.
Stutzenberg	Schwb.	Sulzbäcköd	Niederb.	Surrbergbühl	Oberb.
Stutzenfleck	Ob.Pf.	Sulzberg (4)	Oberb.	Sueberg	Ob.Pf.
Stutzenmühle	Unt.Frk.	Sulzberg (3)	Schwb.	Sutten (2)	Niederb.
Suddersdorf	Mitt.Frk.	Sulzbrunn	Schwb.	Suttenbach (2)	Ob.Frk.
Süd	Schwb.	Sulzbürg	Ob.Pf.	Suttenmühle	Niederb.
Sünching	Ob.Pf.	Sulzdorf (3)	Unt.Frk.	Suttlehen	Oberb.
Sünderlach	Mitt.Frk.	Sulzdorf	Schwb.	Sybillenhütte	Mitt.Frk.
Sünderrasen	Ob.Frk.	Sulzdorfermühle	Unt.Frk.	Syburg	Mitt.Frk.
Sündersbühl	Mitt.Frk.	Sulzen	Oberb.	Sylbach	Unt.Frk.
Sündersdorf	Ob.Pf.	Sulzenmoos	Oberb.	Sylvan	Unt.Frk.
Sündweging	Niederb.	Sulzenmoos	Schwb.	Syrenberg	Mitt.Frk.

T.

Tabackmühle	Ob.Pf.	Lambach	Ob.Frk.	Lapfheim	Schwb.
Tabeckendorf	Niederb.	Landel	Ob.Pf.	Lappberg	Oberb.
Tabernackel	Ob.Pf.	Landern	Oberb.	Lappmühle	Ob.Pf.
Tabertshausen	Niederb.	Lanesried, auch		Lartsberg	Ob.Pf.
Tabing	Oberb.	Theumersried	Ob.Pf.	Laschendorf	Mitt.Frk.
Tabor	Niederb.	Langenroth	Mitt.Frk.	Laschenmais	Niederb.
Tacherting	Oberb.	Lankam	Oberb.	Laschenmoschel	Rh.Pf.
Taching	Oberb.	Lann (2)	Oberb.	Lasching	Niederb.
Tabelhub	Niederb.	Lann	Niederb.	Lasching	Ob.Pf.
Tabendorf, auch		Lann	Unt.Frk.	Laschner	Niederb.
Thatendorf und		Lannach	Schwb.	Lasenmühle	Oberb.
Lattendorf	Niederb.	Lannberg (2)	Oberb.	Laßfeld	Niederb.
Täfertingen	Schwb.	Lannbichel	Oberb.	Lattenberg	Niederb.
Tännesberg	Ob.Pf.	Lannen	Oberb.	Lattenhausen	Oberb.
Täntler, auch		Lannen (4)	Schwb.	Lattenhausen, a.	
Dentlein	Ob.Frk.	Lannenbach	Niederb.	Thatenhausen	Oberb.
Länzenmühle	Schwb.	Lannenbach	Ob.Frk.	Laubachsmühle	Unt.Frk.
Läschenmühle	Niederb.	Lannenfels	Unt.Frk.	Laubaltsmühle,	
Täubelmühle	Niederb.	Lannenhärtle	Schwb.	a. Baierleins-	
Tafelhof	Mitt.Frk.	Lannenhof (2)	Unt.Frk.	mühle	Ob.Frk.
Tafelmühle	Mitt.Frk.	Lannenlohe	Ob.Frk.	Laubenbach (2)	Niederb.
Taferlhub	Oberb.	Lannenmann	Oberb.	Laubenbach	Ob.Pf.
Tafern	Oberb.	Lannenreuth	Ob.Frk.	Laubenberg	Schwb.
Tafertshof (2)	Niederb.	Lannerl	Ob.Pf.	Laubendorf	Niederb.
Tafertshofen	Oberb.	Lannern	Oberb.	Laubengrub	Oberb.
Tafertshofen	Schwb.	Lannfeld	Ob.Frk.	Laubengrub (3)	Niederb.
Tafertsried	Niederb.	Lannhaus	Niederb.	Laubenhof	Ob.Frk.
Taffenreuth	Oberb.	Lannhof	Oberb.	Laubenhof	Mitt.Frk.
Taftern	Niederb.	Lannigsmühle,		Laubenhub	Niederb.
Tagern	Niederb.	obere	Unt.Frk.	Laubenöd	Niederb.
Taglaching	Oberb.	Lannigsmühle,		Laubenrieching	Niederb.
Tagmanns	Ob.Pf.	untere	Unt.Frk.	Laubensee	Oberb.
Tagmersheim	Schwb.	Lanöd	Niederb.	Laubenstraß	Oberb.
Taibing	Oberb.	Lanschermühle	Niederb.	Laubensuhl,	
Taibing, Teibing	Oberb.	Lanzbarnest	Mitt.Frk.	Forsthaus	Rh.Pf.
Taibing	Niederb.	Lanzbühl	Schwb.	Laubenthal (2)	Oberb.
Taigscheid	Oberb.	Lanzenhaid	Mitt.Frk.	Laubenweid	Niederb.
Taimering	Ob.Pf.	Lanzfleck	Ob.Pf.	Lauberbockenfeld	Mitt.Frk.
Tain oder Thain	Oberb.	Lanzmühle	Ob.Pf.	Lauberberg	Oberb.
Taing	Oberb.	Lanzöd	Niederb.	Lauberfeld	Mitt.Frk.
Taiting	Oberb.	Lanzstabl	Niederb.	Laubermoos	Oberb.
Talavera	Unt.Frk.	Lapfham	Niederb.	Laubermühle	Mitt.Frk.

Taubermühle	Unt.Frk.	Teisbach	Niederb.	Teufelsgraben	Ob.Frk.
Tauberrettersheim	Unt.Frk.	Teisbach, ober	Niederb.	Teufelsgraben	Unt.Frk.
		Teischeck	Niederb.	Teufelsloch	Niederb.
Tauberschallbach	Mitt.Frk.	Teisenberg (2)	Oberb.	Teufelsmühle (3)	Niederb.
Tauberscheckenbach	Mitt.Frk.	Teisendorf	Oberb.	Teufelsmühle, f.	
		Teisenham	Oberb.	Oberellenbach	Niederb.
Tauberzell	Mitt.Frk.	Teisensee	Oberb.	Teufelsmühle	Unt.Frk.
Taubing	Niederb.	Teisting (2)	Oberb.	Teufelsöd	Oberb.
Tauchersdorf	Ob.Pf.	Teisnach	Niederb.	Teufelsperg	Niederb.
Tauchersreuth	Mitt.Frk.	Teißing	Oberb.	Teufelschwaig	Niederb.
Tauernfeld	Ob.Pf.	Tempel	Schwb.	Teufelstein	Unt.Frk.
Tauernstein	Oberb.	Tempelhof	Oberb.	Teufstetten	Oberb.
Taufkirchen (3)	Oberb.	Tempelhof	Niederb.	Teugen	Niederb.
Taufkirchen	Niederb.	Tempelhof	Mitt.Frk.	Teunz	Ob.Pf.
Tauperlitz	Ob.Frk.	Tempelsgreuth	Ob.Frk.	Teuschnitz	Ob.Frk.
Tauritzmühle	Ob.Pf.	Tempenberg	Ob.Frk.	Thännersreith	Ob.Pf.
Tauschberg	Niederb.	Tengling	Oberb.	Thaiden	Unt.Frk.
Tauschendorf (2)	Ob.Frk.	Tennenberg	Schwb.	Thailling	Oberb.
Tauschhub	Oberb.	Tennenlohe (2)	Mitt.Frk.	Thain	Oberb.
Tauschthal	Ob.Frk.	Tennersreuth	Ob.Frk.	Thaining	Oberb.
Tausend	Oberb.	Tennig (3)	Ob.Frk.	Thal (41)	Oberb.
Tausendmühle	Rh.Pf.	Tennoch	Ob.Frk.	Thal (18)	Niederb.
Taussersdorf	Niederb.	Tenzenmühle, a.		Thal (2)	Ob.Pf.
Tautenberg	Niederb.	Tänzenmühle	Schwb.	Thal (5)	Schwb.
Tautenwind	Ob.Pf.	Terschnitz	Ob.Pf.	Thal, im	Schwb.
Tauting	Oberb.	Tesching	Niederb.	Thal, ober	Schwb.
Tax	Niederb.	Tettau	Ob.Frk.	Thal, unter	Schwb.
Tara (2)	Oberb.	Tettaugrund	Ob.Frk.	Thalacker	Oberb.
Tara, Tarer	Oberb.	Tettenberg	Oberb.	Thalackershof	Rh.Pf.
Tarberg (2)	Oberb.	Tettenham	Oberb.	Thalau (2)	Niederb.
Tarenberg	Oberb.	Tettenham	Niederb.	Thalau	Unt.Frk.
Tarer	Oberb.	Tettenhausen	Oberb.	Thalbach	Oberb.
Tarölbern	Ob.Pf.	Tettenmoos	Oberb.	Thalberg	Niederb.
Tegelhof	Ob.Pf.	Tettenwang	Ob.Pf.	Thaldorf	Oberb.
Tegernau (3)	Oberb.	Tettenweis	Niederb.	Thaldorf	Niederb.
Tegernau	Niederb.	Teubelsmühle	Unt.Frk.	Thaleck	Oberb.
Tegernbach (4)	Oberb.	Teublhof	Niederb.	Thaleischweiler	Rh.Pf.
Tegernbach	Niederb.	Teublitz	Ob.Pf.	Thaler (3)	Oberb.
Tegernheim	Ob.Pf.	Teublmühle	Niederb.	Thaler	Niederb.
Tegernsee	Oberb.	Teuchatz	Ob.Frk.	Thalermühle	Mitt.Frk.
Teibsach	Oberb.	Teuerleinsmühle	Mitt.Frk.	Thalern	Oberb.
Teichbühl	Ob.Frk.	Teufelhammer	Ob.Pf.	Thalern	Ob.Pf.
Teichenbach	Ob.Frk.	Teufelmühle	Ob.Pf.	Thalfingen	Schwb.
Teichgarten	Schwb.	Teufelöd	Niederb.	Thalfröschen	Rh.Pf.
Teichmühle (3)	Ob.Frk.	Teufelsäcker	Unt.Frk.	Thalgassen	Oberb.
Teichting	Oberb.	Teufelsaign	Niederb.	Thalhäusl (3)	Oberb.
Teigschelb	Oberb.	Teufelsberg	Oberb.	Thalham (27)	Oberb.

Thalham (10)	Niederb.	Thalmühle (2)	Ob.Frk.	Thanndorf	Niederb.
Thalhausen (7)	Oberb.	Thalmühle (2)	Unt.Frk.	Thanne, zur, a.	
Thalhausen	Niederb.	Thalmühle, auch		Tannen	Schwb.
Thalheim	Oberb.	Neumühle	Unt.Frk.	Thannen (5)	Schwb.
Thalheim, ober	Oberb.	Thalmühle, untere	Unt.Frk.	Thannen, zur	Schwb.
Thalheim, unter	Oberb.	Thalmühle	Schwb.	Thannenbaum	Niederb.
Thalheim, groß, a. Mariathalheim	Oberb.	Thalmühlen (2)	Rh.Pf.	Thannenberg	Oberb.
		Thalreith	Oberb.	Thannenbichl	Oberb.
		Thalreuth	Niederb.	Thannenhäusl	Ob.Pf.
Thalheim, klein	Oberb.	Thalscheid, auch		Thannenmais	Niederb.
Thalheim	Niederb.	Talgscheid	Oberb.	Thannenmühle	Oberb.
Thalheim	Schwb.	Thalstetten	Niederb.	Thannenmühle	Schwb.
Thalhöfe	Niederb.	Thalweber	Oberb.	Thannenthal	Niederb.
Thalhof (5)	Oberb.	Thalweg	Oberb.	Thannenwirthshaus	Ob.Frk.
Thalhof (2)	Niederb.	Thalwies	Oberb.		
Thalhof, oberer	Ob.Pf.	Thambach (2)	Oberb.	Thanner	Schwb.
Thalhofen	Oberb.	Thambach	Niederb.	Thannermann	Niederb.
Thalhofen (2)	Schwb.	Than (2)	Ob.Pf.	Thanners	Schwb.
Thalhofen, ober (2)	Schwb.	Thananger	Niederb.	Thannet (3)	Niederb.
		Thanbach	Niederb.	Thannet, auch Turneb	Niederb.
Thalhofen, unter	Schwb.	Thanbach, ober	Niederb.		
Thaling	Niederb.	Thanberg	Oberb.	Thannethäusein	Niederb.
Thalkirchdorf	Schwb.	Thanberg (2)	Niederb.	Thanngrub	Oberb.
Thalkirche	Unt.Frk.	Thanbichl	Oberb.	Thannham	Niederb.
Thalkirchen (2)	Oberb.	Thanhackel	Niederb.	Thannhausen	Oberb.
Thalkirchen	Niederb.	Thanham	Niederb.	Thannhausen	Niederb.
Thalkofen	Niederb.	Thanhausen	Oberb.	Thannhausen (2)	Ob.Pf.
Thall (5)	Niederb.	Thanhausen	Niederb.	Thannhausen	Mitt.Frk.
Thalled	Niederb.	Thanhausen	Ob.Pf.	Thannhausen	Schwb.
Thallern	Oberb.	Thanheim	Ob.Pf.	Thannhöcking	Niederb.
Thallersdorf	Niederb.	Thanhof	Niederb.	Thannhof (3)	Niederb.
Thallham	Niederb.	Thanhof	Ob.Pf.	Thannhof (3)	Ob.Pf.
Thallhof	Ob.Pf.	Thanholz (3)	Niederb.	Thannhub	Oberb.
Thalling	Oberb.	Thaninger	Niederb.	Thanning	Oberb.
Thalling (2)	Niederb.	Thann (10)	Oberb.	Thanning	Niederb.
Thalmässing	Mitt.Frk.	Thann (9)	Niederb.	Thannkirchen	Oberb.
Thalmaier	Oberb.	Thann (4)	Ob.Pf.	Thannlohe	Niederb.
Thalmaier	Niederb.	Thann (2)	Mitt.Frk.	Thannmühle (5)	Ob.Pf.
Thalmann (2)	Oberb.	Thann	Schwb.	Thannreit	Oberb.
Thalmann	Niederb.	Thannach, auch Tannach	Schwb.	Thannreith	Niederb.
Thalmannsdorf (2)	Oberb.	Thannbach	Niederb.	Thannrieb	Oberb.
Thalmannsfeld	Mitt.Frk.	Thannbauer	Niederb.	Thannstebl	Oberb.
Thalmassing	Ob.Pf.	Thannberg	Oberb.	Thanrieb	Ob.Pf.
Thalmühl	Rh.Pf.	Thannberg (2)	Niederb.	Thansau	Oberb.
Thalmühle (3)	Oberb.	Thannbichl	Ob.Pf.	Thansberg	Oberb.
Thalmühle	Rh.Pf.	Thannbrunn	Mitt.Frk.	Thanschachen	Schwb.
				Thanstein	Ob.Pf.

Thansüß — Thumsee.

Thansüß	Ob.Pf.	Theuern	Ob.Pf.	Thonberg	Ob.Pf.
Thanwies	Oberb.	Theumersrieth	Ob.Pf.	Thonberg	Ob.Frk.
Tharnöd	Oberb.	Thiemesberg	Ob.Frk.	Thonbergwerk	Unt.Frk.
Tharren, hinter	Schwb.	Thiemitz (2)	Ob.Frk.	Thondorf	Niederb.
Tharren, vorder	Schwb.	Thiemitzhammer	Ob.Frk.	Thongraben	Oberb.
Thatenhausen	Oberb.	Thierbach	Ob.Frk.	Thonhausen	Oberb.
Thatenkofen	Oberb.	Thierbach	Mitt.Frk.	Thonhausen	Niederb.
Thauern	Oberb.	Thierberg	Mitt.Frk.	Thonhausen (3)	Ob.Pf.
Thauernhausen	Oberb.	Thiergarten	Ob.Pf.	Thonhöf	Niederb.
Thaurer	Oberb.	Thiergarten	Ob.Frk.	Thonhof	Niederb.
Theerofen	Ob.Frk.	Thiergarten-		Thonhof	Mitt.Frk.
Theilen, auch		schlößl	Oberb.	Thonhub	Oberb.
Kuttern	Schwb.	Thierhäuschen	Rh.Pf.	Thonlehen	Niederb.
Theilenberg	Mitt.Frk.	Thierham (2)	Oberb.	Thonlohe	Ob.Pf.
Theilenhofen	Mitt.Frk.	Thierham (2)	Niederb.	Thonmühle	Ob.Pf.
Theilheim (2)	Unt.Frk.	Thierhamhäusl	Niederb.	Thonstetten	Oberb.
Thein, ob. Talm	Oberb.	Thierhaupten	Oberb.	Thonsmühle	Ob.Frk.
Theinfeld	Unt.Frk.	Thierhöfe	Mitt.Frk.	Thorhaus (3)	Rh.Pf.
Theinheim	Unt.Frk.	Thierling	Ob.Pf.	Thorhaus Aurora	Unt.Frk.
Theinfelberg	Schwb.	Thierlstein	Ob.Pf.	Thormühle	Ob.Frk.
Theisau	Ob.Frk.	Thiermiethnach	Ob.Pf.	Thorr	Niederb.
Theisbergstegen	Rh.Pf.	Thiernhofen	Niederb.	Thorstabl	Oberb.
Theisenort	Ob.Frk.	Thiernstein	Niederb.	Thron	Ob.Frk.
Theiseil	Ob.Pf.	Thier olsbreuth	Ob.Pf.	Thronhofen	Niederb.
Thelßing	Oberb.	Thiersbach	Niederb.	Thüllach	Oberb.
Thelitz	Ob.Frk.	Thiersheim	Ob.Frk.	Thünahof	Ob.Frk.
Themenreuth	Ob.Pf.	Thierstein	Ob.Frk.	Thüngbach	Ob.Frk.
Thenhofen	Schwb.	Thierwasen	Rh.Pf.	Thüngen	Unt.Frk.
Thening	Niederb.	Thingers	Schwb.	Thüngfeld	Ob.Frk.
Thenlohe	Oberb.	Thölau	Ob.Frk.	Thüngersheim	Unt.Frk.
Thenn (2)	Oberb.	Tholbath	Oberb.	Thüngersleben	Unt.Frk.
Thennengraben	Niederb.	Thoma	Oberb.	Thürham	Oberb.
Thennhäusl	Oberb.	Thomabauer	Schwb.	Thürmaul, auch	
Thennhof	Schwb.	Thomabühl	Oberb.	Dürmaul	Niederb.
Thennhofmühle	Schwb.	Thomamühle	Oberb.	Thürnau	Niederb.
Thenried	Niederb.	Thomas	Oberb.	Thürnberg	Oberb.
Theobald	Oberb.	Thomasbach	Oberb.	Thürnhofen	Mitt.Frk.
Theobaldshof	Unt.Frk.	Thomasbach	Niederb.	Thürntenning	Niederb.
Theresenhof	Rh.Pf.	Thomasbrunnen	Unt.Frk.	Thürsnacht	Ob.Pf.
Therestenfeld	Ob.Frk.	Thomasgschieß	Ob.Pf.	Thuisbrunn	Ob.Frk.
Theresienreith	Niederb.	Thomashof, auch		Thulba	Unt.Frk.
Therestenstein	Ob.Frk.	Hoppachshof	Unt.Frk.	Thumbach	Ob.Pf.
Therestenthal	Niederb.	Thomasmühle	Ob.Frk.	Thumberg	Oberb.
Thernbach, auch		Thomasreuth	Ob.Pf.	Thumhausen	Ob.Pf.
Dörnbach	Oberb.	Thomaszell	Niederb.	Thummelzhausen	Oberb.
Theta	Ob.Frk.	Thon	Mitt.Frk.	Thummen	Schwb.
Theuerbrunn	Mitt.Frk.	Thonbach (2)	Oberb.	Thumsee	Oberb.

Thumsenreuth	Ob.Pf.	Tiefenbrunn	Oberb.	Titelmoos	Oberb.
Thundorf	Oberb.	Tiefendobel	Niederb.	Tittenkofen	Oberb.
Thundorf	Niederb.	Tiefendorf	Niederb.	Titting	Mitt.Frk.
Thundorf	Ob.Pf.	Tiefenellern	Ob.Frk.	Tittling	Niederb.
Thundorf	Unt.Frk.	Tiefengrub (2)	Niederb.	Tittmoning	Oberb.
Thundorfermühle	Oberb.	Tiefengrün	Ob.Frk.	Tivoli	Oberb.
Thunsdorf	Mitt.Frk.	Tiefenhöchstadt	Ob.Frk.	Tobel (4)	Schwb.
Thunstetten	Oberb.	Tiefenhof	Ob.Pf.	Tobelbauer	Niederb.
Thurasdorf	Niederb.	Tiefenhüll	Ob.Pf.	Tobelmühle (2)	Schwb.
Thurastorf (2)	Niederb.	Tiefenklein	Ob.Frk.	Tobersgrund	Ob.Frk.
Thurmanskang	Niederb.	Tiefenlachen	Oberb.	Tobiashof	Schwb.
Thurmannsdorf	Niederb.	Tiefenlesau	Ob.Frk.	Todenried	Oberb.
Thurmatting	Oberb.	Tiefenlohe	Ob.Pf.	Todtenberg	Schwb.
Thurmbau	Oberb.	Tiefenmoos	Oberb.	Todtenheim	Oberb.
Thurmhäusl	Niederb.	Tiefenmühle	Schwb.	Todtenried	Schwb.
Thurmhof	Niederb.	Tiefenöd	Oberb.	Todtenschläule	Schwb.
Thurn	Oberb.	Tiefenpölz	Ob.Frk.	Todtenweis	Oberb.
Thurn	Niederb.	Tiefenreit	Oberb.	Todtenweißach	Unt.Frk.
Thurn	Ob.Frk.	Tiefenried	Schwb.	Todter, Hengst	Oberb.
Thurn (2)	Schwb.	Tiefenroth	Ob.Frk.	Tothhof	Ob.Pf.
Thurnau	Ob.Pf.	Tiefensöd	Oberb.	Töbele	Schwb.
Thurnau	Ob.Frk.	Tiefenstett	Oberb.	Töbtenacker	Ob.Pf.
Thurndorf	Ob.Pf.	Tiefenstockheim	Unt.Frk.	Töbtenaumühle	Niederb.
Thurndorf	Mitt.Frk.	Tiefenstürmig	Ob.Frk.	Töbtenbachhof	Niederb.
Thurneck	Schwb.	Tiefenteich	Rh.Pf.	Töbtenberg	Oberb.
Thurnhof	Niederb.	Tiefenthal (3)	Oberb.	Töbtenberg, auch	
Thurnhof	Ob.Pf.	Tiefenthal	Rh.Pf.	Dettenberg	Oberb.
Thurnöd	Niederb.	Tiefenthal	Ob.Pf.	Töbtendorf (2)	Oberb.
Thurnreut	Niederb.	Tiefenthal	Ob.Frk.	Töbtenried	Oberb.
Thurnsberg	Oberb.	Tiefenthal	Mitt.Frk.	Tötting	Oberb.
Thurnstein	Niederb.	Tiefenthal (2)	Unt.Frk.	Tötting	Niederb.
Thusmühl	Ob.Frk.	Tiefenweg	Oberb.	Tösenreut	Oberb.
Tiefbach	Niederb.	Tiefenweg	Niederb.	Töging	Oberb.
Tiefbrunn	Ob.Pf.	Tiefleiten	Niederb.	Töging	Mitt.Frk.
Tiefenau	Schwb.	Tiefstadt	Niederb.	Töllern	Oberb.
Tiefenbach (3)	Oberb.	Tiefweg	Mitt.Frk.	Tölz	Oberb.
Tiefenbach (5)	Niederb.	Tiefwies	Niederb.	Tölzenöd	Niederb.
Tiefenbachermühle		Tiening	Oberb.	Tölzkirchen	Oberb.
mühle	Niederb.	Tießenhäusl	Niederb.	Töpen	Ob.Frk.
Tiefenbach	Rh.Pf.	Timpermühle	Ob.Frk.	Töpfenmühle	Unt.Frk.
Tiefenbach (5)	Ob.Pf.	Tingers	Schwb.	Törring	Oberb.
Tiefenbach (3)	Ob.Frk.	Tining	Oberb.	Törrwang	Oberb.
Tiefenbach	Mitt.Frk.	Tirngsteinmühle	Niederb.	Tötzham	Oberb.
Tiefenbach (4)	Schwb.	Tirolerhof	Schwb.	Tollbach	Niederb.
Tiefenbacherösch	Schwb.	Tirschenreuth	Ob.Pf.	Tollberg	Oberb.
Tiefenberg	Schwb.	Tirschnitz	Ob.Pf.	Tondorf	Niederb.
Tiefenbruck	Schwb.	Tischlsperg	Niederb.	Toos	Ob.Frk.

Torfhäuschen	Rh.Pf.	Tralbersdorf, auch		Traunwalchen	Oberb.
Torfhäusl	Ob.Pf.	Trabersdorf	Niederb.	Trauperting	Niederb.
Torfhütte	Oberb.	Trailing, auch		Traufchendorf	Ob.Pf.
Torfmoorhölle	Ob.Frk.	Dreiling	Niederb.	Traufeneck	Niederb.
Torfftecherei (2)	Oberb.	Trailsdorf	Ob.Frk.	Trausnitz	Niederb.
Torfel	Ob.Frk.	Train	Niederb.	Trausnitz, im	
Torfchenknock	Ob.Frk.	Trainau	Ob.Frk.	Thal	Ob.Pf.
Trabelsdorf	Ob.Frk.	Trainding	Niederb.	Traustadt	Unt.Frk.
Trabelshof	Mitt.Frk.	Traindorf (3)	Ob.Frk.	Trautbach	Oberb.
Trabers	Schwb.	Trainmeufel	Ob.Frk.	Trautberg	Unt.Frk.
Trablitz	Ob.Pf.	Trainreuth	Ob.Pf.	Trautenberg	Niederb.
Trach	Oberb.	Traisdorf	Mitt.Frk.	Trautenberg	Ob.Pf.
Trachenhöfftetten	Mitt.Frk.	Traishöchftett	Mitt.Frk.	Trauteneb	Niederb.
Trab, Trath,		Traitfching	Ob.Pf.	Trautenfurth	Mitt.Frk.
Trabt	Oberb.	Trafing	Niederb.	Trauterfing	Niederb.
Trabberg, auch		Tramershof	Unt.Frk.	Trautersdorf	Oberb.
Trathberg und		Trametsrieb	Niederb.	Trautershofen	Oberb.
Trarberg	Oberb.	Trampoh	Schwb.	Trautmannsberg	Niederb.
Traben	Oberb.	Transchier	Ob.Frk.	Trautmannsdorf	Niederb.
Trabfranz	Oberb.	Trappftadt	Unt.Frk.	Trautmanns-	
Trabholzen	Niederb.	Trafching	Ob.Pf.	hofen	Ob.Pf.
Trabl	Ob.Pf.	Trasfelden	Niederb.	Trautmansrieb	Niederb.
Trabln	Oberb.	Trasgfchieß	Ob.Pf.	Trautmühle	Oberb.
Trablmühle	Ob.Pf.	Trasham	Niederb.	Trautskirchen	Mitt.Frk.
Trablos	Niederb.	Traslberg	Ob.Pf.	Trarel	Oberb.
Trabmühle	Ob.Pf.	Trasmithing	Oberb.	Trarenberg	Niederb.
Trabt	Oberb.	Traubenbach, fiehe		Traring	Niederb.
Trabt	Ob.Pf.	Traumerhof	Niederb.	Traring, auch	
Trabtmühle	Niederb.	Traubenbach	Ob.Pf.	Drachfing	Niederb.
Trabweging, auch		Traubing	Oberb.	Trarl	Oberb.
Trattweging	Niederb.	Trauchgau	Oberb.	Trebersdorf	Ob.Pf.
Trägershäufer	Ob.Frk.	Traumerhof, auch		Trebes	Ob.Pf.
Träglhof	Ob.Pf.	Traubenbach	Niederb.	Trebesberg	Ob.Frk.
Trägwels	Ob.Frk.	Traundorf	Oberb.	Trebesgrunb	Ob.Frk.
Tränlhof	Unt.Frk.	Trauneb	Niederb.	Trebgaft	Ob.Frk.
Tränkmühle	Oberb.	Traunfeld	Oberb.	Trebsau	Ob.Pf.
Tränkwoog	Rh.Pf.	Traunfeld	Ob.Pf.	Trefendorf	Niederb.
Trag	Ob.Pf.	Traunhöfen	Ob.Pf.	Treffelftein	Ob.Pf.
Tragelhöchftett	Mitt.Frk.	Traunhöfermühle	Ob.Pf.	Treflsrieb, auch	
Tragenreuth	Niederb.	Traunhofen	Oberb.	Tröfelsrieb	Schwb.
Tragenfchwanbt	Ob.Pf.	Traunricht	Ob.Pf.	Trefling	Ob.Pf.
Traglhof	Ob.Pf.	Traunrieb	Schwb.	Trefnitz	Ob.Pf.
Trahweiler	Rh.Pf.	Traunsborf	Oberb.	Treibel	Niederb.
Tralch (2)	Oberb.	Traunspurg	Niederb.	Treiblheim	Schwb.
Tralch (2)	Niederb.	Traunftein	Oberb.	Treiblofen	Niederb.
Tralbendorf	Ob.Pf.	Traunftorf	Oberb.	Treinfeld	Unt.Frk.
Tralbenlohe	Ob.Pf.	Traunthal	Oberb.	Treinfelbsmühle	Unt.Frk.

Treinreuth	Ob.Pf.	Triebendorf	Ob.Pf.	Tröstau	Ob.Frk.
Treitersberg	Ob.Pf.	Triebendorf	Mitt.Frk.	Troffler	Niederb.
Treitling	Ob.Pf.	Triebendorf,		Trogen	Oberb.
Tremau	Ob.Pf.	Markt	Mitt.Frk.	Trogen	Ob.Frk.
Tremelschwaig	Schwb.	Triebenreuth	Ob.Frk.	Trogenau	Ob.Frk.
Tremersdorf	Ob.Pf.	Triebscheid	Rh.Pf.	Troglau	Ob.Pf.
Tremmel	Oberb.	Triebweg	Ob.Pf.	Troglauermühle	
Tremmelhausen	Ob.Pf.	Triechenricht (2)	Ob.Pf.	(3)	Ob.Pf.
Tremmelhauser-		Trieching	Niederb.	Troggoi	Schwb.
höhe	Ob.Pf.	Triefenried	Niederb.	Troja	Oberb.
Tremmelhof	Niederb.	Triefenstein	Unt.Frk.	Troibach	Oberb.
Trenbach	Niederb.	Triefing	Oberb.	Troinender	Niederb.
Trendel	Mitt.Frk.	Triefling	Niederb.	Troitsham	Oberb.
Trendelmühle	Mitt.Frk.	Trienblmühle	Niederb.	Troll	Oberb.
Trenkenmühle	Oberb.	Triendorf	Niederb.	Trollen, zum	Schwb.
Trenkermühle	Oberb.	Triesdorf	Mitt.Frk.	Trollmühl	Oberb.
Trennfeld	Unt.Frk.	Triesenbach	Ob.Frk.	Trombacherhof	Rh.Pf.
Trennfurt	Unt.Frk.	Triftelfing	Ob.Pf.	Trometzheim	Mitt.Frk.
Treppendorf (2)	Ob.Frk.	Triftern	Niederb.	Trompetenberg	Ob.Frk.
Treppenstein	Ob.Pf.	Triftern-Sitz	Niederb.	Trondorf	Ob.Pf.
Tresdorf	Niederb.	Triftersberg	Ob.Pf.	Tronetshofen	Schwb.
Tresenfeld	Ob.Pf.	Trihäupl	Niederb.	Tronsberg	Schwb.
Tressau	Ob.Frk.	Trillachsmühle,		Trosalter	Ob.Pf.
Tressen, oder		a. Seemühle	Unt.Frk.	Troschelhammer	Ob.Pf.
Trössen	Oberb.	Trillhof	Oberb.	Troschenreuth	Ob.Pf.
Tressendorf	Ob.Frk.	Trimberg	Unt.Frk.	Troschenreuth	Ob.Frk.
Tressenried	Ob.Pf.	Trinis	Oberb.	Trosdorf	Ob.Frk.
Treßling	Oberb.	Trinkberg	Oberb.	Trosendorf	Ob.Pf.
Trestorf	Niederb.	Trippach	Ob.Pf.	Trosenfurt	Unt.Frk.
Treswitz	Ob.Pf.	Trippstadt	Rh.Pf.	Trosloch, siehe	
Tretmanns	Ob.Pf.	Trisching	Ob.Pf.	Kohlplatz	Niederb.
Trettendorf	Mitt.Frk.	Trischlberg	Ob.Pf.	Trospeding	Oberb.
Trettenreuth	Ob.Frk.	Trischlmauer	Oberb.	Trossau	Ob.Pf.
Tretting	Niederb.	Tristberg	Oberb.	Troßberg, Doß-	
Tretzendorf	Unt.Frk.	Tristl	Oberb.	berg	Oberb.
Treuchtlingen	Mitt.Frk.	Tristl am Damm	Niederb.	Troßmating	Oberb.
Treue Freund-		Trittenthal	Niederb.	Troßner	Oberb.
schaft	Ob.Frk.	Trittling	Oberb.	Trost (2)	Oberb.
Treuf	Mitt.Frk.	Trobelsdorf	Ob.Pf.	Trostberg	Oberb.
Treuhubergütl	Niederb.	Trockau	Ob.Frk.	Trostbühl	Schwb.
Treunitz	Ob.Frk.	Trockenbach	Unt.Frk.	Trostling	Niederb.
Trevesen	Ob.Pf.	Trockenmühle	Ob.Frk.	Trubach	Ob.Frk.
Trexlberg	Ob.Pf.	Tröbersdorf	Ob.Frk.	Truchtlaching	Oberb.
Trexlham	Oberb.	Trög lersricht	Ob.Pf.	Trudering	Oberb.
Tribur	Mitt.Frk.	Tröplgütl	Oberb.	Trübenbach	Ob.Pf.
Trieb	Ob.Frk.	Tröscher	Oberb.	Trübenbronn	Mitt.Frk.
Triebenbach	Oberb.	Trößen, s. Tressen	Oberb.	Trübenbrunn	Unt.Frk.

Trüblings	Schwb.	Tüchling	Niederb.	Tumhof	Niederb.
Trugenhofen	Schwb.	Tüchelhausen	Unt.Frk.	Tumiching	Niederb.
Truisdorf	Ob.Pf.	Tünzhausen	Oberb.	Tumpenberg	Niederb.
Trulben	Rh.Pf.	Türk	Oberb.	Tumperloch, a.	
Trulbermühle	Rh.Pf.	Türkelstein	Ob.Frk.	Dombach im	
Trumling	Ob.Pf.	Türken, ober	Niederb.	Loch	Mitt.Frk.
Trumm	Niederb.	Türken	Schwb.	Tuntenberg	Niederb.
Trumsdorf	Ob.Frk.	Türkenfeld	Oberb.	Tuntenhausen	Oberb.
Trunkelsberg	Schwb.	Türkenfeld	Niederb.	Tunzenberg	Niederb.
Trunstadt	Ob.Frk.	Türkheim	Schwb.	Turesbach	Ob.Pf.
Trunzen	Schwb.	Türklmühle	Ob.Pf.	Turneb, auch	
Trupolting	Niederb.	Tüschnitz	Ob.Frk.	Thannert	Niederb.
Truppach	Ob.Frk.	Tüßling, Vor-		Tuschel im Thal	Niederb.
Truppacherhof	Rh.Pf.	markt	Oberb.	Tussenhausen	Schwb.
Truschenhof	Unt.Frk.	Tüßling	Oberb.	Tussing	Niederb.
Truttendorf	Niederb.	Tütschenkreuth	Ob.Frk.	Tutting	Niederb.
Tschifflick	Rh.Pf.	Tuffenthal	Ob.Pf.	Tuging	Oberb.
Tschirn	Ob.Frk.	Tugendorf	Unt.Frk.	Tyrlaching	Oberb.
Tuchenbach	Mitt.Frk.	Tuifstetterhof, a.		Tyrlbrunn	Oberb.
Tuching	Oberb.	Tüfstetterhof	Schwb.	Tyrol	Ob.Pf.
Tüchau	Oberb.	Tulling	Oberb.	Tyrolsberg	Ob.Pf.
Tüchersfeld	Ob.Frk.	Tulnau	Mitt.Frk.		

U.

Uchamühle	Ob.Pf.	Uebermoos	Oberb.	Uhlenmühle	Mitt.Frk.
Uchenhofen	Unt.Frk.	Uebermuthing	Oberb.	Uhlenmühle	Unt.Frk.
Uckersdorf	Ob.Pf.	Ueberreiter		Uhren	Schwb.
Uding	Niederb.	Ueberschlagmühle	Mitt.Frk.	Uhrigsmühle	Rh.Pf.
Ubelbing, auch		Ueberfee	Oberb.	Uhrmacher	Schwb.
Uebelbing	Oberb.	Uebersfeld	Schwb.	Uhrmann	Niederb.
Ublberg	Niederb.	Uebersteherhäusl	Ob.Pf.	Uibermazhofen	Mitt.Frk.
Uebel	Niederb.	Ueblackersdorf	Niederb.	Uigenau	Mitt.Frk.
Uebelacker	Niederb.	Uechtelhausen	Unt.Frk.	Uittingen	Unt.Frk.
Uebelsam	Oberb.	Ueding	Niederb.	Ulbering	Niederb.
Ueberacker (2)	Oberb.	Uehleinshof	Ob.Frk.	Ulering	Niederb.
Ueberbach	Schwb.	Uehlfeld	Mitt.Frk.	Ullabing	Oberb.
Ueberfahrt	Niederb.	Uetzdorf	Ob.Frk.	Ulleberg	Schwb.
Ueberfahrthäusel	Unt.Frk.	Uetzing	Ob.Frk.	Ullersberg	Ob.Pf.
Ueberfilzen	Oberb.	Ufar, a. Urfar	Niederb.	Ullersricht	Ob.Pf.
Ueberfuhr	Oberb.	Ufer	Oberb.	Ullertting (2)	Oberb.
Ueberfuhr	Ob.Pf.	Ufering, Unfrie-		Ulliz	Ob.Frk.
Ueberkehr	Ob.Frk.	bing	Oberb.	Ullstadt	Mitt.Frk.
Ueberloch	Oberb.	Uffenheim	Mitt.Frk.	Ulmerthal	Schwb.
Uebermanner	Oberb.	Uffing	Oberb.	Ulmet	Rh.Pf.

Ulperting, auch		Ungershausen	Unt.Frk.	Unteralmsham	
Ulpolting	Oberb.	Ungerthal	Mitt.Frk.	(2)	Oberb.
Ulrich	Oberb.	Ungertsrieb	Oberb.	Unterallmanns-	
Ulrich Sct.	Rh.Pf.	Ungetsheim	Mitt.Frk.	bach	Niederb.
Ulrich Sct.	Ob.Pf.	Unghausen	Oberb.	Unterallmanns-	
Ulrich Sct. (2)	Mitt.Frk.	Ungnaben	Niederb.	hausen (2)	Oberb.
Ulrichshögel	Oberb.	Ungstein	Rh.Pf.	Unteraltenbern-	
Ulrichsholz	Oberb.	Unholdenberg	Niederb.	heim	Mitt.Frk.
Ulrichsberg	Niederb.	Unholzing	Niederb.	Unteraltenbuch	Unt.Frk.
Ulrichschwimbach	Niederb.	Unitz	Ob.Frk.	Unteraltenweiher	Unt.Frk.
Ulrichsgrün	Ob.Pf.	Unkenbach	Rh.Pf.	Unteraltertheim	Unt.Frk.
Ulrichshausen	Mitt.Frk.	Unkenhof	Unt.Frk.	Unteralting	Oberb.
Ulrichsreith	Niederb.	Unkenmühle	Unt.Frk.	Unterambach	Oberb.
Ulrichsried	Niederb.	Unkenried	Schwb.	Unterambach	Mitt.Frk.
Ulsenbach, ober	Mitt.Frk.	Unkofen	Niederb.	Unteramersricht	Ob.Pf.
Ulsenbach, unter	Mitt.Frk.	Unkraut	Schwb.	Unteramerthal	Ob.Pf.
Ulsenheim	Mitt.Frk.	Unkundenwald	Oberb.	Unterammergau	Oberb.
Umbertshausen	Niederb.	Unnersdorf	Ob.Frk.	Unterampfrach	Mitt.Frk.
Umersberg	Ob.Frk.	Unnütz	Oberb.	Unteranhießing	Niederb.
Umgangs	Schwb.	Unsbach	Niederb.	Unterapfeldorf	Oberb.
Umkehr	Oberb.	Unsernherrn	Oberb.	Unterapfelkam	Oberb.
Ummelsdorf	Ob.Pf.	Unsinnige Mühle	Mitt.Frk.	Unterappenberg	Schwb.
Ummendorf	Oberb.	Unsleben	Unt.Frk.	Unterappersdorf	Oberb.
Ummenhausen	Oberb.	Unterach (2)	Oberb.	Unterapping	Oberb.
Ummenhofen	Schwb.	Unteracherting	Oberb.	Unterartelshofen	Mitt.Frk.
Umpfenbach	Unt.Frk.	Unterachschwaige	Schwb.	Unterasbach (2)	Mitt.Frk.
Umrathshausen	Oberb.	Unterachtel	Mitt.Frk.	Unterasberg	Niederb.
Umundum	Oberb.	Unterachthal (2)	Oberb.	Unteraschau (2)	Oberb.
Umwagen	Niederb.	Unterachtl	Ob.Pf.	Unteraschau	Ob.Pf.
Umwangs, auch		Unteracherhof	Ob.Pf.	Unteraspach	Oberb.
Ohnwangs	Schwb.	Unteradlhof	Ob.Pf.	Unterast	Oberb.
Umweghäusl	Oberb.	Unterafferbach	Unt.Frk.	Unterast	Niederb.
Undorf	Ob.Pf.	Unterafham	Niederb.	Unterau (5)	Oberb.
Undungsmühle	Mitt.Frk.	Unteraham	Oberb.	Unterau	Niederb.
Unering	Oberb.	Unterahorn	Mitt.Frk.	Unterauer	Oberb.
Unfinden	Unt.Frk.	Unterahrain, a.		Unterauerbach	Niederb.
Unfriedsdorf	Ob.Frk.	Unterarram	Niederb.	Unterauerbach	Ob.Pf.
Unfriedshausen	Oberb.	Unteraich	Oberb.	Unterauerbach	Schwb.
Ungarischwall	Niederb.	Unteraich, auch		Unterauerkiel	Niederb.
Ungarsteig	Niederb.	Unternaich	Ob.Pf.	Unterauersberg	Niederb.
Ungelstetten	Mitt.Frk.	Unteralgn (2)	Niederb.	Unteraufham	Oberb.
Ungenricht	Ob.Pf.	Unteralgn (2)	Ob.Pf.	Unterauffees	Ob.Frk.
Unger	Schwb.	Unterailsfeld	Ob.Frk.	Unterauhof	Ob.Frk.
Ungerer, auch		Unteralbach		Unteraulenbach	Unt.Frk.
Ungar	Niederb.	Unteralbach	Mitt.Frk.	Unteraurach	Ob.Frk.
Ungerhausen	Schwb.	Unteralbachmühle	Mitt.Frk.	Unterbaar	Oberb.
Ungers	Schwb.			Unterbachern (2)	Oberb.

Unterbachham, a.		Unterbachsberg	Niederb.	Unterbarching	Oberb.
Bettelbachham	Niederb.	Unterbodenrain	Oberb.	Unterbautenwinden	Mitt.Frk.
Unterbaiern	Oberb.	Unterböham	Niederb.		
Unterbaiersbach	Ob.Frk.	Unterbolgen	Ob.Pf.	Unterbar	Niederb.
Unterbaimbach	Mitt.Frk.	Unterbrandhub	Oberb.	Unterbarau	Oberb.
Unterbaindern	Oberb.	Unterbraunstuben	Ob.Pf.	Unterbarbühl	Niederb.
Unterbauern (2)	Oberb.	Unterbreinbichl	Oberb.	Unterbeggenbach	Niederb.
Unterbaumgarten		Unterbreitenau		Unter der Gassen	Schwb.
(2)	Oberb.	(2)	Niederb.	Unter der Halde	Schwb.
Unterbechingen	Schwb.	Unterbreitenau	Mitt.Frk.	Unter der Halden	Schwb.
Unter-Bechtersweiler	Schwb.	Unterbreitenlohe	Mitt.Frk.	Unter der Leithen	Oberb.
		Unterbremeck	Niederb.	Unterbeschenrieb	Ob.Pf.
Unterberg (7)	Oberb.	Unterbruck	Oberb.	Unterbessing	Niederb.
Unterberg	Schwb.	Unterbruck	Ob.Pf.	Unterbeutenbach	Mitt.Frk.
Unterberg	Ob.Frk.	Unterbrücklein	Ob.Frk.	Unterdeutsch	Schwb.
Unterbergen (2)	Oberb.	Unterbrumberg	Ob.Frk.	Unterbletenau	Niederb.
Unterbergham	Oberb.	Unterbrunn	Oberb.	Unterbletfurth	Niederb.
Unterberghausen	Oberb.	Unterbrunn	Ob.Pf.	Unterbill	Schwb.
Unterberghof	Schwb.	Unterbrunn	Ob.Frk.	Unterbilljäger	Oberb.
Unterberging (2)	Niederb.	Unterbrunnenreit	Oberb.	Unterbinkelhof	Oberb.
Unterbernbach	Oberb.	Unterbrunnham	Oberb.	Unterbipling	Niederb.
Unterbernrain	Oberb.	Unterbubach (2)	Niederb.	Unterbissen	Schwb.
Unterbernrieth	Ob.Pf.	Unterbuch	Oberb.	Unterbörst	Niederb.
Unterbernstein	Ob.Pf.	Unterbuch	Niederb.	Unterbörnbach	Niederb.
Unterbessenbach	Unt.Frk.	Unterbuch	Ob.Pf.	Unterbolden	Schwb.
Unterbettenbach	Niederb.	Unterbuch	Mitt.Frk.	Unterbolling	Oberb.
Unterbeutelsbach	Niederb.	Unterbuch (2)	Schwb.	Unterdorf	Oberb.
Unterbeutmühle	Schwb.	Unterbucha	Niederb.	Unterdorf	Schwb.
Unterbibelsbach	Niederb.	Unterbuchbach	Oberb.	Unterdornlach	Ob.Frk.
Unterbiberg	Oberb.	Unterbuchberg	Oberb.	Unterbürrbach	Unt.Frk.
Unterbiberkor	Oberb.	Unterbuchen	Oberb.	Unterbummels-	
Unterbibrach	Ob.Pf.	Unterbuchenberg	Schwb.	hausen, auch	
Unterbichl (4)	Oberb.	Unterbuchenbühl	Schwb.	Unterthummelz-	
Unterbienhof	Unt.Frk.	Unterbuchet	Niederb.	hausen	Oberb.
Unterbienloch	Unt.Frk.	Unterbuchfeld	Ob.Pf.	Untereben	Oberb.
Unterbierbach	Oberb.	Unterbüchlein	Mitt.Frk.	Unterebenbuch	Niederb.
Unterbierwang	Oberb.	Unterbühl	Ob.Pf.	Untereberfing	Oberb.
Unterbinder	Niederb.	Unterbühl	Schwb.	Untereberebach	Unt.Frk.
Unterbinwang	Schwb.	Unterbürg	Ob.Pf.	Untereberberg	Unt.Frk.
Unterbirkach	Oberb.	Unterbug	Ob.Frk.	Unterebirnstengel	
Unterbirkenhof	Ob.Frk.	Unterburg	Mitt.Frk.	gel	Ob.Frk.
Unterbissingen	Schwb.	Unterburg (2)	Schwb.	Unterebürg	Ob.Frk.
Unterbleichen	Schwb.	Unterburgkirchen	Oberb.	Unterechsfeugen	Niederb.
Unterbleika	Niederb.	Unterbugmühle	Mitt.Frk.	Untereck (3)	Oberb.
Unterblernbach,		Unterbaching	Niederb.	Untereckenhausen	Oberb.
a. Unterplörnbach		Unterbachsbach	Mitt.Frk.	Unterecker (2)	Oberb.
bach	Oberb.	Unterballersbach	Mitt.Frk.	Untereb	Oberb.

Untereb	Niederb.	Untere Mühle (15)		Unterfilke	Unt.Frk.
Untere Einzel (2)	Ob.Frk.		Unt.Frk.	Unterambach	Niederb.
Unteregg (5)	Schwb.	Unterendhof	Niederb.	Unterannning	Oberb.
Untereggermühle	Schwb.	Unterendsbach	Niederb.	Unteranningen	Schwb.
Untereggersberg	Ob.Pf.	Unterengelberg	Niederb.	Unterfischbach	Oberb.
Unteregging	Niederb.	Unterengelham	Oberb.	Unterflintsbach	Oberb.
Unteregglham	Niederb.	Unterengen	Oberb.	Unterflossing	Oberb.
Untereglsing	Oberb.	Unterenglstorf	Niederb.	Unterföhring	Oberb.
Unteregling	Oberb.	Unterenzenau	Oberb.	Unterfrankenohe	Ob.Pf.
Untereglwies	Oberb.	Untereppenberg	Ob.Pf.	Unterframmering	Niederb.
Unterehesberg	Ob.Frk.	Untereppenried	Ob.Pf.	Unterfrauenau	Niederb.
Unterehring	Ob.Pf.	Untereppich	Unt.Frk.	Unterfrauenholz	Niederb.
Unter Elben	Ob.Frk.	Unterer Hammer	Ob.Pf.	Unterfreubeneck	Niederb.
Untereichen	Schwb.	Unterer Hammer	Ob.Frk.	Unterfriesen	Ob.Frk.
Untereichenbach	Mitt.Frk.	Untererlbach	Mitt.Frk.	Unterfriessing	Oberb.
Untereichenbach	Schwb.	Untere Röth	Ob.Frk.	Unterfrohnstetten	Niederb.
Untereichenstein	Ob.Frk.	Untere Rott-mühle	Oberb.	Unterfroschham	Niederb.
Untereichenwinden	Unt.Frk.	Unterer Stein	Oberb.	Unterfuchsmühl	Mitt.Frk.
				Unterfürberg	Mitt.Frk.
Untereichet (2)	Oberb.	Unterertthal	Unt.Frk.	Unterfurth	Ob.Frk.
Untereichet	Niederb.	Untereschelbach	Niederb.	Unter gänsberg	Oberb.
Untereichhofen	Oberb.	Untereschenbach	Mitt.Frk.	Untergaiching	Niederb.
Untereinharz	Schwb.	Untereschenbach	Unt.Frk.	Untergailnau	Mitt.Frk.
Untereinöd	Oberb.	Untereschlbach	Oberb.	Untergaisach	Oberb.
Untereinöd	Niederb.	Unteres Pöllitz	Ob.Frk.	Untergaisharbt	Schwb.
Untereinzel	Ob.Frk.	Unteressfeld	Unt.Frk.	Untergalling	Oberb.
Untereisbach	Niederb.	Untereuerheim	Unt.Frk.	Untergambach	Niederb.
Untereiselberg	Ob.Pf.	Untereulenbach	Niederb.	Untergamenried	Schwb.
Untereisensheim	Unt.Frk.	Untereulenthal	Oberb.	Untergangkofen	Niederb.
Untere Kottweilermühle	Rh.Pf.	Untereurach	Oberb.	Untergarching	Oberb.
		Untere Zech	Ob.Frk.	Untergartelshausen	Oberb.
Unterelbach	Niederb.	Untere Zollbrücke	Schwb.		
Unterelchingen	Schwb.	Unterfahlheim	Schwb.	Untergartenhof	Unt.Frk.
Unterelend	Ob.Pf.	Unterfahrenberg	Ob.Pf.	Untergassen	Oberb.
Unterelldorf	Ob.Frk.	Unterfarrnbach	Mitt.Frk.	Untergassen	Schwb.
Unterellegg	Schwb.	Unterfasangarten	Oberb.	Untergauling	Oberb.
Unterellenbach (2)	Niederb.	Unterfastern	Niederb.	Untergebersbach	Oberb.
				Untergebertsham	Oberb.
Unterellmoosen	Oberb.	Unterfeichten	Niederb.	Untergeiersberg (2)	Oberb.
Unterelzbach	Unt.Frk.	Unterfeilnbach	Niederb.		
Unteremmendorf	Mitt.Frk.	Unterfeldbrecht	Mitt.Frk.	Untergeiersnest	Unt.Frk.
Untere Moosschwaig	Oberb.	Unterfelden	Mitt.Frk.	Untergeiselbach, auch Niedergeiselbach	Oberb.
		Unterfellendorf	Ob.Frk.		
Unterempfenbach	Niederb.	Unterfembach, ob. Retzelsembach	Mitt.Frk.	Untergeisenfelden	Oberb.
Untere Mühle (2)	Rh.Pf.				
Untere Mühle (2)	Ob.Frk.	Unterfent	Oberb.	Untergermaringen	Schwb.
Untere Mühle (7)	Mitt.Frk.	Unterferrieben	Mitt.Frk.		

Untergern	Oberb.	Untergünzburg	Schwb.	Unterharthausen	Niederb.
Untergessenbach	Niederb.	Untergünzkofen	Niederb.	Unterhartheim	Oberb.
Unter-Gefferts-		Untergünzl	Oberb.	Unterharthof	Niederb.
hausen	Schwb.	Unterhaag (2)	Niederb.	Unterhartmanns-	
Untergfabering	Niederb.	Unterhaching	Oberb.	reuth	Ob.Frk.
Untergfäll	Ob.Pf.	Unterhackenberg	Niederb.	Unterhaselau	Niederb.
Untergieß	Oberb.	Unterhabermarkt	Oberb.	Unterhaselbach	
Untergießen	Schwb.	Unterhäusern	Oberb.	(3)	Niederb.
Untergießing	Oberb.	Unterhäusing	Ob.Pf.	Unterhaslach	Oberb.
Unterglaim	Niederb.	Unterhasing	Oberb.	Unterhaslach	Ob.Pf.
Unterglauheim	Schwb.	Unterhagenried	Schwb.	Unterhaslach	Schwb.
Untergmeinholzen	Oberb.	Unterhaib, auch		Unterhaslberg	Oberb.
Untergolding	Niederb.	Haib am Main	Oberb.	Unterhasling	Oberb.
Untergolzaberg	Niederb.	Unterhaid	Niederb.	Unterhatzlach	Ob.Pf.
Untergoßzell	Ob.Pf.	Unterhaid	Ob.Frk.	Unterhauenstein	Ob.Frk.
Untergraben	Oberb.	Unter-Haid	Ob.Frk.	Unterhaunstadt	Oberb.
Untergrabing	Oberb.	Unterhaidberg	Ob.Frk.	Unterhausbach(2)	Niederb.
Untergräfenthal	Ob.Frk.	Unterhaidelbach	Mitt.Frk.	Unterhausberg	Oberb.
Untergrämelsberg	Niederb.	Unterhalden	Oberb.	Unterhausen (4)	Oberb.
Untergrafendorf	Niederb.	Unterhalderberg	Niederb.	Unterhausen	Niederb.
Untergrafenried	Ob.Pf.	Unterhalmbuch	Ob.Pf.	Unterhausen	Schwb.
Untergrainau	Oberb.	Unterhaiser	Oberb.	Unterhausen	Unt.Frk.
Untergraineth	Niederb.	Unterhalden	Schwb.	Unterhausenthal	Niederb.
Untergrafelfing	Niederb.	Unterhallen-		Unterhaushofer	Niederb.
Untergrafensee	Niederb.	mandeck	Oberb.	Unterhausleiten	Oberb.
Untergrasheim	Oberb.	Unterhalting	Oberb.	Unterhaus-	
Untergreuth	Ob.Frk.	Unterhambach	Rh.Pf.	mehring	Oberb.
Untergries	Oberb.	Unterhambach	Mitt.Frk.	Unterhausstett	Oberb.
Untergriesbach	Oberb.	Unterhambacher		Unterbegenau	Mitt.Frk.
Untergriesbach	Niederb.	Mühle	Mitt.Frk.	Unterheggers	Schwb.
Untergriesgraben	Niederb.	Unterhamberg	Oberb.	Unterhehfelden	Oberb.
Untergröben	Oberb.	Unterhamberg	Niederb.	Unterheld	Niederb.
Untergrönenberg	Schwb.	Unterhammer	Niederb.	Unterheidmühle	Mitt.Frk.
Untergrözach	Oberb.	Unterhammer	Ob.Frk.	Unterheilbrunn	Oberb.
Untergroßling	Niederb.	Unterhandenz-		Unterheinbifing	Oberb.
Untergrub	Oberb.	hofen	Oberb.	Unterheltau	Oberb.
Untergrub (4)	Niederb.	Unterhanning	Oberb.	Unterhelzing	Niederb.
Untergrünbach	Niederb.	Unterharland	Niederb.	Unterheldenberg	Niederb.
Untergrünhof	Schwb.	Unterharm	Ob.Pf.	Unterhellersberg	Niederb.
Untergrund	Oberb.	Unterharnsbach	Ob.Frk.	Unterhennhart	Niederb.
Untergrusberg	Oberb.	Unterharpfing	Oberb.	Unterherolbsbach	Ob.Frk.
Untergschaid	Niederb.	Unterharrer	Oberb.	Unterherrnhausen	Oberb.
Untergschwand	Oberb.	Unterharring	Oberb.	Unterheßbach	Mitt.Frk.
Untergschwand	Niederb.	Unterhart	Oberb.	Unterheubat	Schwb.
Untergschwend	Oberb.	Unterhart	Schwb.	Unterheumödern	Mitt.Frk.
Untergstaubach	Niederb.	Unterhartberg	Niederb.	Unterhezenberg	Niederb.
Untergstetten	Niederb.	Unterhartdobel	Niederb.	Unterhienhart	Niederb.

17*

Unterhilgen	Oberb.	Unterholzhäuseln	Oberb.	Unterkatzendorf	Niederb.
Unterhilling	Niederb.	Unterholzham (2)	Oberb.	Unterkaulhausen	Ob.Pf.
Unterhintereck	Oberb.	Unterholzhausen	Oberb.	Unterkehlen	Schwb.
Unterhinterhof	Mitt.Frk.	Unterholzhausen	Niederb.	Unterkeierberg	Mitt.Frk.
Unterhinzing	Niederb.	Unterholzleiten	Niederb.	Unterkeil	Ob.Frk.
Unterhirschberg	Niederb.	Unterholzon	Niederb.	Unterkettenthal	Ob.Pf.
Unterhirschwell	Niederb.	Unterhub (2)	Oberb.	Unterkellermühle	Ob.Pf.
Unterhirzelhelm	Oberb.	Unterhub	Ob.Pf.	Unterkenating	Niederb.
Unterhitzenberg	Oberb.	Unterhub	Schwb.	Unterkennelö, a.	
Unterhitzing	Oberb.	Unterhuben	Oberb.	Kennels	Schwb.
Unterhizling	Niederb.	Unterhütt	Niederb.	Unterkesselberg	Ob.Frk.
Unterhochöb	Oberb.	Unterhütten, auch		Unterkesselberg	Mitt.Frk.
Unterhochstädt	Oberb.	Herzogauer-		Unterkettendorf	Niederb.
Unterhochwimm	Niederb.	hütten	Ob.Pf.	Unterliefering	Oberb.
Unterhöchen-		Unterhütten-		Unterkienberg (2)	Oberb.
stetten	Niederb.	sölben	Niederb.	Unterkindberg	Schwb.
Unterhöchstädt	Ob.Frk.	Unterhuhnrain	Unt.Frk.	Unterkirchnach	Schwb.
Unterhöckenhofen	Mitt.Frk.	Unterhummel	Oberb.	Unterkirnberg	Oberb.
Unterhöfen	Niederb.	Unterjacking	Niederb.	Unterkitzing	Oberb.
Unterhöfen	Schwb.	Unterickelsheim	Mitt.Frk.	Unterkläfferstraß	Niederb.
Unterhöft	Niederb.	Unterjesen	Ob.Frk.	Unterklausen	Ob.Pf.
Unterhögen	Oberb.	Unterjettenberg	Oberb.	Unterklebing	Oberb.
Unterhögen	Ob.Pf.	Unteriglbach	Niederb.	Unterklingen	Mitt.Frk.
Unterhöhberg	Mitt.Frk.	Unterigling	Oberb.	Unterklingenbach	Niederb.
Unterhöhenberg	Oberb.	Unterillach	Oberb.	Unterklingen-	
Unterhöll	Niederb.	Unterilzmühl	Niederb.	mühle	Ob.Frk.
Unterhöll	Ob.Pf.	Unterjoch	Schwb.	Unterklingen-	
Unterhöll	Ob.Frk.	Unterjöslein	Ob.Frk.	sporn	Ob.Frk.
Unterhöllmühle	Ob.Frk.	Unter Johannis-		Unterkneisting	Niederb.
Unterhöllthal	Oberb.	buchbach	Oberb.	Unterknörringen	Schwb.
Unterhörbach	Niederb.	Unterirsham	Niederb.	Unterkobler	Oberb.
Unterhöring	Oberb.	Unterirsingen	Schwb.	Unterkobach	Ob.Frk.
Unterhörlbach	Niederb.	Unterisling	Ob.Pf.	Unterköblitz	Ob.Pf.
Unterhörlkofen	Oberb.	Unterkäfermühl	Ob.Pf.	Unterköln	Oberb.
Unterhöselwang	Oberb.	Unterkagen	Oberb.	Unterköllnbach	Niederb.
Unterhof	Rh.Pf.	Unterkager (2)	Niederb.	Unterköst	Ob.Frk.
Unterhof (3)	Unt.Frk.	Unterkaging	Oberb.	Unterkogl (2)	Niederb.
Unterhofen	Oberb.	Unterkaining	Niederb.	Unterkohlgraben	Unt.Frk.
Unterhohenreuth	Ob.Frk.	Unterkaiser	Oberb.	Unterkolbersbach	Niederb.
Unterhohenried	Unt.Frk.	Unterkaltbrunn	Oberb.	Unterkolbing	Niederb.
Unterhollerau	Niederb.	Unterkalten	Oberb.	Unterkollbach	Niederb.
Unterholspach	Niederb.	Unterkaltenhof	Niederb.	Unterkonhof	Ob.Pf.
Unterholz (2)	Oberb.	Unterkammlach	Schwb.	Unterkonners-	
Unterholzen (6)	Niederb.	Unterkammerloh	Oberb.	reuth	Ob.Frk.
Unterholzen (3)	Oberb.	Unterkannetsberg	Niederb.	Unterkorb	Oberb.
Unterholzermühle	Niederb.	Unterkashof	Niederb.	Unterkothschwaig	Oberb.
Unterholzgünz	Schwb.	Unterkastl	Oberb.	Unterkottern	Schwb.

Unterkotzau — Unternaisermühle. 267

Unterkotzau	Ob.Frk.	Unterleupolds-		Untermenzing	Oberb.
Unterkrämelsberg	Niederb.	berg	Ob.Frk.	Untermertsee	Niederb.
Unterkreut	Oberb.	Unterlichtenberg	Ob.Pf.	Untermerzbach	Unt.Frk.
Unterkrieg	Oberb.	Unterlichtenwald	Ob.Pf.	Untermessing	Mitt.Frk.
Unterkrombach	Unt.Frk.	Unterletzheim	Schwb.	Untermettenbach	Oberb.
Unterkronwinkl	Niederb.	Unterletzheimer-		Untermettner-	
Unterkrumbach	Mitt.Frk.	mühl	Schwb.	wald	Niederb.
Unterkruppach	Mitt.Frk.	Unterlind (2)	Ob.Pf.	Untermichelbach	
Unterkühbuch	Niederb.	Unterlindberg	Niederb.	(2)	Mitt.Frk.
Unterküps	Ob.Frk.	Unterlinden	Oberb.	Untermiesberg	Oberb.
Unterkulmhof	Ob.Frk.	Unterlindelbach	Ob.Frk.	Untermiesenbach	Oberb.
Unterlänghart	Niederb.	Unterlindelsburg	Mitt.Frk.	Untermiethnach	Ob.Pf.
Unterlaichling	Niederb.	Unterlindhof	Ob.Pf.	Untermimberg	Mitt.Frk.
Unterlaimbach	Niederb.	Unterlintach	Ob.Pf.	Unterminderdorf	Schwb.
Unterlaimbach	Mitt.Frk.	Unterlippach	Niederb.	Untermittbach	Unt.Frk.
Unterlaitsch	Ob.Frk.	Unterlipplgütl	Ob.Pf.	Untermittelberg	Unt.Frk.
Unterlandholz	Schwb.	Unterlohe	Ob.Frk.	Untermitterdorf	Niederb.
Unterlanding	Niederb.	Unterlohen (2)	Oberb.	Untermittersaßen	Oberb.
Unterlangau	Ob.Pf.	Unterlohr	Oberb.	Untermöckenlohe	Mitt.Frk.
Unterlangenau	Ob.Frk.	Unterlohwies	Niederb.	Untermönchau	Ob.Frk.
Unterlangeneith	Ob.Frk.	Unterlueg	Niederb.	Untermondsberg	Niederb.
Unterlangenstadt	Ob.Frk.	Untermahl	Niederb.	Untermoos (3)	Oberb.
Unterlangfurth	Niederb.	Untermagerbein	Schwb.	Untermoos	Schwb.
Unterlangrhain	Niederb.	Untermaler	Oberb.	Untermoosbach	Oberb.
Unterlangwied	Niederb.	Untermainbach	Mitt.Frk.	Untermoosen (2)	Oberb.
Unterlappach	Oberb.	Untermainsbach	Ob.Pf.	Untermooshaus	Oberb.
Unterlausing	Oberb.	Untermainshof	Ob.Pf.	Untermoosmühle	Oberb.
Unterlaus	Oberb.	Untermaisbach	Niederb.	Untermoosbach	Mitt.Frk.
Unterlauterbach	Oberb.	Untermalling	Oberb.	Untermühlbach	Niederb.
Unterlauterbach	Niederb.	Untermannbach	Niederb.	Untermühle (5)	Oberb.
Unterlehen	Niederb.	Untermanndorf	Unt.Frk.	Untermühle	Niederb.
Unterleichters-		Untermantel	Ob.Pf.	Untermühle (9)	Rh.Pf.
bach	Unt.Frk.	Untermarbach	Oberb.	Untermühle	Ob.Pf.
Unterleitenberg	Schwb.	Untermarchen-		Untermühle (4)	Mitt.Frk.
Unterleithernsdorf	Niederb.	bach	Oberb.	Untermühle (5)	Unt.Frk.
Unterleimbach	Oberb.	Untermassing	Ob.Pf.	Untermühle (4)	Schwb.
Unterleinach	Unt.Frk.	Untermauerbach	Oberb.	Untermühlegg	Schwb.
Unterleinleiter	Ob.Frk.	Untermarfeld	Oberb.	Untermühlhausen	Oberb.
Unterleinsiedel	Ob.Pf.	Untermarfeld	Schwb.	Untermühlthal	
Unterleipsitz	Schwb.	Untermeblingen	Schwb.	(2)	Oberb.
Unterleiten	Oberb.	Untermeggenthal	Oberb.	Untermünzen-	
Unterleitenbach	Niederb.	Untermeierhof	Oberb.	bruck	Schwb.
Unterleiterbach	Ob.Frk.	Untermeisslingen	Mitt.Frk.	Untermusbach	Niederb.
Unterleithen (2)	Oberb.	Untermeitingen	Schwb.	Untermusbach	Schwb.
Unterleitentan-		Untermelben	Schwb.	Unternäuchshof	Schwb.
gen	Ob.Frk.	Untermelzendorf	Ob.Frk.	Unternaglbach	Niederb.
		Untermembach	Ob.Frk.	Unternaisermühle	Ob.Frk.

Unternamering	Niederb.	Unterötzdorf	Niederb.	Unterpuhloh	Oberb.
Unternankau	Ob.Pf.	Unteroffendorf	Ob.Pf.	Unterquellhof	Ob.Frk.
Unternbach	Niederb.	Unteroh	Niederb.	Unterrabach	Mitt.Frk.
Unternberg (2)	Oberb.	Unterostendorf	Schwb.	Unterradelsbach	Niederb.
Unternberg	Niederb.	Unterottenberg	Niederb.	Unterräthen	Schwb.
Unternbibert	Mitt.Frk.	Unterotterbach	Niederb.	Unterrain (3)	Oberb.
Unternbuch	Niederb.	Unterpaar	Oberb.	Unterramelsberg	Niederb.
Unternebling	Niederb.	Unterparkstetten	Niederb.	Unterrammingen	Schwb.
Unternesrieb	Schwb.	Unterparzham	Niederb.	Unterramsen	Oberb.
Unternesselbach	Mitt.Frk.	Unterpelching	Oberb.	Unterranktham	Oberb.
Unterneueben	Ob.Frk.	Unterpeikertsham	Niederb.	Unterranning	Ob.Pf.
Unterneuenrieb	Schwb.	Unterpelschelsau	Oberb.	Unterransbach	Mitt.Frk.
Unterneuhausen	Niederb.	Unterpeißenberg	Oberb.	Unterrappendorf	Niederb.
Unterneuhütten-		Unterpennating	Ob.Pf.	Unterratting	Oberb.
dorf	Ob.Frk.	Unterpenting	Ob.Pf.	Unterratzing	Niederb.
Unterneukirchen	Oberb.	Unterperastorf	Niederb.	Unterrechberg	Schwb.
Unterneuling	Oberb.	Unterperlaßberg	Niederb.	Unterreichenau	Oberb.
Unterneumais	Niederb.	Unterperlsmühle	Oberb.	Unterreichenbach	Ob.Frk.
Unterneumühle		Unterpetersbäch-		Unterreichenbach	Mitt.Frk.
(3)	Ob.Pf.	lerhof	Rh.Pf.	Unterreichenbach	Schwb.
Unterneuses (2)	Ob.Frk.	Unterpeitenkach	Niederb.	Unterreichet	Oberb.
Unterneustift	Niederb.	Unterpfaffenhofen	Oberb.	Unterreisach	Niederb.
Unterngries	Niederb.	Unterpfaffing	Niederb.	Unterreisching	Niederb.
Unterngscheid	Niederb.	Unterpferdt	Ob.Frk.	Unterreit (3)	Oberb.
Unterngstautach	Niederb.	Unterpfraumdorf	Ob.Pf.	Unterreit	Niederb.
Unternieder-		Unterpichl	Niederb.	Unterreiten	Oberb.
steinach	Niederb.	Unterpierach	Oberb.	Unterreith	Niederb.
Unterniederwang	Schwb.	Unterpierlhof	Ob.Pf.	Unterreithen	Niederb.
Unternitzenbruck	Schwb.	Unterpindhart	Oberb.	Unterreitnau	Schwb.
Unternortenberg	Mitt.Frk.	Unterpisat	Niederb.	Unterreitzing	Niederb.
Unternreith	Niederb.	Unterpischlsberg	Niederb.	Unterremmels-	
Unterntief	Mitt.Frk.	Unterplaicken	Oberb.	berg	Niederb.
Unternzenn	Mitt.Frk.	Unterpleichfeld	Unt.Frk.	Unterrengers-	
Unterobernderf	Ob.Frk.	Unterpleiskirchen	Oberb.	weiler	Schwb.
Unteroblant	Oberb.	Unterpösnach	Oberb.	Unterteppich	Unt.Frk.
Unterobsang	Ob.Frk.	Unterpolling	Niederb.	Unterrethan	Schwb.
Unterober	Ob.Pf.	Unterponzaun	Oberb.	Unterreute	Schwb.
Unterödling	Niederb.	Unterprechhausen	Niederb.	Unterreuten	Schwb.
Unteröd (5)	Oberb.	Unterpreppach	Unt.Frk.	Unterreuth	Oberb.
Unteröd (4)	Niederb.	Unterpretersbach	Niederb.	Unterreuthen (2)	Schwb.
Unterödenhart	Ob.Pf.	Unterpreuschwitz	Ob.Frk.	Unterrieb (2)	Oberb.
Unterödt (2)	Niederb.	Unterprienmühle	Oberb.	Unterrieb (3)	Niederb.
Unteröhrner	Niederb.	Unterprobst	Schwb.	Unterrieb	Ob.Pf.
Unterölkofen	Oberb.	Unterpromenhof	Ob.Pf.	Unterrieb (5)	Schwb.
Unterölsbach	Ob.Pf.	Unterprommbach	Ob.Pf.	Unterrieben, auch	
Unterölschnitz	Ob.Frk.	Unterpurbach	Ob.Frk.	Riedhof	Oberb.
Unteröstheim	Mitt.Frk.	Unterputting	Oberb.	Unterrieben	Mitt.Frk.

Unterrieden	Schwb.	Unter Sct. Martin	Ob.Pf.	Unterschneittenbach	Ob.Pf.
Unterriedenberg	Unt.Frk.	Untersaß, siehe Saß	Oberb.	Unterschneppenbach	Unt.Frk.
Unterriedhof	Niederb.				
Unterriedl	Niederb.				
Unterriesbach	Oberb.	Untersauerhof	Ob.Frk.	Unterschnittenkofen	Niederb.
Unterrimbach	Oberb.	Untersaurain	Oberb.		
Unterrimbach	Niederb.	Untersberg	Oberb.	Unterschnitten	Schwb.
Unterrimbach	Mitt.Frk.	Unterschabing	Niederb.	Unterschnitzing	Oberb.
Unterringingen	Schwb.	Unterschachten	Niederb.	Unterschnorrhof	Unt.Frk.
Unterrobach	Ob.Frk.	Unterschabenbach	Niederb.	Unterschnur	Niederb.
Unterrödel	Ob.Pf.	Unterschalkenbach	Ob.Pf.	Unterschnur	Unt.Frk.
Unterröhrenbach	Niederb.	Unterschambach	Niederb.	Unterschochen	Schwb.
Unterrößlau	Ob.Frk.	Unterschaufel	Niederb.	Unterschößberg	Oberb.
Unterrognstorf	Niederb.	Unterscheckenbach	Mitt.Frk.	Unterschößlarn	Oberb.
Unterrohr	Niederb.	Unterscheiben	Schwb.	Unterschöllhart	Niederb.
Unterrohr	Schwb.	Unterschellenberg	Niederb.	Unterschöllnach	Niederb.
Unterrohrbach	Oberb.	Unterschellnberg	Niederb.	Unterschönau (2)	Oberb.
Unterrohrbach	Niederb.	Unterscherm	Oberb.	Unterschönau	Mitt.Frk.
Unterrohrenstadt	Ob.Pf.	Unterschernauerhof	Rh.Pf.	Unterschönbach (2)	Oberb.
Unterroidham	Oberb.				
Unterronning	Niederb.	Unterschernauermühle	Rh.Pf.	Unterschönbach	Niederb.
Unter Rosenbach	Mitt.Frk.			Unterschönbuch	Oberb.
Unterrosenthal	Ob.Pf.	Unterscheuern	Oberb.	Unterschöneberg	Schwb.
Unterroßbach	Mitt.Frk.	Unterschieda	Ob.Frk.	Unterschönegg	Schwb.
Unterroth	Schwb.	Unterschilbing	Oberb.	Unterschönenwald	Schwb.
Unterrothen	Schwb.	Unterschiltern, f. Schiltern	Oberb.	Unterschollenbach	Mitt.Frk.
Unterrothmühle	Mitt.Frk.			Unterschondorf	Oberb.
Unterrottmannsdorf	Mitt.Frk.	Unterschlag	Ob.Pf.	Unterschopf	Oberb.
		Unterschlauersbach	Mitt.Frk.	Unterschops	Oberb.
Unterrubendorf	Niederb.			Unterschorrmühle	Ob.Frk.
Unterrückersbach	Unt.Frk.	Unterschlehmühle	Ob.Frk.	Unterschreez	Ob.Frk.
Unterrühelbach	Ob.Frk.	Unterschleichach	Unt.Frk.	Unterschrötenlohe	Ob.Frk.
Unterruporoth	Unt.Frk.	Unterschleißheim	Oberb.	Unterschroffen	Oberb.
Unterrutzing	Niederb.	Unterschlicht	Schwb.	Unterschuß	Oberb.
Untersaal, auch Postsaal	Niederb.	Unterschlottham	Oberb.	Unterschwärzenbach	Niederb.
		Unterschmelz	Niederb.		
Untersachsen	Mitt.Frk.	Unterschmelz	Ob.Frk.	Unterschwaig	Ob.Pf.
Untersägen	Schwb.	Unterschmidorf	Niederb.	Unterschwammingen	Mitt.Frk.
Untersailauf	Unt.Frk.	Unterschmiten	Schwb.		
Untersailberg	Niederb.	Unterschmiedham	Oberb.	Unterschwappach	Unt.Frk.
Untersalzberg I.	Oberb.	Unterschmiedheim	Ob.Pf.	Unterschwarzach	Ob.Frk.
Untersalzberg II.	Oberb.	Unterschmitten	Oberb.	Unterschwarzenberg	Schwb.
Untersambach	Unt.Frk.	Unterschnatterbach	Oberb.		
Untersanbau	Oberb.			Unterschwarzenstein	Ob.Frk.
Untersandersdorf	Ob.Pf.	Unterschnelbbach	Oberb.		
Untersandtling	Ob.Pf.	Unterschneidberg	Niederb.	Unterschweiba	Niederb.
		Unterschneidhart	Niederb.	Unterschweibern	Niederb.

Unterschweig	Oberb.	Unterstarz	Niederb.	Unterstuben	Niederb.
Unterschweinach	Mitt.Frk.	Unterstatzenberg	Niederb.	Unterstürmig	Ob.Frk.
Unterschweinbach	Oberb.	Unterstaubach	Niederb.	Unterstuff	Oberb.
Unterschweinheim	Unt.Frk.	Unterstaubhausen	Oberb.	Untersulzbach	Oberb.
Unterschwemm	Niederb.	Untersteben	Ob.Frk.	Untersulzbach	Rh.Pf.
Unterschwemm-		Unterstein	Oberb;	Untersulzbach	Mitt.Frk.
berg	Niederb.	Unterstein	Niederb.	Untersulzberg	Oberb.
Unterschwend	Niederb.	Unterstein (2)	Schwb.	Untersummering	Oberb.
Unterschwenden	Schwb.	Untersteinach	Oberb.	Untersur	Oberb.
Unterschwillach	Oberb.	Untersteinach (3)	Ob.Frk.	Untertaching	Oberb.
Unterschwurbach	Ob.Pf.	Untersteinbach		Untertann	Niederb.
Untersdorf	Ob.Pf.	(3)	Oberb.	Untertattenbach	Niederb.
Untersdorf	Mitt.Frk.	Untersteinbach		Untertauschen-	
Untersebelhof	Oberb.	(2)	Niederb.	dorf	Ob.Pf.
Untersee	Oberb.	Untersteinbach		Untertennig	Ob.Frk.
Unterseebach	Oberb.	(3)	Ob.Pf.	Unterteuerting	Niederb.
Unterseissteben	Oberb.	Untersteinbach	Ob.Frk.	Unterteusch	Schwb.
Unterseilach	Oberb.	Untersteinbach,		Unterthal	Oberb.
Unterseilberg, a.		ober Gemünd	Mitt.Frk.	Unterthal	Niederb.
Untersalberg	Niederb.	Untersteinbach, an		Unterthal	Schwb.
Unterselchenbach	Rh.Pf.	der Haide	Mitt.Frk.	Unterthalham (2)	Oberb.
Unterselighof	Rh.Pf.	Untersteinbach	Unt.Frk.	Unterthalham	Niederb.
Untersemering	Oberb.	Untersteinbach-		Unterthalhofen	
Untersendling	Oberb.	mühle	Niederb.	(2)	Schwb.
Untershofen	Oberb.	Untersteinberg	Niederb.	Unterthalling	Oberb.
Untersiebenbolbn	Niederb.	Untersteinbühl	Niederb.	Unterthan	Oberb.
Untersiegsdorf	Oberb.	Untersteinbühl	Schwb.	Unterthanbach	Niederb.
Untersiffelhofen	Oberb.	Untersteinfeld	Ob.Frk.	Unterthanet	Niederb.
Untersimbach (2)	Niederb.	Untersteingrub	Niederb.	Unterthannen	Schwb.
Untersinkenbach	Oberb.	Untersteinhaus	Niederb.	Unterthannet	Niederb.
Unterskirchen	Niederb.	Untersteinhausen	Niederb.	Unterthaunlobe	Niederb.
Untersöchering	Oberb.	Untersteinhöring	Oberb.	Untertheres	Unt.Frk.
Untersölben	Oberb.	Untersteinkirchen	Oberb.	Unterthierwasen	Rh.Pf.
Untersölling	Niederb.	Untersteinmühle	Ob.Frk.	Unterthilbach	Niederb.
Untersolden	Niederb.	Unterstellberg	Unt.Frk.	Unterthingau	Schwb.
Untersolhof	Niederb.	Untersteppach	Oberb.	Unterthölau	Ob.Frk.
Untersommerfahl	Unt.Frk.	Untersteppach	Niederb.	Unterthürheim	Schwb.
Unterspan	Oberb.	Unterstetten	Oberb.	Unterthumelts-	
Unterspechtrain	Niederb.	Unterstetten	Niederb.	hausen	Oberb.
Unterspielberg	Oberb.	Unterstillern	Oberb.	Unterthurnhof	Niederb.
Unterspielberg	Niederb.	Unterstirner	Schwb.	Untertiefendorf	Ob.Frk.
Unterspiesheim	Unt.Frk.	Unterstockach	Niederb.	Untertindsbach	Niederb.
Unterspitalmühle	Schwb.	Unterstocksried	Ob.Pf.	Untertolsbach	Niederb.
Unterstabl	Niederb.	Unterstrahlbach	Mitt.Frk.	Untertraubenbach	Ob.Pf.
Unterstadler	Oberb.	Unterstraß	Oberb.	Untertresenfeld	Ob.Pf.
Unterstaffling	Oberb.	Unterstrasser	Oberb.	Untertreswitz	Ob.Pf.
Unterstall	Schwb.	Unterstrogn	Oberb.	Untertrogen	Schwb.

Untertrubach	Ob.Frk.	Unterwarlins	Schwb.	Unterwillitzleithen	Mitt.Frk.
Untertrübenbach	Ob.Pf.	Unterwarnbach	Ob.Pf.	Unterwimmelbach	Ob.Frk.
Untertürken	Niederb.	Unterwatenbach	Niederb.	Unterwimmer	Niederb.
Unterullrain	Niederb.	Unterweichenhof	Ob.Pf.	Unterwimpersing	Niederb.
Unterulpoint	Oberb.	Unterweitholz	Niederb.	Unterwindach	Oberb.
Unterulsenbach	Mitt.Frk.	Unterweigendorf	Niederb.	Unterwinden	Oberb.
Unterulsham	Oberb.	Unterweiherhaus	Ob.Pf.	Unterwinden	Niederb.
Unterumbach	Oberb.	Unterweihern	Ob.Pf.	Unterwinden-	
Unterumberg	Oberb.	Unterweikerts-		hofen	Oberb.
Unterummelsdorf	Niederb.	hofen	Oberb.	Unterwindering	Oberb.
Unterumwagen	Niederb.	Unterweilbach	Oberb.	Unterwindsberg	Mitt.Frk.
Unterunterbach	Oberb.	Unterweilenbach	Oberb.	Unterwinkl	Oberb.
Unteruttlau	Niederb.	Unterweilenbach	Niederb.	Unterwinnstetten	Mitt.Frk.
Untervichet	Niederb.	Unterweiler	Ob.Frk.	Unterwinterbach	Ob.Frk.
Untervichtach	Niederb.	Unterweiler	Schwb.	Unterwittbach	Unt.Frk.
Untervichtafeld	Niederb.	Unterweilersbach	Ob.Frk.	Unterwittelsbach	Oberb.
Untervichhausen	Oberb.	Unterweilhof	Mitt.Frk.	Unterwittersitt	Niederb.
Untervichhausen		Unterweinbach	Oberb.	Unterwörnitz	Mitt.Frk.
(2)	Niederb.	Unterweinberg	Niederb.	Unterwörth	Oberb.
Untervierau	Niederb.	Unterweißenbach	Ob.Pf.	Unterwörschwei-	
Untervilslern	Niederb.	Unterweißenbach		lerhof	Rh.Pf.
Untervoggenhof	Ob.Pf.	(2)	Ob.Frk.	Unterwohlbach	Oberb.
Untervoglarn	Niederb.	Unterweißen-		Unterwolfessen	Niederb.
Untervokling	Oberb.	brunn	Unt.Frk.	Unterwolfsknock	Ob.Frk.
Untervorholzen	Niederb.	Unterweißen-		Unterwolfstein	Ob.Frk.
Unterwachsenberg	Niederb.	kirchen	Oberb.	Unterwolfersdorf	Niederb.
Unterwackerstall	Niederb.	Unterwendling	Oberb.	Unterwolters-	
Unterwahl	Oberb.	Unterwendling		grün	Ob.Frk.
Unterwahl	Unt.Frk.	(2)	Niederb.	Unterwurmbach	Mitt.Frk.
Unterwahrberg	Ob.Pf.	Unterwengen	Oberb.	Unterwurmöge-	
Unterwaidach	Oberb.	Unterwengen (2)	Schwb.	säll	Ob.Pf.
Unterwaiz	Ob.Frk.	Unterwertach	Oberb.	Unterzarnham	Oberb.
Unterwald	Oberb.	Unterwessen	Oberb.	Unterzaubach	Ob.Frk.
Unterwaldbach	Schwb.	Unterwesterbach	Niederb.	Unterzaunsbach	Ob.Frk.
Unterwaldbehr-		Unterwesterheim	Schwb.	Unterzeil	Oberb.
ungen	Unt.Frk.	Unterwestern	Unt.Frk.	Unterzeilling	Niederb.
Unterwaldeck	Schwb.	Unterwidersbach	Niederb.	Unterzeismering	Oberb.
Unterwaldmühle	Schwb.	Unterwidmais	Niederb.	Unterzeitelbach	Oberb.
Unterwall	Ob.Pf.	Unterwieden	Niederb.	Unterzeitlarn	Niederb.
Unterwallberg	Oberb.	Unterwies	Oberb.	Unterzell (2)	Oberb.
Unterwallenstadt	Ob.Frk.	Unterwiesbach	Oberb.	Unterzell	Ob.Pf.
Unterwaltenhofen	Niederb.	Unterwiesenacker	Ob.Pf.	Unterzell	Unt.Frk.
Unterwambach	Oberb.	Unterwiesenbach	Schwb.	Unterzettling	Niederb.
Unterwang	Schwb.	Unterwießing	Niederb.	Unterzettlitz (2)	Ob.Frk.
Unterwannes	Schwb.	Unterwilbenau	Ob.Pf.	Unterzinkensur	Ob.Frk.
Unterwangenbach	Niederb.	Unterwilbenried	Oberb.	Unterzollbrücke	Schwb.
Unterwappenöst	Ob.Pf.	Unterwillenbach	Niederb.	Unterzollhaus	Schwb.

Unterzolling	Oberb.	Urschlau	Oberb.	Uttenhof	Ob.Pf.
Unterzuckenried	Niederb.	Ursensollen	Ob.Pf.	Uttenhofen	Oberb.
Unterzwieselau	Niederb.	Ursenthal	Oberb.	Uttenhofen	Niederb.
Untrasried	Schwb.	Ursheim	Mitt.Frk.	Uttenhofen	Ob.Pf.
Untreu	Oberb.	Urspring (2)	Oberb.	Uttenhofen	Mitt.Frk.
Untreumühle	Mitt.Frk.	Urspring	Ob.Pf.	Uttenhofen	Schwb.
Unverdorben	Oberb.	Urspring	Ob.Frk.	Uttenkofen	Niederb.
Unvorzug	Oberb.	Urspringen	Unt.Frk.	Uttenreuth	Mitt.Frk.
Upfkofen	Niederb.	Urstall	Oberb.	Uttenreuther	
Upratsberg	Schwb.	Ursula Sct.	Ob.Pf.	Mühle	Mitt.Frk.
Urban (2)	Oberb.	Ursula Sct.	Unt.Frk.	Uttenstetten	Schwb.
Urban Sct.	Schwb.	Ursula Sct.	Schwb.	Uttigkofen	Niederb.
Urbansmühle	Mitt.Frk.	Ursula Poppen-		Utting (3)	Oberb.
Urbenthal	Schwb.	richt	Ob.Pf.	Utting (2)	Niederb.
Urberbauer	Niederb.	Ursulasried	Schwb.	Utilau	Niederb.
Urbis	Oberb.	Ursulers	Schwb.	Utilsperger	Niederb.
Uten	Schwb.	Urtel (2)	Oberb.	Uttstadt	Ob.Frk.
Urfahr	Niederb.	Urtelsing	Oberb.	Uttweiler	Rh.Pf.
Urfahren (2)	Oberb.	Urtelmühle	Oberb.	Utz	Oberb.
Urfahrn (3)	Oberb.	Urthal (2)	Oberb.	Utzburg	Ob.Frk.
Urfarhof	Schwb.	Urtlbach	Oberb.	Utzenbichl	Oberb.
Urfarn (3)	Oberb.	Urtlhof	Ob.Pf.	Utzenhofen	Ob.Pf.
Urfeld	Oberb.	Urzberg	Niederb.	Utzenmühle	Mitt.Frk.
Urfersheim	Mitt.Frk.	Uschersdorf	Unt.Frk.	Utzenmühle	Ob.Pf.
Urlabing	Niederb.	Uschertsgrün	Ob.Frk.	Utzenzell	Niederb.
Urlasbühl	Niederb.	Uschlberg	Ob.Pf.	Utzing (2)	Oberb.
Urlhart	Niederb.	Uslau	Oberb.	Utzmansbach	Mitt.Frk.
Urlmanning	Niederb.	Ussenried	Schwb.	Utzmannsdorf	Niederb.
Urpfershofen	Mitt.Frk.	Ustersbach	Schwb.	Utzmühle	Ob.Pf.
Urphertshofen	Mitt.Frk.	Usterting	Niederb.	Utzmühle	Mitt.Frk.
Ursbach	Niederb.	Uttenberg	Oberb.	Utzwingen	Schwb.
Ursberg	Schwb.	Uttenbüchel	Schwb.	Uversbach	Niederb.
Urschalling	Oberb.	Uttendorf (2)	Niederb.		

V.

Bach	Mitt.Frk.	Valley	Oberb.	Vaterstetten	Oberb.
Bachenau	Oberb.	Vallried	Schwb.	Vehlberg	Mitt.Frk.
Bachendorf (2)	Oberb.	Valtein	Oberb.	Veicht	Oberb.
Bachenlug (2)	Oberb.	Varnbach, auch		Veicht (2)	Niederb.
Bagen	Oberb.	Vormbach	Niederb.	Veichtlöb	Oberb.
Bahlenmühle	Mitt.Frk.	Vasbühl	Unt.Frk.	Veilbrunn	Ob.Frk.
Balberg	Niederb.	Vaselsdorf	Niederb.	Vellhof	Mitt.Frk.
Balentinshof	Mitt.Frk.	Vatersdorf	Niederb.	Veit, auch Voit	Oberb.
Baletsberg	Ob.Frk.	Vatersham	Oberb.	Veit Sct.	Oberb.

Veit Sct.	Niederb.	Versdorf	Ob.Pf.	Viergstetten, auch	
Veit Sct.	Ob.Frk.	Verweserstadl	Oberb.	Vierstetten	Ob.Pf.
Veit Sct.	Mitt.Frk.	Vesperbild	Schwb.	Vierhausen	Niederb.
Veit Sct.	Unt.Frk.	Vestenberg	Mitt.Frk.	Vierhöfen (2)	Niederb.
Veiten	Schwb.	Vestenbergs-		Vierholzen	Niederb.
Veitenbauer	Schwb.	greuth	Ob.Frk.	Vierkirchen	Oberb.
Veitenhof	Unt.Frk.	Vestenmühle	Ob.Frk.	Vierkreuzberger-	
Veitenhof, oder		Vettermartin	Schwb.	häuser	Niederb.
Kötzenhof	Unt.Frk.	Vettermühle	Mitt.Frk.	Viermann	Oberb.
Veitenmühle	Ob.Pf.	Vicarhaus	Oberb.	Viermühlen	Ob.Pf.
Veitenmühle	Unt.Frk.	Viecht	Oberb.	Viernthaler	Oberb.
Veitenwustung	Ob.Frk.	Viecht (2)	Niederb.	Vierschau	Ob.Frk.
Veiter	Schwb.	Vichtach	Ob.Frk.	Vierst	Ob.Frk.
Veitlahm	Ob.Frk.	Viechtach, unter	Niederb.	Viertelsbach	Niederb.
Veitlhub	Niederb.	Viehbach	Oberb.	Viertl	Niederb.
Veitlipp	Oberb.	Viehberg	Ob.Pf.	Viertlbrunn, auch	
Veitlsöd	Niederb.	Viehberg	Mitt.Frk.	Fierlbrunn	Niederb.
Veitmühle	Unt.Frk.	Viehdorf	Niederb.	Viertlweggrub	Niederb.
Veitriedhausen	Schwb.	Viehgassen	Niederb.	Vierzenheiligen,	
Veits	Schwb.	Viehhäusl	Niederb.	auch Franken-	
Veitsaurach	Mitt.Frk.	Viehhaupt	Niederb.	thal	Ob.Frk.
Veitsberg	Niederb.	Viehhaus	Oberb.	Vieth	Oberb.
Veitsbronn	Mitt.Frk.	Viehhausen (10)	Oberb.	Vigler	Schwb.
Veitsbuch	Niederb.	Viehhausen (7)	Niederb.	Vigling	Niederb.
Veitserlbach	Mitt.Frk.	Viehhausen (2)	Ob.Pf.	Vilsbach	Unt.Frk.
Veitshöchheim	Unt.Frk.	Viehhausen	Mitt.Frk.	Villenbach	Schwb.
Veitsmühle	Mitt.Frk.	Viehhof	Schwb.	Villersbronn	Mitt.Frk.
Veitsmühle	Unt.Frk.	Viehhofen	Mitt.Frk.	Vils	Oberb.
Veitsöd	Niederb.	Viehholz	Ob.Pf.	Vils (2)	Niederb.
Veitsweiler	Mitt.Frk.	Viehholzen	Niederb.	Vilsbiburg	Niederb.
Veitswend	Mitt.Frk.	Viehmühle	Schwb.	Vilseck	Oberb.
Veittel	Oberb.	Viehwaid	Niederb.	Vilseck	Ob.Pf.
Velburg	Ob.Pf.	Viehwaidhaus	Schwb.	Vilser, auch Fil-	
Velden	Niederb.	Viehwaldschuster	Schwb.	ser	Schwb.
Velden, klein	Niederb.	Viehweide	Schwb.	Vilsheim	Niederb.
Velden (2)	Mitt.Frk.	Viehweiden	Oberb.	Vilshof	Ob.Pf.
Veldershof, auch		Vielberg	Niederb.	Vilshofen	Oberb.
Valentinshof	Mitt.Frk.	Vielhub	Niederb.	Vilshofen	Niederb.
Velling	Niederb.	Vielitz	Ob.Frk.	Vilshofen	Ob.Pf.
Vendelsberg	Niederb.	Vielreich	Niederb.	Vilslehen, auch	
Venedig	Ob.Pf.	Vielsmoos	Niederb.	Vilzlechner	Oberb.
Venetianischer		Vier vorm Holz	Niederb.	Vilslern, unter	Niederb.
Stadel	Ob.Frk.	Vierau	Niederb.	Vilsmühle (2)	Oberb.
Venningen	Rh.Pf.	Vierau	Ob.Pf.	Vilsöd	Oberb.
Venusberg	Niederb.	Vierbruckmühle	Ob.Pf.	Vilsöd	Niederb.
Verrau	Ob.Pf.	Viereth	Ob.Frk.	Vilssatling	Niederb.
Versbach	Unt.Frk.			Vilssöl	Niederb.

Bilswerth	Ob.Pf.	Vogelau	Schwb.	Voggenhof	Ob.Pf.
Bilzing	Ob.Pf.	Vogelbach	Rh.Pf.	Voggenhof, groß	Mitt.Frk.
Vincenzenbronn	Mitt.Frk.	Vogelbacher-		Voggenreit	Niederb.
Vinningen	Rh.Pf.	mühle	Rh.Pf.	Voggenried	Niederb.
Violau	Schwb.	Vogelberg	Oberb.	Voggenthal	Ob.Pf.
Virgilien Sct.	Oberb.	Vogeldorn	Oberb.	Voggenthal, auch	
Virnsberg	Mitt.Frk.	Vogelfang	Mitt.Frk.	Bockenthal	Schwb.
Virnsbergerhaag	Mitt.Frk.	Vogelhaus	Oberb.	Vogging	Oberb.
Vistbarth	Oberb.	Vogelhaus	Ob.Pf.	Vogging	Niederb.
Vislern	Oberb.	Vogelheerd	Ob.Frk.	Voggsmoos	Schwb.
Vitzdom	Niederb.	Vogelheerd	Mitt.Frk.	Vogl (3)	Oberb.
Vitzthum	Oberb.	Vogelheerd	Schwb.	Voglaich	Oberb.
Vizeburg	Ob.Frk.	Vogelherb (2)	Oberb.	Voglarn	Niederb.
Voccawind	Unt.Frk.	Vogelherd	Niederb.	Voglau (2)	Niederb.
Voccawinder-		Vogelhof	Mitt.Frk.	Voglberg	Oberb.
mühle	Unt.Frk.	Vogelhüll	Oberb.	Voglbrunn	Ob.Pf.
Vochenberg	Niederb.	Vogelleiten	Oberb.	Voglbühl	Niederb.
Vocken	Niederb.	Vogelloße	Ob.Frk.	Vogldorn	Oberb.
Vocken (2)	Schwb.	Vogelmühle	Niederb.	Vogleck (3)	Oberb.
Vockenfeld	Ob.Pf.	Vogelmühle (2)	Ob.Pf.	Voglen	Schwb.
Vockenrodt	Mitt.Frk.	Vogelmühle	Ob.Frk.	Vogler	Niederb.
Vockenthal	Schwb.	Vogelöb (2)	Niederb.	Voglerei	Ob.Frk.
Vockenzell	Niederb.	Vogelried (3)	Oberb.	Voglern	Niederb.
Vockersberg	Niederb.	Vogelsam	Oberb.	Voglers	Schwb.
Vockhof	Niederb.	Vogelsang (3)	Oberb.	Voglherb (4)	Oberb.
Vocking (2)	Oberb.	Vogelsang (4)	Niederb.	Voglhof	Oberb.
Vockling (4)	Niederb.	Vogelsang	Ob.Pf.	Voglhof	Mitt.Frk.
Voderhof	Niederb.	Vogelsang (3)	Schwb.	Voglhütt	Oberb.
Vögelas	Ob.Pf.	Vogelsberg	Niederb.	Vogling	Oberb.
Vögele (2)	Schwb.	Vogelsburg (2)	Unt.Frk.	Vogling	Niederb.
Vögelsmühle	Schwb.	Vogelschuster	Niederb.	Vogllug	Oberb.
Vögllipp	Niederb.	Vogelsgarten	Mitt.Frk.	Voglmühle	Niederb.
Vögnitz	Unt.Frk.	Vogelshof	Unt.Frk.	Voglöb	Niederb.
Vöhringen	Schwb.	Vogelshütte	Rh.Pf.	Voglsam (2)	Oberb.
Völken (2)	Schwb.	Vogelsmühle	Unt.Frk.	Voglsang (3)	Oberb.
Völkenreuth	Ob.Frk.	Vogelstackerhof,		Voglsang	Niederb.
Völkerhof	Rh.Pf.	oder Stockwieser-		Voglschneider	Niederb.
Völkersbrunn	Unt.Frk.	hof	Rh.Pf.	Voglsperg	Niederb.
Völkershausen	Unt.Frk.	Vogelsstätt	Oberb.	Voglstett	Oberb.
Völkersleier	Unt.Frk.	Vogelthal	Mitt.Frk.	Voglwald	Oberb.
Völkersweiler	Rh.Pf.	Vogelweh	Rh.Pf.	Voglwohl	Oberb.
Völklings	Schwb.	Vogelwirth	Schwb.	Vogt	Schwb.
Völlenbach	Oberb.	Vogen	Niederb.	Vogtareuth	Oberb.
Völling	Ob.Pf.	Voggenberg	Niederb.	Vogtendorf (2)	Ob.Frk.
Vöslesrieth	Ob.Pf.	Voggendorf	Niederb.	Vogthof	Ob.Pf.
Vötting (2)	Oberb.	Voggendorf	Ob.Pf.	Vogthof	Mitt.Frk.
Vogach	Oberb.	Voggendorf (2)	Mitt.Frk.	Vogtsmühle	Ob.Frk.

Vogtsmühle — Vorderhelmhof.   275

Vogtsmühle	Mitt.Frk.	Vollauf	Ob.Frk.	Vorderburn	Niederb.
Vogtsmühle (2)	Unt.Frk.	Vollaufmühle	Ob.Frk.	Vorderdeißenberg	Oberb.
Vogtsreichenbach	Mitt.Frk.	Vollenbach	Niederb.	Vorderdietsberg	Niederb.
Vohberg (2)	Niederb.	Vollerding	Niederb.	Vorderdorenwald	Schwb.
Vohburg	Oberb.	Vollhof	Ob.Frk.	Vordereben	Niederb.
Vohburg	Niederb.	Vollmannsdorf	Ob.Frk.	Vordereck (2)	Oberb.
Vohenstrauß	Ob.Pf.	Vollmersweiler	Rh.Pf.	Vordereckenschwand	Oberb.
Voigendorf	Ob.Frk.	Volsbach	Ob.Frk.		
Volta	Ob.Frk.	Volzenhof	Rh.Pf.	Vordere Gemeinde	Ob.Frk.
Voithenberg-Oed	Ob.Pf.	Vonz	Ob.Frk.		
Voithenthan	Ob.Pf.	Vorach	Oberb.	Vorderegg	Schwb.
Voitl in der Au, auch Voitlau	Niederb.	Vorach (2)	Niederb.	Vordereggeten	Ob.Frk.
		Vorathing, auch		Vordereglburg	Oberb.
Voitmannsdorf	Ob.Frk.	Vorathing	Niederb.	Vordere Schnaid	Ob.Frk.
Voitmühle	Ob.Frk.	Vorbach	Unt.Frk.	Vordereselsbrunn	Unt.Frk.
Voitsberg	Ob.Pf.	Vorbach	Ob.Pf.	Vorderestberg	Oberb.
Voitschlag	Niederb.	Vorbach	Mitt.Frk.	Vorderettenberg	Oberb.
Voitsreuth	Ob.Frk.	Vorberg	Oberb.	Vorderfarnach	Oberb.
Voitsried	Ob.Pf.	Vorbuch	Oberb.	Vorderfelling	Niederb.
Voitsumra	Ob.Frk.	Vorbühl	Niederb.	Vorderfirmiansreith	Niederb.
Voitswinkel	Oberb.	Vorchheim	Ob.Pf.		
Vokenöd	Oberb.	Vorder Aich		Vorderfischen	Oberb.
Volgstorf	Niederb.	Vorderaichberg	Oberb.	Vorderfreundorf	Niederb.
Volkach	Unt.Frk.	Vorderalthof	Oberb.	Vorderfuchsreut	Oberb.
Volkachsmühle	Unt.Frk.	Vorderappendorf	Ob.Pf.	Vordergalgenberg	Niederb.
Volkenschwand	Niederb.	Vorderascha	Niederb.		
Volkers	Unt.Frk.	Vorderaschau		Vordergereuth	Ob.Frk.
Volkersberg	Unt.Frk.	Vorderau (3)	Niederb.	Vordergern	
Volkersbrunn	Unt.Frk.	Vorderauerbach	Oberb.	Vordergeßlberg	Oberb.
Volkersdorf	Oberb.	Vorderauerberg	Oberb.	Vordergmain	Oberb.
Volkersdorf	Ob.Frk.	Vorderbauer	Niederb.	Vordergraseck	Oberb.
Volkersdorf	Mitt.Frk.	Vorderbaumberg	Oberb.	Vordergrashof	Unt.Frk.
Volkersgau	Mitt.Frk.	Vorderberg	Schwb.	Vordergrub	Oberb.
Volkershausen	Unt.Frk.	Vorderberg, auch		Vordergrub	Ob.Pf.
Volkertshaun	Niederb.	Ober- und Unterberghöfe	Schwb.	Vordergründl	Oberb.
Volkertshofen	Schwb.			Vorderg'fäng	Schwb.
Volklings, auch Oberberghof	Schwb.	Vorderbergen	Oberb.	Vorderg'schwell	Oberb.
		Vorderbogen	Niederb.	Vorderg'schwendt	Oberb.
Volkmannsdorf	Oberb.	Vorderbreitenthann	Mitt.Frk.	Vorderhalbhof	Ob.Pf.
Volkmannsdorferau	Oberb.			Vorderhainberg	Niederb.
		Vorderbremberg	Schwb.	Vorderhalden	Schwb.
Volkmannsgrün	Ob.Frk.	Vorderbrunn	Oberb.	Vorderharpfing	Niederb.
Volkmannsreuth	Ob.Frk.	Vorderbuchberg (2)	Niederb.	Vorderhartenthal	Schwb.
Volkrading	Oberb.			Vorderhaslach	Mitt.Frk.
Volkratshofen	Schwb.	Vorderbuchenbrunn	Schwb.	Vorderhaunried	Ob.Pf.
Volksdorf	Niederb.			Vorderheld	Niederb.
Volksmühle	Unt.Frk.	Vorderburg	Schwb.	Vorderhelmhof	Niederb.

Vorderherberg	Niederb.	Vorderöd (3)	Niederb.	Vorderthürn	Ob.Pf.
Vorderherlaß	Ob.Frk.	Vorderpfeimach	Mitt.Frk.	Vordervießberg	Mitt.Frk.
Vorderhindelang	Schwb.	Vorderpößnach	Oberb.	Vorderwald	Oberb.
Vorderhöhberg	Mitt.Frk.	Vorderransberg	Ob.Pf.	Vorderwaldeck	Niederb.
Vorderhöher	Oberb.	Vorderrauchen-		Vorderwaldmans	Schwb.
Vorderholbel	Niederb.	berg	Ob.Pf.	Vorderwalten	Schwb.
Vorderholz	Oberb.	Vorder Recken-		Vorderweld	Niederb.
Vorderholz	Schwb.	berg	Niederb.	Vorderweidenthal	Rh.Pf.
Vorderholzen	Oberb.	Vorderrehberg	Ob.Frk.	Vorderweinberg	Niederb.
Vorderholzhausen	Oberb.	Vorderreisach	Niederb.	Vorderwellen	Oberb.
Vorderholzmühl	Oberb.	Vorder Reith	Niederb.	Vorderweßen	Oberb.
Vorderhorlachen	Ob.Frk.	Vorderreuthe (2)	Schwb.	Vorderwiesenreut	Oberb.
Vorderhub	Oberb.	Vorderried (2)	Oberb.	Vorderwollaberg	Niederb.
Vorderhublach	Niederb.	Vorderried	Schwb.	Vorderziegelstadl	Niederb.
Vorderjoch	Schwb.	Vorderröhren	Ob.Pf.	Vorderzirnberg	Ob.Pf.
Vorderkapell	Oberb.	Vorderröhrenhof	Ob.Frk.	Vordorf	Oberb.
Vorderkehr	Oberb.	Vordersarling	Niederb.	Vordorf	Ob.Frk.
Vorderkeilberg	Ob.Pf.	Vordersberg	Oberb.	Vordorfermühle	Ob.Frk.
Vorderkesselberg	Ob.Frk.	Vorterschatten-		Vorhöll	Schwb.
Vorderkindberg	Schwb.	kirchen	Niederb.	Vorhof	Mitt.Frk.
Vorderkirnberg	Oberb.	Vorderschellen-		Vorholz	Niederb.
Vorderkleebach	Ob.Frk.	bach	Schwb.	Vorholz	Schwb.
Vorderkreit	Ob.Pf.	Vorderschieten	Schwb.	Vorholzen	Niederb.
Vorderkreut	Oberb.	Vorderschleefeld,		Voring	Oberb.
Vorderkreut	Niederb.	s. Schleefeld	Oberb.	Vorlahm	Ob.Frk.
Vorderkronberg	Oberb.	Vorderschloß	Niederb.	Vorlehen	Oberb.
Vorderlangegg	Oberb.	Vorderschmalholz	Schwb.	Vorleiten	Oberb.
Vorderlehen	Niederb.	Vorderschmelz	Niederb.	Vorleiten	Niederb.
Vorderlehen	Ob.Frk.	Vorderschmiebing	Niederb.	Vormbach	Niederb.
Vorderleiten (3)	Oberb.	Vorderschnaid	Schwb.	Worm Holz	Oberb.
Vorderleimberg	Oberb.	Vorderschwaig	Oberb.	Vormühle	Niederb.
Vorderlerenau	Niederb.	Vorderschweinhof	Schwb.	Vorm Wald (2)	Niederb.
Vorderloh	Niederb.	Vorderschwim-		Vormwald	Unt.Frk.
Vorderloh	Ob.Frk.	bach	Niederb.	Vorner (2)	Oberb.
Vorderlohe	Ob.Frk.	Vorderstallau	Oberb.	Vornholz	Niederb.
Vordermaier (2)	Oberb.	Vordersteig	Niederb.	Vorra, auch	
Vordermiesberg	Oberb.	Vordersteigthal	Oberb.	Vorrach	Oberb.
Vordermiesenbach	Oberb.	Vordersteinberg	Oberb.	Vorra	Ob.Frk.
Vordermilbing	Oberb.	Vorderstellberg	Unt.Frk.	Vorra	Mitt.Frk.
Vordermoos	Oberb.	Vorderstersl	Niederb.	Vorrach	Niederb.
Vordermoosham	Oberb.	Vorderstetten	Oberb.	Vorrathing	Oberb.
Vordermühle	Oberb.	Vorderstidlhäusl	Oberb.	Vorstadt	Schwb.
Vordermühle (2)	Niederb.	Vorderstöcken	Ob.Frk.	Vorwalln	Oberb.
Vordermühle	Schwb.	Vorderstraß	Niederb.	Voß	Oberb.
Vorderreuth	Niederb.	Vordersulzberg	Schwb.	Vozen	Oberb.
Vorderreuth	Ob.Frk.	Vordertausch	Niederb.	Vozenthal	Oberb.
Vorderöd	Oberb.	Vordertharren	Oberb.	Vorbrunn	Niederb.

W.

Waabmühl	Oberb.	Wachstein	Mitt.Frk.	Waffenbrunn	Ob.Pf.
Waag	Unt.Frk.	Wacht	Oberb.	Waffenhammer	Niederb.
Waagmühle	Rh.Pf.	Wacht	Unt.Frk.	Waffenhammer	Rh.Pf.
Waakirchen	Oberb.	Wachters	Schwb.	Waffenhammer	
Waal	Oberb.	Wachtersmühle	Ob.Frk.	(2)	Ob.Pf.
Waal	Schwb.	Wachthaus	Schwb.	Woffenhammer	
Waalhaupten	Schwb.	Wachtküppel	Unt.Frk.	(4)	Ob.Frk.
Waas	Niederb.	Wachtlau	Niederb.	Waffenhof	Ob.Pf.
Waasen	Niederb.	Wachtlhof	Mitt.Frk.	Waffenmühle	Mitt.Frk.
Waasen	Schwb.	Wackenbornerhof	Rh.Pf.	Waffenschmied	Ob.Pf.
Waasenmühle	Mitt.Frk.	Wackenried	Ob.Pf.	Waffenschmiede	
Waasenstadt	Oberb.	Wackerling	Ob.Pf.	(5)	Rh.Pf.
Wabach (2)	Oberb.	Wackersberg (2)	Oberb.	Waffenschmiede	Schwb.
Wabach	Niederb.	Wackersberg	Niederb.	Wageck	Oberb.
Wabern	Oberb.	Wackersberg	Mitt.Frk.	Wagegg (2)	Schwb.
Wachelkofen (2)	Niederb.	Wackersdorf	Ob.Pf.	Wageisenberg	Oberb.
Wachelkoferkreit	Niederb.	Wackerstein	Oberb.	Wagelsried	Oberb.
Wachendorf	Mitt.Frk.	Wada	Niederb.	Wagenau, ober	
Wachenheim	Rh.Pf.	Wabel	Ob.Frk.	und unter	Oberb.
Wachenhofen	Mitt.Frk.	Wabelhausen	Oberb.	Wagenberg	Niederb.
Wachenmühle, alte	Unt.Frk.	Wabelsberg	Niederb.	Wagenbühl	Oberb.
Wachenmühle, neue	Unt.Frk.	Wabenberg	Niederb.	Wagenbühl	Schwb.
		Wabenbrunn	Unt.Frk.	Wageneb	Niederb.
Wachenroth	Ob.Frk.	Wabendorf	Ob.Frk.	Wagenhausen	Unt.Frk.
Wachenzell	Mitt.Frk.	Wabenstorf	Oberb.	Wagenhof	Ob.Pf.
Wacherling	Ob.Pf.	Wabermann	Niederb.	Wagenhofen (3)	Oberb.
Wachfeld	Schwb.	Wabmühle	Oberb.	Wagenhofen	Schwb.
Wachholder	Schwb.	Wächtering	Oberb.	Wagenreuth	Oberb.
Wachholder (2)	Ob.Frk.	Wälble	Oberb.	Wagenried	Oberb.
Wachholderbusch	Ob.Frk.	Wälble	Schwb.	Wagensberg (2)	Niederb.
Wachholderreuth	Ob.Frk.	Wälblein	Ob.Frk.	Wagenspeck	Oberb.
Wacholder-		Wälschmühl		Wagenstall	Oberb.
wustung	Ob.Frk.	Wänglings	Schwb.	Wagenstett (2)	Oberb.
Waching	Oberb.	Wäsch	Ob.Pf.	Wagenthal	Ob.Frk.
Wachsegg, auch		Wäschbacherhof	Rh.Pf.	Waging	Oberb.
Wachseneck	Schwb.	Wäsche	Rh.Pf.	Wagmühle (2)	Oberb.
Wachsenberg	Niederb.	Wäscherharbl	Niederb.	Wagner	Niederb.
Wachsenberg	Ob.Pf.	Wäscherszell	Niederb.	Wagner bei Loretto	Oberb.
Wachsenberg	Mitt.Frk.	Wäschhausen	Oberb.	Wagnerberg	Oberb.
Wachsenstein	Oberb.	Wäschmühle	Rh.Pf.	Wagneritz	Schwb.
Wachshaus	Unt.Frk.	Wäschteich	Ob.Frk.	Wagnern	Ob.Pf.
		Wäfferndorf	Unt.Frk.		

Wagneröd	Oberb.	Waitzhof	Niederb.	Waldberg (2)	Oberb.
Wagnersmühle	Ob.Pf.	Waitzis	Schwb.	Waldberg	Unt.Frk.
Wagnertoni	Schwb.	Walzacker	Oberb.	Waldberg	Schwb.
Wagrain	Oberb.	Waizau	Niederb.	Waldbrunn	Unt.Frk.
Wagsberg	Schwb.	Waizenbach	Oberb.	Waldbuch	Ob.Frk.
Wahdorf	Niederb.	Waizendorf	Ob.Frk.	Waldbüttelbrunn	Unt.Frk.
Wahl (4)	Oberb.	Waizendorf (2)	Mitt.Frk.	Waldburger	Oberb.
Wahl	Ob.Frk.	Waizenreuth	Oberb.	Waldbachsbach	Mitt.Frk.
Wahlbacherhof	Rh.Pf.	Waizenreuth	Ob.Frk.	Waltdobler	Niederb.
Wahlerhof	Rh.Pf.	Walbacherhof	Schwb.	Walddorf	Niederb.
Wahllehen	Oberb.	Walberg	Schwb.	Walddorf	Ob.Frk.
Wahlsdorf	Niederb.	Walberngrün	Ob.Frk.	Waldeck (2)	Niederb.
Wahnberg, auch		Walbernhäusl	Ob.Pf.	Waldeck	Ob.Pf.
Wamberg	Niederb.	Walbernhof	Ob.Pf.	Waldeck	Mitt.Frk.
Wahnwegen	Rh.Pf.	Walburg Sct.	Schwb.	Waldegg	Schwb.
Wahrberg	Ob.Pf.	Walburga Sct.	Ob.Pf.	Waldegg, ober	Schwb.
Wahrberg	Mitt.Frk.	Walburga Sct.	Schwb.	Waldegg, unter	Schwb.
Waiblatshofen	Schwb.	Walburgisreuth	Ob.Frk.	Waldenham, auch	
Waibling	Niederb.	Walburgskirchen	Niederb.	Waltenheim	Oberb.
Waich	Oberb.	Walburgswind	Mitt.Frk.	Waldendorf	Niederb.
Waldenreuth	Ob.Frk.	Walch (2)	Oberb.	Waldenreith (2)	Niederb.
Waid (4)	Niederb.	Walche	Oberb.	Walderbach	Ob.Pf.
Waidach (2)	Oberb.	Walche	Mitt.Frk.	Waldering (2)	Oberb.
Waidenthal	Ob.Pf.	Walchen (2)	Oberb.	Waldern	Ob.Pf.
Waiderspoint	Oberb.	Walchenberg	Oberb.	Waldershof	Ob.Pf.
Walderting	Oberb.	Walchenfeld	Unt.Frk.	Waldfenster	Unt.Frk.
Waidhaus	Ob.Pf.	Walchensee	Oberb.	Waldfischbach	Rh.Pf.
Waidhofen	Oberb.	Walchs	Schwb.	Waldfurth	Niederb.
Waiding	Oberb.	Walchshofen	Oberb.	Waldgrehweiler	Rh.Pf.
Waidmann	Niederb.	Walchsing	Niederb.	Waldhäusel	Ob.Pf.
Waidmühle	Oberb.	Walchstadt (2)	Oberb.	Waldhäuser (3)	Niederb.
Waldmühle	Niederb.	Walchzell	Niederb.	Waldhäuser	Ob.Pf.
Waiganz	Ob.Frk.	Wald (15)	Oberb.	Waldhäusl	Oberb.
Waigelshofen	Ob.Frk.	Wald (10)	Niederb.	Waldhäusl	Niederb.
Waigolshausen	Unt.Frk.	Wald	Ob.Pf.	Waldhäuslein	Mitt.Frk.
Waikersreuth	Mitt.Frk.	Wald, am	Ob.Frk.	Waldhalle	Unt.Frk.
Wainding	Niederb.	Wald	Mitt.Frk.	Waldhambach	Rh.Pf.
Wajon	Oberb.	Wald (2)	Schwb.	Waldhaus (3)	Oberb.
Waischenfeld	Ob.Frk.	Wald, im	Schwb.	Waldhaus (5)	Niederb.
Waisenreuth	Ob.Frk.	Wald, auch		Waldhaus (2)	Ob.Pf.
Waitzenbach	Unt.Frk.	Klosterwald	Schwb.	Waldhaus (5)	Ob.Frk.
Waitzenbacher-		Walda	Oberb.	Waldhaus	Unt.Frk.
mühle	Unt.Frk.	Waldaschaff	Unt.Frk.	Waldhaus	Schwb.
Waitzendorf	Mitt.Frk.	Waldau	Ob.Pf.	Waldhausen	Oberb.
Waitzeneck	Niederb.	Waldau	Ob.Frk.	Waldhausen	Ob.Pf.
Waitzenfeld	Mitt.Frk.	Waldbachmühle	Oberb.	Waldhausen	Mitt.Frk.
Waitzenried	Schwb.	Waldbauer	Mitt.Frk.	Waldhausen	Schwb.

Walbheim — Walpersdorf. 279

Walbheim	Ob.Pf.	Walbscheid	Niederb.	Wall (6)		Oberb.
Walbhelming	Oberb.	Walbschütz	Oberb.	Wall		Niederb.
Walbhermes	Ob.Frk.	Walbschwind	Unt.Frk.	Wall		Ob.Pf.
Walbhör	Oberb.	Walbsee	Rh.Pf.	Wallau, oder		
Walbhörn (2)	Niederb.	Walbsteig	Schwb.	Mömlinger-		
Walbhof	Oberb.	Walbstetten (2)	Schwb.	mühle		Unt.Frk.
Walbhof (2)	Niederb.	Walbthoma	Niederb.	Wallburg		Unt.Frk.
Walbhof (2)	Ob.Pf.	Walbthurn	Ob.Pf.	Wallenberg		Oberb.
Walbhof	Mitt.Frk.	Walbwiese	Niederb.	Wallenbrunn		Ob.Frk.
Walbhorn	Niederb.	Walbzell	Unt.Frk.	Wallenfels		Ob.Frk.
Walbhub	Oberb.	Walg	Niederb.	Wallenhausen		Schwb.
Walbhütte (2)	Niederb.	Walhalla	Ob.Pf.	Wallensdorf		Mitt.Frk.
Walbhütte	Ob.Frk.	Walhallastraße *)	Ob.Pf.	Wallerdorf		Oberb.
Walbhütte, auch		Walk	Oberb.	Wallerdorf		Niederb.
Walbhaus	Ob.Frk.	Walk	Ob.Pf.	Wallerfing		Niederb.
Walbing (5)	Oberb.	Walkenberg	Schwb.	Wallering		Oberb.
Walbing (3)	Niederb.	Walkern	Niederb.	Wallersbach		Mitt.Frk.
Walbing	Schwb.	Walkersaich (2)	Oberb.	Wallersberg		Ob.Frk.
Walbkirch	Ob.Pf.	Walkersbach	Oberb.	Wallersberg		Mitt.Frk.
Walbkirch	Schwb.	Walkersbrunn	Ob.Frk.	Wallersdorf		Niederb.
Walbkirchen	Niederb.	Walkersdorf	Mitt.Frk.	Wallersdorf		Mitt.Frk.
Walbkirchen, auch		Walkershöfe	Mitt.Frk.	Wallerstein		Schwb.
Petersberg	Mitt.Frk.	Walkershofen	Mitt.Frk.	Wallertshofen		Schwb.
Walbleiningen	Rh.Pf.	Walkerstätten	Niederb.	Walleshausen		Oberb.
Walbleithen	Oberb.	Walkerszell	Mitt.Frk.	Wallfahrt		Schwb.
Walblmühle	Niederb.	Walkertlng	Oberb.	Wallgau		Oberb.
Walbmaning	Oberb.	Walkerts	Schwb.	Wallhalben		Rh.Pf.
Walbmann	Niederb.	Walkertshausen	Oberb.	Wallham		Niederb.
Walbmanns	Schwb.	Walkertshofen	Oberb.	Wallisau, auch		
Walbmannsberg	Ob.Frk.	Walkertshofen	Niederb.	Walesau		Mitt.Frk.
Walbmannsburg	Rh.Pf.	Walkertshofen	Schwb.	Wallkofen		Niederb.
Walbmenach	Niederb.	Walkertswien, a.		Wallmering		Ob.Pf.
Walbmichelbach	Unt.Frk.	Sct. Collmann	Ob.Pf.	Wallmersbach		Mitt.Frk.
Walbmohr	Rh.Pf.	Walkmühle (2)	Oberb.	Wallmershof		Mitt.Frk.
Walbmühle	Niederb.	Walkmühle	Niederb.	Wallmühle		Niederb.
Walbmühle	Rh.Pf.	Walkmühle (2)	Rh.Pf.	Walln (3)		Oberb.
Walbmühle (2)	Ob.Pf.	Walkmühle (3)	Ob.Frk.	Walln (3)		Niederb.
Walbmühle	Unt.Frk.	Walkmühle (9)	Mitt.Frk.	Wallnberg		Niederb.
Walbmühle	Schwb.	Walkmühle, obere	Mitt.Frk.	Wallner		Niederb.
Walbmünchen	Ob.Pf.	Walkmühle, unt.	Mitt.Frk.	Wallnerhof		Niederb.
Walbpoint, auch		Walkmühle (4)	Unt.Frk.	Wallöd		Niederb.
Waltelpoint	Oberb.	Walkmühle, obere		Wallsdorf		Mitt.Frk.
Walbreichenbach	Schwb.	(2)	Unt.Frk.	Walmering		Niederb.
Walbrohrbach	Rh.Pf.	Walkmühle, un-		Walnreuth		Ob.Pf.
Walbsachsen	Unt.Frk.	tere (2)	Unt.Frk.	Walpenreuth		Ob.Frk.
Walbsassen	Ob.Pf.	Walkmühle (3)	Schwb.	Walpersberg		Niederb.
Walbsberg (2)	Oberb.	Walksham	Niederb.	Walpersdorf		Oberb.

*) Gehört zum k. Bez.-Amt Stadtamhof.

Walpersdorf (2)	Niederb.	Waltlham	Oberb.	Wannberg	Ob.Frk.
Walpersdorf	Mitt.Frk.	Waltrams	Schwb.	Wannenthal	Schwb.
Walpershof	Ob.Pf.	Waltramsbuch	Schwb.	Wannenweg	Oberb.
Walpersreuth	Ob.Pf.	Waltris	Schwb.	Wannersdorf	Oberb.
Walperstetten	Niederb.	Walzach	Oberb.	Wannersdorf (2)	Niederb.
Walpertshofen	Oberb.	Walzbach	Ob.Frk.	Wannersperg	Niederb.
Walpertskirchen	Oberb.	Walzing	Niederb.	Wannes	Schwb.
Walpolding	Oberb.	Walzlings	Schwb.	Wannigsmühle	Unt.Frk.
Walsdorf	Ob.Frk.	Walzlöd	Niederb.	Wanning	Niederb.
Walshausen	Rh.Pf.	Walzreutin	Schwb.	Wanning	Ob.Pf.
Walshauser-		Walzwerk	Rh.Pf.	Wanuz	Niederb.
mühle	Rh.Pf.	Wambach	Oberb.	Wanzenkobel	Niederb.
Walsheim (2)	Rh.Pf.	Wambach	Niederb.	Wanzhelmer-	
Walshof	Rh.Pf.	Wambacherhof	Rh.Pf.	mühle	Rh.Pf.
Waltelpoint	Oberb.	Wamberg	Oberb.	Wapmannsberg	Niederb.
Walten	Schwb.	Wamberg (2)	Niederb.	Wappeltshofen	Ob.Pf.
Waltenberg (2)	Oberb.	Wambergsmühle	Unt.Frk.	Wappenschmiede	
Waltenberg (2)	Schwb.	Wamering	Niederb.	(2)	Rh.Pf.
Waltendorf (3)	Niederb.	Wammetsberg	Oberb.	Wappersdorf	Niederb.
Waltendorf	Mitt.Frk.	Wampelmühle	Niederb.	Wappersdorf (2)	Ob.Pf.
Waltenham	Oberb.	Wampeltsham	Oberb.	Waradein	Ob.Pf.
Waltenham	Niederb.	Wampen	Ob.Frk.	Warberg	Ob.Pf.
Waltenhausen	Schwb.	Wampenbobl	Niederb.	Warching	Schwb.
Waltenhof	Ob.Pf.	Wampenhof	Ob.Pf.	Wargling	Oberb.
Waltenhofen (3)	Oberb.	Wamsel	Oberb.	Wargolshausen	Unt.Frk.
Waltenhofen	Ob.Pf.	Wandelheim	Oberb.	Warisloh	Oberb.
Waltenhofen, a.		Wanding	Oberb.	Warmansreuth	Niederb.
Wallenhof	Ob.Pf.	Wandlmühle	Niederb.	Warmeleiten	Ob.Frk.
Waltenhofen	Schwb.	Wang (4)	Oberb.	Warmensteinach	Ob.Frk.
Waltenrieth	Ob.Pf.	Wang, ober	Schwb.	Warmersdorf	Ob.Pf.
Waltersberg (4)	Oberb.	Wang, unter	Schwb.	Warmersdorf	Ob.Frk.
Waltersberg	Mitt.Frk.	Wangelbach	Oberb.	Warmeting	Oberb.
Waltersberg (2)	Schwb.	Wangen (2)	Oberb.	Warmhalten	Schwb.
Waltersbuch	Schwb.	Wangen	Ob.Pf.	Warmisried	Schwb.
Waltersdorf (5)	Niederb.	Wangen	Schwb.	Warmisrieder-	
Waltersham	Oberb.	Wangering	Niederb.	mühle	Schwb.
Waltershausen	Unt.Frk.	Wangeritz	Schwb.	Warmleiten	Ob.Pf.
Waltersheim	Ob.Pf.	Wangham	Niederb.	Warnbach	Oberb.
Waltershof	Ob.Pf.	Wangmühle	Rh.Pf.	Warnbach	Ob.Pf.
Waltershofen	Oberb.	Wangsaß	Ob.Pf.	Warnberg	Oberb.
Waltershofen	Schwb.	Waning	Oberb.	Warngau	Oberb.
Walterskirchen	Oberb.	Wank	Oberb.	Warnhofen	Schwb.
Waltersrieb	Ob.Pf.	Wank	Niederb.	Warnthal	Ob.Pf.
Waltersteig	Oberb.	Wank	Schwb.	Wart	Oberb.
Walterstett (2)	Oberb.	Wankerberg, auch		Wart	Unt.Frk.
Walting (2)	Ob.Pf.	Mariatrost	Schwb.	Wartberg	Niederb.
Walting	Mitt.Frk.	Wannbach	Ob.Frk.	Wartbichel	Oberb.

Wartenberg	Oberb.	Wasentegernbach	Oberb.	Watterbach	Unt.Frk.
Wartenberg	Rh.Pf.	Washof	Oberb.	Wattersdorf	Oberb.
Wartenfels	Ob.Frk.	Wasl	Niederb.	Wattweiler	Rh.Pf.
Wartenstein	Schwb.	Wasöd	Niederb.	Watzenberg	Oberb.
Wartgarten-		Wassa	Ob.Pf.	Watzenberg	Niederb.
mühle	Rh.Pf.	Wassenstein	Oberb.	Watzendorf	Niederb.
Warth	Niederb.	Wasserbauhütte	Oberb.	Watzgraming, a.	
Warthausen	Schwb.	Wasserberg	Schwb.	Waitzgraming,	
Warthweiler, ob.		Wasserberndorf	Mitt.Frk.	oder Weißgra-	
Neumühle	Rh.Pf.	Wasserbrenner	Oberb.	ming	Oberb.
Wartleiten	Ob.Frk.	Wasserbühel	Niederb.	Watzing (3)	Oberb.
Wartmaning	Niederb.	Wasserbühl	Schwb.	Watzing (2)	Niederb.
Wartmannsroth	Unt.Frk.	Wasserburg	Oberb.	Watzlhof	Niederb.
Wartmoning	Oberb.	Wasserburg (2)	Schwb.	Watzling	Oberb.
Warzelberg	Niederb.	Wassererget	Schwb.	Waunz, auch	
Warzenried	Niederb.	Wasserhaus	Ob.Frk.	Wanutz	Niederb.
Warzenstett	Oberb.	Wasserknoden	Ob.Frk.	Wareneck	Oberb.
Warzenwies	Niederb.	Wasserkraut	Ob.Frk.	Warenegg	Schwb.
Warzfelden	Mitt.Frk.	Wasserlehen	Oberb.	Wazenberg	Niederb.
Warzfeldermühle	Mitt.Frk.	Wasserlos	Unt.Frk.	Wazendorf	Mitt.Frk.
Wasa, auch		Wasserlosen	Unt.Frk.	Wazmannsberg	Niederb.
Wasla	Oberb.	Wassermann	Niederb.	Webams	Schwb.
Wasach	Oberb.	Wassermühle	Oberb.	Webeck	Niederb.
Wasch	Rh.Pf.	Wassermühle	Unt.Frk.	Webenheim	Rh.Pf.
Waschbruck	Oberb.	Wassermungenau	Mitt.Frk.	Weber	Oberb.
Waschhaus	Oberb.	Wasserschwende	Schwb.	Weber, am An-	
Waschhof	Mitt.Frk.	Wasserstadt	Niederb.	ger	Oberb.
Wasching	Niederb.	Wasserthal	Oberb.	Weber, am Loh	Oberb.
Waschmühle	Niederb.	Wasserthurm	Mitt.Frk.	Weber, an der	
Waschpoint	Oberb.	Wassertrübingen	Mitt.Frk.	Wand	Oberb.
Waselmühle	Oberb.	Wasserwimmel	Oberb.	Weber, an der	
Waselsdorf	Niederb.	Wasserzell (3)	Mitt.Frk.	Wies	Oberb.
Wasen (2)	Oberb.	Waßing	Niederb.	Weber, in der	
Wasen	Niederb.	Waßmuthhausen	Unt.Frk.	Halde	Oberb.
Wasen	Schwb.	Wastelmühle	Ob.Pf.	Weber, Groß-	
Wasendobel	Niederb.	Wastenhub	Oberb.	Weber, zu Dann	Oberb.
Wasenhof	Oberb.	Wastlhof	Niederb.	Weber (3)	Niederb.
Wasenhof	Ob.Pf.	Wastlmühle	Niederb.	Weber, am Berg	Niederb.
Wasenhub	Oberb.	Wastlöd	Oberb.	Weber	Schwb.
Wasenmeister	Ob.Pf.	Watschöd	Oberb.	Weberhäusl (3)	Oberb.
Wasenmühle (2)	Mitt.Frk.	Wattenbach	Mitt.Frk.	Weberhäusl	Niederb.
Wasenmühle	Unt.Frk.	Wattenberg	Mitt.Frk.	Weberlesklaus	Schwb.
Wasenmühle	Schwb.	Wattendorf	Oberb.	Weberpartl	Niederb.
Wasenstatt (2)	Oberb.	Wattendorf	Ob.Frk.	Weberreith (2)	Niederb.
Wasenstett, auch		Wattenham	Oberb.	Webersberg	Niederb.
Waasenstadt	Oberb.	Wattenheim	Rh.Pf.	Weberstett	Oberb.
Wasenstatt	Niederb.	Wattenweiler	Schwb.	Webling (2)	Oberb.

18*

Websweilerhof	Rh.Pf.	Wehl	Unt.Frk.	Weichslöhner	Oberb.
Wechingen	Schwb.	Wehlenberg	Mitt.Frk.	Weicht	Schwb.
Wechselberg (4)	Oberb.	Wehlgraben	Unt.Frk.	Weichtungen	Unt.Frk.
Wechterswinkel	Unt.Frk.	Wehlmäusel	Mitt.Frk.	Weickenreuth	Ob.Frk.
Weckbach	Unt.Frk.	Wehr	Niederb.	Weickering	Niederb.
Wecklingen	Rh.Pf.	Wehrbach	Oberb.	Weickersdorf	Niederb.
Wedenmühl	Ob.Frk.	Wehrberg	Niederb.	Weickersdorf	Mitt.Frk.
Weeg (4)	Niederb.	Wehrhäuser	Niederb.	Weickersgruben	Unt.Frk.
Weeg	Schwb.	Wehrhaus	Ob.Frk.	Weickersmühle,	
Weeg, am	Schwb.	Wehrhaus	Unt.Frk.	oder Silvan-	
Weeger (2)	Niederb.	Wehrhof	Oberb.	mühle	Unt.Frk.
Weferting	Niederb.	Wehringen	Schwb.	Weid	Oberb.
Weg (9)	Oberb.	Wehrleinsmühle	Ob.Frk.	Weida	Niederb.
Weg (2)	Niederb.	Wehrmühl	Oberb.	Weibach (17)	Oberb.
Weg	Ob.Pf.	Weibeck, Weil-		Weibach, auch	
Wegbauer	Oberb.	heim	Oberb.	Waibach	Ob.Frk.
Wegelsburg,		Weibelhof	Rh.Pf.	Weibach (3)	Schwb.
Ruine	Rh.Pf.	Weiberhof	Unt.Frk.	Weibachmühle	
Wegern (2)	Niederb.	Weibering	Niederb.	(2)	Oberb.
Wegertsöd	Niederb.	Weibersbrunn	Unt.Frk.	Weibachmühle	Schwb.
Wegflecken	Schwb.	Weibhausen	Oberb.	Weibachsmühle	
Wegfurt	Unt.Frk.	Weibnig, auch		(2)	Unt.Frk.
Weggütl	Niederb.	Weibing	Niederb.	Weibachwies	Oberb.
Weghaus (2)	Oberb.	Weiboldshausen	Mitt.Frk.	Weibau	Niederb.
Weghausen	Oberb.	Weichberg	Schwb.	Weibboden	Oberb.
Weghof (4)	Niederb.	Weichelau	Ob.Pf.	Weibelbach	Mitt.Frk.
Weghof	Schwb.	Weichelöd	Niederb.	Weibelbacherhof	Rh.Pf.
Weging	Niederb.	Weichenberg	Oberb.	Weibelmühle	Rh.Pf.
Weglecker	Schwb.	Weichendorf	Ob.Frk.	Weibelwager-	
Weglehen (2)	Oberb.	Weichenried	Oberb.	mühle	Ob.Frk.
Wegmacher	Oberb.	Weichenwasserlos	Ob.Frk.	Weibelwang	Ob.Pf.
Wegmacher	Schwb.	Weichering	Schwb.	Weiden (2)	Oberb.
Wegmann (2)	Oberb.	Weicheistein		Weiden (2)	Niederb.
Wegmann	Niederb.	Weiching	Oberb.	Weiden	Ob.Pf.
Wegmayer	Oberb.	Weichs (2)	Oberb.	Weiden	Ob.Frk.
Wegmühle	Oberb.	Weichs (2)	Niederb.	Weiden, gelbe	Ob.Frk.
Wegnagl	Niederb.	Weichs	Ob.Pf.	Weidenau	Oberb.
Wegscheid	Oberb.	Weichsberg	Oberb.	Weidenbach	Oberb.
Wegscheid	Niederb.	Weichselbaum (3)	Oberb.	Weidenbach	Niederb.
Wegscheid	Ob.Pf.	Weichselbaum (2)	Niederb.	Weidenbach	Mitt.Frk.
Wegscheid	Mitt.Frk.	Weichselborf	Ob.Pf.	Weidenberg	Oberb.
Wegscheid	Schwb.	Weichselgarten	Niederb.	Weidenberg	Ob.Frk.
Wegscheidel	Schwb.	Weichselgarten	Oberb.	Weidenbühl	Ob.Frk.
Weha	Ob.Pf.	Weichselmühle	Ob.Pf.	Weidenbühl	Schwb.
Wehborn	Oberb.	Weichselsleb	Niederb.	Weidendorf	Ob.Frk.
Wehelitz	Ob.Frk.	Weichselsesen	Niederb.	Weidendorf	Mitt.Frk.
Wehenöd	Niederb.	Weichsleb	Niederb.	Weideneck	Niederb.

Weidenhof — Weiherwirth. 283

Weidenhof (3)	Niederb.	Weigelsberg (2)	Niederb.	Weiherhäusle	Mitt.Frk.
Weidenhofen	Niederb.	Weigelshof	Mitt.Frk.	Weiherhäusler	Ob.Pf.
Weidenhüll	Ob.Pf.	Weigendorf	Niederb.	Weiherhammer	Ob.Pf.
Weidenhüll (2)	Ob.Frk.	Weigendorf	Ob.Pf.	Weiherhaus (8)	Oberb.
Weidenkam	Oberb.	Weigenheim	Mitt.Frk.	Weiherhaus (6)	Ob.Pf.
Weidenloh	Ob.Frk.	Weigenhofen	Mitt.Frk.	Weiherhaus (2)	Ob.Frk.
Weidenlohe	Oberb.	Weigensdorf	Mitt.Frk.	Weiherhaus (5)	Mitt.Frk.
Weidenmühle	Rh.Pf.	Weigersding	Oberb.	Weiherhaus	Schwb.
Weidenmühle	Ob.Frk.	Weigersdorf	Niederb.	Weiherhöfen	Ob.Frk.
Weidenmühle (3)	Mitt.Frk.	Weigerspoint	Oberb.	Weiherhof (2)	Rh.Pf.
Weidenmühle		Weiglareuth	Ob.Frk.	Weiherhof	Ob.Pf.
(10)	Unt.Frk.	Weiglas	Ob.Frk.	Weiherhof (3)	Mitt.Frk.
Weidenschaft	Niederb.	Weiglathal	Ob.Frk.	Weiherhof	Unt.Frk.
Weidensees	Ob.Frk.	Weiglschwaig	Oberb.	Weiherhof (3)	Schwb.
Weidenthal	Niederb.	Weihalben	Schwb.	Weiherhut	Ob.Frk.
Weidenthal	Rh.Pf.	Weihbeck, auch		Weiherleiten	Ob.Frk.
Weidenwang	Mitt.Frk.	Weihbach	Oberb.	Weihermann	Oberb.
Weiderding	Oberb.	Weihberg	Schwb.	Weihermann	Niederb.
Weiderer (2)	Oberb.	Weihbichl	Niederb.	Weihermühle (2)	Oberb.
Weiderhaus	Niederb.	Weihdorf		Weihermühle (5)	Niederb.
Weides	Ob.Frk.	Weihen	Schwb.	Weihermühle	Rh.Pf.
Weidgarten	Oberb.	Weihenlinden	Oberb.	Weihermühle (9)	Ob.Pf.
Weidhaus	Niederb.	Weihenstephan		Weihermühle (4)	Ob.Frk.
Weidholz	Niederb.	Weihenstephan	Niederb.	Weihermühle (3)	Mitt.Frk.
Weidighaus	Ob.Frk.	Weihenzell	Mitt.Frk.	Weihermühle	Unt.Frk.
Weiding (5)	Oberb.	Weiher (20)	Oberb.	Weihermühle (2)	Schwb.
Weiding (4)	Niederb.	Weiher (12)	Niederb.	Weihern (3)	Oberb.
Weiding (3)	Ob.Pf.	Weiher (3)	Ob.Pf.	Weihern (5)	Niederb.
Weidl	Niederb.	Weiher (5)	Ob.Frk.	Weihern (3)	Ob.Pf.
Weidlberg	Ob.Pf.	Weiher (2)	Mitt.Frk.	Weiheröd	Niederb.
Weidlen (2)	Oberb.	Weiher (4)	Schwb.	Weiherpolz	Oberb.
Weidmannsgesees	Ob.Frk.	Weiherbach	Oberb.	Weihers (2)	Schwb.
Weidmannshell	Ob.Frk.	Weiherbauer	Niederb.	Weihersbach	Niederb.
Weidmes	Ob.Frk.	Weiherbauer (3)		Weihersberg	Niederb.
Weidmoos	Oberb.	Weiherbauer	Schwb.	Weihersberg	Ob.Pf.
Weidmühle (3)	Oberb.	Weiherdorf	Ob.Pf.	Weihersberg	Mitt.Frk.
Weidmühle	Schwb.	Weiherer	Oberb.	Weiherschnaidbach	Mitt.Frk.
Weidnitz	Ob.Frk.	Weihergut	Ob.Pf.		
Weidweber	Niederb.	Weihergut	Schwb.	Weihersdorf	Oberb.
Meier	Oberb.	Weiherhäusel	Niederb.	Weihersdorf	Ob.Pf.
Meiermaier	Niederb.	Weiherhäuseln	Ob.Pf.	Weihersmühle (2)	Ob.Pf.
Meiermann	Oberb.	Weiherhäuser	Niederb.	Weihersmühle (2)	Mitt.Frk.
Meiersfeld	Unt.Frk.	Weiherhäuser	Ob.Pf.	Weihersmühle	Unt.Frk.
Weiflitz	Ob.Pf.	Weiherhäusl (3)	Oberb.	Weihersölben	Ob.Pf.
Weigel	Oberb.	Weiherhäusl (3)	Niederb.	Weiherwirth	Schwb.
Weigelham	Oberb.	Weiherhäusl (10)	Ob.Pf.		

Weiherzant	Ob.Pf.	Weilheim (2)	Oberb.	Weinmannshof	Mitt.Frk.
Weihmichel	Niederb.	Weilheim (2)	Schwb.	Weinpreß	Niederb.
Weihmörtling (2)	Niederb.	Weilheimerbach	Schwb.	Weinried	Schwb.
Weihmühle (2)	Niederb.	Weilhof (2)	Niederb.	Weinrieth	Ob.Pf.
Weihmühle	Schwb.	Weiling	Niederb.	Weinsbach	Oberb.
Weihprechting	Oberb.	Weilkirchen	Oberb.	Weinsfeld	Ob.Pf.
Weihrinnen	Oberb.	Weiloh	Ob.Pf.	Weinsilz	Ob.Frk.
Weihstauben-		Weilmaler	Niederb.	Weinthal	Oberb.
mühle	Ob.Frk.	Weilnbach	Niederb.	Weinzierl (2)	Niederb.
Weikardshof	Unt.Frk.	Weilöd	Niederb.	Weinzierlein	Mitt.Frk.
Weikartslauter	Unt.Frk.	Weilsberg	Niederb.	Weinzierlein-	
Welkenhausen	Oberb.	Weiltingen	Mitt.Frk.	mühle	Mitt.Frk.
Weikenhof	Ob.Pf.	Weimansried	Niederb.	Weinzlermühle	Oberb.
Weikenricht	Ob.Pf.	Weimarschmieden	Unt.Frk.	Weipelsdorf	Ob.Frk.
Weikering	Oberb.	Weimersheim (2)	Mitt.Frk.	Weipersdorf	Oberb.
Weikersbach	Niederb.	Weinberg (7)	Oberb.	Weiperting	Oberb.
Weikersdorf	Niederb.	Weinberg (14)	Niederb.	Weipertshausen	Oberb.
Weikersdorf	Ob.Frk.	Weinberg	Ob.Pf.	Weipertshof	Unt.Frk.
Weikersdorf	Mitt.Frk.	Weinberg	Ob.Frk.	Weipolding	Oberb.
Weikershof (2)	Mitt.Frk.	Weinberg (3)	Mitt.Frk.	Weipoltshausen	Unt.Frk.
Weikersing	Oberb.	Weinbergmühle	Ob.Pf.	Weisbach (3)	Oberb.
Weikersmühle (2)	Ob.Pf.	Weinbergshof	Mitt.Frk.	Weisbach	Unt.Frk.
Weikertsham (3)	Oberb.	Weinbrücke	Ob.Frk.	Weisbachsmühle	Mitt.Frk.
Weiking	Niederb.	Weinbrunnerhof	Rh.Pf.	Weisbrunn	Oberb.
Weil (3)	Oberb.	Weinbl	Oberb.	Weisching	Niederb.
Weilach	Oberb.	Weindorf	Oberb.	Weisdorf	Ob.Frk.
Weilach	Rh.Pf.	Weinblschwaig	Niederb.	Weisenbach	Ob.Frk.
Weilbach	Unt.Frk.	Weinfurt	Niederb.	Weisenbach	Mitt.Frk.
Weilbach	Schwb.	Weinfurt (2)	Niederb.	Weisenberg	Niederb.
Weilberg	Niederb.	Weingarten (9)	Oberb.	Weisenbrunn	Ob.Frk.
Weildorf	Oberb.	Weingarten (9)	Niederb.	Weisenhaid	Ob.Frk.
Weilenbach	Oberb.	Weingarten	Rh.Pf.	Weisenhof	Ob.Pf.
Weilenbach	Niederb.	Weingarten (2)	Ob.Frk.	Weisenstein	Ob.Frk.
Weilenberg	Niederb.	Weingarten	Mitt.Frk.	Weisensteiner-	
Weiler (2)	Mitt.Frk.	Weingarts	Ob.Frk.	mühle	Rh.Pf.
Weiler, am See	Mitt.Frk.	Weingartsgreuth	Ob.Frk.	Weisenthal	Niederb.
Weiler	Unt.Frk.	Weingartsmühle	Mitt.Frk.	Welshäuplmühle	Niederb.
Weiler (12)	Schwb.	Weingold	Niederb.	Weisham (3)	Oberb.
Weiler, vor der		Weinhackl	Oberb.	Weishaus	Oberb.
Burg	Schwb.	Weinhalden	Schwb.	Weishaus	Mitt.Frk.
Weileranhausen	Schwb.	Weinharts	Schwb.	Weishof	Rh.Pf.
Weilerau	Oberb.	Weinhartsau	Niederb.	Weisholz	Niederb.
Weilerau	Mitt.Frk.	Weinhausen	Schwb.	Weisingen	Schwb.
Weilerbach	Rh.Pf.	Weinhof	Mitt.Frk.	Weisleiten	Niederb.
Weilerhof	Schwb.	Weinhub (2)	Oberb.	Weismain	Ob.Frk.
Weilersbach	Ob.Frk.	Weining	Niederb.	Weismannsdorf	Mitt.Frk.
Weilham	Oberb.	Weinmair	Niederb.	Weismühle (2)	Unt.Frk.

Weiß — Wendelhöfen. 285

Weiß (2)	Oberb.	Weissenkirchen	Mitt.Frk.	Weizenrieb, auch	
Weiß in der		Weissenmühle	Mitt.Frk.	Walzenrieb	Oberb.
Gritschen	Oberb.	Weissennohe	Ob.Frk.	Weizern	Schwb.
Weiß	Niederb.	Weissenöd	Oberb.	Weixelstein	Ob.Pf.
Weiß	Schwb.	Weissenöd	Niederb.	Weixerau	Niederb.
Weißach	Oberb.	Weissenregen	Niederb.	Weizenbach	Niederb.
Weißach	Niederb.	Weissensberg	Schwb.	Weizmannsdorf	Mitt.Frk.
Weissach	Schwb.	Weissensee	Schwb.	Wekbach	Unt.Frk.
Weißachen	Oberb.	Weissenstadt	Ob.Frk.	Welbhausen	Mitt.Frk.
Weißbach, außer	Oberb.	Weissenstein (2)	Niederb.	Welchenberg	Niederb.
Weißbach	Ob.Pf.	Weissenstein	Ob.Pf.	Welchenholz	Mitt.Frk.
Weißbach	Schwb.	Weissenstein (2)	Ob.Frk.	Welchweiler	Rh.Pf.
Weißbachmühle	Schwb.	Weissenzell	Oberb.	Welden (2)	Schwb.
Weißbolz	Schwb.	Weiße Säule	Oberb.	Weldenmühle	Schwb.
Weißbräuhof	Oberb.	Weißgerberwalk	Schwb.	Welfen	Schwb.
Weißbrehm	Ob.Frk.	Weißgraming	Oberb.	Welitsch	Ob.Frk.
Weißbrunn	Unt.Frk.	Weisslingen	Schwb.	Welkenbach	Ob.Frk.
Weissen	Niederb.	Weißlenreuth	Ob.Frk.	Welkendorf	Ob.Frk.
Weissen (5)	Schwb.	Weißling	Oberb.	Wella	Oberb.
Weissenbach (2)	Oberb.	Weißmühl	Niederb.	Wellersdorf	Oberb.
Weissenbach	Ob.Pf.	Weißmühle (2)	Rh.Pf.	Wellerstadt	Mitt.Frk.
Weißenbach	Ob.Frk.	Weißmühle	Ob.Frk.	Wellerthal	Ob.Frk.
Weissenbach	Unt.Frk.	Weisthum	Oberb.	Wellesberg	Ob.Frk.
Weissenbach-mühle	Ob.Frk.	Weite	Schwb.	Wellesmühle, obere	Ob.Frk.
		Weitelsberg	Niederb.		
Weissenberg (2)	Niederb.	Weltenauer	Schwb.	Wellesmühle, untere	Ob.Frk.
Weissenberg	Ob.Pf.	Weitenfürst	Ob.Pf.		
Weissenberg	Mitt.Frk.	Weitenhüll	Niederb.	Wellheim	Mitt.Frk.
Weissenbronn	Mitt.Frk.	Weitenried	Oberb.	Welling	Oberb.
Weissenbrunn (2)	Ob.Pf.	Weitenwinterried	Oberb.	Welluck	Ob.Pf.
Weissenbrunn	Mitt.Frk.	Welterer	Oberb.	Wellucken	Ob.Frk.
Weißenbrunn	Unt.Frk.	Weitermühl	Oberb.	Welsberg	Ob.Frk.
Weissenburg	Mitt.Frk.	Weltern	Ob.Pf.	Welschbuch	Oberb.
Weißenbarberg	Niederb.	Weiternborf	Mitt.Frk.	Welschenkahl	Ob.Frk.
Weissendorf	Oberb.	Weitersdorf	Mitt.Frk.	Welschhof	Rh.Pf.
Weissendorf	Ob.Frk.	Weiterskirchen	Oberb.	Welshofen	Oberb.
Weissenfeld	Oberb.	Weitersweiler	Rh.Pf.	Weltenburg	Niederb.
Weissenheim, am Berg	Rh.Pf.	Weitesgrün	Ob.Frk.	Weltendorf, auch	
		Weitfeld (3)	Oberb.	Wöltendorf	Mitt.Frk.
Weissenheim, am Sand	Rh.Pf.	Weitfilz	Oberb.	Weltishof	Schwb.
		Weitgassing	Oberb.	Weltersbach	Rh.Pf.
Weissenhof	Niederb.	Weitl	Niederb.	Welzmühle	Ob.Frk.
Weissenhof	Schwb.	Weitmühle	Niederb.	Wembing	Schwb.
Weissenholz	Niederb.	Weitnau (2)	Schwb.	Wendel	Oberb.
Weissenhorn	Schwb.	Weitzendorf	Ob.Frk.	Wendelborf	Niederb.
Weissenkirchberg	Mitt.Frk.	Weizenhofen	Mitt.Frk.	Wendelhöfen	Ob.Frk.
Weißenkirchen	Ob.Pf.	Weizenmühle	Niederb.		

Wendelin Sct. (2)	Unt.Frk.	Wenglingen	Schwb.	Wernetsgrub	Ob.Pf.
Wendelin Sct. (2)	Schwb.	Wengmühle	Niederb.	Wernetsham	Niederb.
		Wengwies	Oberb.	Wernfeld	Unt.Frk.
Wendelins (2)	Schwb.	Wenigau	Niederb.	Wernfels	Mitt.Frk.
Wendelmann- thal	Ob.Pf.	Wenighösbach	Unt.Frk.	Wernhardsberg (2)	Oberb.
		Wenigkemnathen	Ob.Pf.		
Wendelsberg	Niederb.	Wenigleyn	Niederb.	Wernleiten	Oberb.
Wendelsmühle	Unt.Frk.	Wenigmühl	Niederb.	Wernreith	Niederb.
Wendelstein	Mitt.Frk.	Wenigmünchen	Oberb.	Wernsbach (3)	Mitt.Frk.
Wendelstein	Unt.Frk.	Wenigrötz	Ob.Pf.	Wernsdorf	Ob.Frk.
Wendelstett	Oberb.	Wenigstraß	Niederb.	Wernsmühle	Mitt.Frk.
Wendenhammer	Ob.Frk.	Wenigumstadt	Unt.Frk.	Wernstein	Ob.Frk.
Wendenhelm	Oberb.	Wenk	Oberb.	Wernihal	Oberb.
Wendermühle	Ob.Pf.	Wenk	Niederb.	Wertach	Schwb.
Wendern	Ob.Pf.	Wenk	Schwb.	Wertachmühle	Schwb.
Wendershausen	Unt.Frk.	Wenkheim	Unt.Frk.	Werthensteiner Moor	Schwb.
Wendersreuth	Ob.Pf.	Wennenmühle	Schwb.		
Wendlberg	Niederb.	Weno	Schwb.	Werthensteiner Mühle	Schwb.
Wendlershof	Ob.Frk.	Wenschdorf	Unt.Frk.		
Wendleskirchen	Niederb.	Wenshof (2)	Oberb.	Wertingen	Schwb.
Wendling (4)	Oberb.	Wensing	Oberb.	Wesachhof	Mitt.Frk.
Wendling	Niederb.	Wenzelmühle (2)	Unt.Frk.	Wesbach	Schwb.
Wendling, ober	Niederb.	Wenzenbach	Ob.Pf.	Weschers	Schwb.
Wendlmühle	Oberb.	Wenzenried	Ob.Pf.	Wesenhof	Niederb.
Wendlmuth	Niederb.	Weppersdorf	Ob.Frk.	Wesmann	Oberb.
Wendlöd, auch Wendles	Niederb.	Werasing	Niederb.	Weßberg	Schwb.
		Werberg	Oberb.	Wesselberg	Rh.Pf.
Wendsberg	Niederb.	Werberg	Unt.Frk.	Wessen (2)	Oberb.
Wendsdorf	Mitt.Frk.	Werenain	Niederb.	Wessen	Niederb.
Wenenden	Schwb.	Wersen	Oberb.	Wessenichhof	Unt.Frk.
Weng (6)	Oberb.	Wersing	Oberb.	Wesselinden	Niederb.
Weng (3)	Niederb.	Werkstett	Oberb.	Wessin	Oberb.
Weng, a. Wenghof	Niederb.	Werlham	Oberb.	Wessiszell, auch Wesserzell	Oberb.
		Wermerichshau- sen	Unt.Frk.		
Wengen (3)	Oberb.			Weßling	Oberb.
Wengen	Mitt.Frk.	Wernarz	Unt.Frk.	Wessobrunn	Oberb.
Wengen (3)	Schwb.	Wernbach	Oberb.	Westach	Oberb.
Wengen, ober	Schwb.	Wernberg	Ob.Pf.	Westen (4)	Oberb.
Wengen u. Oeschle	Schwb.	Werndelsing	Oberb.	Westen (3)	Niederb.
Wengen, unter	Schwb.	Werneck	Unt.Frk.	Westen Vorstadt	Mitt.Frk.
Wengenhausen	Oberb.	Wernersöd	Ob.Pf.	Westendorf	Oberb.
Wengenhausen	Schwb.	Wernersberg	Rh.Pf.	Westendorf	Niederb.
Wengenmühle	Schwb.	Wernersberger- mühle, oder Kal- sermühle	Rh.Pf.	Westendorf (2)	Schwb.
Wengenstadt	Mitt.Frk.			Westengern	Oberb.
Wenger	Oberb.			Westenhausen	Oberb.
Wengglins	Schwb.	Wernersbühl	Oberb.	Westenhofen (2)	Oberb.
Wengl	Niederb.	Wernersreuth (2)	Ob.Pf.	Westenmühle	Niederb.

Westenried (3)	Schwb.	Wettermanns-		Weyhermühle		Mitt.Frk.
Westenried	Oberb.	hütte	Rh.Pf.	Weyhermühle		Schwb.
Westenthann	Niederb.	Wettermühle	Oberb.	Weyhern		Oberb.
Westerbach	Oberb.	Wettersberg	Mitt.Frk.	Weyhern		Niederb.
Westerberg	Oberb.	Wettersdorf	Niederb.	Weyhers		Unt.Frk.
Westerbuchberg	Oberb.	Wetterstädt	Oberb.	Weyherstetten		Ob.Pf.
Westerburg	Oberb.	Wetterstetten,		Wezelhaus		Rh.Pf.
Westereringen	Schwb.	Wetstätten	Oberb.	Wezstein		Niederb.
Westerham (6)	Oberb.	Wetthof	Ob.Frk.	Biblishauserhof		Schwb.
Westerhart	Schwb.	Wettmannsberg	Schwb.	Wicharn		Oberb.
Westerhausen (2)	Oberb.	Wettringen	Mitt.Frk.	Wicheling		Oberb.
Westerheim	Schwb.	Wettringen	Unt.Frk.	Wichenmühle		Ob.Frk.
Westerhof	Oberb.	Wettzell	Niederb.	Wichsenstein		Ob.Frk.
Westerhofen (2)	Oberb.	Wetzelberg	Schwb.	Wichtel		Oberb.
Westerhofen	Schwb.	Wetzelgütl	Ob.Pf.	Wichtleithen		Niederb.
Westerholz	Mitt.Frk.	Wetzelhof	Ob.Pf.	Wickelhof		Rh.Pf.
Westerholzen	Niederb.	Wetzelsberg	Oberb.	Wickendorf		Ob.Frk.
Westerholzhausen	Oberb.	Wetzelsberg	Niederb.	Wickenreuth		Ob.Frk.
Westermaierhof	Oberb.	Wetzelsdorf	Niederb.	Wickering		Niederb.
Westermaning	Niederb.	Wetzelsdorf	Ob.Pf.	Wickers		Unt.Frk.
Westernach	Oberb.	Wetzelsdorf	Ob.Frk.	Wickersdorf		Niederb.
Westernach	Schwb.	Wetzenbach	Niederb.	Wickesmühle		Oberb.
Westerndorf (9)	Oberb.	Wetzendorf (2)	Mitt.Frk.	Widdendorf		
Westerndorf (2)	Niederb.	Wetzhausen	Unt.Frk.	Widdersberg		
Westerried	Schwb.	Wetzl	Oberb.	Widdersdorf		Niederb.
Westersbergham	Niederb.	Wetzl	Niederb.	Widdum		Schwb.
Westerschondorf	Oberb.	Wetzlarn	Ob.Pf.	Widdum, auch		
Westerskirchen	Niederb.	Wetzlbrunn	Ob.Pf.	Widumen		Schwb.
Westerwald	Oberb.	Wetzldorf	Ob.Pf.	Widelthal		Ob.Pf.
Westhald	Mitt.Frk.	Wetzlers	Schwb.	Widenbach		Niederb.
Westheim	Rh.Pf.	Wetzlhof	Niederb.	Widenhof		Ob.Pf.
Westheim (3)	Mitt.Frk.	Wetzling	Oberb.	Wident		Ob.Frk.
Westheim (3)	Unt.Frk.	Wetzlins	Schwb.	Widerbauer		Schwb.
Westheim	Schwb.	Wetzlo	Schwb.	Widersdorf		Niederb.
Westheimermühle	Unt.Frk.	Wetzlsberg	Oberb.	Widhalm		Niederb.
Westholz	Oberb.	Wetzstein	Niederb.	Widham		Oberb.
Westing	Oberb.	Weyer (2)		Widl, unterm		
Westkinberg	Schwb.	Weyer	Unt.Frk.	Berg		Oberb.
Wettelkam	Oberb.	Weyer	Schwb.	Widlberg		Oberb.
Wettelsham	Oberb.	Weyerhaus	Ob.Pf.	Widlgrub, auch		
Wettelsheim	Mitt.Frk.	Weyerhof	Rh.Pf.	Wildgrub		Niederb.
Wettenhausen	Schwb.	Weyerspach	Niederb.	Widmannsfelden		Oberb.
Wettenhofen	Ob.Pf.	Weyher	Oberb.	Widmoos		Oberb.
Wetterfeld	Ob.Pf.	Weyher	Rh.Pf.	Widum		
Wetterkreuz (2)	Oberb.	Weyher	Schwb.	Widum		Schwb.
Wetterlind	Oberb.	Weyherhaus	Ob.Frk.	Wiebelbach		Unt.Frk.
		Weyhermühle	Ob.Pf.	Wiebelsberg		Unt.Frk.

Wiebelsheim	Mitt.Frk.	Wien	Ob.Pf.	Wieseneck	Niederb.
Wiechs (2)	Oberb.	Wienbauer	Oberb.	Wieseneck	Ob.Pf.
Wiedelbauer	Schwb.	Wieneck	Oberb.	Wiesenfeld	Unt.Frk.
Wiedemannsdorf	Schwb.	Wieneden	Schwb.	Wiesenfelden	Niederb.
Wiedemen	Schwb.	Wienerstadt	Oberb.	Wiesengiech	Ob.Frk.
Wiedemoos	Oberb.	Wienhart	Oberb.	Wiesenhaid	Mitt.Frk.
Wieden (8)	Oberb.	Wienharting	Oberb.	Wiesenhaus	Unt.Frk.
Wieden (3)	Niederb.	Wiening	Oberb.	Wiesenhausen	Oberb.
Wieden (4)	Ob.Pf.	Wiening	Niederb.	Wiesenhof	Mitt.Frk.
Wieden, Vorstadt	Ob.Pf.	Wierlhof	Ob.Pf.	Wiesenhofen	Mitt.Frk.
Wieden	Ob.Frk.	Wierlings	Schwb.	Wiesenmühle	Niederb.
Wiedenberg (2)	Oberb.	Wiersberg	Ob.Frk.	Wiesenmühle (5)	Rh.Pf.
Wiedenberg	Niederb.	Wies (22)	Oberb.	Wiesenmühle (5)	Ob.Frk.
Wiedengütl	Ob.Pf.	Wies, ob. u. unt.	Oberb.	Wiesenmühle	Mitt.Frk.
Wiedenhof (3)	Niederb.	Wies (9)	Niederb.	Wiesenmühle (4)	Unt.Frk.
Wiedenhof (2)	Ob.Pf.	Wies, auf der	Niederb.	Wiesenmühle	Schwb.
Wiedenhof	Schwb.	Wies (10)	Schwb.	Wiesenreut	Oberb.
Wiedenhofen	Oberb.	Wies, in der	Schwb.	Wiesensüß	Ob.Pf.
Wiedenmaier	Schwb.	Wiesau	Ob.Pf.	Wiesent	Ob.Pf.
Wiedenmühle	Niederb.	Wiesbach	Oberb.	Wiesentfels	Ob.Pf.
Wiedenreit	Oberb.	Wiesbach	Niederb.	Wiesentfelser-	
Wiedenrös	Ob.Pf.	Wiesbach	Rh.Pf.	mühle	Ob.Frk.
Wieberegg	Schwb.	Wiesbachhäusl	Oberb.	Wiesenthal (2)	Ob.Frk.
Wiedergeltingen	Schwb.	Wiesberg	Niederb.	Wiesenthal	Unt.Frk.
Wiederhofen	Schwb.	Wiesbinder	Niederb.	Wiesenthal	Schwb.
Wiederlohen	Oberb.	Wiesbobel	Niederb.	Wiesenthalerhof	Rh.Pf.
Wiedersbach	Mitt.Frk.	Wieselbruck	Ob.Pf.	Wiesenthau	Ob.Frk.
Wiederzhausen	Oberb.	Wieselreit	Oberb.	Wiesentheld	Unt.Frk.
Wiedhag	Oberb.	Wieselrieth	Ob.Pf.	Wiesentmühle	Ob.Frk.
Wiedham	Oberb.	Wieselsberg (3)	Niederb.	Wiesenzart	Oberb.
Wiedholz (2)	Oberb.	Wieselsdorf	Ob.Pf.	Wiesenzell	Niederb.
Wieblaching	Oberb.	Wiesen (10)	Oberb.	Wiesenzell	Ob.Pf.
Wiedmais	Niederb.	Wiesen (4)	Niederb.	Wieser (4)	Oberb.
Wiedmar	Schwb.	Wiesen (2)	Ob.Frk.	Wieser, ober	
Wiedmoos	Oberb.	Wiesen (2)	Unt.Frk.	Wieshof	Oberb.
Wiegelis	Schwb.	Wiesen	Schwb.	Wieser (6)	Niederb.
Wiegerich	Unt.Frk.	Wiesenacker	Ob.Pf.	Wieseris	Schwb.
Wiegleb	Niederb.	Wiesenbach	Oberb.	Wieseth	Mitt.Frk.
Wiegratz	Schwb.	Wiesenbach	Schwb.	Wiesfleck	Schwb.
Wielands	Schwb.	Wiesenberg	Oberb.	Wieshäusl (3)	Oberb.
Wielandshöfe	Mitt.Frk.	Wiesenberg (2)	Niederb.	Wieshäusl (2)	Niederb.
Wielen	Schwb.	Wiesenberg	Ob.Pf.	Wieshäusl	Ob.Pf.
Wielenbach (2)	Oberb.	Wiesenbruck	Mitt.Frk.	Wiesham	Oberb.
Wielenberg	Schwb.	Wiesenbrunn	Unt.Frk.	Wieshaus	Niederb.
Wielerstett	Oberb.	Wiesendorf	Niederb.	Wieshöfe	Mitt.Frk.
Wielertshaus	Oberb.	Wiesendorf	Ob.Pf.	Wieshof (2)	Oberb.
Wieling	Oberb.	Wiesendorf	Ob.Frk.	Wieshof (6)	Niederb.

Wieshof (3)	Ob.Pf.	Wilbersdorf	Ob.Pf.	Wilbenstein	Ob.Frk.
Wiesholzen	Oberb.	Wilburgstetten	Mitt.Frk.	Wilbenstein	Unt.Frk.
Wieshub	Oberb.	Wilchenreuth	Ob.Pf.	Wilbenthal	Oberb.
Wiesing	Oberb.	Wildbad	Oberb.	Wilbenthal	Unt.Frk.
Wiesing (5)	Niederb.	Wildbad	Ob.Pf.	Wilbenwart	Oberb.
Wiesing (2)	Ob.Pf.	Wildbad (4)	Mitt.Frk.	Wilbeppenried	Ob.Pf.
Wieskaping	Niederb.	Wildbad (2)	Schwb.	Wilbersberg	Oberb.
Wieskirche	Ob.Pf.	Wildbading	Oberb.	Wilbersdorf	Niederb.
Wieslauterhof	Rh.Pf.	Wildbarn	Oberb.	Wildflecken	Unt.Frk.
Wiesle	Oberb.	Wildberg	Ob.Frk.	Wildgrub	Oberb.
Wieslering	Oberb.	Wildberg (2)	Schwb.	Wildholz	Oberb.
Wiesleuthen	Schwb.	Wildenau (2)	Ob.Pf.	Wildlaching	Oberb.
Wiesling	Oberb.	Wildenau	Ob.Frk.	Wildmann	Oberb.
Wiesling	Niederb.	Wildenau	Schwb.	Wildmoos	Oberb.
Wieslings	Schwb.	Wildenberg (2)	Oberb.	Wildparting	Oberb.
Wiesmaier	Oberb.	Wildenberg (2)	Niederb.	Wildpoldsried	Schwb.
Wiesmair	Niederb.	Wildenberg	Ob.Frk.	Wildprechting	Niederb.
Wiesmann	Niederb.	Wildenbergen	Mitt.Frk.	Wildprechts-	
Wiesmannhäusl	Niederb.	Wildenbichl	Oberb.	scheune	Schwb.
Wiesmühl	Oberb.	Wildenbrand	Oberb.	Wildschweig	Oberb.
Wiesmühle (4)	Niederb.	Wildendorf	Niederb.	Wildshofen	Oberb.
Wiesmühle (3)	Oberb.	Wildeneck	Oberb.	Wildsteig	Oberb.
Wiesmühle (4)	Ob.Pf.	Wildeneck (2)	Niederb.	Wildstein	Ob.Pf.
Wiesmühle (2)	Mitt.Frk.	Wildenfels	Ob.Frk.	Wildthurn	Niederb.
Wiesmühle (5)	Schwb.	Wildenforst	Niederb.	Wilfersreuth	Ob.Frk.
Wiesner	Niederb.	Wildengut	Ob.Frk.	Wilfertshofen	Ob.Pf.
Wiespoint	Niederb.	Wildenhof	Ob.Pf.	Wilfing	Niederb.
Wiesreith	Oberb.	Wildenhof	Ob.Frk.	Wilgartswiesen	Rh.Pf.
Wiesschuster	Oberb.	Wildenhof	Mitt.Frk.	Wilgering	Oberb.
Wiessee	Oberb.	Wildenhofen	Oberb.	Wilharms	Schwb.
Wiessing	Niederb.	Wildenholz	Mitt.Frk.	Wilharting	Oberb.
Wiest	Niederb.	Wildenholzen	Oberb.	Wilhartsberg (2)	Oberb.
Wiesthal	Niederb.	Wildenmoos (2)	Oberb.	Wilhartsberg	Niederb.
Wiesthal	Unt.Frk.	Wildenrandsberg	Niederb.	Wilhelm	Niederb.
Wiesthof	Oberb.	Wildenranna	Niederb.	Wilhelmhof	Niederb.
Wiestner	Niederb.	Wildenreuth	Oberb.	Wilhelminenberg	Mitt.Frk.
Wiesweber (2)	Oberb.	Wildenreuth	Ob.Pf.	Wilhelming	Oberb.
Wieszipfl	Niederb.	Wildenreuth	Ob.Frk.	Wilhelmsd	Niederb.
Wiethal, auch		Wildenroth	Oberb.	Wilhelmsdorf	Mitt.Frk.
Wiesthal	Niederb.	Wildenroth	Ob.Frk.	Wilhelmsgreuth	Mitt.Frk.
Wifertshausen	Oberb.	Wildenschönau	Niederb.	Wilhelmsmühle	Mitt.Frk.
Wifling	Oberb.	Wildensee	Unt.Frk.	Wilhelmsreith	Niederb.
Wifling (3)	Niederb.	Wildenseer-Höfe	Unt.Frk.	Wilhelmsstollen	Ob.Frk.
Wiggensbach	Schwb.	Wildensorg	Ob.Frk.	Wilhelmsthal	Ob.Frk.
Wigglis	Schwb.	Wildenstein,		Wilhermsdorf	Mitt.Frk.
Wikenricht	Ob.Pf.	Ruine	Rh.Pf.	Wilibertseck	Rh.Pf.
Wiklesgreuth	Mitt.Frk.	Wildenstein	Ob.Pf.	Wilkershof	Ob.Pf.

Will	Oberb.	Willnsteiner-		Wimpassing (6)	Niederb.
Willaberg	Niederb.	mühle	Rh.Pf.	Wimpenstadl	Niederb.
Willandsheim	Unt.Frk.	Willofs	Schwb.	Wimpersing (6)	Oberb.
Willabing	Oberb.	Willpasing	Oberb.	Wimpersing	N.eberb.
Willberg	Oberb.	Willprechtszell,		Wimpes	Oberb.
Willeithen	Niederb.	auch Wilpers-		Wimpesing (2)	Oberb.
Willenberg	Oberb.	zell	Oberö.	Wimpesing	Niederb.
Willenberg	Ob.Frk.	Willmerting	Niederb.	Wimpesing	Ob.Pf.
Willendorf	Mitt.Frk.	Wilnham	Oberb.	Wimpressing	Oberb.
Willenhofen	Ob.Pf.	Wilpersberg	Oberb.	Winberg	Oberb.
Willenreith	Niederb.	Wilperting	Oberb.	Winberg	Niederb.
Willenreuth	Ob.Frk.	Wilting	Ob.Pf.	Winberg	Schwb.
Willersbach	Niederb.	Wilzhof	Oberb.	Wind	Oberb.
Willersberg (2)	Niederb.	Wilzhofen	Oberb.	Wind	Ob.Frk.
Willersdorf	Oberb.	Wilzing	Niederb.	Windach	Oberb.
Willersdorf	Niederb.	Wim	Oberb.	Windbauer	Schwb.
Willersdorf	Ob.Frk.	Wim (5)	Niederb.	Windberg	Oberb.
Willerskirchen	Niederb.	Wimbach	Oberb.	Windberg	Niederb.
Willersöd	Niederb.	Wimbach	Niederb.	Windbeßl	Niederb.
Willerstätt	Oberb.	Wimbauer	Niederb.	Windbichel	Oberb.
Willerszell	Niederb.	Wimberg	Oberb.	Windbichl	Niederb.
Willertshausen		Wimberg (3)	Niederb.	Windeck	Oberb.
(2)	Oberb.	Wimhof	Niederb.	Windel	Oberb.
Willerzheim	Ob.Pf.	Wimhofkirchen	Niederb.	Windelsbach	Mitt.Frk.
Willetstetten	Ob.Pf.	Wimhub	Niederb.	Winden (9)	Oberb.
Willhof	Ob.Pf.	Wimm (15)	Oberb.	Winden	Rh.Pf.
Willibaldsburg	Mitt.Frk.	Wimm, am Riedl	Oberb.	Winden	Ob.Pf.
Willibaldskapelle	Oberb.	Wimau (8)	Niederb.	Winden	Mitt.Frk.
Willing (3)	Oberb.	Wimmbauer	Niederb.	Winden	Schwb.
Willing (3)	Niederb.	Wimmelbach	Ob.Frk.	Windenberg	Schwb.
Willinger	Niederb.	Wimmelbach	Mitt.Frk.	Windenmühle	Unt.Frk.
Willingerau	Oberb.	Wimmer (10)	Oberb.	Windfäng	Ob.Pf.
Willinghof	Mitt.Frk.	Wimmer (2)	Niederb.	Windfelden	Oberb.
Willis	Schwb.	Wimmer a. Damm	Niederb.	Windfurth	Niederb.
Willishausen	Schwb.	Wimmered	Niederb.	Windgrab (2)	Oberb.
Willizleithen	Mitt.Frk.	Wimmerhäusl	Oberb.	Windhag (2)	Niederb.
Willmading	Oberb.	Wimmern	Oberb.	Windhals	Ob.Pf.
Willmannsberg	Ob.Pf.	Wimmersdorf	Niederb.	Windham (2)	Oberb.
Willmannsdorf	Ob.Pf.	Wimmersdorf	Ob.Pf.	Windham	Niederb.
Willmannsroith	Ob.Pf.	Wimmersing	Oberb.	Windhaus	Mitt.Frk.
Willmars	Unt.Frk.	Wimsterer, a.		Windhausen	Schwb.
Willmering	Ob.Pf.	Wimmest	Oberb.	Windheim	Ob.Frk.
Willmersbach	Mitt.Frk.	Wimpäsing	Mitt.Frk.	Windheim (3)	Unt.Frk.
Willmersreuth	Ob.Frk.	Wimpashof	Mitt.Frk.	Windhof (2)	Rh.Pf.
Willmetshofen	Schwb.	Wimpasing (8)	Oberb.	Windhof (2)	Ob.Pf.
Willnstein	Rh.Pf.	Wimpasing (2)	Niederb.	Windhof	Ob.Frk.
		Wimpassing (2)	Oberb.		

Windischbachmühle — Wintershof. 291

Windischbach-		Wingersdorf	Ob.Frk.	Winklhart, ober	
mühle	Ob.Pf.	Wingertsweiler	Rh.Pf.	und unter	Oberb.
Windischberger-		Winhart	Oberb.	Winklheim	Oberb.
dorf	Ob.Pf.	Winharting	Oberb.	Winklhof (2)	Niederb.
Windischbuchen	Unt.Frk.	Winhausen	Unt.Frk.	Winkling	Oberb.
Windischeschen-		Winhöring	Oberb.	Winkling	Ob.Pf.
bach	Ob.Pf.	Winichen	Niederb.	Winklmühle (2)	Oberb.
Windischengrün	Ob.Frk.	Winitham	Niederb.	Winklmühle	Niederb.
Windischenhaig	Ob.Frk.	Winisau	Niederb.	Winklreith	Niederb.
Windischenlaibach	Ob.Frk.	Winisaureit	Niederb.	Winn	Mitt.Frk.
Windischgaillen-		Winkel (9)	Oberb.	Winnberg	Ob.Pf.
reuth	Ob.Frk.	Winkel (5)	Niederb.	Winnbuch	Ob.Pf.
Windischhausen	Mitt.Frk.	Winkel	Ob.Pf.	Winneberg	Schwb.
Windischletten	Ob.Frk.	Winkel	Mitt.Frk.	Winneden	Schwb.
Windkreut	Oberb.	Winkel (3)	Schwb.	Winner (2)	Oberb.
Windkreuth	Niederb.	Winkelhäuser	Niederb.	Winnetten	Mitt.Frk.
Windmais	Ob.Pf.	Winkelhalb (2)	Mitt.Frk.	Winnings	Schwb.
Windmühl	Ob.Pf.	Winkelham	Oberb.	Winnreit	Niederb.
Windmühl	Ob.Frk.	Winkelhart	Oberb.	Winnrödermühle	Unt.Frk.
Windmühle	Ob.Frk.	Winkelhausen	Oberb.	Winnstetten	Mitt.Frk.
Windmühle (3)	Mitt.Frk.	Winkelhof	Ob.Frk.	Winnweiler	Rh.Pf.
Windnermühle	Rh.Pf.	Winkelhof	Unt.Frk.	Winpalffen	Niederb.
Windorf (3)	Niederb.	Winkelmaier	Niederb.	Winschberg	Rh.Pf.
Windpaissng	Niederb.	Winkelmann	Niederb.	Winsing	Niederb.
Windpaißing, a.		Winkelmoos	Niederb.	Winten (2)	Niederb.
Windpoissing	Ob.Pf.	Winkelmühl	Oberb.	Winterbach	Rh.Pf.
Windpassing	Niederb.	Winkelmühle	Niederb.	Winterbach	Schwb.
Windsbach	Mitt.Frk.	Winkelmühle	Ob.Pf.	Winterberg	Oberb.
Windsberg	Mitt.Frk.	Winkeln (2)	Oberb.	Winterberg	Niederb.
Windsfeld	Mitt.Frk.	Winkels	Unt.Frk.	Winterborn	Rh.Pf.
Windshausen	Oberb.	Winkels	Schwb.	Winterhalten	Mitt.Frk.
Windshausen	Unt.Frk.	Winkelsaß	Niederb.	Winterhausen	Unt.Frk.
Windsheim	Mitt.Frk.	Winkelsbach	Niederb.	Winterhof	Mitt.Frk.
Windshofen	Mitt.Frk.	Winkerling	Ob.Pf.	Winterhof	Unt.Frk.
Windschlag	Niederb.	Winkl (13)	Oberb.	Winterl	Niederb.
Windschnur (5)	Oberb.	Winkl (2)	Ob.Pf.	Winterlehen	Niederb.
Windschnur (3)	Niederb.	Winkl	Niederb.	Winterleiten	Ob.Frk.
Windschnur	Ob.Pf.	Winklarn	Niederb.	Wintermaierhof	Niederb.
Windschnurr	Oberb.	Winklarn	Ob.Pf.	Wintermoning	Oberb.
Windsperg	Niederb.	Winklas	Ob.Frk.	Winterried	Oberb.
Windsteig	Niederb.	Winklbrunn	Niederb.	Winterrieden	Schwb.
Windstoß	Oberb.	Winkler (3)	Oberb.	Winters	Schwb.
Windten (2)	Niederb.	Winkler (4)	Niederb.	Wintersbach	Unt.Frk.
Windwart	Oberb.	Winklern	Niederb.	Wintersberg	Ob.Frk.
Wineck	Oberb.	Winklers	Schwb.	Winterschneidbach	Mitt.Frk.
Wined	Niederb.	Winklhaun	Niederb.	Wintersdorf	Mitt.Frk.
Wingersdorf	Niederb.	Winklhammer	Niederb.	Wintershof	Mitt.Frk.

292 Wintershofen — Wölfelau.

Wintershofen	Mitt.Frk.	Wirthsholz	Niederb.	Witzenzell	Niederb.
Wintersollen	Oberb.	Wirthsmühle	Oberb.	Witzersdorf	Niederb.
Wintersperg (2)	Niederb.	Wirthsmühle	Ob.Pf.	Witzighausen	Schwb.
Wintersreuth	Ob.Frk.	Wirthsmühle	Mitt.Frk.	Witzigman	Schwb.
Wintersteig	Niederb.	Wirthsmühle	Unt.Frk.	Witzingerreith (2)	Niederb.
Winterstein	Ob.Frk.	Wirthsschleife	Ob.Pf.	Witzlasreuth	Ob.Pf.
Winterstetten	Niederb.	Wirthswies	Ob.Pf.	Witzlebensmühle	Ob.Frk.
Winterstube	Oberb.	Wischenhofen	Ob.Pf.	Witzleshofen	Ob.Frk.
Winterthal	Rh.Pf.	Wischlberg	Niederb.	Witzlhof (2)	Ob.Pf.
Wintgrub	Niederb.	Wiselhub	Niederb.	Witzling	Oberb.
Winzenhohl	Unt.Frk.	Wising	Niederb.	Witzling	Niederb.
Winzenmühle	Rh.Pf.	Wislsperg	Niederb.	Witzlricht	Ob.Pf.
Winzer	Niederb.	Wisselsdorf	Niederb.	Witzlsberg	Niederb.
Winzer	Ob.Pf.	Wisselsing	Niederb.	Witzmann	Niederb.
Winzer	Schwb.	Wissersdorf	Oberb.	Witzmanning	Niederb.
Winzerau	Niederb.	Wißing	Niederb.	Witzmannsberg	
Winzersdorf	Niederb.	Wissing	Mitt.Frk.	(2)	Niederb.
Winzingen	Rh.Pf.	Wittbach	Unt.Frk.	Witzmannsberg	
Winzlen	Rh.Pf.	Wittelshofen	Mitt.Frk.	(2)	Ob.Frk.
Wipfel	Schwb.	Wittenbach	Mitt.Frk.	Witzmannsmühle	Mitt.Frk.
Wipfeld	Unt.Frk.	Wittenfeld	Mitt.Frk.	Witzmansberg	Niederb.
Wipfelsberg	Oberb.	Wittershausen	Unt.Frk.	Witzmoning	Oberb.
Wipfelsfurt	Niederb.	Wittersheim	Rh.Pf.	Wizlarn	Ob.Pf.
Wipfling	Oberb.	Wittersheimer-		Wizling	Niederb.
Wippenauhöfe	Mitt.Frk.	mühle	Rh.Pf.	Wochenreit	Niederb.
Wippenbach	Niederb.	Wittersitt	Niederb.	Wochenweis	Niederb.
Wippendorf	Mitt.Frk.	Wittesheim	Schwb.	Woching	Niederb.
Wippenhausen	Oberb.	Wittesheimer-		Wöcka	Niederb.
Wipping	Oberb.	mühle	Schwb.	Wöckeling	Oberb.
Wippl	Niederb.	Wittgemark	Rh.Pf.	Wöffler	Oberb.
Wippling	Niederb.	Wittgenberg	Rh.Pf.	Wögel	Oberb.
Wippstetten	Niederb.	Wittibreith	Niederb.	Wöhr (2)	Oberb.
Wirbenz	Ob.Pf.	Wittibsmühle	Oberb.	Wöhr	Niederb.
Wirm	Niederb.	Witting	Oberb.	Wöhrasbach	Oberb.
Wirmsthal	Unt.Frk.	Wittislingen	Schwb.	Wöhrd	Mitt.Frk
Wirnsing	Niederb.	Wittleiters, ober	Schwb.	Wöhrermühle	Oberb.
Wirnsricht	Ob.Pf.	Wittleiters, unter	Schwb.	Wöhrhof (3)	Ob.Pf.
Wirschhauser-		Wittler	Schwb.	Wöhrhäusl	Niederb.
mühle	Rh.Pf.	Wittmeß	Mitt.Frk.	Wöhrmühle	Oberb.
Wirschweilerhof	Rh.Pf.	Wittsberg	Niederb.	Wöhrmühle	Niederb.
Wirsfeld	Ob.Pf.	Wittschau	Ob.Pf.	Wöhrmühle	Mitt.Frk.
Wirthelm	Unt.Frk.	Wittumhof	Mitt.Frk.	Wöhrt	Niederb.
Wirthshalbe	Schwb.	Witzelsdorf	Niederb.	Wöhrt	Ob.Frk.
Wirthshaus	Rh.Pf.	Witzelsmühl	Ob.Pf.	Wöland	Ob.Pf.
Wirthshaus am		Witzenberg	Schwb.	Wölbattendorf	Ob.Frk.
Sauforst	Ob.Pf.	Witzenbichl	Oberb.	Wölbersbach	Ob.Frk.
Wirthshof	Ob.Pf.	Witzenthal	Oberb.	Wölfelau	Niederb.

Wölfelkofen — Wolferts. 293

Wölfelkofen (2)	Niederb.	Wörschhaus	Oberb.	Wohnstg	Ob.Frk.		
Wölfing	Oberb.	Wörschhausen	Oberb.	Woja	Ob.Frk.		
Wölfl (2)	Oberb.	Wörschweiler	Rh.Pf.	Wolbing	Niederb.		
Wölfl	Niederb.	Wörschweilerhof	Rh.Pf.	Woishub	Oberb.		
Wölflmühle	Oberb.	Wörth (6)	Oberb.	Woldang	Schwb.		
Wölflsberg	Niederb.	Wörth, nieder		Wolf	Niederb.		
Wölgaba	Ob.Frk.	und ober	Oberb.	Wolfa	Niederb.		
Wölkendorf	Ob.Frk.	Wörth, Insel		Wolfakirchen	Niederb.		
Wölkendorf	Unt.Frk.	Wörth ober		Wolfanger	Oberb.		
Wölkerl	Niederb.	Roseninsel	Oberb.	Wolfartswinden	Mitt.Frk.		
Wölkersdorf	Niederb.	Wörth (2)	Niederb.	Wolfau	Oberb.		
Wölkersdorf	Ob.Pf.	Wörth	Rh.Pf.	Wolfau (3)	Niederb.		
Wölkham (2)	Oberb.	Wörth (2)	Ob.Pf.	Wolfauergangl	Niederb.		
Wöllenburg	Schwb.	Wörth, ober und		Wolfbauer	Oberb.		
Wöllershof	Ob.Pf.	unter	Ob.Pf.	Wolfberg	Schwb.		
Wöllhub	Oberb.	Wörth am Main	Unt.Frk.	Wolfbühl	Schwb.		
Wölling	Oberb.	Wörth (2)	Schwb.	Wolfbobl	Oberb.		
Wölling, auch		Wörthen	Oberb.	Wolfeck (2)	Oberb.		
Willing	Oberb.	Wörthhof	Ob.Pf.	Wolfelmühle	Oberb.		
Wöllkam	Oberb.	Wörthinger	Niederb.	Wolfen (2)	Schwb.		
Wöllmannsbach	Ob.Pf.	Wörthmühle	Niederb.	Wolfenhäusl	Oberb.		
Wöllmezhofen	Mitt.Frk.	Wössen	Oberb.	Wolfenhof	Ob.Frk.		
Wöllrieb	Unt.Frk.	Wössmann	Oberb.	Wolfenmühle	Unt.Frk.		
Wölm	Ob.Frk.	Wötting	Oberb.	Wolferding	Niederb.		
Wölsau	Ob.Frk.	Woffenbach	Ob.Pf.	Wolfering	Oberb.		
Wölsauerhammer	Ob.Frk.	Woffendorf	Ob.Frk.	Wolferkofen	Niederb.		
Wölschmühl	Oberb.	Woffenricht	Ob.Pf.	Wolfersbach-			
Wölsdorf	Ob.Pf.	Wofferlthal	Niederb.	mühle	Niederb.		
Wölsenberg	Ob.Pf.	Wogesland	Ob.Frk.	Wolfersberg	Oberb.		
Wölsendorf	Ob.Pf.	Wohlbach	Schwb.	Wolfersdorf	Oberb.		
Wölsenhof	Ob.Pf.	Wohlfahrts	Ob.Pf.	Wolfersdorf (5)	Niederb.		
Wölser	Schwb.	Wohlfest		Wolfersdorf (2)	Ob.Pf.		
Wörgand (2)	Oberb.	Wohlfing, siehe		Wolfersdorf (2)	Ob.Frk.		
Wörishofen	Schwb.	Wollsack	Oberb.	Wolfersdorf	Mitt.Frk.		
Wörlach	Oberb.	Wohlmannsge-		Wolferseck	Niederb.		
Wörleschwang	Schwb.	sees	Ob.Frk.	Wolfersgrün	Ob.Frk.		
Wörlhof	Oberb.	Wohlmuths (2)	Schwb.	Wolfersheim	Rh.Pf.		
Wörmersdorf	Mitt.Frk.	Wohlmuthshühl	Ob.Frk.	Wolfersing	Oberb.		
Wörnbrunn	Oberb.	Wohlsprach	Ob.Pf.	Wolferskam	Oberb.		
Wörner	Niederb.	Wohlstorf	Niederb.	Wolfersreuth	Ob.Pf.		
Wörnern	Oberb.	Wohmbrechts	Schwb.	Wolferstadt	Schwb.		
Wörnitz	Mitt.Frk.	Wohnau	Unt.Frk.	Wolferstetten	Oberb.		
Wörnitzhofen	Mitt.Frk.	Wohnbach	Mitt.Frk.	Wolfersthal	Mitt.Frk.		
Wörnitzostheim	Schwb.	Wohnen	Schwb.	Wolferszell	Niederb.		
Wörnitzstein	Schwb.	Wohngehai	Ob.Frk.	Wolfertshau	Niederb.		
Wörnsmühle	Oberb.	Wohnroth	Unt.Frk.	Wolferting (2)	Oberb.		
Wörschbach	Rh.Pf.	Wohnsdorf	Ob.Frk.	Wolferts	Schwb.		

294   Wolfertsau — Wollishausermühle.

Wolfertsau	Oberb.	Wolfsbach	Niederb.	Wolfsöd	Niederb.
Wolfertsberg (2)	Schwb.	Wolfsbach	Ob.Pf.	Wolfspoint	Oberb.
Wolfertsbronn	Mitt.Frk.	Wolfsbach (3)	Ob.Frk.	Wolfsricht	Ob.Pf.
Wolfertschlag	Niederb.	Wolfsberg (8)	Oberb.	Wolfsried	Schwb.
Wolfertschwenden	Schwb.	Wolfsberg (3)	Niederb.	Wolfssäge	Rh.Pf.
Wolfertsed	Oberb.	Wolfsberg (2)	Ob.Frk.	Wolfstall	Oberb.
Wolfertshausen (2)	Oberb.	Wolfsberg	Schwb.	Wolfsteig	Niederb.
		Wolfsbichl	Niederb.	Wolfstein (3)	Niederb.
Wolfertshausen	Niederb.	Wolfsbronn	Mitt.Frk.	Wolfstein	Rh.Pf.
Wolfertshofen	Ob.Pf.	Wolfsbuch	Ob.Pf.	Wolfstein	Ob.Pf.
Wolfertshofen	Schwb.	Wolfsbühl	Ob.Pf.	Wolfstein	Ob.Frk.
Wolfertskofen	Niederb.	Wolfsbühl	Mitt.Frk.	Wolfsteinerau	Niederb.
Wolfertsreith	Niederb.	Wolfsburg	Rh.Pf.	Wolfstrigl	Niederb.
Wolfertsried	Oberb.	Wolfschädlmühl	Niederb.	Wolfswinkl	Oberb.
Wolfertsried	Niederb.	Wolfscheiben	Niederb.	Wolfzahn	Oberb.
Wolfertszwing	Ob.Pf.	Wolfsdorf	Niederb.	Wolkar	Niederb.
Wolfessen	Niederb.	Wolfsdorf	Ob.Frk.	Wolkenberg (2)	Schwb.
Wolfetsfeld	Ob.Pf.	Wolfsdrüsl	Niederb.	Wolkenstein	Ob.Frk.
Wolfgang	Oberb.	Wolfseck (3)	Niederb.	Wolkerding	Oberb.
Wolfgang Sct.	Oberb.	Wolfsee	Oberb.	Wolkering	Oberb.
Wolfgang Sct.	Niederb.	Wolfsegg	Ob.Pf.	Wolkering	Ob.Pf.
Wolfgang Sct. (2)	Ob.Pf.	Wolfsfeld	Ob.Pf.	Wolkersdorf (2)	Oberb.
		Wolfsfelben	Mitt.Frk.	Wolkersdorf	Mitt.Frk.
Wolfgang Sct.	Unt.Frk.	Wolfsgassen	Niederb.	Wolkertsham	Niederb.
Wolfgang Sct.	Schwb.	Wolfsgraben	Ob.Frk.	Wolkertshofen	Mitt.Frk.
Wolfgangsberg Sct.	Niederb.	Wolfsgrub (4)	Oberb.	Wolkertshofnermühle	Mitt.Frk.
		Wolfsgrub	Niederb.		
Wolfgangsberg	Schwb.	Wolfsgrub	Rh.Pf.	Wolkofen	Niederb.
Wolframing	Oberb.	Wolfsgrub	Ob.Pf.	Wolkshausen	Unt.Frk.
Wolfgrub (3)	Oberb.	Wolfshausen	Niederb.	Wollaberg, siehe Vorderwollaberg	Niederb.
Wolfgrub	Niederb.	Wolfshof	Oberb.		
Wolfhamming	Oberb.	Wolfsindis	Niederb.		
Wolfhausen (2)	Oberb.	Wolfskehl	Oberb.	Wollau	Ob.Pf.
Wolfhof	Oberb.	Wolfskehl	Ob.Frk.	Wollbach (2)	Unt.Frk.
Wolfholz	Schwb.	Wolfsknock	Ob.Frk.	Wollbach	Schwb.
Wolfing	Niederb.	Wolfskofen	Ob.Pf.	Wollemoos	Oberb.
Wolfis	Schwb.	Wolfskugl	Niederb.	Wollenberg	Niederb.
Wolfliehr	Ob.Pf.	Wolfslegel	Ob.Pf.	Wollenhofen	Oberb.
Wolfmühle (2)	Oberb.	Wolfsloch	Rh.Pf.	Wollerding	Oberb.
Wolfram	Oberb.	Wolfsloch	Ob.Frk.	Wollersdorf	Oberb.
Wolframs	Ob.Pf.	Wolfslohe	Ob.Frk.	Wollersdorf	Niederb.
Wolframshof	Ob.Pf.	Wolfsmühle	Rh.Pf.	Wollersdorf	Mitt.Frk.
Wolfratshausen	Oberb.	Wolfsmühle (5)	Mitt.Frk.	Wolleistall	Ob.Pf.
Wolfring	Ob.Pf.	Wolfsmühle	Unt.Frk.	Wolljam	Niederb.
Wolfs (2)	Schwb.	Wolfsmühle	Schwb.	Wollishausen	Schwb.
Wolfsacker	Niederb.	Wolfsmünster	Unt.Frk.	Wollishausermühle	Schwb.
Wolfsau (2)	Mitt.Frk.	Wolfsöd	Oberb.		

Wollmann	Niederb.	Wornfeld	Schwb.	Würzweiler	Rh.Pf.
Wollmannsberg	Oberb.	Wornsdorf (2)	Niederb.	Wüstbuch	Ob.Frk.
Wollmannsdorf	Ob.Pf.	Wortlstetten	Schwb.	Wüstenberg	Niederb.
Wollmannstett	Oberb.	Worzeldorf	Mitt.Frk.	Wüstenbirkach,	
Wollmannstetten	Oberb.	Wotting	Oberb.	oder Hohen-	
Wollmering (2)	Niederb.	Wotzdorf	Niederb.	birkach	Unt.Frk.
Wollmesheim	Rh.Pf.	Wotzendorf	Ob.Frk.	Wüstenbruck	Mitt.Frk.
Wollmetshofen	Schwb.	Wotzing	Oberb.	Wüstenbrunn	Ob.Frk.
Wollöd	Niederb.	Wotzing	Niederb.	Wüstenbuch	Ob.Frk.
Wollprechting	Oberb.	Wotzmannsdorf		Wüstenbuchau	Ob.Frk.
Wollsack, oder		(2)	Niederb.	Wüstendorf	Ob.Frk.
Wohlsing	Oberb.	Wotzmannsreith	Niederb.	Wüstendorf	Mitt.Frk.
Wollsberg	Oberb.	Wühn	Niederb.	Wüstenfelden	Unt.Frk.
Wollwies	Oberb.	Wühnried	Niederb.	Wüstensaal	Ob.Frk.
Wolnzach	Oberb.	Wühr	Niederb.	Wüstensachsen	Unt.Frk.
Wolnzhofen	Ob.Pf.	Wührmühle	Niederb.	Wüstenselbitz	Ob.Frk.
Wolpersreuth	Ob.Frk.	Wülserhausen	Unt.Frk.	Wüstenstein	Ob.Frk.
Wolperstetten	Schwb.	Wülsershausen	Unt.Frk.	Wüstenthal	Oberb.
Wolpertsau	Schwb.	Wülflingen	Unt.Frk.	Wüstenweiler	Mitt.Frk.
Wolsbach	Ob.Pf.	Wüllersdorf	Mitt.Frk.	Wüstenwelzberg	Unt.Frk.
Woltersgrün	Ob.Frk.	Wülzburg	Mitt.Frk.	Wüstenzell	Unt.Frk.
Woltershof	Ob.Pf.	Wünchen	Niederb.	Wüstersberg	Oberb.
Wombach	Unt.Frk.	Wünn	Ob.Pf.	Wüstgenbacher-	
Wonbreb	Ob.Pf.	Wünn	Mitt.Frk.	hof	Rh.Pf.
Wonbreberham-		Wünnricht	Ob.Pf.	Wüsthölden	Oberb.
mer	Ob.Pf.	Wünschenbach	Ob.Pf.	Wüstl	Oberb.
Wonfurt	Unt.Frk.	Wünschendorf	Ob.Frk.	Wüstmühle	Rh.Pf.
Wonnau	Oberb.	Wünzelburg	Mitt Frk.	Wüstphül	Mitt.Frk.
Wonneberg, auch		Würbertshofen	Mitt.Frk.	Wüstuben	Ob.Frk.
Sct. Leonhard	Oberb.	Würbing	Niederb.	Wuhlreichlng	Niederb.
Wonsees	Ob.Frk.	Würgau	Ob.Frk.	Wuhr	Oberb.
Wooghaus	Rh.Pf.	Würgauermühle	Ob.Frk.	Wuhr	Niederb.
Woogmühle	Rh.Pf.	Würgelham	Oberb.	Wuhr, auf der	Schwb.
Woogsacker-		Würm	Niederb.	Wuhr, auf'm	Schwb.
mühle	Rh.Pf.	Würmau	Oberb.	Wuhrbichl	Oberb.
Woppenhof	Ob.Pf.	Würmbauer	Niederb.	Wuhrmühle (2)	Oberb.
Woppenrieth (2)	Ob.Pf.	Würnethshof	Ob.Pf.	Wulfertshausen	Oberb.
Woppenthal	Ob.Pf.	Würnetzried	Ob.Pf.	Wulfing	Ob.Pf.
Woppmannsberg	Ob.Pf.	Würnreuth	Ob.Pf.	Wulga, auch	
Woppmannsdorf		Würnsreuth	Ob.Pf.	Wolfar	Niederb.
(2)	Ob.Pf.	Würschermühle	Rh.Pf.	Wulkersdorf	Ob.Pf.
Woppmannszell	Ob.Pf.	Würting	Niederb.	Wulkersdorf	Mitt.Frk.
Wopping	Niederb.	Würzburg	Unt.Frk.	Wullendorf	Niederb.
Woringen	Schwb.	Würzburgerhof	Unt.Frk.	Wullenstetten	Schwb.
Workerszell	Mitt.Frk.	Würzelburg	Niederb.	Wullersdorf	Niederb.
Wormuthsgesees	Ob.Frk.	Würzmühle	Rh.Pf.	Wullnhof	Ob.Pf.
Wornebing	Oberb.	Würzing (2)	Niederb.	Wulmersreuth	Ob.Frk.

Wulting	Ob.Pf.	Wurmaign	Niederb.	Wurmsgefäll	Ob.Pf.
Wunau	Ob.Frk.	Wurmansquik	Niederb.	Wurmsham	Niederb.
Wundenbach	Ob.Frk.	Wurmannsreit	Niederb.	Wurz (2)	Niederb.
Wunder (2)	Niederb.	Wurmbach, ober	Mitt.Frk.	Wurzach (2)	Oberb.
Wunderburg	Ob.Frk.	Wurmbach, unter		Wurzenberg	Oberb.
Wunderburg, Schloßruine	Ob.Frk.	auch Nieder-wurmbach	Mitt.Frk.	Wurzhof	Ob.Pf.
				Wurzstein	Ob.Frk.
Wunderburg	Mitt.Frk.	Wurmdorf	Niederb.	Wustendorf	Mitt.Frk.
Wundergut	Ob.Frk.	Wurmeck	Niederb.	Wustlaun	Ob.Pf.
Wundermühle	Niederb.	Wurmedegen	Schwb.	Wustuben	Ob.Frk.
Wundersdorf	Oberb.	Wurmesau	Oberb.	Wustubenmühle	Ob.Frk.
Wunderskirchen	Oberb.	Wurmetshaun	Oberb.	Wustung (3)	Ob.Frk.
Wunkendorf	Ob.Frk.	Wurmgarten	Oberb.	Wustvlel	Unt.Frk.
Wunna, auch Pommer	Ob.Frk.	Wurmloh	Ob.Frk.	Wutschdorf	Ob.Pf.
		Wurmmühle	Mitt.Frk.	Wutschenhof	Unt.Frk.
Wunschenberg	Ob.Pf.	Wurmrausch	Ob.Pf.	Wuttlgmühle	Ob.Frk.
Wunschenmühl	Ob.Frk.	Wurms	Schwb.	Wuzelborf	Ob.Pf.
Wunsheim	Ob.Pf.	Wurmsdorf	Oberb.	Wuzelkühn	Ob.Pf.
Wunsiedel	Ob.Frk.	Wurmsdorf	Niederb.	Wuzmühle	Ob.Pf.
Wurbach	Ob.Frk.	Wurmseck	Niederb.	Wuzelhofen	Ob.Pf.
Wurlitz	Ob.Frk.	Wurmsed	Niederb.		

X.

Xanderl	Niederb.	Xyger	Oberb.		

Z.

Zaar	Ob.Pf.	Zaberhof	Oberb.	Zainach (2)	Oberb.
Zabelstein	Unt.Frk.	Zänkersmühle	Unt.Frk.	Zainach (2)	Niederb.
Zach (2)	Oberb.	Zäpfelshof	Rh.Pf.	Zainblmühle	Niederb.
Zachen	Oberb.	Zageln	Oberb.	Zainhammer	Ob.Frk.
Zachenberg (2)	Niederb.	Zagl (2)	Oberb.	Zaining (2)	Niederb.
Zachenöd	Niederb.	Zaglach	Oberb.	Zairing	Oberb.
Zacher	Schwb.	Zaglau	Niederb.	Zais	Oberb.
Zacherlöd	Oberb.	Zaglhäusl	Oberb.	Zaisach	Oberb.
Zacherlwimm	Niederb.	Zahlbach	Unt.Frk.	Zaisberg	Oberb.
Zachermühle (2)	Niederb.	Zahlersberg	Oberb.	Zaiselhof	Niederb.
Zachersdorf	Oberb.	Zahling	Oberb.	Zaislham	Oberb.
Zacherstorf	Niederb.	Zahrmühle	Niederb.	Zaislhaus	Oberb.
Zachsdorf	Niederb.	Zaiertshofen	Schwb.	Zaismering	Oberb.
Zacling	Oberb.	Zaillach	Niederb.	Zaißing	Oberb.
Zadels	Schwb.	Zain	Oberb.	Zaitzhofen	Niederb.

Zaitzkofen — Zellboden. 297

Zaitzkofen	Niederb.	Zechthof	Oberb.	Zeinberg	Ob.Pf.
Zambdorf	Oberb.	Zeckenberg	Ob.Pf.	Zeindl	Niederb.
Zandt	Niederb.	Zeckendorf	Ob.Frk.	Zeindlhut	Niederb.
Zangberg	Oberb.	Zeckenmühle	Ob.Frk.	Zeinelshof	Ob.Pf.
Zangenstein	Ob.Pf.	Zeckern	Ob.Frk.	Zeinhammer	Ob.Pf.
Zankel	Oberb.	Zederitz	Ob.Frk.	Zeinrieth	Ob.Pf.
Zankelberg	Ob.Pf.	Zedwitz	Ob.Frk.	Zeisach	Oberb.
Zankelmann	Niederb.	Zeegendorf	Ob.Frk.	Zeiselham	Oberb.
Zanken	Oberb.	Zeegendorfer-		Zeiselmühle	Unt.Frk.
Zankendorf	Ob.Pf.	mühle	Ob.Frk.	Zeisenbronn	Mitt.Frk.
Zankenhausen	Oberb.	Zegast	Ob.Frk.	Zeisenmühle	Ob.Pf.
Zanker	Niederb.	Zegastmühle	Ob.Frk.	Zeisenried	Schwb.
Zankl (3)	Niederb.	Zehdorf	Mitt.Frk.	Zeisensweiler	Schwb.
Zanklau	Niederb.	Zehenthof (5)	Oberb.	Zeisering	Oberb.
Zansham	Oberb.	Zehenthof	Ob.Pf.	Zeisertshofen	Schwb.
Zant	Ob.Pf.	Zehenthof	Mitt.Frk.	Zeiskam	Rh.Pf.
Zant (2)	Mitt.Frk.	Zehentmeister	Schwb.	Zeiskamermühle	Rh.Pf.
Zantermühle	Mitt.Frk.	Zehentreith	Niederb.	Zeismaier	Oberb.
Zapfendorf	Ob.Frk.	Zehentstadel (2)	Oberb.	Zeißau	Ob.Pf.
Zapfenmühle	Mitt.Frk.	Zehentwiesen	Niederb.	Zeitelhof	Ob.Pf.
Zapfenmühle (2)	Unt.Frk.	Zehetleiten	Niederb.	Zeitelwaldt	Ob.Frk.
Zapfenried	Niederb.	Zeholfing	Niederb.	Zeitlang	Niederb.
Zartenhaus	Ob.Frk.	Zeidlweid	Ob.Pf.	Zeitlarn	Oberb.
Zattling	Niederb.	Zeisen	Oberb.	Zeitlarn (2)	Niederb.
Zaubach	Ob.Frk.	Zeil (5)	Oberb.	Zeitlarn (2)	Ob.Pf.
Zaubernsdorf	Mitt.Frk.	Zeil (3)	Niederb.	Zeitldorf	Niederb.
Zaugendorf	Unt.Frk.	Zeil	Unt.Frk.	Zeitlborn	Niederb.
Zaumberg	Schwb.	Zeil, im	Schwb.	Zeitlborn	Ob.Pf.
Zaun (5)	Oberb.	Zeilach	Oberb.	Zeitlhof (2)	Niederb.
Zaun (5)	Niederb.	Zeilach	Niederb.	Zeitloss	Unt.Frk.
Zaunach	Oberb.	Zeilach	Mitt.Frk.	Zeizenhof	Unt.Frk.
Zaunbrechel	Niederb.	Zeilarn	Oberb.	Zelg	Oberb.
Zaundorf	Niederb.	Zeilbach (2)	Niederb.	Zelger	Oberb.
Zauned	Oberb.	Zeilding	Oberb.	Zelger	Niederb.
Zauner (3)	Oberb.	Zeiler (2)	Oberb.	Zell (14)	Oberb.
Zauner	Niederb.	Zeilerhäusl	Ob.Pf.	Zell (10)	Niederb.
Zaunhub (2)	Oberb.	Zeilern	Oberb.	Zell	Rh.Pf.
Zaunlos	Oberb.	Zeilhof	Oberb.	Zell (3)	Ob.Pf.
Zaunmühle (2)	Niederb.	Zeilhofen	Oberb.	Zell	Ob.Frk.
Zaunsöd	Niederb.	Zeilhub (2)	Oberb.	Zell	Mitt.Frk.
Zaunwörth	Oberb.	Zeiling (2)	Oberb.	Zell (3)	Unt.Frk.
Zaupenberg	Ob.Frk.	Zeiling (2)	Niederb.	Zell (4)	Schwb.
Zausing	Niederb.	Zeilitzheim	Unt.Frk.	Zellbach	Oberb.
Zebhausen	Oberb.	Zeilling	Niederb.	Zellbach	Niederb.
Zech, obere	Ob.Frk.	Zelln	Oberb.	Zellberg	Oberb.
Zech, untere	Ob.Frk.	Zellorn, ober		Zellberg	Niederb.
Zechenhaus	Ob.Frk.	Zeilarn	Niederb.	Zellboden	Oberb.

19*

Zellen	Schwb.	Beßmannsrieth	Ob.Pf.	Ziegelhütte (5)	Oberb.
Zellenlehen	Oberb.	Bessau	Ob.Pf.	Ziegelhütte (10)	Niederb.
Zeller	Schwb.	Bettel	Oberb.	Ziegelhütte (42)	Rh.Pf.
Zellerau	Oberb.	Bettelsdorf	Ob.Frk.	Ziegelhütte, in
Zellereith	Oberb.	Bettisch	Niederb.	Schüren	Rh.Pf.
Zellergut	Mitt.Frk.	Bettisch	Ob.Pf.	Ziegelhütte (26)	Ob.Pf.
Zellerhof	Oberb.	Bettlaichen	Oberb.	Ziegelhütte, alte	Ob.Pf.
Zellermartin	Schwb.	Bettlitz	Ob.Pf.	Ziegelhütte, beim
Zellermühle	Oberb.	Bettlitz (4)	Ob.Frk.	Pfälzerstein	Ob.Pf.
Zellermühle	Niederb.	Bettlitz, obere	Ob.Frk.	Ziegelhütte, neue	Ob.Pf.
Zellermühle	Schwb.	Bettlitz, untere	Ob.Frk.	Ziegelhütte (54)	Ob.Frk.
Zellers (2)	Schwb.	Bettmaisel (2)	Ob.Frk.	Ziegelhütte (22)	Mitt.Frk.
Zellershub	Oberb.	Bettmannsdorf	Ob.Frk.	Ziegelhütte (64)	Unt.Frk.
Zellesmühle	Mitt.Frk.	Beubach	Ob.Frk.	Ziegelhütte (7)	Schwb.
Zellhausen	Oberb.	Beubelried	Unt.Frk.	Ziegelhütten	Oberb.
Zellhof (2)	Oberb.	Beublitz	Ob.Frk.	Ziegelhütten (2)	Niederb.
Zellhub	Niederb.	Beughaus (2)	Unt.Frk.	Ziegelhütten	Rh.Pf.
Zellingen	Unt.Frk.	Beughaus	Schwb.	Ziegelhütten, alte	Rh.Pf.
Zellmühle	Oberb.	Beulenreuth	Ob.Pf.	Ziegelhütten, neue	Rh.Pf.
Zellmühle	Ob.Pf.	Beuln, auch		Ziegelhütten (7)	Ob.Pf.
Zelln	Oberb.	Marktzeuln	Ob.Frk.	Ziegelhütten (3)	Ob.Frk.
Zellnerschwaiger	Niederb.	Beuzleben	Unt.Frk.	Ziegelhütten	Mitt.Frk.
Zellöd	Oberb.	Bezern	Ob.Frk.	Ziegelhütten (2)	Unt.Frk.
Zellrüglingen	Mitt.Frk.	Zickzack	Rh.Pf.	Ziegelmann	Niederb.
Zellschwaig	Oberb.	Ziechen	Oberb.	Ziegelmühle	Ob.Pf.
Zellsee	Oberb.	Ziegelalgen	Niederb.	Ziegelmühle (3)	Ob.Frk.
Zellwies	Oberb.	Ziegelanger	Unt.Frk.	Ziegelmühle (2)	Mitt.Frk.
Zellwies (2)	Niederb.	Ziegelau	Schwb.	Ziegelmühle, auch
Zelten	Oberb.	Ziegelbach	Oberb.	Schneckenmühle	Mitt.Frk.
Zeltendorf	Niederb.	Ziegelbauer	Niederb.	Ziegelmühle (2)	Unt.Frk.
Zeltenreuth	Ob.Pf.	Ziegelbauer	Ob.Pf.	Ziegelmühle (2)	Schwb.
Zenau	Oberb.	Ziegelberg	Oberb.	Ziegelnöbach	Oberb.
Zenching	Niederb.	Ziegelberg	Schwb.	Ziegelöd	Niederb.
Zengerhof	Ob.Pf.	Ziegelei (4)	Oberb.	Ziegelofen (3)	Niederb.
Zengeröd	Ob.Pf.	Ziegelei (2)	Schwb.	Ziegelofen (2)	Ob.Pf.
Zengerslohe	Ob.Frk.	Ziegelerden	Ob.Frk.	Ziegelpeter	Niederb.
Zeno Sct.	Oberb.	Ziegelgrub	Niederb.	Ziegelreith	Niederb.
Zentbechhofen	Ob.Frk.	Ziegelhäusel	Ob.Pf.	Ziegelsambach	Ob.Frk.
Zenting	Niederb.	Ziegelhäusl	Ob.Pf.	Ziegelstadel (31)	Oberb.
Zenz	Oberb.	Ziegelhaus	Niederb.	Ziegelstadel, auch
Zenzel	Oberb.	Ziegelhaus	Ob.Frk.	Neustein	Oberb.
Zenzelhub	Niederb.	Ziegelhaus	Mitt.Frk.	Ziegelstadel (27)	Niederb.
Zenzing	Ob.Pf.	Ziegelhaus	Schwb.	Ziegelstadel	Rh.Pf.
Zeppenmühle	Rh.Pf.	Ziegelhof (2)	Ob.Pf.	Ziegelstadel (6)	Ob.Frk.
Zereshof	Ob.Pf.	Ziegelhof (2)	Mitt.Frk.	Ziegelstadel (12)	Mitt.Frk.
Zerzabelshof	Mitt.Frk.	Ziegelhof (2)	Unt.Frk.	Ziegelstadel (5)	Unt.Frk.
Zeselberg	Rh.Pf.	Ziegelhof	Schwb.	Ziegelstadel (76)	Schwb.

Ziegelstadl	Niederb.	Zienft	Ob.Pf.	Zinneberg	Oberb.
Ziegelstadl (6)	Ob.Pf.	Zierbach	Niederb.	Zinsberg	Niederb.
Ziegelstadl	Mitt.Frk.	Zierberg	Oberb.	Zinselhof	Mitt.Frk.
Ziegelstadl	Unt.Frk.	Zierberg	Niederb.	Zintlhammer	Ob.Pf.
Ziegelstädel	Ob.Pf.	Zierlmühle	Oberb.	Zinzendorf	Ob.Pf.
Ziegelstein	Mitt.Frk.	Ziermühle	Niederb.	Zinzenzell	Niederb.
Ziegenbach	Mitt.Frk.	Ziertheim	Schwb.	Zipf	Niederb.
Ziegenberg, auch		Ziffer	Oberb.	Zipfer	Oberb.
Heiligenkreuz	Mitt.Frk.	Ziffern	Oberb.	Zipfhausen	Oberb.
Ziegenbock	Unt.Frk.	Zifsler	Niederb.	Zipfleck	Oberb.
Ziegenbrück	Ob.Frk.	Zifling	Ob.Pf.	Zipfwies	Niederb.
Ziegenburg	Ob.Frk.	Zigeunermühle	Ob.Frk.	Zipfwang	Schwb.
Ziegendorf	Mitt.Frk.	Zilchenricht	Ob.Pf.	Zips	Ob.Frk.
Ziegenfeld	Ob.Frk.	Zilgendorf	Ob.Frk.	Zirblgmühl	Ob.Frk.
Ziegengraben	Ob.Frk.	Zillber	Niederb.	Zirgesheim	Schwb.
Ziegenhof	Ob.Pf.	Zillenberg	Oberb.	Zirkendorf	Ob.Pf.
Ziegenhof	Mitt.Frk.	Zillendorf	Ob.Pf.	Zirkenreuth	Ob.Pf.
Ziegenmühle	Ob.Pf.	Zillham	Oberb.	Zirling	Niederb.
Ziegenmühle	Ob.Frk.	Zillheim	Ob.Pf.	Zirn	Niederb.
Ziegertshof	Ob.Pf.	Zillhofen (2)	Oberb.	Zirnberg (2)	Niederb.
Ziegetsdorf	Ob.Pf.	Zilling	Niederb.	Zirnberg	Ob.Pf.
Zieglaign	Niederb.	Zimmerain	Oberb.	Zirndorf (2)	Mitt.Frk.
Ziegler (4)	Oberb.	Zimmerau	Oberb.	Zirndorf	Schwb.
Ziegler (3)	Niederb.	Zimmerau	Unt.Frk.	Zirndorfermühle	Mitt.Frk.
Ziegler (2)	Ob.Pf.	Zimmerhof	Ob.Pf.	Zischendorf	Mitt.Frk.
Ziegler, beim	Ob.Pf.	Zimmerjagel	Niederb.	Zischgenbauer	Schwb.
Ziegler (5)	Mitt.Frk.	Zimmering	Ob.Pf.	Zischkel, a. Zistl-	
Ziegler (11)	Schwb.	Zimmermann (2)	Niederb.	häusl	Oberb.
Zieglerhäuseln	Niederb.	Zimmermann,		Ziselsberg	Niederb.
Zieglhäuser	Ob.Pf.	zum	Schwb.	Ziffenhof	Ob.Pf.
Zieglhäusl	Ob.Pf.	Zimmermeister	Oberb.	Zißler	Oberb.
Zieglhäusln	Ob.Pf.	Zimmermeister	Niederb.	Zißlerhäusl	Ob.Pf.
Zieglhaus	Oberb.	Zimmermeister	Schwb.	Zißlmühle	Ob.Pf.
Zieglhub (2)	Oberb.	Zimmermühle	Ob.Frk.	Zist (2)	Oberb.
Zieglhub	Niederb.	Zimmermühle	Unt.Frk.	Zisterau	Niederb.
Zieglmiltach	Oberb.	Zimmern	Niederb.	Zisterhof	Niederb.
Zieglmoos	Oberb.	Zimmern	Mitt.Frk.	Ziswingen	Schwb.
Zieglmühle	Mitt.Frk.	Zimmern	Unt.Frk.	Zittenfelden	Unt.Frk.
Zieglreuth	Oberb.	Zimmersdorf	Mitt.Frk.	Zittenhof	Niederb.
Zieglreuth	Niederb.	Zimmerthütte	Niederb.	Zitterhub	Oberb.
Zieglsham	Oberb.	Zimmthütte	Niederb.	Zizelheim	Schwb.
Zieglwaller	Oberb.	Zink	Niederb.	Zobelberg	Schwb.
Ziegmühle	Ob.Pf.	Zinkenflur	Ob.Frk.	Zochenreuth	Ob.Frk.
Ziehlechen, auch		Zinkenhalden	Schwb.	Zöhrerhof	Niederb.
Zillehen	Oberb.	Zinkenmühle (2)	Unt.Frk.	Zöllbach	Niederb.
Ziehring	Ob.Pf.	Zinkenrieb	Niederb.	Zölz	Ob.Pf.
Ziemetshausen	Schwb.	Zinn	Niederb.	Zöpfhalden	Oberb.

Böschingen	Schwb.	Buckmantel	Ob.Frk.	Zweifurt	Niederb.
Böschingsweiler	Schwb.	Bucksbuth	Ob.Frk.	Zweikirchen	Niederb.
Bötzlhof	Oberb.	Zuebing	Niederb.	Zweikirchen	Rh.Pf.
Bözenberg	Oberb.	Zündergut	Ob.Pf.	Zwergau	Ob.Pf.
Bogenreuth	Ob.Pf.	Zündersbach	Unt.Frk.	Zwergern	Oberb.
Boggendorf	Ob.Frk.	Zünthof	Ob.Pf.	Zwergfeld	Ob.Pf.
Bogl	Oberb.	Züring	Niederb.	Zwergstraß	Schwb.
Boglau	Niederb.	Zürn	Oberb.	Zwernberg	Mitt.Frk.
Boichel	Niederb.	Zürshof	Schwb.	Zwibel Dörflein	Unt.Frk.
Boilling	Niederb.	Zufang	Oberb.	Zwick	Oberb.
Boll	Ob.Frk.	Zuhr	Oberb.	Zwickenmühle	Unt.Frk.
Bollberg	Unt.Frk.	Zulehen (3)	Oberb.	Zwickerleinshof	Unt.Frk.
Bollbruk	Oberb.	Zulehen (2)	Niederb.	Zwickl	Oberb.
Bollbrunn	Ob.Frk.	Zulling	Niederb.	Zwicklarn	Niederb.
Boller	Schwb.	Zultenberg	Ob.Frk.	Zwickling	Oberb.
Bollergütl	Oberb.	Zumberg	Mitt.Frk.	Zwicklöd	Niederb.
Bollhäusl	Oberb.	Zumhaus	Mitt.Frk.	Zwiefelhof	Ob.Pf.
Bollhaus (4)	Oberb.	Zum hl. Kreuz	Unt.Frk.	Zwiefelhof	Mitt.Frk.
Bollhaus (3)	Rh.Pf.	Zumhof	Ob.Pf.	Zwieglhof	Ob.Pf.
Bollhaus	Ob.Pf.	Zumloch	Mitt.Frk.	Zwiesel	Niederb.
Bollhaus (4)	Mitt.Frk.	Zunderer	Oberb.	Zwieselau	Niederb.
Bollhaus (9)	Schwb.	Zunham	Oberb.	Zwieselberg	Niederb.
Bollhaus, ober	Schwb.	Zunhammerhöfl	Oberb.	Zwieselberg, htr.	Schwb.
Bollhaus, unter	Schwb.	Zurhäusen	Oberb.	Zwieselberg, vrd.	Schwb.
Bolling	Oberb.	Zurlberg	Niederb.	Zwieseleck	Niederb.
Bolling	Niederb.	Zurnham	Oberb.	Zwieselried	Oberb.
Bollmühle	Ob.Frk.	Zurnhausen	Oberb.	Zwieselsberg	Oberb.
Bollmühle (2)	Mitt.Frk.	Zurnmühle	Oberb.	Zwieselsberg	Niederb.
Bollner	Oberb.	Zusam, a. Zusum	Schwb.	Zwilling	Niederb.
Bollöd	Niederb.	Zusamaltheim	Schwb.	Zwillingshof	Oberb.
Bollscheere	Ob.Frk.	Zusameck	Schwb.	Zwing	Oberb.
Bollwachhäusl	Rh.Pf.	Zusamzell	Schwb.	Zwing	Unt.Frk.
Boltingen	Schwb.	Zusmarshausen	Oberb.	Zwingen	Oberb.
Boltmühle	Ob.Frk.	Zuffermühle	Niederb.	Zwinger (3)	Ob.Pf.
Boppaten	Ob.Frk.	Zustorf	Oberb.	Zwirgelmaier	Oberb.
Boppen	Schwb.	Zweck	Oberb.	Zwirkenberg	Schwb.
Bornebing	Oberb.	Zweckberg	Niederb.	Zwischenberg	Niederb.
Bornhof	Niederb.	Zweckham	Oberb.	Zwischendörfern	Oberb.
Boß	Oberb.	Zweckhof	Oberb.	Zwischpaint	Niederb.
Boßöd	Oberb.	Zweckling	Niederb.	Zwiseln	Schwb.
Bottenberg	Niederb.	Zwecksberg	Niederb.	Zwiselsberg	Oberb.
Bottenwies	Ob.Pf.	Zweckstätt	Oberb.	Zwiselsmühle	Unt.Frk.
Botzenmüller	Oberb.	Zweibrücken	Rh.Pf.	Zwitzerlehen	Oberb.
Botzmühle	Oberb.	Zweifelhof	Ob.Pf.	Zwölfhäuser	Niederb.
Buchering	Schwb.	Zweifelsheim	Ob.Frk.	Zwölfing, auch	
Buckenried	Niederb.	Zweißlau	Ob.Pf.	Zwilfling	Niederb.
Buckerthof	Rh.Pf.	Zweißlingen	Mitt.Frk.		

www.ingramcontent.com/pod-product-compliance
Lightning Source LLC
Chambersburg PA
CBHW022058230426
43672CB00008B/1211